唐代史事考釋

黃永年 著

黃永年及其唐史研究

汪榮祖

黃永年先生，江蘇江陰人，民國十四年（一九二五）生。上海復旦大學歷史系畢業。現任西安陝西師範大學歷史系教授，兼該校古籍研究所所長、研究生導師。

我於一九八六年夏天初訪西安時，承永年先生接待，遊覽名勝古蹟，並爲他的研究生作了一次報告。但我此行的最大收穫，乃是與永年先生有多次傾談的機會。長安夜話，至今難忘，甚佩他在古典文史學上的造詣。原來，他除本身勤學外，有令人羨慕的師承。他先後爲呂思勉、童書業、顧頡剛諸大師的入門弟子，並成爲童先生的長婿，海峽隔絕音訊三、四十年，但在臺灣的文史學界，甚至青年學子們，對呂、童、顧三先生的大名，應不陌生，名師出高徒，自非偶然。

黃永年先生學有師承，學有專精，但他的學術道路很不平坦。他於大學畢業後，被分配到上海交通大學當政治教師，因爲作了些批評，在一九五八年反右運動時被劃作右派，不准做「科研工作」（大陸用語，卽學術研究工作）。幸虧，他被派到圖書館工作，至少可以接觸到書，在「工」餘之暇偸偸地研究唐代歷史與敦煌文書。雖然不准「演武」，仍可偸偸「練功」，此乃一九五八年後二十年間，黃氏的「學術生涯」。

一九七九年後，文革狂風已過，「四人幫」早已垮臺，學術空氣也逐漸放鬆。黃永年先生才從圖書館調到陝西師大歷史系教書，不久成爲該校唐史研究所的碩士研究生導師。在此之前，他沒有職稱，一九八一年才任副教授，第二年就升任教授。一九八三年後，陝西師大新設古籍研究所，黃先生就任副所長，近已升任所長，正爲古籍研究與培養專才作出貢獻。

所以，黃永年先生放手做學問，指導研究生，發表論文，是遲至一九七九年後才開始的，但不到十年，成績斐然。從這一點看，一九七九年前的二、三十年光陰，對他而言，並未完全浪費。之所以如此，因他在不利學術的環境下，一直沒有放棄學術——不准研究，他偸偸地看書；不准發表，他把心得做成筆記。因此，似乎是虛度的歲月，卻不斷在累積學術的本錢。一旦雨過天青，開放學術研究，黃先生自然成爲學術界的「萬元戶」了。

一九七九年以後，黃永年先生發表了一系列有關唐史的論文，考釋細密，饒有見解，引起國內外學者的注目。永年先生告訴我，他研究唐史頗得陳寅恪先生著作的啟發。因他敬佩陳先生，所以注意到我所寫的《史家陳寅恪傳》。承他說，他對陳先生的看法與我頗有相同之處。但他並不迷信學術權威，他受陳先生的啟發之後，也看出陳先生論點未盡妥適之處，並爲文商榷（請參閱本書，〈敦煌寫本常何墓碑和唐前期宮庭政變中的玄武門〉、〈說李武政權〉、〈開元天寶時所謂武氏政治勢力的剖析〉、〈羯胡柘羯雜種胡考辨〉、〈讀陳寅恪先生狐臭與胡臭——兼論狐與胡之關係〉諸篇〉。據永年先生說，有些師友因而有所誤會。此令我感到，不敢或不願碰學術權威與文革時一筆抹殺學術權威，同樣是一種極端，並不足取。黃先生亦因此經常鼓勵他的研究生盡量提出異議，他認爲學生一定要能超過老師，才能後來居上，學術才有進步。我讀黃氏與陳氏商榷的文章，絲毫覺察不到有不尊敬的地方，大都是對陳氏說法的補充與修正，可說是陳氏的功臣。如果陳氏地下有知，必定欣賞這位受他啟發的後學及其所作的貢獻。

本書可說是黃永年先生唐史研究的一個總結。所收三十三篇文章，雖大都曾在學報上發表過，但經作者重新校閱，並作增訂。而且，各篇文章在時序與內容上，相互貫通，自成系統，不啻是一部唐代政治史專題研究，具有完整的主題與範圍，與一般文集在性質上，並不相同。

黃永年先生在唐史研究上，已經作出可觀的成績，用現代的話說，他可稱唐史專家。但專家一詞對他來說，並不適合，因他對中國古典文史之學有廣泛的興趣和成就，於小說、詩詞、書法、版本等方面都已有著述，以後可另外結集出版。

我還可向讀者報告的是，黃永年先生是一個標準的愛書人。他自小喜歡買書，至今藏有不少善本精刻。文革風暴一起，人家把他的藏書貼上封條，反逃過紅衛兵的抄刼。藏書封了，但他仍不免時時心癢手癢，冒著風險，揭開封條，偷看藏書。我們可以想像得到，那種驚弓之鳥的竊喜心情，也可以理解到爲什麼這幾年來，永年先生不知老之將至，加倍地努力作學術工作。我個人特別高興，他的才學與科研成果，終於獲致大陸學界的高度評價。今將黃永年先生的唐史研究成果，輯爲一冊，名曰《唐代史事考釋》，以饗臺灣與海外的眾多讀者。

目次

上編

下編

上編

論武德貞觀時統治集團的內部矛盾和鬪爭

唐代的黨爭，也就是統治集團的內部矛盾和鬪爭，一般只講中晚唐，只講所謂「牛李黨爭」，早一點也只從高宗、武則天時講起。其實作爲封建統治集團，其內部矛盾和鬪爭是無時不存在的。武德時李淵、李世民、建成、元吉父子兄弟之間的鬪爭，貞觀時太子承乾、魏王泰之間的鬪爭，實際上都是封建統治集團內部的派系或小集團之爭，是唐朝初期主要的黨爭。這是本文要說明的第一點。

第二點，用什麼來分析和解釋當時的黨爭。有人用地域來解釋，說這是關隴人和山東人之爭。有人不同意，認爲這種矛盾應該是世族地主和庶族地主之間的矛盾。我認爲，這些解釋都失在求之過深。地域以及世族、庶族等問題，歷史研究工作者是應該考慮的，但作爲統治集團內部的黨爭大多數還只是權力之爭，派系或小集團並非都按地域或世族、庶族來結合，不能用世族、庶族或地域來判斷一切，決定一切。

一　裴寂劉文靜之爭

唐高祖李淵於隋大業十三年在太原起兵，進入長安，第二年稱帝，改元武德，到武德九年六月玄武門之變後立次子秦王李世民爲太子，八月內禪，李世民成爲皇帝，即歷史上著名的唐太宗，第二年改元貞觀。在武德年間秦王李世民和太子建成、齊王元吉有矛盾是讀史者所知道的，但很少考慮到李淵、李世民父子之間的矛盾。其實這個父子矛盾早在武德初年就存在，當時朝廷重臣裴寂和劉文靜之爭，就是這個矛盾的初步公開化。

裴寂、劉文靜都是開國元勳，兩《唐書》都是以裴劉合傳居功臣傳之首。其實此二人各有其政治背景。裴寂是李淵的親信。據《舊唐書》卷五七本傳，隋末任晉陽宮副監，「高祖留守太原，與寂有舊，時加親禮，每延之宴語，間以博弈，至於通宵達旦，情忘厭倦」。「及義兵起，寂進宮女五百人，並上米九萬斛、雜綵五萬段、甲四十萬領，以供軍用」。高祖「大將軍府建，以寂爲長史」。高祖入長安爲大丞相，又「轉大丞相府長史」。「高祖既受禪，謂寂曰：『使我至此，公之力也。』拜尚書右僕射，賜以服翫，不可勝紀，仍詔尚食奉御，每日賜寂御膳，高祖視朝，必引與同坐，入閣則延之臥內，言無不從，呼爲裴監而不名，當朝貴戚，親禮莫與爲比」，「高祖有所巡幸，必令居守」。武德六年，「遷尚書左僕射」，寂乞引退，「高祖泣下霑襟曰：『今猶未也，要相偕老耳，公爲臺司，我爲太上，逍遙一代，豈不快哉！』俄册司空」。可見裴寂是高祖李淵身邊最親信的第一號人物。李淵此人雄才大略，讀太原起兵時記室參軍溫大雅所記《大唐創業起居注》可知[1]。從隋大業十三年太原起兵到武德九年玄武門之變以前，李淵一直是最高決策者和全局指揮者。裴寂在其中當也建立過別人所不能企及的重大勳業[2]，才獲得李淵如此高度的親任。所謂「使我至此，公之力也」的話，是無論如何加不到徒知進宮女、論故舊、尋常恩倖之流的頭上。只因玄武門之變後李淵的政權爲李世民所奪取，裴寂跟著垮了臺，貞觀朝纂修《高祖實錄》就把太原起兵說成李世民所主謀，統一天下也幾乎全是李世民的功勞，李淵尚被誣爲坐享其成，裴寂的作用自然更一概抹煞。後來《國史》以及承用《國史》、《實錄》的兩《唐書》等因之而不改，於是裴傳中才出現只紀恩寵不見勳業的怪現象[3]。

劉文靜原隋晉陽令，和裴寂同是太原起兵的主要策畫者，裴寂任李淵大將軍府長史時他任大將軍府司馬，裴寂轉大丞相府長史他也轉大丞相府司馬，裴寂拜尚書右僕射他拜納言，是僅次於裴寂的人物。但武德初年他和裴寂有了矛盾。《舊唐書》本傳說：「時高祖每引重臣共食，文靜奏曰：『陛下君臨億兆，率土莫非臣，……宸位極尊，帝座嚴重，乃使太陽俯同萬物，臣下震恐，無以措身。』」所謂「太陽俯同萬物」是借用晉元帝「詔王導升御床共坐」王導推辭之詞[4]，

1 《大唐創業起居注》之保存太原起兵、進取長安的真相，包括李淵主謀、建成與李世民同起作用之類，前人已有所注意，見《四庫提要》等書。友人牛致功近更撰專文論述，於此不贅。

2 裴寂不僅為李淵出謀畫策，協助指揮全局，而且從《舊唐書·裴傳》所紀晚年流靜州時能率家僮破山羌來看，在武事上也並非一無所知。

3 如所謂「公為臺司，我為太上」的「太上」二字，也顯然出於修《實錄》者改篡，玄武門之變前高祖從無內禪之意，武德六年時如何會說準備當太上皇的話。由此可見《實錄》及裴傳之多曲筆。

4 《北堂書鈔》卷一三二引《晉中興書》。

「重臣」則指裴寂，對看裴傳自知。爲什麼劉文靜要反對裴寂，連裴寂和李淵同坐共食這點事情都不放過，劉傳下文作了解釋：「文靜向以才能幹用在裴寂之右，又屢有軍功，位居其下，意甚不平，每廷議多相違戾，寂有所是，文靜必非之，由是與寂有隙。」好像只是緣妬寵而成仇。其實這只是就事論事，沒有講出事態發生的根子。要眞正弄淸根子，應該從劉文靜和李世民的關係考慮。這在《舊書》劉傳中並沒有完全隱諱，如一開頭就說：「文靜察高祖有四方之志，深自結托，又竊覘太宗，謂〔裴〕寂曰：『非常人也，大度類於漢高，神武同於魏祖，其年雖少，乃天縱矣。』寂初未然之。」「後文靜坐與李密連婚，煬帝令繫於郡獄，太宗以文靜可與謀議，入禁所視之，文靜大喜曰：『天下大亂，非有湯、武、高、光之才，不能定也。』太宗曰：『卿安知無，但恐常人不能別耳，今入禁所相看，非兒女之情相憂而已，時事如此，故來與君圖舉大計，……』」可見太原起兵之前劉文靜和李世民的關係就不平常。以後武德元年七月秦王李世民爲西討元帥拒薛舉，劉文靜爲元帥府長史，十二月秦王李世民拜太尉陝東道行臺尙書令，鎭長春宮以經略山東，劉文靜領陝東道行臺左僕射從鎭長春宮。說明劉文靜確屬秦府早期的私黨，是輔佐李世民的第一號人物。劉、裴之爭，實際上反映了李世民和李淵之間的矛盾。當然，此時李世民羽毛未豐，裴寂決非劉文靜之能動搖。劉文靜借同坐共食事攻擊裴寂而「帝不納」。武德元年拒薛舉戰敗被降了職（先坐除名，後拜民部尙書，而前此之爲納言則是宰相之一）。武德二年因「絕望」「怨言」被殺。當李淵審理此獄時，李世民爲劉文靜疏解，「極佑助之」，李綱、蕭瑀也「皆明其非反」，只因「高祖素疏忌之，裴寂又言曰：『文靜才略，實冠時人，性復粗險，忿不思難，醜言悖逆，其狀已彰，當今天下未定，外有勁敵，今若赦之，必貽後患。』高祖竟聽其言」。

這實際上是李淵、裴寂爲防止內部出現派系小集團而蓄意剪除李世民的羽翼。李淵、李世民父子之間開始出現了裂痕。

武德九年玄武門之變李世民成爲太子，再迫李淵內禪當上了皇帝，裴、劉舊案當然非翻不可。大概是遵「三年無改父之道」的古訓吧，最初還給成爲太上皇的李淵留面子，敷衍一下裴寂。如貞觀二年「太宗祠南郊，命寂與長孫無忌同升金輅」，但當裴寂辭讓時太宗就說：「以公有佐命之勳，無忌亦宣力於朕，同載參乘，非公而誰？」前兩句直截地翻譯起來就是：「你是太上皇的人，無忌是我的人。」已頗見斤兩。貞觀三年就借故把裴寂「免官，削食邑之半，放歸本邑」，不久又借故「徙交州，竟流靜州」。同時就在這一年，給劉文靜「追復官爵，以子樹義襲封魯國公，許尚公主」，徹底平反。

當裴寂被免官放歸本邑蒲州時，他請求留住京師，李世民不同意，指責他說：「計公勳庸，不至於此，徒以恩澤，特居第一，武德之時，政刑紕繆，職公之由，但以舊情，不能極法，歸掃墳墓，何得復辭！」李世民這段話講到兩點：一、裴寂是武德時國家政刑的全面負責者；二、當時政刑紕繆。第一點是事實，裴寂武德時身爲宰相，而且是宰相中最爲高祖倚重的，武德時一切政刑當然由他輔佐李淵全面負責，這實際上已否定了裴寂「徒以恩倖」之說。第二點則是所謂「欲加之罪，何患無辭」，而且連李淵也連帶罵在裏面，和後來朝廷宴會上對太上皇李淵所說「百姓獲安，四夷咸附，皆奉遵聖旨，豈臣之力」云云[5]又矛盾。我認爲後者倒是事實：因爲天下是武德時統一的；奠定建國規模的〈唐律〉和〈唐令〉也是武德七年由裴寂等因隋開皇〈律〉、

5 《舊唐書》卷一〈高祖紀〉貞觀八年三月甲戌條。

〈令〉損益制訂的，通常所艷稱的府兵、均田等制度都是武德時確定下來的，以後貞觀十一年重頒〈律〉、〈令〉，除〈律〉有所改動外，〈令〉一仍武德之舊無甚增刪。可以說「貞觀之治」是在武德政刑的基礎上取得的，李世民對太上皇所說「百姓獲安，四夷咸附，皆奉遵聖旨」者倒多少符合點事實。一定要說武德時「政刑紕繆」，無非是殺了劉文靜以及後來對秦府勢力作過種種抑制而已。這只是權力之爭，並不能因此而說李淵、李世民之間有什麼方針政策上的重大差別。

二　太原元謀功臣和李世民即位時的功臣

《舊唐書·裴劉合傳》裏保存了兩個功臣名單，《新》傳照抄下來。一個是李淵頒布的「太原元謀功臣」名單，一個是李世民頒布的「功臣實封差第」名單。把這兩個名單作點分析，會有助於對李淵、李世民父子之爭作進一步了解。

「太原元謀功臣」名單是李淵在武德元年五月稱帝後不久就公布的，一共有十七人：

尚書令秦王某、尚書左僕射裴寂及〈納言劉〉文靜特恕二死，左驍衛大將軍長孫順德、右驍衛大將軍劉弘基、右屯衛大將軍竇琮、左翊衛大將軍柴紹、內史侍郎唐儉、吏部侍郎殷開山、鴻臚卿劉世龍、衛尉少卿劉政會、都水監趙文恪、庫部郎中武士彠、驃騎將軍張平高、李思行、李高遷、左屯衛府長史許世緒等十四人約免一死。[6]

6 此名單是以詔書形式頒布的，詔書收入《唐會要》卷四五〈功臣〉和《册府元龜》卷一三三〈褒功〉裏，惟姓名次序略見零亂，《元龜》更略去官職，這裏據《舊唐書·裴劉傳》。至於詔書發布時間《會要》、《元龜》均作武德元年八月六日，據《舊唐書》高祖紀、太宗紀，李世民、劉文靜敗於薛舉是在武德元年七月，文靜「坐除名」，八月又從李世民討舉子仁杲，文靜「以功復其爵邑，拜民部尚書」，則文靜武德元年七月以後就不再是納言，《會要》武德元年八月六日此詔卻仍作「納言劉文靜」，疑「八月」云者或有錯誤。

這個名單在纂修《實錄》、《國史》時肯定加過工，不稱「秦王世民」而稱「秦王某」便是明證。建成已是太子不入功臣之列可以理解，只列秦王世民不列齊王元吉就頗奇怪。如說李淵起兵時建成、元吉不在太原，是從河東趕去的，那李淵的女婿柴紹也是從長安趕去的，何以名單中有柴紹而無元吉，顯然是加工時砍掉的。另外武士彠是否後來因武則天的關係而竄入也可考慮[7]。但總的說還是可以信據的。其中除長孫順德是李世民的長孫皇后的族叔，後來曾「討建成餘黨於玄武門」[8]，很可能此時已和劉文靜同屬李世民私黨外，其餘都是李淵的人。劉弘基、柴紹、殷開山曾隨李世民打薛舉，打王世充、竇建德，唐儉更做過李世民的天策上將府長史，但都是後來的事情[9]。劉政會、趙文恪在武德初曾協助齊王元吉留守太原，竇琮曾隨同太子建成消滅劉黑闥，但也看不出他們和建成、元吉有什麼特殊關係[10]。李思行曾任齊王護軍，玄武門之變後曾被「錮送詣京師」，這也是後來的事情[11]。

武德九年八月李淵內禪，李世民即位，十月就定「功臣實封差第」，其名單也見於《舊唐書》卷二〈太宗紀〉，內容相同：

7 如《舊唐書》卷五八〈武士彠傳〉就說：「初，義旗將起，士彠不預知，及平京師，乃自說云：『嘗夢高祖入西京，升為天子。』高祖哂之曰：『汝王威之黨也，以汝能諫止弘基等，微心可錄，故加酬效，今見事成，乃說迂誕而取媚也？』」不像是名列「元謀功臣」的樣子。

8 《舊唐書》卷五八本傳。

9 同上。

10 《舊唐書》卷五八、五七、六一本傳。

11 《舊唐書》卷七一〈魏徵傳〉。

裴寂加食九百戶，通前為一千五百戶，長孫無忌、王君廓、尉遲敬德、房玄齡、杜如晦等五人食邑一千三百戶，長孫順德、柴紹、羅藝、趙郡王孝恭等四人食邑一千二百戶，侯君集、張公瑾、劉師立等三人食邑一千戶，李勣、劉弘基二人食邑九百戶，高士廉、宇文士及、秦叔寶、程知節四人食七百戶，安興貴、安修仁、唐儉、竇軌、屈突通、蕭瑀、封德彝、劉義節八人各食六百戶，錢九隴、樊興、公孫武達、李孟嘗、段志玄、龐卿惲、張亮、李藥師、杜淹、元仲文十人各食四百戶，張長遜、張平高、李安遠、李子和、秦行師、馬三寶六人各食三百戶。

這個名單應和「元謀功臣」名單對勘分析：

一、列入「元謀功臣」名單而不登此名單者有：秦王、劉文靜、竇琮、殷開山、劉政會、趙文恪、武士彠、李思行、李高遷、許世緒等十人。秦王已貴為天子，武士彠是否眞屬「元謀功臣」尚有問題，劉文靜已被殺，趙文恪已賜死，竇琮、殷開山、許世緒已病故，李高遷已「除名徙邊」[12]，當然都不會再列入這次的功臣名單裏。李思行的被剔則顯然是因為做過齊王護軍。劉政會的被剔也可能是因為親李淵而疏李世民[13]。

二、「元謀功臣」名單中有而此名單仍保留者是：裴寂、長孫順德、柴紹、劉弘基、唐儉、劉世龍（改名義節）、張平高共七人。裴寂只是暫時保留，長孫順德參與玄武門之變肯定是秦府私黨，柴紹、劉弘基多次隨李世民征討，唐儉是天策府長史，此時也都應是李世民這邊的人。只

12　《舊唐書》卷五七、六一、五八本傳。

13　因此劉卒後，太宗手敕只說他「舉義之日，實有殊功」，見《舊唐書》本傳。

有劉世龍、張平高站在那一邊不清楚，但至少沒有發現他們公開反對過李世民。

三、「元謀功臣」名單中沒有而爲此名單新增的，有長孫無忌等三十六人。這三十六人大體有兩種情況。羅藝、張長遜、李子和分別以涿郡、五原、榆林歸欵[14]，趙郡王孝恭略定江南[15]，安興貴、安修仁獻河西[16]，竇軌鎮益州[17]，李勣、李藥師（靖）則是武德年間進行統一戰爭中建立特殊功勛的大將，他們名列此功臣名單是理所當然的，和李世民的小集團沒有牽涉[18]。此外則統統是李世民小集團裏的，至少也是站在李世民一邊的人物。長孫無忌、尉遲敬德、房玄齡、杜如晦是李世民發動玄武門軍事政變的主謀者[19]，侯君集、張公瑾、劉師立、公孫武達、李孟嘗都在以尉遲敬德爲首的襲殺建成、元吉的「九人」之中[20]，高士廉、秦叔寶、程知節、屈突通、

---

14 《舊唐書》卷五六、五七本傳。

15 《舊唐書》卷六〇本傳。

16 《舊唐書》卷五五〈李軌傳〉。

17 《舊唐書》卷六一本傳。

18 李勣、李靖都不曾參與李世民與建成、元吉之爭。《通鑑》卷一九一武德九年六月《考異》引《統紀》說二李向李世民表示「欲申犬馬之力」，劉餗《小說》又說李世民「將誅蕭墻之惡」，謀於二李，二李均辭，《考異》謂「未知誰得其實」。其實二說均後來附會之誤：李世民根本不可能將謀殺建成、元吉這樣機密大事和平素沒有勾結的二李相商；如二李主動向李世民建議，發動玄武門軍事政變時更不會不借重他們的大力。許敬宗撰〈李靖碑〉、高宗撰書〈李勣碑〉、劉禕之撰〈李勣墓志〉及《舊唐書》卷六七本傳均不紀此等事，蓋得其實。

19 《舊唐書》卷六五、六八、六六本傳。

20 《舊唐書》卷二〈太宗紀〉說「太宗率長孫無忌、尉遲敬德、房玄齡、杜如晦、宇文士及高士廉、侯君集、程知節、秦叔寶、段志玄、屈突通、張士貴等於玄武門誅「建成、元吉」」。卷六五〈長孫無忌傳〉則說「無忌與尉遲敬德、侯君集、張公瑾、劉師立、公孫武達、獨孤彥雲、杜君綽、鄭仁泰、李孟嘗等九人入玄武門討建成、元吉」。二說不同，當

（轉下頁）

段志玄、龐卿惲都積極參與這次軍事行動[21]，宇文士及、蕭瑀、封德彝在鬬爭中也都支持李世民[22]，王君廓是擒殺建成主要外援廬江王瑗的首功[23]，張亮是「秦府車騎將軍」，李世民派駐洛陽的主要外援[24]，杜淹是李世民的「天策府兵曹參軍、文學館學士」[25]，錢九隴、樊興、李安遠都從李世民征伐，李安遠且以固拒建成勾引使李世民對他「益加親信」[26]，元仲文、秦行師、馬三寶也應在對建成、元吉的鬬爭中立有功勛[27]。以上站在李世民一邊、爲他奪取政權出了力的共計

（接上頁）
以後者為是，因為後者有個長孫無忌加「九人」的實數。《舊唐書》卷六八〈張公瑾傳〉說「公瑾與長孫無忌等九人伏於玄武門以俟變」，卷五十七〈劉師立傳〉說「師立與尉遲敬德、龐卿惲、李孟嘗等九人同誅建成有功」，卷六四〈建成傳〉說「太宗將左右九人至玄武門自衛」，盡管「至玄武門自衛」和「伏於玄武門」的講法不同，「九人」中個別人選也有出入，但其為「九人」則無異詞。足見「九人」在當時本有定說，猶後世曾國荃湘軍攻占天京的「先登九將」之類，而長孫無忌則為「九人」之率領者。這都是指親自「擐甲持矛」襲殺建成、元吉者而言。至於〈太宗紀〉所說的房玄齡、杜如晦是文士，雖主謀而未能擐甲，宇文士及據〈建成傳〉事發時當在李淵左右，高士廉據卷六五本傳此時「率吏卒釋繫囚授以兵甲，馳至芳林門備與太宗合勢」，程知節、段志玄據卷六八本傳只說「從誅建成、元吉」，當與屈突通、張士貴等人都是參與此役而未在「九人」之列。〈太宗紀〉只是隨便列舉若干參與此役的人，與〈長孫無忌傳〉之備具「九人」姓名者有別。

21 詳注20，龐卿惲事見《舊唐書》卷五七本傳及〈劉師立傳〉。

22 宇文事詳注20，蕭事見《舊唐書》卷六四〈建成傳〉，封事見卷六三本傳及〈建成傳〉，本傳、〈建成傳〉又說封「潛持兩端」，當是許敬宗修《實錄》時的曲筆，見卷八二許傳，《通鑑》卷一九一武德九年六月《考異》已引許傳作辨正。

23 《舊唐書》卷六〇〈廬江王瑗傳〉。

24 《舊唐書》卷六九本傳。

25 《舊唐書》卷六六本傳。

26 《舊唐書》卷五七本傳。

27 馬三寶本是柴紹妻平陽公主的家僮，附見《舊唐書》卷五八〈柴紹傳〉，當與柴紹同站李世民一邊。元仲文、秦行師和李孟嘗均附見《舊唐書》卷五七，均因「事微不錄」而無傳，但據〈長孫無忌傳〉李孟嘗實在襲殺建成、元吉的「九人」之中，則元、秦當亦因在此次行動中建功而入功臣之列，《舊唐書》說他們「事微不錄」者，是除此次行動外別無功業可紀之謂。

二十七人，占新增補功臣三十六人的百分之七十五，再加上已見「元謀功臣」名單、這次因站在李世民一邊又列入的長孫順德、柴紹、劉弘基、唐儉等四人，占這次功臣名單全部四十三人的百分之七十二。

分析了這個李世民即位、李淵退居太上皇後頒布的功臣新名單，眞有俗語所謂「一朝天子一朝臣」之感。這說明在武德後期確已形成了一個以李世民爲核心的自外於李淵的政治小集團。這個小集團不僅和建成、元吉鬪爭，也要和李淵鬪爭。因爲既形成了小集團就不再以個別人的意志或父子兄弟的所謂倫常關係爲轉移[28]，雖父子兄弟間互相傾軋殺戮也無所顧忌。這是封建統治的題中應有之義，不能用今天的道德觀念來衡量。

三　李世民與經略山東

怎樣形成以李世民爲核心的政治小集團，說來話長。

自從南北朝世族地主占優勢以來，反映在政治上就出現高門大族結黨爭權的局面，在皇室內部，太子和諸王也相應地形成各個政治小集團。太子有東宮官屬兵甲，等於在京城裏組成一個小朝廷，諸王開府征鎭，更易於結集地方勢力及某些軍事力量作爲憑借，而都以取得最高權力繼承帝位爲其共同爭奪標的。遠的不說，李淵、李世民等目睹的隋文帝楊堅、太子楊勇、晉王楊廣父

28　長孫無忌、房玄齡、杜如晦、尉遲敬德、侯君集、高士廉及秦府僚屬等固勸李世民誅建成、元吉，就充分說明了這一點。見《舊唐書》建成、元吉、長孫無忌、房玄齡、尉遲敬德諸傳及《通鑑》卷一九一武德九年六月紀事。

子兄弟間就曾爲此展開過一場慘酷的鬪爭。李淵、李世民以及建成、元吉間的鬪爭也同樣是按照此規律來進行。雖然具體的過程和結局不盡相同，但在大關節目上自是其相似之處，其中最明顯的，就是都以次子身分利用開府征鎮的機會結集力量而取得帝位。

我國古來有個傳統，君主的嫡子一般是法定的太子，當了太子就得經常留在君主身邊，遇有關係重大的軍事行動，任命外姓將領不放心時，往往派太子以外的兒子充當統帥，有時還由君主自己親征，把留守京師的任務交給太子，而很少派太子出征。所謂「君之嗣嫡，不可以帥師」[29]，已成爲相沿的慣例。因此隋文帝伐陳，就不派太子楊勇而叫次子晉王楊廣做行軍元帥，還讓楊廣先後充當幷州、揚州等重要地區的總管。以後楊廣之所以能取代楊勇成爲太子，並取得軍人權臣楊素等的支持，當與此有很大關係，決非僅僅在獨孤皇后面前玩點哄騙手段就能達到目的。李世民的情況也是如此。李淵后竇氏生建成、世民、玄霸、元吉四個兒子。玄霸早卒。李淵太原起兵時，建成二十九歲，世民二十歲，元吉十五歲[30]。十五歲太小，所以一開始派建成、世民同取西河[31]；接著入關，以建成爲隴西公左領軍大都督，統左三統軍等，世民爲敦煌公右領軍大都督，統右三統軍等，而讓元吉爲太原郡守留鎮晉陽[32]。攻占長安後，又派建成爲左元帥、世民爲右元帥徇地東都[33]。但到李淵正式稱帝、建成爲皇太子後，就按照老規矩派次子李世民任統帥出征，

29 《左傳》閔二年。
30 據《舊唐書》太宗紀、建成、元吉傳所記卒年推算。
31 《大唐創業起居注》卷上。
32 《大唐創業起居注》卷上、卷中。《舊唐書・高祖紀》「左領」「右領」下均脫「軍」字，「統軍」上均脫「三」字。
33 《大唐創業起居注》卷下。《舊唐書・高祖紀》作建成為元帥、世民為副。

客觀上給李世民創造了擴充實力的條件。

這個時期由李世民任統帥的幾次大征戰是：㈠武德元年六月到七月任西討元帥拒薛舉於涇州，戰敗。㈡八月薛舉死，任元帥西征舉子薛仁杲，十一月破降仁杲，平隴右。㈢十二月拜太尉陝東道行臺尚書令，鎮長春宮，關東兵馬並受節度，開始擔負經略山東地區的重任。㈣武德二年十月到三年四月破劉武周、宋金剛，平并州。㈤武德三年七月率元吉總統諸軍征討盤踞洛陽的王世充，四年三月竇建德救王世充，五月擒竇建德，降王世充，盡取山東地區，十月，加天策上將，位在王公上，領司徒陝東道大行臺尚書令。㈥武德四年七月竇建德餘部劉黑闥又起事河北，八月徐圓朗舉齊、兗之地響應，十二月率元吉擊劉黑闥，五年三月破劉黑闥，再取河北，又遣淮安王神通、李勣破滅徐圓朗[34]。早在破薛仁杲「俘其精兵萬餘人」後，李世民就「與之遊獵馳射，無所間然，賊徒荷恩懾氣，咸願效死」[35]以後經略山東地區，更放手汲引人材，培殖私黨。有文獻可查的，如尉遲敬德本劉武周偏將，歸降後李世民「賜以曲宴，引爲右一府統軍」[36]。秦叔寶、程知節本從李密，後歸王世充，李世民鎮長春宮時歸降，叔寶「事秦府」，「拜馬軍總管」，「尋授秦王右三統軍」，知節「授秦王府左三統軍」[37]。張公瑾「爲王世充洧州長史」，「以州城歸國」，「李勣驟薦於太宗，尉遲敬德亦言之，乃引入幕府」[38]。劉師立「初爲王世充將軍」，

---

34 《舊唐書・高祖紀、太宗紀》。

35 《舊唐書・太宗紀》。

36 《舊唐書》本傳。

37 同上。

38 同上。

「洛陽平，當誅，太宗惜其才，特除之，爲左親衛」[39]。段志玄「從討王世充」，「遷秦王府右二護軍」[40]。公孫武達「武德初至長春宮請謁太宗，以討劉武周，又從平王世充、竇建德，累遷秦王府右三軍驃騎」[41]。屈突通「爲太宗行軍元帥長史，以平薛舉」，「尋以本官判陝東道行臺，從太宗討王世充」，「尋拜陝東大行臺右僕射，鎭於洛陽」[42]。宇文士及「從太宗平宋金剛」，「遷秦王府驃騎將軍，又從平王世充、竇建德」[43]。蕭瑀當李世民爲右元帥攻洛陽時「爲府司馬」[44]。封德彝同時受詔「參謀軍事」[45]。錢九隴從太宗「平薛仁杲，劉武周」，又「從太宗擒獲竇建德，平王世充」[46]。樊興「從太宗破薛舉，平王世充、竇建德」[47]。李安遠「從太宗征伐，特蒙恩澤」[48]。以上十四人都是李世民經略山東所招降邀結，而列入武德九年十月「功臣實封差第」名單中的，在因站在李世民一邊爲他奪取政權有功而列入此名單的二十七人中占了過半數。此外不曾列入此名單的還有：李君羨「初爲王世充驃騎」，「叛而來歸，太宗引爲左右「

39 《舊唐書》本傳。
40 同上。
41 《舊唐書》卷五七本傳。
42 《舊唐書》卷五九本傳。
43 《舊唐書》卷六三本傳。
44 同上。
45 同上。
46 《舊唐書》本傳。
47 同上。
48 同上。

[49]。田留安為王世充征南將軍，「帥眾來歸」，李世民「以留安為右四統軍」[50]。吳黑闥、牛進達也與秦叔寶、程知節同叛王世充來歸[51]。張士貴「從平東都」，而參與玄武門之役[52]。薛萬均初隨羅藝，「及太宗平劉黑闥，引萬均為右二護軍」[53]。戴胄仕越王侗、王世充，「太宗克武牢而得之，引為秦府士曹參軍」[54]。此外，李世民在武德四年消滅竇建德、王世充後，因「海內漸平」，「乃銳意經籍，開文學館以待四方之士，行臺司勳郎中杜如晦等十有八人為學士，每更直閣下，降以溫顏，與之討論經義，或夜分乃罷」[55]，實際上是以杜如晦、房玄齡兩個親信文士為首組織起來的一個秦府顧問班子。這批學士中，陸德明、孔穎達原在王世充轄區，王世充平，「引為秦府文學館學士」[56]。李玄道歷任李密記室、王世充著作佐郎，「東都平，太宗召為秦王府主簿、文學館學士」[57]。李守素「代為山東名族，太宗平王世充，徵為文學館學士，署天策府倉

---

49 《舊唐書》卷六九本傳。

50 《通鑑》卷一八七武德二年二月己未條。

51 《舊唐書》卷六八〈秦叔寶傳〉，吳、牛後均陪葬昭陵，見宋敏求《長安志》卷一六〈昭陵〉條（《唐會要》卷二一陪陵名位無牛名，但牛碑清中葉已出土昭陵，足證宋《志》不誤。《會要》有脫佚），則當時來歸後亦與秦、程同為李世民所用。吳黑闥武德「九年六月，與段志玄等立功於玄武門」，見昭陵新出土吳碑。

52 《舊唐書》卷八三本傳、卷二〈太宗紀〉。

53 《舊唐書》卷六九本傳。

54 《舊唐書》卷七〇本傳。

55 《舊唐書·太宗紀》。又卷七二〈褚亮傳〉更詳紀此十八學士「登瀛州」故事，並十八人姓名官職。

56 《舊唐書》卷一八九上〈儒學〉本傳、卷七三本傳。

57 《舊唐書》卷七二本傳。

曹參軍」[58]。虞世南先爲竇建德黃門侍郎，「太宗滅建德，引爲秦府參軍，尋轉記室，仍授弘文館學士」[59]。蔡允恭「沒於竇建德，及平東夏，太宗引爲秦府參軍兼文學館學士」[60]。劉孝孫爲王世充弟辯行臺郎中，「洛陽平」，「太宗召爲秦府學士」[61]。以上平王世充後所得的有七人，占十八學士的百分之三十九。所有這些說明了一個事實：李世民在經略山東中大大擴充了實力。後來建成、元吉攻擊他，說「秦王左右多是東人」[62]，是確有事實根據的。

四　建成元吉以及玄武門之變

對秦府勢力的擴張，李淵和建成、元吉採取什麼對策。如前所說，李淵此人是有才能的，並非通行歷史讀本中所說是什麼「昏庸無能」，「連做個守成的中等君主也是不成的」人物[63]，豈有聽任派系、小集團危及自己權勢之理。當武德初年劉

58 《舊唐書》卷七二本傳。
59 同上。
60 《舊唐書》卷一九〇上文苑本傳。
61 《舊唐書》卷七二本傳。劉本不在十八學士之列，十八學士中薛收卒，以劉補入，見〈褚亮傳〉。
62 《舊唐書·建成傳》。
63 《中國通史簡編》第三編第二章第一節。此書認為唐朝的建立「主要依靠唐太宗的謀略和戰功」。其實太宗李世民在武德前期經常在外擔任一個戰區的指揮官，卽使到後期也從未在中央執掌過政權。難道一個戰區指揮官能決定戰略全局，一個從未執掌過政權的皇子能奠定開國規模？除非當時李淵事事就商於李世民。這點恐怕再醉心歌頌李世民者也不敢說吧！

文靜和李世民相邀結，和李淵的第一號親信裴寂鬧對立時，李淵就堅決除掉劉文靜，以維護其尊嚴。但自己的兒子看來究竟比外人可靠，因此仍舊沿襲傳統習慣，讓李世民擔負經營山東的重任，同時叫元吉當李世民的助手，這也多少包含著牽制李世民的意味。無奈李世民的雄心決非殺個劉文靜就能抑制，區區元吉更不在話下，公然把本來應該歸公的平定山東勝戰利果占為己有，不僅把收得的精兵良將作爲秦府的私甲，把山東的文士謀臣作爲自己的智囊顧問，而且憑「於管內得專處分」的特權，和李淵的詔敕相對抗。這就使李淵認識到問題的嚴重性，對裴寂等親信說：「此兒典兵既久，在外專制，爲讀書漢所教，非復我昔日子也。」「自是於太宗恩禮漸薄」，「建成、元吉轉蒙恩寵」[64]。

建成、元吉也決非如歷史讀本中所詬罵是什麼「紈褲無賴子」、「兇險」之徒[65]。《舊唐書》所說「建成殘忍，豈主鬯之才，元吉凶狂，有覆巢之迹，若非太宗逆取順守，積德累功，何以致三百年之延洪，二十帝之纂嗣？或堅持小節，必虧大猷，欲比秦二世、隋煬帝，亦不及矣」[66]。好像由建成、元吉來做皇帝唐政權就會馬上跨臺，連秦二世、隋煬帝的結局都不如，也無非是受了《實錄》、《國史》對建成、元吉所加誣陷之詞的影響。然而篡改歷史總是件心勞力拙的蠢事，今天仔細研讀文獻，仍不難看出建成、元吉對唐皇室的積極作用。李淵太原起兵後一直讓

64 《舊唐書・建成傳》。但傳裏所謂李淵對李世民疏薄是出於妃嬪的挑撥，則明係誣陷之詞。封建統治者的宮闈糾紛是永遠鬧不清的，最易拿來作爲誣陷的把柄。修《實錄》、《國史》者不僅以此誣陷李淵，連所謂建成、元吉「內連嬖幸，高祖所寵張婕妤、尹德妃皆與之淫亂」云云，也無非是這一類型的誣陷之詞。

65 《中國通史簡編》第三編第二章第一節。

66 《舊唐書》卷六四史臣曰。

建成、世民共同充當統帥，直到正式稱帝為止，其間建成、世民都完成了任務，並無顯著的高下優劣之分。元吉年齡小，以偏師留守太原，武德二年并州被劉武周攻陷時他只有十七歲，失敗的責任恐怕應該由輔佐他的竇誕、宇文歆等多承擔一些[67]。而且李世民也並非常勝將軍，武德元年七月他所統率的主力就在涇州被薛舉打得大敗虧輸[68]。以後打王世充、打竇建德、打劉黑闥在李世民指揮下確實取得勝利，但元吉也參加指揮。如李世民和竇建德決戰時「留元吉與屈突通圍王世充於東都，世充出兵拒戰，元吉設伏擊破之，斬首八百級，生擒其大將樂仁昉、甲士千餘人」[69]，這樣才使李世民無後顧之憂。此時元吉才十九歲，在封建統治階級中不能不說是早熟的軍事人才。至於政事上，建成當了太子後「高祖憂其不嫺政術，每令習政事，自非軍國大事，悉委決之」[70]。也就是讓他學習主持日常工作。史書上也找不到他此時在政事上弄得如何糟的話，相反，在這方面他起碼在經驗上要比李世民豐富得多。

李世民以平定山東而威權日盛，當然使身為太子的建成感受壓迫，元吉也有自己的打算，不

---

67 參考《舊唐書・元吉傳》。

68 《舊唐書》卷五五〈薛舉傳〉。劉文靜、劉弘基、殷開山等傳都說此役李世民有病，劉文靜等違李世民節度而敗衂，恐多少有為李世民粉飾的成分。

69 《舊唐書・元吉傳》。〈太宗紀〉則作「留通輔齊王元吉以圍世充」，〈屈突通傳〉更作「太宗中分麾下以屬通，令與元吉圍守洛陽」，都在行文措詞上對元吉獨當一面的作用加以貶低，其他如〈王世充傳〉等並絕口不提元吉的名字。又此役唐軍凱旋至長安，《通鑑》卷一八九據《唐歷》書「世民被黃金甲，齊王元吉、李世勣等二十五將從其後，鐵騎萬匹，甲士三萬人，前後部鼓吹」，而《舊唐書・太宗紀》只書「太宗親披黃金甲，陳鐵馬一萬騎，甲士三萬人，前後部鼓吹」，李勣傳更書「論功行賞，太宗為上將，李勣為下將，與太宗俱服金甲，乘戎輅，告捷於太廟」，也都有意抹掉元吉的名字。

70 《舊唐書・建成傳》。

甘屈居李世民之下。於是聯合起來共同對付李世民[71]。㈠在出征問題上，前此建成以太子身分留長安練習政事，除武德二年出兵盩厔鎮壓司竹園的所謂「羣盜祝山海」，四年出兵鄜州擊破稽胡酋帥劉仚成的部落外，再未承擔軍事任務。而這兩次都是長安附近的小規模作戰[72]，事罷即回長安，不能像李世民那樣培植私人軍事實力。元吉雖然出征山東，總還是李世民的副手，撈不到多少好處。現在趁李世民爲李淵疏薄，他們趕快爭取出任大戰役的統帥。據《舊唐書》高祖紀，武德五年八月「突厥頡利寇雁門」「遣皇太子及秦王討擊，大敗之」。十月「遣齊王元吉擊劉黑闥於洺州」。十一月「命皇太子率兵討劉黑闥」。十二月「皇太子破劉黑闥於魏州，斬之，山東平」。六年七月「突厥頡利寇朔州，遣皇太子及秦王屯幷州以備之」。八年六月「突厥寇定州，命皇太子往幽州，秦王往幷州，以備突厥」。最後九年「突厥犯邊，詔元吉率師拒師」，因玄武門之變而告吹[73]。可見武德後期李世民已當不成大戰役的最高統帥，這個重要位置已逐步爲建成、元吉取代。㈡不僅公開取代統帥權，還用公開或秘密的手法來瓦解李世民已經結集的小集團勢力。用金帛招誘尉遲敬德、段志玄、李安遠等秦府將領，不成就加以排陷，曾下尉遲敬德於詔

71 這決不能如〈建成傳〉所説是「同惡相濟」，即建成、元吉這兩個壞蛋氣味相投來共同對付李世民這個正派人。至於〈元吉傳〉紀太宗府僚所説「元吉狠戾，終亦不事其兄」，「為亂未成，預懷相奪」云云，雖是蓄意誣陷醜化，倒不無其可能性，歷史上本不乏先同謀後火併的事情。

72 此兩次作戰見《舊唐書·建成傳》。傳上説「司竹羣盜祝山海」，「司竹」即卷五八〈平陽公主傳〉裏提到的「司竹園」，據《隋書》卷二九〈地理志〉在盩厔。祝山海止「有衆一千」。劉仚成「部落數萬人」，但亦非強敵，所以一戰即請降被殲。

73 《舊唐書·建成傳、元吉傳》。

獄，要出程知節爲康州刺史，連房玄齡、杜如晦這兩個大謀士都被斥逐出秦府[74]。武德九年玄武門之變前夕，還借元吉率師拒突厥的機會，「令秦府驍將秦叔寶、尉遲敬德、程知節、段志玄等並與同行，又追秦府兵帳，簡閱驍勇，將奪太宗兵以益其府」[75]，要把李世民弄到徹底無拳無勇的地步。㈢和李世民一樣大搞其結黨營私，擴充東宮、齊府的實力。李世民有以杜如晦、房玄齡爲首的謀士和秦府文學館十八學士，建成有洗馬魏徵、中允王珪、左衛率韋挺等「盡心所事」的東宮官屬[76]。元吉也有王孝逸、張胤等齊王府文學[77]。李世民有秦府私甲，建成則「私召四方驍勇，並募長安惡少年二千餘人，畜爲宮甲，分屯〈東宮〉左、右長林門，號爲長林兵」，元吉也和建成同樣「募壯士，多匿罪人」[78]。李世民有尉遲敬德、秦叔寶、程知節、段志玄等驍將，建成有薛萬徹、馮立，元吉有謝叔方等戰將[79]。李世民的外援有在洛陽的張亮、幽州的王君廓，而幽州大都督廬江王瑗以及在河北地區的前宮千牛李志安、齊王護軍李思行等則是建成、元吉的外援。在外邊那方面強固很難說，在京城裏則建成、元吉的實力最後已超過了李世民，這在玄武門之變中表現得很明顯，後面要談到。

74 《舊唐書》尉遲諸人本傳。
75 《舊唐書・元吉傳》。
76 《舊唐書》卷七一、七〇、七七本傳。張胤武德元年授齊王府文學，六年改授齊王文學，見齊王文學；王孝逸見《舊唐書》卷七〇〈格輔元傳〉。
77 顯慶三年〈張胤碑〉，錄文見《昭陵碑錄》卷中。
78 《舊唐書・建成傳、元吉傳》。《通鑑》卷一九一武德七年六月壬戌條《考異》引《高祖實錄》。這些記載中的所謂「惡少年」之類，當然只是李世民成事後所加的貶詞。
79 《舊唐書》卷六九〈薛萬徹傳〉、卷一八七上〈忠義馮立傳〉、〈謝叔方傳〉，又〈尉遲敬德傳〉。

建成、元吉這麼做，顯然是得到李淵同意和支持的。其中如取代李世民出任統帥，斥逐房玄齡、杜如晦，讓秦府精銳轉屬元吉等等，更非出之詔敕不可，很可能有些本來就是李淵的主意，但李世民畢竟也是親兒子，處理起來多少要牽顧父子之情，不能像解決其他政治案件那樣果斷，那樣乾脆俐落[80]。例如武德七年曾發生慶州都督楊文幹叛亂事件，此人「嘗宿衛東宮，建成與之親厚」，有人上變誣告「太子使文幹舉兵，欲表裏相應」，這大概出於李世民一伙所指使，但李淵沒有徹底追究，「惟責以兄弟不能相容，歸罪於〔太子〕中允王珪、〔太子〕左衛率韋挺及〔秦王〕天策兵曹杜淹等，並流之嶲州」，用各打五十大板的方式把建成和李世民雙方的部屬處理幾個了事[81]。因此兩年後李世民和建成、元吉的矛盾進一步尖銳，到達水火不相容時，李淵仍不想作出果斷措施，而準備召集這三個兒子，由他和重臣大僚裴寂、蕭瑀、陳叔達、封倫、宇文士及、竇誕、顏師古等來公斷曲直[82]。沒有預料到李世民會發動玄武門軍事政變，來個突然襲擊。

80 這主要是指父親對兒子，如前此隋文帝楊堅處理太子楊勇、晉王楊廣矛盾之反覆無定，後此李世民成為皇帝後處理太子承乾、魏王泰矛盾之徘徊困惑，都說明這一點，至於兒子對父親則往往連這點感情也拋之九霄雲外，所以歷史上弒父之事比比皆是。封建統治階級就是這麼冷酷，有什麼辦法！

81 楊文幹武德七年六月據慶州反，七月敗死，事見《通鑑》卷一九一及《舊唐書·建成傳》、〈韋挺傳〉，當都根據《實錄》、《國史》。所謂楊與建成通謀應接云云，蓋即本上變誣告之辭而書。說李淵要因此廢建成立李世民、經元吉等請求才中止，更屬修《實錄》、《國史》時增飾。此時李淵既對李世民「恩禮漸薄」，而「建成、元吉轉蒙恩寵」，建成何必冒險用軍事行動來奪取政權。如真有其事，何以第二年李淵還派他前往幽州以備突厥，毫無恩寵衰薄的迹象。足見統統出於誣陷增飾，不是事實。

82 《舊唐書·建成傳》，這個記載是基本可信的。〈尉遲敬德傳〉說玄武門之變時「高祖泛舟於海池」，好像並無和裴寂等一起準備公斷李世民、建成、元吉曲直之舉，是不對的，因為如無此公斷曲直之舉，則建成、元吉不會來玄武門，不會被李世民和長孫無忌、尉遲敬德等襲殺。

結果不僅建成、元吉當場被襲殺，李淵被迫立李世民爲皇太子，「庶政皆決斷」，兩個月後更被迫內禪，成爲毫無權力、眞正「孤家寡人」式的太上皇，當了九年養尊處優的高等政治囚犯而死去，比隋文帝之見殺於楊廣總算略勝一籌。

關於武德九年六月四日玄武門之變，陳寅恪先生在《唐代政治史述論稿》的中篇裏已有所論述，這裏只談一點和陳先生稍有出入的看法，即這次軍事政變對李世民方面來說實屬「孤注一擲」。當時李淵之支持建成、元吉，李世民是很清楚的（這也是政變成功後急於要叫李淵當太上皇的原因之一）。六月四日公斷以剪除過李世民羽翼劉文靜的裴寂爲首席大臣，其結果之不利於李世民也是可以預計的。即使公斷後維持現狀，不對李世民作什麼大處分，元吉之奪取秦府精銳也是勢在必行的，李世民眼看就要成爲沒有多少實力的空頭皇子。再就雙方當時的軍事力量來看，這時東宮、齊府的兵力合起來已遠較李世民在京城裏所能控制的來得強大，如果不是在東宮、齊府兵到來前已將建成、元吉襲殺，出示建成、元吉首級使東宮、齊府兵瓦解，李世民一方肯定要失敗[83]。這種兵力的不敵，老於行陣的李世民等人豈能不知。所以玄武門之變實是李世民等人處在極端不利的困境中的冒險行動，其成敗與否全在能否出其不意地把前來聽候公斷的建成、元吉襲殺。這當然沒有十分把握，使見過大世面的李世民都弄得極爲緊張，要占卜一下吉凶[84]。

83 《舊唐書》〈忠義・敬君弘傳〉、〈馮立傳〉、〈謝叔方傳〉，以及〈薛萬徹〉、〈尉遲敬德〉、〈張公瑾〉諸傳，《唐代政治史述論稿》所引用敦煌寫本伯二六四〇號李義府撰〈常何墓志〉。

84 《舊唐書・張公瑾傳》。

研究歷史的首要任務當然是探索其必然性，但對偶然性也不宜忽視，更不能否認。就當時的歷史條件來說，太子和諸皇子以至對皇帝爭奪最高權力的事情是必然發生的，但究竟誰勝誰敗，像玄武門之變的結局那樣，就不能否認有很大的偶然成分。

五　地域問題和世族庶族問題

以上各節具體分析了李世民和李淵以及建成、元吉各個派系各個小集團之間的矛盾和鬭爭。總起來說明了一個事實，這種矛盾鬭爭只是封建統治集團內部的權力之爭。

是不是反映關隴人和山東人的矛盾，是關隴人和山東人之爭？如果抓住建成、元吉所說「秦王左右多是東人」這句話，來個斷章取義，好像有點像，好像秦王李世民確是山東利益的代表，而建成、元吉以至李淵都代表關隴舊勢力。然而不然。㈠李世民結集的主要力量見諸「功臣實封」名單的，房玄齡（齊州臨淄）[85]、高士廉（渤海蓨）、柴紹（晉州臨汾）、唐儉（幷州晉陽）、秦叔寶（齊州歷城）、程知節（濟州東阿）、段志玄（齊州臨淄）、張公瑾（魏州繁水）、劉師立（宋州虞城）、李孟嘗（趙州平棘）、王君廓（幷州石艾）、張亮（鄭州滎陽）、龐卿惲（幷州太原）、樊興（安陸）、元仲文（洛州）、秦行師（幷州太原）、封德彝（觀州蓨）誠然是山東人，蕭瑀（蘭陵）、錢九隴（晉陵）是江南人也非關隴人，而長孫無忌（雍州長安）[86]、

85 括號中的籍貫都據《舊唐書》本傳，除需解說者外，不再一一加注。

86 本傳作「洛陽人」，這是因為長孫氏本是北魏皇族，隨魏孝文帝遷都洛陽而改為洛陽人，以後又入關仕西魏、北周而為長安人。《舊唐書》卷五一無忌妹〈長孫皇后傳〉就作「長安人」。《新唐書》卷七六〈長孫后傳〉改作「河南洛陽人」，殊可不必。

杜如晦（京兆杜陵）、長孫順德（雍州長安）、侯君集（豳州三水）、劉弘基（雍州池陽）、公孫武達（雍州櫟陽）、屈突通（雍州長安）、宇文士及（雍州長安）、杜淹（京兆杜陵）、李安遠（夏州朔方）都是關隴人，而且長孫無忌、杜如晦、侯君集和山東的房玄齡、尉遲敬德、張公瑾等同樣是發動玄武門之變的主要人物。㈡建成的韋挺（雍州萬年）、薛萬徹（雍州咸陽）、馮立（同州馮翊）是關隴人，魏徵（鉅鹿曲城）、王珪（太原祁）卻是山東人。元吉的謝叔方（雍州萬年）是關隴人，李思行（趙州）、王孝逸（汴州）又是山東人。而且建成、元吉還想招誘李世民一邊的山東人尉遲敬德、段志玄、李安遠等爲己用。㈢就是李淵也如此，在他稱帝後公布的「太原元謀功臣」名單中，劉文靜（京兆武功）、長孫順德、劉弘基、殷開山（雍州鄠縣）、竇琮（扶風平陵）、張平高（綏州膚施）、李高遷（岐州岐山）是關隴人，裴寂（蒲州桑泉）、柴紹、唐儉、劉世龍（幷州晉陽）、劉政會（滑州胙城）、趙文恪（幷州太原）、李思行、許世緒（幷州）是山東人。李淵、建成、元吉和李世民在用人都明顯地沒有只要關隴或只要山東。

所謂「山東」這個地域名詞，是戰國秦漢以來的習慣用語，一般是指華山、崤山、函谷關以東的廣大地區[87]，在隋唐之際，狹義的一般多指今河南、山東（唐統劃爲河南道），有時更狹一點也可單指今山東，廣一點則包括今河北（唐河北道）、山西（唐河東道），更廣一點還延及長江中下游（唐淮南道）[88]。專用關隴人，早在西魏北周確是如此。這是因爲西魏北周所統治的只有關中以及隴西（後來加進劍南）這點地區，過黃河出函谷關便是東魏北齊的版圖，長江中下游

87 見《戰國・策趙策》、賈誼〈過秦論〉、《漢書》卷六九〈趙充國辛慶忌傳〉贊。

88 《戰國策・趙策》、〈過秦論〉以秦與山東六國對稱，其所謂山東即延及楚國領地長江中下游。

更是南朝梁陳的轄區，你要用山東人，山東人也不爲你所用。所以西魏北周的統治集團只能是所謂「關隴集團」，執行所謂「關中本位政策」，盡管這個集團的大多數骨幹本來都是隨賀拔岳、宇文泰入關的山東人。北周滅北齊，隋繼北周又幷江南，統一全國，只要稍有頭腦的政治人物到這時就不會再死守住關隴集團的老框框。大業時雍州萬年人韋雲起曾上疏說「今朝廷之內多山東人，而自作門戶，更相剡薦，附下罔上，共爲朋黨」云云，煬帝令大理推究，少數山東人因之免官流配[89]。可見在隋代山東人已多爲中央任用，只是需要他們給中央出力，不准「自作門戶」「共爲朋黨」而已。李淵繼隋，當然也繼續執行這一政策。由於他原任太原留守，現在山西地區人才如「太原元謀功臣」中的裴寂、柴紹、唐儉、劉世龍、趙文恪、許世緒等和關中人同樣成爲他起兵時的基本幹部，一開始就突破了關隴的小圈子。他稱帝後要引用的山東人則主要是包括現在河南、山東以及河北等地的山東人。這個任務在經略山東的過程中也已順利完成，不過經略山東的統帥李世民從中打了個大埋伏，把這批理應歸公的山東人材中絕大多數據爲己有，以擴充秦府的實力從而引起了建成、元吉的妬嫉爭奪。當然，舊習慣勢力的殘餘總還會起作用有影響。李世民當上皇帝後「嘗言及山東、關中人，意有同異」，也就是多少有點厚關中、薄山東，山東的定州義豐人張行成勸他「天子以四海爲家，不當以東西爲限，……示人以隘陋」[90]。說明這種用人問題上的地域界限即使在全國統一後也需要相當長的時間才能完全泯失。

　李世民以及李淵、建成、元吉各個派系、小集團是否分別代表了庶族地主和世族地主的利

89 《舊唐書》卷七五〈韋雲起傳〉。

90 《舊唐書》卷七八〈張行成傳〉。

益？我看也不見得。所謂世族地主（或曰士族地主）即舊史所謂「高門望族」或「門閥」、「右姓」，是起於東漢，經魏晉南北朝到唐代才逐漸沒落的一種歷史現象。大體說來，幾代仕宦在中央或地方有一定聲望權勢的就可成爲世族地主。而隨著時間的推移，舊的世族地主會不斷衰敗，新的世族地主會不斷湧現。在新世族地主湧現後舊世族地主不僅不願承認其原有地位之消失，甚至不願承認新世族地主有和自己平起平坐的資格，於是出現了究竟誰算高門望族、誰不算之爭。《新唐書》卷一九九〈儒學．柳冲傳〉附載柳芳論氏族的文章中所謂：「過江則爲僑姓，王、謝、袁、蕭爲大；東南則爲吳姓，朱、張、顧、陸爲大；山東則爲郡姓，王、崔、盧、李、鄭爲大；關中亦號郡姓，韋、裴、柳、薛、楊、杜首之；代北則爲虜姓，元、長孫、宇文、于、陸、源、竇首之。」都是魏晉南北朝時出現的舊「右姓」（柳芳此文也完全是主張維護世族地主的論調）。《唐會要》卷三六〈氏族〉載蘇冕所議：「創業君臣，俱是貴族，三代以後，無如我唐：高祖八柱國唐公之孫，周明懿、隋元貞二皇后外戚，娶周太師竇毅女，毅則周太祖之婿也；宰相蕭瑀、陳叔達，梁陳帝王之子；裴矩、宇文士及，齊隋駙馬都尉；竇威、楊恭仁、封德彝、竇抗，並前朝師保之裔；其將相裴寂、唐儉、長孫順德、屈突通、劉政會、竇軌、竇琮、柴紹、殷開山、李靖等，並是貴胄子弟。」則是本上述幾代仕宦具有一定聲望權勢便是世族地主這個標準所提出的隋唐新「高門大族」。用柳芳的舊傳統來衡量，無論李淵的「元謀功臣」、李世民的「功臣」以及建成、元吉所委信的人中出於「右姓」者都寥寥無幾。從蘇冕的新觀念來看，李淵「元謀功臣」名單中的裴寂、竇琮、殷開山、劉政會，李世民「功臣」名單中的長孫無忌、房玄齡、杜如晦、高士廉、宇文士及、屈突通、蕭瑀、封德彝、杜淹，以及兩個名單中共有的長孫順德、劉弘基、柴紹、唐儉，建成、元吉手下的王珪、韋挺、薛萬徹，都已幾代仕宦，可以算是世族地主；而李淵「功臣」中的劉世龍、趙文恪、張平高、李思行、李高遷、許世緒，李世民「功臣」中的王君廓、尉遲敬德、侯君集、張公瑾、劉師立、秦叔寶、程知節、錢九隴、樊興、公孫武達、李孟嘗、段志玄、龐卿惲、張亮、元仲文、李安遠、秦行師、馬三寶，建成、元吉手下的魏徵、馮立、謝叔方等又都只是庶族地主，有的甚至連地主出身都夠不上。因此無論李世民、李淵、建成、元吉對世族地主、庶族地主、以至非地主分子都是兼收並蓄，並無成見。當然文官中世族地主多一些，因爲世族地主條件好，容易掌握文化；而庶族地主以及非地主分子條件差，往往習於戰鬪，因此大多數成爲戰將。這無論在李世民、李淵、建成、元吉任何一方面都是如此。

《舊唐書・高士廉傳》記載貞觀十二年高士廉等奉詔編撰《氏族志》時李世民所發的一段議論：「我與山東崔、盧、李、鄭，舊既無嫌，爲其世代衰微，全無冠蓋，猶自云士大夫，……我不解人間何爲重之？……我平定四海，天下一家，凡在朝士，皆功效顯著，或忠孝可稱，或學藝通博，所以擢用，……我今特定族姓者，欲崇重今朝冠冕，……卿等不貴我官爵耶？不須論數世以前，止取今日官爵高下作等級。」[91] 要修《氏族志》，是仍以門閥爲貴的舊意識，不承認崔、盧等舊「右姓」，要把唐朝的功臣顯宦定爲新「右姓」，又是敢於突破舊傳統的新思想。這種新舊揉合的思想意識出於世族地主行將爲庶族地主取代的過渡時期是十分自然的。若前此世族地主全盛之世，則決無出現這種思想意識的可能[92]。《舊唐書》卷六一〈竇威傳〉載李淵謂竇威：「

---

91 《唐會要》卷三六〈氏族〉貞觀十二年正月十五日條略同。

比見關東人與崔、盧爲婚，猶自矜伐，公代爲帝戚，不亦貴乎？」[93]也是和李世民同一思想意識。這又證明李淵、李世民在對待世族、庶族問題上是同等水準的歷史人物。

六　太子承乾、魏王泰以及晉王治

李世民當上皇帝後，貞觀年間他的兒子又學父輩的老樣，分別形成派系，爲爭奪帝位的繼承權而鬭爭。

李世民的兒子很多，照舊傳統習慣，最有資格繼承帝位的應是長孫皇后親生的三個兒子李承乾、李泰和李治。承乾生於武德二年，是長子，李世民當皇帝後就立他爲皇太子。據《舊唐書》卷七六〈承乾傳〉，他「性聰敏，太宗甚愛之」。貞觀九年太上皇李淵死，「太宗居諒闇，庶政皆令聽斷，頗識大體。自此太宗每行幸，常令居守監國」。看來也並非無能之輩[94]。只緣「先患

---

92 如《宋書》卷五七〈蔡興宗傳〉記宋文帝寵臣王弘欲作士人為王球所拒，文帝只好說：「我便無如此何！」《南齊書》卷三六〈江斆傳〉紀齊武帝寵臣紀僧真乞作士大夫為江斆所拒，武帝說：「士大夫固非天子所命！」其口吻較之李世民何其軟弱，這不是宋文、齊武二帝的性格問題，而是時代使然。

93 《唐會要》卷三六〈氏族〉武德三年條同。

94 承乾傳所說「及長，好聲色，慢游無度」，「退朝後便與羣小褻狎，宮臣或欲進諫者，先揣其情，便危坐斂容，引咎自責，樞機辨給，智足飾非」，「常命戶奴數十百人專習伎樂，學胡人椎髻，翦綵為舞衣，尋橦跳劍，晝夜不絕，鼓角之聲，日聞於外」，以及《新唐書》卷八〇〈承乾傳〉所說「又好突厥言及所服，選貌類胡者，被以羊裘，辮髮，五人建一落，張氈舍，造五狼頭纛，分戟為陳，繫幡旗，設穹廬自居」云云，當都是承乾敗後或高宗朝修《太宗實錄》所附會增飾之詞。退朝後與羣小相處，本是帝王常事。東宮所屬執役警衛當有胡人，於是有太子胡化之說，其實太宗既可受「天可汗」之稱，太子又何以不能一效可汗言行以為戲樂。至於宮臣進諫引咎自責，更與李世民之納諫邀譽有何區別。而在李世民則為明君聖德，在承乾則為不才子惡迹。舊史好以成敗論人，今日不應再為所惑。

足，行甚艱難，而魏王泰有當時美譽，太宗漸愛重之。承乾恐有廢立，甚忌之，泰亦負其材能，潛懷奪嫡之計，於是各樹朋黨，遂成釁隙」。「嘗召壯士左衛副率封師進及刺客張師政、紇干承基等，深禮賜之，令殺魏王泰，不克而止。尋與漢王元昌、兵部尙書侯君集、左屯衛中郎將李安儼、洋州刺史趙節、駙馬都尉杜荷等謀反，將縱兵入西宮。貞觀十七年，齊王祐反於齊州，承乾謂紇干承基曰：『我西畔宮墻，去大內正可二十步來耳，此間大親近，豈可並齊王乎！』會承基亦外連齊王，繫獄當死，遂告其事。太宗召承乾幽之別室，命司徒長孫無忌、司空房玄齡、特進蕭瑀、兵部尙書李勣、大理卿孫伏伽、中書侍郎岑文本、御史大夫馬周、諫議大夫褚遂良等參鞫之，事皆明驗。廢承乾爲庶人，徙黔州，元昌賜令自盡，侯君集等咸伏誅。其宮僚左庶子張玄素、右庶子趙弘智、令狐德棻、中舍人蕭鈞並以材選用，承乾既敗，太宗引大義以讓之，咸坐免」。案承乾當時處境頗似武德時的建成，爲保持帝位繼承權而結集私黨。其辦法則學習乃父李世民，想用壯士殺死魏王泰是操李世民除建成、元吉故智，「將縱兵入西宮」即「大內」[95]，也是抄襲玄武門之變後威迫皇帝內禪的老章法，而此時已成爲他私黨的侯君集又正是當年玄武門之變的幹將。至於李世民陰妃所生第五子齊王祐也是「潛募劍士」有所覬覦的不安分之徒[96]，貞觀十七年在齊州叛亂至少客觀上成爲承乾的外援，承乾所說「我西畔宮墻至大內正可二十步來」的話，表明他確有趁齊王祐叛亂的機會用兵於大內的打算。

再看魏王泰，《舊唐書》卷七六本傳說他「少善屬文」，「太宗以泰好士愛文學，特令就府

95 大內在太子所居東宮之西，所以叫「西宮」。

96 《舊唐書》卷七六本傳。

別置文學館，任自引召學士」。「司馬蘇勗以自古名王多引賓客，以著述爲美，勸泰請撰《括地志》，泰遂引著作郎蕭德言、秘書顧胤、記室參軍蔣亞卿、功曹參軍謝偃等就府修撰，……功畢表上之，詔令付秘閣，賜泰物萬段，蕭德言等咸加給賜物」。《括地志》現在還有輯本傳世，給人的印象好像眞是「好士愛文學」的名王之流，其所引賓客也眞是只會搖筆桿的文士。其實決不止此。本傳就說：「泰潛有奪嫡之意，招駙馬都尉柴令武、房遺愛等二十餘人，厚加贈遺，寄以腹心。黃門侍郎韋挺、工部尚書杜楚客相繼攝泰府事，二人俱爲泰要結朝臣，津通賂遺，文武羣官，各有附託，自爲朋黨。」這裏所講要結附託的是「文武羣官」，不僅有文而且有武。韋挺在武德時做過太子建成的左衛率，因楊文幹叛亂辭涉東宮而與王珪同被流放，對太子諸王間如何鬥爭有經驗。杜楚客是杜如晦的兄弟[97]，房遺愛是房玄齡的兒子，柴令武是柴紹的兒子，二人還都是李世民的女婿，後來在高宗永徽四年與薛萬徹謀立李淵第六子荊王元景不成被殺[98]，都是有一定權勢的不安分之徒，和承乾手下的侯君集等人正旗鼓相當。「引召學士」「以著述爲美」和當年李世民、元吉之分別開文學館置學士同樣有政治性質，除邀譽外還在培植自己的私黨羽翼。

但魏王泰的結局也不甚美妙，在承乾被廢爲庶人時李世民也「幽泰於將作監」，接著降封東萊郡王，改封順陽王，徙居均州之鄖鄉縣，比承乾之徙黔州好不了多少。李世民對魏王泰本來是頗爲喜歡的，在處分他的詔書中還說「朕之愛子，實所鍾心」，「恩遇極於崇重，爵位逾於寵章」。當承乾被廢時，改立魏王泰爲太子好像是順理成章的事情，但偏偏出人意外地連魏王泰也

97 《舊唐書》卷六六本傳。

98 《舊唐書》卷六六〈房玄齡傳附遺愛傳〉、卷五八〈柴紹傳附令武傳〉、卷六四〈元景傳〉、卷四〈高宗紀〉。

降逐，來個兩敗俱傷。這究竟是什麼原因？

《舊唐書．魏王泰傳》是這樣寫的：「承乾敗，太宗面加譴讓，承乾曰：『臣貴為太子，更何所求？但為泰所圖，特與朝臣謀自安之道，不逞之人，遂教臣為不軌之事。今若以泰為太子，所謂落其度內。』太宗因謂侍臣曰：『承乾言亦是，我若立泰，便是儲君之位可經求而得耳。……』『自今太子不道，藩王窺嗣者，兩棄之。傳之子孫，以為永制。』」在處分魏王泰的詔書裏也說：「朕志存公道，義在無偏，彰厥巨釁，兩從廢黜，非惟作則四海，亦乃貽範百代。」實際這些只是表面文章，聽了承乾這幾句話就貿然作出「兩從廢黜」的決定，更不可能是李世民這種老謀深算的封建統治者的作風[99]。所以「兩從廢黜」者實另有其原因，這就是詔書中所說的承乾和泰都「爭結朝士，竟引凶人，遂使文武之官，各有託附，親戚之內，分為朋黨」，而一分派系小集團，欲罷難休，最後非危及皇帝本身不可。隋文帝楊堅的結局，唐高祖李淵當太上皇的滋味，李世民是一清二楚的，他自己就是深於此道的過來人，現在看到自己的兒子也向父輩學習，以承乾為首的小集團已準備向自己下手，魏王泰小集團也難保不來這一手，為自己免當楊堅、李淵起見，不如當機立斷，忍痛割愛，把這兩個小集團同時粉碎。這完全是從自己的利害打算，絕

99 至於《舊唐書》卷八〇〈褚遂良傳〉所說太子承乾以罪廢，魏王泰入侍，太宗面許立為太子，因謂侍臣曰：「昨青雀（魏王泰小名）自投我懷云：『臣今日始得與陛下為子，更生之日也，臣唯有一子，臣百年之後，當為陛下殺之，傳國晉王。』父子之道，故當天性，我見其如此，甚憐之。」為遂良所諫止云云。則更不可信，或出遂良後嗣所撰家傳之類之所增飾，〈魏王泰傳〉等均無此項記載。其中李世民所述魏王泰殺子傳弟之誓，太不近情理。而且魏王泰未被廢時並無立晉王為太子之說，魏王泰何以要用百年後傳弟晉王的話來媚惑李世民？退一步說，即使當時真有欲立魏王的打算，則經褚遂良諫止也就可以，何至立刻轉而幽泰於將作監，且繼之以貶逐？司馬光不察，竟採入《通鑑》，可謂千慮之失。

非什麼「志存公道，義在無偏」。作爲一個封建帝王事事爲自己打算是很自然的事情，要他出以公心倒反是不現實的。

廢承乾後立晉王治（唐高宗）爲太子也說明了這一點。晉王治固然是承乾、魏王泰外長孫皇后唯一的兒子，但光有這一條還不够，因爲必要時還可以廢嫡立庶，立其他妃嬪生的兒子。其所以得立，主要還是因爲他不曾營私結黨，自成派系。《舊唐書·長孫無忌傳》說：「太子承乾得罪，太宗欲立晉王，而限以非次，迴惑不決，御兩儀殿，羣官盡出，獨留無忌及司空房玄齡、兵部尚書李勣，謂曰：『我三子一弟，所爲如此，我心無憀。』[100]因自投於床，抽佩刀欲自刺，無忌等驚懼，爭前抱扶，取佩刀以授晉王。無忌等請太宗所欲，報曰：『我欲立晉王。』無忌曰：『謹奉詔，有異議者臣請斬之。』太宗謂晉王曰：『汝舅許汝，宜拜謝。』晉王因下拜。太宗謂無忌曰：『公等既符我意，未知物論何如？』無忌曰：『晉王仁孝，天下屬心久矣，伏乞召問百僚，必無異辭，若不蹈舞同音，臣負陛下萬死。』於是建立遂定。」這條記載某些細節有點問題，如晉王治雖是第九子，但在長孫皇后親生之子中名列第三，在嫡庶有別的封建社會裏如何能說「非次」，但在需要長孫無忌、房玄齡、李勣等文武重臣支持晉王治這點上必非虛構。這證明晉王治當時確沒有營私結黨，因此要替他找好幾位有力量的重臣作爲輔佐。

晉王治爲什麼不營私結黨，這和他的年齡有關。《舊唐書·太宗紀》：武德九年十月「立中山王承乾爲皇太子。」〈承乾傳〉：「太宗卽位，爲皇太子，時年八歲。」則承乾生於武德二年，到貞觀十七年被廢時已二十五歲。魏王泰是第四子，據《舊唐書》本傳「永徽三年薨於鄖鄉，

100 「三子」謂承乾、魏王泰、齊王祐，「一弟」謂漢王元昌。

年三十有五」，上推其生爲武德元年，比承乾都大，不可能，本傳「永徽三年」蓋爲「五年」之誤，則出生於武德三年，至貞觀十七年亦已二十四歲，和二十五歲的承乾均早具備營私結黨的能力。晉王治據《舊唐書・高宗紀》「貞觀二年六月生」，則貞觀十七年才十六歲，前此更是幼小，十二三歲的小孩子當然沒有營私結黨的可能性。這不是他比魏王泰、承乾來得恬淡或無能，而是年齡所局限。

〔**附記**〕　拙文寫成後，偶讀抗戰初武漢出版的《太炎文錄續編》，在卷二上發現一篇〈書唐隱太子傳後〉，才知道章炳麟先生早在半個世紀前已對隱太子建成和李世民的矛盾問題持獨特的看法，其文一開頭就說：「史之失官，莫如書唐隱太子與明建文事。建文紀年被革除，因不爲著實錄，其時政令遂不可知，顧史官闕文而已，隱太子事，加誣乃已甚矣！」文中指出「倡義之謀，本裴寂、劉文靜啟之，太宗在側，故附成其說，隱太子不在側，故不得附成其說，太宗非有以過其兄也。其決策之大者，莫爲師次賈胡，久雨糧乏，羣議欲返太原，惟太子兄弟沮其計，使神堯紇然西進，終成大業，此其功亦二人兼之。觀溫大雅《創業起居注》所記，大郎、二郎方略正等，知太子非謹庸不可與立者，神堯所以卒無異志爲此也。其後削平東夏，實太宗之功爲大，事乃在武德三年。後王、魏勸太子親將討劉黑闥以立功，事雖卒就，比於太宗當不逮，要創業時功非有異也。太宗以削平東夏自伐，故思奪宗，與煬帝以平陳自伐無異。奪宗之事，太宗與煬帝等。房、杜爲之謀主，與楊素等。凡事爲耳目所習者，其取法也易，其慮之也亦深。神堯雖暗，獨懲於隋之高祖。訟者知其不決，則剸刃以先之，事乃有甚於煬帝者矣。」所說除「神堯雖暗」云云與鄙見尚不無出入外，可謂先得我心，特備錄如上，供讀拙文者參考。

敦煌寫本常何墓碑和唐前期宮庭政變中的玄武門

這是一個老課題。一九四二年陳寅恪先生在他的名著《唐代政治史述論稿》中篇〈政治革命及黨派分野〉裏，就引用巴黎圖書館所藏敦煌寫本伯二六四〇／一七・四李義府撰〈常何墓碑〉殘卷[1]，來論證屯守玄武門的禁軍將領常何和玄武門之變的關係。過了將近四十年，一九八〇年武漢大學歷史系魏晉南北朝隋唐史研究室編印的《魏晉南北朝隋唐史資料》第二期發表了〈常何墓碑寫本錄文〉和黃惠賢先生的〈常何墓碑跋〉，對寅恪先生所說表示異議。一九八一年北京大學中古史研究中心編集、八二年中華書局出版的《敦煌吐魯番文獻研究論集》又發表了鄭必俊女士的〈敦煌寫本常何墓碑校釋〉，仍維持寅恪先生舊說。我大體贊同黃惠賢先生的看法，但認爲

1 可能由於原件或照片模糊不清，寅恪先生在這裏誤以爲是墓志，一九五一年撰〈論隋末唐初所謂「山東豪傑」〉（原刊一九五二年《嶺南學報》第十二卷第一期，後收入《金明館叢稿初編》）重加引用時已改正。

尚有若干剩義仍未涉及，不賢識小，寫出來請並世通人指正。

一

寅恪先生列舉武德九年秦王李世民襲殺皇太子建成、齊王元吉和神龍元年張柬之剪除張易之兄弟、景龍三年太子李重俊剪除武三思、唐隆元年臨淄王李隆基剪除韋后等四次宮庭政變，指出政變中宮城北門玄武門地勢重要，能否奪取玄武門是這幾次政變成敗的關鍵。但寅恪先生沒有進一步講清楚玄武門所以重要的原因。如所周知，玄武門只是宮城的一個城門，就武德九年、景龍三年、唐隆元年三次政變發生地點長安宮城（當時所謂大內，景雲元年改名太極宮）而言，除通向東宮、掖庭宮的宮門而外，南面有承天、長樂、永春、廣運、永安五門，北面除正中玄武門外其東尚有安禮門，就神龍元年政變發生之地東都洛陽宮而言，除通向東宮的宮門而外，南面有應天、明德、長樂、雒城南門四門、西面有嘉豫門、雒城西門，北面除正中玄武門外其東尚有安寧門[2]，發動政變的目的既在剷除宮庭內部的政敵，玄武門不易奪取難道不能從其他城門進入宮城以達到此目的？而且不通過玄武門而進入宮城的政變在當時並非不曾發生過，《舊唐書》卷八〈玄宗紀〉就有這樣的記載：

2　詳徐松《唐兩京城坊考》卷一西京宮城和卷五東都宮城的考證，並參考日本平岡武夫《長安與洛陽》所匯集諸家地圖（一九五七年陝西人民出版社版楊勵三譯本）。

〈開元十年九月〉己卯[3]夜，京兆人權梁山偽稱襄王男，自號光帝，與其黨權楚璧以屯營兵數百人自景風、長樂等門斬關入宮城構逆，至曉兵敗，斬梁山。[4]

長樂如前所說是長安宮城南面、承天門東邊的城門，景風則是宮城南面的皇城的東面城門。權梁山和屯營兵是通過景風門進入皇城，再北向通過長樂門進入宮城的，並沒有首先去奪取玄武門[5]。

再看神龍元年、景龍三年、唐隆元年幾次政變中玄武門究竟起多少作用。神龍元年政變的經過略見《舊唐書》卷一〇九〈李多祚傳〉和卷九一〈桓彥範傳〉。〈李多祚傳〉說：

多祚……少以軍功歷位右羽林大將軍，前後掌禁兵北門宿衛二十餘年。神龍初，張柬之將誅張易之兄弟，引多祚將籌其事。……多祚曰：「苟緣王室，唯相公所使。」遂與柬之等定謀誅易之兄弟。

〈桓彥範傳〉：

神龍元年正月，彥範與敬暉及左羽林將軍李湛、李多祚、右羽林將軍楊玄琰、左威衛將軍薛思行等，率左右羽林兵及千騎五百餘人討易之、昌宗於宮中，令李湛、李多祚就東宮迎皇太子，兵至玄武門，彥範等奉太子斬關而入，兵士大譟，時則天在迎仙宮之集仙

---

3 原作乙卯，但據《二十史朔閏表》開元十年九月是己巳朔，不可能有乙卯，故從《通鑑》卷二一二改為己卯，己卯是十一日。

4 《舊書》卷一〇〇〈王志愔傳〉所記略同，惟誤作開元九年，當從紀。

5 當然這次政變是失敗了。但失敗應有其他原因，不能歸之於不去奪取玄武門。因為如果當時玄武門非奪取不可，權梁山和叛變的屯營兵不會不知道，何致偏走長樂門以自取失敗。

殿，斬易之、昌宗於廊下。

可見張柬之、桓彥範等是利用當時的禁軍即左右羽林兵及其主力千騎來發動宮庭政變。其所以必自玄武門進入者，則和禁軍屯營的地點有關。《唐會要》卷七二〈京城諸軍羽林軍〉條說：

> 貞觀十二年十一月三日，於玄武門置左右屯營[6]，以諸衛將軍領之，其兵名曰飛騎，中簡才力驍健善騎射者號爲百騎。……至永昌元年十月二十八日，改百騎爲千騎。至景雲元年九月二十七日，改千騎爲萬騎，垂拱元年五月十七日置左右羽林軍。[7]

案自左右羽林軍設置後百騎、千騎、萬騎均先後受其管轄[8]，玄武門外的左右屯營也就隨之成爲左右羽林軍的大本營。這是長安的情況。高宗、武則天長期移居東都，禁衛的辦法一仍長安之舊，所以《舊書·李多祚傳》說多祚「歷位羽林大將軍，前後掌兵北門宿衛二十餘年」，這個「北門」就指東都洛陽宮的玄武門而言。以李多祚等爲首的禁軍既已被政變發動者收買利用，禁軍從左右屯營出動自然就近通過玄武門進入宮禁。唐隆元年臨淄王李隆基在長安剪除韋后之役也是如此，據《舊唐書》卷八〈玄宗紀〉：

> 〔唐隆元年六月〕庚子夜率〔劉〕幽求等數十人自苑南入，總監鍾紹京又率丁匠百餘以從，分遣萬騎往玄武門殺羽林將軍韋播、高嵩，持首而至，眾歡叫大集。

又卷五一〈后妃·中宗韋庶人傳〉：

---

6 案玄武門之置屯營當始於武德時，《舊唐書》卷一八七上〈忠義·敬君弘傳〉所謂「武德中為驃騎將軍，掌屯營兵於玄武門」可證。其分置左右屯營則當在貞觀十二年。

7 《新唐書》卷五〇〈兵志〉略同，蓋即據《會要》的記載迻寫。

8 《舊唐書》卷一〇六〈王毛仲傳〉說「韋后稱制，令韋播、高嵩為羽林將軍，令押千（萬）騎營」可證。

臨淄王率薛崇簡、鍾紹京、劉幽求等領萬騎入自玄武門……至太極殿，后惶駭遁入殿前飛騎營，爲亂兵所殺。[9]

這是利用萬騎刼取羽林軍，並就近進入玄武門以成大事。至於萬騎及羽林軍之所以甘願倒向兩次政變發動者李隆基和張柬之一邊，根本原因還在於張柬之的行動代表了當時李、武兩大勢力的共同意願，李隆基則聯合武氏勢力中太平公主一系，在敵我力量對比上都已取得絕對優勢的緣故[10]。

景龍三年中宗太子李重俊發動宮庭政變之所以失敗，根本原因也在於力量對比。重俊當時別無其他強大勢力支持，卻要和中宗、韋后、武三思、武崇訓等代表的李、武兩大勢力抗衡，其失敗自在意中[11]。而初不繫於政變發動時是否占據了玄武門，這在《舊唐書》卷八六〈中宗節愍太子重俊傳〉裏本已交待得很清楚：

〔景龍〕三年七月，〔重俊〕率左羽林大將軍李多祚、右羽林將軍李思沖、李承況、獨孤禕之、沙吒忠義等矯制發左右羽林兵及千騎三百餘人，殺三思及崇訓於其第……又令左金吾將軍成王千里分兵守宮城諸門，自率兵趨肅章門，斬關而入，求韋庶人及安樂公主所在。……韋庶人及公主遽擁帝馳赴玄武門樓，召左羽林將軍劉景仁等，令率留軍飛騎及百餘人於樓下列守。俄而多祚等兵至，欲突玄武門樓，宿衛者拒之，不得進，帝據

---

9 有關這次宮庭政變的史料除《舊書·玄宗紀》、〈韋庶人傳〉外，還有《舊書·王毛仲傳》和《通鑑》卷二〇九景雲元年唐隆元年六月庚子條，所紀均小有出入，這裏節引〈玄宗紀〉、〈韋庶人傳〉，目的在於點清當日情勢，其枝節出入處不復考辨。

10 別詳拙作〈說李武政權〉。

11 同上。

檻呼多祚等所將千騎，謂曰：「汝並是我爪牙，何故作逆？若能歸順，斬多祚等，與汝官員。」於是千騎王歡喜等倒戈，斬多祚及李承況、獨孤禕之、沙吒忠義等於樓下，餘黨遂潰散。

這裏明明說重俊已令成王千里分兵守宮城諸門，玄武門自亦在據守之列，但中宗一到就立即獲得留守禁軍的擁護，可見政變成敗的關鍵仍不在於是否首先搶占玄武門，而在於雙方力量的對比，在於力量占優勢從而能取得禁軍的支持。重俊一邊勢孤力單，爭取不到多數禁軍的支持，只好勾結幾名將領來「矯制」調發禁軍，到中宗親臨，「矯制」不成自然土崩瓦解。而中宗之所以必須馳赴玄武門，也不是因爲玄武門地勢如何重要，而因爲玄武門是禁軍屯營所在，倉卒中要取得自衛武力非來到這裏不可。這和唐隆元年政變中韋后「惶駭遁入殿前飛騎營」的目的正相同，不過當時韋后已爲禁軍所共棄，遁入飛騎營於自投羅網，其結局不同於中宗而已。

左右屯營地點的變更是在玄宗開元年間，《唐會要》卷七二〈京城諸軍羽林軍〉條：

開元十年九月二十七日勅：駕在京，左右屯營宜於順義、景風門內安置，北衙亦著兩營，大明〔宮〕北門安置一營，大內北門安置一營；駕在東都，左右屯營於賓曜右掖門內安置，兼於玄武北門左右廂各據地界，繞宮城分配宿衛。[12]

禁軍左右屯營既不復屯駐玄武門，大明宮及大內的玄武門僅各留一營兵力，此後玄武門的重要

12　為什麼作如此變更，勅裏沒有說，據前引《舊書．玄宗紀》開元十年九月十一日己卯「權梁山……以屯營兵數百人自景風、長樂等門斬關入宮城構逆」，事在二十七日降勅之前半個月，可能玄宗鑒於屯營兵被利用「構逆」。因而降勅變更其駐屯地點，但不得確證。

性自不能和前此左右屯營俱在時同日而語。中唐時禁軍左三軍列皇帝所居大明宮東面南邊大和門外，右三軍列西面北邊九仙門外[13]，玄武門就更無關大局了。

二

現在回到本文主題，來研究武德九年六月四日的玄武門之變。寅恪先生認爲這次宮庭政變成敗的關鍵仍在能否奪據玄武門，其證據即是敦煌寫本〈常何墓碑〉，還有《舊唐書》卷一八七〈忠義・敬君弘〉等傳的記載。〈敬君弘傳〉說：

> 武德中，爲驃騎將軍，封黔昌縣侯，掌屯營兵於玄武門，加授雲麾將軍。隱太子建成之誅也，其餘黨馮立、謝叔方率兵犯玄武門，君弘挺身出戰，……與中郎將呂世衡大呼而進，並遇害。太宗甚嗟賞之，贈君弘左屯衛大將軍，世衡右驍衛將軍。

同卷〈馮立傳〉說：

> 率兵犯玄武門，苦戰久之，殺屯營將軍敬君弘，……解兵遁於野，俄而來請罪。太宗數之曰：「汝在東宮，潛爲間構，阻我骨肉，汝罪一也，昨日復出兵來戰，殺傷我將士，汝罪二也。……」

〈常何墓碑〉則說：

13 詳宋敏求《長安志》卷六左右三軍飛龍院章，程大昌《雍錄》卷八宮北禁軍營圖、《唐兩京城坊考》卷一大明宮及西京大明宮圖。

從隱太子討平河北。……〔武德〕七年，奉太宗令追入京，賜金刀子一枚，黃金卌挺，令於北門領健兒長上，仍以數十金刀子委公錫驍勇之夫，趨奉藩朝，參聞霸略，承解衣之厚遇，申繞帳（當作帳）之深誠。九年六月四日，令總北門之寄。

據此寅恪先生認爲：「玄武門地勢之重要，建成、元吉豈有不知，必應早有所防衛，何能令太宗之死黨得先隱伏奪據此要害之地乎？」今知「常何舊曾隸屬建成，而爲太宗所利誘，當武德九年六月四日常何實任屯守玄武門之職，故建成不以致疑，而太宗因之竊發，迨太宗旣殺其兄弟之後，常何遂總率北門之屯軍矣。此亦新史料之發見，足資補釋舊史所不能解之一端也。」「至於敬君弘、呂世衡則觀太宗數馮立罪所言，殆與常何同爲太宗之黨歟？史料缺乏，未敢遽定。」

寅恪先生如此闡說，自較尋常讀史者深入了一層，但仍有疑難之處不易解釋。因爲這次宮庭政變李世民一方成敗的最關鍵處並不在於後半截玄武門之據守，而在於前半截襲殺建成、元吉之能否得手。而在李世民統率下襲殺建成、元吉的骨幹力量，據《舊唐書》卷六五〈長孫無忌傳〉是：

無忌與尉遲敬德、侯君集、張公瑾、劉師立、公孫武達、獨孤彥雲、杜君綽、鄭仁泰、李孟嘗等九人入玄武門討建成、元吉。

卷五七〈劉師立傳〉則說：

師立與尉遲敬德、龐卿惲、李孟嘗等九人同誅建成有功。

又增多一龐卿惲，這或係〈劉師立傳〉有錯誤，龐卿惲本不在「九人」之中，或係〈長孫無忌傳〉有錯誤，把龐卿惲錯成了某某人，因爲《舊書》卷六八〈張公瑾傳〉也說「公瑾與長孫無忌等九人伏於玄武門以俟變」。卷六四〈隱太子建成傳〉也說「太宗將左右九人至玄武門」，可見骨幹力量之爲「九人」當時已有定說，其人選則爲尉遲、侯、張、劉、公孫、獨孤、杜、鄭、李，也許其中有龐而無某某[14]，此外絕不可能再有他人參與其列。長孫、尉遲、張、劉的傳裏固從未說他們曾禁衛北門，侯、公孫、獨孤、杜、鄭、李、龐中有碑傳可考者在武德九年六月四日之前也與北門禁軍絕無瓜葛，而統統是李世民的私黨[15]。至於眞正的北門禁軍將領，不僅如常何者沒有名登襲殺建成、元吉者的名單，即使其後抗擊東宮、齊府兵而身殉的敬君弘、呂世衡都不在其列。

是否常何等禁軍將領確已參與襲殺建成、元吉的行動，只緣不屬長孫無忌直接統率，功勞比不上尉遲敬德等人，因而未能名厠其列？從記述現場搏鬥的史料《舊唐書》〈建成傳〉、〈尉遲敬德傳〉來看，也絕無可能。〈建成傳〉所記是：

> 四日，太宗將左右九人至玄武門自衛，……建成、元吉行至臨湖殿，覺變，即迴馬，將

14　《舊書》卷二〈太宗紀〉說「皇太子建成、齊王元吉謀害太宗，六月四日，太宗率長孫無忌、尉遲敬德、房玄齡、杜如晦、宇文士及、高士廉、侯君集、程知節、秦叔寶、段志玄、屈突通、張士貴等於玄武門誅之」，只是隨便列舉一些參與此役支持李世民的人員，並非正式開列在玄武門襲殺建成、元吉的名單，因此其中不僅有只能運籌決策而不擅擐甲張弓的文士如房、杜之流，而且如《舊書》卷六五〈高士廉傳〉說他在六月四日的任務是「率吏卒，釋繫囚，授以兵甲，馳至芳林門備與太宗合勢」，根本不會同時去玄武門，《舊書·建成傳》說六月四日宇文士及已和高祖在一起準備窮覈世民與建成、元吉之爭，更沒有親臨玄武門現場的可能。此外，昭陵新出土吳廣（黑闥）碑中所說「九年六月與段志玄等立功於玄武門」，當也僅是指他在政變中出了力，並不能逕釋為親臨現場身預「九人」之列，吳碑《書法叢刊》第四輯印有拓片。

15　〈侯君集傳〉見《舊唐書》卷六九，〈公孫武達〉、〈李孟嘗〉、〈龐卿惲傳〉見卷五七，又李孟嘗碑（碑作孟常）、杜君綽碑均在昭陵，杜君綽碑錄文見《昭陵碑錄》卷中，李孟嘗碑新出土，《書法叢刊》第四輯印有拓片。

> 東歸宮府，太宗隨而呼之，元吉馬上張弓，再三不彀，太宗乃射之，建成應弦而斃，元吉中流矢而走，尉遲敬德殺之。

卷六八〈尉遲敬德傳〉對射殺元吉的過程講得更具體：

> 六月四日，建成既死，敬德領七十騎[16]躡踵繼至，元吉走馬東奔，左右射之墜馬，太宗所乘馬又逸於林下，橫被所繣，墜不能興，元吉遽來奪弓，垂欲相扼，敬德躍馬叱之，於是步走欲歸武德殿，敬德奔逐射殺之。

如果眞如寅恪先生所推測，李世民此時已收買常何、敬君弘等禁軍將領，則完全可以像後來張柬之、李隆基那樣利用禁軍來剪除建成、元吉，以收萬全之效。現在既需親冒鋒鏑與建成、元吉交手，甚至幾爲元吉所扼。足見當時李世民確未能利用禁軍，〈常何墓碑〉所謂「趨奉藩朝，參聞霸略」，一似常何已委身秦府且參聞六月四日政變機密者，實不足憑信[17]。因此可以判定這次政變之所以要在玄武門發動，和後來張柬之、李隆基之欲利用禁軍就近突入並不相同，其眞相應重新探索。

---

16 這「七十騎」疑本作「七騎」，「七騎」者就是同在玄武門埋伏的侯君集、張公瑾等人，以尉遲敬德為首，此處所有記載都沒有說李世民、長孫無忌、尉遲敬德等人外還有秦府士兵七十騎在玄武門埋伏。當然也不可能是七十騎禁軍，因為禁軍統屬比較嚴密，七十騎禁軍不是非禁軍長官的尉遲敬德所能指揮得動。因此疑本作「七騎」傳寫衍一「十」字。

17 發動政變是絕密之事，如何能讓不被利用的局外人參聞。所謂「趨奉藩朝，參聞霸略」云云，實係常何後人撰述行狀時粉飾之詞，或即李義府撰制碑文時所故意美化。因而措詞就難免模糊影響，和尉遲敬德碑（《昭陵碑錄》卷中）之作「二凶伏辜，雖天道禍淫，蓋伏君之算」，李孟常碑之作「二凶挺禍，窺覦神器，衅生非慮，義在泣誅，公貞勁之節，霜霰無改，大憝銷亡，茂賞遄及」，均敢於肯定功績者絕不相同。

探索這次政變眞相，我認爲還是應當從大處著眼，卽弄淸政變前雙方力量的對比。對此通常多認爲李世民的實力在建成、元吉之上。這在武德五年之前確是如此。當時出於「君之嗣嫡不可以帥師」[18]的傳統習慣，作爲皇太子的建成需要留在長安處理日常政務，出征的重任落到次子秦王李世民身上。尤其是武德二年十二月李世民充任陜東道行臺尚書令到武德四年五月消滅王世充、竇建德這段時間內，大量吸收了山東的人材作爲秦府私黨，秦府私甲也迅速擴充起來[19]，其實力確已超越東宮、齊府。這不僅使建成、元吉感到威脅，並且引起李淵的疑忌，認爲「此兒典兵既久，在外專制，爲讀書漢所教，非復我昔日子也」，從而「於太宗恩禮漸薄」，「建成、元吉轉蒙恩寵」[20]，李世民的軍事指揮權也被剝奪而被轉授建成、元吉。《舊唐書》〈建成傳〉所說：

> 及劉黑闥重反，王珪、魏徵謂建成曰：「殿下但以地居嫡長，爰踐元良，功績既無可稱，仁聲又未遐布。而秦王勳業克隆，威震四海，人心所向，殿下何以自安？今黑闥率破亡之餘，衆不盈萬，加以糧運限絕，瘡痍未瘳，若大軍一臨，可不戰而擒也，願請討之，且以立功，深自封殖，因結山東英俊。」建成從其計，遂請討劉黑闥，擒之而旋。

確能道出當時權勢轉移的關鍵，儘管其中貶抑建成、擡高李世民處出於玄武門之變後太宗朝史官的曲筆。武德五年先派元吉，繼派建成消滅了劉黑闥，建成、元吉在山東地區尤其在河北的勢力

18 《左傳》閔二年。

19 《舊唐書·建成傳》記建成、元吉黨羽上封事攻擊李世民，其中有「秦王左右多是東人」之說，卽是指這一事實。

20 《舊唐書·建成傳》。傳又有「太宗功業日盛，高祖私許立為太子」之說，自係出於玄武門變後增飾偽造的實錄、國史，而不顧其與「於太宗恩禮漸薄」之說相矛盾。

就迅速膨脹超過了李世民，《新唐書》卷九七〈魏徵傳〉記玄武門之變後「河北州縣素事隱〔太子建成〕、巢〔王元吉〕者不自安，往往曹伏思亂」，便是佐證。地方如此，京師長安城內東宮、齊府實力之較秦府雄厚從可推知。何況玄武門之變前夕建成、元吉更進而奪取秦府私甲，解散秦府私黨，如《舊唐書》〈元吉傳〉所記：

> 突厥郁射設屯軍河南，入圍烏城。建成乃薦元吉代太宗督軍北討，仍令秦府驍將秦叔寶、尉遲敬德、程知節、段志玄等並與同行，又追秦府兵帳，簡閱驍勇，將奪太宗兵以益其府，又譖杜如晦、房玄齡逐令歸第。

元吉傳說建成、元吉這麼做「高祖知其謀而不制」，實際上當然是秉承高祖意旨在辦事。從房玄齡、杜如晦這兩個親信謀士都不得不被逐出秦府[21]，可見除尉遲敬德等敢置生死於度外者外，絕大多數秦府兵將對元吉的簡閱徵調無力抗拒，秦府勢力轉瞬卽有土崩瓦解之勢。

李世民等人策動宮庭政變的陰謀秘計，事成後當然諱莫如深，今日已不可能盡發其覆。《舊唐書・建成傳》所稱「元吉因兵集，將與建成克期舉事」，〈元吉傳〉所稱「建成謂元吉曰：既得秦王精兵，統數萬之眾，吾與秦王至昆明池，於彼宴別，令壯士拉之於幕下，因云暴卒」，以及「率更丞王晊聞其謀密告太宗」云云，均顯屬秦府黨與或貞觀朝史官爲政變找理由而編造，司馬光纂修《通鑑》時卽不置信[22]。卽〈建成傳〉所謂：

> 六月三日，〔太宗〕密奏建成、元吉淫亂後宮，因自陳曰：「臣於兄弟無絲毫所負，今

21 《舊唐書》卷六六〈房、杜傳〉，卷六八〈尉遲敬德傳〉。

22 見《通鑑》卷一九一武德九年六月本條考異。

欲殺臣，似為世充、建德報仇，臣今枉死，永違君親，魂歸地下，實亦恥見諸賊。」高祖愕然，報曰：「明日當勘問，汝宜早參。」

也說得太不近情理。但六月四日高祖要勘問李世民與建成、元吉之間的是非曲直當是可信的。〈建成傳〉下文所說「四日，……高祖已召裴寂、蕭瑀、陳叔達、封倫、宇文士及、竇誕、顏師古等，欲令窮覈其事」，也必是事實，儘管為什麼要在這時勘問窮覈已不可得而知。這對李世民說來當然有末日來臨之感，不僅高祖久已站在建成、元吉一邊，宰相中最有權勢的裴寂早在武德初年就曾和李世民的羽翼劉文靜站在對立面[23]，再加上建成、元吉親自出面和李世民質證，李世民最好的結局也只能是罷職就第，最遲到建成或元吉即位後必被誅夷無疑。因此玄武門之變實際上是李世民及其少數私黨處於力窮氣索時的冒險嘗試。對此《舊唐書·張公瑾傳》有一段記事：

太宗將討建成、元吉，遣卜者灼龜占之，公瑾自外來見，遽投於地而進曰：「凡卜筮者，將以決嫌疑，定猶豫，今既事在不疑，何卜之有？縱卜之不吉，勢不可已，願大王思之。」

這裏的李世民之卜，張公瑾之投龜，都充分表示出這次行動完全是絕無把握的孤注一擲。

再談行動之所以選擇在玄武門。如前所說，這既不是為了利用駐屯玄武門的禁軍，更不是為了玄武門的地勢重要非控制占領不可，而應當從其他因素去考察。先考六月四日高祖與裴寂等準備在那裏勘問李世民：據《舊唐書·尉遲敬德傳》說「是時高祖泛舟海池」，「泛舟」雖不一定，在「海池」附近勘問當無疑問。據《通鑑》卷一九一「泛舟海池」句下胡三省注引閣本《太

23 詳《舊唐書》卷五七〈劉文靜傳〉。

極宮圖》：

太極宮中凡有三海池，東海池在玄武門內之東，近凝雲閣，北海池在玄武門內之西，又南有南海池，近咸池殿。[24]

又據《舊唐書・尉遲敬德傳》所說「建成既死，……元吉走馬東奔」，〈建成傳〉所說「建成、元吉行至臨湖殿，覺變，即回馬，將東歸宮府」，可知六月四日高祖等所在的海池是「玄武門內之西」的北海池或其相鄰的南海池，再考當時建成、元吉的住址，建成作爲皇太子住在大內東邊的東宮自無問題，元吉則複雜一些，據《舊唐書・建成傳》：

自武德初，高祖令太宗居西宮之承乾殿，元吉居武德殿後院，與上臺、東宮晝夜並通，更無限隔，皇太子及二王出入上臺，皆乘馬攜弓雜用之物，相遇則如家人之禮。

此武德殿在大內東部，承乾殿在大內西部，東西正相對稱[25]。但到武德後期李世民與建成、元吉交惡以至決裂之時，當不致繼續保持這種「晝夜並通」的局面。看《舊唐書・尉遲敬德、張公瑾》等傳所記政變前李世民招集私黨，策畫陰謀、龜卜吉凶諸事，自不可能在大內承乾殿舉行而必在

24 宋敏求《長安志》卷六西內章有「北海池、南海池、東海池、西海池」，徐松《唐兩京城坊考》卷一宮城小注：「西內凡海池四，一在咸池殿東，一在望雲亭西，一在凝陰閣北，一在凝云閣北，故《雍大記》謂之四海池。《通鑑》注引閣本《太極宮圖》云太極宮中凡有三海池，……蓋以近望雲亭與凝陰閣者為一也。」又程大昌《雍錄》卷三有唐西內太極宮圖，程氏原注「此係閣本」，亦可參考。

25 詳《唐兩京城坊考》卷一宮城武德殿條、承乾殿條，並參考《長安與洛陽》所集有關諸圖。《兩京城坊考》說承慶殿「即太宗所居，《舊書》作承乾者誤」。但《舊書》卷七八〈太宗諸子傳〉謂太宗長子承乾「生於承乾殿，因以名焉」，則此殿本名承乾，其易名承慶蓋緣貞觀時立承乾為太子之故。

秦府[26]，則此時元吉也應出居齊府。秦府、齊府的位置自宋敏求《長安志》以下有關唐長安城坊的圖志均失記，但從六月四日建成、元吉同行進入大內並同時遇害這點，可知元吉必在六月三日或四日晨離齊府後先至東宮，然後與建成由東宮進入大內。東宮與大內之間據宋敏求《長安志》有通訓門可通[27]，但其啟閉恐司于大內主者而不屬東宮，從《舊唐書》卷七六〈太宗諸子傳〉記太子承乾圖謀不軌時所說東宮「西畔宮牆去大內正可二十步來」而不說從通訓門直達可證。而當時高祖既在南北海池，去玄武門不遠，則建成、元吉出東宮北門沿宮城北牆往西進入玄武門，實為到達南北海池最便捷的途徑[28]，這就是李世民要把伏擊的地點選擇在玄武門的原因。至於在玄武門外抑門內，從《舊唐書・尉遲敬德傳》所說元吉墜馬後「步走欲歸武德殿」這點，可證實是在門內。因為武德殿即原賜元吉所居大內東部之殿，如伏擊在玄武門外，則元吉應由原路就近逃往東宮，決無兜圈子先進入大內，再步歸武德殿之理，何況其間還有玄武門的阻隔。而李世民之所以要在門內伏擊，很清楚也是為了防止建成、元吉逃竄，不讓他們就近逃回東宮。

要在玄武門伏擊，而且還要進入玄武門在門內伏擊，當然牽涉到駐屯玄武門的禁軍。禁軍之

---

26 《舊唐書・尉遲敬德傳》載敬德對李世民所說「在外勇士八百餘人，今悉入宮，控弦被甲，事勢已就」，自亦指進入秦府而言。鄭必俊〈校釋〉引用《通鑑》據〈敬德傳〉迻寫之文，認為「太宗居然能夠把親兵八百人控弦被甲地遣入宮中」，以此來證實常何領北門宿衛的作用。但敬德此語是六月四日之前所說，勇士八百之進入還得早一些，如真如鄭〈釋〉是進入大內，這麼多的武裝部隊在大內中歷時多日豈有不被發覺之理，且在此期間將如何飲食生活，難道宦官宮婢亦盡被李世民收買，獨瞞了李淵和建成、元吉，其有背事理顯而易見。

27 此門《唐兩京城坊考》所繪西京宮城圖定於南端，日本關野貞《平城京及大內裏考》所繪宮城平面略圖定於北端，均屬臆測而無的據，關野圖已收入平岡武夫《長安與洛陽》。

28 參考程大昌《雍錄》卷三唐西內太極宮圖、元李好文《長安志圖》卷上唐宮城圖、《唐兩京城坊考》卷一西京宮城圖。

未參與政變陰謀，沒有被李世民利用成爲伏擊建成、元吉的力量，已如前所說。但當李世民一行進入玄武門以事伏擊之時，禁軍確也沒有攔阻干預。這是由於多年來李世民與建成、元吉都慣於「乘馬携弓刀雜用之物」，在大內任意出入，如前引〈建成傳〉所說，而出入時必有親隨[29]，因而六月四日李世民、長孫無忌率尉遲敬德等九人武裝進入玄武門，禁軍也就不復注意審察，初不料會發生宮庭政變。同時，如〈常何墓碑〉所說李世民以金刀子、黃金對常何等禁軍將領的賄賂，也起了一定的作用，使他們基本上採取中立態度，在建成、元吉遭到襲擊時既不干預，更不救護。

在建成、元吉被殺，東宮、齊府兵要突入玄武門之時，事態起了變化。一則官府大隊武裝之公然衝突和前此李世民等少數人之進入有所不同，對李世民等少數人進入，禁軍將領可諉諸狃於慣例無從攔阻。對大隊武裝公然衝突則職守攸關，勢必防衛抵禦。再則建成、元吉既被襲殺，禁軍將領之中立態度亦易有所轉變，可以接受秦府私甲的支持共同抗擊東宮、齊府武裝，但也正由於變起不測，倉卒間無從作充分布置準備，以致在衝突中敬君弘、呂世衡被東宮、齊府兵斬殺。《舊唐書·敬君弘傳》所謂「君弘挺身出戰，其所親止之曰：『事未可知，當且觀變，待兵集成列而戰未晚也。』」正透露出禁軍將領初未預謀、臨時倉卒應戰、措手不及的眞實情況，至於事畢後李世民數說東宮將領馮立有所謂「殺傷我將士」者，當是指敬君弘等最後站到秦府一邊抗擊東宮、齊府被殺傷而言，抑亦包括被殺傷的秦府私甲在內。要不能據此含義不甚明確之詞，如寅恪先生所懷疑敬君弘等同爲「太宗之黨」。

29 否則「弓刀」固可由李世民和建成、元吉自佩，「雜用之物」總不能也由他們自己負戴。

三

最後，從常何的政治態度來分析他的升沉榮辱。

在玄武門之變之前，〈常何墓碑〉說他「於北門領健兒長上」，這自是事實不可能虛構。但從他所充任的職事官品階和敬君弘、呂世衡相比較，可看出他只是北門禁軍中一員普通將領而並非主要負責人。他在武德元年隨李密降唐，〈墓碑〉說「授清義府驃騎將軍」，此後隨李密東歸叛唐，失敗後轉投王世充繼又降唐，其職事官已降爲「車騎將軍」。據《唐會要》卷七二〈府兵〉：「武德元年……六月十九日改軍頭爲驃騎將軍，副爲車騎將軍；……七年三月六日改驃騎將軍爲統軍，車騎爲副統軍；至貞觀十年改統軍爲折衝都尉，副爲果毅都尉。」又《舊唐書》卷四二〈職官志〉官品上府折衝都尉條引《武德令》：統軍正四品下。至於副統軍卽常何所充任的車騎將軍的品階，因《武德令》全文佚失已無明文可稽，但從《通典》卷四〇〈職官・大唐官品〉引《開元二十五年令》所說上府折衝都尉正四品上階、上府果毅都尉從五品下階來推測，最高不過從五品[30]。而和常何同爲北門禁軍將領的敬君弘，據《舊唐書》本傳初爲驃騎將軍卽統軍，已是正四品下階，掌禁軍屯營後加授雲麾將軍，據《舊唐書》卷四二〈職官志〉引《武德七年令》

30 〈墓碑〉記常何入京充任禁軍將領前曾從建成平定河北並「留鎮於洧州」，但恐是臨時措施而非實授州刺史，和他後來正式歷任延、涇、資、黔等州刺史不同。因為據《通典》引〈開元二十五年令〉卽使下州刺史已是正四品下階，如前此常何已實授過州刺史，何以到玄武門之變後才因防禦突厥有功除一正四品下階的折衝都尉？

是從三品[31]，自居常何之上。郎呂世衡據〈敬君弘傳〉也是中郎將，《通典》引《開元二十五年令》左右千牛衛、左右監門衛中郎將都是正四品下階，武德時當亦無大出入，則也在最高不過從五品的常何之上。因此當時北門禁軍的主要負責人必非常何而應是敬君弘。本傳說敬君弘「絳州太平人」，應是李淵太原起兵時的幹部，而武德時的禁軍即所謂「元從禁軍」是由「太原從義之師願留宿衛爲心膂」者充任[32]，由太原起兵時的幹部敬君弘來充任他們的高級長官自正合適。至於常何，據〈墓碑〉不僅籍貫「汴州浚儀」，是山東地區的土豪，而且降了又叛，叛了再降，在政治上一再反覆，讓他在敬君弘之下當個禁軍普通將領自無不可，若讓他出任當時皇室安全所繫的北門禁軍主要負責人，則雖最糊塗的統治者也不致這麼做，何況創業之主李淵！

再看常何與李世民的關係。據〈墓碑〉所說，「太宗文皇帝出討東都，以公爲左右驍騎」，則曾經是李世民的直屬部下，但並未能像同係原屬李密、繼投王世充、最後降唐居李世民麾下的秦叔寶、程知節那樣成爲秦府的私黨心腹。這倒並非由於常何比秦、程多一段降唐又叛唐的不光彩歷史，因爲如果由於這段不光彩歷史而見棄於李世民，則後來常何任北門禁軍將領時李世民就不致用金刀子、黃金去收買他[33]。無奈他心計過於工巧，不敢絕對倒向李世民或建成、元吉，

31　雲麾將軍是散號將軍，但據〈職官志〉引《武德令》「職事卑者不解散官」的規定，可知敬君弘是以加雲麾將軍的辦法成為從三品的禁軍長官，他被殺後追贈正三品的左屯衛大將軍，就正好比原來的從三品提升一級。

32　《玉海》卷一三八引《鄴侯家傳》。

33　至於〈墓碑〉所說武德七年常何「奉太宗令追入京」，「於北門領健兒長上」也是奉太宗之「令」，則當係撰寫行狀、碑文時所增飾，因為武德七年李世民已失寵，且早被剝奪山東地區的軍事指揮權，有何權力將鎮守洧州的常何內調並派他在北門領健兒長上。

如前所說在玄武門之變的緊要關頭仍採取中立態度，當其上級敬君弘、呂世衡因抗禦東宮、齊府兵被殺而他仍能安然無恙，以致除〈墓碑〉外《舊唐書》等任何記述玄武門之變的史料都沒有必要提到他的名字。

玄武門之變在李世民看來是對幹部的一次大考驗，在政變成功並通過所謂「內禪」君臨天下之後，就「定功臣實封差第」。《舊唐書》卷二〈太宗紀〉和卷五〈裴寂劉文靜傳〉都備列定實封差第的功臣四十三人的名單，其中李世民私黨參與玄武門之變以及政變中站到李世民一邊的多至三十一人，占功臣總數的百分之七十二[34]。當然也有對政變採取中立態度仍能名居四十三功臣之列的，如李勣、李藥師（靖），但他們是山東和關隴兩地區武裝力量的代表人物，只要他們不公開和李世民作對，始終是李世民籠絡利用的對象[35]。常何的政治地位自然不能和二李相比，加之身臨政變現場而態度如此中立曖昧，過去又有過降叛反覆的不光彩經歷，舊帳、新帳一起算，政變後不得重用正是事理之所必然。〈墓碑〉說「九年六月四日令總北門之寄」，是指政變後讓常何臨時總統一下北門禁軍，這倒是可信的，因為敬君弘、呂世衡既都在政變中被殺，總統北門禁軍的責任只能落到品階較低的常何頭上，不必如惠賢先生所說是「碑文虛飾，不可盡信」，但常何並沒有因之得到任何升賞則是事實。要到這年八月以「馬軍副總管」參加抗禦突厥的便橋之役，才因功「除眞化府折衝都尉」，「封武水縣開國男，食邑三百戶」，又「特令長上」，折衝都尉即過去的驃騎將軍、統軍所改名[36]，是正四品下階，常何初次投唐時說充任過驃騎將軍，這

34 詳拙作〈論武德貞觀時統治集團的內部矛盾和鬬爭〉。
35 同上。
36 見前引《唐會要》卷七二〈府兵〉，但《會要》述改統軍為折衝都尉在貞觀十年，據此似當提前。

次除折衝都尉只能算官復原職，至於「特令長上」者，說明在此以前就解除了常何總統北門禁軍的職權，所以這時要重說「特令長上」，但這只是回到禁軍普通將領的位置上，和政變前在敬君弘等統轄下「領健兒長上」沒有多大差別。這比玄武門之變中立功的尉遲敬德、秦叔寶、程知節、段志玄等得授諸衛大將軍，侯君集、張公瑾、劉師立、公孫武達等得授諸衛將軍[37]，固大大落後，即名列伏擊建成、元吉的「九人」之末的李孟嘗，也在「其年七月除右監門中郎將，封武水縣開國公，仍別食實封四百戶」[38]，諸衛中郎將據《通典》引《開元二十五年令》是正四品下階，和常何在同年八月所得的折衝都尉品階大體相同，但開國縣公的爵是從二品，仍比常何從五品上階的開國男顯赫。

據《舊唐書》卷七四〈馬周傳〉，常何在貞觀三年前後改任中郎將，又據〈墓碑〉，貞觀六年除延州刺史，十一年行涇州刺史，十二年入為右屯衛將軍，丁憂後起復原職，十六年改授左領軍將軍，十八年兼右武衛將軍，品階均較前此之任折衝都尉、中郎將有所提高[39]。這當由於常何畢竟算是山東地區的宿將[40]，此時離玄武門之變已久，其人又再無離貳的表現，因此在任用上也適當寬縱一些。此後據〈墓碑〉在貞觀二十一年除資州刺史，高宗永徽三年遷黔州刺史，生前始終撈不上個諸衛大將軍，到永徽四年在黔州病死後才追贈左武衛大將軍、上柱國、武水縣開國伯，這恐怕仍舊和他當年在玄武門之變中弄巧成拙不無關係。

37 均詳《舊唐書》本傳，惠賢先生對此亦有所論述。據《通典》引《開元二十五年令》，諸衛大將軍是正三品，諸衛將軍是從三品。

38 《書法叢刊》第四輯印李孟常碑拓本。

39 據《新唐書》卷三七〈地理志〉，涇州是上州，《通典》引《開元二十五年令》上州刺史從三品。

40 據〈墓碑〉，常何居李密麾下時就爵為上柱國，惠賢先生考證他在瓦崗軍中的地位實出秦叔寶、程知節諸人之上。

李勣與山東

一

李勣和李靖是唐開國時位置最高、名聲最響的兩員大將。新、舊《唐書》都爲此二人合傳。《舊唐書》卷六七〈二李傳論〉所謂「近代稱爲名將者，英（李勣貞觀十一年封英國公）、衛（李靖同年封衛國公）二公，誠煙閣之最（貞觀十七年同預二十四功臣圖形凌煙閣之列）」，不僅是後來纂修《唐書》時史臣的看法，也代表二李生前的定論。唐太宗在貞觀時就說過：「李靖、李勣二人，古之韓、白、衛、霍豈能及也」[1]。足見二李的地位和作用早爲當時最高統治集團所肯定。

1 《貞觀政要》戈直本卷二〈任賢〉，《政要》出自《太宗實錄》。

但李勣和李靖的出身大不一樣。《舊唐書·李靖傳》說李靖是「雍州三原人」，「祖崇義，後魏殷州刺史、永康公，父詮，隋趙郡守」，「少有文武材略」，「其舅韓擒虎號爲名將，每與論兵，未嘗不稱善，撫之曰：『可與論孫、吳之術者，惟斯人矣。』」「左僕射楊素、吏部尚書牛弘皆善之，素嘗拊其床謂靖曰：『卿終當坐此。』」可見李靖出身貴族，是關中地區的世族地主，在隋代就和達官貴人往來，爲他們所賞識。李勣不然，《舊唐書》本傳說他是「曹州離狐人」，「隋末徙居滑州之衛南，本姓徐氏」，「家多僮僕，積粟數千鍾，與其父蓋皆好惠施，拯濟貧乏，不問親疏。大業末，韋城人翟讓聚衆爲盜，勣往從之」。是庶族地主即所謂土財主出身[2]，其好惠施拯濟，又敢於投奔翟讓，當與竇建德之「少時頗以然諾爲事」，「爲里長，犯法亡去，會赦得歸，父卒，送葬者千餘人」[3]，是同一類型，都屬於好結交江湖豪傑、在地方上有一定勢力的人物。這種人物的社會地位與李靖是大有差別的。再從年齡來看，《舊唐書》說李靖「貞觀……二十三年薨於家，年七十九」[4]，上推大業十三年唐高祖太原起兵時已四十七歲，武德年間

2 唐高宗撰書〈李勣碑〉謂「昌郡守，祖康，齊伏波將軍譙郡太守」，見《昭陵碑錄》卷下錄文。據新出土劉禕之撰〈李勣墓志〉拓片則是「曾祖鵠，後魏濮陽郡守，祖康，齊譙郡太守」。而據《新唐書》卷七五下〈宰相世系表〉則李勣曾祖「懇，梁荆州刺史」，祖「元起，宇山立，隋濮陽太守」，又與〈碑〉、〈志〉完全不合。均屬李勣既貴後所捏造者。為擡高社會地位而捏造先世姓名官爵在魏晉南北朝隋唐時代是荼飯常事，見於墓碑、墓志者比比皆是。這是世族地主當權、講究門閥的社會裏必然發生的現象。宋以來庶族地主取代世族地主後此風始稍殺。但明清家譜中遙托華冑之事仍未絕跡。今人有時迷信家譜，如據陸氏家譜信陸秀夫是陸游的後人之類，實係不懂此道理而上當受騙。

3 《舊唐書》卷五四〈竇建德傳〉。

4 許敬宗撰〈李靖碑〉同，見《昭陵碑錄》卷中錄文。

建立功勳時已是年過半百的老將。李勣「總章……二年……薨，年七十六」[5]，太原起兵之年只有二十四歲，到武德時還是個三十左右的青年。一個出身尋常的青年人能和比他大二十多歲的老將並駕齊驅，究竟憑藉什麼？

一般總會認爲是憑藉其卓越的軍事才能。李勣有軍事才能當然是肯定的，但如何卓越、無人能企及恐怕還很難說。請看他一生的軍事經歷：大業十二年他參與圍殲張須陁之役，但指揮者是李密[6]，大業十三年他隨李密與王世充相持於洛陽，互有勝負。同年他駐守黎陽倉，曾擊退宇文化及的進攻，但武德二年投唐後黎陽即被竇建德攻陷，他力屈請降。武德三年他自拔歸長安，四年隨秦王李世民擒竇建德，降王世充，但統帥是李世民，分兵圍王世充的主將是齊王元吉[7]，他只算輔佐。同年他任黎州總管，劉黑闥起兵，他棄城走保洺州，在黑闥追擊下僅以身免[8]。武德

---

5 〈李勣碑〉、〈志〉均作「總章二年十二月薨」，「春秋七十有六」，與《舊》傳同。《通鑑》卷二〇一《考異》謂「《舊》傳云『勣年八十六』」，蓋所據《舊唐書》本不盡善，誤「七」為「八」。《新唐書》卷九三〈勣傳〉所云，「總章二年卒，年八十六」，蓋亦據誤本《舊唐書》而然。又《舊唐書》本傳和《實錄》（據《通鑑》卷二〇一《考異》）都說「大業末韋城人翟讓聚衆為盜，勣往從之，時年十七」，蓋即本〈李勣碑〉「年甫十七，屬隋運分崩，於時率土沸騰，羣方竟逐」及〈志〉之「年甫十七，情圖九萬」云云而書（也可能與〈碑〉、〈志〉同本行狀家傳）。而照「總章二年薨，年七十六」上推，十七歲時值隋煬帝大業六年，尚在大業七年王薄發難長白山之先。翟讓聚衆之年史無明文，豈真在大業六年或更早？抑「時年十七」之說為其子嗣夸飾，初不足為憑。更無其他佐證，姑從闕疑。至於劉餗《隋唐嘉話》謂「英公嘗言：『我年十二三為無賴賊，逢人即殺，十四五為難當賊，有所不快者，無不殺之，十七八為好賊，上陣乃殺人，年二十便為天下大將，用兵以救人死。』」（顧氏文房小說本卷上）。則小說好奇，益不足憑信。李勣二十歲時尚是煬帝大業九年，那有為「天下大將」之事！

6 《隋書》卷七〇〈李密傳〉、《舊唐書．李勣傳》，以下凡據《舊書》勣傳處一般不再注出。

7 《舊唐書》卷六四〈元吉傳〉。

8 《舊唐書》卷五五〈劉黑闥傳〉。

五年平徐圓朗之役，李世民是統帥，他和淮安王神通均屬李世民麾下。武德七年擒輔公祏之役，趙郡王孝恭是元帥，李靖是負實際責任的副帥，他只是受孝恭、李靖節度的七總管之一[9]。從武德八年到貞觀十四年，他一直在幷州防禦突厥，能做到「塞垣安靜」，但貞觀四年大破突厥主要是李靖的功勞，他仍只起配合作用[10]。要到貞觀十五年任朔州行軍總管打敗薛延陀，才算獨當一面充當大戰役的最高指揮官。但更大的貞觀十八年進攻高麗的戰役則仍由太宗李世民親自出馬，他只在太宗統帥之下擔任遼東道行軍總管，與指揮舟師的平壤道行軍總管張亮並列。以後高宗乾封元年破滅高麗之役才由他以遼東道大總管爲統帥。從以上事跡來看，實不如李靖來得顯赫[11]。《舊唐書》卷六九〈薛萬徹傳〉紀太宗曾說：「當今名將，唯李勣、道宗、萬徹三人而已，李勣、道宗不能大勝，亦不大敗，萬徹非大勝即大敗。」太宗說這話是在貞觀十八年，當時李靖已老病在家，所以太宗不提李靖，江夏王道宗只是在靈州防邊有功，又曾與侯君集充當李靖副手擊敗吐谷渾，李勣與之相提並論，足見李勣的戰績確難比美李靖。所謂「不能大勝，亦不大敗」，實際上只算是個中上的評語。

---

9 《舊唐書・李靖傳》。

10 《舊唐書》二李傳。又卷二〈太宗紀〉貞觀三年十一月庚申「以幷州都督李世勣為通漢道行軍總管、兵部尚書李靖為定襄道行軍總管以擊突厥」，而卷三太宗紀貞觀四年下只紀正月乙巳「定襄道行軍總管李靖大破突厥」，二月甲辰「李靖又破突厥於陰山」，不提李勣，也是此役二李功勳高下的佐證。

11 據《舊唐書・李靖傳》李靖武德四年平蕭銑之役任行軍總管兼趙郡王孝恭行軍長史，「高祖以孝恭未更戎旅，三軍之任，一以委靖」。武德六年擒輔公祐之役趙郡王孝恭為元帥，李靖為負實際責任的副帥。貞觀四年破突厥之役李靖與李勣同為行軍總管，而實際上以李靖為主。貞觀九年破吐谷渾之役李靖以西海道行軍總管統侯君集等五總管。前後「南平吳會，北清沙漠，西定慕容」（太宗語），李靖都起着統帥作用。

因此，唐最高統治者之重視且擡高李勣，應該別有緣故。

二

李勣所以始終見重於唐室，我認爲主要原因是他是山東人。所謂「山東」，不是指明代才正式設置的現在的山東省，而是指華山、崤山、函谷關以東廣大地區的習慣用語[12]。在隋唐之際，狹義的一般指現在的河南、山東（唐統劃爲河南道），有時更狹一點也可指現在的山東，廣一點則包括現在的河北（唐河北道）、山西（唐河東道），更廣一點還延及長江中下游（唐淮南道、江南道）[13]。唐繼承隋和北周，這幾個朝代都建都長安，以關中地區爲重心。但關中地區從商周以來就一直趕不上山東地區的富庶，文化也遠不如山東地區發達，所以要統治中國非掌握山東的物資、吸收山東的人材不可。北周武帝乘北齊衰亂花了很大氣力併吞山東地區，隋代就大批吸收山東人參與政權，出現「朝廷之內多山東人」的現象[14]。唐高祖李淵本爲太原留守，起兵時已羅致了好些當地的人材，進入長安稱帝後公布的「太原元謀功臣」十四人[15]中裴寂（蒲州桑泉人）[16]、柴紹（晉州臨汾人）[17]、唐儉（并州晉陽人）[18]、劉世

12 見《戰國策・趙策》、賈誼〈過秦論〉，《漢書》卷六九〈趙充國辛慶忌傳〉贊。

13 《戰國策・趙策》、〈過秦論〉以秦與山東六國對稱，其所謂山東即延及楚國領地長江中下游。

14 《舊唐書》卷七五韋雲起大業初上疏中語。

15 「太原元謀功臣」十四人是武德元年八月六日以詔書形式公布的，見《舊唐書》卷五七〈裴寂劉文靜合傳〉。此詔書收入《唐會要》卷五四〈功臣〉和《册府元龜》卷一二三〈褒功〉，但功臣名次轉較《舊》傳零亂。

16 《舊唐書》本傳。

17 同上。

18 同上。

龍（并州晉陽人）[19]、趙文恪（并州太原人）[20]、許世緒（并州人）[21]六人的籍貫都在現在的山西地區，占十四人的百分之四十三。因此武德年間就要進一步著重經營現在的河南、山東以及河北地區，羅致這片廣大地區的人材

唐初貫徹這項國策是全力以赴的。當時沿襲南北朝以來的慣例，大征戰多派親王爲統帥。可是平江陵蕭銑、擒江東輔公祏、統一長江中下游的戰役只派高祖李淵的從父兄子趙郡王孝恭爲統帥（李靖爲負實際責任的副手），而經營山東地區則由李淵自己的親兒子而且是竇皇后所生的最有地位的長子建成、次子世民、四子元吉先後負全責。早在李淵進入長安成爲唐王後，武德元年正月就派「世子爲左元帥、秦王爲右元帥，左右二府諸軍十餘萬眾」，徇地東都[22]，作試探性行動，結果實力不足，只「於宜陽、新安置熊、谷二州，戍之而還」[23]。這年五月李淵稱帝，照傳統習慣已成皇太子的建成得留長安隨同李淵居守，出征的重任就交付次子秦王李世民。十二月李世民「拜太尉陝東道行臺尚書令，鎮長春宮，關東兵馬並受節度」[24]。武德三年七月李世民率元吉督諸軍征討盤據東都洛陽的王世充，四年三月竇建德率軍救洛陽，李世民留元吉「圍王世充於

19 《舊唐書》本傳。

20 同上。

21 同上。

22 《大唐創業起居注》卷下。《舊唐書》卷一〈高祖紀〉作「世子建成為撫寧大將軍東討元帥，太宗為副，總兵七萬，徇地東都」。卷二〈太宗紀〉作「義寧元年（大業十三年）十二月復為右元帥總兵十萬徇東都」。〈太宗紀〉不提主將建成，且大業十三年十月癸巳李世民方破薛舉之衆於扶風，不可能當月又匆忙出師東征，顯然錯誤。

23 《舊唐書》卷二〈太宗紀〉。

24 同上。

東都」[25]，五月破擒竇建德，降王世充，盡取山東地區。七月竇建德餘部劉黑闥又起事河北，八月徐圓朗也舉齊、兗之地響應，十二月李世民率元吉擊劉黑闥，再取河北，又遣淮安王神通、李勣破滅徐圓朗。六月劉黑闥又引突厥捲土重來，十月改派元吉擊劉黑闥，十一月再派建成，十二月建成破劉黑闥，整個山東地區終於平定。在唐的統一戰爭中，平定山東地區可算是最大最艱巨的戰役，幾次所用的都是唐統治集團的主力。

花了大氣力平定山東，不僅要土地物資，還廣事羅致人材。在秦王李世民負責經營山東期間爲唐室所收用的山東人就有：齊州歷城人秦叔寶，濟州東阿人程知節，本依李密，後歸王世充，李世民鎮長春宮時「與吳黑闥、牛進達等數十騎」臨陣降唐，叔寶「事秦府」，「拜馬軍總管」，「尋授秦王右三統軍」，知節「授秦王府左三統軍」[26]。魏州繁水人張公謹，「爲王世充洧州長史」，「以州城歸國」，「李勣驟薦於太宗」，「乃引入幕府」[27]。宋州虞城人劉師立，「初爲王世充將軍」，「洛陽平，當誅，太宗惜其才，特除之，爲左親衛」[28]。洺州武安人李君羨，「初爲王世充驃騎」，「與其黨叛而來歸，太宗引爲左右」[29]。齊州臨邑人田留安，爲王世充征南將

25 《舊唐書・元吉傳》。
26 《舊唐書》卷六八本傳。又吳黑闥、牛進達均陪葬昭陵，見宋敏求《長安志》卷一六〈昭陵〉條（《唐會要》卷二一陪陵名位有脫佚，奪牛進達名），足見來歸後亦與秦、程同為秦府所用。牛碑清中葉已出土，謂「公諱秀，字進達，其先隴西狄道人也，因官而遷於濮」。
27 《舊唐書》卷六八本傳。
28 《舊唐書》卷五七本傳。
29 《舊唐書》卷六九本傳。

軍，「帥眾來歸」，爲秦府「右四統軍」[30]。相州安陽人戴胄，仕越王侗、王世充，「太宗克武牢而得之，引爲秦府士曹參軍」[31]。冀州衡水人孔穎達，「隋亂避地於武牢，太宗平王世充，引爲秦府文學館學士」[32]。鄭州人李玄道，「李密據洛口，引爲記室，及密破，爲王世充所執」，「以爲著作佐郎」，「東都平，太祖召爲秦王府主簿、文學館學士」[33]。趙州人李守素，「太宗平王世充，徵爲文學館學士，署天策府倉曹參軍」[34]。這些都是姓名見於史傳者，史傳失載、姓名堙沒不傳的山東文武人材此時被唐室收用者當更遠不止於此數，後來建成、元吉說「秦王左右多是東人」可證[35]。這些東人本應用來加強唐室的統治力量，卻被圖謀奪嫡的秦王李世民占爲己有，成爲他的私黨（秦叔寶、程知節、張公謹、劉師立是後來李世民用來發動玄武門軍事政變的武裝骨幹，張、劉二人且在襲殺建成、元吉的九人之列，與秦、程同登李世民即位後發布的「功臣實封差第」名單[36]，孔穎達、李玄道、李守素則在秦府十八學士即李世民的顧問團之中[37]），從而引起建成、元吉的疑懼。在劉黑闥失敗再起時，元吉和建成就先後取代李世民出任平定山東

30 《通鑑》卷一八七武德二年二月己未條。
31 《舊唐書》卷七〇本傳。
32 《舊唐書》卷七三本傳。
33 《舊唐書》卷七二本傳。
34 同上。
35 《舊唐書》卷七四〈建成傳〉。
36 長孫無忌所率尉遲敬德等九人姓名見《舊唐書》卷六五〈無忌傳〉。「功臣實封差第」名單見卷二〈太宗紀〉、卷五七〈裴寂劉文靜傳〉。
37 秦府十八學士姓名見《舊唐書》卷七二〈褚亮傳〉。

的唐軍統帥，不讓李世民獨吞勝利果實。但爲時已晚，山東傑出人才中只有一個鉅鹿曲城人魏徵爲建成出死力，這還是前此「隨李密來降」，以後與李勣同在黎陽被竇建德所獲，竇建德失敗後爲建成所引用的[38]，說明山東人材基本上已入李世民彀中。所以武德九年借突厥南侵之機「建成乃薦元吉代太宗督軍北討，仍令秦府驍將秦叔寶、程知節、段志玄等並與同行，又追秦府兵帳，簡閱驍勇，將奪太宗兵以益其府」[39]。此工作如完成，秦府累年積聚的實力將盡爲建成、元吉所有，李世民非垮臺不可，於是鋌而走險，發動玄武門軍事政變，襲殺建成、元吉而取得政權。

從以上的事實，可見山東人特別是山東兵將對唐初政權的穩固和李氏父子兄弟間鬭爭的勝負有着重大的關係。李勣正是在這種特定條件下，以其特殊的身分經歷上躋李靖而成爲軍事界的大人物。

三

對李勣早期參加瓦崗軍的經歷，舊時治史者多不甚注意。現代研究隋末農民起義的人則往往把精力用於李密襲殺翟讓之是否篡奪瓦崗軍領導權、改變農民起義性質問題上[40]，很少談李勣在

---

38 《舊唐書》卷七一本傳。

39 《舊唐書・元吉傳》。

40 其實中國歷史上農民起義的領導人物不一定都是純正的農民，地主階級或其他階層出身的人物往往充當了農民起義的領導者。李密固出身關中貴族，是世族地主身分，翟讓之「起隴畝之間」而為「東都法曹」，也頗有庶族地主且係土豪的嫌疑。

瓦崗軍中的作用。在「由表及裏」的探索功夫上做得都有些欠缺。

瓦崗軍始建於翟讓，起初「聚黨萬餘人」[41]。李密參加後，「說諸小賊，所至輒降下」，「破金堤關，掠滎陽諸縣城堡多下之」，又陣斬滎陽通守張須陁，「襲興洛倉破之，開倉恣民所取，老弱繦負，道路不絕」[42]，「眾至數十萬」[43]。瓦崗軍之所以能成大氣候，李密起了主要的作用。這是讀史者多能知道的。其實李勣的作用並不比李密差得太遠。他投瓦崗軍當尚早於李密，一開始就「謂讓曰：『今此土地是公及勣鄉壤。人多相壤，不宜自相侵掠，且宋、鄭兩郡，地管禦河，商旅往還，船乘不絕，就彼邀截，足以自相資助。』讓然之，於是劫公私船取物，兵眾大振」。可以說是瓦崗軍的奠基人之一。以後李密被公推爲瓦崗軍領袖他從中出過力。李密與東都洛陽的越王侗、王世充相持，他又「言於密曰：『天下大亂，本是爲饑，今若得黎陽一倉，大事濟矣。』密乃遣勣領麾下五千人自原武濟河掩襲，即日克之，開倉恣食，一旬之間，勝兵二十餘萬」。這和李密之取興洛倉也可相提並論。所以前此李密以魏公稱尊時，就「拜翟讓爲司徒」，單雄信爲左武侯大將軍，徐世勣（李勣）爲右武侯大將軍，除翟讓處於架空地位外，李勣已與單雄信同爲瓦崗軍的兩員大將。殺翟讓後，就「命徐世勣、王伯當分統其眾」（王伯當是李密的親信私黨）。以後又遣李勣守黎陽倉城，拒宇文化及，使李勣成爲從主力分離出來的獨當一

41 《舊唐書・李密傳》。
42 《隋書・李密傳》。
43 《舊唐書・李密傳》。

面的瓦崗軍第二號人物。

當時山東地區大體有三個主要的軍事集團。竇建德集團在河北比較偏遠。王世充集團雖據山東地區政治中心東都，但勢力不出洛陽城郊。在洛陽附近金墉城發號施令的李密集團成爲山東地區最大的軍事勢力。「東至海岱，南至江淮，郡縣莫不遣使歸密。竇建德、朱粲、楊士林、孟海公、徐圓朗、盧祖尙、周法明等並隨使通表於密勸進」。就連唐高祖李淵太原起兵之初，在答覆李密的信中也要說：「天生蒸民，必有司牧，當今之牧，非子而誰？老夫年餘知命，願不及此，欣戴大弟，攀鱗附翼。」[44] 武德元年九月李密與王世充決戰失敗，在金墉直屬李密的單雄信、秦叔寶、程知節等良將精兵多爲王世充所得[45]，李密只帶了親信王伯當等二萬人入關投唐[46]，而李勣在黎陽的實力並未受到損傷。李密「舊境東至於海，南至於江，西至汝州，北至魏郡，勣並據之」。這時李勣的向背眞有舉足輕重左右全局之勢。於是李淵派瓦崗軍舊人跟隨李密入關的魏徵去李勣處做工作，李勣「遂定計遣使歸國」[47]。「詔授黎陽總管上柱國萊國公」。同年十二月李密以招集故時將士、經略王世充東行中途叛變被殺後，第二年武德二年閏二月又加李勣「右武候大將軍，改封曹國公，賜姓李氏，賜良田五十頃，甲第一區，封其父蓋爲濟陰王，蓋固辭王爵，

44 《舊唐書・李密傳》。
45 《舊唐書》卷五三〈單雄信傳〉，卷六八〈秦程傳〉。
46 《舊唐書・李密傳》。
47 《舊唐書》卷七一〈魏徵傳〉。

乃封舒國公，授散騎常侍陵州刺史，令勣總統河南山東之兵以拒王世充」[48]。右武候大將軍固是李勣在瓦崗軍的舊職，但唐室給他加上則堪稱異數，李淵稱帝時李世民就拜受尙書令右武候大將軍之職，出鎭長春宮時又改加左武候大將軍[49]。而李密歸唐時只拜光祿卿邢國公，別無其他褒異[50]，可見此時李淵之重視李勣已遠在當初李密之上。所以然者：不止因爲李勣盡據李密舊境，廣有土地甲兵；也不止因爲李勣所管的黎陽地居要衝，爲糧食積貯之所。更主要的是因爲李勣是山東本地人，而且是好惠施結交江湖豪傑的庶族地主，是瓦崗軍初建時的高級幹部，在瓦崗軍系統裏的資格比李密更老，和多數出身庶族下層的瓦崗軍將士以及其他山東人的關係比出身世族地主的關中貴族李密更密切。而山東武裝力量尤其是瓦崗軍在當時夙稱精銳，無論王世充、竇建德以

48 這段引文據《舊唐書・李勣傳》，但傳不著年月。〈高祖紀〉書「李密舊將徐世勣以黎陽之衆及河南十郡降，授黎州總管，封曹國公，賜姓李氏」於武德二年閏二月己酉。《通鑑》卷一八六武德元年十一月己酉後書魏徵說降李勣，「賜姓李」事，卷一八七武德二年閏二月丙辰書「以徐世勣為黎州總管」。〈李勣碑〉則謂：「及密來投附，公獨未歸，既承其旨，方奉皇運」，「高祖乃詔公為黎州總管上柱國萊國公，尋改封曹公，賜同國氏」，「武德二年，又授右武侯大將軍」。案李勣歸降必在李密叛死之前，看魏徵勸李勣歸唐的信中說「魏公（李密）思皇天之乃眷，入函谷而不疑」可知，則《舊》紀之書李勣在武德二年閏二月即李密叛死三個月後歸降肯定錯誤。黎陽要地既屬唐後不能不授官守禦，則李勣之見授黎州總管也不可能如《通鑑》所書遲至武德二年閏二月。唯〈李勣碑〉、《舊》傳都把歸唐授黎州總管上柱國萊國公和授右武侯大將軍分作兩次，前者在歸降之初，後者如〈碑〉所云在武德二年即李密叛死之後，比較合乎情理，今從之。至於《舊》紀、《通鑑》之武德二年閏二月，當本是李勣加授右武侯大將軍的年月，而被《舊》紀、《通鑑》誤作歸降及授黎州總管的年月，因此這裏在引用《舊》傳的後一次除授之前加上「武德二年閏二月」（至於改封曹國公、賜姓李氏在那一次，〈碑〉和《舊》傳所說又有違異，似以《舊》傳之係後一次為近是）。

49 《舊唐書》卷二〈太宗紀〉。

50 《舊唐書・李密傳》。

至李淵父子都竟相爭取羅致，以後李世民且憑借羅致的山東力量以及瓦崗軍舊時將士以奪取最高政權。這就是李勣之所以能見重於李淵父子，與李靖這位關中貴族出身的老將並稱，而且歷太宗高宗兩朝終其身不替的主要原因。他們都需要利用封建社會的地域觀念和講究部屬關係等習慣勢力，通過李勣來控制山東地區，爭取山東人。

以後還有若干事情可以證實上面的分析：

當李勣受任唐的黎州總管後，武德二年十一月竇建德南下攻克黎陽，李勣「力屈降之，建德收其父，從軍爲質，令勣復守黎陽」。竇建德手下不是別無可守黎陽的大將，仍用李勣者，和李淵之留任李勣爲黎州總管是同一用意，希圖李勣來協助他經略山東地區。三年正月李勣自拔歸長安，執法者請誅其父，建德曰：「勣本唐臣，爲我所擄，不忘其主，逃歸本朝，此忠臣也，其父何罪！」竟不誅[51]。所謂「忠臣」云者當然只是表面文章，實際上除當時竇建德不欲與李淵遽行決裂外，還害怕因此激起李勣一夥人的反感，對他經略山東不利。

武德三年七月李世民率元吉督諸軍討王世充，四年五月破擒竇建德，降王世充，李勣參加了整個戰役。《舊唐書》本傳說「振旅而還，論功行賞，太宗爲上將，勣爲下將，與太宗俱服金甲，乘戎輅，告捷於太廟」。如前所說，此役李世民是統帥，元吉是竇建德來援時分兵圍王世充的主將，李勣只是輔佐者。《舊》傳在凱旋行列中故意刪去元吉是可以理解的，故意張大李勣則絕無可能，說明李勣在這次東征中的地位確屬僅次於李世民、元吉。這顯然是因爲需要李勣來撫綏山東，招徠舊部，而且原先瓦崗軍系統兵將後來降附王世充的更需要李勣用老關係來爭取。

51 《舊唐書·竇建德傳》。

山東初定後李勣仍任黎州總管，同年八月劉黑闥起兵，李勣棄城敗走，但未受任何處分。五年仍在李世民指揮下與淮安王神通破滅齊、兗地區的徐圓朗。這顯然也是要利用李勣在山東的威望。到這年年底山東徹底安靖後，李勣才被調離山東用於其他戰場。

四

人的品德當然有高下優劣之分，即使舊社會的統治階級中也是如此。但我認為研究歷史者對此不宜過於強調，因為有些表面看來屬於品德的問題，實際上往往別有其社會原因，應從當時歷史條件以及歷史人物的社會地位、身分、經歷去考察。對舊史相傳甚至眾口一詞的有關李勣某些品德上的評論，我認為也有必要作如此的考察。

《舊唐書》本傳紀李勣歸唐的經過說：「〔李〕密為王世充所破，擁眾歸朝。其舊境……勣並據之，未有所屬，謂長史郭孝恪曰：『魏公既歸大唐，今此人眾土地，魏公所有也。吾若上表獻之，即是利主之敗，自為己功，以邀富貴，吾所恥之。今宜具錄州縣名數及軍人戶口，總啟魏公，聽公自獻，此則魏公之功也。』乃遣使啟密。使人初至，高祖聞其無表，惟有啟與密，甚怪之，使者以勣意聞奏，高祖大喜曰：『徐世勣感德推功，實純臣也。』」劉禕之撰〈李勣墓志〉也說：「李密為王世充所困，擁眾歸朝，公知天命有在，猶全事君之節，通啟於密，俟去就之命，高祖聞而嘉之曰：『此貞忠義之士。』」案李勣參加瓦崗軍為時應早於李密，在瓦崗軍中自有其勢力和影響，不像王伯當那樣是李密的私黨嫡系，嚴格地講和李密之間不見得有多少正式的君臣關係，〈墓志〉紀當年推尊李密爲魏公事就只說：「及李密歸於翟讓，公乃推爲盟主。」所謂「盟主」者，就是算不上「天子」之謂，李密之所以只稱魏公，不敢匆忙做皇帝，恐怕也出於這個原因[52]。後來李密襲殺翟讓，李勣不僅未與其謀，而且當場爲亂兵斫成重傷，差一點送命。李密當場制止，並讓李勣和單雄信、王伯當分統翟讓部眾[53]，以後又讓李勣帶了分統的部眾到黎陽獨當一面，也只是想利用李勣在瓦崗軍的聲望和勢力，並非對李勣信任。《通鑑》卷一八六武德元年九月紀此事謂「雖名委任，實亦疏之」，也不無可能。所以當李密被王世充打敗，籌畫是否要去黎陽投李勣時，「人或謂密曰：『殺翟讓之際，徐世勣幾至於死，今瘡猶未復，其心安可保乎？』」[54]這樣考慮確實是有道理的。李密投了李勣，處在李勣和翟讓舊部的控制下，不是當傀儡，就是遲早被李勣所取代。於是李密只好入關歸唐。《舊》傳、〈墓志〉卻把李勣說得如此重君臣大義，由於李密歸唐自己也主動提出要歸唐，而且不是直接歸唐，而是通書李密作爲李密的部屬隨李密而歸唐，豈不太遠於情理！其實據前引《舊唐書·魏徵傳》，當時是李淵授魏徵秘書丞使「安輯山東」，魏徵「驅傳至黎陽」對李勣做了勸說工作，李勣才決計歸唐，〈魏徵傳〉裏還保存了他給李勣的勸說信，其中並無「魏公既已歸唐」，公之「人眾土地，魏公所有」所以也

52 《舊唐書·李密傳》說其後「密下官屬咸勸密即尊號，密曰：『東都未平，不可議此。』」「東都未平」恐怕不是不稱帝的主要原因，《隋書·李密傳》為《舊》傳所從出，就只說「其黨勸密即尊號，密不許」，沒有「東都未平」的理由。「其黨」者亦即「密下官屬」，就是李密直屬的將士、李密私黨嫡系，其他部分的瓦崗軍將士如李勣等都並無「勸密即尊號」的舉動。

53 《隋書·李密傳》。

54 同上。

應歸唐之類的論調，相反只說「若策名得地，則九族蔭其餘輝，委質非人，則一身不能自保」，完全用李勣個人的利害得失來打動他。這種信札不可能是後來僞造，魏徵之見授秘書丞馳傳至黎陽做勸說工作更不可能是後來增飾。因此李勣歸唐的經過只能相信《舊唐書·魏徵傳》而不能相信李勣本傳和〈墓志〉，本傳和〈墓志〉所說當是根據行狀家傳之類所編造的溢美之辭。司馬光卻對這種溢美，忠君之辭很欣賞，在《通鑑》卷一八四武德元年十一月己酉條下既本〈魏徵傳〉書徵勸說李勣，又從本傳全錄李勣在歸唐經過中忠於李密的言行，讀史者不察，就容易把李勣當成滿腦子忠君思想的人。

李勣之所以沒有成爲李密或翟讓的私黨，是因爲憑他的出身和經歷，在山東地區有一定的聲望勢力，犯不著作依草附木之徒，更犯不著爲某個個人或小集團冒險出死力。歸唐後在秦王李世民與太子建成、齊王元吉的鬪爭中也是如此。《通鑑》卷一九一武德九年六月《考異》所引《統紀》卻說：「秦王懼〔建成、元吉之逼〕，不知所爲，李靖、李勣數言大王以功高被疑，靖等請申犬馬之力。」[55] 又引劉餗《小說》：「太宗將誅蕭墻之惡以主社稷，謀於衛公靖，靖辭；謀於英公徐勣，勣亦辭。帝由是珍此二人。」[56] 《考異》說：「二說未知誰得其實，然劉說近厚，有益風化，故從之。」在《通鑑》正文中寫進二李辭李世民問之事。案這又是司馬光用自己的道德觀念來去取史料，臆斷古人。其實在武德九年六月玄武門軍事政變之前，李世民對建成、元吉的鬪爭已處於劣勢，並無取勝的把握。而李勣憑其和山東地區的關係久已成爲唐室倚重的人物，李

55 《新唐書》卷五八〈藝文志〉編年類有陳嶽《唐統紀》一百卷，當即此《考異》所引《統紀》。

56 今傳本劉餗《小說》已易名《隋唐嘉話》，《考異》所引此條見顧氏文房小說本《嘉話》卷上。

靖也是關中貴族中的軍事耆宿，無論建成、元吉或李世民上臺都得借重。他們又何必冒險向李世民請申犬馬之勞，以蹈不測之機。李世民也不可能把圖謀襲殺建成、元吉這樣的機密大事向平素並無勾結的李勣、李靖謀議。因此無論《統紀》或《小說》，都只是事後從不同角度給二李所加溢美之辭。高宗撰書〈李勣碑〉、劉褘之撰〈李勣墓志〉，許敬宗撰〈李靖碑〉和《舊唐書》二李傳都沒有這類牽涉李世民與建成、元吉鬬爭的話。

以上兩起對李勣說來都是所謂「不虞之譽」。下面再談一件李勣晚年被人認爲有損名譽的事情。此事《舊唐書》本傳不載，載卷八〇〈褚遂良傳〉，謂「高宗將廢皇后王氏，立昭儀武氏爲皇后，召太尉長孫無忌、司空李勣、尙書左僕射于志寧及遂良以籌其事」，遂良極諫，「翌日，帝謂李勣曰：『冊立武昭儀之事，遂良固執不從，遂良既是受顧命大臣，事若不可，當且止也。』勣對曰：『此乃陛下家事，不合問外人。』帝乃立昭儀爲皇后。」《通鑑》卷一九九永徽六年九月紀高宗廢立皇后事也本遂良傳將李勣這兩句話錄入。後世讀《通鑑》者因之對李勣大爲詬病，認爲他太圓滑，太無骨氣，甚至罵他蓄意迎合高宗，爲武則天撐腰。其實，這次爭辯的經過是否盡如遂良傳所紀尙未可必，因爲《舊唐書》卷六五〈長孫無忌〉就只說高宗召無忌及于志寧、遂良徵求可否，初無李勣在內，《通鑑》又說「勣稱疾不入」，也不知是否另有史料作依據。但說李勣當時採取不介入的態度倒是可以相信的。他早年不介入李密與翟讓之爭，歸唐後又不介入李世民與建成、元吉之爭，這次不介入皇后廢立之爭正是他一貫的態度。他憑山東地區的關係見重於最高統治者，不論武則天當不當皇后，對他既得的地位和利益都不會有任何動搖損失。

《舊唐書》本傳又紀李勣臨終對弟弼遺言：「我見房玄齡、杜如晦、高季輔辛苦作得門戶，亦望垂裕後昆，並遭痴兒破家蕩盡。我有如許豚犬，將以付汝，汝可訪察，有操行不倫，交游非類，急即打殺，然後奏知。」《通鑑》卷二〇一總章二年十二戊申紀李勣薨事亦據《舊》傳把這段話揷入，給讀史者以李勣家教嚴整的印象。其實這也不單純是李勣個人的品德問題。所謂破家痴兒者，房玄齡子遺愛與薛萬徹、柴令武欲立高祖第六子荊王元景，永徽四年事洩被殺[57]；杜如晦子荷預太宗長子承乾謀，貞觀十七年緣承乾事敗而被殺[58]；高季輔子正業與上官儀善，麟德元年儀坐交通廢太子忠被殺，正業配流嶺外[59]。都是以參與皇室內部矛盾而僨事破家。李勣臨終以他們爲戒來約束自己的兒子，仍舊是出於不肯參與派系鬪爭的一貫想法。高宗撰〈李勣碑〉銘文中說他「愼同溫室」，也就是肯定他這種態度。

57 《舊唐書》卷四〈高宗紀〉、卷六六〈房玄齡傳〉、卷六九〈薛萬徹傳〉、〈柴紹傳〉，卷六四〈元景傳〉，書年從紀。

58 《舊唐書》卷六六〈杜如晦傳〉，卷六七〈承乾傳〉。

59 《舊唐書》卷七八〈高季輔傳〉，卷八〇〈上官儀傳〉，卷八六〈忠傳〉。

說永徽六年廢立皇后事眞相

唐高宗李治永徽六年十月己酉廢皇后王氏爲庶人，立昭儀武氏即武則天爲皇后，元老重臣長孫無忌、褚遂良等以反對易后均被貶逐誅戮。對此讀史者多認爲主謀是武則天，高宗的所作所爲無非聽任武則天指揮。有的教科書乾脆罵高宗性格「昏儒」，「是個亡國的昏君」（《中國通史簡編》第三編第二章第一節）我認爲這種認識是錯誤的，沒有接觸到事件的眞相。

一

人的才能確會有高下，性格確會有剛儒，作爲人的皇帝當然也不例外。但我認爲研究歷史不比寫小說編京戲，不宜過於強調性格或才能，不能由此簡單地畫出個「昏君」或「明君」、「奸臣」或「忠臣」之類的臉譜，應該把歷史人物包括皇帝在內放到歷史的特定條件中去考察。

皇帝是統治階級的總頭目，要以皇帝爲首建立穩定的專制秩序，這是事情的一個方面。另一方面，統治階級又不可能團結一致，爲了爭奪權力，必然分裂成種種派系和小集團。尤其爲了爭當皇帝，爭奪掌握最高權力，小集團之間更是鬧得你死我活。遠的不說，唐開國之初，李世民就利用其受任經略山東的機會，結成秦府小集團通過玄武門軍事政變襲殺建成、元吉，摧毀東宮、齊府聯合集團，強迫高祖李淵內禪而取得最高權力。李世民成皇帝後，太子承乾、魏王泰又效法父輩，各自結黨營私，爲奪取最高權力而發展到準備重演玄武門式的軍事行動。李世民是過來人，不願像他父親李淵那樣成爲高等囚犯太上皇，於是在貞觀十七年採取斷然措施，廢太子承乾爲庶人徙黔州，降魏王泰爲東萊郡王徙均州，摧毀東宮、魏府兩個小集團，立晉王李治即後來的高宗爲皇太子。

李治之所以能中選入居東宮，當然由於他是承乾、泰以外長孫皇后唯一的親兒子，比其他妃嬪所生的皇子要高出一頭，但更主要的原因還在於他還年小，不曾營私結黨搞小集團。貞觀十七年承乾已二十五歲，李泰當是二十四歲，李治只有十六歲[1]。在此以前更爲幼小。小孩子不懂得也沒有能力搞小集團，想投靠小集團的攀龍附鳳之徒也麕集東宮、魏府，不會去找不懂事的小孩

1 《舊唐書》卷七六〈太宗諸子承乾傳〉謂「太宗即位，為皇太子，時年八歲」，上推其生為武德二年，至貞觀十七年為二十五歲。〈泰傳〉謂「永徽三年薨於鄖鄉，年三十有五」，上推其生為武德元年，轉長於承乾，這不可能。「永徽三年」蓋「五年」之誤，泰實生於武德三年，至貞觀十七年為二十四歲。卷四〈高宗紀〉謂「貞觀二年六月生」，至十七年為十六歲。

子。

永遠孤立無援將來可又當不成皇帝，當皇帝總要有大臣來扶持。在李世民看來，扶持皇太子李治的大臣既要得力，又要靠得住，千萬不能只忠於太子而對皇帝不忠。這就只有在自己的親信大臣中來挑選，長孫無忌、褚遂良就是最後選定的兩個。貞觀二十三年五月，「太宗寢疾，召遂良及長孫無忌入臥內，謂之曰：『卿等忠烈，簡在朕心，昔漢武寄霍光，劉備托葛亮，朕之後事，一以委卿，太子仁孝，卿之所悉，必須盡誠輔佐，永保宗社。』又顧謂太子曰：『無忌、遂良在，國家之事，汝無憂矣！』仍命遂良草詔」。（《舊唐書》卷八〇〈褚遂良傳〉）長孫無忌、褚遂良成爲「受遺令輔政」（《舊唐書》卷六五〈長孫無忌傳〉）的顧命重臣。

但這種遺令托孤往往只是老皇帝一廂情願，新皇帝和這些老皇帝所信托的顧命重臣一般多無歷史淵源，未必樂意接受這種監護式的輔政，這在歷史上是屢見不鮮的。廢立皇后只是鬪爭的焦點，不是長孫無忌、褚遂良被貶殺的根本原因。

二

長孫無忌，尤其是褚遂良，一向被認爲是「忠臣」，是「正人君子」。其實並非如此。

長孫無忌是長孫皇后的哥哥，李世民的妻舅，李治的母舅。「少與太宗友善」，「常從太宗征討」。是玄武門軍事政變主要的策畫者和現場的指揮者，輔佐李世民奪取帝位的首功。在李世民即位後頒布的「功臣實封差第」名單裏，以及貞觀十一年「功臣世襲刺史」名單和十七年「圖畫淩煙閣功臣」名單裏，他一貫名列第一[2]。在官職上，太宗即位後遷左武候大將軍，這在隋唐之際是最顯要的武職[3]，貞觀元年轉吏部尚書，七月拜尚書右僕射爲宰相，二年正月爲開府儀同三司，七年十一月冊拜司空，爲正一品的首席宰相，十六年冊拜司徒，十九年檢校侍中，二十二年以司徒兼檢校中書令知尚書門下二省事，集三省大權於一身（《舊唐書》本傳、〈太宗紀〉），以這種和太宗休戚相關的頭號元老重臣，又兼具太宗妻舅的外戚身分，用來輔佐太子，在太宗看來自然是最理想的人選。因此貞觀十七年四月立晉王李治爲太子時首先要取得他的支持[4]，並加授他爲太子太師，這是地位最尊貴的東宮名譽官屬。

褚遂良的情況和長孫無忌不同。他的父親褚亮是武德元年李世民平薛仁杲後吸收進秦府的，只是秦府文學館十八學士之一，李世民即位後爲弘文館學士，拜員外散騎常侍、通直散騎常侍後致仕（《舊唐書》卷七二本傳），在政治上沒有什麼權勢。褚遂良隨父歸唐後「授秦州都督府鎧曹參軍」，貞觀十年「自秘書郎遷起居郎」，以善書侍太宗，貞觀十五年才遷正五品的「諫議大夫兼知起居事」，資歷比長孫無忌淺得多。可是貞觀十七年竟和司徒長孫無忌、司空房玄齡、兵部尚

---

2 「功臣實封差第」名單見《舊唐書》卷二〈太宗紀〉和卷五七〈裴寂劉文靜傳〉。名單在無忌前還有個裴寂，這是高祖的親信，此時只算暫時保留地位，實際是以無忌居首。後兩個名單見〈無忌傳〉。

3 如李密稱魏公時，拜「單雄信為左武候大將軍，徐世勣為右武候大將軍」，為武將之首（《舊唐書》卷五三〈李密傳〉）。李淵稱帝時李世民「拜尚書令右武候大將軍」，「拜太尉陝東道行臺尚書令、鎮長春宮」後又「加左武候大將軍」（卷二〈太宗紀〉）。貞觀十一年「加魏王泰為雍州牧左武候大將軍」（卷三〈太宗紀〉）。

4 《舊唐書》本傳：「太宗欲立晉王，……無忌曰：『謹奉詔，有異議者臣請斬之。』太宗謂晉王曰：『汝舅許汝，宜拜謝。』」

書李勣一起承旨定策立晉王治爲太子，「尋授太子賓客」，十八年「拜黃門侍郎參綜朝政」成爲宰相，二十二年「拜中書令」[5]，可以說是直線上升。這當然不單由於他知起居並善書得以經常接近太宗，而應當更有其深一層的政治原因。

根據現存文獻，褚遂良至少在兩次政治鬪爭中爲太宗立了功。一次是反對魏王泰，《新唐書・褚傳》載褚貶愛州後所上表中說：「往者承乾廢，岑文本、劉洎奏東宮不可少曠，宜遣濮王（魏王泰後改封濮王）居之，臣引義固爭。」可見太宗之決計對承乾、泰「兩從廢黜」，褚起了作用[6]。再一次是反對劉洎，其事〈褚傳〉不載，見《舊唐書》卷七四〈劉洎傳〉，說「太宗征遼，令洎與高士廉、馬周留輔皇太子定州監國，仍兼左庶子檢校民部尚書，太宗謂洎曰：『我今遠征，使輔翼太子，社稷安危之機，所寄尤重，卿宜深識我意。』洎進曰：『願陛下無憂，大臣

5 《舊唐書・褚遂良傳》、〈太宗紀〉。關於參與定策立儲者〈高宗紀〉、〈長孫無忌傳〉止無忌、房玄齡、李勣，無褚遂良名，然《新唐書》卷一〇五〈褚傳〉載貶愛州刺史後所上表中有「先帝留無忌、玄齡、勣及臣定立陛下」之語，可證褚實參與定策，或因其時褚尚非宰執大臣，故《實錄》及出自《實錄》之〈高宗紀〉、〈無忌傳〉遂略而不書。《通鑑》卷一九七貞觀十七年四月據《舊唐書》無忌傳書定策事而增入褚名蓋即本《舊書》褚傳及《新書》褚表，也可能更有其他依據。呂思勉師《隋唐五代史》第三章第一節不信《舊書》褚傳，並《新書》褚表亦疑為偽造，似微過當。

6 《舊唐書・褚遂良傳》說：「太子承乾以罪廢，魏王泰入侍，太宗面許立為太子，因謂侍臣曰：『昨青雀（泰小名）自投我懷云：臣今日始得與陛下為子，更生之日也，臣唯有一子，臣百年之後，當為陛下殺之，傳國晉王。父子之道，固當天性，我見其如此，甚憐之。』遂良進曰：『陛下失言，伏願審思，無令錯誤也，安有陛下百年之後，魏王執政為天下之主，而能殺其愛子，傳國於晉王者乎？』」案所謂魏王泰的話不近人情，誠如褚之所駁，但太宗是政治鬪爭老手，何以能為這種不近人情的謊言所迷惑？而且如褚傳所說，太宗當時初無立晉王之意，何以魏王泰要在晉王身上大做其文章？可見這段對答全屬虛擬而非事實，因此這裏不引而引可信的《新》傳褚表。至於褚如何固爭，事涉機密，當時未必外泄，今日更無可考索。

有愆失者，臣謹卽行誅。』太宗以其妄發，頗怪之。……十九年太宗遼東還，發定州，在道不康，洎與中書令馬周入謁，洎、周出，遂良傳問起居，洎泣曰：『聖體患癰，極可憂懼。』遂良誣奏之曰：『洎云國家之事不足慮，正當傅少主行伊（尹）霍（光）故事，大臣有異志者誅之，自然定矣。』太宗疾愈，詔問其故，洎以實對，又引馬周以自明，太宗問周，周對與洎所陳不異，遂良又執證不已，乃賜洎自盡。」這裏所說劉洎的罪行極爲含糊，但有一點可以肯定，劉洎確曾講過「輔少主行伊、霍事，大臣有異志者誅之」之類的話，對看〈劉洎賜自盡詔〉所說「茲朕行旅，小乖和豫，凡百在位，忠孝纏心，每一引見，涕泗交集，洎獨容顏自若，密圖他志，今行御史進狀，奏洎乃與人竊議，窺窬萬一，謀執朝衡，自處霍光之地，竊弄兵甲，擅總伊尹之權，猜忌大臣，擬皆夷戮，朕親加臨問，初猶不承，傍人執證，方始具伏，此而可恕，孰不可容」云云自知（《唐大詔令集》卷一二六），褚遂良決不可能以一人手遮天下目。這些話的眞實內容是：劉洎要乘太宗病危擁太子李治卽位以奪取最高權力。這當然不是太宗之所能容忍，於是「賜洎自盡」，撲滅了這場未遂的宮庭政變，而褚則以檢舉揭發劉洎又立了一功[7]。

7 此事是太宗定的案，又牽連到高宗，所以高宗朝修《太宗實錄》時也只好一筆帶過，《舊唐書・太宗紀》貞觀十九年十二月戊申書「侍中清苑男劉洎以罪賜死」，當卽承用《實錄》的原文。而則天臨朝時劉洎子弘業上書求昭雪也只把一切責任推到已倒臺的褚遂良身上，說「洎被遂良譖而死」。今《舊唐書・劉洎傳》當卽修《國史》時據劉氏家傳所撰述，所以行文如此吞吐。

《舊唐書・長孫無忌傳》在立晉王為太子後說「尋而太宗又欲立吳王恪，無忌密爭之，其事遂輟」，而不著其事之年月。吳王恪是太宗第三子，楊妃所生，太宗第二子寬早卒，吳王恪便是年齡僅次於太子承乾的皇子。但《舊唐書》本傳無此欲立為太子的紀事。《通鑑》則繫此事在貞觀十七年十一月太子辭選良家女事後，疑亦姑為附麗，未必別有所據。有沒有可能此事係發生在劉洎獄事後，太宗考慮到太子李治不可靠而想改立吳王恪？史多闕文，只好存疑。

太宗所派輔佐太子李治的本來不止長孫無忌、褚遂良。貞觀十九年太宗發洛陽打高麗，留太子在定州監國時，就曾以「開府儀同三司〔平章事〕申國公高士廉攝太子太傅，與侍中劉洎、中書令馬周、太子少詹事張行成、太子右庶子高季輔五人同掌機務」（《舊唐書·太宗紀》）。其時太子太師司徒檢校侍中長孫無忌隨太宗出發作戰，太子賓客黃門侍郎參綜朝政褚遂良以反對作戰留長安，都不曾派在太子身邊。結果劉洎的問題還賴褚來揭發。這使太宗至少在輔佐太子這件事情上失去了對和劉洎在一起的二高、馬、張的信任。貞觀二十一年高士廉卒，二十二年馬周卒，司空房玄齡卒，二十三年太子詹事同中書門下三品李勣出爲疊州都督[8]，宰相位置有很多空缺，但並未讓張行成、高季輔升補[9]。在太宗臨終時只讓僅有的兩位宰相、也是太宗最相信的長孫無忌和褚遂良充顧命重臣，其餘一概排除在外。

三

高宗只是後來身體不好，智力上並無不健全之處，當然不願意受顧命重臣的控制。如何擺脫控制，如何和重臣們展開鬭爭，大概由於事後有意諱飾，史書已少明文記述。但從

8 此事《舊唐書》本傳謂「太宗寢疾，謂高宗曰：『汝於李勣無恩，我今將責出之，我死後，汝當授以僕射，即荷汝恩，必致其死力。』」理由說得太離奇，顯然不是真相，蓋出於行狀家傳之類編造，至於真相已不得而知。歷史真相不傳者多，只要無關大局，不必一一深求。

9 《舊唐書》卷七八〈高季輔傳〉說高遷中書令為貞觀二十二年，〈張行成傳〉說張遷侍中在貞觀二十三年，均在太宗生前，據〈高宗紀〉則在太宗崩後，紀出《實錄》，封拜年月一般不致有誤，當以紀為準。

若干重臣宰相的升黜，多少還可以捉摸到一點線索。

貞觀二十三年五月己巳太宗病死，第二天庚午就「以禮部尚書兼太子少師黎陽縣公于志寧爲侍中，太子少詹事兼尚書左丞張行成爲兼侍中檢校刑部尚書，太子右庶子兼吏部侍郎攝戶部尚書高季輔爲兼中書令檢校吏部尚書」。六月甲戌高宗即位，辛巳以「疊州都督英國公〔李〕勣爲特進檢校洛州刺史」，癸未「詔司徒揚州都督趙國公無忌爲太尉兼檢校中書令知尚書門下二省事」，癸巳「特進英國公勣爲開府儀同三司同中書門下三品」（《舊唐書・高宗紀》）。宰相太少需要增補，這看來是正常的。但太宗時不補，高宗一上臺就大增補，而且增補的是在定州一起輔佐過高宗的張行成、高季輔，是長孫無忌、褚遂良掌大權時被太宗外貶的李勣，其目的就很明顯，是要分長孫無忌、褚遂良的權（長孫無忌之由司徒轉太尉只是陪襯，太尉在三公中不過名列司徒之前而已，由司徒轉太尉並不增加任何實權）。

第二年永徽元年十一月，「中書令河南郡公褚遂良左授同州刺史」（《舊唐書・高宗紀》）這是高宗對顧命重臣首次公開進攻。褚遂良的地位資望不如長孫無忌，而從反魏王泰、反劉洎來看，其活動能量已大於無忌。《舊唐書・無忌傳》紀無忌及褚受遺令輔政時太宗對褚說：「無忌盡忠於我，我有天下，多是此人力，爾輔政後，勿令讒毀之徒損害無忌，若如此者，爾則非復人臣。」不叫無忌保護褚而叫褚保護無忌，可見此時褚權勢之炙手可熱。因此高宗先從褚下手，把他左遷授外職，憑什麼理由〈褚傳〉和〈高宗紀〉都沒有說，無非是點抓小問題作爲藉口。這是事情的一方面。再一方面，要進一步培植自己的勢力，永徽二年正月，「黃門侍郎平昌縣公宇文節加銀青光祿大夫依舊同中書門下三品，守中書侍郎柳奭爲中書侍郎依舊同中書門下三品」

[10]。宇文節兩《唐書》無傳，背景不清楚。柳奭則是高宗皇后王氏的母舅（《舊唐書》卷七七本傳）。皇后的母舅不一定當宰相，這個王皇后的父親憑裙帶關係就只當個「特進」（《舊唐書》卷五一〈高宗廢后王氏傳〉）。柳奭之同中書門下三品爲宰相者，顯然是高宗要在王皇后的親屬中選拔一名較有能力的來和長孫無忌等對抗。這種任用自己的外戚來向已故老皇上的外戚爭權，本是封建帝王歷來慣用的辦法。

但重臣們的勢力仍不可輕侮。永徽三年正月褚遂良又回任「吏部尚書同中書門下三品」。同年七月立後宮劉氏所生的高宗的長子陳王忠爲太子。《舊唐書》卷八六〈高宗諸子・忠傳〉說：「時王皇后無子，其舅中書令柳奭說后謀立忠爲太子，以忠母賤，冀其親己，后然之，奭與尚書右僕射褚遂良、侍中韓瑗諷、太尉長孫無忌、左僕射于志寧等，固請立忠爲儲後，高宗許之。」這裏的官銜有點小錯誤，褚遂良任尚書右僕射是永徽四年九月的事情，韓瑗永徽三年三月守黃門侍郎同中書門下三品[11]，任侍中是六年三月的事情（《舊唐書・高宗紀》）。但所說諸人擁立陳王忠爲太子這點則不可能憑空虛構。這說明高宗想用來對抗長孫無忌等的柳奭，以及想用來分無忌等權的于志寧、韓瑗等，這時已轉而與無忌、褚遂良打成一片。而且內有王皇后，有被他們所擁立的太子忠，對高宗作內外包圍之勢。

高宗這時二十五歲，正當血氣方剛之年，有和元老重臣們鬪到底的勇氣。這個時期宰相仍有

---

10 《舊唐書・高宗紀》。宇文節、柳奭前此均未爲同中書門下三品，這裏所云「依舊同中書門下三品」者，當卽「同中書門下三品」之謂，看《新唐書》卷六一〈宰相表〉可知。

11 《新唐書》卷六一〈宰相表〉。《舊唐書・高宗紀》失載，卷八〇〈韓傳〉作永徽四年亦誤。

一些變動，主要有永徽三年九月「守中書侍郎來濟同中書門下三品」[12]。四年九月「尚書右僕射北平縣公張行成薨」，「吏部尚書河南郡公褚遂良爲尚書右僕射依舊知政事」。十一月「兵部尚書固安縣公崔敦禮爲侍中」。十二月「侍中兼太子少保蓨縣公高季輔卒」。五年六月「中書令柳奭兼吏部尚書」[13]。但這些升遷都只能算是例行公事。高宗已不把希望寄托在這些重臣宰相身上，而另行培植在外朝的新勢力。這就是當時任禮部尚書的許敬宗，任中書舍人弘文館學士的李義府，以及御史大夫崔義玄、中書舍人王德儉、大理正侯善果、大理丞袁公瑜，後來都被武則天稱爲「在永徽中有翊贊之功」（《舊唐書》卷八二〈李義府傳〉）。許、李、崔三人《舊唐書》都爲列傳（許、李傳卷八二，崔傳卷七七），許、崔是武德初就跟隨李世民的老人，但宦途上一直不得志，李則貞觀時才入仕的新進，其他王德儉、侯善果、袁公瑜三人想也屬新進之列。這些人懂得不把現在的重臣宰相撐下臺，他們要爬上去掌權將不知等待到何日。因此很容易成爲高宗用來反對重臣宰相的得力助手。其中許在高宗當太子時做過右庶子，李和高宗的關係更早，初任監察御史時就「以本官兼侍晉王」，晉王卽高宗，當太子後他又「除太子舍人」，高宗利用他們當然更爲方便。至於內庭，由於柳奭已和長孫無忌、褚遂良等打成一片，柳奭的外甥女王皇后已轉成高宗的對立面，高宗就非把她去掉不可。於是在永徽六年掀起了廢立皇后的軒然大波，成爲高宗和元老重臣

12 《新唐書》卷六一〈宰相表〉，《舊唐書・高宗紀》失載，卷八〇〈來傳〉作永徽四年。

13 均據《舊唐書・高宗紀》。《新唐書》卷六一〈宰相表〉作永徽六年六月「奭罷為吏部尚書」，《舊唐書・柳奭傳》作「奭憂懼，頻上疏請辭樞密之任，轉為吏部尚書」，均與《舊唐書・高宗紀》所紀不同。紀出自《實錄》，似較可信據。

之爭的焦點。

四

永徽六年廢立皇后之爭及其結局，已爲讀史者所熟知。我在這裏只就一般不曾注意到的講幾點。

這次鬪爭先搞掉柳奭，六月五日「貶遂州刺史」[14]。這是因爲柳奭根底不深，容易擺布。同時也可看出高宗的目的在反元老重臣及其黨羽，所以先貶柳奭再廢后，而不像一般在廢后的同時處理外戚。

高宗爲廢立皇后，召集元老重臣太尉長孫無忌、司空李勣、尚書左僕射于志寧、尚書右僕射褚遂良要求表態。《舊唐書・褚遂良傳》、〈無忌傳〉所記對答言詞並細節均有出入，恐都未必完全可信（這類高級機密會議的實況史官未必與聞記錄，外傳的至少滲雜若干臆想成分），但說元老重臣方面主要由褚遂良出頭反對則無異詞。而高宗方面也仍舊以褚遂良爲主要打擊對象，首先給以處分，九月褚「貶授潭州都督」，十月才「廢皇后王氏爲庶人，立昭儀武氏爲皇后」（《舊唐書・高宗紀》）。

長孫無忌是資歷最深、地位最高的元老，而且還是高宗的親舅父，動搖他頗不容易。因此一

---

14 《舊唐書・高宗紀》。〈柳奭傳〉不書此時貶遂州，只說「及后廢，累貶愛州刺史」，好像先廢後再貶柳奭，是行文上的毛病。

開始對他多方拉攏以分化元老重臣集團。《舊唐書·無忌傳》所說「帝將立昭儀武氏爲后，無忌屢言不可，帝乃密遣使賜無忌金銀寶器各一車、綾錦十車，以悅其意，昭儀母楊氏復自詣無忌宅，屢加祈請」，「禮部尚書許敬宗又屢申勸請」，都說明高宗對無忌和對褚遂良是採用不同的手法。褚被貶後，第二年顯慶元年五月無忌仍進史官所撰《五代史志》三十卷，七月進史官所撰《國史》八十卷，「賜物二千段」，三年正月修成《新禮》一百三十卷，「詔頒行於天下」[15]，至少高宗對他表面上還是禮貌不衰。到四年四月，才「帶揚州都督於黔州安置，依舊準一品供給」（《舊唐書·高宗紀》）再進一步由許敬宗、李義府「遣大理正袁公瑜就黔州重鞫無忌反狀，公瑜逼令自縊而死，籍沒其家」（《舊唐書·無忌傳》）。安置黔州的罪名所謂與監察御史李巢交通謀反，是出於許敬宗所檢舉，高宗「竟不親問無忌謀反所由，惟聽敬宗誣構之說」（《舊唐書·無忌傳》），可見無忌在高宗心目中勢在必除，「謀反」云者只是編造個藉口。

李勣以和山東地區的特殊關係取得軍界的崇高地位，一貫不介入唐統治集團的內部鬪爭。相傳高宗爲廢立皇后事要他表態，他說：「此乃陛下家事，不合問外人。」就是概不介入這場鬪爭的意思（《舊唐書·褚遂良傳》）。他當然平安無事。其餘重臣宰相：顯慶二年八月，「侍中潁縣公韓瑗左授振州刺史，中書令兼太子詹事南陽侯來濟左授台州刺史，皆坐諫立武昭儀爲皇后，救褚遂良之貶也」（《舊唐書·高宗紀》）。于志寧是當年太宗剛死高宗就把他升任侍中的，只因參與立陳王忠爲太子事，轉化成高宗的對立面，所以盡管他在廢立皇后問題上「獨無言以持兩端」，並奉

15　《舊唐書·高宗紀》、《無忌傳》，《唐會要》卷六三〈修前代史〉、〈修國史〉。

命與李勣册武昭儀爲皇后，仍非下臺不可。顯慶四年四月「許敬宗推鞫長孫無忌詔獄，因誣構志寧黨附無忌，坐是免職，尋降授榮州刺史」（《舊唐書》卷七八〈于志寧傳〉），和長孫無忌同時退出政治舞臺。從永徽六年五月柳奭之貶算起，到這時先後花了四年時間才把長孫無忌、褚遂良一夥的勢力掃除乾淨。

高宗一邊的許敬宗、李義府的上臺也同樣有個過程。永徽六年十月廢王氏立武昭儀，十二月才「遣禮部尚書高陽縣男許敬宗每日待詔於武德殿西門」，顯慶二年八月貶韓瑗、來濟時才以「禮部尚書高陽郡公許敬宗爲侍中」（《舊唐書・高宗紀》）。李義府稍早一點，永徽六年七月在柳奭貶逐後「擢拜中書侍郎同中書門下三品」[16]，顯慶二年三月正式升遷「爲中書令檢校御史大夫」（《舊唐書・高宗紀》）。這和重臣宰相之不能馬上統統下臺，都說明這場鬭爭高宗方面花了很大氣力，不是輕而易舉、一蹴而就的簡單事情。

高宗一邊的陣容看來並不怎麼堅強，所依靠的人物在正式攤牌前竟沒有一個已居相職。其所以能戰勝長孫無忌、褚遂良等龐然大物者，我分析有兩個重要原因：㈠長孫無忌方面沒有一個可供擁戴爲首腦的有力量的皇族，像當初武德年間無忌之推戴秦王李世民那樣。他們擁立的太子忠本來可以作爲首腦，但到永徽六年也只有十三歲[17]，年齡太小扶不起，王皇后又不是武則天那樣的政治人物。因此他們只能奉高宗爲君而加以監護控制，高宗一旦不受控制而向他們發動進攻，他們無法公然抗禦。㈡他們也沒有兵權。當時守衛宮城駐屯北門（玄武門）的左右羽林軍是禁軍

16 《舊唐書・高宗紀》失紀，據本傳及《新唐書・宰相表》。

17 據《舊唐書》本傳所說「麟德元年……賜死於流所，年二十二」推算。

的精銳，其向背在軍事政變中往往起著決定性的作用。此時羽林軍將領可查考者有張延師、薛仁貴。張延師「永徽初累授左衛大將軍」。「廉謹周愼，典羽林屯兵前後三十餘年，未嘗有過，朝廷以此稱之」。薛仁貴貞觀末「遷右領軍郎將，依舊北門長上，永徽五年高宗幸萬年宮，甲夜山水猥至，衝突玄武門，宿衛者散走，仁貴曰：『安有天子有急，輒敢懼死！』遂登門桄叫呼以驚宮內，高宗遽出乘高，俄而水入寢殿，上使謂仁貴曰：『賴得卿呼，方免淪溺，始知有忠臣也。』於是賜御馬一匹」（《舊唐書》卷八三〈張儉弟延師傳〉、〈薛仁貴傳〉）。可見都是謹馴之輩，沒有被勾引來搞軍事政變的可能。長孫無忌、褚遂良等既無可利用的武力，自然難逃束手待斃的厄運。

五

最後研究一下這次鬬爭中的武則天。

從上面的史實來看，排除長孫無忌、褚遂良等元老重臣，是高宗一貫的政策；由於柳奭與元老重臣打成一片，王皇后自然非廢不可。這都是高宗的乾綱獨斷，並非受武則天或其他人所指使，更談不上一切都聽武則天指揮。

再從武則天本人來看，在當時也不可能具備指揮高宗的力量。武則天之入高宗後宮有兩說：《舊唐書》卷六〈則天皇后紀〉說，「則天年十四時，太宗聞其美容止，召入宮，立爲才人，及太宗崩，遂爲尼，居感業寺，大帝於寺見之，復召入宮」。卷五一〈高宗廢后王氏傳〉則說，「武皇后貞觀末隨太宗嬪御居於感業寺，后及左右數爲之言，高宗由是復召入宮」。《通鑑》卷一九九永徽五年三月庚申條則調停兩說，復謂「太宗……忌日，上詣寺行香見之」云云，不知有何根據？不管那種說法可信，武則天入高宗後宮之在永徽初年是沒有問題的。就算是元年吧，到六年廢立皇后事起也不過四、五年時間。短短四、五年內，以區區昭儀的地位，能發展成足以使高宗俯首聽命的力量是不太可能的，這時期武則天並無結交外庭的實迹便是明證（當然不排除她代表高宗和許敬宗、李義府輩有往來）。至於憑美貌，使高宗沉溺失志而唯其命是聽，這也不太可能。因爲王皇后也是因爲「有美色」而被納爲晉王妃的（《舊唐書·高宗廢后王氏傳》），而且年紀還比武則天輕好幾歲[18]，即使武則天眞如後來駱賓王討武檄文中所說「狐媚偏能惑主」，也盡可由她獲專房之寵而不必急於廢掉王皇后[19]。在這點上，還是《舊唐書·則天皇后紀》透露了點眞相，即所謂武則天「素多智計，兼涉文史」，武則天就是憑其智計文才能充當高宗政治鬭爭的內助而獲得寵信。高宗既因政治原因要廢王皇后，最合適的遞補者當然是這個政治賢內助武則天。這種充當政治內助正是武則天當時眞正能起的作用。再說得形象一點，在當時的政治舞臺上高宗和長孫無忌、褚遂良是鬭爭雙方的主角，武則天只是高宗一邊的配角。

18 《舊唐書·高宗紀》說高宗即位時年二十二，王皇后的年齡一般不會比他大。而《則天皇后紀》謂武則天卒於神龍元年，「年八十三」，上推高宗即位時已年二十七。

19 至於《新唐書》卷七六《則天皇后傳》所說武則天潛斃所生女以誣皇后，以及《通鑑》永徽五年三月庚申條所說王皇后勸納武則天以間蕭淑妃之寵云云，都類似小說，不足置信。《舊唐書·廢后王氏傳》所記武則天截王、蕭手足投於酒甕之中，曰「令此二嫗骨醉，數日而卒」，也是這種小說性質（王、蕭當時均不過二十多歲，可罵為「婢」而不致罵成「嫗」，截去手足如何能延至數日方卒）但《舊唐書》上文仍說王、蕭「囚之別院，武昭儀令人縊殺之」，附錄截手足故事只聊備異說，俾後人別擇，不像《新唐書》、《通鑑》融諸異說為一體，使真相轉難尋覓。這是《舊唐書》的優點，非《新唐書》、《通鑑》之所能及。

武則天之逐步從高宗手裏奪取權力，是在當上皇后以後。這在道理上也應如此，專寵與否和是否皇后或妃嬪無關，而要在政治上取得權力則不名正言順地當上皇后便有困難（皇后不僅和皇帝是敵體身分，在內庭禮數殊絕於妃嬪宦寺，而且在一定條件下有允許參與政權的慣例，如提携小皇帝垂帘聽政之類）。人有階級性，但同階級的人也有性格上的差異，有些皇后滿足於安富尊榮，缺乏政治興趣，有的則有強烈的政治慾，武則天便是後一類型的人物。她既以政治內助獲高宗寵信而取得皇后這個政治地位，就要進一步抑制高宗，分享甚至全部取得皇帝的權力。她此時如何活動，宮掖事秘，文獻無徵，其詳已不可得而聞。但高宗「自顯慶以後，多苦風疾，百司表奏，皆委天后詳決」[20]，至少給她創造了有利的條件（歷史上某些偶然因素能起一定的作用，決不能一概忽視）。這樣經過了將近十年，到麟德元年高宗終於不堪忍受，又計畫要把武則天廢掉。其事《舊唐書》不詳，〈高宗紀〉只紀「十二月丙戌，殺西臺侍郎上官儀，戊子，庶人忠坐與儀交通賜死」，卷八〇〈上官儀傳〉也只說「宦者王伏勝與梁王忠抵罪，許敬宗乃構儀與忠通謀，遂下獄賜死」，都不明緣由，蓋係後來修《實錄》時有所諱飾。《新唐書》卷一〇五〈上官儀傳〉則謂：「初武后得志，遂牽制帝，專威福，帝不能堪。〔武后〕又引道士行厭勝，中人王伏勝發之，帝因大怒，將廢〔武后〕爲庶人，召儀與議，儀曰：『皇后專恣，海內失望，宜廢之以順人心。』帝使草詔，左右奔告后，后自申訴，帝乃悔，又恐后怨恚，乃曰：『上官儀教我。』后由是深惡儀。始忠爲陳王時儀爲諮議，與王伏勝同府，至是許敬宗構儀與忠謀大逆，后

20　《舊唐書・則天皇后紀》。文中「天后」宜作「皇后」或「武后」，以稱「天后」是其後上元元年的事情。

志也。」《新唐書》卷七六〈則天皇后傳〉略同，並謂：「及儀見誅，則政歸房帷，天子拱手矣。羣臣朝、四方奏章皆曰『二聖』。每視朝，殿中垂帘，帝與后偶坐，生殺賞罰唯所命。」所說當均有所本，盡管「帝乃悔」等細節未必事實，大體應屬信史。此時高宗不得不要結資歷淺薄唯借文詞進身的新宰相上官儀以謀武則天，可見原屬高宗的親信許敬宗、李義府輩已盡爲武則天所牢籠，許敬宗且轉而參與對帝黨上官儀的打擊活動，李義府更依仗武則天之勢早在上官儀被打擊前就不把高宗放在眼裏[21]。此後的高宗在某種意義上講已和玄武門之變後的高祖李淵一樣，成爲尸位素餐甚至高等囚犯式的人物，不過不便像李淵那樣用「太上皇」稱號，還保持一個皇帝（「天皇」）的空名義而已。

武則天之拉攏許敬宗、李義府等完全是爲了這些人可利用來幫助自己奪權，許、李等投靠武則天也完全是見風轉舵，誰可能得勢就替誰出力，並不是由於同屬庶族地主爲本階層利益相結合。說實在話，武士彠起初雖是庶族地主兼富商，後來「累遷工部尙書」，「歷利州、荊州都督」，並娶隋宗室楊達女爲妻後已非一般庶族之比（《舊唐書》卷五八〈武士彠傳〉，《新唐書》卷一〇〇〈楊恭仁傳〉），照太宗敕修《氏族志》不須論數世以前，「止取今日官爵高下作等級」（《舊唐書》卷六五〈高士廉傳〉）的標準來衡量，可算入新興門閥之列。許敬宗與褚遂良都著籍杭州，許「隋禮部侍郎善心子」，「其先自高陽南渡，世仕江左」；褚「散騎常侍亮之子」，亮「其先自陽翟徙

21 《舊唐書·李義府傳》：「〔龍朔〕三年遷右相，……帝頗知其罪失，從容誡義府，……義府勃然變色，腮頸俱起，徐曰：『誰向陛下道此？』上曰：『但我言如是，何須問我所從得耶！』義府睆然，殊不引咎，緩步而去。」其口吻已略似清末李蓮英輩之對待光緒帝，可見當時后黨的氣焰。

居」，「曾祖湮，梁御史中丞，祖蒙，太子中舍人，父玠，陳秘書監」（《舊唐書・許敬宗傳》、〈褚遂良傳〉、〈褚亮傳〉）。家世相同，均屬世族地主，而偏偏在政治上處於敵對立場。可見古人並沒有那麼鮮明的階層觀念，並不見得同階層就拉攏，不同階層就打擊排擠，不論武則天或高宗以至褚、許等均如此。研究歷史者在這些問題上千萬不要簡單化或想當然。

說李武政權

自武則天稱帝到太平公主覆滅這段時間內，中央政權長期處於不穩定狀態，統治集團的內部矛盾和鬪爭表現得極爲錯綜複雜。其所以如此，我認爲關鍵在於當時建立過一個以李氏居虛名、以武氏掌權的畸形政權，姑名之曰「李武政權」。抓住這點來觀察剖析當時的政治事件，許多疑團就迎刃而解。

一　為什麼會形成李武政權

在中國帝制社會裏，男性的皇帝家天下，只可能存在一家一姓的政權。如隋是楊氏政權，唐是李氏政權。唐載初元年九月「聖母神皇」武則天「革唐命，改國號爲周」，照例應該建立武氏政權。當時「立武氏七廟於神都，追尊神皇父贈太尉太原王士彠爲孝明皇帝，兄子文昌左相承嗣爲魏王，天官尙書三思爲梁王，堂侄懿宗等十二人爲郡王」[1]，都已屬於改朝換代後建立武氏新政權的措施。但進一步確立這個淸一色的武氏新政權卻遇到了困難。因爲武則天不是男人而是女人，是從被革掉命的先朝唐室的皇后、皇太后進而成爲大周皇帝的，她的親生子姓李不姓武，姓武的只是她的內侄。究竟應該讓誰來充當自己的皇位繼承人，對女皇帝武則天說來是個無前例可援的大難題。

武則天親生子有四，當時生存着的是三子李顯和四子李旦。李顯即中宗，唐高宗死後做過兩個月皇帝，被臨朝稱制的武則天廢爲廬陵王，改立李旦即睿宗做皇帝。革唐爲周，李旦的皇帝當然也做不成，不過沒有被廢爲王，更不曾像南北朝以來的亡國之君那樣遭屠害，而是「降帝爲皇嗣」，「徙居東宮，其具儀一比皇太子」[2]，「賜姓武氏」[3]。皇嗣是個新名號，其「具儀一比皇太子」者，說明皇嗣並不等於皇太子，不能算作正式的皇位繼承人；但在名號上仍安了這個有繼承含義的「嗣」字，而且住進只有皇太子才能住的東宮，又說明還多少保有候補皇太子的資格。可見當時武則天在皇位繼承人這個難題上是舉棋不定，沒有匆忙作出解答。

武家的人當然不能等待，新皇帝既姓武，皇位繼承人如何能不從武氏家族裏來挑選。武則天兄元爽子、當年曾襲祖爵周國公、現在又列諸王之首、並且身居文昌左相同鳳閣鸞臺三品兼知內

1 《舊唐書》、《新唐書・則天皇后紀》。
2 《舊唐書・睿宗紀》。
3 同註1。

史事要職的魏王武承嗣「自爲次當爲皇儲（皇太子）」，抄襲武則天指使侍御史傅游藝率關內父老陳請革唐爲周的故智，「令鳳閣舍人張嘉福諷喻百姓抗表陳請」[4]，結果大碰釘子。《舊唐書》卷八七〈李昭德傳〉：

> 鳳閣舍人張嘉福令洛陽人王慶之率輕薄惡少數百人詣闕上表，請立武承嗣爲皇太子，則天不許，慶之固請不已，則天令昭德詰責之，令散，昭德便杖殺慶之，餘衆乃息。昭德因奏曰：「臣聞文武之道，布在方策，豈有侄爲天子而爲姑立廟乎？以親親言之，則天皇是陛下夫也，皇嗣是陛下子也，陛下正合傳之子孫，爲萬代計，況陛下承天皇顧托而有天下，若立承嗣，臣恐天皇不血食矣！」則天寤之乃止。

此事《舊》傳繫於延載初，《通鑑考異》認爲應是載初之誤，即發生在革唐爲周之後不久。其後，吉頊、狄仁傑還都提出過和李昭德同樣的主張，《舊唐書》卷一八六上〈酷吏・吉頊傳〉：

> 初，中宗未立爲皇太子時，（張）易之、昌宗嘗密問頊自安之策，頊云：「公兄弟承恩既深，非有大功於天下，則不全矣。今天下士庶，咸思李家，廬陵既在房州，相王（李旦）幽閉，主上春秋既高，須有付託，武氏諸王，殊非屬意，明公若能從容請建立廬陵及相王，以副生人之望，豈止轉禍爲福，必長享茅土之重矣。」易之然其言，遂承間奏請。則天知頊首謀，召而問之，曰：「廬陵王及相王，皆陛下之子，先帝顧託於陛下，當有主意，唯陛下裁之。」則天意乃定。

卷八九〈狄仁傑傳〉：

---

4 《舊唐書》卷一八三〈外戚・武承嗣傳〉。

初，中宗在房陵，而吉頊、李昭德皆有匡復讜言，則天無復辟意。唯仁傑每從容奏對，無不以子母恩情爲言，則天亦漸省悟，竟召還中宗，復爲儲貳。

讀史者切莫以爲李昭德、吉頊、狄仁傑等是站在武則天的對立面，反對革唐爲周，決非如此。當時反對武則天革唐爲周、反對武則天稱帝，甚至前此反對武則天臨朝稱制的，如裴炎、劉禕之、魏玄同、劉濬等人，都被武則天堅決清除無一幸免[5]。而李昭德等在皇位繼承人問題上進言，不僅沒有觸犯武則天，而且還爲武則天接受採納，說明他們是眞心實意地在爲武則天盡忠効勞、出謀畫策[6]。上引《舊》傳裏的言辭蓋多出事後追記，和開元時李邕所撰〈梁公別傳〉裏的匡復之辭同樣未必盡屬實錄[7]，但主要的論點是很明確，而且相一致的，卽爲武則天死後血食計，只能立姓李的親生子而不能立姓武的內侄，〈李昭德傳〉所說「豈有侄爲天子爲姑立廟」，〈吉頊傳〉強調「廬陵王及相王皆陛下之子」，〈狄仁傑傳〉「以母子恩情爲言」，以及《通鑑》聖歷元年二月據〈梁公別傳〉所寫的「姑侄之與母子孰親？陛下立子，則千秋萬歲後配食太廟，承繼無窮；立侄，則未聞侄爲天子而祔姑於廟者也」，都是這個意思。這種言論在今天看來自然毫無價值，單就人死爲鬼要「血食」這點就荒唐不值一笑。但當時是封建社會，武則天再高明也難逃

5　《舊唐書》裴、劉、魏諸人傳，並見乾陵出土〈劉濬墓志〉。

6　所以《舊唐書・李昭德傳》說武則天認為「自我任昭德，每獲高臥，是代我勞苦」，〈狄仁傑傳〉說仁傑在「當時恩寵無比」，吉頊更名列〈酷吏傳〉，武則天「委以心腹」，都是武則天的自己人。

7　〈梁公別傳〉已失傳，只有《通鑑考異》引用其片斷，司馬光認為「其辭鄙誕，殆非邕所為」，其實《舊唐書・狄傳》已提到此〈傳〉，《新唐書》卷八五〈藝文志〉雜傳紀類更將此〈傳〉錄入，因此不可能是後人偽託。「其辭鄙誕」者，正是由於李邕雜采傳說所致，不足為怪。

出封建意識的圈子，即不僅要做現實生活裏的皇帝，還必須考慮身後「血食」這個大問題。她革唐爲周時把李旦保留爲皇嗣，就多少已從身後血食來考慮，李昭德等人也可能正是看到這一點，才敢於反復進言。終於取得一致的認識後，在聖歷元年把李顯召還東都，正式立爲皇太子，皇嗣李旦仍封相王，解決了皇位繼承人這個大難題。

封建社會裏並不是皇帝一個人掌握最高權力，除皇帝外還需要有一個政治上的重心力量，這個力量在武則天看來理當由武氏家族來組成，否則她花了那麼多心力革唐爲周爲了什麼。在革唐爲周後，她不僅如前所說把武氏內侄封了兩個王，堂內侄封了十二個郡王[8]，而且讓他們分別充任大小不等的實職。其中前期以內侄文昌左相同鳳閣鸞臺三品兼知內史事魏王武承嗣爲首，武承嗣以希冀皇太子位而失寵「罷知政事」、「快快而卒」（《舊唐書·武承嗣傳》），另一個內姪梁王武三思又起而代之，在李顯召回爲皇太子的同一年檢校內史，第二年進拜特進太子賓客。這些人當然不至絕無才能，如武三思舊史就說他「略涉文史，性傾巧便僻，善事人，由是特蒙信任」（《舊唐書·外戚·武三思傳》），但更主要的還是憑他們和武則天的親屬關係而被寵用。所以先後掌大權爲首領的武承嗣、武三思都是武則天的親內侄，武三思的兒子，武則天親內姪孫武崇訓的權勢也遠在其他郡王之上。郡王中只有武攸暨因尚武則天女太平公主而一度進封爲定王（《舊唐書·外戚·武攸暨傳》）。

---

8 《舊唐書·武承嗣傳》開列了這個封王名單，郡王只有十一個，當有脱漏。《新唐書》卷一三一〈外戚·武承嗣傳〉增添了一個河間王武仁範，但此人是潁川王武載德之父，和武則天是堂兄弟輩。

婚姻關係不等同於政治關係，但某些婚姻也確實是出於政治利害的考慮。武攸曁尙武則天女太平公主，武崇訓尙李顯女安樂公主，以及武承嗣子延基尙李顯女永泰公主，武則天兄子贈陳王承業子延暉尙李顯女新都公主[9]，都是武則天有意識地把武、李兩家融合成一體的措施。《舊唐書．則天皇后紀》所紀武則天令皇太子、相王與武三思、武攸曁「立誓文於明堂」[10]，也顯然出於同樣的意圖。

這種把武、李兩家融爲一體，形成一個以李氏居虛名、武氏掌實權的李武政權，對武則天說來是早有經驗的。永淳二年唐高宗病逝後由李顯、李旦先後當名義上的皇帝而由武則天掌握實權臨朝稱制，甚至麟德元年以後出現的武則天「垂簾於〔高宗〕御座後，政事大小皆預聞之，內外稱爲『二聖』」的局面[11]，實際上都已經是後來李武政權的先導。用婚姻來鞏固李、武關係，也早已是武則天本人行之有效的辦法，武則天不正是以李家的皇后、皇太后身分成爲這一政權的首腦。

二　怎樣認識張柬之發動的政變

神龍元年正月，守鳳閣侍郎同鳳閣鸞臺平章事張柬之、鸞臺侍郎同鳳閣鸞臺平章事崔玄暐、

9 《唐會要》卷六〈公主〉，《新唐書》卷八三〈公主傳〉。
10 攸曁原作攸寧，顯係錯誤，《通鑑》卷二〇六聖曆二年六月壬寅條記此事已改作攸曁。
11 《舊唐書》卷五〈高宗紀〉上元二年三月丁巳條。

左羽林將軍桓彥範、右羽林將軍敬暉、司刑少卿兼知相王府司馬事袁恕己等利用禁軍發動政變，殺張易之、張昌宗，逼武則天傳位皇太子李顯即中宗，復國號爲唐。武則天此時已八十三歲，退居上陽宮在十一月病死。但武三思、武攸暨等仍掌握政權，早在這年五月就封張柬之等五人爲王而罷其政事，第二年五王被貶死。舊史既肯定五王「忠於唐室」，又認爲他們不乘勢剪除武三思等是失策，如《舊唐書》卷九一〈五王傳〉的論贊就說：

> 史臣曰：昔夫差入越，勾踐保於會稽，不聽子胥之言，而有甬東之歎。此五王除凶返正，得計成功，當是時，彥範、敬暉，握兵全勢，三思、攸暨，其黨半殲，若從季昶之言，寧有利貞之禍？蓋以心懷不忍，遽失後圖，黜削流移，理固然也。且芟蔓而不能拔本，建謀而尚欠防微，死即無辜，禍由自掇，失斷召亂也，不亦宜哉！
>
> 贊曰：嗟彼五王，忠於有唐，知火在木，謂其無傷，禍發既兆，勢摧靡當，何事不敏，周身之防。

《新唐書》卷一二〇〈五王傳贊〉也說：

> 五王提衛兵，誅嬖臣，中興唐室，不淹辰天下晏然，其謀深矣。至謂中宗爲英王，不盡誅諸武，使天子借以爲威，何其淺耶！釁牙一啟，爲艷后豎兒所乘，刼持戮辱，若放豚然。何哉，無亦神奪其明，厚韋氏毒，以與先天之業乎？不然，安李之功，賢於漢平、勃遠矣！

後世讀者也多同意這種言論。但從當時已籌建起李武政權這個角度來看，這類言論只能算是皮相之談，並沒有接觸到問題的實質。

首先，發動這次政變的主要目的是什麼？是逼使武則天讓位從而恢復唐室，還是剪除張易之、張昌宗兄弟以淸君側？很顯然是後者而不是前者。

衆所周知，二張兄弟是武則天的面首，面首對女皇來說只是男性的妃嬪，不過因爲是男性，所以參與政治的可能性要比女性的妃嬪更大一些。當然，這也要看是什麼人。譬如武則天的另一個面首薛懷義，就不是什麼政治材料，盡管「出入乘廄馬，中官侍從，諸武朝貴，匍匐禮謁」（《舊唐書・外戚・薛懷義傳》），但對諸武朝貴構不成威脅，甚至因態度偃蹇觸犯了宰相蘇良嗣，良嗣可以「怒叱左右批其頰曳去」（《新唐書》卷一〇三〈蘇良嗣傳〉），最後恩衰被武則天縊殺了事。二張兄弟可不同。他們是高宗時宰相張行成的族孫，山東地區的世家大族出身，政治活動能量遠非曾「以鬻臺貨爲業」、「非士族」的薛懷義可比。《舊唐書》卷八七〈張行成附二張傳〉說：

則天春秋高，政事多委易之兄弟。中宗爲皇太子，太子男邵王重潤及女弟永泰郡主竊言二張專政，易之訴於則天，付太子自鞫問處理，太子並自縊殺之。又御史大夫魏元忠嘗奏二張之罪，易之懼不自安，乃誣奏元忠與司禮丞高戩云：「天子老矣，當挾太子爲耐久朋。」則天曰：「汝何以知之？」易之曰：「鳳閣舍人張說爲證。」翌日，則天召元忠及說廷詰之，皆妄，則天尚以二張之故，逐元忠爲高要尉，張說長流欽州。……及則天臥疾長生院，宰臣希得進見，唯易之兄弟侍側，恐禍變及己，乃引用朋黨，陰爲之備。

案唐代宦官之專政始於玄宗時高力士，前此尚未有宦官在中樞預問機密之事（別詳拙作〈說馬嵬驛楊妃之死的真相〉）。這時「二張專政」實際上起着後來宦官專政的作用，因爲他們和宦官一樣可以出入宮禁，接近人主；而且不像宦官是刑餘之人，在政治上能夠有更大的號召力。所謂「引用朋黨」不是一句空話，《舊唐書·二張傳》所記這次政變後「坐二張竄逐」的就有「朝官房融、崔神慶、崔融、李嶠、宋之問、杜審言、沈佺期、閻朝隱等……凡數十人」，此外親附二張有實跡可查的還有李迥秀、楊再思、蘇味道、韋承慶、韋嗣立和吉頊[12]，參加張易之主持的控鶴監後改奉宸府為供奉的除宋之問、閻朝隱之外還有薛稷、員半千和田歸道[13]。其中李迥秀、楊再思、蘇味道、李嶠、韋承慶、韋嗣立、房融在這個時期還先後充任過宰相[14]。可見，二張在李武政權之外已逐漸形成另一股新勢力。在這股勢力還沒有形成時，武氏家族承嗣、三思之流可以看武則天面上「候其門庭，爭執鞭」，對二張作些諂媚姿態[15]；形成而且壯大了，兩者之間就不可避免要發生矛盾。上面所引〈二張傳〉裏講到的邵王重潤之獄就是一個例證。此獄事的發生，據《舊唐書·則天皇后紀》在大足元年卽政變的前四年，《舊唐書》卷六八〈中宗諸子傳〉及〈外戚·武承嗣附子延基傳〉講得更具體，〈延基傳〉說：延基「與其妻永泰郡主及懿德太子（卽邵王重潤，政變後追贈懿德太子）等話及易之兄弟出入宮中，恐有不利，後憤爭不協，泄之，則天聞而大怒，咸令自殺」。皇太子李顯及其長子邵王重潤等李家的人此時誠無多大勢力，武家的人卻是照例碰不得的，曾經是武則天的親信而且和二張有點關係的吉頊就因「與武懿宗爭趙州功於殿中，

12 《舊唐書》卷六二〈李大亮附李迥秀傳〉、卷九〇〈楊再思傳〉、卷九四〈蘇味道傳〉，《新唐書》卷一一六〈韋思謙附韋承慶韋嗣立傳〉，《舊唐書》〈酷吏·吉頊傳〉。

13 《舊唐書·二張傳》、〈吉頊傳〉以及卷一四一中〈文苑·員、宋、閻諸傳〉。

14 《舊唐書》李、楊、蘇、二韋傳、卷九四〈李嶠傳〉，《新唐書》卷六一〈宰相表〉。

15 《舊唐書·二張傳》。

……嘗不相假，則天以爲卑我諸武於我前，其可倚與」，而卒被貶死[16]。這時在武氏家族中地位遠高於武懿宗的武承嗣長子繼魏王武延基，卻因反對二張，連帶其妻皇太子女永泰郡主、妻舅皇太子長子邵王重潤統統被處死。而過了兩年卽長安三年，和御史大夫魏元忠同被二張誣奏以至貶逐的司禮丞高戩又正是「太平公主之所愛」[17]，太平公主則是則天之親生女、皇太子李顯之妹、武攸曁之妻，足證其時二張勢力已一再危及李武政權的成員。李武政權爲生存計，安得不事反攻。長安四年七月以贓賂事審鞫二張，年底武則天寢疾，二張侍側，而「屢有人爲飛書及牓其書於通衢云易之兄弟謀反」[18]，都應是代表李武勢力的反攻行動。值得注意的是，後來五王中的桓彥範，此時任司刑少卿，崔玄暐，此時爲宰相，都是攻擊二張的積極分子[19]。二張賴武則天的庇護不易攻倒，接著就發生了神龍元年正月的軍事政變。很明顯，這次政變是代表李武政權成員的利益，以剪除二張爲其主要目的。

這一點從參與政變的成員以及政變的動員言辭都看得很淸楚。動員言辭見《舊唐書》卷一〇九〈李多祚傳〉：

> 張柬之將誅張易之兄弟，引多祚將籌其事，謂曰：「……大帝之子見在東宮，逆豎張易之兄弟擅權，朝夕危逼，宗社之重，於將軍誠能報恩，正屬今日。」多祚……遂與柬之

16 《舊唐書．吉頊傳》。
17 《通鑑》卷二〇七長安三年九月。
18 《通鑑》卷二〇七長安四年七月、十二月。《舊唐書．二張傳》紀贓賂事於長安二年，是錯誤的。
19 《舊唐書》卷九一〈桓崔傳〉，《通鑑》長安四年七月、十二月。

等定謀誅易之兄弟。

這裏只提翦除張易之兄弟而未及其他。參與的成員則如〈桓彥範傳〉所說：

則天不豫，張易之與弟昌宗入閤侍疾，潛圖逆亂，鳳閣侍郎張柬之與桓彥範及中臺右丞敬暉等建策將誅之。柬之遽引彥範及暉並爲左右羽林將軍，委以禁兵，共圖其事，時皇太子每於北門起居，彥範與暉因得謁見，密陳其計，太子從之。神龍元年正月彥範與敬暉及左羽林軍李湛、李多祚[20]、右羽林將軍楊元琰、左威衛將軍薛思行等率左右羽林兵及千騎五百餘人討易之、昌宗於宮中。

又〈袁恕己傳〉：

長安中，歷遷司刑少卿兼知相王（李旦）府司馬事，敬暉等將誅張易之兄弟，恕己預其謀議，又從相王統率南衙兵仗以備非常。

卷一八三〈太平公主傳〉：

神龍元年，預誅張易之謀有功，進號鎮國太平公主，相王加號安國相王。

〈武承嗣傳〉：

中宗（李顯）卽位，侍中敬暉等以唐室中興，武氏諸王宜削其王爵，……上答曰：「……攸曁、三思皆悉預告凶豎（二張），雖不親冒白刃，而亦早獻丹誠，今若卻除舊封，便慮有功難勸。」

---

20 案之《舊唐書．李多祚傳》，多祚此時已是右羽林大將軍，〈桓傳〉此處微誤。

以張柬之等及武攸曁、武三思、鄭普思等十六人皆爲立功之人，賜以鐵券，自非反逆，各恕十死。

《通鑑》卷二〇八神龍元年五月乙酉：

可見李武方面的主要人物皇太子李顯、相王李旦、太平公主、公主夫武攸曁以及武三思全部參與了這次政變，盡管或上前敵，或充後臺，因爲剪除二張正實現了他們的共同心願。

至於由清君側進而立逼武則天傳位於皇太子李顯，則似非本來預定的計畫。《舊唐書》卷八二〈李義府附李湛傳〉說：

時鳳閣侍郎張柬之將誅張易之兄弟，遂引湛爲左羽林將軍，令與敬暉等啟請皇太子，備陳將誅易之兄弟意，太子許之。及兵發，湛與右羽林大將軍李多祚等詣東宮迎皇太子，拒而不時出，湛進啟曰：「逆豎反道亂常，將圖不軌，宗社危敗，實在須臾，湛等諸將與南衙執事克期誅剪，伏願陛下暫至玄武門，以副衆望。」太子曰：「凶豎悖亂，誠合誅夷，然聖躬不豫，慮有驚動，公等且止，以俟後圖。」湛曰：「諸將棄家族，共宰相同心戮力，匡輔社稷，殿下柰何不哀其誠懇而欲陷之鼎鑊，湛等微命，雖不足惜，殿下速出自止遏。」太子乃馳馬就路，湛從至玄武門，斬關而入，率所部兵直至則天所寢長生殿，環繞侍衞，因奏曰：「臣等奉命誅逆賊易之、昌宗，恐有漏泄，遂不獲預奏，輒陳兵禁掖，是臣等死罪。」……則天移就上陽宮，因留湛宿衞。

這裏寫得頗爲蹊蹺，皇太子李顯早同意誅二張，何以臨發又「拒而不時出」？這當是李顯已了解到李湛等要對武則天有所行動，所以想用「聖躬不豫，慮有驚動，公等且止」的話來阻止。當然，正位稱皇帝對李顯說來是很願意的，不過自從被武則天迎回東都當上皇太子後，進一步當皇帝已是題中應有之義，何況武則天已老病垂危，只要翦除二張這個危險因素，很快就可名正言順地即位，何必對武則天動用武力，徒然得個威逼生母的惡名，並且引起武氏家族的疑忌。但事出倉卒，只好不得已而順從。所以《通鑑》卷二〇八神龍元年五月甲午條《考異》引《統紀》有這樣的記載：

> 太后善自粉飾，雖子孫在側，不覺其衰老，及在上陽宮，不復櫛纇，形容羸悴，上（李顯）入見，大驚，太后泣曰：「我自房陵迎汝來，固以天下授汝矣，而五賊貪功，驚我至此。」上悲泣不自勝，伏地拜謝死罪，由是三思等得入其謀。

此事是否眞實姑不必論，而所謂太后的話則確是實情。授李顯以天下既是武則天本意，則名義上的易周爲唐亦屬既定計畫，何勞張柬之等威逼武則天才能實現。張柬之等威逼武則天的行動只能說是貪擁立之功，實在算不上眞正「忠於有唐」。

《舊唐書·五王傳論》中所說的「當是時，彥範、敬暉，握兵全勢，三思、攸暨，其黨半殲，若從季昶之言，寧有利貞之禍」，也完全有背於當時的情勢。薛季昶之言見於《舊唐書·敬暉傳》：

> 初，暉與彥範等誅張易之兄弟，洛川長史薛季昶謂暉曰：「二凶雖除，產、祿猶在，請因兵勢誅武三思之屬，匡正王室，以安天下。」暉與張柬之屢陳不可，乃止。季昶嘆曰：「吾不知死所矣！……」……暉等既失政柄，受制於三思，暉每推床嗟惋，或彈指出血，柬之嘆曰：「主上疇昔爲英王時，素稱勇烈，吾留諸武，冀自誅鋤耳。今事勢已

去，知復何道。」

按禁軍誠然是當時賴以發動政變的主要武力，但這次政變發動時桓彥範、敬暉只是禁軍的左右羽林將軍，並非大將軍。羽林軍的大將軍是武攸宜、李多祚[21]。李多祚只是臨時動員過來的，武攸宜更是武家的人，如何能如傳論所說是「彥範、敬暉，握兵全勢」。二張此時和武氏家族處於對立地位，二張被殺，怎麼能說是「三思、攸暨，其黨半殲」。三思攸暨都參與了剪除二張的政變，而且擁有相當的實力，武攸宜之掌握禁軍即是其例，張柬之等又如何可能「因兵勢誅武三思之屬」。因此不僅傳論說得不中情理，連所謂薛季昶進言云云恐也未必是事實，起碼也是一種不負責任的主張，張柬之等自無從採納。反之，張柬之等人主觀上倒是想連武三思等也清除掉的，因為他們威逼武則天就是貪擁立之功以圖掌實權，能進而除掉武氏家族不是可以更掌握全權？前引《舊書．武承嗣傳》所記政變後敬暉等請削諸武王爵一事，就已見端倪，只是限於實力，才不敢採取斷然行動。至於所謂留諸武冀李顯加以誅鋤，更是不中情理的妄說，張柬之等都無此力量，何論全無實力的李顯。《新書．五王傳》轉信此說以立論，實太無識。

唐自長孫無忌、褚遂良等為高宗剪除後，就再沒有出現過宰相左右中樞政局的事情。現在張柬之等不僅挾持李顯以貪擁立之功，還有不利於武氏家族的表示，說明他們要想另成其操縱朝政的新勢力，這當然非李武政權之所能容忍。張柬之等人根基本甚淺薄，政變之所以成功是由於代

21　武攸宜之為左羽林大將軍見於《通鑑》卷二〇七神龍元年正月，原文作「柬之又用彥範、暉及右散騎侍郎李湛皆為左右羽林將軍，委以禁兵，易之等疑懼，及更以其黨武攸宜為右羽林大將軍，易之等乃安」。按武氏家族此時已與二張水火，攸宜不可能是二張之黨，但《通鑑》記其任右羽林大將軍必有所本，不致虛構。

表了李武政權的利益。現在轉而與李武政權爲敵，其失敗貶逐，以至見殺於武黨周利貞自屬必然，毋庸贅說。

三　對所謂韋后亂政的剖析

李顯改周爲唐後，在位六年，廟號中宗。這六年中，皇后韋氏干政，名聲極壞，《通鑑紀事本末》即把這段歷史和武則天的統治合編在一起，題曰「武韋之亂」。而所以出現這樣的局面，通常都認爲是由於中宗昏庸，所謂「志昏近習，心無遠圖」，「縱艷妻之煽黨」的結果。我認爲這種看法仍值得商榷。

舊史所紀此時期韋后等人的惡迹至多，除一般侈靡淫樂，賣官鬻獄，爲封建統治者所共有，無足深論外，較有關係的如《舊唐書》卷五一〈后妃・中宗韋庶人傳〉所紀：

〔中宗〕受上官昭容邪說，引武三思入宮中，升御床，與后雙陸，帝爲點籌，以爲歡笑，醜聲日聞於外。……時侍中敬暉謀去諸武，武三思患之，乃結上官氏以爲援，因得幸於后，潛入宮中謀議，……於是三思驕横用事。……后……欲寵樹安樂公主，乃制公主開府，置官屬。太平公主儀比親王。

又〈中宗上官昭容傳〉：

昭容名婉兒，……隨母配入掖庭，……則天時，婉兒忤旨當誅，則天惜其才不殺，……自聖歷已後，百司表奏，多令參決。中宗卽位，又令專掌制命，深被信任，尋拜爲昭容。……婉兒既與武三思淫亂，每下制敕，多因事推尊武氏而排抑皇家。

卷一八三〈外戚・武三思傳〉：

初，敬暉等立功後，掌知國政，三思慮其更爲己患，而令其子崇訓因安樂公主構誣敬暉等，並流於嶺表而死。自是三思威權日盛，軍國政事，多所參綜，敬暉等所斥黜者，皆能引復舊職，令百官復修則天之法。……中宗尋又制：武氏崇恩廟一依天授時舊禮享祭，其昊陵、順陵並置官員。皆三思意也。

這些無非說明此時雖然李家的人做了皇帝，武家的人仍然掌握實權，這正是武則天當年安排好的李武政權順理成章的登臺表演。「百官復修則天之法」，以及武氏崇恩廟的享祭，武氏先人昊、順二陵的置官，在武氏家族和甘當名義上皇帝的中宗看來是理所當然的事情。上官婉兒之得掌制命只是承襲則天時的舊規，其每下制之多推尊武氏也只是遵循武氏必須握權立威的原則，和她與武三思淫亂與否並無關係。武三思本是武承嗣死後武氏家族的首席代表人物，在李武政權中自有掌握大權的資格，並非由於他和韋后或上官婉兒淫亂才能竊取權力，更不是由於懼怕敬暉等宰相危害自己才要竊取權力。至於韋后女安樂公主和則天女太平公主之有特殊權勢，也不藉韋后或其他人寵樹，而是如前所說，因爲太平公主之夫是武攸暨，安樂公主之夫是武三思子武崇訓，她們既是李家公主，又是武家外甥女和媳婦，在李武政權中有其特殊地位的緣故。當然，這樣講不是認爲韋后等人就是良善之輩，並無政治野心，也不是認爲這些人之間並無淫亂行爲（宮闈淫亂在封建統治者原是茶飯常事），只是說上引舊史所紀這些人的重大惡迹應該從李武政權這點來剖析才好理解，才不致把出現這些歷史現象一概歸之於某些統治者的個人品德。

這種李武政權中宗對它是無異議的，韋后在前期也是全力支持它的。但某些李家的人對它並不滿意，他們想去掉武氏，把李武政權改變爲李氏獨家掌握名實俱得的政權，中宗第三子非韋后所出的李重俊就這樣一個人物。《舊唐書》卷八六〈中宗諸子節愍太子重俊傳〉說：

〔神龍〕二年秋立爲皇太子。……時武三思得幸中宮，深忌重俊，三思子崇訓尚安樂公主，常教公主凌忽重俊，以其非韋氏所生，常呼之爲奴，或勸公主請廢重俊爲王，自立爲皇太女，重俊不勝忿恨。三年七月，率左羽林大將軍李多祚、右羽林將軍李思冲、李承況、獨孤禕之、沙吒忠義等，矯制發左右羽林兵及千騎三百餘人，殺三思及崇訓於其第，並殺黨與十餘人，又令左金吾大將軍成王千里分兵守宮城諸門，自率兵趨肅章門，新關而入，求韋庶人及安樂公主所在，又以昭容上官氏素與三思姦通，扣閤索之，韋庶人及安樂公主遽擁帝馳赴玄武門樓，召左羽林將軍劉仁景等，令率留軍飛騎及百餘人於樓下列守，俄而多祚等兵至，欲突玄武門樓，宿衞者拒之，不得進，帝據欄呼多祚等所將千騎，謂曰：「汝並是我爪牙，何故作逆？若能歸順，斬多祚等，與汝富貴。」於是千騎王歡喜等倒戈，斬多祚及李承況、獨孤禕之、沙吒忠義等於樓下，餘黨遂潰散，重俊既敗，……爲左右所殺。

從利用李多祚等禁軍將領這點，重俊的做法和當年張柬之等是一致的，但張等成功而重俊失敗者，是由於張等的行動代表了李、武兩家的共同利益，而重俊則止憑他個人和與他並無多少淵源的部分禁軍，卻要去掉整個武氏家族包括和武氏家族沆瀣一氣的韋后在內，在安樂公主以及中宗等李武政權代表者的抗禦下自然必敗無疑。

但重俊這次政變畢竟襲殺了武氏家族的爲首者武三思、武崇訓父子，多少削弱了一點武家的力量，這在客觀上給韋后造成了擴充韋家政權勢力的機會。在此以前，韋后是以李武政權成員的面貌出現在政治舞臺上的，這次政變武三思父子被殺後就有所變化。《舊唐書·韋庶人傳》：

> 神龍三年，節愍太子死後，宗楚客率百僚上表，加后號爲順天翊聖皇后。景龍二年春，宮中希旨妄稱后衣箱中有五色雲出，帝使畫工圖之，出示於朝，乃大赦天下，百僚母妻各加邑號。右驍衛將軍知太史事迦葉志忠上表曰：「昔高祖未受命時，天下歌〈桃李子〉，太宗未受命時，天下歌〈秦王破陳樂〉，高宗未受命時，天下歌〈側堂堂〉，天后未受命時，天下歌〈武媚娘〉，伏惟應天皇帝未受命時，天下歌〈英王石州〉，順天皇后未受命時，天下歌〈桑條韋也〉、〈女時韋也〉。……謹進〈桑條歌〉十二篇，伏請宣布中外，進入樂府，皇后先蠶之時，以享宗廟。」帝悅而許之。……兵部尚書宗楚客又諷補闕趙延禧表陳符命，解〈桑條〉以爲十八代之符，請頒示天下，編諸史册，帝大悅。……三年冬，帝將親祠南郊，國子祭酒祝欽明、司業郭山惲建議曰：「皇后亦合助祭。」……帝納其言，以后爲亞獻。

可見此時韋后已不以李武政權的成員自甘，而要模仿武則天之於高宗，準備製造一個「內外稱爲二聖」的局面。接著，景龍四年六月中宗死去。韋后又進一步學習武則天的臨朝稱制，據〈韋庶人傳〉：

> 后與兄太子少保溫定策，立溫王重茂（中宗第四子，非韋后出）爲皇太子，召諸府兵五萬人屯京城，分爲左右營，然後發喪。少帝卽位，尊后爲皇太后，臨朝攝政，韋溫總知

內外兵馬，守援官掖，駙馬韋捷、韋濯分掌左右屯營，武延秀（武承嗣子，武崇訓被殺後安樂公主新夫，韋后女婿）及溫從子播、族弟璿、外甥高崇共典左右羽林軍及飛騎、萬騎。

到這時把大批韋家的人分布到要害部門，在李武政權外另形成其勢力。要說韋后亂政，只有到這個時候才說得上，因爲這以前的政權是李武政權，韋后不能負主要責任。

中宗之死，《舊唐書・中宗紀》說是「安樂公主志欲皇后臨朝稱制而求立爲皇太女，自是與后合謀進鴆」。〈韋庶人傳〉則說「帝遇毒暴崩，時馬秦客侍疾，議者歸罪於秦客及安樂公主，后懼，秘不發喪」，和〈中宗紀〉有矛盾。其實恐怕都是後來李隆基等發動政變誅殺韋后、安樂公主時給他們安上的罪名，以示政變之名正言順。如果眞是安樂公主爲了要當皇太女而和韋后合謀毒殺中宗，則事成後何以韋后不踐此諾言立皇太女而立重茂爲皇帝。《通鑑》卷二〇九景龍元年五月丁卯條說燕欽融上言「皇后淫亂，干預國政」云云而爲宗楚客撲殺，「上雖不窮問，意頗怏怏不悅，由是韋后及其黨始憂懼」，胡三省注並點明這是「爲韋后弒逆張本」，則更出於附會想像。韋后之干預國政久爲中宗默許，何以此時經人家上言點出就怏怏不悅（《舊唐書・中宗紀》記此事就沒有說中宗怏怏不悅），中宗的存在對韋后干政並無妨碍，韋后又何必謀殺中宗以招來個封建時代大不韙的「簒弒」罪名，給自己增添麻煩。因此，中宗很大可能是病死的。他生於高宗顯慶元年[22]，到此時已五十五歲，宮庭的淫樂生活容易損壞人的健康，年過半百因病死亡本屬正常。何況〈韋庶人傳〉正有「馬秦客侍疾」的明文，可以證明此時中宗確實在患病。

四 李隆基取得政權的策略和睿宗內禪

唐玄宗李隆基是相王即睿宗李旦的第三子。他爲了取得政權，先後發動兩次軍事行動。一次是景龍四年韋后臨朝稱制利用禁軍發動政變，殺韋后、安樂公主、武延秀、上官婉兒及其他黨羽，使睿宗當上皇帝，他進封平王，册爲皇太子。再一次是延和元年六月受睿宗內禪爲皇帝後，第二年先天二年七月殺太平公主，取得全部政權。

同樣利用禁軍發動政變，爲什麼李隆基能夠成功，而前此他的堂兄弟重俊失敗。這不排除可能存在的某些偶然原因，但根本的決定性的原因則是由於力量對比的不同。如前所說，重俊雖是皇太子，並無自己的實力，要和整個武氏家族包括韋后、安樂公主等爲難，自然眾寡不敵。李隆基則不同，《舊唐書》卷七〈睿宗紀〉紀李隆基以臨淄王身分發動的政變說：

> 景龍四年六月，中宗崩，韋庶人臨朝，引用其黨，分握政柄，忌帝望實素高，潛謀危害。庚子夜，臨淄王諱與太平公主薛崇簡、前朝邑尉劉幽求、長上果毅麻嗣宗、苑總監鍾紹京等率兵入北軍，誅韋溫、紀處納、宗楚客、武延秀、馬秦客、葉靜能、趙履溫、楊均等，諸韋、武黨羽皆誅之。

這裏稱「臨淄王諱」，可見是直接錄自玄宗時所修的《睿宗實錄》。其不提殺韋后及武延秀妻安樂公主者，當以韋后、安樂公主是李隆基的嬸母和堂姊妹，動手誅殺多少有損於已爲今上的李隆基的令德，和卷八〈玄宗紀〉、卷一〇六〈王毛仲傳〉及〈韋庶人傳〉之諉爲「亂兵所殺」是同一用意，無足深論。值得注意的是，和李隆基合謀參與政變的有太平公主子薛崇簡在內，而且居於合謀參與者的首列[23]，〈玄宗紀〉就有李隆基「與太平公主謀之，公主喜，以子崇簡從」的明文，可見這次政變是代表相王李旦一系的李隆基和太平公主一系的聯合行動。太平公主固是高宗李治幼女，但係武則天所出，此時的丈夫又是武則天的堂內侄武攸暨，因此實際上代表著一部分武氏勢力，〈睿宗紀〉所記政變後「廢武氏崇恩廟，其昊陵、順陵並去陵名」，而景雲二年又「復武氏昊陵、順陵，仍量置官屬，太平公主爲武攸暨請也」可證。李隆基能利用武氏勢力中太平公主一系爲其同盟，用來對付武氏另一系安樂公主、武延秀和韋后，力量對比大不同於重俊之時，我認爲這才是李隆基這次政變所以能取得勝利的根本原因。

李隆基此時能够和太平公主結成同盟，是由於當時安樂公主一系勢力的膨脹和太平公主之間發生了矛盾。《通鑑》有兩條記事很能說明這兩系矛盾的尖銳化。一條是卷二〇八景龍元年七月所紀：

> 襄陽尉襄陽席豫聞安樂公主求爲太女，嘆曰：「梅福譏切王氏，獨何人哉！」及上書請立太子，言甚深切。太平公主欲表爲諫官。

說明安樂公主之求爲皇太女遭到太平公主的反對。再一條是同年八月所紀：

> 安樂公主及兵部尚書宗楚客日夜謀譖相王，使侍御史冉祖雍誣奏相王及太平公主，云與重俊通謀，請收付制獄。

22 《舊唐書·中宗紀》。

23 《舊唐書·玄宗紀》、〈韋庶人傳〉記此次政變的合謀參與者也都以薛崇簡居首列。

說相王、太平公主與重俊通謀當然不是事實，否則重俊有這兩支勢力的協助也就不至於如此慘敗，所以中宗也沒有因此認眞追究，但安樂公主要置太平公主和相王於死地則已十分明顯。而安樂公主所以能如此張狂，又由於其生母韋后此時之勢力已膨脹到可以效法武則天的地步，使安樂公主得以有恃無恐。因此，李隆基利用其間的矛盾，以同受韋后、安樂公主傾害者的身分來拉攏太平公主，勸誘她和自己一起來發動政變，太平公主怎能不入其彀中。

景龍四年六月庚子政變成功，第二天辛丑李隆基就進封爲平王，第四天癸卯又以殿中監兼知內外閒廏押左右廂萬騎而同中書門下三品爲宰相，比睿宗取代韋后所立的少帝重茂而爲皇帝還早一天[24]。這可以說是由於立下大功需要酬庸。但李隆基只是睿宗的第三子，卻越過睿宗的長子宋王成器、次子申王成義，在同年七月己巳被睿宗册立爲皇太子，這就不止一般的酬庸，而是鑒於李隆基此時勢力迅速膨脹，得到諸王公卿的支持，認爲他「合居儲位」[25]，從而採取的權變措施。因此兩年後景雲二年八月庚子睿宗內禪，傳位皇太子隆基，「自稱太上皇帝，五日一度受朝於太極殿，自稱曰朕，三品已上除授及大刑獄並自決之，其處分事稱誥、令；皇帝每日受朝於武德殿，自稱曰予，三品以下除授及徒罪並令決之，其處分事稱制、敕」[26]。這顯然是在李隆基勢力

24 據《舊唐書・睿宗紀》。但《睿宗紀》說李隆基此時除押左右廂萬騎處還檢校龍武右軍。而龍武軍的成立實係其後開元二十六年的事情（《唐會要》卷七二〈京城諸軍〉、《通典》卷二八〈左右龍武軍〉及《舊唐書・玄宗紀》）。〈玄此宗紀〉卽未記載時隆基任「檢校龍武右軍」官職。今從〈玄宗紀〉刪去。

25 《舊唐書》卷九五〈睿宗諸子・成器傳〉。

26 《舊唐書・睿宗紀》。

壓迫下的再一次讓步，否則既已內禪退居太上皇帝，又何需保存一部分最高權力。當然，睿宗本身是沒有多大實力的，要保存這點最高權力與李隆基抗衡，必須依靠同樣參加政變立有大功的另一實力派太平公主。正好太平公主也並非安分之徒，而係「多權略」，當年「則天以爲類己，每預謀議」的政治活動人物，此時政變成功，對立面韋后、安樂公主已被清除，也迫切需要擴張自己的勢力。於是出現了如《舊唐書》卷一八三〈太平公主傳〉所說的局面：

公主頻著大勳，益尊重，……每入奏事，坐語移時，所言皆聽，薦人或驟歷清職，或至南北衙將相，權移人主，軍國大政，事必參決，如不朝謁，則宰相就第議其可否。

這也就是讓李家的人居皇帝虛名，而由代表武氏家族的太平公主來左右朝局，儼然是過去李武政權的延續。

這時延續李武政權，睿宗爲了對付李隆基當然是願意的，玄宗李隆基則決不會俯首就範，從而矛盾日益加劇。《舊唐書》〈后妃·玄宗元獻皇后楊氏傳〉對此透露了一點情況：

時太平公主用事，尤忌東宮。宮中左右持兩端，而潛附太平者必陰伺察，事雖纖芥，皆聞於上。

可見在玄宗爲皇太子時，太平公主之黨已站在睿宗一邊和玄宗爲難。到玄宗受內禪爲皇帝後，太平公主更加速行動。這在《舊唐書·太平公主傳》裏說得很清楚：

公主懼玄宗英武，乃連結將相，專謀異計，其時宰相七人，五出公主門，常元楷，李慈掌禁兵，常私謁公主。

無如此時武氏家族僅剩下太平公主這點力量，較景龍四年政變前的韋后、安樂公主更爲孤立，即使控制了一些宰相和禁軍長官也無濟於事。因爲唐朝宰相在長孫無忌、褚遂良以後就不再成爲左右中樞政局的力量，張易之、張昌宗控制過那麼多宰相仍無救其敗亡，宰相張柬之等必憑藉李、武家族力量始能發動政變，而最終仍不免受困於武三思，都是明證。而禁軍則其主力左右萬騎早在除韋后的政變時就爲李隆基所用，太平公主所控制羽林長官常元楷、李慈等之被架空也正和韋后安插的羽林長官韋播、韋璿、高崇相同。因此在玄宗攻擊下必然一敗塗地。《舊唐書・睿宗紀》說：

〔玄宗先天二年〕秋七月甲子，太平公主與僕射竇懷貞、侍中岑羲、中書令蕭至忠、左羽林大將軍常元楷等謀逆，事覺，皇帝（玄宗）率兵誅之，窮其黨羽，太子少保薛稷、左散騎常侍賈膺福、右羽林將軍李慈、李欽，中書舍人李猷、中書令崔湜、尚書左丞盧藏用、太史令傅孝忠、僧惠範等皆誅之。……翌日，太上皇（睿宗）誥曰：「朕將高居無爲，自今後軍國刑政一事以上，並取皇帝處分。」

玄宗這次軍事行動的成功，不僅迫使太上皇睿宗交出全部權力，自己成爲名副其實的皇帝；而且把太平公主代表的武氏家族殘餘勢力徹底消滅，重新恢復清一色的李唐政權，當年武則天創建的李武政權，至此終於宣告結束。

我這篇論文是想從武則天稱帝到太平公主覆滅這段時間內統治集團內部錯綜複雜的矛盾鬥爭中找出些規律性的東西，而沒有涉及這些最高權力掌握者的施政方針政策並加以探討。不過，就我粗淺的認識，他們在大的方針政策例如財政稅收政策、軍事國防政策等問題上還沒有顯著差別。他們之間的矛盾鬪爭，只是封建統治集團內部的權力之爭，而不是方針政策之爭。如果硬要把這種權力之爭提高到方針政策上去認識，就難免會有求之過深之失。

開元天寶時所謂武氏政治勢力的剖析

我研究唐代統治集團的內部矛盾和鬬爭，發現武則天革唐爲周後曾籌畫創組一個以李氏居虛位、以武氏掌實權的畸形政權，——我名之爲「李武政權」。中宗卽位實爲政權的正式登臺表演。經中宗子重俊襲殺武三思父子，尤其經睿宗子隆基卽唐玄宗先後襲殺韋后、安樂公主，襲殺太平公主，才把武氏勢力從政治舞臺上清除，恢復淸一色的李氏政權。

在〈說李武政權〉一文初稿完成時，陳寅恪先生遺著《金明館叢稿初編》出版問世。其中有一篇題爲〈記唐代李武韋楊婚姻集團〉的論文，曾在《歷史研究》一九五四年第一期發表過，當時我從事其他工作未曾注意，這次才得細讀。陳先生是前輩學者，對武則天混合李、武兩家爲一體，隆基、太平公主與韋后、安樂公主之爭以及隆基與太平公主之爭實屬同一大集團內之競爭諸問題，陳先生論文中都已提出，盡管立論的角度有所不同，我仍深表欽佩。但陳先生認爲武氏政治勢力延續到開元、天寶時尚不稍衰歇，李武政權之結束不在玄宗統治之初而在其末，則似難成立。因此再寫本文，以申鄙說。

一

陳先生之所以主張武氏政治勢力至開元、天寶時尚不稍衰歇，是有若干事實作爲根據的。陳先生指出：「開元時如姚崇、宋璟、張說、張九齡等先後任將相，此諸人皆爲武曌所拔用，故亦皆是武氏之黨。」這是陳先生主張武氏政治勢力在開元時未曾衰歇的依據之一。

案開元時將相之多曾經武則天拔用，唐代某些政治家早有所議論。如陳先生論文引用的德宗時陸贄所說：「則天太后踐祚臨朝，欲收人心，尤務拔擢，……累朝賴多士器用。」（《舊唐書》卷一三九〈陸贄傳〉）憲宗時李絳所說：「天后朝命官猥多，……及開元中，致朝廷赫赫有名望事績者，多是天后所進之人。」（《李相國論事集》卷六〈上言須惜官〉條）清人趙翼《廿二史劄記》卷一九〈武后納諫知人〉條且據之以立說。再就陳先生所列舉的姚、宋、二張來看，除張九齡之「應舉登乙第，拜校書郎」或在武周、中宗朝，而顯貴則在開元時，不能算是武則天所拔用外，姚崇在武周時已知政事爲宰相，宋璟、張說亦分別拜左御史臺中丞、鳳閣舍人，確可說是武則天所拔用（《舊唐書》卷九六〈姚崇傳〉、卷九七〈張說傳〉、卷九九〈張九齡傳〉）。但陳先生進而認爲他們「亦皆是武氏之黨」，則未免過當。因爲武周時之顯達者有誰不是見用於武則天，總不能把當時所有的顯達者統統認定是武氏之黨，要認定，必須查出他們確有與武氏政治勢力的代表人物如武承嗣、武三思、太平公主、安樂公主等互相勾結的實迹。

這種和武氏代表人物互相勾結的實迹，在姚、宋、張說身上都查不出來，更不說張九齡了。勉強找點在疑似之間的，只有《舊唐書·姚崇傳》所說，張柬之等發動政變成功，威逼武則天幽居上陽宮，姚崇「獨嗚咽流涕」。但在張柬之等責問時，姚崇說：「事則天歲久，乍此辭違，情發於衷，非忍所得。昨預公誅凶逆者，是臣子之常道，豈敢言功。今辭違舊主悲泣者，亦臣子之終節，緣此獲罪，實所甘心。」實際上這是他雖參與這次剪除張易之、張昌宗的政變，卻不同意威逼武則天下臺，鄙薄張柬之等貪功擁立的表示，並非眞站在武氏勢力一邊（關於張柬之等發動政變的眞相以及對張柬之等人的評價，別詳〈說李武政權〉第二節）。而與姚崇齊名的宋璟，還能對武氏勢力作一定的鬪爭，如《舊唐書·宋璟傳》所紀：

（中宗）時武三思恃寵執權，嘗請託於璟，璟正色謂之曰：「當今復子明辟，王宜以侯就第，何得尚干朝政。王獨不見產、祿之事乎！」俄有京兆人韋月將上書，訟三思潛通宮掖，將爲禍患之漸。三思諷有司奏月將大逆不道，中宗特令誅之。璟執奏請其罪狀然後申明典憲，月將竟免極刑。

把這樣的人看作是武氏之黨，是無論怎樣也說不過去的。

至於姚、宋、張說之被大用於玄宗，很大程度是由於他們都曾站在玄宗一邊反對太平公主。如《舊唐書·姚崇傳》：

睿宗卽位，……玄宗在東宮。太平公主干預朝政，宋王成器爲閑廄使，岐王範、薛王業皆掌禁兵，外議以爲不便。元之（崇原名）同侍中宋璟密奏請令公主往就東都，出成器等諸王爲刺史，以息人心。

〈宋璟傳〉：

時太平公主謀不利於玄宗，嘗於光範門內乘輦伺執政以諷之，衆皆失色。璟昌言曰：「東宮有大功於天下，眞宗廟社稷之主，安得有異議！」乃與姚崇同奏請令公主就東都。

〈張說傳〉：

玄宗在東宮，說與國子司業褚無量俱爲侍讀，深見親敬。……太平公主引蕭至忠、崔湜等爲宰相，以說爲不附己，轉爲尚書左丞，罷知政事，仍令往東都留司。說旣知太平等陰懷異計，乃因使獻佩刀於玄宗，請先事討之，玄宗深加納焉。

可見至遲在睿宗時姚、宋、張說已成爲玄宗的私黨，在反太平公主上爲玄宗出謀畫策。而太平公主者，實是武氏政治勢力之最後代表人物（詳〈說李武政權〉第四節）。姚、宋、張說既幫助玄宗爲消滅此最後一支武氏勢力出力，怎麼能說他們是武氏之黨，認爲他們當宰相是標誌著武氏勢力在開元時尚未衰歇。

二

陳先生論文中還舉出一個高力士，認爲「此人潛身宮禁，實爲武氏政治勢力之維持者」。案高力士是玄宗宦官的首腦，《舊唐書》卷一八四〈宦官・高力士傳〉說當時「每四方進奏文表，必先呈力士，然後進御，小事便決之」，是唐代最早的一名「內大臣」。如果陳先生的論斷能够成立，確實可以說武氏政治勢力在玄宗朝仍未衰歇。

陳先生作出此論斷有兩點依據：一點是高力士的出身和武氏有關；再一點是高力士在玄宗時和與武氏有牽連的李林甫、楊國忠以及楊貴妃等相互勾結。關於後面一點之是否事實，需要對李、楊等人另作分析。這裏先討論一下出身問題。陳先生根據的是《舊唐書．高力士傳》：

> 力士，潘州人，本姓馮，……聖曆元年嶺南討擊使李千里進入宮。則天嘉其黠惠，總角修整，令給事左右。後因小過，撻而逐之，內官高延福收爲假子。延福出自武三思家，力士遂往來三思第。歲餘，則天復召入禁中，隸司宮臺，廩食之。……性謹密，能傳詔敕，授宮闈丞。

據此誠可說高力士早年曾投靠過武則天以至武三思，受到他們的卵翼，在這點上和姚、宋、張說之憑才能做官有所不同（當然這也是宦官的身分所決定的，宦官的進身之術本來就不可能和一般士大夫相同）。但《舊》傳接著還說：

> 景龍中，玄宗在藩，力士傾心奉之，接以恩顧。及唐隆平內難，升儲位，奏力士屬內坊，日侍左右，擢授朝散大夫內給事。先天中，預誅〔太平公主〕蕭、岑等功，超拜銀青光祿大夫行內侍同正員。開元初，加右監門衛將軍知內侍省事。

《舊唐書》卷八〈玄宗紀〉對參加誅討太平公主的人員講得更具體：

> 〔玄宗〕以中旨告岐王範、薛王業、兵部尚書郭元振、將軍王毛仲，取閑廄馬及家人三百餘人，率太僕卿李令問、王守一、內侍高力士、果毅李守德等親信十數人，出武德殿，入虔化門，梟常元楷、李慈於北闕，擒賈膺福、李猷於內客省以出，執蕭至忠、岑

義於朝，皆斬之。

可見人是會變的，高力士並沒有因為早年投靠過武氏家族就始終為武氏盡力，而是轉成與志在鏟除武氏勢力的玄宗相勾結。不僅玄宗在藩時「傾心奉之」，成為玄宗的私黨，玄宗平內難除韋后、安樂公主後即被提昇至內給事這個宦官中的要職，而且在玄宗清除太平公主時直接參與軍事行動，從而獲得玄宗更大的信任，知內侍省事成為宦官的首腦人物。這和姚、宋、張說之為玄宗信用正相同，他們都是玄宗的親信私黨，他們的政治行動絲毫看不出有代表武氏勢力的地方。

為了把人是會變的這個道理講得更清楚，這裏還可以舉一個宦官為例。此宦官是繼高力士而起在肅宗時掌握絕大權勢的李輔國。據《舊唐書・宦官・李輔國傳》，此人本「屬廄馬家小兒」，「為僕，事高力士」，可以說是高力士培養過的，但掌握大權後卻要置高力士及其主子太上皇玄宗於死地。我們當然不能說這時的李輔國還維持著高力士的勢力；因此，同樣也不能說開元、天寶時的高力士還維持著武氏政治勢力。

三

陳先生還從玄宗的妃嬪中來尋找武氏勢力的影響，他認為玄宗寵愛過的幾個妃子武惠妃、楊妃和後來的楊貴妃都和武氏勢力有關係。

楊貴妃的問題留待和楊國忠一起來分析，這裏先分析武惠妃和楊妃。武惠妃開元二十五年卒後贈貞順皇后，據《舊唐書》卷五一〈后妃・玄宗貞順皇后武氏傳〉：

> 貞順皇后武氏，則天從父兄子恒安王攸止女也。攸止卒後，后尚幼，隨例入宮，上卽位，漸承恩寵，及〔玄宗后〕王庶人廢後，特賜號爲惠妃，宮中禮秩，一同皇后。所生母楊氏，爲鄭國夫人，同母弟忠，累遷國子祭酒，信，秘書監。

武惠妃確實出於武氏家族。又卷一〇七〈玄宗諸子・廢太子瑛傳〉也講到武惠妃專寵譖殺太子瑛、鄂王瑤、光王琚的事情。胡三省注《通鑑》據此也認爲武氏宗屬在玄宗朝還能起一定的作用（《通鑑》卷二〇九景雲元年六月辛巳武氏宗屬誅死流竄殆盡條胡注）。不過，我認爲這種作用並沒有超越當時常見的后妃間爭寵以求立愛的範圍。其同母弟之任國子祭酒、秘書監，也無非和太子母瑛趙麗妃的父兄之得任京職大官一樣，是裙帶關係在起作用，而且國子祭酒、秘書監之類還都是沒有權勢的閑職。所以這些都說不上是圖謀維持或恢復當年的武氏政治勢力。至於玄宗之寵愛武惠妃，更無非和趙麗妃一樣是看上其「才貌」，並非因爲她是出於武氏家族。歷史上政治鬭爭失敗者的妻女爲勝利者所占有、並備受寵愛的事例多得不勝枚舉，難道能說這些勝利者都在有意識地讓失敗者的殘餘勢力在自己宮闈裏保存下來。

至於楊妃，因爲是肅宗的生母，肅宗在靈武卽位後玄宗以太上皇的身分追册她爲元獻太后。陳先生論文中引用了《舊唐書》卷五二〈后妃・玄宗元獻皇后楊氏傳〉中這樣一段記載：

> 元獻皇后楊氏，弘農華陰人。曾祖士達，隋納言，天授中，以則天母族，追封士達爲鄭王，贈太尉。……后景雲元年八月，選入太子（玄宗）宮。時太平公主用事，尤忌東宮，宮中左右持兩端，而潛附太平者必陰伺察，事雖纖芥，皆聞於上，太子心不自安。后時方娠，太子密謂張說曰：「用事者不欲吾多息胤，恐禍及此婦人，其如之何？」密

令說懷去胎藥而入，太子於曲室躬自煮藥，醺然似寢，夢神人覆鼎，既寤如夢，如是者三。太子異之，告說，說曰：「天命也，無宜他慮。」既而太平誅，后果生肅宗。太子妃王氏無子，后班在下，后不敢母肅宗，王妃撫鞠，慈甚所生。開元中，肅宗爲忠王，后爲妃，又生寧親公主，張說以舊恩特承寵異，說亦奇忠王儀表，心知運曆所在，故寧親公主降說子垍。

案這個楊妃只是和武則天的母家同族，比武惠妃之直接出於武氏家族又隔了一層，而且她在玄宗朝也未見得十分得寵。所謂「神人覆鼎」的神話以及肅宗如何受王皇后的撫鞠喜愛，更顯然是肅宗稱帝後所編造，爲肅宗鼓吹天命並製造其地位本高於其他皇子的輿論，其所以牽涉張說者，當以張說次子所尙寧親公主是肅宗同母妹的緣故（這段神話故事又見於今本《次柳氏舊聞》，但據我研究今本《次柳氏舊聞》本身即係僞物。凡此均詳拙作〈唐肅宗即位前的政治地位和肅代兩朝中樞政局〉）。而且，張說此人之非代表武氏勢力已如前所說，即使此人眞與楊妃及妃子肅宗有勾結，也只是外朝大臣企圖勾結宮闈以擴大或鞏固權勢，並不能如陳先生所推測是由於都代表武氏勢力的緣故（《唐會要》卷三〈玄宗皇后武氏〉條又說張說曾「諂附惠妃」，如果眞是事實，也無非和所謂勾結楊妃是同樣性質，並非由於同屬武氏勢力代表才諂附勾結）。

四

陳先生還認爲「天寶時最有實權之宰相，先爲李林甫，後爲楊國忠，此二人之任用實與力士有直接或間接之關係，故亦不可謂不與武氏有關係」。並認爲李林甫「所以能致是者，則由於高力士、武惠妃之助力，此亦玄宗用人行政深受武氏影響之明證，而武氏政治勢力至是猶未衰歇，可以想見」。

陳先生這樣說的根據是《舊唐書》卷一〇六〈李林甫傳〉裏的一段記載：

> 時武惠妃愛傾後宮，二子壽王、盛王以母愛特見寵異，太子瑛益疏薄。林甫多與中貴人善，乃因中官干惠妃曰：「願保護壽王。」惠妃德之。初，侍中裴光庭妻武三思女，詭譎有才略，與林甫私。中官高力士本出三思家，及光庭卒，武氏銜哀祈於力士，請林甫代其夫位，力士未敢言。玄宗使中書令蕭嵩擇相，嵩久之以右丞韓休對，玄宗然之，乃令草詔，力士遽漏於武氏，乃令林甫白休。休既入相，甚德林甫，與嵩不和，乃薦林甫堪爲宰相，惠妃陰助之，因拜黃門侍郎，玄宗眷遇益深。〔開元〕二十三年以……林甫爲禮部尚書同中書門下三品。

則李林甫之得任宰相確曾獲得武惠妃、武三思女以及高力士的助力。但如前所說，高力士、武惠妃此時均已不能代表武氏政治勢力，武三思女之爲李林甫進用而祈求於高力士也只能說是出於床第私愛，未必有恢復武氏勢力的政治企圖，猶李林甫本人雖是「高祖從父弟長平王叔良之曾孫」（《舊唐書·李林甫傳》），但此時只以個人身分入相，毫不代表長平王一支宗室勢力的擴張。

而且，據後來和高力士同貶巫州的郭湜所撰寫的〈高力士外傳〉說：

> 〔天寶〕十二年冬，林甫云亡，國忠作相。……十三年秋大雨，晝夜六十日，陳希烈罷相，韋見素持衡。上因左右無人，謂高力士曰：「自天寶十年之後，朕數有疑，果致

天災，以殃百姓，雖韋、陳改轍，楊、李殊途，終未通朕懷，卿總無言，何以爲意？」高公伏奏曰：「開元二十年以前，宰相授職，不敢失墜，邊將承恩，更相戮力，自陛下威權假於宰相，法令不行，災眚備於歲時，陰陽失度，縱爲軫慮，難以獲□，臣不敢言，良有以也。」上久而不答。

這是根據力士口述的可靠記載，早爲《通鑑》所採用（《通鑑》卷二一七天寶十三載九月條）。其中講到的陳希烈、韋見素都是「不敢參議」「無所是非」的伴食宰相（《舊唐書·李林甫傳》、卷一〇八《韋見素傳》），高力士這裏所攻擊的自非李林甫、楊國忠莫屬，可見在李林甫勢力膨脹後又與高力士發生矛盾。這種矛盾和起初的勾結援引都是從自已的利害出發，和所謂武氏政治勢力久已無關。

五

陳先生認爲「天寶後期中央之政權在楊國忠之手，而國忠之進用全由於楊貴妃之專寵」，而「貴妃之入宮，乃由高力士之搜拔」。又根據《册府元龜》卷八五三〈姻好門〉武士彠條、《新唐書》卷一〇〇〈楊執柔傳〉、卷七一下〈宰相世系表楊氏觀王房〉等記載，考知武則天生母楊氏爲楊達之女、隋文帝族子觀王楊雄之侄女。而《新唐書》卷七六〈后妃玄宗楊氏傳〉謂貴妃「隋梁郡通守汪四世孫，徙籍蒲州，遂爲永樂人」，據〈宰相世系表〉此永樂楊氏爲漢太尉楊震第五子奉之後裔，與隋文帝楊堅、觀王楊雄之爲震長子牧後裔實同出一源。因此認爲楊貴妃「此房雖非武曌外家近屬」，「亦屬於此大集團，不過爲距核心較遠之外圍人物」，「蓋力士搜拔之範圍原有限制，而玄宗亦爲武黨所包圍蒙蔽」。

其實，這種世系表所謂源出某某本未可盡信，在魏晉南北朝重視門閥之風的影響下僞造譜牒、自言是前朝某顯達後裔的事情固屢見不鮮。卽使可信，永樂楊氏與觀王楊雄房的遠祖確同出漢太尉楊震，到唐代也已極爲疏遠，和觀王雄侄女的夫家武氏更談不上有什麼關係。

楊貴妃與高力士的關係，據《舊唐書》卷五一〈后妃玄宗楊貴妃傳〉僅是：

（天寶）五載七月，貴妃以微譴送歸楊銛宅，比至亭午，上思之不食，高力士探知上旨，……伏奏請迎貴妃歸院。……天寶九載，貴妃復忤旨，送歸外第，時吉溫與中貴人善，……入奏，……上卽令中使張韜賜〔妃〕御饌，妃……乃引刀剪髮一繚附獻，玄宗見之驚惋，卽使力士召還。

而在貴妃入宮問題上，只說「或奏〔楊〕玄琰女姿色冠代，宜蒙召見」。《新唐書・貴妃傳》除補明其原爲壽王妃一點外，也只說「或言妃資質天挺，宜充掖庭」。都沒提到高力士。說「詔高力士潛搜外宮」而得貴妃，實始見於陳鴻〈長恨歌傳〉，這和白居易〈長恨歌〉本同屬小說性質。就算可信，也與後來兩度承旨召還貴妃一樣，無非是克盡宦官的本職，談不上是從維護武氏利益考慮。

楊國忠之進用，據《舊唐書》卷一〇六本傳，不僅有賴貴妃的裙帶關係，還走了李林甫的門路。而且貴妃並不代表武氏已如上所述，則國忠進用卽使全憑貴妃，也不能表明武氏政治勢力至天寶時還有所延續或死灰復燃。

六

陳先生立論之所以難於成立，除上面所談到的而外，還有一個毛病，卽過於重視了當時的婚姻關係。陳先生論文開宗明義說：「自高宗之初年至玄宗之末世，歷百年有餘，實際上之最高統治者遞嬗輪轉，分歧混合，因有先後成敗之不同，若一詳察其內容，則要可視爲一牢固之複合團體，李、武爲其核心，韋、楊助之粘合，宰割百年之世局」，而「此李、武、韋、楊四大家族最高統治集團之組成實由於婚姻之關係」。因此論文的內容雖係分析這一政治集團，卻以〈記唐代之李武韋楊婚姻集團〉爲標題。

其實，當時某些婚姻固確有其政治目的，確曾代表某些家族的政治利益，如武攸曁尙太平公主，武崇訓、武延秀先後尙安樂公主之類，而更多統治者的婚姻並不具備這樣的政治色彩。卽以武則天本人而論，她見悅於太宗、高宗只是以其「美容止」，和高宗王皇后之以「有美色」見納相同（《舊唐書》卷六〈則天皇后紀〉、卷五一〈后妃・高宗廢后王氏傳〉），她藉此逐步攫取權力、形成武氏家族的政治勢力則是後來的事情，並非一開始就是武、李兩種政治勢力在結合。韋后本也只是普通的后妃，適逢機會才參與中樞政權，最後正將另成其韋氏政治勢力，卽爲玄宗所殲滅，而並非一開始就代表韋氏政治勢力與中宗結合。至於楊貴妃入宮之不代表武氏政治勢力已如前所說，她和楊國忠等也沒有像武則天那樣掌握過中樞最高權力，就連韋后那樣短暫地掌握最高權力也不曾有過。因此，我認爲陳先生主張當時存在「一牢固之複合團體，李、武爲其核心」這點是十分正確的，把韋、楊，尤其是楊氏加進去則未免牽強，把這一政治集團完全等同於婚姻集團也未見妥當。

唐代河北藩鎭與奚契丹

一

河北藩鎭在唐代藩鎭中有其特殊的重要性，由於河北藩鎭實力的膨脹釀成安史之亂，安史亂後河北藩鎭仍割據方隅不爲王土，這都是研治唐史者所熟知的。但是，當時爲什麼要設置河北藩鎭，河北藩鎭是否起過積極作用，很多人都回答不上來。這也難怪，舊時代的史家們對唐代藩鎭卽節度使制度的產生本不曾留下完整的論述，研治唐史者缺乏現成的東西作爲憑藉。

《通典》卷一七二〈州郡典〉和《舊唐書》卷三八〈地理志〉都列舉安西、北庭、河西、朔方、河東、范陽、平盧、隴右、劍南九個節度使和嶺南五府經略使等的轄區、兵力，這當以天寶年間的政府文書爲依據，是研究安史亂前節度使問題的第一等史料[1]。但由於是放在州郡地理裏講的，不可能把這種既是地方政權又是軍事指揮機構的節度使制度的來龍去脈講清楚。《通典》另有〈兵典〉，但只講戰例，不講軍事制度的沿革。《新唐書》創立了〈兵志〉，要講軍事制度，可惜作者歐陽修主要是個文學家，史學並非其專長[2]，〈兵志〉裏常被歷史教科書所引用的「唐有天下三百餘年，而兵之大勢凡三變：其始盛時，有府兵；府兵後廢，而爲彍騎；彍騎又廢，而方鎭之兵盛矣」這幾句話，說得含糊不清。府兵有宿衛京師和征鎭四方兩項任務，府兵廢壞後宿衛任務誠然由彍騎來承擔，方鎭則由招募健兒長任邊軍的辦法來解決，從而形成藩鎭擅兵的局面，彍騎之廢和方鎭之盛並沒有因替的關係。健兒長任邊軍的詔令見於《册府元龜》和《唐六典》，但《元龜》只是匯編史料，《六典》據《直齋書錄解題》引韋述《集賢記註》等是成於開元二十六年，正處在兵制轉變的時期，所述新舊雜陳，脈絡不清，也很難通讀，關於健兒長任邊軍的事情沒有引起人們的注意，沒有把它寫進《新唐書·兵志》裏。《新唐書》還創制了〈方鎭表〉，這和《唐會要》卷七八〈節度使〉一樣，對查考各個節度使的設置沿革是有用處的[3]，但仍說明不了設置節度使的原因。

開始對唐代藩鎭作認眞研究的是陳寅恪先生，他在一九四四年出版的《唐代政治史述論稿》

1 《舊唐書》所載和《通典》內容文字基本相同，可能抄自《通典》，也更可能和《通典》同抄自當時的政府文書。今通行本《通典》有脱誤，可據《舊書》補正。
2 歐陽修有名的文章〈朋黨論〉裏就把漢靈帝錯成漢獻帝。
3 《新唐書·方鎮表》的記載與《唐會要》有違異處，當另有原始史料為依據。

裏指出河北藩鎮的胡化現象，對唐史研究者有很大啟發，盡管其中某些論證還可商榷。一九四八年，唐長孺先生在《武漢大學社會科學季刊》第九卷上發表了題爲〈唐代軍事制度之演變〉的論文，對由府兵征戍演變爲健兒長任邊軍，第一次作了精闢的考證[4]，可惜唐先生文中列舉的都是西北軍鎮的事例，對河北藩鎮如何形成發展，仍沒有顧得上論述。我這篇文章準備補唐文之不足。我認爲，《舊唐書・地理志》所說「范陽節度使臨制奚、契丹」這句話值得注意，由於對付不了奚、契丹才不得不在河北地區設置節度使，河北藩鎮的產生以至消滅和奚、契丹始終有著緊密的聯繫。

二

契丹和奚始見於《魏書》，其由來在《魏書》卷一〇〇〈契丹傳〉、〈庫莫奚傳〉，《舊唐書》卷一九九下、《新唐書》卷二一九、《舊五代史》卷一三七〈契丹傳〉、〈奚傳〉，《遼史》卷六三〈世表〉裏，都有記載。這兩個少數民族都源出於東胡，「異種同類」，東胡的先進者鮮卑在魏晉時逐步進入中原，成爲「五胡」之一，遺部留居塞外的就是契丹和庫莫奚（到隋代省稱爲奚）[5]。一般認爲五代時契丹才強盛起來，以後成爲北宋的大敵。其實不然。早在唐代，

---

4 《武漢大學社會科學季刊》流布不廣。唐先生當時曾將抽印本寄呂思勉師，呂師在所著《隋唐五代史》中已很謙遜地對唐文的主要論點作了介紹，可參閱。

5 猶女真族中先進者入居中原建立金國，後進者仍留居故地爲後來清室的始祖。

契丹和奚就「常爲表裏，號爲兩蕃」[6]，給予東北隅很大的威脅。尤其在武則天時，發生了契丹首領李盡忠、孫萬榮的軍事行動，事態弄得極爲嚴重。

事變的始末，《通鑑》記敍得較詳備。《通鑑》卷二〇五：

> 萬歲通天元年……夏五月壬子，營州契丹松漠都督李盡忠、歸誠州刺史孫萬榮舉兵反，攻陷營州，殺都督趙文翽。……乙丑，遣左鷹揚衛將軍曹仁師、右金吾衛大將軍張玄遇、左威衛大將軍李多祚、司農少卿麻仁節等二十八將討之。秋七月辛亥，以春官尚書梁王武三思爲榆關道安撫大使，姚璹副之，以備契丹。……盡忠尋自稱無上可汗，據營州，以萬榮爲先鋒略地，所向皆下，旬日兵至數萬。……八月丁酉，曹仁師、張玄遇、麻仁節與契丹戰於硤石谷，……契丹設伏橫擊之，飛索以羂玄遇、仁節，生獲之，將卒死者填山谷，鮮有脫者。……九月，制天下繫囚及庶士家奴驍勇者，官償其直，發以擊契丹。初令山東近邊諸州置武騎團兵。以同州刺史建安王武攸宜爲右武威衛大將軍，充清邊道行軍大總管，以討契丹。……十月辛卯，契丹李盡忠卒，孫萬榮代領其眾。突厥默啜乘間襲松漠，虜盡忠、萬榮妻子而去。……孫萬榮收合餘眾，軍勢復振。遣別帥駱務整，何阿小爲前鋒，攻陷冀州，殺刺史陸寶積，屠吏民數千人，又攻瀛州，河北震動。

---

6 《唐會要》卷九六。兩《唐書．四裔傳》多本《會要》，《新唐書》卷二一九〈奚傳〉說奚「與突厥相表裏，號兩蕃」是誤讀《會要》舊文所致。唐人說「兩蕃」、「二蕃」都指奚、契丹而言，「奚契丹兩蕃」一詞常見於文獻，《會要》奚所說「故事嘗以范陽節度使爲押奚契丹兩蕃使」便是一例。

卷二〇六・

元年……三月戊申，清邊道總管王孝傑、蘇宏暉等將兵十七萬，與孫萬榮戰於東峽石谷，唐兵大敗，孝傑死之，……將士死亡殆盡。……武攸宜軍漁陽，聞孝傑等敗沒，軍中震恐不敢進。契丹乘勝寇幽州，攻陷城邑，剽掠吏民，攸宜遣將擊之，不克。……四月……癸未，以右金吾衛大將軍武懿宗爲神兵道行軍大總管，與右豹韜衛將軍何迦密將兵擊契丹。五月癸卯，又以婁師德爲清邊道副大總管，右武威衛將軍沙吒忠義爲前軍總管，將兵二十萬擊契丹。……六月，……武懿宗軍至趙州，聞駱務整數千騎將至冀州，懿宗懼，……退據相州，委棄軍資器仗甚眾，契丹遂屠趙州。……萬榮之破王孝傑也，於柳城西北四百里依險築城，留其老弱婦女、所獲器仗資財，……突厥默啜……發兵取契丹新城，……盡俘以歸。……時萬榮方與唐兵相持，軍中聞之恟懼，奚人叛萬榮。神兵道總管楊玄基擊其前，奚兵擊其後，獲其將何阿小。萬榮軍大潰，帥輕騎數千東走，……奴斬其首以降。……其餘眾及奚、霫皆降於突厥。……九月壬辰，大享通天宮，大赦，改元〔神功〕。……久視元年，……初，契丹將李楷固，……駱務整……屢敗唐兵，及孫萬榮死，二人皆來降，……使將兵擊契丹餘黨，悉平之。[7]

按這次事變的時間延續得並不長，前後還不到兩年，但對中央統治的打擊極大。控制奚、契丹的第一線據點營州失陷，第二線河北重鎮幽州也岌岌可危，中央三度興師，兩次被打得全軍覆沒，

7 參考《舊唐書》卷一九九下、《新唐書》卷二一九〈契丹傳〉。

最後全靠突厥襲擊契丹的後方，奚又和契丹携貳，才勉強取勝。

一般說來，武則天統治時國家還是比較富強的，何以對付奚、契丹就幾乎毫無辦法？原因當然很多。奚、契丹本身這時已開始強大；武則天所任命的統帥也實在太糟，武三思、武攸宜、武懿宗因爲是她的本家親信才被重用，都不懂軍事，武懿宗的酷暴更駭人聽聞[8]。但這些都不能算作主要原因。主要原因是當時的軍事設施有問題，已完全不能適應形勢。

三

唐初的邊防設施，基層沿襲前朝有「鎭」和「戍」，下面分置「烽候」（也簡稱「烽」）[9]，後來在鎭、戍之上又陸續設置「軍」和「守捉」[10]，再上最高一級叫「都督府」，也早在唐初就設置。《通典》卷一七二〈州郡序目下〉：

---

8 《通鑑》神功元年六月：「河內王武懿宗……所至殘酷，民有為契丹所脅從復來歸者，懿宗皆以為反，生刳取其膽，先是，［契丹將］何阿小嗜殺人，河北人為之語曰：『唯此兩何，殺人最多。』」

9 《唐六典》卷五〈職方郎中〉，《通典》卷三三〈鎮戍關市官〉、《舊唐書》卷四四〈諸鎮諸戍〉，《新唐書》卷四九下〈百官志鎮戍〉。

10 《唐六典》卷五〈兵部郎中〉、《通典》卷一七二〈州郡序目下〉，《舊唐書》卷三八〈地理志〉和《通鑑》卷二一五天寶元年正月壬子所列「節度使」以及《新唐書》卷五〇〈兵志〉所列「道」下均寫出所屬各守捉的名號，其設置則在節度使之先，《唐會要》卷七八〈節度使〉記有若干軍和守捉的設置年月。至於《新唐書·兵志》說「唐初兵之戍邊者，大曰軍，小曰守捉，曰城，曰鎮，而總之者曰道」，則是統指安史亂前而言，〈兵志〉行文遣辭每含糊不清，已如前說。

大唐武德初，……其邊鎮及襟帶之地，置總管府，以領軍戎。

《唐會要》卷六八〈都督府〉：

武德七年二月十二日，改大總管府爲大都督府，管十州已上爲上都督府，不滿十州只爲都督府。11

就河北地區來說，設有幽州和營州兩個都督府，《舊唐書》卷三九〈地理志·河北道〉：

幽州大都督府，隋爲涿郡，武德元年改爲幽州總管府，管幽、易、平、檀、燕、北燕、營、遼等八州，……六年，改總管爲大總管，管三十九州，七年，改爲大都督府，……九年，改大都督爲都督幽、易、景、瀛、東鹽、滄、蒲、蠡、北義、燕、營、遼、平、檀、玄、北燕等十七州，貞觀元年，廢玄州，……又廢北義州，……八年，……都督幽、易、燕、北燕、平、檀六州。

營州上都督府，隋柳城郡，武德元年改爲營州總管府，領遼、燕二州，……七年改爲都督府，管營、遼二州，貞觀二年又督昌州，三年又督師、崇二州，六年又督順州，十年又督愼州。

看起來一個都督府可以管好幾州，但只管這些州的軍事，如《通典》卷三二〈大都督〉下只說「

11 《通典》卷三二〈都督〉：「（武德）五年以洺、荆、并、幽、交五州為大總管府，七年，改大總管府為大都督府，總管府為都督府。」《唐六典》卷三〇〈都督府〉：「至隋改為總管府，皇朝武德四年又改為都督府，貞觀中始改為上、中、下都督府。」《六典》此說與《通典》、《唐會要》均不同，《唐會要》：「至開元元年著令，戶滿二萬已上為中都督府，不滿二萬為下都督府。」未知孰是。至《新唐書·兵志》：「道有大將一人，曰大總管，已而更曰大都督。」益誤，唐長孺先生《唐書兵志箋證》已有所辨正。

掌所管都督諸州城隍、兵馬、甲仗、食糧、鎮戍等」，而不管民政。《唐六典》卷三〇說都督和京北、河南、太原牧及州刺史同樣有「清肅邦畿，考核官吏，宣布德化，撫和齊人，勸課農桑，教諭五教，每歲一巡屬縣，觀風俗，問百姓，錄囚徒，恤鰥寡，閱丁口」等任務，實際上多半只是虛文。

更成問題的是兵，從都督府到軍、守捉、鎮、戍都有一些常備兵，主要是由中央招募派來的健兒[12]，府兵照規定也要定期來邊防地區輪流承擔鎮戍任務[13]，不過合起來人數不會很多[14]，只能防止小規模的侵擾，遇到大敵就無力對付。因此，從唐初起就另外有一種命將出師的措施。《通典》卷三二〈都督〉：

> 復有行軍大總管者，蓋有征伐，則置於所征之道，以督軍事。

《唐會要》卷七八〈節度使〉：

> 貞觀三年八月李靖除定襄道行軍大總管，貞觀三年以後，行軍即稱總管，本道即稱都督。

這種臨時任命的行軍總管、大總管調用若干府兵和府兵外其他性質的兵組成大兵團到前線充當作

---

12 另詳本文四。

13 《唐六典》卷五〈兵部郎中〉記衛士（府兵因分隸諸衛故稱衛士）「征行之鎮守者免番而遣之」，「凡差衛士征戍鎮防，亦有團伍，……」就是府兵制全盛時的規定。《六典》中新舊制度雜陳，已如前說。

14 《通典·州郡序目下》、《舊唐書·地理志》等所載諸軍守捉兵馬若干已是設置節度使、邊兵制度改變後的數字，不足為據。

戰的主力，也就是《新唐書．兵志》所說的「若四方有事，則命將以出。事解輒罷，兵散於府，將歸於朝」的辦法。

府兵制本來就是集兵權於中央的辦法，上述和府兵制配合的邊防制度，也確實如《新唐書．兵志》所說起到「將帥無握兵之重，所以防微漸絕禍亂」的作用。但另一方面，這種制度又存在著一些問題：㈠在當時社會裏，戰士和將帥之間是很講從屬關係的，歷史上的「親兵」、「家丁」之所以有戰鬥力就是這個道理，命將出師時府兵和總管之間沒有歷史淵源，互不相習，必然影響戰鬥力。㈡在邊遠地區鎮戍，十分艱苦，時間長了戰士思家心切，時間短了戰士和都督以下的大小將領又互不相習，對地形和邊防需要的特殊作戰技術也無從熟悉，這些又都必然影響戰鬥力。不過在唐初是府兵制全盛時期，府兵都是從連年征戰中磨練出來的，戰鬥力相當強，有點影響問題還不大。到高宗武則天時去開國日久，府兵制度敗壞，在奚、契丹突然事變的面前就顯得捉襟見肘，無法應付了。

關於府兵制度的敗壞，《玉海》卷一三八引《鄴侯家傳》及《新唐書．兵志》等已有所論述，這裏只就抗擊奚、契丹的戰役來看府兵敗壞後仍沿襲原來設置都督和派遣行軍總管的辦法造成的惡果。由於都督府的兵力太單薄，所以契丹李盡忠等一上來就「攻陷營州，殺都督趙文翽」，中央連救援都來不及。接著中央三度派兵，「以春官尚書梁王武三思爲榆關道安撫大使」，「以同州刺史武攸宜爲右武威衛大將軍充淸邊道行軍大總管」，「以左金吾衛大將軍武懿宗爲神兵道大總管」等還是過去命將出師的老辦法。所用部隊今能考知的，有《文苑英華》卷六四七張說〈爲河內郡王武懿宗等平冀州賊契丹等露布〉[15]所提到河東、關內、河南、隴右四道八個折衝府的府兵[16]，有所發「天下繫囚及庶士家奴驍勇者」，府兵已敗壞不用說，繫囚和庶士家奴是未經訓練的烏合之眾，眞驍勇也不會有很大戰鬪力，加上遠道赴救，地理不熟，困難更多。因此，盡管王孝傑、蘇宏暉等將兵十七萬，武懿宗、婁師德等將兵二十萬，數字上遠超過奚、契丹的數萬，婁師德、王孝傑還都是曾經立功西陲的名將[17]，仍幾乎每戰必敗，王孝傑甚至墮谷殞命。如果不是最後由於其他原因僥倖取勝，事情將弄得不知如何收拾。

不能老是靠僥倖來對付事變，改革軍事制度就日益迫切地提到議事日程上來。

四

《舊唐書》卷八九〈狄仁傑傳〉：

> 萬歲通天年，契丹寇陷冀州，河北震動，徵仁傑爲魏州刺史，……俄轉幽州都督，神功元年，入爲鸞臺侍郎同鳳閣鸞臺平章事。[18]

他是親自參與抗禦奚、契丹，事平後才入相的。鑒於「百姓西戍疏勒等四鎮，極爲凋弊」，乃上

15 此文《四部叢刊》影明嘉靖伍氏龍池草堂刻二十五卷本《張說文集》失收，《文苑英華》卷前目錄作〈為建安郡王武攸宜等平冀州賊契丹露布〉，題下註「一本作建安郡王武攸宜非」。

16 參考谷霽光先生《府兵制度考釋》附論二。

17 《舊唐書》卷九三、《新唐書》卷一〇八〈婁師德傳〉，《舊唐書》卷九三、《新唐書》卷一一一〈王孝傑傳〉。

18 《新唐書》卷一一五〈狄仁傑傳〉略同。

疏曰：

近者國家頻歲出師，所費滋廣，西戍四鎮，東戍安東，調發日加，百姓虛弊，……方今關東饑饉，蜀漢逃亡，本根一搖，憂患不淺，……請捐四鎮以肥中國，罷安東以實遼西，省軍費於遠方，並甲兵於塞上，則恒代之鎮重，而邊州之備實矣。……當今所要者，莫若令邊城警守備，遠斥候，聚軍實，蓄武威，以逸待勞，則戰士力倍，以主御客，則我得其便，堅壁清野，則寇無所得，自然賊深入必有顛躓之慮，淺入必無虜掠之益。[19]

四鎮、安東應否捐罷是另一問題，而否定命將出師歸軌，強調充實邊鎮，使不需中央支援而自身具備抗禦強敵的能力，則當是狄仁傑在魏州、幽州與奚、契丹周旋後的經驗之談，確屬府兵制度敗壞無從重振的情況下唯一可用的辦法。因此「事雖不行，識者是之」。不行只是捐罷四鎮、安東，充實邊鎮則實際上已爲中央所逐漸重視並摸索辦法採取措施。

充實邊鎮首先要解決兵源問題。《唐會要》卷七八〈諸使雜錄〉：

萬歲通天元年九月，令山東近境州置武騎團兵。至聖歷元年臘月二十五日，河南、河北置武騎團，以備默啜。[20]

萬歲通天元年九月正是征討奚、契丹的第一批大軍曹仁師等被殲之後，過兩年聖歷元年契丹事變暫告平定而突厥默啜的威脅又逼在眉睫，因此把當地居民組織成這種武騎團兵以自衛，這在當時

19 併收入《唐會要》卷七四〈安西都護府〉。

20 《通鑑》卷二〇五萬歲通天元年九月及卷二〇六聖歷臘月所紀即據《會要》。

是個創舉。但據《唐會要》，團兵是「每一百五十戶共出兵十五人，馬一匹」，仍多少沿襲府兵的老辦法，沒有改用招募。

招募的辦法在府兵制度未敗壞前早已用過，《唐會要．諸使雜錄》就有兩條高宗時招募的史料：

儀鳳二年十二月二十七日詔：宜令關內、河東簡練有膂力雄果者，即以猛士為名。

三年正月二十五日，遣左金吾將軍曹懷舜、李知十等分往河南、河北，以募猛士。

這種「猛士」，後來通稱「健兒」，主要派到邊鎮防戍，本文第三節所說邊防部隊中有一部分就是由中央招募來的健兒。這種防戍邊鎮的健兒背井離鄉，日久必不堪其苦，所以要有年限，但如年限太短，更代頻繁，兵將又不相習，都仍將影響戰鬥力[21]。

再進一步改革，就是把武騎團兵的不離開鄉土和健兒的自願應募這兩點結合起來，在邊防要地直接招募健兒。《冊府元龜》卷一二四〈修武備〉開元二年十月詔：

比來緣邊鎮軍，每年更代，兵不識將，將不識兵，豈有緣路疲人，蓋是以卒與敵？其以西北軍鎮宜加兵數，先以側近兵人充，並精加簡擇，……專令教練，不得輒有使役。

八年八月詔：

敕幽州刺史邵寵於幽、易兩州選二萬灼然驍勇者充幽州經略軍健兒，不得雜使，租庸調

21 《冊府元龜》卷一三五〈愍征役〉開元五年正月、十二年九月、十三年正月、十四年六月、十六年三月、十二月等詔就採取縮短鎮戍年限、放還老弱病患、以及幫助健兒老家營種等措施，來緩和離鄉日久產生的矛盾，但仍不是根本解決的辦法。

資課並放免。

這是開元初由邊鎮長官在當地自行招募健兒的僅存的兩條史料。事實上各個邊鎮當已先後採用這種新方法，而且未必都一定要奉詔辦事。因此到開元末就由中央把這種方法用詔敕的形式固定下來作為正式的制度，這就是《册府元龜》卷一二四〈修武備〉所載開元二十五年五月癸未詔：

宜令中書門下與諸道節度使各量軍鎮閑劇，審利害，計兵防健兒等定額，委節度使放諸色徵行人內及客戶中召募，取丁壯情願充健兒長任邊軍者，每歲加予常例，給田地屋宅，務加優恤，使得存濟，每年逐季本使報中書門下，至年終一時錄奏。[22]

這種「健兒長任邊軍」的制度，解決了邊鎮的兵源問題，而且如《唐六典》卷五〈兵部郎中〉「天下諸軍有健兒」原註所說，實行了這種制度「使州郡之間永無征發之役」，「人賴其利，中外獲安」，這是好的方面。不好的方面是自此邊鎮有兵而中原無兵，為節度使擅兵準備了條件。

---

22 《唐六典》卷五〈兵部郎中〉「天下諸軍有健兒」原註節引此開元二十五年詔，今本間有脫誤，如「願充健兒長任邊軍者」，《六典》作「長住」，似不如《元龜》作「長任」之善。《王海》卷一三八引〈鄴侯家傳〉所說「開元末李林甫為相，又請諸軍召募長征健兒，以息山東兵士，於是師不土著，無家族之顧，將帥胥一時之令，而偏裨殺帥自擅之兆生矣」，當即本《六典》而生議論。其議論之背離事實，唐長孺先生〈唐代軍事制度之演變〉已予駁正。而所說「長征健兒」一詞，也似無依據，《元龜》、《六典》所引開元二十五年詔只說「健兒長任邊軍」，並無此「長征健兒」名詞。要說也只能說「長鎮健兒」，如《元龜》卷一三五開元十六年十二月詔就說「健兒長鎮」，因為這種健兒確只是長期鎮戍而不是長期出征。又《通鑑》卷二二四大歷三年末胡三省註引此開元二十五年詔作「開元十五年」，谷霽光先生《府兵制度考釋》第七章第三節引此詔以胡註「十五年」為正確而從之，其實《六典》、《元龜》都作二十五年，可見胡註是脫漏了個「二」字。

五

在解決兵源的同時，還改革邊防的指揮體制，這就是建立節度使制度。節度使制度的建立，可分兩個階段。第一階段，把原來行軍大總管的權力轉移給邊防軍事長官，出現了在軍事上權力比都督等權力大得多的節度使。第二階段，把所管地區甚至擴大到整個一道的地方行政和財賦大權都逐步集中到節度使手中，使節度使成爲一道或一個大地區的事實上的最高軍政長官。

前引《唐會要》卷七八〈節度使〉中說：「貞觀三年以後，行軍卽稱總管，本道卽稱都督。」好像二者是平級的。其實不然。邊鎭所設置的一般只是都督，如幽州這個重鎭，據《舊唐書》卷三九〈地理志〉武德六年到九年是大總管、大都督，以後就降爲都督，卽使有的地區名爲大都督，但據《通典》卷三二〈都督〉所說是「親王爲之，多遙領其任，亦多爲贈官，長史居府以總其事」。而命將出師雖然也派行軍總管，上面的統帥卻都是行軍大總管級，以萬歲通天時征討李盡忠、孫萬榮之役爲例，第一次出師武攸宜是清邊道行軍大總管，王孝傑是總管，第三次出師武懿宗是神兵道大總管，婁師德是清邊道副大總管，沙叱忠義是前軍總管，而地方上是狄仁傑任幽州都督，武攸宜、武懿宗這兩個行軍大總管就不僅是行軍總管的上級，同時也是幽州都督的上級[23]。現在要改變命將出師的老辦法而讓邊鎭自身具備抗禦強敵的能力，就要提高邊鎭軍事長官

23　出師征討派行軍大總管的例子很多，可參考《册府元龜》卷一一九〈選將〉，當然其中也有少數以行軍總管爲統帥的，也有不叫行軍大總管叫安撫大使的，如征討李盡忠等第一次出師卽以武三思爲榆關道安撫大使。

的地位，把行軍大總管的權力轉移給他們。一般是派大將以行軍大總管的身分到邊鎮，這種行軍大總管和過去命將出師之指揮野戰部隊征討敵寇者不同，是在邊鎮留住下來，擔任一個大地區的最高軍事長官，統籌防禦事宜，有時也稱鎮軍大總管。如《册府元龜》卷九九二〈備禦〉中宗神龍元年六月：「以左驍衛大將軍裴思諒攝右御史臺大夫充靈武軍大總管，以備突厥。」三年五月戊戌：「命右屯衛大將軍張仁亶爲朔方道大總管，以備突厥。」睿宗景雲元年九月：「以前太子少師唐休璟爲特進兼朔方道大總管，以備突厥。」二年十月：「命太僕卿李迥秀持節朔方後軍大總管，以備胡寇。」延和元年六月：「吏部尚書郭元振爲朔方道行軍大總管，節度諸軍，以備胡寇。」《唐大詔令集》卷五九開元二年二月五日〈王晙朔方道行軍總管制〉：「可持節充朔方道行軍大總管，仍兼安北大都護，豐、安、定遠三城等軍及側近諸軍，宜依舊例，並受晙節制。」[24]卷一三〇開元二年二月二十八日〈命姚崇等北伐制〉：「可持節靈武道行軍大總管，管內諸軍咸受節度。」《元龜》卷一一九〈選將〉開元三年四月庚申詔：「〔右羽林軍大將軍薛訥〕可持節充涼州鎮軍大總管，赤水、建康、河源及緣邊州軍並受節度，……〔右衛大將軍郭虔瓘〕可持節充朔州鎮軍大總管，和戎、大武及幷州以北緣邊州軍並受節度，……訥便特於涼州住，……虔瓘於幷州住。」這種行軍或鎮軍大總管都賜有旌節，有權節度管內所有的駐軍，對駐軍將領可以軍法從事，所以職銜上多標出「持節」兩個字[25]。有時也逕稱之爲「節度使」，如景雲元年十月丁酉「

24 《册府元龜》卷九九二〈備禦〉開元二年二月條作「節度」。

以幽州鎭守經略節度大使薛訥爲左武衛大將軍兼幽州都督」[26]。有的還明令把行軍大總管改爲節度使，如《唐會要》卷七八〈節度使〉開元九年十月六日敕：「朔方行軍大總管宜准諸道例改爲朔方節度使。」[27]稱使是因爲這只是中央差遣的特使，因此《唐六典》卷五〈兵部郎中〉說「以奉言之則曰節度使」，《唐會要》把節度使列入卷七八〈諸使〉裏，而把都督府列入卷六八和府尹、刺史等在一起，《通典》卷三二〈職官典州郡〉裏也只標都督而小註「總管、節度、團練、都統諸使附」，並且點明節度使是「近代行軍總管之任」，這都表明節度使不算正式的地方官，只有都督才是有品級的地方官，爲了名正言順一些，所以幽州鎭守經略節度大使就名義上兼任原來的幽州都督。也有由都督兼充節度使的，如《唐會要》卷七八〈節度使〉：「景雲二年四月，賀拔延嗣爲涼州都督充河西節度使。」[28]「開元元年十二月，鄯州都督陽矩除隴右節度。」還有由低一級的軍大使以及邊方都護改爲節度使的，如《新唐書》卷六五〈方鎭表〉：開元八年「更

25 都督本來也「持節」，《通典》卷三二〈都督〉條就說都督的前身「諸州總管亦加號使持節」，但實際上只是虛名，《舊唐書》卷四四〈職官志〉上州刺史註：「魏晉刺史任重者爲使持節都督，輕者爲持節，後魏北齊總管、刺史則加以使持節諸軍事，隋開皇三年罷郡，以州統縣，刺史之名存而職廢，而於刺史、太守官位中不落持節之名。」諸州總管、都督之「加號使持節」也是這種虛名性質，和這時行軍或鎭軍大總管之真能節制管內駐軍者是兩回事。這點唐長孺先生《唐書兵志箋證》卷二〈都督帶使持節者始謂之節度使〉條已疏說，可參考。

26 《通鑑》卷二一〇，《考異》說是「從《太上皇實錄》」。

27 開元九年今聚珍本《唐會要》作「元年」，《新唐書》卷六四〈方鎭表〉則列「置朔方軍節度使」於開元九年，作九年是對的，這時其他八個地區都已設置了節度使，所以《會要》所載敕中要說「宜准諸道例」，聚珍本的「元年」是「九年」形似滋誤，今逕改正。

28 《新唐書》卷六七〈方鎭表〉作景雲元年「置河西諸軍州節度支度營田督察九姓部落赤水軍馬兵大使」。

天兵軍大使爲天兵軍節度使。」卷六六：開元七年「升平盧軍使爲平盧軍節度經略河北支農管內諸蕃及營田等使。」卷六七：先天元年「北庭都護領伊西節度等使。」開元六年「安西都護領四鎭節度支度經略使。」大致從睿宗景雲元年以前到玄宗開元九年這十多年時間內，完成了後來稱爲范陽、平盧、河東、朔方、安西、北庭、河西、隴右、劍南九個節度使的設置工作[29]。接過原先行軍大總管的權力，從東北到西陲初步形成一條防禦線。這是第一個階段。

《通典》卷三二說節度使「得以軍事專殺，行則建節，府樹六纛，外任之重莫比焉」。《舊唐書》卷四四〈節度使〉條原注也承用了這幾句話，好像節度使的威權只在「得以軍事專殺」這一點上，是不對的[30]。節度使眞正做到「外任之重莫比」，還必須通過兼領諸使來擴大權力。就河北地區首要的幽州即范陽節度使來說，景雲元年以前只叫「鎭守經略節度大使」[31]，開元十五

29 這裏還有個誰先建立的問題。《唐會要》卷七八〈節度使〉：「景雲二年四月賀拔延嗣除涼州都督充河西節度使，此始有節度之號，遂至於今不改焉。」《通典》卷三二同，《新唐書・兵志》亦本以為說。而《通鑑》卷二一〇則說：景雲元年九月丁酉「以幽州鎮守經略節度大使薛訥為左武衛大將軍兼幽州都督，節度使之名自訥始」。也就是說景雲元年之前已有了「幽州鎮守經略節度大使」這個名號。《考異》：「《統紀》：『景雲二年四月以賀拔延秀為河西節度使，節度之名自此始。』《會要》云：『景雲二年賀拔延嗣為涼州都督充河西節度使，始有節度之號。』又云：『范陽節度自先天二年始除甄道一。』《新表》：『景雲元年置河西諸軍州節度支度營田大使。』按訥已先為節度大使，則節度之名不始於延嗣也。今從《太上皇實錄》。」其實這一、二年的先後考清楚了意義也不大，倒是由此可知最先設置節度使的是幽州和河西。幽州為了對付奚、契丹，河西為了對付吐蕃。這兩個少數民族當時對唐朝的統治威脅最大。可由此證明當時確是為了對付邊境少數民族才急於設置節度使。

30 《舊唐書》節度使條還說「天寶中緣邊禦戎之地置八節度」，把時代都說錯了，可見過去史書的某些資料不加考訂真不好隨便使用。

31 《通鑑》據《太上皇實錄》，《唐會要》卷七八〈節度使〉「先天二年二月甄道一除幽州節度經略鎮守使」，《新唐書》卷六六〈方鎮表〉開元二年「置幽州節度諸州軍管內經略鎮守大使」，名號稍有詳略。

年十二月「又帶河北支度營田使」[32]，二十年「兼河北採訪處置使」[33]，二十七年十二月「又加河北海運使」[34]。這個擴大權力的階段，就是節度使制度形成的第二階段。

這裏著重講兼領諸使中採訪處置使所起的作用。本來，唐代正式的地方行政區畫只分州（郡）、縣兩級，但州、縣太多，中央直接管理有困難，因此「貞觀元年三月十日……始因關河近便分為十道」[35]，仿照漢代刺史巡察十三州部的辦法，先後派遣巡察使、存撫使、按察使等代表中央臨時分道出巡，「察吏人善惡，觀風俗得失」[36]。到睿宗、玄宗時，進一步把臨時派遣改為設置正式的管理機構，睿宗「景雲二年六月二十八日制：敕天下分置都督府二十四，令都督糾察所管州刺史以下官人善惡」[37]。這等於在州、縣之上增加了都督一級，所以「時議以為權重不便，尋罷之」。玄宗「開元二十二年二月十九日初置十五道采訪處置使，……三月二十三日……各使置印，……二十五年十二月二十四日命諸道采訪使考課官人善績，三年一奏，永為常式」[38]。這種采訪處置使不是像過去巡察使那樣只是「訪察聞奏」[39]，而是有權處置，可以「專停刺

---

32 《唐會要》卷七八，《新唐書》卷六六同。

33 《新唐書》卷六六。

34 《唐會要》卷七八，《新唐書》卷六六同。

35 《唐會要》卷七〇〈州縣分望道〉，《通典》卷一七二〈州郡序目下〉、《舊唐書》卷三八《新唐書》卷三七〈地理志〉同。

36 詳《唐會要》卷七七〈巡察按察巡撫等使〉。

37 《唐會要》卷六八〈都督府〉，《通典・州郡序目下》，兩《唐書・地理志》同。

38 《唐會要》卷七八〈采訪處置使〉，原作「十道」，「十」下脫「五」字，今逕改正。又《通典・州郡序目下》，《舊唐書・地理志》、《通鑑》作二十一年，《新唐書・地理志》作二十年。

39 《唐會要》卷七七〈巡察按察巡撫等使〉開元三年三月敕。

史務，廢置由己」[40]，和東漢末年的刺史、州牧一樣成爲非正式的地方官，而且管轄整個一道，權力比景雲二年的二十四都督府還大得多。節度使本來管不到一道，幽州卽范陽節度使當時按規定只「統經略、威武、淸夷、靜塞、恒陽、北平、高陽、唐興、橫海九軍，屯幽、薊、嬀、檀、易、恒、定、漠、滄九州之境」[41]，現在兼領了河北采訪處置使，整個河北道的行政財賦大權也就全歸節度使直接掌握，再兼上河北支度營田使和河北海運使，營田、海運這兩宗特殊的財源也歸所有，幽州節度使就成爲權力前所未有的河北全道最高軍政長官。

設置幽州節度使並賦予大權是責成他集中人力物力來對付奚、契丹。下面就看一看幽州節度使和他統率的長任邊軍健兒在抵禦奚、契丹戰役中的作用。

六

從開始設置節度使說起，《通鑑》卷二一〇：

景雲元年……十月……丁酉，以幽州鎮守經略節度大使薛訥爲左武衛大將軍兼幽州都督。……先天元年……三月丁丑，以〔左羽軍將軍孫〕佺爲幽州大都督，徙訥爲幷州長史。……六月……庚申，……佺帥左驍衛將軍李楷洛，左威衛將軍周以悌發兵二萬騎八千分爲三軍以襲奚、契丹，……曰：「薛訥在邊積年，竟不能爲國家復營州，今乘其無

40 《通鑑》卷二一五天寶元年正月壬子，參考《通典·州郡序目下》、《舊唐書·地理志》、《新唐書·兵志》。

41 《通鑑》失紀，據《新唐書》卷六六〈方鎮表〉補。

備，往必有功。」……唐兵大敗，…………佺、以悌爲虜所擒。獻於突厥，默啜皆殺之。……十一月乙酉，奚、契丹二萬騎寇漁陽，幽州都督宋璟閉城不出，虜大掠而去。

卷二一一：

開元二年正月，……幷州長史和戎、大武等軍州節度大使薛訥……奏請擊契丹，復置營州，……七月，……將兵六萬，出檀州擊契丹，……唐兵大敗。……四年……八月……辛未，契丹李失活、奚李大酺帥所部來降。……五年，……奚、契丹旣內附，貝州刺史宋慶禮建議請復營州。三月庚戌，制復營州都督於柳城，兼平盧軍使，管內州縣鎮戍皆如舊。以太子詹事姜師度爲營田支度使，與慶禮等築之，三旬而畢，慶禮清勤嚴肅，開屯田八十餘所，招安流散，數年之間，倉廩充實，市里浸繁。

卷二一二：

六年，……五月，……契丹王李失活卒，癸巳，以其弟娑固代之。……〔七年，升平盧軍使爲平盧軍節度經略河北支農管內諸蕃及營田等使。〕……八年，……契丹牙官可突干驍勇得眾心，……擊娑固，娑固敗奔營州，〔平盧軍節度使〕營州都督許欽澹遣安東都護薛泰帥驍勇五百與奚王李大酺奉娑固以討之，戰敗，娑固、李大酺皆爲可突干所殺，生擒薛泰，營州震恐，許欽澹移軍入榆關。可突干立娑固從父弟郁干爲主，遣使請罪。……十二年，……契丹王李郁干卒，弟吐干襲位。……十三年，……契丹王李吐干與可突干復相猜忌，……來奔，……可突干立李盡之忠弟邵固爲主。

卷二一三：

十八年，……五月，……己酉，可突干弑邵固，帥其國人，並脅奚衆，叛降突厥，奚王李魯蘇……來奔。制〔幽州節度使〕幽州長史趙含章討之，又命中書舍人裴寬，給事中薛侃等於關內、河東、河南北分道募勇士。六月丙子，以單于大都護忠王浚領河北道行軍元帥，以御史大夫李朝隱、兆京尹裴伷先副之，帥十八總管以討奚、契丹。……可突干寇平盧，先鋒使張掖烏承玼破之於捺祿山。……九月丁巳以忠王浚兼河東道元帥，然竟不行。……二十年春正月乙卯，以朔方節度副大使信安王褘爲河東河北行軍副大總管將兵擊契丹，壬申，以戶部侍郞裴耀卿爲副總管。……三月，……信安王褘帥裴耀卿及幽州節度使趙含章分道擊契丹，含章與虜遇，虜望風遁去，平盧先鋒使烏承玼言於含章曰：「二虜，劇賊也，前日遁去，非畏我，乃誘我也，宜按兵以觀其變。」含章不從，與虜戰於白山，果大敗，承玼別引兵出其右，擊虜破之，乙巳，褘等大破奚、契丹，俘斬甚衆，可突干帥麾下遠遁，餘黨潛竄山谷，奚酋李詩、瑣高帥五千餘帳來降，褘引兵還[42]。……二十一年，……閏月癸酉，幽州道副總管郭英傑與契丹戰於都山，敗死，時節度薛楚玉遣英傑將精騎一萬及降奚擊契丹，屯於榆關之外，可突干引突厥之衆來合戰，奚持兩端，散走保險，唐兵不利，英傑戰死，餘衆六千餘人猶力戰不已，虜以英傑首示之，竟不降，盡爲虜所殺。

42　大歷十年元載撰〈王忠嗣碑〉，說到「信安王之臨遼碣也，用武於盧龍塞」，就是指這次率幽州節度使趙含章等破奚、契丹而言，王鳴盛《十七史商榷》卷八八〈王忠嗣兩傳異同〉條卻說：「信安王據兩傳皆言在河東，……而碑乃言遼碣，……地理亦不合。」連《通鑑》都不一檢，可謂疏忽。

案開元二十年幽州節度使已兼領河北采訪處置使，開元二十五年中央又以詔敕形式固定健兒長任邊軍的制度，在此以前這種制度也已在各節度使管內貫徹，可以說薛楚玉任職時幽州節度使防區的建設工作已基本上完成。上述二十三年的歷史正是防區在建設過程中和奚、契丹抗衡的歷史。

這個時期，奚、契丹和突厥是聯合的，不會像武則天時那樣有遭受突厥襲擊的那種後顧之憂，可突干又是契丹統治階級中的人材，其能力比過去的李盡忠、孫萬榮還強得多，而幽州節度使防區還在建設之中，因此雙方互有勝負，但實際上官軍已逐步取得優勢，顯示了幽州節度使防區的實力：㈠除先天元年奚、契丹一度進逼幽州外，每次戰役都是官軍主動出擊，戰場也都在榆關以外，扭轉了過去消極防禦的局面。㈡恢復了控制奚、契丹的第一線據點榆關外的營州，並以此爲基礎分設平盧節度使，更減少了奚、契丹對內地的威脅。㈢所用的基本上是幽州節度使包括後來平盧節度使管內的兵力，薛訥把河東地區的兵力用於河北並未成功，忠王浚爲行軍元帥帥十八總管討奚、契丹也未成行，信安王褘以副大總管身分來指揮實際上還是用幽州、平盧的人馬取勝。最後薛楚玉節度幽州時雖有郭英傑之敗，但所統戰士肯全部爲之犧牲，可見健兒長任邊軍後兵將之間的封建關係已建立，再不存在過去互不相習的問題。㈣《通鑑》只記載郭英傑之敗，其實薛楚玉任節度時多數戰役是勝仗，《文苑英華》卷六四七保存了樊衡的〈爲幽州長史薛楚玉破契丹露布〉，就記載了「平盧之戰」、「墨山之討」、「盧龍之師」以及直搗契丹「松漠漠庭」的四次勝仗。說明由於防區建設的完成，對奚、契丹的優勢已完全確立。接著，就有開元二十二年「六月壬辰幽州節度使張守珪大破契丹遣使獻捷」和十二月乙巳「張守珪斬契丹王屈烈及可突干傳首」的勝利。

張守珪破契丹事《通鑑》所紀太簡略，詳情見於《舊唐書》卷一〇三〈張守珪傳〉：

〔開元〕二十一年轉幽州長史兼御史中丞營州都督河北節度副大使，俄又加河北采訪處置使。先是契丹及奚連年爲邊患，契丹衙官可突干驍勇有謀略，頗爲夷人所伏，……及守珪到官，頻出擊之，每戰皆捷。契丹首領屈剌與可突干恐懼，遣使詐降，守珪察知其僞，遣管記右衛騎曹王悔詣其部落就謀之。悔至屈剌帳，賊徒初無降意，乃移其營帳漸向西北，密遣使引突厥，將殺悔以叛。會契丹別帥李過折與可突干爭權不諧，悔潛誘之，夜斬屈剌、可突干，盡誅其黨，率餘燼以降。守珪因出師次於紫蒙川，大閱軍實，宴賞將士，傳屈剌、可突干等首於東都，……二十三年春，守珪詣東都獻捷，會籍田禮畢酺宴，便爲守珪飲至之禮，上賦詩以褒美之，……仍詔於幽州立碑以紀功賞。[43]

案張守珪這次憑幽州節度使管內的兵力打得契丹可突干不得不投降，可突干投降後有貳心，一個節度使管記就有可能把他誅滅，顯然不是當年武則天時僥倖取勝之比，是眞正的空前大捷，所以要仿古禮飲至，效勒石燕然故事立碑以紀功賞。就在開元初年，張說在〈論幽州戎事表〉中還說「熟聞幽州兵馬寡弱，卒欲排比，未可即用，城中倉糧，全無貯積」[44]，經營不到二十年就能憑幽州本身的實力制服奚、契丹這樣歷來不好對付的強敵，說明節度使制度確實見效顯著，從而使玄宗對這種制度深信不疑，而不料後來安祿山會利用這種節度使有兵、中央無兵的局面發動叛亂。

43 《新唐書》卷一三三〈張守珪傳〉略同。

44 此文宋人所見張說文集已失收，見《文苑英華》卷六一四，原註「開元六年」。

七

關於安祿山如何利用范陽、平盧以及後來所兼河東三節度使管內的兵力發動叛亂，中央如何依靠朔方節度使並借用回紇兵平亂，亂平後又爲什麼讓河北藩鎭重建，我已另有考索[45]。這裏只就安祿山統治時期以及河北藩鎭重建以後在抵禦奚、契丹問題上是否還有積極作用作點論證。

安祿山是人所共知的反面人物，但在他統治河北時期，防區仍是積極執行抗擊奚、契丹任務的。唐人姚汝能所撰比較原始的史料《安祿山事迹》卷上說：

安祿山，營州雜種胡也。……張守珪爲范陽節度使，祿山盜羊奸發，追捕至，欲棒殺之，祿山大呼曰：「大夫不欲滅奚、契丹兩蕃耶？而殺壯士！」守珪奇其言貌，乃釋之，留軍前驅使，遂與史思明同爲捉生將。祿山素習山川井泉，嘗以麾下三五騎生擒契丹數十人，守珪轉奇之，每益以兵，擒賊必倍。後爲守珪偏將，所向無不摧靡，守珪遂養爲子，以軍功加員外左騎衛將軍，充衙前討擊使。……〔開元〕二十四年，祿山爲平盧軍將，討契丹失利，……玄宗惜其勇銳，但令免官。……二十八年，爲平盧軍兵馬使。二十九年三月九日，加特進。……遂受營州都督，充平盧軍節度使知左廂兵馬使支度營田水利陸運使副押兩蕃渤海黑水四府經略。……天寶元年正月六日，……以祿山爲左羽林

---

45 〈《通典》論安史之亂的「二統」說證釋〉，〈論安史之亂的平定和河北藩鎭的重建〉。

大將軍員外置同正員兼柳城郡太守持節充平盧軍攝御史大夫管內采訪處置等使。……三載三月，授范陽長史充范陽節度河北采訪使平盧節度，餘如故。……四載，奚、契丹各殺公主，舉部落以叛，祿山方邀兩蕃，肆其侵掠，奚等始貳於我。……十載……二月二日，遂加雲中太守兼充河東節度采訪使，餘如故。……祿山性殘忍，多奸謀，常誘熟蕃奚、契丹因會酒中實毒鴆殺之，動數十人，斬大首領函以獻捷。是年秋，祿山大舉兵討契丹，……奚遂以驍騎二千從之，祿山使爲鄉導，行至土護眞河，誓眾，……遂晝夜兼行三百餘里，……時屬雨甚，弓弩盡濕，弛而不可張，……奚又背祿山以附契丹，並力夾攻，殺傷略相當，矢中祿山鞍橋，鞭弭俱棄，簪履亦墜，獨以麾下二十騎走上山，蒼黃陷於坑中，男慶緒麾下將孫孝哲扶出之，又戰數十里，會夜，追騎解，遂投平盧城，平盧騎將史定方領精兵三千赴之，契丹知救至，遂解圍而去，祿山方得脫。十一載三月，祿山引蕃奚步騎二十萬直入契丹，以報去秋之役，朔方節度副使奉信王阿布思率同羅數萬以會之，布思與祿山不協，遂擁眾歸漠北，祿山乃屯兵不進。……十一月十七日，祿山遣其男……慶緒獻奚、契丹及同羅、阿布思等生口三千人……於闕下。[46]

按《事迹》撰於安史亂平以後，行文時自應多加貶詞，但仍可看出安祿山不僅以打奚、契丹起家，在貴爲節度使後對付奚、契丹仍全力以赴，可見玄宗之信任安祿山自有其一定的道理，不能全說成是晚年的昏庸。以後安祿山叛亂，率河北防區的主力南下，奚、契丹又乘機侵襲，如《事

46 參考《舊唐書》卷二〇〇上《新唐書》卷二二五上〈安祿山傳〉，新傳多本《事蹟》。

迹》卷下所記：

> 十五載（至德元載）……五月，奚、契丹兩蕃數出北山口，至於范陽，俘劫牛馬子女，止城下累日，城中唯留後羸兵數千，不敵。

但畢竟沒有出什麼大亂子，說明只要有河北藩鎮存在，奚、契丹的南侵就不能不遭到阻遏。

安史亂平時無法消滅其餘黨李懷仙、張忠志、田承嗣等在河北的勢力，只好任命他們爲節度使，讓河北藩鎮重建。以後幽州、成德、魏博號爲河北三鎮，「擅署吏，以賦稅自私，不朝獻於廷，效戰國肱髀相依，以土地傳子孫，脅百姓，加鋸其頸，利怵逆汙，遂使其人自視由羌狄然，一寇死，一賊生，訖唐亡百餘年卒不爲王土」[47]。但在制禦奚、契丹上仍繼承幽州節度初建以來的老傳統，一直起著積極作用。《唐會要》卷九六〈奚〉：

> 故事，嘗以范陽節度使爲押奚、契丹兩蕃使。自至德後，藩臣多擅封壤，朝廷優容之，俱務自完，不生邊事故二蕃亦少爲寇。其每歲朝賀，常各遣數百人，至幽州，則選其酋長三五十人赴闕，引見於麟德殿，賜以金帛遣還，餘皆駐而館之，率以爲常。[48]

偶有幾次入寇，也都爲幽州節度所擊破，如「貞元四年七月，奚及〔契丹〕室韋寇振武，十一年四月，幽州奏卻奚六萬餘眾」[49]。「大和四年，〔奚〕復盜邊，盧龍李載義破之，執大將二百餘

---

47 《新唐書》卷二一〇〈藩鎮傳序〉。

48 《舊唐書》卷一九九下〈奚傳〉、《新唐書》卷二一九〈契丹傳〉略同。《唐會要》、兩《唐書》〈奚契丹傳〉並有至德以奚、契丹遣使朝貢的紀事，《冊府元龜》卷九七一、九七二〈朝貢〉、卷九七六〈褒異〉紀得更多。

人，縛其帥茹羯來獻」[50]。「大中元年，北部諸山奚悉叛，盧龍張仲武禽酋渠，燒帳落二十萬，取其刺史以下面耳三百、羊牛七萬、輜貯五百乘獻京師」[51]。因此「〔大和〕五年正月幽州軍亂，〔楊志誠〕逐其帥李載義，文宗以載義輸忠於國，遽聞失帥駭然，急召宰臣謂之曰：『范陽之變奈何？』〔牛〕僧孺對曰：『此不足煩聖慮，且范陽得失不係國家休戚，自安史已來翻覆如此，前時劉總以土地歸國，朝廷耗費百萬，終不得范陽尺帛斗粟入於天府，尋復爲梗，至今志誠亦由前載義也，但因而撫之，俾捍奚、契丹不令入寇，朝廷所賴也，假以節旄，必自陳力，不足以逆順治之。』帝曰：『吾初不詳，思卿言是也。』」[52]說明河北藩鎮有制禦奚、契丹的積極作用已是當時朝廷所公認的事實（至於對河北藩鎮採用姑息政策對不對是另一個問題），中晚唐內地和奚、契丹比較能和平相處，不能不肯定河北藩鎮有一分功績[53]。

49 《舊唐書》卷一九九下〈奚傳〉，《新唐書》卷二一九〈奚傳〉略同。《唐會要》卷九六契丹紀「貞元四年復犯我北鄙，幽州以聞」，《舊唐書》卷一九九下〈契丹傳〉也紀「貞元四年與奚衆同寇我振武，大掠人畜而去」，則契丹也曾一同入寇，因此在引文中補入「契丹」。又《會要》同卷奚作「元和四年七月奚及室韋寇振武，五年四月幽州奏破奚六萬餘衆」，當即與兩《唐書》所紀為同一事，似以作「貞元」為是。

50 《新唐書》卷二一九〈奚傳〉。《册府元龜》卷九八七〈征討〉：「文宗大和四年四月，幽州節度使李載義上言，今月三日發兵入奚界，殺奚賊五千餘人，生擒刺史、縣令、大將、首領等二百七十三人。」

51 《新唐書》卷二一九〈奚傳〉。《册府元龜》卷九八七〈征討〉：「宣宗大中元年春，幽州大破奚衆。」

52 《舊唐書》卷一七二〈牛僧孺傳〉，《新唐書》卷一七四〈牛僧孺傳〉、《舊唐書》卷一八〇〈楊志誠傳〉略同。

53 在中唐時奚、契丹曾一度依附回紇，《李衛公集》卷二〈幽州紀聖功碑銘〉：「先是奚、契丹皆有虜使監護其國，責以歲遺，且為漢諜，自回鶻嘯聚，靡不鴟張，公〔張仲武〕命裨将石公緒等諭意兩部，戮回鶻八百人。」《唐會要》卷九六〈契丹〉：「幽州節度使張仲武奏：契丹新立王屈戍等云，契丹舊用回鶻印，今懇請當道聞奏，乞國家賜印。」可能有人會據此說中唐時奚、契丹已見衰微，不足自立，因此少為寇，並不是河北藩鎮制禦的作用。案當時回紇確比奚、契丹強大，所以奚、契丹要依附回紇，但不等於奚、契丹本身已衰微，已無力南侵。早在玄宗時奚、契丹曾依附過突厥，而同時可突干等仍經常威脅河北地區，這時候奚、契丹也曾幾次單獨入侵，都說明當時少數民族的入侵與否並不決定於有沒有依附別個少數民族。

八

唐末五代初年，河北藩鎮中成德、魏博兩家已因投靠朱溫而喪失獨立性，只有劉仁恭的幽州仍爲河北的重鎮，繼續起著遏制奚、契丹的作用。《舊五代史》輯本卷一三七〈契丹傳〉：

〔唐僖宗〕光啟中，其王欽德者，乘中原多故，北邊無備，遂蠶食諸郡，達靼、奚、室韋之屬，咸被驅役，族帳寖盛，有時入寇。劉仁恭鎮幽州，素知契丹軍情僞，選將練兵，乘秋深入，逾摘星嶺討之，霜降秋暮，即燔塞下野草以困之，馬多饑死，即以良馬賂仁恭，以市牧地。仁恭季年荒恣，出居大安山，契丹背盟，數來寇鈔，時〔仁恭子〕劉守光戍平州，契丹舍利王子率萬騎攻之，守光僞與之和，張幄幕於城外以享之，部族就席，伏甲起，擒舍利王子入城，部族聚哭，請納馬五千以贖之，不許，欽德乞盟納賂以求之。自是十餘年不能犯塞。[54]

可見幽州節鎮在契丹面前仍很有聲威。

契丹別部長阿保機代欽德爲主，稱王稱帝，給中原地區很大威脅，子德光即位後更加緊南侵。這時在幽州鎮守的是最後一任節度使趙德鈞，《舊五代史》輯本卷九八〈趙德鈞傳〉：

〔後唐莊宗〕同光三年，移鎮幽州。……〔明宗〕天成中，定州王都反，契丹遣惕隱領

54 《新唐書》卷二一九《新五代史》卷七二〈契丹傳〉略同。

精騎五千來援鄴，至唐河，爲招討使王晏球所敗，會霖雨相繼，所在泥淖，敗兵北走，人馬饑疲，德鈞於要路邀之，盡獲餘眾，擒惕隱已下首領數十人，獻於京師。……德鈞奏發河北數鎮丁夫，開王馬口至游口，以通水運，凡二百里，又於閻溝築壘，以戍兵守之，因名良鄉縣，以備鈔寇，又於幽州東築三河城，北接薊州，頗爲形勝之要，部民由是稍得樵牧。德鈞鎮幽州凡十餘年，甚有善政。[55]

可見直到這時幽州節鎮仍是契丹南侵的最大障礙。

這個障礙最後不是被契丹拔掉的，而是自動撤除的。《舊五代史》輯本卷一三七〈契丹傳〉：

〔後唐〕長興末，契丹迫雲州，明宗命晉高祖〔石敬瑭〕爲河東節度使兼北面蕃漢總管。〔後唐末帝〕清泰三年，晉高祖〔叛唐〕，爲張敬達等圍攻甚急，遣指揮使何福賚表乞師〔契丹〕，願爲臣子，德光白其母曰：「兒昨夢太原石郎發使到國，今果至矣，事符天意，必須赴之。」德光乃自率五萬騎由雁門至晉陽，即日大破敬達之眾於城下，尋冊晉高祖爲大晉皇帝，約爲父子之國，割幽州管內及新、武、雲、應、朔州之地以賂之，仍每歲許輸帛三十萬。時幽州趙德鈞屯兵於團柏谷，遣使至幕帳，求立己爲帝，以石氏世襲太原，德光對使指帳前一石曰：「我已許石郎爲父子之盟，石爛可改矣。」……趙德鈞、趙延壽自潞州出降於契丹，德光鎖之令隨牙帳。[56]

55 參考《舊五代史》輯本卷一三七、《新五代史》卷七二〈契丹傳〉。

56 參考《舊五代史》輯本卷九八〈趙德鈞傳〉、《新五代史》卷七二〈契丹傳〉、及《通鑑》卷二八〇天福元年紀事。

> 《通鑑》卷二八〇後晉高祖天福元年十一月壬申：
>
> 德鈞見述律太后，……太后問曰：「汝近者何爲往太原？」德鈞曰：「奉唐主之命。」太后指天曰：「汝從吾兒求爲天子，何妄語邪！」……又曰：「吾兒將行，吾戒之云，趙大王若引兵北向榆關，亟須引歸，太原不可救也。汝欲爲天子，何不先擊退吾兒，徐圖亦未晚。」

足見到這時契丹對幽州節鎭仍有很大的顧忌，如不是趙德鈞妄圖稱帝，自棄根本而投靠契丹，即使石敬瑭甘願割棄幽州，契丹仍未必能輕易到手。至於石敬瑭所割棄的共有幽、薊、瀛、莫、涿、檀、順、新、嬀、儒、武、雲、應、寰、朔、蔚一共十六州，後來宋人稱之爲燕雲十六州，正包括原幽州節度使管區的全部[57]。因此石敬瑭手下的劉知遠表示反對，認爲「原以金帛賂之，自足致其兵，不必許以土田，恐異日大爲中國之患，悔之無及」[58]。無奈石敬瑭不從，於是這個阻遏契丹南侵的障碍轉而爲契丹所有，劉知遠「爲患」的話不幸而言中。

二百年前爲了對付奚、契丹的南侵建立起河北藩鎭，二百年後終於因河北藩鎭管區的割讓而爲契丹南侵大開方便之門。奚、契丹和河北藩鎭有著如此緊密的聯繫，可以說不懂得奚、契丹在唐代的歷史，也就不可能對唐代河北藩鎭的興亡作出正確的解釋。

57 《舊唐書》卷三八〈地理志〉：「幽州節度使，治幽州，管幽、涿、瀛、莫、檀、薊、平、營、嬀、順等十州。」其中最北的營、平二州已在後唐同光、天成時被契丹所攻占，見《舊五代史》輯本卷一三七、《新五代史》卷七二〈契丹傳〉。

58 《通鑑》卷二八〇天福元年七月。

九

我國古代少數民族對中原以漢族爲主體的政權的威脅卽所謂「邊患」，前期多來自北方、西方，後期則多來自東北方。其轉折一般都認爲開始於五代時契丹阿保機、德光父子的南侵。其實武則天時契丹李盡忠等的變亂早已其見端倪。如果不是唐朝統治者及時採取措施，建立河北藩鎭，則五代北宋時那麼嚴重的東北邊患很有可能提前在中唐時就出現。可是研究歷史的人對此似乎一向不加注意，或則略而不提，或則硬說當時奚、契丹完全不是強敵，奚、契丹和唐朝之間的戰爭都是安祿山等邊將挑起來的。這使我想起了《新唐書》卷二一五上〈四夷傳．總序〉裏的話：

> 唐興，蠻夷更盛衰，嘗與中國抗衡者有四：突厥、吐蕃、回鶻、雲南是也。……凡突厥、吐蕃、回鶻以盛衰先後爲次，東夷、西域又次之，迹用兵之輕重也，終之以南蠻，紀唐之所繇亡云。

〈四夷傳〉是把奚、契丹作爲北狄的，在傳序裏無論北狄、奚、契丹一句也不提，把奚、契丹看得比所謂東夷、西域都更不重要。〈四夷傳序〉的作者宋祁是北宋時人，正久處契丹壓力之下，而對唐代奚、契丹的情況尚如此隔膜，何況千年以後的今天。這也是我所以寫這篇文章的一個原因。

《通典》論安史之亂的「二統」說證釋

《通典》卷一四八〈兵典序〉有一段對安史之亂的議論：

> 玄宗御極，承平歲久，天下乂安，財力殷盛。開元以後，邀功之將，務恢封略，以甘上心，將欲吞滅奚、契丹，剪除蠻、吐蕃，喪師者失萬而言一，勝敵者獲一而言萬。寵錫之極，驕矜遂增，哥舒翰統西方二師，安祿山統東北三師，踐更之卒，俱授官名，郡縣之積，罄爲祿秩。於是驍將銳士，善馬精金，空於京師，萃於二統。邊陲勢強既如此，朝廷勢弱又如彼，奸人乘便，樂禍覬欲，脅之以害，誘之以利，祿山稱兵內侮，未必素蓄凶謀。是故地逼則勢疑，力侔則亂起，事理不得不然也。

杜佑是唐代中期著名的政治家、理財家，他在大曆初年就纂修《通典》[1]，去安史之亂爲時無

1 詳《通典．李翰序》，《十七史商榷》卷九〇〈杜佑作通典〉條。

幾[2]。因此這段議論不同於後世文人的無聊史論，其中「二統」的說法，我認爲是多少揭示了事態的眞相。

過去利用《通典》往往侷限於財政經濟等方面，上面這段議論特別是「二統」說沒有引起人們的注意，因此有必要作點論證詮釋，供研讀唐史者參考。

一

《通典》所謂「西方二師」「東北三師」，是指節度使的武力而言。唐初設置府兵，「命將以出，事解輒罷，兵散於府，將歸於朝」[3]。高宗、武則天時府兵敗壞，不得不充實邊境都督府等的實力：戰士由府兵逐步變爲招募來的健兒，再變爲健兒長任邊軍；都督等的地位也逐步提高到兼管行政，以專一事權。到睿宗景龍、先天時，就開始出現了節度使[4]。玄宗天寶元年共設置了九個節度使和一個實力略次於節度使的經略使[5]，它們是：

安西節度，撫寧西域，統龜玆、焉耆、于闐、疏勒四鎮，治龜玆城，兵二萬四千。

2 《舊唐書》卷一四七〈杜佑傳〉說佑元和七年薨，壽七十八（《新書》卷一六六〈杜佑傳〉同），則上推天寶十四年安史亂起時佑已二十歲，亂前情況當為佑耳聞眼見。

3 《新唐書》卷五〇〈兵志〉語。

4 詳唐長孺撰〈唐代軍事制度之演變〉（載一九四八年十二月《武漢大學社會科學季刊》）及拙撰〈唐代河北藩鎮與奚契丹〉。

5 其設置年月沿革，詳《唐會要》卷七八〈節度使〉和《新唐書·方鎮表》，二者有異同。

北庭節度，防制突騎施、堅昆，統瀚海、天山、伊吾三軍，屯伊、西二州之境，治北庭都護府，兵二萬人。

河西節度，斷隔吐蕃、突厥，統赤水、大斗、建康、寧寇、玉門、墨離、豆盧、新泉八軍，張掖、交城、白亭三守捉，屯涼、肅、瓜、沙、會五州之境，治涼州，兵七萬三千人。

朔方節度，捍禦突厥，統經略、豐安、定遠三軍，三受降城，安北、單于二都護府，屯靈、夏、豐三州之境，治靈州，兵六萬四千七百人。

河東節度，與朔方犄角以禦突厥，統天兵、大同、橫野、岢嵐四軍，雲中守捉，屯太原府、忻、代、嵐三州之境，治太原府，兵五萬五千人。

范陽節度，臨制奚、契丹，統經略、威武、清夷、靜塞、恒陽、北平、高陽、唐興、橫海九軍，屯幽、薊、媯、檀、易、恒、定、漠、滄九州之境，治幽州，兵九萬一千四百人。

平盧節度，鎮撫室韋、靺鞨，統平盧、盧龍二軍，榆關守捉，安東都護府，屯營、平二州之境，治營州，兵三萬七千五百人。

隴右節度，備禦吐番，統臨洮、河源、白水、安人、振威、威戎、漠門、寧塞、積石、鎮西十軍，綏和、合川、平夷三守捉，屯鄯、廓、洮、河之境，治鄯州，兵七萬五千人。

劍南節度，西抗吐蕃，南撫蠻、獠，統天寶、平戎、昆明、寧遠、澄川、南江六軍，屯益、翼、茂、當、巂、柘、松、維、恭、雅、黎、姚、悉十州之境，治益州，兵三萬九百人。

嶺南五府經略，綏靜夷、獠，統經略、清海二軍，桂、容、邕、交四管，治廣州，兵萬五千四百人。[6]

以上諸節鎮中，兵力在五萬以上的大鎮有范陽（原稱幽州）、隴右、河西、朔方、河東。這是由於當時東北的奚、契丹已極爲強悍，因此臨制奚、契丹的范陽兵力爲諸鎮之冠。平盧從范陽分出，名爲鎮撫室韋、靺鞨，實際和范陽一起行動。西方的大敵是吐蕃，因此設置隴右、河西兩大鎮來對付。安西是其前衛，北庭又自安西分出，兵力自均遠不如河、隴。劍南西抗吐蕃，南撫蠻、獠，蠻卽南詔，雖附於吐蕃，此時還不爲大患，因此劍南只對吐蕃起牽制作用，兵力也不很多。夷、獠對唐的統治更少危害，因此嶺南五府的兵力最少，還沒有升格到節度[7]。東突厥在武則天時雖曾中興，到開元初默啜敗亡，勢復浸衰，因此北方的朔方、河東雖是大鎮，卻常依附於隴右、河西或范陽，不能自成系統。哥舒翰所統的「西方二師」，卽是隴右、河西，安祿山所統的「東北三師」，卽是范陽、平盧再加上河東，這是當時兩個最強大的軍事集團。

這裏有必要對這些集團的首腦節度使們作點研究。《舊唐書》卷一〇六〈李林甫傳〉說：「

6 《通鑑》卷二一五天寶元年正月壬子。《通典》卷一七二〈州郡典〉、《舊唐書》卷三八〈地理志〉所記兵額微有出入。

7 《唐六典》卷五兵部列擧八個節度使，嶺南也是一個，這當是開元時對節度使的調整計畫，並未實施（《唐六典》之「未有明詔施行」，詳《四庫提要》），升嶺南爲節度據《唐會要》是至德二載，據《新唐書·方鎮表》是至德元載，都在安史亂起之後。

國家武德、貞觀以來，番將如阿史那社爾、契苾何力忠孝有才略，亦不專委大將之任，多以重臣領使以制之。開元中張嘉貞、王晙、張說、蕭嵩、杜暹皆以節度使入知政事。林甫固位，志欲杜出將入相之源，嘗奏曰：『文士爲將，怯當矢石，不如用寒族、番人，番人善戰有勇，寒族卽無黨援。』帝以爲然，乃用〔安〕思順代林甫領〔朔方節度〕使，自是高仙芝、哥舒翰皆專任大將，林甫利其不識文字，無入相由。然而祿山竟爲亂階，由專大將之任故也。」[8] 案開元中葉以後充任節度使的確已多數是寒族蕃人，蕃人除高仙芝、哥舒翰、安祿山、安思順外還有夫蒙靈詧，寒族則有王君㚟、張守珪、牛仙客、王忠嗣、封常淸等人。但說這都出於李林甫個人的私心，未免過分[9]，這應是當時的國策。因爲高門貴族到中央有更好的出路，不願在邊境長期充當節度使，而要鞏固邊防，節度使又非久任不可，這只能用寒族、番人，他們雖然不一定「不識文字」[10]，但一般沒有條件入相[11]，只好長期在邊境幹事業，時間一長，不說蕃人，寒族也鍛鍊得很能打仗，說他們「善戰有勇」是對的。至於說他們「無黨援」倒不見得，查一查兩《唐書》裏這些節度使的傳，就可知道他們之間勾結援引的情況也很嚴重。如王君㚟初事郭知遠於河西、隴右，其後節度河西，又委任牛仙客，牛仙客又節度河西[12]。王忠嗣任河東、朔方、河西、隴右四

8 《新唐書》卷二二三〈林甫傳〉同。《安祿山事迹》卷上、《大唐新語》卷一一也有類似的記載。

9 上引《舊唐書・李林甫傳》說天寶十一載玄宗聽了林甫的話用安思順領朔方節度，「自是高仙芝、哥舒翰皆專任大將」，其實高仙芝、哥舒翰之任節度使皆遠在天寶十一載之前，可見〈林甫傳〉等所說必非事實。

10 上引《舊唐書・李林甫傳》說哥舒翰「不識文字」，其實翰「好讀《左氏春秋傳》及《漢書》」頗有文化，見《舊書》卷一〇四、《新書》卷一三五〈翰傳〉。

11 牛仙客入相是例外，但為人看不起，說他「不才，濫登相位」，見《舊唐書》卷一〇三〈仙客傳〉。

12 《舊唐書》卷一〇三、《新書》卷一三三〈王君㚟傳〉、〈牛仙客傳〉。

鎮節度，擢用哥舒翰，王忠嗣貶廢，哥舒翰就代王節度隴右，又兼領河西[13]。高仙芝爲安西節度夫蒙靈詧所拔擢，既代靈詧節度安西，用封常清爲判官，高仙芝改任河西節度，封常清就繼任安西節度[14]。張守珪本出身北庭，一度調到范陽，又回河西，升擢隴右節度，又轉范陽節度，在范陽委用安祿山，安祿山先節度平盧，繼又節度范陽、平盧[15]。在這種局面下，不是本鎮出身的人充當節度就往往當不下去，如王忠嗣「在河東、朔方日久，備諳邊事，得士卒心，及至河、隴，頗不習其物情」[16]，因此盡管當時「佩四將印，控制萬里」，仍成不了西方節鎮的領袖，成領袖的只能是生長安西、出身河西、兼領河西、隴右大鎮的哥舒翰。張守珪在范陽抵禦奚、契丹立了大功，卻長不下去，恐怕和他不是出身范陽多少有關，兼領范陽、平盧成爲東北軍事集團領袖只能是生長平盧、出身范陽的安祿山。

《舊唐書》卷一〇四〈哥舒翰傳〉：「翰素與祿山、思順不協，上每和解之爲兄弟，是冬（天寶十一載冬）祿山、思順、翰並來朝，上使內侍高力士及中貴人於京城東駙馬崔惠童池亭宴會，……〔祿山〕謂翰曰：『我父是胡，母是突厥，公父是突厥，母是胡，與公族類同，何不相親乎？』翰應之曰：『野狐向窟嘷不祥，以其忘本也，敢不盡心焉！』祿山以爲譏其胡也，大怒，罵翰曰：『突厥敢如此耶！』翰欲應之，高力士目翰，翰遂止。」[17]案這不僅僅是哥舒翰和

13 《舊唐書》卷一〇四、《新書》卷一三五〈哥舒翰傳〉。
14 同上〈高仙芝傳〉、〈封常清傳〉。
15 《舊唐書》卷一〇三、《新書》卷一三三〈張守珪傳〉，《舊書》卷二〇〇上、《新書》卷二二五上〈安祿山傳〉。
16 《舊唐書》卷一〇三〈王忠嗣傳〉。
17 《安祿山事迹》卷上、《新唐書・祿山傳》、《通鑑》卷二一六天寶十一載十二月丁酉條略同。

安祿山個人之間鬧意氣，實際上是西方和東北這兩大軍事集團在鬧對立，而且對立得很厲害，朝廷已無法調解。本來，西方鎭多，兩大鎭河西、隴右外還有安西、北庭，北方兩大鎭朔方、河東也和西方關係較密，王忠嗣就曾兼領河東、朔方、河西、隴右四鎭節度，天寶八載哥舒翰還統帥隴右、河西、朔方、河東兵攻吐蕃石堡城，當時西方集團的聲勢仍在東北的范陽、平盧之上。到天寶十載二月安祿山在范陽、平盧外又兼領了河東節度，十一載四月安祿山的黨羽安思順又充當了朔方節度[18]，東北集團的實力就超過了西方，出現「國之重鎭惟幽都」[19]、「天寶以來東北隅節度位冠諸侯」[20]的局面。以致安祿山在這次宴會上表現得如此驕橫，敢把對手哥舒翰罵得不回口[21]。於此也可見朔方、河東兩鎭雖不能像西方、東北那樣自成系統，在鬬爭的某種情況下仍起著決定作用，這到安史亂起後就更明顯。

二

18 安思順之黨於安祿山，看《安祿山事迹》卷上所說祿山幼時與「思順併為兄弟」（《舊唐書·祿山傳》同）以及上引《舊書·哥舒翰傳》所說「翰與祿山、思順不協」可知。因此祿山兵起，朝廷即擢朔方右廂兵馬使九原太守郭子儀代思順節度朔方，調思順到長安任戶部尚書，實際監視起來，以後又從哥舒翰請把思順殺掉。《祿山事迹》卷上記郭子儀有《請雪安思順表》，這是郭感於私恩，由此也可見當時邊鎭將佐間固結之深。

19 《全唐詩》第四函第五冊貫至《燕歌行》。

20 《全唐文》卷三一六李華《安陽縣令廳壁記》。

21 杜甫《後出塞》之三咏東北節鎭有「主將位益崇，氣驕凌上都」之句，真可謂詩史。

《通典》說當時「驍將銳士，善馬精金，空於京師，萃於二統」。這裏主要對東北這一統的情況作點詮釋。

我國古代軍隊中常有少數民族的戰士和將領，不僅少數民族掌握政權時是這樣，漢族政權下也是如此。少數民族特別是東北和北方、西方的少數民族往往「生時氣雄，小養馬上，長習陣敵」[22]，戰鬪力一般比較強[23]。安祿山統率的東北軍事集團之所以能戰鬪，少數民族起著很大的作用。這些研究魏晉南北朝隋唐史的人多少是知道的。問題是這個東北軍事集團以那一種少數民族爲主力。陳寅恪先生《唐代政治史述論稿》認爲從中亞西徙的昭武九姓胡是東北軍事集團的主力，我不甚同意[24]，我認爲主力是當地的奚、契丹[25]。

從歷史上看，貞觀十八年唐太宗打高麗，就曾悉發契丹酋長與奚首領從軍[26]。武則天時奚、

---

22 《安祿山事迹》卷上。

23 如《北齊書》卷二一〈高昂傳〉：昂隨高祖討爾朱兆於韓陵，高祖曰：「高都督純將漢兒，恐不濟事，今當割鮮卑兵千餘人共相參雜。」當然也有很多例外，高昂的這支漢兒部隊就比較能打。高昂當時對齊高祖高歡說：「敖曹所將部曲練習已久，前後戰鬪，不減鮮卑，……願自領漢軍，不煩更配。」結果打得很好，「是日微昂等，高祖幾殆」。

24 別詳拙作〈羯胡・柘羯・雜種胡考辨〉。

25 《魏書》卷一〇〇〈契丹傳〉：「契丹國，在庫莫奚東，異種同類。」《新唐書》卷二一九〈契丹傳〉：「契丹，本東胡種。」〈奚傳〉：「奚亦東胡種。」《遼史》卷六三〈世表〉：鮮卑氏為慕容燕所破，「析其部曰宇文，曰庫莫奚，曰契丹。」都說明奚和契丹只是同一種族的分支。《唐會要》卷九六〈奚〉條又說奚和契丹「兩國常為表裏，號為兩蕃。」唐代文獻講到契丹的地方有時也把奚包括在內。因此這裏對奚和契丹之間不再細事區別。

26 《新唐書》卷二〈太宗紀〉、卷二一九〈契丹傳〉、〈奚傳〉，《唐會要》卷九六〈奚〉，《全唐文》卷七太宗〈命張儉等征高麗詔〉、〈命將征高麗詔〉、〈克高麗遼東城詔〉。

契丹成爲東北隅大敵，久視元年曾利用契丹降將李楷固、駱務整將兵擊平契丹餘黨[27]。開元中幽州（范陽）節度薛楚玉擊破契丹，所用「東胡雜種君長之輩」多至二萬五千餘騎[28]，奚、契丹本東胡種，這二萬五千餘騎中恐怕大部分也是奚、契丹。安祿山繼承這個傳統，不過用得更多。記述安祿山部隊中少數民族的史料，有唐姚汝能《安祿山事迹》[29]卷上所說：「『祿山』養同羅及降奚、契丹曳落河八千餘人爲假子，及家童教弓矢者百餘人，推以恩信，厚其所給，皆感恩竭誠，一以當百。」「阿布思者，〔突厥〕九姓首領也，開元初爲默啜所破，請降附，……祿山因請爲將共討契丹，〔阿布思〕慮其見害，乃率其部以叛，後爲回鶻所破，祿山誘其部落降之。」[30]卷中所說：「祿山起兵反，以同羅、契丹、室韋曳落河，兼范陽、平盧、河東幽薊之眾，號爲父子軍，馬步相兼十萬，鼓行而西。」《通鑑》卷二一八至德元載七月所說：「同羅、〔仆骨〕、突厥從安祿山反者屯長安苑中。中戌，其酋長阿史那從禮帥五千騎竊廄馬二千匹逃歸朔方邀結〔河曲九府六胡州〕諸胡，盜據邊地。」[31]卷二二〇至德二載十二月所說：「安慶緒之北走也，其大將北平王李歸仁及精兵曳落河、同羅、六州胡數萬人皆潰歸范陽」[32]。說到的有奚、契

27 《通鑑》卷二〇六久視元年六月。

28 《文苑英華》卷六四七樊衡撰露布，《全唐文》卷三五二已錄入。

29 這是記述安史之亂的第一手資料，《新唐書·安祿山傳》較舊傳增益之處，多本此書。

30 參考《通鑑》卷二一五天寶元年八月、卷二一六天寶十一載三月、十二載五月，《舊唐書》卷一九四上〈突厥默啜傳〉。

31 參考《通鑑考異》所引《肅宗實錄》、《汾陽家傳》以及《舊唐書》卷一二〇、《新書》卷一三七〈郭子儀傳〉，引文中「僕骨」、「河曲九府六州胡」諸詞即從《舊書·郭傳》補入。

32 這六州胡就是《通鑑》至德元載七月甲戌條所說為阿史那從禮邀結的河曲九府六胡州諸胡，阿史那從禮這次雖擅自脫離安祿山集團，其部眾以後當又叛附祿山的，所以這裏會有同羅、六州胡潰歸范陽的紀事。

丹、室韋、同羅、仆骨、突厥九姓阿布思部、以及開元元年被安置在靈州南部黃河以東臯蘭、燕然、燕山、鷄田、奚鹿、燭龍六州的突厥九姓卽所謂六州胡[33]。其中除室韋本近奚、契丹，是「契丹之別類」、「別部」[34]外，同羅、仆骨是鐵勒諸部[35]，和突厥九姓阿布思部都遲至天寶後期才戰敗窮蹙降附安祿山[36]，六州胡之被煽誘更是至德初年的事情，這些都只是不甚可靠的雜牌隊伍[37]，惟有奚、契丹才是安祿山的嫡系主力。前引《安祿山事迹》所提到的祿山軍中的「曳落河」，當時最有善戰之稱[38]，實際上就是後來《遼史》裏的拽剌軍[39]，是奚、契丹民族中所選拔出來的精兵[40]，安祿山將領中最被信用和最以悍勇見稱的，如孫孝哲、張孝忠、王武俊、李寶

33 參考《唐會要》卷七三〈靈州都督府開元元年〉條、《舊唐書》卷三八〈地理志〉關內道靈州都督府條。

34 《舊唐書》卷一九九下，《新書》卷二一九〈室韋傳〉。

35 《舊唐書》卷一九九下〈鐵勒傳〉、《新書》二一七下〈回鶻傳〉。

36 《安祿山事迹》卷上記天寶十一載十一月祿山遣其男慶緒送「奚、契丹及同羅、阿布思等生口三千人」於闕下，《通鑑》卷二一七天寶十三載二月己丑祿山奏「臣所部將士討奚、契丹、九姓、同羅等勳效甚多」，均可證。僕骨當也在這些戰役中隨同羅降附。

37 如同羅、僕骨、突厥等旣在阿史那從禮率領下脫離安祿山集團，後來潰歸范陽的同羅餘衆又「走歸其國」，後一事見《通鑑》至德二載十二月。

38 如房琯在陳濤斜之戰前就曾自吹「逆黨曳落河雖多，豈能當我劉秩等」，可見「曳落河」之善戰已為時人所公認。房琯語見《舊唐書》卷一一一、《新書》卷一三九〈琯傳〉、《通鑑》卷二一九至德元年十月。

39 陳述〈曳落河考釋及其相關諸問題〉（載中央研究院《歷史語言研究所集刊》第七本第四分）對此有詳盡的論述。

40 《安祿山事迹》卷上「曳落河」下小註：「蕃人健兒為曳落河。」此「蕃人」當專指奚、契丹而言（當時習慣稱奚、契丹為「兩蕃」，見《唐會要》卷九六〈奚〉條）。後人誤讀《事迹》，以為曳落河也包括同羅的精兵在內，故司馬光於《通鑑》卷二一六天寶十載二月丙辰改《事迹》原文為「養同羅、奚、契丹降者八千餘人，謂之曳落河，曳落河者，胡

（註文轉下頁）

臣，也都是奚、契丹人[41]。甚至安祿山的貼身侍衛閹豎，也多用奚、契丹[42]。《安祿山事迹》卷中所說「祿山專制河朔已來七年餘，蘊蓄奸謀，潛行恩惠，東至靺鞨，北及匈奴，其中契丹，委任尤重，一國之柄，十得二三，行軍用兵，皆在掌握」，應是實錄。

范陽節度治幽州，平盧節度治營州，和奚、契丹毗鄰，爲了對付奚、契丹才建立此兩鎮的。安祿山軍中的奚、契丹，也就大體有兩種來源。一種是戰敗被俘或降附的，如上引《安祿山事

（註文接上頁）

言壯士也」，宋祁修《新唐書·回鶻傳》於同羅條也增入「安祿山反，劫其兵用之，號曳落河者也」。其實舊史有以曳落河與同羅併列的，如《通鑑》卷二一七天寶十四載十二月丙午條考異引《河洛春秋》就有祿山「留同羅及曳落河一百人」的話，即前引《通鑑》卷二二〇至德二載十二月也說「精兵曳落河、同羅」（《通鑑》此條當另本舊史），可見同羅與奚、契丹的曳落河是兩回事，《通鑑》卷二一八至德元載五年壬午條考異引《河洛春秋》思明「精騎萬人，悉是同羅曳落河」，此「同羅」「曳落河」間也當點斷，不能連讀。

41 《舊唐書》卷二〇〇上〈孫孝哲傳〉：「契丹人也，……祿山僭逆，偽授殿中監閑廄使，封王，……尤用事，亞於嚴莊。」《新書》卷二二五上〈孝哲傳〉：「賊令監張通儒等守西京。」《舊唐書》卷一四一〈張孝忠傳〉：「本奚之族類，……父謐，開元中以衆歸國，……孝忠以勇聞於燕趙，時號張阿勞、王沒諾干二人齊名，阿勞，孝忠本字，沒諾干，王武俊本字，祿山、思明繼陷河洛，孝忠皆為其前鋒。」《新書唐》卷二一一〈王武俊傳〉：「本出契丹怒皆部，父路俱，開元中與饒樂都督李詩等五千帳求襲冠帶，入居薊，武俊甫十五，善騎射，與張孝忠齊名，隸李寶臣帳下為裨將。」《新唐書》卷二一一〈李寶臣傳〉：「本范陽內屬奚也，善騎射，……為安祿山射生，……更為祿山假子，使將驍騎十八人劫太原尹楊光翽，挾以出，追兵萬餘不敢逼。」《通鑑》卷二一七天寶十四載二月辛亥：「安祿山使副將何千年入奏，請以蕃將三十二人代漢將」（藕香零拾本《安祿山事迹》卷中作五月，恐誤）。此三十二人中當有奚、契丹，惜未記姓名，無從考求。

42 天寶十一載祿山討契丹敗績，「被射，折其玉簪，以麾下奚小兒二十餘人走上山」（《舊唐書·祿山傳》，新傳略同）。最見信用其後刺殺祿山的閹豎李猪兒也是「契丹之降口」（《安祿山事迹》卷下）。

迹》所云「降奚、契丹」及所親信的閹豎李猪兒之類[43]。安祿山自身是「營州柳城雜種胡人」[44]，「本姓康」[45]，「母阿史德氏，爲突厥巫」[46]，是昭武九姓胡和突厥的混血種，這使他具備了撫用奚、契丹等少數民族的有利條件，如《安祿山事迹》卷中所說：「前後節度使招懷夷狄，皆重譯告諭，夷夏之意，因而往往不傳。祿山悉解九夷之語，躬自撫慰，曲宣威惠。夷人朝爲俘因，暮爲戰士，莫不樂輸死節。」再一種來源如張孝忠、王武俊、李寶臣之類，是久已內屬定居兩鎮轄境幽、營地區的奚、契丹[47]。當時設置一種羈縻州來安插內屬的少數民族，《舊唐書》卷三九〈地理志〉河北道所記天寶時的情況是：「自燕以下十七州，皆東北蕃降胡散諸處幽州、營州界內，以州名羈縻之。」這十七州中，威州「所領戶契丹內稽部落」，玄州「處契丹李去閭部落」，崇州「處奚可汗部落」，師州「領契丹、室韋部落」，鮮州「分饒樂郡都督府奚部落置」，帶州「處契丹乙失革部落」，沃州「處契丹松漠部落」，昌州「領契丹松漠部落」，信州「處契丹失活部落」，還有個青山州據《新唐書》卷四三下〈地理志〉也是契丹州。合起來奚、契丹州在幽、營地區就達十個，占十七個羈縻州的絕大多數[48]。這些散居幽、營地區的奚、契丹

43 見註42。

44 《舊唐書・安祿山傳》，參考《安祿山事迹》卷上、《新書・祿山傳》。

45 《安祿山事迹》卷上引郭子儀〈請雪安思順表〉，《新書・祿山傳》。

46 《安祿山事迹》卷上，《舊書》、《新書・祿山傳》。

47 見註41。

48 餘外七個羈縻州中燕州、愼州、夷賓州、黎州置處靺鞨，歸義州置處海外新羅，瑞州置處突厥，凜州置處降胡。又《新唐書》卷四三下〈地理志〉羈縻州河北道所記與〈舊志〉略有出入，可參考。

人都是大好兵源，「安祿山之亂，一切驅之爲寇，遂擾中原」[49]。

當時少數民族中戰鬪力最強的東北隅有奚、契丹，西方北方有吐蕃、回紇。西方河西、隴右兩大鎭就專爲抵禦吐蕃設置的。但吐蕃族最初沒有入居河、隴境內，河、隴武裝部隊中也從沒有吐蕃族戰士和將領，這點和東北范陽、平盧之多奚、契丹大不一樣。當時河、隴是有少數民族的，如《舊唐書》卷四〇從隴右道分出的河西道中有「吐渾部落、興昔部落、閤門府、皐蘭府、盧山府、金水州、蹛林州、賀蘭州」，並說「已上八州府並無縣，皆吐渾、契苾、思結等部寄在涼州界內」；《安祿山事迹》卷中記祿山兵起後哥舒翰所率防守潼關的河、隴諸蕃部部落有「奴剌、頡、跌、朱耶、契苾、渾、蹛林、奚結、沙陀、蓬子、處蜜、吐谷渾、思結等一十三部落」。這些部落的戰鬪力是不如奚、契丹的，從後來靈寶決戰中就看得出。從這點來說，西方二師對東北二師也屈居了下風。何況如本文第一節所說，東北二師後來還發展到東北三師，甚至差一點變成四師。

騎兵在古代作戰中很起作用，《通典》所說「善馬精金」之「善馬」決非浮文泛詞。《舊唐書》卷三八〈地理志〉記節度使所管馬數：安西二千七百匹，北庭五千匹，河西萬九千四百匹，朔方萬四千三百匹[50]，河東萬四千匹，范陽六千五百匹，平盧五千五百匹，隴右萬六百匹[51]，劍南二千匹[52]，這是天寶初的數字。其中范陽、平盧只各五、六千匹，河西、隴右以及朔方、河東

49 《舊唐書・地理志》河北道。
50 《舊志》原作「四千三百匹」，脫「萬」字，據《通典》卷一七二〈州郡典〉補。
51 《舊志》原作「六百匹」，脫「萬」字，據《通典・州郡典》補。
52 嶺南五府經略無馬匹。

都在萬匹以上，似乎西方二師在「善馬」上占了上風。其實也不見得，這些數字多少有點表面文章。《安祿山事迹》卷上就說祿山「畜單于護眞大馬習戰鬬者數萬匹」[53]。《舊唐書・祿山傳》記天寶十三載正月祿山「請爲閑廐、隴右羣牧等都使，……又請知總監事，既爲閑廐、羣牧等使，上筋腳馬皆陰選擇之，奪得樓煩監牧，及奪張文儼馬牧」[54]，「陰選勝甲馬歸范陽，故其兵力傾天下而卒反」[55]。這都說明到安史亂前祿山擁有「善馬」之多至少已不減河、隴[56]。

以上詮釋了《通典》所說的「邊陲勢強」，這裏再對「朝廷勢弱」作點詮釋。所謂「朝廷勢弱」，也就是指朝廷直接控制下的中原勢弱。這方面如《唐會要》卷七二軍雜錄所記：「天寶末，天子以中原太平，修文教，廢武備，銷鋒鏑，以弱天下豪傑。於是挾軍器者有辟，蓄圖讖者有誅，習弓矢者有罪，不肖子弟爲武官者，父兄擯之不齒。惟邊州置重兵，中原乃包其戈甲，示不復用，人至老死不聞戰爭。六軍諸衛之士，皆市人白徒，富者販繒彩，食粱肉，壯者角抵拔河，翹木扛鐵，日以寢鬬，有事乃股栗不能授甲。其後盜乘而反，非不幸也」[57]。這是安史叛亂

---

53 《新唐書・祿山傳》作「三萬匹」，《舊書・祿山傳》作「戰馬萬五千匹」。

54 「及奪」當是「又奪」之誤。並參考《新唐書・祿山傳》、〈兵志〉，《安祿山事迹》卷中，《通鑑》卷二一七天寶十三載正月壬戌。

55 《新唐書・兵志》。

56 除「銳士」「善馬」外，當時范陽、平盧積聚殷實，也非河、隴之所能及。關於這方面的史料，宋本《唐六典》卷七〈屯田郎中〉條及《玉海》卷一七七所引《唐六典》有諸軍州管屯的數字，《通典》卷二〈食貨典〉有天寶八年屯收的數字，卷一二〈食貨典〉有正倉、常平倉、義倉儲米的數字，《唐六典》卷二二〈鑄錢監〉和《安祿山事迹》卷上、《新唐書・祿山傳》、《通鑑》卷二一六天寶九載十月辛未有定州、上谷鑄錢的爐數，《安祿山事迹》卷上又有祿山遣商胡於諸道興販的記載。杜甫〈後出塞〉之三所詠范陽之繁庶也是實錄。以與本文主題無關，不再事引證論述。

57 參考唐鄭綮《開天傳信記》〈開元初上留心理道〉條（今本《唐語林》卷三〈夙慧門〉所採略同）。

前夕的情況。亂起之後，如《安祿山事迹》卷中所說是：「百年老公，未嘗見范陽兵馬向南者。」「所至郡縣，無兵禦捍，皆開門延敵，長吏走匿，或被擒殺，或自縊於路旁，而降者不可勝計。」「列郡開甲仗庫，器械朽壞，皆不可執，兵士皆持白棒，所謂天下雖安，忘戰必危。」[58]

這種「朝廷勢弱」「邊陲勢強」的危局，唐玄宗等最高統治者並非完全不覺察，苦於積重難返，已找不出根本上解決的辦法，只好用高官厚祿來對安祿山姑事羈縻，希圖他潛銷異志，盡忠朝廷[59]。《安祿山事迹》、兩《唐書・祿山傳》以及唐人小說中所記玄宗對祿山寵賜優渥，迥異尋常，後人讀了往往感到奇怪，不甚置信[60]，就由於沒有懂得這是當時朝廷採用的一種策略。無奈這種策略對安祿山這樣的大野心家此時已不起作用，漁陽鼙鼓一鳴，半壁河山卽刻變色。

三

安史兵事，舊史所記已甚詳備。這裏只擇取其中幾件較重大的事情加以分析，以說明東西二統和這次大變亂的始終關係。

58 參考《新唐書・祿山傳》，《通鑑》卷二一七天寶十四載十一月甲子。

59 如《通鑑》卷二一七天寶十四載二月壬子記玄宗對楊國忠等說：「祿山，朕推心待之，必無異志。」

60 如清詩人袁枚就有「《唐書》新舊分明在，那有金錢洗祿兒」的詩句。不知金錢洗祿兒之事已見於第一等史料《祿山事迹》卷上裏，並非出於後世人所編造。

《唐大詔令集》卷一一九天寶十四載十二月〈親征安祿山詔〉：「其河西、隴右、朔方除先發蕃漢將士及守軍郡城堡之外，自餘馬步軍將兵健等一切並赴行營，各委節度使統領，仍限今月二十日齊到。」[61] 案「親征」當然未曾實現，引用這段史料說明當時中原實無可用之兵，安祿山的東北三師既叛，只有西方的河、隴二師以及西北的朔方之師來抵禦。這是「驍將銳士，善馬精金，空於京師，萃於二統」的必然結果。

調動河、隴二師要花一點時間，遠水難救近火。因此在十一月庚午確信安祿山發動叛亂後，只好就已在長安的西方將帥中任命一、二位，讓他們招募些烏合之眾去抵擋一陣。《舊唐書》卷一〇四〈封常清傳〉：「〔天寶〕十四載入朝，……時祿山已叛，……以常清爲范陽節度，俾募兵東討。其日，常清乘驛赴東京，召募旬日，得兵六萬，皆傭保市井之流，乃斷河陽橋，於東京爲固守之備。十二月，祿山渡河，……先鋒至葵園，常清使驍騎與柘羯逆戰，殺賊數十百人，賊大軍繼至，常清退入上東門，又戰不利，賊鼓譟於四城門入，殺掠人吏，常清又戰於都亭驛，不勝，退守宣仁門，又敗，乃從提象門入，倒樹以礙之，至穀水，西奔至陝郡。」[62] 同卷〈高仙芝傳〉：「〔天寶〕九載，……入朝拜開府儀同三司，……爲右羽林大將軍。十四載……十一月，安祿山據范陽叛，是日以京兆牧榮王琬爲討賊元帥，仙芝爲副，命仙芝領飛騎、彍騎及朔方、河西、隴右應赴兵馬，並召募關輔五萬人，繼封常清出潼關進討。……十二月，師發，……屯於陝

61 併錄入《全唐文》卷三三。《通鑑》卷二一七天寶十四載十二月壬辰亦有此記載。

62 參考《新唐書》卷一三五〈封常清傳〉，《通鑑》卷二一七天寶十四載十一月壬申、十二月丁酉。

州。……常清以餘眾奔陝州，謂仙芝曰：『累日血戰，賊鋒不可當，且潼關無兵，若狂寇奔突，則京師危矣，宜棄此守，急保潼關。』……俄而賊騎繼至，諸軍惶駭，棄甲而走，無復隊伍。仙芝至關繕修守具，……賊騎至關，已有備矣，不能攻而去，仙芝之力也。」[63] 案封常清、高仙芝都是西方系統的名將，其才智決不在安祿山等東北將領之下。但封常清是臨時來朝，雖屬現任安西節度，並沒有帶作戰部隊。高仙芝只是前任安西節度，這時在長安當右羽林大將軍，手裏更沒有可用的野戰軍。他們所用的只能是洛陽、長安的「傭保市井之流」[64]，戰敗自在意中。然而封常清還能在洛陽打幾次硬仗，高仙芝還能退守住潼關，說明已盡了極大的勢力，因此監軍宦官邊令誠寃殺他們時，他們手下的兵要「齊呼曰枉」。

河西、隴右大軍趕到，於是第三次出兵，起用曾「統西方二師」的哥舒翰為統帥。《舊唐書》卷一〇四〈哥舒翰傳〉：「〔天寶〕十三載……入京，廢疾於家。及安祿山反，上以封常清、高仙芝喪敗，召翰入，拜為皇太子先鋒兵馬元帥，以田良丘為御史中丞充行軍司馬，以王思禮、鉗耳大福、李承光、蘇法鼎、管崇嗣及蕃將火拔歸仁、李武定、渾萼、契苾寧等為裨將，河、隴、朔方兵及蕃兵與高仙芝舊卒共二十萬，拒賊於潼關。」[65]《安祿山事迹》卷中說得更詳

63 參考《新唐書》卷一三五〈高仙芝傳〉，《通鑑》卷二一七天寶十四載十一月丁丑、十二月丙戌、丁酉。

64 《舊唐書·高仙芝傳》說玄宗命他「領飛騎、彍騎及朔方、河西、隴右應赴兵馬，並召募關輔五萬人」。據《通鑑》卷二一七天寶十四載十一月丁丑所記，共召募了「十一萬，號曰天武軍，旬日而集，皆市井子弟」。飛騎、彍騎本是宿衛禁軍，此時也都早已敗壞無戰鬥力，見《新唐書·兵志》。至於朔方可能並沒有來人，河西、隴右最多也只來點少數先頭部隊，河、隴蕃漢大軍趕到已是哥舒翰起用時的事情。

65 參考《新唐書》卷一三五〈哥舒翰傳〉，《通鑑》卷二一七天寶十四載十二月癸卯。

細些，是「領河、隴諸蕃部落奴刺、頡、跌、朱耶、契苾、渾、滯林、奚結、沙陀、蓬子、處蜜、吐谷渾、思結等一十三部落，督蕃漢兵二十一萬八千人，鎮於潼關」。哥舒翰所統西方二師和安祿山所統東北三師要一決雌雄。從數量來說，哥舒翰「督蕃漢兵二十一萬八千人」，安祿山出動的據《祿山事迹》是「馬步相兼十萬」，《舊唐書・祿山傳》作「諸蕃馬步十五萬」，《新書・祿山傳》和《通鑑》都作「十五萬，號二十萬」，這是「鼓行而西」的全軍，崔乾祐所率進逼潼關的部隊更少得多，估計不過二萬左右[66]。哥舒翰以十倍之眾，不出關野戰而採取守勢，這不僅由於「翰至潼關，風疾頗甚，軍中之務，不復躬親，政事委行軍田良丘，其將王思禮、李承光又爭長不諧，全無鬪志」，內部矛盾太多太深[67]，更主要的還應是西方二師的戰鬪力此時實在已不如東北三師。

哥舒翰以西方二師這支主力堅守潼關，另一支可用的朔方軍作爲偏師向安祿山的後方進逼，這在戰略上本是正確的，確實給予安祿山很大的威脅[68]。無如朝廷對哥舒翰的西方二師此時也不

66 《安祿山事迹》卷下記靈寶之戰崔乾祐軍「不過萬人，為撒星陣，……又以陌刀五千人列於陣後」。又記此前有人勸哥舒翰：「祿山阻兵以誅〔楊〕國忠為名，公若留二萬人守潼關，悉以餘兵誅國忠，此漢誅晁錯挫七國之計也」。可見崔乾祐軍不會多過二萬，否則此人不敢勸哥舒翰只留二萬人守關。

67 《安祿山事迹》卷下。《舊唐書・哥舒翰傳》：「良丘復不敢專斷，教令不一，頗無部伍。」又王思禮是哥舒翰的舊將，「祿山反，哥舒翰為元帥，奏思禮加開府儀同三司兼太常卿同正員充元帥府馬軍都將，每事獨與思禮決之」，見《舊唐書》卷一一〇〈思禮傳〉，李承光則隨高仙芝抵禦安祿山，仙芝被冤殺，「承光攝領其衆」，見《通鑑》卷二一七天寶十四載十二月癸卯，二人淵源有別，因此「爭長不諧」。靈寶戰敗後，哥舒翰又被手下的蕃將火拔歸仁縛送安祿山軍。這些都說明哥舒翰軍內部矛盾之多且深。

68 《安祿山事迹》卷中說此時「祿山始懼，責高尚及嚴莊曰：『汝等令我舉事，皆曰必成，四邊兵馬若是，必成何在？汝等陷我，不見汝等矣！』」參考《舊唐書》卷二〇〇上〈高尚傳〉、《新書・祿山傳》、《通鑑》卷二一八至德元載五月壬午。

完全信任，催促哥舒翰開關迎敵。靈寶決戰失敗，隨之而來是潼關不守，長安淪陷。

靈寶戰敗，關係極大。《通鑑》卷二一八至德元載六月乙未，「王思禮自潼關至，始知哥舒翰被擒，以思禮爲河西、隴右節度，卽令赴鎭收合散卒，以俟東討，……思禮至平涼，聞河西諸胡亂，還詣行在。初，河西諸胡部落聞其都護皆從哥舒翰沒於潼關，故爭自立，相攻擊，而都護實從翰在北岸，不死，又不與火拔歸仁俱降賊。上乃以河西兵馬使周泌爲河西節度使，隴右兵馬使彭元耀爲隴右節度使，與都護思結進明等俱之鎭，招其部落」。這是聊以善後之舉。是年七月，「河西節度副使李嗣業將兵五千赴行在」。此外再別無下文。可見靈寶戰敗後朝廷主要依靠的西方河、隴二師已基本潰散，不復可用。河、隴二師本是對付西方強敵吐蕃的，二師一垮，吐蕃就唾手而取河、隴，給唐統治中心關中地區很大威脅。當然，這還僅是後患。迫在眉睫卽刻需要解決的，是河、隴二師垮掉後究竟還有那一支兵力能依靠。

安西、北庭兩鎭太遠，而且實力也不雄厚。劍南兵數也少，好在路近，而且重山阻隔，有險可守，敵人占領關中後不易馬上打進去，因此玄宗傳位肅宗後，卽以太上皇身分南逃到劍南節度駐在地成都。這樣，算下來完整可用且較有戰鬥力的就只有朔方節度的兵馬。本文第一節裏說過，北方大鎭朔方、河東是東北、西方二統爭奪的對象。最初和西方河、隴關係較密。後來河東被安祿山奪去，成爲東北三師之一。進一步又想奪取朔方，由安祿山的黨羽安思順充當朔方節度，眼看要匯合成東北四師。幸虧在安祿山兵起後採取緊急措施，讓在朔方掌握軍事實權的右廂兵馬使郭子儀取代安思順，使朝廷控制了這支武裝。這支武裝基本上沒有南下參與潼關的戰守

[69]，而是東向攻取河東、河北，直搗安祿山的老巢。《舊唐書》卷一一〇〈李光弼傳〉：「玄宗眷求良將，委以河北、河東之事，以問〔郭〕子儀，子儀薦光弼堪爲閫寄。〔天寶〕十五載正月，以光弼爲雲中太守攝御史大夫充河東節度副使知節度事。二月，轉魏郡太守河北道采訪使，以朔方兵五千會郭子儀軍東下井陘，收常山郡，賊將史思明以卒數萬來援常山，追擊破之。……三月，光弼兼范陽長史河北節度使，攻趙郡。……六月，與賊將蔡希德、史思明、尹子奇戰於常山郡之嘉山，大破賊黨。……河北歸順者十餘郡。光弼以范陽祿山之巢穴，將先斷之，使絕根本[70]。會哥舒翰潼關失守，玄宗幸蜀，人心驚駭，肅宗理兵於靈武，遣中使劉智達追光弼、子儀赴行在。」[71] 靈武是朔方節度的治所，肅宗跑到靈武即位，就想依靠朔方這支唯一可用的兵力以圖恢復。朔方也不負所望，《舊唐書》卷一二〇〈郭子儀傳〉：「子儀與光弼率步騎五萬至自河北，時朝廷初立，兵眾寡弱，雖得牧馬，軍容缺然，及子儀、光弼全師赴行在，軍勢遂振，與復之勢，民有望焉。」當然，單憑朔方的力量還不夠，再借用了回紇兵和朔方軍一起收復兩京，完成所謂「中興」大業[72]。

---

69 《舊唐書·哥舒翰傳》說哥舒翰守潼關的部隊是「河、隴、朔方兵及蕃兵與高仙芝舊卒」，這當本諸《肅宗實錄》（詳《通鑑》卷二一七天寶十四載十二月癸卯考異），但《安祿山事迹》只說哥舒翰「領河、隴諸蕃部落」，「督蕃漢兵」，沒有提到朔方，估計即使出了些兵也不會怎麼多。

70 李光弼收復河東之功極大，杜甫〈八哀詩·故司徒李公光弼〉中為此寫了「司徒天寶末，北收晉陽甲」，「薊北斷右臂，朔方氣乃蘇」的詩句。

71 《新唐書》卷一三六〈光弼傳〉，《舊書》卷一二〇、《新書》卷一三七〈郭子儀傳〉略同。

72 關於安史餘黨之不克最終消滅，和朔方兵力之不足以及回紇之不盡可用有關，別詳拙作〈論安史之亂的平定和河北藩鎮的重建〉一文，於此不贅。

《唐大詔令集》卷一二一〈德宗宥李懷光示河中將士詔〉：「允惟此軍，功著王室：安祿山之作亂，肅宗以朔方之眾復區夏；仆固懷恩之縱逆，代宗用朔方之師靜關塞；洎朕涉此多難，露處奉天，內則擐甲登陴，外則歷險赴難，寒不挾纊，夜不釋戈，邦國不傾，寇仇斯屏，竭誠致命，萬眾一心。……每想朔方將士忠順，惜朔方將士功名，……。」[73] 安史之亂，懷恩之逆，奉天之難，朔方軍三度勤王，最後以節度使李懷光叛變而結束其政治生命。這個詔書是李懷光既叛後所頒，對朔方軍舊勛還不勝惓念，說明從安史之亂以來朔方軍久已成為朝廷主要依靠力量。當初玄宗信用二統，結果安祿山所統東北三師反戈向內，哥舒翰所統西方二師戰敗潰亡，剩下來依靠的倒是並不太重視的朔方，這也是始料之所不及。

至於郭子儀，政治上可能有點辦法，軍事上則並不算是怎麼傑出的人才。《舊唐書・子儀傳》說他「始與李光弼齊名，……威略不逮」。《新唐書・李光弼傳》說光弼「初與郭子儀齊名，世稱李郭，而戰功推為中興第一。其代子儀朔方也，營壘、士卒、麾幟無所更，而光弼一號令之，氣色乃益精明云」。郭子儀之所以成為「中興」元勛者，無非因為他是朔方軍的首腦而已。

---

73 並錄入《全唐文》卷五一。又《全唐文》同卷〈諭李懷光詔〉、〈招撫河中將士詔〉、卷五二為〈李懷光立後詔〉均可參考。

「羯胡」「柘羯」「雜種胡」考辨

記述安史之亂的文獻裏，有「羯胡」、「柘羯」等名詞。陳寅恪先生《唐代政治史述論稿》根據《大唐西域記》所說颯秣建國（康國）「兵馬強盛，多是赭羯之人，其性勇烈，視死如歸」，《新唐書・西域傳》所說安國「募勇健者為柘羯，柘羯猶中國言戰士也」，石國「或曰柘支，曰柘析、曰赭時」，而康國及其支屬安國、石國都是中亞月氏種昭武九姓胡，因而認為文獻裏的「羯胡」、「柘羯」都是指昭武九姓胡，又認為當時河朔地區已有多數昭武九姓胡等中亞胡人，這些人勇健善戰，是安史武裝集團的主力。陳先生是研究魏晉南北朝隋唐史可尊敬的老前輩，《唐代政治史述論稿》是一部史學名著。但上面這個說法，我認為還需要商榷。根據記載，唐代雜居在河朔地區的少數民族主要是奚、契丹，安史集團中少數民族部隊的主力也是奚、契丹。如比較原始的史料唐姚汝能《安祿山事迹》就說安祿山「養同羅及降奚、契丹曳落河八千餘人爲假子，及家童教弓矢者百餘人，以推恩信，厚其所給，皆感恩竭誠，以一當百」，又說「祿山起兵反，以同羅、契丹室韋曳落河，兼范陽、平盧、河東幽薊之眾，號爲父子軍，馬步相兼十萬，鼓行而西」，其中都不曾提到昭武九姓胡。這個問題在拙作〈唐代河北藩鎮與奚契丹〉、〈《通典》論安史之亂的「二統」說證釋〉中別有論證。這裏僅就「羯胡」、「柘羯」等詞究應作何解釋，提點個人的看法。

《後漢書·吳蓋陳臧傳論》裏有「戎羯喪其精膽」的句子，唐章懷太子注：「羯，本匈奴別部，分散居於上黨武鄉羯室，因號羯胡。此總謂戎夷耳，不指於羯也。」案章懷注實爲張大安、劉納言輩代作，不出一手，後人或病其踳駁漏略，但這裏所注「總謂戎夷耳，不指於羯也」，眞可稱得上通人卓識，一語破的，至當不易。關於羯這個古代少數民族的由來，章懷注所說當本於《魏書·羯胡石勒傳》，應是信史。他們源出於中亞月氏，因此姓石氏，東徙聚居上黨的武鄉（羯室這個地名，當是羯胡聚居後才有的，是地以種族得名，不是種族以地得名。中華書局校點本《後漢書》把前引章懷注羯所居之地點斷作「上黨、武鄉、羯室」，大謬），先世曾附屬匈奴，因此稱爲匈奴「別部」（歷史文獻上所謂「某某別部」、「某某別種」，大都是異種部落附屬於某某少數民族後的稱呼，並非是這個某某少數民族中分出的支屬）。大概由於他們在內地多充當過奴隸、佃客，社會地位低下（詳《三國志·陳泰傳》、《晉書·外戚王恂傳》、〈石勒載記〉），日子一久，「羯」這個詞就成爲指斥北方少數民族的用語，由專名變成泛稱。好比「胡」這個詞本專指匈奴，後來變成北方少數民族的泛稱，再以方位地域區別爲「東胡」、「西域胡」之類。這裏舉幾個實例，《晉書·張寔傳》愍帝將降劉曜，下詔於寔曰：「羯賊劉載，僭稱大號，禍加先帝，肆殺藩王。」寔叔父肅請為先鋒擊劉曜，曰：「羯逆滔天，朝廷傾覆，肅晏安方裔，難至不奮，何以為人臣。」〈李矩傳〉劉聰遣從弟暢討矩，矩謀夜襲之，令郭誦禱子產祠曰：「君昔相鄭，惡鳥不鳴，凶胡臭羯，何得過庭。」《文選．劉越石勸進表》李善注引王隱《晉書．懷帝紀》：「羯賊劉曜破洛，皇帝崩於平陽。」劉趙是匈奴，也有人說它出於匈奴別部屠各，但總非月氏種人，本不應稱之為「羯」，而這裏卻把劉聰、劉曜罵成「羯賊」、「羯逆」，可見最遲在西晉末年，「羯」已和「胡」一樣，成為少數民族至少是北方少數民族的泛稱。到南北朝以至唐代還是如此，如《宋書．范泰傳》載少帝時范泰上封事極諫，其中說到「河南非復國有，羯虜難以理期」。〈袁淑傳〉時索虜南侵，太祖使百官議防禦之術，淑上議中說到「羯寇遺醜，趨致畿甸」。這裏說的都是拓拔魏，拓拔魏是鮮卑族，卻被罵成是「羯虜」、「羯寇」。又如《全唐文》陳子昂〈為建安王賀破賊表〉：「凶羯遺醜，未及犬羊。」〈為建安王謝馬表〉：「皇師久露，凶羯未孚。」〈為建安王誓眾詞〉：「契丹凶羯，敢亂天常。」（陳氏〈禡牙文〉亦有此語）張說〈論神兵軍大總管功狀〉：「自契丹背恩，營州失守，前軍喪律，榆關不開，幽平鳥栖於重塹，戎羯虎食於四野。」〈為河內王作祭陸冀州文〉：「戎羯不道，侵軼幽都。」〈為魏元忠作祭石嶺戰亡兵士文〉：「戎羯慢天，南牧吠主。」這些都是武后朝對奚、契丹作戰時的有關表狀文告，奚、契丹源出鮮卑，在這些表狀文告裏被罵成「凶羯」、「戎羯」。可見這些「羯」都是對北方少數民族帶有敵愾的泛稱，不再是中亞西域月氏人或東遷羣居上黨後的種族專用名詞。

再看記述安史之亂的文獻，其中用到「羯胡」一詞的有：《舊唐書．肅宗紀》天寶十五載七月制曰：「乃者羯胡亂常，京闕失守。」〈封常清傳〉常清表曰：「昨者與羯胡接戰。」〈郭子儀傳〉子儀論奏曰：「間者羯胡構亂，九服分崩。」又子儀死，德宗聞之震悼，詔曰：「昔天寶多難，羯胡作亂。」《安祿山事迹》哥舒翰曰：「逆胡猖狂，偶然一勝，天下之兵，計相續至，羯胡之首，期懸旦暮。」《杜工部集‧詠懷古迹》「羯胡事主終無賴」，〈往在〉「前者厭羯胡，後來遭犬戎」，〈送靈州李判官〉「羯胡腥四海」。也有作「胡羯」的，如《杜集‧村夜》「胡羯何多難」，〈彭衙行〉「胡羯仍構患」，〈寄彭州高三十五使君適虢州岑二十七長史參三十韵〉「胡羯漫猖狂」。還有單稱「羯」的，《舊唐書‧高封哥舒傳》史臣曰：「及遇羯賊，旋致敗亡。」贊曰：「羯賊犯順，戎車啟行。」〈忠義‧顏杲卿傳〉：杲卿瞋目報祿山曰：「汝本營州一牧羊羯奴。」《安祿山事迹》：「安史二凶羯。」又「奚、契丹兩蕃數出北山口，至於范陽，……城中……以樂人戴竿索者……出戰，……大敗，爲奚羯所戮。……虜未至前月餘日，童謠云：『舊來夸戴竿，今日不堪看，但看五日裏，清河水邊見契丹。』初聞莫悟，至是而應之。」以上這些「羯胡」、「胡羯」和「羯」，仍舊是對北方少數民族敵愾之稱，不是種族的專用名詞。因爲這些除最後一條外，都是指安祿山及其部眾的。安祿山「本姓康」（《安祿山事迹》引郭子儀〈雪安思順疏〉、《新唐書‧安祿山傳》），「父是胡，母是突厥」（《舊唐書‧哥舒翰傳》），可以說一半是月氏種昭武九姓胡血統。但其部眾中的少數民族，如前所說，主要是奚、契丹，奚、契丹不是月氏種，何以也被罵成「羯胡」、「胡羯」和「羯」？特別是最後一條，是講塞外奚、契丹入侵幽州的事情，塞外的奚、契丹並非安祿山的部眾，而是安史集團的敵人，他們也被罵成「奚羯」。說明這些「羯」與「羯胡」、「胡羯」，和過去一樣，只是敵愾之稱，不能據以推斷安祿山部眾之多昭武九姓胡人（對北方少數民族的泛稱，用得更多的是前面提過的「胡」，「胡」比「羯」用起來似乎敵愾成分少一點。《杜集》裏用「胡」比用「羯」還要多，切莫把這些「胡」當作「西域胡」的省稱。因爲《杜集》裏有時還用「東胡」來稱安祿山及其部眾，如〈北征〉「東胡反未已」，〈憶昔〉「陰山驕子汗血馬，長驅東胡胡走藏」。這「東胡」也只是泛稱，因爲安祿山老巢在東北方向就加個「東」字，而不能實指爲古代的「東胡」種族。否則，處處實指，那就把安祿山及其部眾一時說成東胡種，一時說成昭武九姓種，號稱「詩史」的作品能這麼語無倫次嗎？）

只有一條史料似乎和上面的論證相抵觸，就是《通鑑》上元二年李懷仙爲范陽尹條《考異》所引用的《薊門紀亂》，這是紀述幽州城內安史部眾阿史那承慶和高鞫仁內訌火併的事情，說「承慶……招集蕃羯，……鞫仁統麾下軍討之，皆城旁少年，驍勇勁捷，馳射如飛。承慶兵雖多，不敵，……詣洛陽自陳其事，城中蕃軍家口盡踰城相繼而去。鞫仁令城中殺胡者皆重賞，於是羯胡盡殪，小兒皆擲於空中，以戈承之，高鼻類胡而濫死者甚眾」（《安祿山事迹》也錄這段殺胡的話）。這裏說羯胡高鼻，而高鼻正是月氏種昭武九姓胡的容貌特徵（見《舊唐書・西戎傳》康國條）。能不能以此來證明安史之亂文獻裏的「羯胡」都是實指昭武九姓胡而不是泛稱呢？仍舊不能。因爲這個記載本身就有問題。《通鑑考異》引用另一種記載《河洛春秋》對這次內訌是這樣說的：「阿史那玉……領諸蕃部落及漢兵三萬人，……與〔高〕如震會戰，如震……腹背而擊之，並招漢軍萬餘人，阿史那軍敗走，……後〔史〕朝義使招之，盡歸東都，應是胡面，不擇少長盡誅之。」這裏就沒有「高鼻」之說，而且從文義來看，這次大殺蕃胡也並不在幽州城內，《薊門紀亂》所說幽州城內「羯胡盡殪」云云，可能根本不是事實。《紀亂》自己也說這次幽州內訌「但兩敵相向，不入人家剽刼一物，蓋家家自有軍人之故，又百姓至於婦人小童皆嫻習弓矢，以此無虞」。物且不失，何至傷人，怎麼可能出現「小兒皆擲於空中，以戈承之」的慘劇，弄得「高鼻類胡而濫死者甚眾」呢？我懷疑這些話是《紀亂》作者從《晉書·石季龍載記》裏套來的，《載記》說「〔冉〕閔躬率趙人，誅諸胡羯，……平時高鼻多鬚至有濫死者半」，冉閔所誅是月氏種入居上黨的羯，他們確是高鼻，《紀亂》作者不管阿史那的蕃軍是不是月氏種，隨便套用，這就是劉知幾在《史通·模擬》裏批評的「貌同心異」。這種「貌同心異」的文詞在前代舊史裏是常見的，劉知幾就列舉了好多，不足為怪。

「柘羯」這個詞，在記述安史之亂的文獻裏見得更少。《舊唐書·封常清傳》：「常清使驍騎與柘羯逆戰，殺賊數十百人。」（《新唐書·封常清傳》略同）《新唐書·張巡傳》：「尹子琦將羅、突厥、奚勁兵……攻睢陽，……有大酋被甲，引拓羯千騎麾幟城招巡。」（這「拓羯」應是「柘羯」之誤。又《舊唐書·張巡傳》及《通鑑》至德二載五月所記均無「大酋被甲引柘羯千騎」之語）。能不能根據《大唐西域記》、《新唐書·西域傳》關於康國、安國有「柘羯」（「赭羯」）的記載（本文開頭所引），來斷定〈封常清傳〉、〈張巡傳〉裏的「柘羯」就是昭武九姓胡呢？我認為仍舊不能。先看〈張巡傳〉，上文說尹子琦攻睢陽時率領的只有同羅、突厥、奚勁兵，下文忽然冒出多至千騎的昭武九姓胡，這就有點奇怪。再看《杜工部集》，其中〈喜聞官軍已臨賊寇二十韵〉有「花門騰絕域，拓羯（也是「柘羯」之誤）渡臨洮，此輩感恩至，羸俘何足操」的句子，這是詩人歌詠東來援助官軍的回紇部隊，所說的「柘羯」和「花門」一樣，只能是指回紇。回紇在種族上與昭武九姓毫無牽連，怎麼也用得上「柘羯」一詞呢？可見「柘羯」和昭武九姓胡決不會是同一個概念。「柘羯」指什麼，《大唐西域記》和《新唐書・西域傳》本來講得很清楚，〈西域傳〉說安國「募勇健者爲柘羯，柘羯猶中國言戰士也」，可見「柘羯」只是安國人中勇健而充當戰士者之稱。《西域記》說康國「兵馬強盛，多是赭羯之人，其性勇烈」，也只說康國勇烈的戰士才叫「赭羯」。這兩處記載本來只能說明昭武九姓胡裏的勇士叫「柘羯」，不能說明昭武九姓胡人都可以叫做「柘羯」。昭武九姓胡人在唐代是常來內地做買賣的，他們的若干特殊用語會被某些漢人所知悉（猶奚、契丹把勇士叫「曳落河」，奚、契丹常和漢人打交道，這個特殊用語也爲某些漢人所熟悉，陳陶斜之戰，房琯就說過「逆黨曳落河雖多，豈能當我劉秩等」的大話）。於是詩人可以用「柘羯」來稱回紇的猛士，國史編纂者又可以用「柘羯」來稱安史的精騎。這實際上已成爲北方少數民族中精騎猛士的泛稱，並不意味著一定指那個種族（至於陳先生引〈西域傳〉所說的石國「或曰柘支，曰柘析，曰赭時」，只是石國國名不同的音譯，和「柘羯」更是兩個不同的概念，更不能作爲文獻上的「柘羯」必是昭武九姓胡的佐證）。

「羯胡」、「柘羯」之外，在記述安史的文獻裏還出現過「雜種胡」一詞。如《舊唐書・安祿山傳》說安祿山「營州柳城雜種胡人也」，〈史思明傳〉說史思明「寧夷州突厥雜種胡人也」。《唐代政治史述論稿》根據《舊唐書・張光晟傳》「建中元年迴紇突董、梅錄領衆並雜種胡等自京師返國，與載金帛相屬於道」，《新唐書・回鶻傳》作「始回紇至中國，常參以九姓胡，往往留京師，至千人，居貲殖產甚厚，會酋長突董翳蜜施、大小梅錄等還國，裝橐係道」，就說「當時『雜種胡人』之稱實徑指昭武九姓月氏種而言」。後來陳先生又寫了一篇〈以杜詩證唐史所謂

「雜種胡」之義》（載一九五〇年嶺南大學國文學會《南國》第二期），認爲杜詩裏稱安史爲「雜種」，因此「雜種」肯定就是昭武九姓胡。陳先生這個說法我認爲也有點似是而非。晉南北朝以來，「雜人」、「雜戶」、「雜夷」、「雜類」、「雜胡」、「雜種」等詞在文獻裏是時常出現的。如《魏書・官氏志》：昭成帝建國二年初置百官，「其諸方雜人來附者，總謂之烏丸，各以多少稱酋庶長，分置南北部，復置二部大人以統攝之」。這些「雜人」總謂烏丸，決不可能是西域胡。《魏書・昭成子孫元悅傳》悅說帝云：「京師雜人，不可保信，宜誅其非類者。」這「雜人」也當是上面所說烏丸之類。《魏書・封敕文傳》：「金城邊冏、天水梁會謀反，扇動梁、益二州雜人萬餘戶，據上邽東城，攻逼西城。敕文先以設備，殺賊百餘人，被傷者衆，賊乃引退。冏、會復率衆四千攻城，氐、羌一萬屯於南嶺，休官、屠各及諸雜戶二萬人屯於北嶺，爲冏等形援。」這裏「雜人」、「雜戶」爲互文，氐、羌、休官、屠各等都不是西域胡。苻秦時《重修鄧太尉祠碑》：「甘露四年十二月二十五日到官，以地接元朔，給兵三百人，軍府吏屬一百五十人，統和寧戎、鄜城、洛川、定陽五部，領屠各、上郡夫施黑羌、白羌、高涼西羌、盧水、白虜、支胡、粟特、苦水雜戶七千，夷類十二。」這些「雜戶」除盧水、支胡、粟特外，屠各、羌、白虜（即鮮卑，見《晉書・苻堅載記》）都不是西域胡。《魏書・太祖紀》：天興元年正月，「徙山東六州民及徒何、高麗雜夷三十六萬，百工技巧十萬餘口，以充京師」。這裏在「雜夷」上冠以徒何、高麗，可見與西域胡無關。《晉書・苻堅載記》：堅平前燕，「諸州郡牧守及六夷渠帥盡降於堅」，「徙關東豪傑及諸雜夷十萬戶於關中，處烏丸雜類於馮翊、北地，丁零翟斌於新安」。這裏的「烏丸雜類」即《魏書》的烏丸「雜人」，「雜夷」就是前燕的「六夷」，都不是指西域胡。《三國志・蜀書・先主傳》：先主之救陶謙，「有兵千餘人與幽州烏丸雜胡騎」。這「烏丸雜胡」也就是「烏丸雜類」「雜人」。《晉書・四夷・匈奴傳》：郭欽上疏議「徙平陽、弘農、魏郡、京兆、上黨雜胡，峻四夷出入之防，明先王荒服之制」。這些「雜胡」中只有居住上黨的羯是月氏遷來的西域胡，居住其他地區的便不是。《魏書・匈奴劉曜傳》：曜「封其子胤爲南陽王，以漢陽十三郡爲國，置單于臺於渭城，置左右賢王以下，皆以雜種爲之」。而《晉書・劉曜載記》作「皆以胡、羯、鮮卑、氐、羌豪傑爲之」。則《魏書・劉曜傳》的「雜種」包括胡、羯、鮮卑、氐、羌，不專指羯這個西域胡。《宋書・索虜傳》：「佛佛驍猛有謀算，遠近雜種皆附之。」佛佛即赫連勃勃，當時關中氐、羌、匈奴都極多，這「遠近雜種」當然也不專指西域胡。《南齊書・東南夷傳》：「南夷雜種，分嶼建國。」這「雜種」是指東南夷，更不是西域胡。只有如《魏書・序紀》所記：「國有匈奴雜胡萬餘家，多〔石〕勒種類，聞勒破幽州，乃謀爲亂，欲以應勒，發覺伏誅。」這個「雜胡」才是附屬於匈奴的某些西域胡。可見「雜胡」、「雜種」、「雜類」、「雜夷」、「雜人」、「雜戶」這類名詞，只是若干少數民族的統稱。月氏餘裔以至昭武九姓胡種姓不一，自可被以「雜種胡」之稱，而「雜種胡」則不一定是月氏餘裔昭武九姓胡，二者不好等同。這在唐代還是如此，如《全唐文》樊衡〈爲幽州長史薛楚玉破契丹露布〉：「大閱於松林，管內勇士萬人，……東胡雜種君長之部，左射人，右射馬，翼迅霆轉沙振辟角者二萬五千餘騎。」這「東胡雜種」即奚、契丹、室韋之類。《杜工部集・承聞河北諸節度使入朝歡喜口號》：「社稷蒼生計必安，蠻夷雜種錯相干。」這「蠻夷雜種」是統指當時四裔少數民族，四裔少數民族種類繁多，就統稱「蠻夷雜種」。因此，不能看到《杜集》裏有用「雜種」

稱安史部眾之處，如〈留花門〉「胡塵踰大行，雜種抵京室」，〈秦州見敕目三十韵〉「雜種雖高壘，長驅甚建瓴」，就肯定這「雜種」是指昭武九姓胡（其實這些「雜種」應指安史主力奚、契丹、同羅等），更不能看到這幾處「雜種」，就認定安史部眾是以昭武九姓胡爲主（《杜集》用「雜種」之類名詞還有一處，卽〈收京〉「雜虜橫戈數，功臣甲第高」，這個「雜虜」含義不明，大概是泛指當時從事攻戰的蕃胡，不一定指安史及其部眾）。至於安、史本身的血統，安祿山「本姓康」，「父是胡，母是突厥」，可以說一半是昭武九姓胡種；史思明則《舊唐書・史思明傳》只說他是「寧夷州突厥雜種胡人」，在沒有找出其它史料前，便不能斷定他有昭武九姓胡血統，這「寧夷州突厥雜種胡人」，只是「在寧夷州的和突厥有關的一些少數民族中人」之謂。《舊唐書，安祿山傳》的「營州柳城雜種胡人」，本身也只能解釋爲「在營州柳城的一些少數民族中人」，另外根據他「本姓康」等記載，才能說這些少數民族是昭武九姓胡，不能一見這「雜種胡」就斷定他是昭武九姓胡人。

《唐代政治史述論稿》既認爲唐代河朔地區有多數昭武九姓等中亞胡人，又推測昭武九姓胡大量東遷到河朔地區有三個原因：「其遠因爲隋季之喪亂，其中因爲東突厥之敗亡，其近因或主因爲東突厥之復興。」陳先生這種說法仍頗涉附會，難於成立。㈠先看遠因，陳先生的根據是《舊唐書・唐休璟傳》，其中說唐休璟「授營州戶曹。調露中，單于突厥背叛，誘扇奚、契丹，侵略州縣，其後奚、羯胡又與桑乾突厥同反，都督周道務遣休璟將兵擊破之於獨護山，斬獲甚眾，超拜豐州司馬。永淳中，突厥圍豐州，都督崔智辯戰歿，朝議欲罷豐州，徙百姓於靈、夏，休璟以爲不可，上書曰：豐州控河遏賊，實爲襟帶，自秦漢已來，列爲郡縣，田疇良美，尤宜耕牧。隋季喪亂，不能堅守，乃遷徙百姓就寧、慶二州，致使戎羯交侵，乃以靈、夏爲邊界。貞觀之末，始募人以實之，西北一隅，方得寧謐。今若廢棄，則河旁之地，復爲賊有，靈、夏等州，人不安業，非中國之利也。朝廷從其言，豐州復存。」陳先生認爲這裏所說的「戎羯」、「羯胡」，都是昭武九姓胡，認爲昭武九姓胡乘隋季喪亂侵入西北的豐州，再由豐州東遷漸至東北的營州。案「羯」之爲指斥北方少數民族之詞，前已論證。唐休璟所上書中西北一隅的「戎羯交侵」，明係指突厥等入侵而言，通觀《舊》傳上下文自知。在營州與桑乾突厥同反的「奚羯胡」，我懷疑原文止作「奚羯」，與上文的「奚、契丹」同一個意思（猶《安祿山事迹》上文說「奚、契丹兩蕃數出此山口至於范陽」，下文說范陽樂人出戰「爲奚羯所戮」。見前所引），「胡」字是後人妄增（《新唐書·唐休璟傳》、《通鑑》且只說「單于突厥背叛扇誘奚、契丹」，無「其後奚羯胡又與桑乾突厥同反」之語）。何況《舊唐書·唐休璟傳》所述調露營州之亂和永淳豐州之閫本是不相干的兩件事，即使《舊傳》原文確作「奚羯胡」，這「羯胡」又確是昭武九姓胡，也只能說當時營州確有昭武九姓胡雜居，怎麼能進一步判斷這些九姓胡一定是從西北豐州一隅遷來。㈡再看中因，陳先生的根據是戈直注本《貞觀政要·安邊》所云「自突厥頡利破後，諸部落首領來降者皆拜將軍、中郎將，布列朝廷，五品以上百餘人，殆與朝士相半，唯拓拔不至，又遣使招慰之」。《通典·邊防·突厥傳》「拓拔」作「柘羯」，陳先生因謂「然則東突厥之敗亡，必有少數柘羯因之東徙者矣」。案《政要》戈本多妄改，這裏的「拓拔」誠是「柘羯」之訛。但如前考證，「柘羯」一詞只是勇士之稱，這裏的「柘羯」是泛指突厥統下之勇士，還是專指昭武九姓之勇士，就很難斷定。退一步即使是昭武九姓吧，也只能說朝廷所在的關中地區增加了一些昭武九姓胡，和河朔地區之有昭武九姓胡又何相干？難道昭武九姓胡進入關中地區後非繼續東徙到河朔不可，這在文獻上有何根據？㈢至於近因或主因，陳先生是根據兩《唐書·突厥傳·西突厥傳》等記載，認爲武則天及玄宗開元時「東突厥復興後之帝國其勢力實遠及中亞，此時必有中亞胡族向東北遷徙者」。案東突厥復興後骨咄祿和默啜的勢力遠及中亞，西突厥領部如昭武九姓等受其統轄當然是事實，但單憑這個事實怎麼能作出「此時必有中亞胡族向東北遷徙」這樣肯定的結論呢？難道昭武九姓一經東突厥統轄，就必然要大量東遷，這不僅在文獻上毫無依據，在邏輯推理上也是講不通的。

月氏種之遷徙內地，從魏晉以來，多羣居在西北的涼、雍、幷等州，到唐初在這些地方還有他們的餘裔（詳呂思勉師《燕石札記·胡考》，唐長孺先生《魏晉南北朝史論叢·魏晉雜胡考》）。這些月氏種移民裏，以羣居幷州上黨武鄉的羯在歷史上最爲著名。它曾經是「匈奴別部」，西晉末它的首領石勒、石虎等所以勇悍善戰，當是習染匈奴的俗尚所致（猶石氏的大將冉閔本是漢人，爲石虎養孫，習於胡風，遂「勇力絕人」，「胡夏宿將莫不憚之」）。至於在中亞西域的月氏人，則向來不以善戰見稱，他們的專長是做買賣，如《舊唐書·西戎傳》：康國「生子必以石蜜納口中，明膠置掌內，欲其成長口常甘言，掌持錢如膠之黏物，俗習胡書，善商賈，爭分銖之利，男子年二十，卽遠之旁國，來適中夏，利之所在，無所不到」（《新唐書·西域傳》略同）。《新唐書·西域傳》：安國「貞觀初獻方物，太宗厚尉其使曰：『西突厥已降，商旅可行矣。』諸胡大悅。」火尋：「諸胡惟其國有車牛，商賈乘以行諸國。」此外唐人小說所記西胡擅商賈、識珍寶之事見於《太平廣記》者還很多（至於《新唐書·西域傳》所說康國「出善馬，兵強諸國」，中曹「其人長大，工戰鬪」云云，只是在昭武九姓諸國中比較而言，和慣於游牧狩獵的突厥、回紇、吐蕃、契丹等之善騎射戰鬪不可同日而語）。做買賣的唯利是逐，只要不碰上大戰亂，不阻塞道路，那裏富庶他們就會到那裏去，這和民族的大規模遷徙完全是性質不同的兩回事。河朔至遲在唐代初年已是物產豐富經濟繁榮的地區，如《通典·輕重》載天寶八年正倉、義倉、常平倉的諸色米共一億零九百九十萬六千零六十四石，河北道就有二千一百零二萬九千九百二十四石，占全國十道總數的將近五分之一。《通典·賦稅》記天下諸郡每年常貢，屬於河北道諸郡所貢的絲麻織品合計有綾千五百九十四，絹百匹，紬三十六匹，羅二十四，紗二十四，絲布絲葛十四，錦五十四，花式之繁、數量之多也是超越其它各道的。《杜工部集·後出塞》是安史亂前的作品，第三首中講到當時的河朔地區是：「漁陽豪俠地，擊鼓吹笙竽，雲帆轉遼海，粳稻來東吳，越羅與楚練，照耀與臺軀。」可見其貿易的發達與統治者生活的奢侈。這些雖都是天寶時的史料，天寶以前已有一定程度的富庶也從可推知。因而「利之所在，無所不到」的昭武九姓胡到這裏來活動就是很自然的事情，不必再像陳先生那樣去尋找其他政治上的原因。這些昭武九姓胡在河朔地區的職業還是做買賣，如《舊唐書·宋慶禮傳》說他開元初充當營州都督時「招輯商胡，爲立店肆」（《新唐書·宋慶禮傳》同）。《安祿山事迹》說祿山嘗以「解九蕃語爲諸蕃互市牙郎」（《舊傳》、《新傳》略同），節鎮范陽後，復「潛於諸道商胡興販，每歲輸異方珍寶，計百數萬。每商胡至，則祿山胡服坐重床，燒香列珍寶，令百胡侍左右，羣胡羅拜於下，邀福於天，祿山盛陳牲牢，諸巫擊鼓歌舞，至暮而散，遂令諸胡於諸道潛市羅帛，及造緋紫袍、金銀魚袋、腰帶等百萬計，將爲叛逆之資，已八九年矣」（《新傳》略同）。這些都是昭武九姓等西域胡在河朔地區以做買賣爲業的佳證。研究歷史最好通觀大局，單從若干名詞上立論總是有些危險的。

〔附記〕陳寅恪先生是我敬佩的前輩學者，三十年前我曾在「胡」與「狐」的關係、白居易〈長恨歌〉等問題上撰文和他商討，他的謙虛和謹嚴使我永志不忘。這篇〈考辨〉是我當年研究河北藩鎮的副產品，在一九七〇年困難的條件下寫出初稿，準備以後有機會再請陳先生指正。直到最近，才知道陳先生已於一九六九年逝世了，愴痛之餘，只好把粗糙的初稿稍加潤飾，刊出向其他研究唐史、民族史的同人請教。

讀陳寅恪先生〈狐臭與胡臭〉——兼論狐與胡之關係

陳寅恪先生撰〈狐臭與胡臭〉一文，載《語言與文學》（國立清華大學中國文學會編，二十六年六月中華書局印本）中，其要點謂：

> 中古華夏民族曾雜有一部分之西胡血統，……疑吾國中古醫書中有所謂腋氣之病卽狐臭者，其得名之由來或與此事有關。
>
> 疑此腋氣本由西胡種人得名，迨西胡人種與華夏民族血統混淆既久之後，卽在華人之中亦間有此臭者，儻仍以胡爲名，自宜有人疑爲不合，因其復似野狐之氣，遂改「胡」爲「狐」矣。若所推測者不謬，則「胡臭」一名較之「狐臭」實爲原始而且正確歟？

案陳先生之說大體甚是；惟尚稍嫌未備，請逐一考論：

（一）陳先生謂「腋氣本由西胡種人得名」，實爲卓識。惟僅據唐崔令欽《教坊記》及五代何光遠《鑑誡錄》，謂：「范漢女大娘子（見《教坊記》）雖本身實有腋氣，而其血統則僅能作出於西胡之推測，李珣（見《鑑誡錄》）雖血統確是西胡，而本身則僅有腋氣之嫌疑。證據之不充足如此，而欲依之以求經論，其不可能，自不待言。但我國中古舊籍明載某人體有腋氣，而其先世男女血統又可考知者，恐不易多得。卽以前述之二人而論，則不得謂腋氣與西胡無關。」其實「我國中古舊籍明載某人體有腋氣，而其先世男女血統又可考知者」並非絕無，《太平廣記》卷三七六〈再生〉二〈士人甲〉：

晉元帝世，有甲者，衣冠族姓，暴病亡，見人將上天，詣司命。司命更推校，算曆未盡，不應枉召。主者發遣令還，甲尤腳痛不能行。……司命……曰：「適新召胡人康乙者，在西門外，此人當遂死，其腳甚健，易之，彼此無損。」……胡形體甚醜，腳殊可惡……主者令二並閉目，倏忽二人腳已各易矣，仍卽遣之。豁然復生，具爲家人說，發視果是胡腳，叢毛連結，且胡臭。甲本士，愛翫手足，而忽得此，了不欲見，雖獲更活，每惆悵殆欲如死。旁人見識此胡者，死猶未殯，家近在茄子浦。甲親往視胡尸，果見其腳著胡體，正當殯斂，對之泣。胡兒並有至性，每節朔，兒並悲思，馳往抱甲腳號咷，忽行路相遇，便攀援啼哭。爲此每出入時，恆令人守門，以防胡子。終身憎穢，未嘗誤視，雖三伏盛暑，必復重衣，無暫露也。（出《幽明錄》）（案《隋書・經籍志》：「《幽明錄》二十卷，宋劉義慶撰。」）

案「康」爲西胡種姓，此段記載正是西胡種人體具「胡臭」之明文[1]，文中且頗盡形容描畫之能事。雖小說虛擬，似非《教坊記》、《鑑誡錄》等史實之比；然實可表示至遲在劉宋時代，已成立西胡體具「胡臭」之觀念。然則「胡臭」之得名於西胡體臭，得此記載，已可確然無疑；正不待引據唐代不充足之證據，如《教坊記》、《鑑誡錄》等，而作疑似之推論也。

（二）陳先生論「胡臭」與「狐臭」之問題，所據僅限於隋唐史料。如引用唐孫眞人《備急千金要方》七四之九〈胡臭漏腋〉第五論「有天生胡臭者，爲人所染胡臭者」云云，及隋巢元方《諸病源候總論》五八〈小兒雜病諸候〉六〈胡臭〉條「人有血氣不和，腋下有如野狐之氣，謂之狐臭」云云，而曰：「孫思邈生於隋代，與巢元方爲先後同時之人，故不可據巢書作『狐臭』而孫書作『胡臭』，遽謂『狐臭』之稱尚先於『胡臭』也。」其實隋唐以前之書籍中，早見「胡臭」及「狐臭」之事。苟單讀陳先生文，似「胡臭」「狐臭」二事，卽始見於孫巢二氏之書者矣。初學讀陳文至此，恐易生誤會。故不憚詞費，更徵引隋唐以前記載，以伸說之。

案「胡臭」之事，見上引劉宋劉義慶《幽明錄》。而「狐臭」之事，亦已見於劉宋之時，《太平廣記》卷四四七〈狐一・胡道洽〉：

胡道洽自云廣陵人，好音樂醫術之事，體有臊氣，恆以名香自防，唯忌猛犬。自審死日，戒子弟曰：「氣絕便殯，勿令狗見我尸也。」死於山陽，斂畢，覺棺空，卽開看，不見尸體。時人咸謂狐也。（出《異苑》）（案《隋書・經籍志》：「《異苑》十卷，宋給事劉敬叔撰。」）

1　永年於生理醫藥之學絕無通解，與陳先生同。腋氣究僅限於腋部，抑及於全身，恐前人亦未必能事區分。故此處所謂「胡腳」之「胡臭」，仍可與腋部之「胡臭」，視爲一事；未可據有「胡腳」二字，便謂此「胡臭」別是一種，與隋唐醫書所稱者不同也。

此文中所謂「臊氣」，卽是腋氣。而時人咸謂胡道洽是狐；可見臊氣之爲狐之特徵，已爲時人所公認。故此文未道出「狐臭」一詞，實已表示「狐臭」一詞，至遲在劉宋時已成立矣。

據此，知「胡臭」或「狐臭」之事，均早已見於劉宋之時。惟吾人一方面固不能斷定前此必無關此二事之記載，而斷言此二事卽始於此時。一方面亦更不必推究《幽明錄》與《異苑》成書之先後，以決定「胡臭」與「狐臭」二稱究爲孰先。蓋決定此二稱之先後，與考定腋氣之得名，本別有其依據（如陳先生卽依據「今日國人嘗遊歐美者咸知彼土之人當盛年時大抵有腋氣」及中古舊籍中腋氣與西胡之關係，而決定此二稱之先後，謂「此腋氣中由西胡種人得名」云云也），初無預於此二稱發見於載籍之先後耳。然則陳先生置辨於此二稱發見於載籍（且爲隋唐後世之載籍）之先後者，得毋稍涉蛇足之嫌乎？

（三）陳先生於「胡臭」、「狐臭」二詞產生先後之解釋，謂：「疑此腋氣本由西胡種人得名，迨西胡人種與華夏民族血統混淆既久之後，卽在華人之中亦間有此臭者，儻仍以胡爲名，自宜有人疑爲不合，因其復似野狐之氣，遂改『胡』爲『狐』矣。」案此說固甚有理致，惟鄙意以爲尚未免過嫌簡單。蓋「胡」、「狐」兩者之間，疑頗有其相當關係在，而未爲陳先生所拈出也。考舊籍載唐及唐以前「狐」事最富者，莫《太平廣記》若。《廣記》輯狐事九卷，鄙見以爲其中可以透露「胡」、「狐」有關之消息者，凡有數端：

（甲）狐多姓「胡」　卷四四七〈狐一・胡道洽〉：「胡道洽，……時人咸謂狐也。」（出《異苑》）。卷四四九〈狐三・李元恭〉：「唐，……狐遂見形爲少年，自稱胡郎。」（出《廣異記》）（案《廣異記》唐戴孚撰，見《文苑英華》卷七三七顧況〈戴氏廣異記序〉）。同卷

〈李氏〉：「唐開元中，……狐乃令取東引桃枝以朱書板上，作齊州縣鄉里胡綽胡邈。」（出《廣異記》）卷四五〈狐四・楊氏女〉：「小胡郎乃野狐爾。」（出《廣異記》）案此均言狐爲「胡姓」（後世小說言狐事者仍多言狐爲胡姓，如蒲淸松齡《聊齋誌異》等，當卽源自唐人）。

（乙）狐姓「白」「康」　卷四五〈狐四・唐參軍〉：「唐洛陽思恭里有唐參軍者，……有趙門福及康三者投刺謁唐。……。引劍刺門福不中，次擊康三中之。……門福罵云：『彼我雖是狐，我已千年，千年之狐，姓趙姓張，五百年狐，姓白姓康。』」（出《廣異記》）。案「白」「康」均係西胡種姓（「白」爲龜茲姓，「康」在唐爲昭武九姓之一）。

（丙）狐長流沙磧　卷四四九〈狐三・韋明府〉：「唐開元中，……崔狐……………曰：『……今長流沙磧，不得來矣。』」（出《廣異記》）。案唐人流放多在嶺表，今曰長流沙磧者，以沙磧在西域，爲西胡所居處也。

（丁）狐多化形爲僧佛菩薩　卷四四七〈狐一・僧服禮〉：「唐永徽中，太原有人自稱彌勒佛，……僧服禮……因是虔誠作禮，如對彌勒之狀，忽見足下是老狐。」（出《廣異記》）。同卷〈大安和尚〉：「唐則天在位，有女人自稱聖菩薩，……變化牝狐下階而走。」（出《廣異記》）。卷四四八〈狐〉二〈葉法善〉：「開元初，……葉師命解其縛，猶胡僧也。……乃棄袈裟於地，卽老狐也。師命鞭之百，還其袈裟，復爲婆羅門。」（出《紀聞》）（案《紀聞》《舊唐書・經籍志》、《新唐書・藝文志》、《宋史・藝文志》均未著錄，當出唐人手）。卷四四九〈狐三・汧陽令〉：「唐……菩薩坐獅子上。……〈羅〉公遠笑曰：『此是天狐。』」（出《廣異記》）。卷四五〇〈狐四・唐參軍〉：「唐，……有一佛容色端嚴，……是趙門福（案卽狐）。」（出

《廣異記》）。同卷〈代州民〉：「唐，……竊視菩薩，是一老狐。」（出《廣異記》）。卷四五一〈狐五・長孫甲〉：「唐坊州中部縣令長孫甲者，……舉家見文殊菩薩。……唯其子心疑之，入京求道人設禁，遂擊殺狐（案卽前之文殊菩薩）。……復有菩薩乘雲來，……云：『狐剛子者，卽是我也。』」（出《廣異記》）。案佛爲「胡神」，僧爲「胡道人」（多見魏晉南北朝舊籍中），佛教徒除隸籍西域中亞外亦有印度人，而時人固亦被以胡稱，與西胡等視也。

案中國本土古本多狐，狐之一物，恆見於先秦舊籍之中（如《周易》、《尚書》、《詩經》、《禮記》、《左氏傳》、《國語》、諸子書中多有之，文繁不具引），其非屬外來西域輸入之物也明甚。然則其在後世載籍中，何以與西胡發生如斯之關係？於此不得不試作如下之解釋：

竊謂以獸類稱異族，實吾華夏古代之陋習。頗疑西胡之入中國，本爲華人之所歧視；乃緣「胡」「狐」讀音相近之故，遂以「狐」稱之，藉寓鄙棄之意於其中[2]。此猶清代以「俄」「鵝」音近，遂以「鵝鬼」稱俄人之例也（「鵝鬼」見黃濬《花隨人聖盦摭憶補》所引劍影雙虹之室致胡林翼札中，載《學海》月刊第一卷第四冊，三十三年十月上海印本）。《廣記》卷四四七〈狐

2　此外胡人腋臭之似「野狐之氣」，或亦為以「狐」稱「胡」之一緣由。所謂「野狐之氣」，不僅見於陳先生所舉隋巢元方《諸病源候總論》中。《廣記》卷四五〇〈狐四・王苞〉：「唐吳郡王苞者，少事道士葉靜能，中罷為太學士，數歲，在學，有婦人寓宿，苞與結驩，情好甚篤。靜能在京，苞往省之，靜能謂曰：『汝身何得有野狐氣？』固答云無。能曰：『有也。』苞因言得婦始來。能曰：『正是此老野狐。』」（出《廣異記》）。可見野狐有氣，為時人之所共悉。

一・胡道洽〉所載之胡道洽者，卽頗有西胡之嫌疑[3]，而時人顧咸以狐稱之，殆卽以「狐」稱「胡」之史實之流露於小說者乎？（後世如清蒲松齡《聊齋誌異》之多述狐事，時人稱其影射胡人——滿清，殆卽此種觀念之一脈相承）

此種推測，尚可就其他方面以證明之。考中國載籍之記「狐」，最初純爲獸類，不涉神怪性質，如經傳諸子書所載者均是[4]。迨至戰國秦漢之世，始漸被以神怪色彩，如《史記・陳涉世家》之「篝火狐鳴」，卽爲最顯著之一端。惟其時之神怪色彩非狐之所獨擅；其他禽獸，如牛虎蛇鼠鷄牛狸獺魚鼉之屬，無不可成精魅；狐在其中，初無特出之處。魯迅先生輯《古小說鉤沈》，集存世隋唐以前小說之大成，試就其中統計之，「狐」事僅及三條，遠不若「犬」怪紀事之繁多。迨至《太平廣記》，爲唐代小說之總匯（《廣記》所收固及唐以前，而實以唐代爲主），則其中獸類之分配，爲「龍」八卷，「虎」八卷，「畜獸」十三卷，「狐」九卷，「蛇」四卷，「狐」居其首，而於《古小說鉤沈》中最占多數之「犬」竟降而僅就「畜獸」中占得二卷之地位矣。夫「蛇」「虎」之特多，由其乃中國本土蟲獸之爲害最烈者也；「龍」之特多，由其爲印度

3 胡道洽具有西胡之嫌疑者，凡有四端：姓「胡」，一也。「自云廣陵人」，廣陵卽揚州，在唐代為西方商胡之所匯，（具見全漢昇先生〈唐宋時代揚州經濟景況的繁榮與衰落〉，載《史語所集刊》第十一本），推之在南北朝時，當亦為此等商胡之所趨（或竟有史籍明文記及此等事蹟，而為永年之所不知者），二也。「好音樂」，音樂本西胡之所擅，三也。「體有羶氣」，四也。案「胡道洽」此則，自出文人虛構，不必真有其事，然虛構必有其社會背景。

4 惟亦有例外，如《山海經・南山經》：「又東三百里曰青丘之山，……有獸焉，其狀如狐而九尾（郭璞注：卽九尾狐），其音如嬰兒，能食人，食者不蠱。」《逸周書・王會解》：「青丘狐九尾。」然此為古代神話，與後世之變怪故事，初不相涉。

之所崇拜，而其時佛教已大行於中國也；「狐」之特多，且爲諸獸冠，何爲哉？豈非以南北朝之後隋唐之時，西域與中國交往既密，西胡或以政治，或以商業，紛紛大量入居於中國內地之所致哉！蓋華人既以「狐」詬「胡」，「狐」之中自亦滲入大量之「胡」性。故「胡」之入居也日亟，而「狐」之爲怪也日烈。《廣記》卷四四七〈狐一・狐神〉：「唐初已來，百姓多事狐神房中，祭祀以乞恩，食飲與人同之，事者非一主。當時有諺曰：『無狐魅，不成村。』」（出《朝野僉載》）（案《新唐書・藝文志》：「（唐）張鷟《朝野僉載》二十卷，自號浮休子。」）疑卽可以憑吾說以解之。而中國本土既有「狐」，益之以「胡」性，「狐」之一物，遂兼具本土與外來兩成分；《廣記》卷四五〇〈狐四・唐參軍〉：「千年之狐，姓趙姓張，五百年狐，姓白姓康。」「趙」「張」，華姓也，「白」「康」，西胡姓也，華人居本土久，故曰「千年」，西胡外來日淺，故曰「五百年」，此段記載，大似透露此項消息者矣。

苟如上所說，則於陳先生之說，敢修正之曰：此腋氣本由西胡種人得名，惟時人多以狐稱西胡種人，故於西胡種人之臭——「胡臭」，亦可稱之爲狐之臭——「狐臭」；迨西胡人種與華夏民族血統混淆既久之後，卽在華人之中亦間有此臭者，儻仍以胡爲名，自宜有人疑爲不合，於是「胡臭」一詞漸廢，「狐臭」一詞專行迄今而不替矣。鄙見如此，以視陳先生單據「似野狐之氣」一點以疏說者，理由或較充分也。後學妄論，尚祈陳先生不吝賜正是感！

※　※　※

拙作〈讀陳寅恪先生〈狐臭與胡臭〉兼論「狐」與「胡」之關係〉謂：「頗疑西胡之入中國，本爲華人之所歧視；乃緣「胡」「狐」讀音相近之故，遂以「狐」稱之，藉寓鄙棄意於其中。」惟匆匆成稿，雖發此義，未獲確證。近日檢書，始得一事，可以證成鄙說者，《舊唐書》卷一〇四〈哥舒翰傳〉（《新書》卷一三五〈翰傳〉、《通鑑》卷二一六天寶十一載所紀略同）：

翰素與〔安〕祿山、〔安〕思順不協，上每和解之為兄弟。……〔天寶十一載〕冬，祿山、思順、翰並來朝，上使內侍高力士及中貴人於京城東駙馬崔惠童池亭宴會。翰母尉遲氏，于闐之族也。祿山以思順惡翰，嘗銜之，至是忽謂翰曰：「我父是胡，母是突厥，公父是突厥，母是胡，與公族類同，何不相親乎？」翰應之曰：「古人云野狐向窟嗥不祥，以其忘本也，敢不盡心焉！」祿山以為譏其胡也，大怒，罵翰曰：「突厥敢如此耶！」翰欲應之，高力士目翰，翰遂止。

案哥舒翰嘗居京師，好讀《春秋左氏傳》、《漢書》（兩《唐書》本傳），其華化已深，故宴會之際，自能舉雅言酬對。安祿山則家世貧賤，幼經流離，未嘗學問（詳《安祿山事迹》及《舊書》卷二〇〇上，《新書》卷二二五上本傳），其不解哥舒翰之喻自亦固然。然不解可也，不解復何以致怒？豈非當時社會本有以野狐譏西胡之習慣。故野狐之喻在突厥之哥舒翰為失言，在西胡之安祿山則認為針對自身之譏刺，不容不大怒矣。

論安史之亂的平定和河北藩鎮的重建

安史之亂平定後，河北地區仍由安史餘黨田承嗣、張忠志（後賜姓名李寶臣）、李懷仙、薛嵩分任節度使。以後，田承嗣、李寶臣、李懷仙的轄區魏博、成德、幽州稱爲河北三鎮，「訖唐亡百餘年卒不爲王土」[1]。舊史把這件事歸罪於僕固懷恩，現在研究唐史的人也往往這麼看，如說：「討叛須揀忠誠之將，代宗竟毫無抉擇，入宦官程元振、魚朝恩之言而任僕固懷恩，發端已錯。及〔史〕朝義授首，所餘李懷仙、田承嗣、薛嵩、張忠志輩，乘戰勝之威，本可更易，即曰賞功，予以一州足矣，更不然則廢去節度名稱，而乃一誤再誤，聽懷恩言各授大節。」[2] 又如說：「懷恩父子和唐朝朝廷間有矛盾，爲了養寇固位，接受了安史部下許多大將的投降，並且，

1 《新唐書》卷二一〇〈藩鎮傳序〉。

2 岑仲勉《隋唐史》卷下第二十七節。

表請這些降將就地擔任本處的節度使，也就是將安史舊部殘餘力量都保存下來。」[3]僕固懷恩真有這樣大的權力？他個人的私意竟能左右朝廷的決策？認眞審閱一下平定安史的文獻，就知道這決非事實。

一

安祿山以范陽、平盧、河東三鎭的兵力叛亂，哥舒翰統率的河西、隴右兩鎭兵力在靈寶決戰後潰散，唐朝中央政權所能用的只剩下郭子儀、李光弼統率的朔方這支兵力[4]。唐肅宗即位靈武，就是想依靠朔方軍來收復兩京，平定叛亂，完成其中興大業。朔方一支孤軍要完成這樣的大業，當然力量不足，其他地方軍隊又沒有多大戰鬬力，只好借兵於回紇。

關於借回紇兵平亂的始末，《舊唐書・迴紇傳》等記述尙爲詳盡。杜甫也留有若干詩篇，多少代表當時的輿論。可以用史詩互證的辦法，來看當時平定安史的眞相。

《舊唐書》卷一九五〈迴紇傳〉[5]：

至德元載七月，肅宗於靈武卽位，遣……使於迴紇以修好征兵。……二載……九月，迴紇遣其太子葉護領其將帝德等兵馬四千餘衆助國討逆，肅宗賜宴甚厚，又命元帥廣平王

3　韓國磐《隋唐五代史綱》第三編第十章第二節（二）。

4　詳拙作〈《通典》論安史之亂的「二統」說證釋〉。

5　《新唐書》卷二一七下〈回鶻傳〉略同。

見葉護約為兄弟，接之頗有恩義，葉護大喜，謂王為兄。戊子，迴紇大首領達干等一十三人先至扶風，與朔方將士見，僕射郭子儀留之，宴設三日，葉護太子曰：「國家有難，遠來相助，何暇食為！」子儀固留之，宴畢，便發其軍，每日給羊二百口，牛二十頭，米四千碩。

可見一開始關係還不壞。輿論對此也寄以很大期望，杜詩〈哀王孫〉：

竊聞太子已傳位，聖德北服南單于；花門剺面請雪恥。

〈北征〉：

陰風西北來，慘淡隨回鶻，其王願助順，其俗善馳突，送兵五千人，驅馬一萬匹，此輩少為貴，四方服勇決，所用皆鷹騰，破敵過箭疾。

〈喜聞官軍已臨賊寇二十韻〉：

花門騰絕漠，柘羯渡臨洮，此輩感恩至，羸服何足操。

這裏的「花門」，指回紇[6]；「柘羯」，指勇士[7]；「送兵五千人」，也正與〈迴紇傳〉所說「四千餘眾」符合。這四五千回紇騎兵和朔方軍共同進取兩京，〈迴紇傳〉：

及元帥廣平王率郭子儀等至香積寺東二十里，西臨灃水，賊埋精騎於大營東，將襲我軍之背，朔方左廂兵馬使僕固懷恩指迴紇馳救之，〔賊〕匹馬不歸，因收西京。十月，廣

---

6 《新唐書》卷四〇〈地理志〉隴右道甘州刪丹：「北渡張掖河，西北行出合黎山峽口，傍河東壖屈曲東北行千里，有寧寇軍，……軍東北有居延海，又北三百里有花門山堡，又東北千里至迴鶻衙帳。」

7 詳拙作〈羯胡・柘羯・雜種胡考辨〉。

> 平王、副元帥郭子儀領迴紇兵馬與賊戰於陝西。初次於曲沃，葉護使其將軍車鼻施、吐撥裴羅等旁南山而東，遇賊伏兵於谷中，盡殪之。子儀至新店，遇賊戰，軍卻數里，迴紇望見，踰山西嶺上曳白旗而趨擊之，直出其後，賊眾大敗，軍而北坑[8]，逐北二十餘里，人馬相枕藉，蹂踐而死者不可勝數，斬首十餘萬，伏屍三十里。賊黨嚴莊馳告安慶緒，率其黨背東京北走渡河。而葉護從廣平王、僕射郭子儀入東京。

案這是至德二載九、十月的事情，安祿山在這年正月已被次子安慶緒等謀殺，「慶緒素懦弱，言詞無序」[9]，叛軍內部已有分崩離析徵兆，因此官軍勝得比較容易。盡管所說「斬首十一萬」有誇大[10]，回紇的戰功仍不容抹殺，因爲不靠回紇，朔方軍未必有獨立攻取兩京的勇氣。杜詩〈憶昔〉：「憶昔先皇幸朔方，千乘萬騎入咸陽，陰山驕子汗血馬，長驅東胡胡走藏。」還是肯定了回紇的勞績。

但這時的回紇是處在游牧民族的社會中，習慣於掠奪，要他們對子女金帛不動心實在不可能。〈迴紇傳〉：

8　此處似有脫誤，《新唐書·回鶻傳》、《通鑑》均無此語。

9　《舊唐書》卷二〇〇上〈安祿山傳〉。

10　自范陽南下的安祿山叛軍，據《舊唐書》卷二〇〇上、《新唐書》卷二二五上〈安祿山傳〉，有十五萬；據唐姚汝能《安祿山事迹》，只有十萬；以後可能再裹脅些，但也不會增加很多。《舊唐書》卷一二〇〈郭子儀傳〉就仍說這次新店之戰安慶緒「悉其衆十萬」，怎麼可能有十一萬被斬首？如真有，叛軍就差不多被殺完了，但以後官軍與叛軍作戰仍要花很大氣力，可見新店之役後，叛軍仍保有強大實力，斬首十一萬之說不真實。

初收兩京，迴紇欲入城劫掠，廣平王固止之[11]。及收東京，迴紇遂入府庫收財帛，於市井村坊剽掠三日而止，財物不可勝計。廣平王又賚之以錦罽寶貝，葉護大喜。及肅宗還西京，十一月癸酉，葉護自東京至，敕百官於長樂驛迎，上御宣政殿宴勞之，葉護升殿，其餘酋長列於階下，賜錦綉繒彩金銀器皿。及辭歸蕃，……葉護奏曰：「迴紇戰兵，留在沙苑，今且須歸靈夏取馬，更收范陽，討除殘賊。」己丑，詔曰：「……迴紇葉護……可司空仍封忠義王，每載送絹二萬匹至朔方軍，宜差使受領。」

爲什麼不一鼓作氣直搗范陽？歸靈夏取馬是托辭，實際上是掠奪飽了要享受一番，不肯再打硬仗。再看杜詩〈留花門〉：

北門天驕子，飽肉氣勇決，高秋馬肥健，挾矢射漢月，自古以爲患，詩人厭薄伐，脩德使其來，羈縻固不絕，胡爲傾國至，出入暗金闕，中原有驅除，安忍用此物，公主歌黃鵠，君王指白日，連雲屯左輔，百里見積雪，長戟鳥休飛，哀笳曉幽咽，田家最恐懼，麥倒桑枝折，沙苑臨清渭，泉香草豐潔，渡河不用船，千騎常撇烈，胡塵逾太行，雜種抵京室，花門旣須留，原野轉蕭瑟。

詩中提到「公主歌黃鵠」，是乾元元年肅宗幼女寧國公主出嫁爲回紇毗伽闕可汗可敦後的作品。這時詩人已改換了口氣，對回紇轉褒爲貶。「連雲屯左輔」，就是指「迴紇戰兵，留在沙苑」，沙苑在同州馮翊縣南，所以叫「左輔」，這裏「東西八十里，南北三十里」，唐代「以其處宜六

11 《通鑑》卷二二〇至德二載十月癸卯：「初上欲速得京師，與回紇約曰：『克城之日，土地士庶歸唐，金帛子女皆歸回紇。』」其實卽無先約，回紇破城後還是照例要掠奪一番的，說是肅宗主動提出「金帛子女皆歸回紇」，恐亦未必。

畜，置沙苑監」[12]，本是塊好牧場，可是回紇兵一駐屯，就破壞得不成樣子。這種騷擾掠奪，實在遠過於安祿山的叛軍。這是擺在當時中央政權面前的第一個問題。

第二個問題是兩京易收，河北難取。兩京對叛軍本是儻來之物，得之固好，失之也不傷元氣。河北則是叛軍的老巢，身家性命攸關，萬不能放棄。《安祿山事迹》卷下：

> 至德二年……十月六日，又收東都，安慶緒空東都遁於河朔，……疲卒才一千，騎士三百而已。至滏陽縣界，時河東節度使李光弼屯卒一萬、軍馬三百在滏陽，慶緒處必死地，謂諸弟曰：「一種是死，不如刀頭取決。」遂與慶和等三人領家童數百，設奇計大破官軍，光弼大潰。澤潞節度使王思禮營相去四五里，知光弼敗，一時分散。慶緒遂分八道曳露布，稱破光弼、思禮兩軍，收斫萬計，營幕儼然，天假使便，無所欠少，況回鶻已走，立功不難，其先潰將士，於相州屯集。

安慶緒這點殘兵敗卒拚起命來尚如此難於對付，要攻占老巢范陽，徹底消滅叛軍，更談何容易。因此中央政權不能不另謀對策。

當時叛軍有兩大據點，安慶緒在相州，史思明在范陽，《舊唐書》卷二〇〇上〈史思明傳〉：

> 安祿山死，慶緒令歸范陽，……思明轉驕，不用慶緒之命。安慶緒爲王師所敗，投鄴郡，其下蕃漢兵三萬人初不知所從，思明擊殺三千人然後降之。慶緒使阿史那承慶、安

12 《元和郡縣圖志》卷二〈同州馮翊〉條。

守忠征兵於思明，且欲圖之……思明……拘承慶，斬守忠、李立節之首。光弼使衙門敬俛招之，〔思明〕遂令衙官竇子昂奏表，以所管兵衆八萬人及以僞河東節度使高秀巖來降。肅宗大悅，封歸義王范陽長史御史大夫河北節度使，……令討殘賊。……明年……四月，肅宗使烏承恩爲副使，〔令〕候伺其過而殺之。

這是企圖利用叛軍內部矛盾不戰而收取范陽。對相州，沒有辦法，只好以和親爲手段再借回紇兵來硬打。〈迴紇傳〉：

乾元元年……秋七月丁亥，詔以幼女封爲寧國公主出降〔迴紇毗伽闕可汗〕。……八月，迴紇使王子骨啜特勤及宰相帝德等驍將三千人助國討逆，肅宗嘉其遠至，賜宴，命隨朔方行營，使僕固懷恩押之。

結果這兩頭都沒有成功。〈史思明傳〉：

〔烏〕承恩至范陽，數漏其情，……思明因榜殺承恩父子。……十月，郭子儀領九節度圍相州，安慶緒偷道求救於思明。……乾元二年……三月，〔思明〕引衆救相州，官軍敗而引退。思明召慶緒等殺之，併有其衆。四月，僭稱大號，以……范陽爲燕京。九月，寇汴州，節度使許叔冀合於思明，思明益振，又陷洛陽。

形勢又來了個大逆轉。回紇兵是參加相州戰役的，但在史思明等戰下也不起作用，〈迴紇傳〉：

乾元二年，迴紇骨啜特勤等率衆從郭子儀與九節度於相州城下，戰不利。三月壬子，迴紇王子骨啜特勤及宰相帝德等十五人自相州奔於西京，……其月庚寅，迴紇特勤辭還行營。……夏四月，迴紇毗伽闕可汗死，……寧國公主……以無子得歸。

杜詩〈卽事〉：

聞道花門破，和親事卻非，人憐漢公主，生得渡河歸，秋思拋雲髻，腰支剩寶衣，羣凶猶索戰，回首意多違。

是慨嘆這次賠了夫人又折兵的事情。

史思明本是安祿山系統的大將，在安祿山叛亂前就做到平盧都知兵馬使，才能威望遠出安慶緒之上，重占東京洛陽後一直打到陝州，官軍張皇拒守，根本談不上進取。幸好叛軍內又發生變亂，史思明爲子朝義所殺，叛軍「諸節度使皆祿山舊，與思明等夷，朝義徵召不至」[13]，在此情況下，中央政權計畫反攻。但怕官軍仍不濟事，又用飲鴆止渴的辦法第二次向回紇借兵。〈迴紇傳〉：

寶應元年，代宗初卽位，以史朝義尚在河洛，遣中使劉清潭徵兵於迴紇，又修舊好。其秋，清潭入迴紇庭。迴紇已爲史朝義所誘，云「唐室天子頻有大喪，國亂無主，請發兵來收府庫」，可汗乃領衆而南，已八月矣。清潭賫敕書國信至，……迴紇業已發至三城北[14]，見荒城無戍卒，州縣盡爲空壘，有輕唐色，乃遣使北收單于兵馬倉糧，又大辱清潭。……上使殿中監藥子昂馳勞之，及於太原北忻州南，子昂密數其丁壯得四千人，老

13 《舊唐書》卷二〇〇上〈史朝義傳〉。

14 唐睿宗景雲二年朔方道大總管張仁愿築三受降城於河上以禦突厥，詳《唐會要》卷七三〈三受降城〉、《舊唐書》卷九三《新唐書》卷一一一〈張仁愿傳〉，呂溫《呂和叔集》卷六有〈三受降城碑銘〉，杜詩〈諸將〉：「韓公本意築三城，擬絕天驕拔漢旌，豈謂盡煩回紇馬，翻然遠救朔方兵。」也是詠這件事，張仁愿景龍二年封韓國公。

小婦人相兼萬餘人，戰馬四萬匹，牛羊不紀。先是，毗伽闕可汗請以子婚，肅宗以僕固懷恩女嫁之，及是為可敦，與可汗同來，……上敕懷恩自汾州見之於太原，懷恩又陳國家恩信不可違背。……上以雍王适為兵馬元帥，……東會迴紇登里可汗營於陝州黃河北。……可汗責雍王不於帳前舞蹈，……〔將軍〕車鼻遂引〔左廂兵馬使藥〕子昂、〔元帥行軍司馬〕李進、〔元帥判官兼掌書記韋〕少華、〔右廂兵馬使〕魏琚各榜棰一百，少華、琚因榜棰一宿而死，以王少年未諳事，放歸本營。

案這一次回紇在史朝義煽誘下本是想來收取唐室府庫的，和前兩次應唐中央政權之請而發兵不一樣，所以其橫蠻凶狠異乎尋常，經僕固懷恩以親戚關係勸說才轉而助唐攻取東京洛陽。〈迴紇傳〉：

懷恩與迴紇右殺為先鋒，及諸節度同攻賊破之，史朝義率殘寇而走。元帥雍王退歸靈寶。迴紇可汗繼進於河陽，列營而止數月，去營百餘里人被剽劫逼辱，不勝其弊。懷恩常為軍殿。及諸節度收河北州縣，僕固瑒與迴紇之衆追躡二千餘里，至平州石城縣，梟朝義首而歸。河北悉平。懷恩自相州西出崞口路而西，可汗自河陽北出澤、潞與懷恩會，歷太原，……辭還蕃，代宗引見於內殿，賜彩二百段。初，迴紇至東京，以賊平，恣行殘忍，士女懼之，皆登聖善寺及白馬寺二閣以避之，迴紇縱火焚二閣，傷死者萬計，累旬火焰不止。及是朝賀，又縱橫大辱官吏。……時東都再經賊亂，朔方軍及郭英乂、魚朝恩等軍不能禁暴，與迴紇縱掠坊市，及汝、鄭等州，比屋蕩盡，人悉以紙為衣，或有衣經者。

說明這次對洛陽及其周圍河陽、汝、鄭的掠奪破壞比第一次更厲害。杜詩〈遣憤〉：

聞道花門將，論功未盡歸，自從收帝里，誰復總戎機，蜂蠆終懷毒，雷霆可震威，莫令鞭血地，再濕漢臣衣。

〈迴紇傳〉：

史臣曰：「……肅宗誘迴紇以復京畿，代宗誘迴紇以平河朔，戡難中興之功，大即大矣。然生靈之膏血已乾，不能供其求取，朝廷之法令並弛，無以抑其憑陵，忍恥和親，姑息不暇，……比昔諸戎，於國之功最大，爲民之害亦深。……」贊曰：「……安史亂國，迴紇恃功，恃功伊何，咸議姑息，民不聊生，國憚其力。……」

代表了當時和後世的輿論。

二

弄清了三次借用回紇兵的始末，並作了些剖析，就可以重點研究一下平定河北的問題。上引《舊唐書．迴紇傳》講得太簡略，要看卷一二一〈僕固懷恩傳〉，這大概是根據當時功狀編寫的，講得很具體：

懷恩留迴紇可汗營於河陽，乃使其子右廂兵馬使瑒、北庭朔方兵馬使高輔成以步軍萬餘衆乘勝逐北，懷恩常壓賊而行。至於鄭州，再戰皆捷。追至汴州，僞節度張獻誠開門出降。又拔滑州，追破朝義於衛州。僞睢陽節度使田承嗣、李進超、李達盧等兵馬四萬餘眾又與朝義合，據河來拒，瑒連盤濟師，登岸薄之，賊黨悉奔。長驅至昌樂縣東，朝義率魏州兵馬來戰，又敗走，達盧來降，賊徒震駭。於是相州偽節度薛嵩以相、衞州、洺、邢、趙降於李抱玉、高輔成、尚文哲，偽恒陽節度李寶成（張忠志）以深、恒、定、易四州降於河東節度辛雲京。朝義至貝州，又與偽大將薛忠義兩節度合。瑒至臨清縣，懼賊氣盛，駐軍以俟變，朝義領眾三萬幷攻具來攻，瑒令高彥崇、渾日進、李光逸等設三伏以待之，賊半渡伏發，合擊而走之。其時迴紇又至，官軍益振，瑒卷甲馳之，大戰於下博縣東南，賊背水而陣，大軍衝擊而崩之，積屍擁流而下，朝義又走莫州。于是河南副元帥都知兵馬使薛兼訓、兵馬使郝廷玉、兖鄆節度使辛雲京會師於下博，進軍莫州城下，朝義與田承嗣頻出挑戰，大敗而旋，臨陣殺其偽尚書敬榮。朝義懼，自分萬餘眾投歸義縣，留承嗣守城。於是淄青節度侯希逸繼諸將同為攻守，凡月餘日，瑒與高彥崇、侯希逸、薛兼訓等以眾三萬追及朝義於歸義縣，交鋒而賊潰。屬幽州節度使李懷仙送降款，瑒頓兵於其境，遣懷仙分兵追躡。〔乾元〕二年三月，朝義至平州石城縣溫泉柵，窮蹙，走入長林自縊，懷仙使妻弟徐有濟傳其首以獻。又降田承嗣之軍，河北悉平。懷恩乃與諸將班師。

案這個大戰役的打法和過去不一樣，有兩點特別值得注意：

一、過去收復兩京都要依靠回紇兵，這次卻主要依靠僕固懷恩父子統率的朔方等軍，而「留迴紇可汗營於河陽」，不讓回紇兵北上。以後雖因僕固瑒在臨清縣受阻調來點回紇兵，但也只是象徵性的，為數不多，而且並沒有趕得上參加臨清戰役，以後幾次戰役中更沒有提到這支回紇部隊[15]。這時回紇部隊的主力仍隨登里可汗留駐河陽，所以河北平定後登里可汗是「自河陽北出澤、潞與懷恩會，歷太原……還蕃」，不是從河北還蕃[16]。所以要這樣，顯然是因爲回紇的掠奪破壞實在叫人受不了，中原兩京的老百姓好欺侮，河北地區的軍民就決不會那麼逆來順受。如果讓登里可汗全軍北上，進入河北地區像在東京那樣亂搶亂殺，在河北軍民拚死下四千回紇兵是不經打的，九節度相州之役三千回紇兵敗奔西京就是個先例。

二、當時河北地區的安史餘黨田承嗣、張忠志、李懷仙、薛嵩等都手握強兵，霸占州郡，而范陽的「百姓至於婦人小童，皆閑習弓矢」[17]。僕固懷恩父子北上進入河北地區時的兵力只有「萬餘眾」，「追及〔史〕朝義於歸義縣」時，加上侯希逸、薛兼訓的兵力，也只有「眾三萬」，用這點兵力要把整個河北地區的叛軍全部殲滅，怎麼有可能？相反，如果逼緊了，田承嗣、張忠志、李懷仙、薛嵩等和史朝義合力抵禦，被殲滅的恐怕是僕固懷恩父子的官軍。因此，僕固懷恩父子這次進軍改用了一種新戰略，把打擊目標縮小到史朝義這個總頭目身上，緊緊咬住他不放，最後把他殲滅了就算大功告成。至於田承嗣等實力派，只要名義上投順過來，不再打出叛旗公開和中央政權作對，就一概保存他們既得的地盤和既有的實力，由中央正式任命爲合法的節度使。

---

15 《舊唐書·迴紇傳》說「及諸節度收河北州縣，僕固瑒與迴紇之衆追躡二千餘里」，卽是因後來來了這支回紇部隊而言，而行文疏略，讓人看了好像回紇主力自始至終參與了平定河北的戰役。《新唐書·回鶻傳》作「僕固瑒率回鶻兵與朝義挐戰躡血二千里」，只是據舊傳改寫，寫得好像僕固瑒所用的全是回紇兵，更爲失眞。

16 《通鑑》卷二二二寶應元年十月作「回紇悉置所掠寶貨於河陽，留其將安恪守之」，好像登里可汗沒有留在河陽，不知是根據什麼史料，實誤。

17 《通鑑》卷二二二上元元年李懷仙爲范陽尹燕京留守條《考異》引《薊門紀亂》。

田承嗣等對這樣做法當然也合心意：過去自己是安史父子的部屬，要聽指揮聽調動，不能爲所欲爲；現在直屬於中央，而且天高皇帝遠，身邊沒有人監視管轄，可以在自己的轄區裏安安逸逸當土皇帝，又何樂而不爲。於是官軍所到，爭先迎降，史朝義成爲孤家寡人，不到五個月河北就宣告平定。

因此，任命安史餘黨田承嗣等爲節度使，讓河北藩鎭重建，在後人看來也許是一種養癰遺患的失策，如《新唐書》卷二一〇〈藩鎭傳總序〉所說：「安史亂天下，至肅宗大難略平，君臣皆幸安，故瓜分河北地，付授叛將，護養孽萌，以成禍根。」而不知這是當時河北叛黨勢力尚強大下不得不採用的一種策略，捨此實無更妥善的辦法。至於「訖唐亡百餘年率不爲王土」，那是後來的問題，怎能把責任統統推到當年平定河北的人身上？宋祁等文人在修《新唐書》時發點空議論很容易，眞叫他們去處理實際問題，恐怕就未必勝任愉快了[18]。

三

這個策略的決定者當然不會是僕固懷恩。僕固懷恩這個出身鐵勒貴族的將軍後來雖被逼反了，幾次引吐蕃、回紇入侵，但以前對唐家朝廷一直是盡心出力的，《舊唐書》本傳就說他「自寇難已來，一門死王事者四十六人，女嫁絕域，再收兩京，皆導引迴紇，摧滅強敵」。何況對待

---

18 平定河北是代宗卽位後的事情，藩鎭總序卻說「至肅宗時大難略平」，連事實都講錯了，好發空論者往往有此毛病。

田承嗣等安史餘黨是大局有關的事情，他不會也不敢背著朝廷另搞一套，決策者肯定是朝廷而不是他，他只是這個策略的執行者。這在史書裏仍留有片斷的痕迹，《舊唐書》卷一四一〈田承嗣傳〉：

帝以二凶繼亂，郡邑傷殘，務在禁暴戢兵，屢行赦宥，凡爲安史詿誤者，一切不問。時懷恩陰圖不軌，慮賊平寵衰，欲留賊將爲援，乃奏承嗣及李懷仙、張忠志、薛嵩等四人分帥河北諸郡。

卷一四二〈李寶臣傳〉：

河朔平定，忠志與李懷仙、薛嵩、田承嗣各舉其地歸國，皆賜鐵券，誓以不死。

《新唐書》卷一四九上〈僕固懷恩傳〉：

初，帝有詔，但取朝義，其它一切赦之。故薛嵩、張忠志、李懷仙、田承嗣見懷恩皆叩頭願効力行伍。懷恩自思功高，且賊平則勢輕，不能固寵，乃悉請裂河北分大鎮以授之，潛結其心以爲助，嵩等卒據以爲患云。

《通鑑》卷二二二寶應元年十一月辛巳制：

東京及河南北受僞官者一切不問。

案既有「但取朝義其它一切赦之」、「受僞官者一切不問」、「爲安史詿誤者一切不問」等詔制，則僕固懷恩父子之窮追史朝義、對田承嗣等予以保存，完全是按朝廷旨意行事。讓田承嗣等做節度使要經過「請」的手續，並由朝廷「賜鐵券」，說明也都是朝廷的意思，僕固懷恩並未專擅。所以《舊唐書・僕固懷恩傳》記懷恩「爲人媒孽」時「上書自叙功伐」中就公開說：

陛下委臣副元帥之權，令臣指麾河北，其新附節度使皆握強兵，臣之撫綏，悉安反側。

正由於心中無鬼，才敢理直氣壯地把處理田承嗣等事作爲自己的勞績。至於舊傳所說「懷恩陰圖不軌，慮賊平寵衰，欲留賊將爲援」，新傳本舊傳所書「懷恩自思功高，則賊平則勢輕，不能固寵」，要「潛結其心以爲助」等等，更是莫須有之辭[19]。僕固懷恩平定河北後和田承嗣等再不曾有過往來，叛唐後也不見田承嗣等有任何聲援響應。這說明僕固懷恩處理河北問題只是秉承朝廷旨意公事公辦，並未拉私人關係，更談不上勾結。

後來史書上爲什麼多把河北藩鎮的重建歸罪於僕固懷恩，這也有個原因。僕固懷恩當時是頗爲幾個有權勢者所反對的，這幾個有權勢者是：河東節度使太原尹辛雲京，澤潞節度使李抱玉，以及中官駱奉仙、魚朝恩。在僕固懷恩逼反後，比較正直的顏眞卿就說：

明懷恩反者，獨辛雲京、李抱玉、駱奉仙、魚朝恩四人耳，自外朝臣，咸言其枉。[20]

他們密奏僕固懷恩的反迹，可說極深文周納之能事，如懷恩奉詔統回紇登里可汗還蕃，他們就說「懷恩與可汗爲約，逆狀已露」。李抱玉送「馬兼銀器四事」與懷恩，懷恩「於迴紇處得絹，便與抱玉二千匹以充答贈」，卻被抱玉「共相組織，將此往來之貺，便爲結托之私」[21]。說任命安

19 這類莫須有之辭還很多，如薛嵩本降於李抱玉等人，見《舊唐書·僕固懷恩傳》而薛嵩傳卻說「僕固懷東收河朔，薛為賊守相州，聞賊朝義兵潰，王師至，嵩惶惑迎拜於馬前，懷恩釋之，令守舊職，時懷恩二心已萌」云云，其為捏造誣陷更明顯。

20 《舊唐書·僕固懷恩傳》。

21 均見《舊唐書·僕固懷恩傳》。

史餘黨爲節度使是懷恩「欲留賊將爲援」，也同樣是他們誣構的反狀之一[22]。他們四人中，魚朝恩、駱奉仙兩名中官固穢德彰聞，爲人不齒，辛雲京、李抱玉則極爲朝廷寵信。尤其是辛雲京，死後「命中使吊祭」，「宰相及諸道節度使祭者凡七十餘幄」，代宗「言及雲京，泫然久之」[23]，「德宗時第至德以來將相，雲京爲次」[24]。以地位僅次於中興元勳郭子儀的大人物辛雲京來講後來確實逼反了的僕固懷恩的壞話，當然容易爲人們輕信。這就是史書上爲什麼多把重建河北藩鎮歸罪於僕固懷恩的原因。

四

河北藩鎮重建後「訖唐亡百餘年率不爲王土」的情況，舊史所記已較詳備。陳寅恪先生《唐代政治史述論稿》又著重從民族和文化的角度作了分析，以與主題無關，不在這裏探討。這裏只提出一件過去讀史者所沒有注意到的事情，即《通鑑》卷二二四大曆八年所記：

> 魏博節度使田承嗣爲安史父子立祠堂，謂之「四聖」，且求爲相。上令內侍孫知古因奉使諷令毀之。冬十月甲辰，加承嗣同平章事以褒之。

---

22 《通鑑》卷二二二寶應元年十一月條：「於是鄴郡節度使薛嵩以相、衛、洺、邢四州降於陳鄭澤潞節度使李抱玉，恒陽節度使張忠志以趙、恒、深、定、易五州降於河東節度使辛雲京。……抱玉已進軍入其營，按其部伍，嵩等皆受代，居無何，僕固懷恩皆令復位，由是抱玉、雲京疑懷恩有貳心，各表言之。」可參考。「嵩等皆受代」云云，當即抱玉、雲京所捏造以誣陷懷恩之辭。

23 《舊唐書》卷一一〇〈辛雲京傳〉。

24 《新唐書》卷一四七〈辛雲京傳〉。

案安祿山見殺於安慶緒，安慶緒見殺於史思明，史思明又見殺於史朝義，把這互相屠殺的兩家父子共祠一堂，看來只是田承嗣這個不學無術的軍人在胡鬧，不值一笑，因而修兩《唐書·田承嗣傳》者對此都略過不提。其實不然。「聖人」這個名詞，在唐人習慣用來稱皇帝，如《舊唐書》卷六〈則天皇后紀〉：

〔武后〕內輔國政數十年，威勢與帝無異，當時稱爲「二聖」。

〈肅宗紀〉：

上皇（玄宗）至自蜀，……上乘馬前導，……士庶舞忭路側，皆曰：不圖今日再見「二聖」。

《新唐書》卷一三九〈李泌傳〉：

〔泌〕陳天下所以成敗事，帝悅，欲授以官，固辭，願以客從，入議國事，出陪輿輦，衆指曰：著黃者「聖人」，著白者山人。

安史既先後稱帝，「國曰大燕」[25]，在他們的統治區裏自然也被稱爲「聖人」，如《安祿山事迹》卷下：

〔史〕朝義將駱悅、蔡文景與朝義……言廢立之事，……朝義曰：勿驚動「聖人」，善爲之計。

《新唐書》卷二一七〈張弘靖傳〉：

---

25 《安祿山事迹》卷下。

始入幽州，……俗謂祿山、思明為「二聖」，弘靖懲始亂，欲變其俗，乃發墓毀棺，眾滋不悅。

因此田承嗣「為安史父子立祠堂，謂之『四聖』」者，實際是建立河北地區的太廟，奉祀大燕皇朝前後四代皇帝，而隱以自身繼之為第五代，像安、史那樣充當河北地區唯一的領袖。這在中央看來，當然是一件可震驚的大事。因為當初平定河北時「但取〈史〉朝義，其他一切赦之」，就是允許安史餘黨把河北地區瓜分割據，而大燕國號和皇帝必須鏟除，從而使河北地區的割據勢力處於羣龍無首的局面，不讓再出個安、史之類的領袖用整個河北地區的力量來公開反對中央。現在田承嗣要改變這個局面，中央當然絕對不能同意。因此田承嗣在魏博「重加稅率，修繕兵甲」，「郡邑官吏，皆自署置，戶版不籍於天府，稅賦不入於朝廷」[26]，中央都可優容不問。而一立「四聖」祠堂，就務必要「諷令毀去」，從而遏制其野心。由此也更加證實中央政權對安史亂後的河北地區自有一貫的策略，決非僕固懷恩之流所能左右改變，更不能像舊史所說重建河北藩鎮是出於僕固懷恩的私心。

26 《舊唐書·田承嗣傳》。

說馬嵬驛楊妃之死的眞相

楊貴妃死於馬嵬驛這件事情，我最初是讀白居易的〈長恨歌〉才知道的。當時還是個十三歲的小孩子，讀到〈長恨歌〉裏的：

九重城闕煙塵生，千乘萬騎西南行，翠華搖搖行復止，西出都門百餘里，六軍不發無奈何，宛轉蛾眉馬前死，花鈿委地無人收，翠翹金雀玉搔頭，君王掩面救不得，回看血淚相和流。

模模糊糊地感覺到這是禁軍士兵的自發行動。幾年後讀《通鑑紀事本末》，又查對了《通鑑》卷二一八天寶十五載六月丙申條有關這件事情的記載，其中講到「至馬嵬驛，將士飢疲，皆憤怒」，以及「軍士圍驛」，玄宗「令收隊，軍士不應」云云，更加深了讀〈長恨歌〉時所得的士兵自發行動這個印象。

前年重讀《舊唐書》，研究唐統治集團的內部矛盾鬪爭，才發現所謂自發行動說大成問題。又檢讀先師呂思勉先生的《隋唐五代史》，知道呂先生也早已注意到這個問題，只是未暇深入探討。因此今天寫這篇文章似還有其必要。這離開初讀〈長恨歌〉已有四十多年了，足見自己在學術道路上前進之遲緩。同時，也使自己體會到研究某些歷史現象確實不甚容易，卽使具體到馬嵬驛楊貴妃之死這樣的問題都很難輕而易舉，一蹴而就。

單《舊唐書》裏講到馬嵬驛之變的就有好幾處：卷九〈玄宗紀〉、卷五一〈后妃玄宗楊貴妃傳〉、卷一〇六〈楊國忠傳〉、卷一〇八〈韋見素傳〉，另外唐人姚汝能纂集的《安祿山事迹》也講到這次事變。其中〈楊國忠傳〉和〈韋見素傳〉確都把事變講成自發，認爲是「士兵不得食」，「飢而憤怒」所致。〈玄宗紀〉還講到至咸陽望賢驛時玄宗「亭午未進食，俄有父老獻麵」的事情，《安祿山事迹》也有類似的說法，好像士兵飢而憤怒確有其事。但玄宗避安祿山叛軍兵鋒撤離長安之前是作過點準備的，頭天六月甲午晚上曾「命龍武大將軍陳玄禮整比六軍，厚賜錢帛，選閑廄馬九百餘匹」，第二天乙未黎明才啟程，並不能說是倉惶逃竄（《通鑑》卷二一八天寶十五載六月甲午、乙未）。何以錢帛都知道要厚賜給扈從禁軍，卻偏偏不給他們準備飯食。而且馬嵬驛距離長安城不過一百多里，走上一天功夫就到達，禁軍再驕弱，也不可能弄得飢疲不堪以至激起兵變。眞到激起兵變，則軍心早已渙散，軍紀早已蕩然無存，也決非讓他們殺個楊國忠、楊貴妃就能重新收拾整頓。而事實上殺掉楊國忠、貴妃以及其他楊氏家族後禁軍仍把玄宗一行安全護送到成都，第二年冬天長安、洛陽相繼收復後又護送回關中。這說明前此馬嵬驛事件決非禁軍士兵因飢疲而自發的兵變，而只能是一次有預謀、有計畫、有指揮的行動。至於說什麼玄宗「亭午未進食，俄有父老獻麵」，無非是要美化玄宗之如何得民心，受百姓擁戴。〈玄宗紀〉和《安祿山事迹》在下文都說尚食持御膳至，可見飯食本有準備，原不有賴於百姓進獻。當時的史官、文士爲本朝君主貢諛是可以理解的，今天可不要再爲其所欺。

究竟誰在指揮這次事變，是禁軍最高長官陳玄禮。這在《舊唐書・玄宗紀》裏本已寫得很清楚：

> 次馬嵬驛，諸衛頓軍不進，龍武大將軍陳玄禮奏曰：「逆胡指闕，以誅國忠爲名，然中外羣情，無不嫌怨。今國步艱阻，乘輿震蕩，陛上宜徇羣情，爲社稷大計，國忠之徒，可置之於法。」

《安祿山事迹》也說：

> 行在都虞候陳玄禮領諸將三十餘人帶仗奏曰：「國忠父子旣誅，太眞（貴妃）不合供奉。」

《安祿山事迹》是所謂「合本子注」性質的著作，對馬嵬驛之變的經過講得很具體，連射殺楊國忠的騎士都能舉出姓名，當係採自時人關於玄宗西幸入蜀的記載，如《新唐書》卷五八〈藝文志〉雜史類所著錄的溫畬《天寶亂離西幸記》、宋巨《明皇幸蜀記》之類，可說是較原始的史料。《舊唐書》的本紀則在宣宗以前都是實錄的節本，實錄下筆也一般比較審愼。而這兩種記載如上所引都只說事變是陳玄禮出頭而不講士兵飢疲。陳玄禮在《舊唐書》裏也有傳，附於卷一〇六〈王毛仲傳〉後，其中更明確地寫道：

及祿山反，玄禮欲於城中誅楊國忠，事不果，竟於馬嵬斬之。

這篇傳很簡略，不像一般大臣列傳以行狀家傳爲藍本，而是當時的國史撰述者柳芳憑親身見聞所命筆，再爲《舊唐書》所承用，自然有更高的史料價值。可見陳玄禮本在長安城裏就要對楊國忠下手，只是沒有找到機會，這時離長安到馬嵬，除自己指揮的禁軍外不再有其他勢力掣肘，於是把楊氏家族清除乾淨，連帶貴妃在內。

〈陳玄禮傳〉說他「以淳樸自檢」，絕非怙勢弄權、跋扈飛揚之徒。而且他只是禁軍長官，弄倒了楊國忠也輪不到他來取而代之當宰相。而動用禁軍殺宰相、甚至殺皇帝的寵妃可是要擔大風險的。沒有強有力的後臺，沒有絕對的把握，這位年事已高的老將軍是沒有勇氣來冒風險的。

後臺是誰？《舊唐書．楊貴妃傳》、〈韋見素傳〉都認爲是當時的皇太子接着去靈武稱帝的肅宗，說陳玄禮殺楊國忠之前曾「謀於皇太子」。這樣說陳玄禮應該是肅宗集團裏的人物。可是事變後陳玄禮並沒有跟隨肅宗到靈武去成爲中興功臣，卻一直緊跟玄宗，回到長安後且以此被勒令「致仕」，絲毫看不出他和肅宗之間有什麼特殊關係。可見〈貴妃傳〉，〈韋見素傳〉所說只是不了解實情者捕風捉影之談，它不被寫進實錄和國史〈玄宗紀〉等正式記載是理所當然的。

眞正的後臺，據我分析只能是高力士。

高力士是玄宗朝宦官的首領，《舊唐書》卷一八四〈宦官．高力士傳〉說當時「每四方進奏文表，必先呈力士，然後進御，小事便決之」，在唐代首開宦官執掌中樞政柄的先例，實際上已是後來的所謂「內相」性質。內廷有了內相就容易和外廷的宰相發生矛盾，宰相本分一點的還可以，要想弄權像李林甫、楊國忠之流就非和高力士鬧到水火不相容不可。關於這點在《高力士外傳》所記力士與玄宗的對話裏透露得很明顯：

〔天寶〕十二年冬，林甫云亡，國忠作相。……十三年秋大雨，晝夜六十日，陳希烈罷相，韋見素持衡。上因左右無人，謂高公曰：「自天寶十年之後，朕數有疑，果致天災，以殃百姓，雖韋、陳改轍，楊、李殊塗，終未通朕懷，卿總無言，何以為意？」高公伏奏曰：「開元二十年以前，宰相授職，不敢失墜，邊將承恩，更相戮力。自陛下威權假於宰相，法令不行，災眚備於歲時，陰陽失度，縱為軫慮，難以獲□，臣不敢言，良有以也。」上久而不答。

《高力士外傳》的作者郭湜在肅宗後期曾和高力士同貶流巫州，《外傳》所記卽多本諸力士口述，因此司馬光也認爲是重要的史料而把這段對話節寫進《通鑑》裏（卷二一七天寶十三載九月）。對話中提到的陳希烈、韋見素都是不起作用的伴食宰相，所謂開元二十年已後假弄威權的宰相自然是指李林甫、楊國忠。李林甫已死，楊國忠猶在，高力士這段對話就是要勸玄宗把楊國忠剪除。只是由於玄宗遲疑不決，「久而不答」，於是乘安祿山叛亂、中央政權出現危機時動用禁軍把楊國忠及其家族鏟除乾淨。至於逼殺楊貴妃，更是高力士親自出馬，《安祿山事迹》就說當時「高力士乃請先入見太眞（貴妃），具述事勢，太眞……遂縊於佛堂」，〈玄宗紀〉、〈貴妃傳〉也都有類似的記載，可見高力士是直接的凶手。當然，這並不是說高力士和楊貴妃一開始就處於敵對地位。〈貴妃傳〉說前此貴妃曾因忤旨兩度被譴送出宮，都由高力士出面召還。但這無非是聊盡宦官的本職，也不能從而推斷高力士和貴妃之間有什麼共同的利害關係。因此一旦和貴妃的族兄楊國忠鬧到要以兵刃相臨，在重視家族的觀念下，貴妃自必受到株連而不能幸免。

宦官高力士何以能動用禁軍來製造馬嵬驛事件，這就需要查考玄宗朝禁軍和宦官的關係。

玄宗當年當上皇太子，以後又當上皇帝從父親睿宗手裏接管全部政權，是通過清除韋后、安樂公主和清除太平公主兩次軍事行動而後實現的。這兩次都得到宦官高力士的助力，這也就是高力士所以深受玄宗寵用的一個重要原因。但另一方面，在京城裏要有軍事行動更需要依靠禁軍，玄宗就是利用當時的禁軍左右羽林軍的主力左右萬騎才能奪取並鞏固政權的。而替玄宗出面勾結萬騎營長葛福順、陳玄禮等人的是玄宗的親信家奴王毛仲。因此在玄宗取得政權後，王毛仲就「至大將軍三品」，「檢校內外閑厩兼知監牧使」，以後又「進位特進」，「加開府儀同三司」，不僅是玄宗的特大寵臣，而且在實際上成了禁軍的首腦。據《舊唐書・王毛仲傳》，開元前期以王毛仲爲代表的禁軍聲勢遠過於宦官，所謂：

> 毛仲……不避權貴，……中官楊思勗、高力士等常避畏之。……又〔葛〕福順娶毛仲女，〔李〕宜德、唐地文等數十人皆與毛仲善，倚之多爲不法。中官等妒其全盛逾己，專發其罪，尤倨慢之。中官高品者，毛仲視之蔑如也，如卑品者，小忤意則挫辱如己之僮僕。力士輩恨入骨髓，……構之彌甚，曰：「北門奴官太盛，豪者皆一心，不除之，必起大患。」

所謂「北門奴官」者，胡三省注《通鑑》說：「王毛仲、李守德皆帝奴也，又葛福順等皆出於萬騎，中宗以戶奴補萬騎，故云然」（卷二一三開元十八年末），「奴官」上冠以「北門」，則因爲禁軍駐屯宮城正北玄武門的緣故。這是以高力士爲首的宦官勢力對禁軍勢力的反攻。宦官們不僅自已散布流言，還拉攏了某些朝官幫宦官說話。如吏部侍郎齊澣就對玄宗說：「福順典兵馬，與毛仲婚姻，小人寵極則姦生，若不預圖，恐後爲患，惟陛下思之。況腹心之委，何必毛仲，而高力士小心謹愼，又是閹官，便於禁中驅使。」（《舊唐書》卷一九〇中〈文苑·齊澣傳〉）。這種議論倒是說到點子上的，所謂刑餘之人的宦官確實便於接近皇帝，而且照慣例刑餘之人沒有當皇帝的資格，不像其他權貴勢力發展過大會引起皇帝的疑忌。因此最終禁軍必然屈居下風，王毛仲等非倒臺不可。這是開元十九年正月裏的事情，〈王毛仲傳〉記錄有正月壬戌的詔書，開列了王毛仲以及葛福順以下禁軍大將軍、將軍級長官被分別貶逐的名單。王毛仲本人在貶逐途中又被下詔縊殺。

但禁軍既是當時京城裏唯一可用的武力，何以王毛仲、葛福順等會束手待斃，毫無反抗？這顯然是高力士已事先在禁軍裏玩了花樣。花樣者，無非是拉攏分化的老辦法。當年玄宗發動政變誅殺韋后、安樂公主時，就通過王毛仲來拉攏萬騎營長葛福順、陳玄禮以收拾擔任禁軍左右羽林軍長官的韋氏家族，現在高力士「以其人之道還治其人之身」，拉攏了在禁軍中和葛福順同等地位的陳玄禮來反對葛福順、王毛仲，使他們在關鍵時刻失去反抗能力。當然，這種見不得人的陰謀活動不便登諸實錄、國史，公之於眾。但從陳玄禮不僅沒有在這次鬬爭中和葛福順等一起倒臺，反而繼續高升，在開元二十六年把左右萬騎營升格擴編爲左右龍武軍、成爲比原有的左右羽林軍更爲權威的禁衛武力後就讓陳玄禮充當龍武軍大將軍爲其最高長官這些事實來看，已足够說明陳玄禮在鬬爭中倒向了高力士一邊，成爲聽從高力士指揮從而受到玄宗信用的人物。禁軍中像這樣的長官當然不止陳玄禮一個，清中葉出土、著錄於《金石萃編》、《隋唐石刻拾遺》、《古志石華》裏的劉感墓志、張安生墓志就是很好的例證。劉感、張安生都是禁軍的士兵出身，曾參與玄宗誅殺韋后的政變而被逐步升擢，在天寶時做到左右龍武軍將軍，其間沒有受過任何挫折，說明他們是走了陳玄禮同樣的道路或許就是陳玄禮的直接下屬。張安生墓志說他以在天寶十三載七十一高齡還抱病扈從玄宗去驪山華清宮，結果病死在宮側官第，可見這一伙投靠高力士的禁軍確實成爲了玄宗的心腹。

高力士此人給人的印象似乎還不太惡劣，比起他的後輩大宦官李輔國、程元振以及王守澄、仇士良之流要良善一些，這是受舊史記載的影響。實際上他竊取中樞政柄，開了後來宦官成爲「內相」的惡例。他拉攏控制禁軍，也是李輔國、程元振「專掌禁兵」以及後來定制由宦官任神策軍長官的先導，雖然他沒有在禁軍中擔任正式名義，但王毛仲之爲禁軍首腦本也沒有正式名義。中唐時內廷與外朝之爭、宦官動輒貶殺宰相，也無非是繼承高力士動用禁軍清除宰相楊國忠的老傳統。只是高力士還沒有直接危害到皇帝本人，對玄宗還是維持保護的。但這也不是他在盡愚忠，而是因爲他的權勢是依靠玄宗建立起來的，玄宗如果倒臺，他自己也將失去一切。

最後分析玄宗的態度。玄宗對楊貴妃是寵愛的，雖然〈長恨歌〉一開頭所說的「漢皇重色思傾國，御宇多年求不得」並非事實，因爲開元年間早已有特承恩寵「宮中禮秩一同皇后」的武惠妃。但到開元二十五年武惠妃死後，把武惠妃愛子壽王瑁妃楊氏弄進宮成爲貴妃，「宮中呼爲娘子，禮數實同皇后」，寵愛的程度確實不亞於過去的武惠妃。楊國忠也是玄宗識拔提到宰相位置上的，雖然怙寵弄權，也還沒有發展到對玄宗不忠的地步。因此在安祿山叛亂之前，玄宗對內廷宦官高力士和外朝宰相楊國忠之間想搞平衡，前面所說的高力士攻擊楊國忠，玄宗「久而不答」就是明證。到馬嵬驛高力士、陳玄禮要對楊國忠以兵刃相臨，兩不偏袒的辦法當然不行了，必須在兩者之間作出及時的抉擇。楊家和他的關係究竟淺，楊國忠之任宰相是在天寶十一載十一月，到這時不滿四年，貴妃入宮早一點，在開元末年，到這時也不到二十年。而高力士、陳玄禮都是他青年時代奪取政權中結合的老伙伴，是經歷了四十年多考驗的舊交情。加以高力士、陳玄禮掌握禁軍，是唯一可恃的護駕力量。楊國忠則赤手空拳，宰相的銜頭在兵荒馬亂中起不了多少作用。玄宗自然寧要高力士、陳玄禮而不要楊國忠、貴妃。因此貴妃之死實際上是經過玄宗的同意的，《舊唐書・玄宗紀》所書「上卽命力士賜貴妃自盡」，可以說是史官的直筆。

這從後來的事實也完全可以得到證實。馬嵬驛後玄宗平安抵達成都，在成都住了一年多又返回長安，仍一直依賴高力士、陳玄禮保護。住進長安的南內興慶宮後，高力士、陳玄禮還和他形影不離。到他在肅宗的大宦官李輔國壓力下遷居西內完全失去人身自由時，高力士、陳玄禮也隨之貶逐、致仕。這眞可說是相依爲命，毫無猜疑隔閡。如果高力士、陳玄禮之殺貴妃不曾獲得玄宗同意，是絕對不可能出現這種融洽無間的現象的。

那麼〈長恨歌〉怎麼辦？〈長恨歌〉所講玄宗如何思念貴妃、請臨邛道士尋覓貴妃魂魄、以至「七月七日長生殿，夜半無人私語時，在天願作比翼鳥，在地願爲連理枝」等等本來都是虛構的。對此我另外寫了一篇〈長恨歌新解〉，等發表後向大家請教。這裏只指出一點，卽〈長恨歌〉者是白居易用詩歌形式所寫的傳奇故事，他自己也只說它是「風情」之作（見《白氏長慶集》卷一六〈編集拙詩成一十五卷因題卷末〉），而並非在寫史詩。我當年先入爲主，信以爲眞，只能說明自己的幼稚。

〈長恨歌〉新解

白居易〈長恨歌〉是千年傳誦不衰的名篇，但要通解似乎亦不甚容易。三十多年前史學界前輩陳寅恪先生發表〈長恨歌箋證〉，接著在箋證白居易〈新樂府〉時又指出〈驪宮高〉、〈李夫人〉兩篇和〈長恨歌〉的關係，用以史證詩的方法為〈長恨歌〉研究開闢了一條新途徑[1]。我這篇〈新解〉，就是在陳先生研究成果的啟發指引下，對〈長恨歌〉試作全面探討，並提出自己的看法。

1 〈長恨歌箋證〉最早發表於《清華學報》一四卷一期，後編入《元白詩箋證稿》作為第一章，〈新樂府〉的箋證則是此《稿》第五章，此《稿》初版係嶺南大學一九五〇年鉛印線裝本。

一

我認爲要理解〈長恨歌〉，弄清楚這是一篇什麼性質的作品，應該考察一下〈歌〉中的重要情節，看其是否符合史實。

馬嵬驛事件是〈長恨歌〉重要的情節，〈歌〉是這樣寫的：

九重城闕煙塵生，千乘萬騎西南行，翠華搖搖行復止，西出都門百餘里，六軍不發無奈何，宛轉蛾眉馬前死，花鈿委地無人收，翠翹金雀玉搔頭，君王掩面救不得，迴看血淚相和流。

白居易作〈歌〉的同時還請陳鴻撰寫〈長恨歌傳〉，是〈歌〉的散文化，其中也說：

翠華南幸，出咸陽，道次馬嵬亭，六軍徘徊，持戟不進，從官郎吏，伏上馬前，請誅錯以謝天下，國忠奉氂纓盤水，死於道周。左右之意未快，上問之，當時敢言者請以貴妃塞天下怨，上知不免，而不忍見其死，反袂掩面，使牽之而去，蒼黃展轉，竟就絕於尺組之下。

這和《舊唐書》卷一〇六〈楊國忠傳〉、《通鑑》卷二一八天寶十五載六月丙申所紀細節雖有出入，而認爲事變是陳玄禮所率扈從禁軍因飢疲憤怒而自發的行動則相一致。其實這似非眞相，因爲《舊唐書》同卷〈王毛仲傳附陳玄禮傳〉就有這樣的明文：

及祿山反，玄禮欲於城中誅楊國忠，事不果，竟於馬嵬斬之。

《舊唐書》卷九〈玄宗紀〉更說：

次馬嵬驛，諸衛頓軍不進，龍武大將軍陳玄禮奏曰：「逆胡指闕，以誅國忠爲名，然中外羣情，無不嫌怨，今國步艱阻，乘輿震蕩，陛下宜徇羣情，爲社稷大計，國忠之徒，可置之於法。」

案《舊唐書》宣宗以前本紀多本《實錄》，陳玄禮傳紀事簡括，也不可能是雜採不足憑信的野語小說，可見禁軍首腦陳玄禮本有清除楊國忠之心，至馬嵬驛頓軍不進，盡滅楊氏一門，雖貴妃亦不免，都是有計畫的預謀行動。

陳玄禮此人據《舊》傳是「淳樸自檢」，絕非行險僥倖之徒，所以有此行動者，實緣有宦官首領高力士爲其後臺。高力士在玄宗朝以「知內侍省事」、「內侍監」爲宦官首領，「每四方進奏文表，必先呈力士，然後進御，小事便決之。玄宗常曰：『力士當上，我寢則穩。』故常止於宮中，稀出外宅」（《舊唐書》卷一八四〈宦官高力士傳〉），破除了李唐建國以來「權未假於內官」的舊例，成爲實際上執掌政柄的內相。有了內相和外朝宰相就會發生矛盾，外朝宰相之不事弄權者猶可（甘願投靠內相者更不必說），喜好弄權如李林甫、楊國忠之流就非和內相鬧到水火不相容不可。後來肅宗朝與高力士同時貶流巫州的郭湜本力士口述所撰寫的《高力士外傳》中有這樣一段記載：

〔天寶〕十二年冬，林甫亡，國忠作相。……十三年秋大雨，晝夜六十日，陳希烈罷相，韋見素持衡。上因左右無人，謂高公曰：「自天寶十年之後，朕數有疑，果致天災，以殃百姓，雖韋、陳改轍、楊、李殊塗，終未通朕懷，卿總無言，何以爲意？」高公伏奏曰：「開元二十年以前，宰臣授職，不敢失墜，邊將承恩，更相戮力。自陛下威權假於宰相，法令不行，災眚備於歲時，陰陽失度，縱爲軫慮，難以獲□，臣不敢言，良有以也。」上久而不答[2]。

陳希烈之於李林甫，韋見素之於楊國忠，都是伴食性質，高力士所攻擊的開元二十年後假弄威權的宰相自非林甫、國忠莫屬。林甫已前卒不論，國忠、貴妃等楊氏勢力則尚有待剪除。至於剪除楊氏勢力之所以能動用禁軍，則由於禁軍長官陳玄禮早在開元時禁軍與宦官的鬪爭中爲高力士所拉攏。開元十九年在禁軍系統與玄禮地位相埒的葛福順及以次若干禁軍將軍悉隨王毛仲被貶逐，而陳玄禮得繼續「宿衛宮禁」，備受信用，成爲禁軍主力萬騎營升格的龍武軍的大將軍卽是明證[3]。高力士此人本是憑武力以解決政爭的老手，早年就以支持玄宗勘定韋后、安樂公主之難並參與剪除太平公主的軍事行動而成爲玄宗的心腹，天寶十一載又曾親率「飛龍禁軍四百」誅討在京城謀亂的故鴻臚少卿邢璹子邢縡（《通鑑》卷二一六天寶十一載四月乙酉條、《舊唐書》卷一〇五〈王鉷傳〉）。因此，在與外朝宰相楊國忠矛盾尖銳，玄宗又遲疑不遽表態的情況下，乘安祿山叛亂之機，指使陳玄禮動用禁軍「欲於城中誅楊國忠」，終於在馬嵬驛盡滅國忠、貴妃並楊氏一門，正是事理之所必至。《舊唐書．玄宗紀》記貴妃之死說：

兵士圍驛四合，及誅楊國忠、魏方進一族，兵猶未解，上令高力士詰之，迴奏曰：「諸

2　《通鑑》卷二一七天寶十三載九月「高力士侍側」云云卽據此節寫。

3　關於玄宗初期禁軍之受控於王毛仲，及以王毛仲為首的禁軍集團與宦官高力士的鬪爭並失敗，備詳《舊唐書》卷一〇六〈王毛仲傳〉。拙作〈說馬嵬驛楊妃之死的真相〉對此問題併高力士控制利用陳玄禮禁軍以製造馬嵬驛事件等問題均有所疏說。

將旣誅國忠，以貴妃在宮，人情恐懼。」上卽命力士賜貴妃自盡。

卷五一〈后妃玄宗楊貴妃傳〉說：

> 旣而四軍不散，玄宗遣力士宣問，對曰：「賊本尚在！」蓋指貴妃也。力士覆奏，帝不獲已，與妃訣，遂縊死於佛室，時年三十八。

《安祿山事迹》卷下注語：

> 行在都虞候陳玄禮領諸將三十餘人帶仗奏曰：「國忠父子旣誅，太眞不合供奉！」上曰：「朕卽當處置。」……高力士乃請先入見太眞，具述事勢，太眞曰：「今日之事，實所甘心，容禮佛。」遂縊於佛堂，舁置驛庭中，令玄禮等觀之。

可見其時陳玄禮率禁軍除楊國忠等於外，而高力士逼縊貴妃於內，馬嵬驛之變之由高、陳合謀，事極明顯。

對玄宗來說，不論高力士、陳玄禮以及楊國忠都是自己的親信。因此當天寶十三年高力士攻擊楊國忠時就「久而不答」，沒有偏袒任何一方。但到這時候形勢起了變化，在安祿山叛軍進逼下長安政權已告崩潰，玄宗要考慮的首先是自身安全問題。而高力士、陳玄禮和自身的關係深，都是早在四十多年前青年時代就在一起合謀攫取政權的老伙伴，而且此時老伙伴手握禁軍，負有扈從的重任，是自身安全的唯一保障。貴妃的入宮則已在開元之末，楊國忠之見親幸更是天寶後期的事情，和玄宗的關係都遠比不上高、陳[4]。加之玄宗此時高齡已屆七十二，貴妃亦已三十

4 從《舊唐書・陳玄禮傳》所紀「天寶中玄宗在華清宮，乘馬出宮門，欲幸虢國夫人宅，玄禮曰：『未宣敕報臣，天子不可輕去就。』玄宗為之迴轡」一事，也可看出玄宗之信賴陳玄禮有過於楊氏。

八，久已不屬青年人徒知沉溺男女之情的年歲，區區床第之愛何如自身安全之重要，玩弄封建政治幾及半個世紀、老於謀算的玄宗自能了然於心。當此不能兩全之時，寧從高力士、陳玄禮而捨棄楊國忠、貴妃，正是玄宗必然作出的抉擇。所以《舊唐書．玄宗紀》所書的「上卽命力士賜貴妃自盡」倒可說是實錄直筆，而〈長恨歌〉「君王掩面救不得，迴看血淚相和流」之句寫得並不眞實。

這種分析從以後的事態也可以得到證實。馬嵬驛事件後玄宗和扈從官吏軍士一千三百人在七月安抵成都，第二年八月皇太子肅宗卽位靈武，玄宗退居太上皇，九、十月郭子儀收復兩京，肅宗遣使入蜀奉迎太上皇，十二月太上皇玄宗返回長安（《舊唐書》卷九〈玄宗紀〉、卷一〇〈肅宗紀〉）。在路途往返以及留居成都一年多時間內均惟賴高力士、陳玄禮護持[5]，所以至德二載十二月大封賞中居首列的「蜀郡元從功臣」除韋見素以前宰相太子太師掛名外，就只有高、陳二人，足見高、陳與玄宗的關係並未因馬嵬驛事件而稍形疏隔。卽使在鳳翔被肅宗親信宦官李輔國收繳隨駕甲仗，回長安定居興慶宮後更處於受肅宗政權監視的極端不利的情況下，高、陳仍追隨玄宗克盡保護之職（《高力士外傳》、《通鑑》卷二二〇至德二載十一月丙申、卷二二一上元元年六月諸條）。如果貴妃之縊眞是在「君王掩面救不得」的情況下高、陳的專擅行動，未經玄宗同意，則存在逼殺寵妃之仇的高、陳與玄宗間關係還能如此融洽，倒是一件不可思議的奇蹟。

---

5 如《舊唐書》卷一一二〈李峘傳〉卽紀「上皇在成都，健兒郭千仭夜謀亂，上皇御玄英樓招諭，不從，〔蜀郡太守劍南節度采訪使〕峘與六軍兵馬使陳玄禮等平之」。

二

〈長恨歌〉自馬嵬驛事件後以大半篇幅描寫玄宗對貴妃的思念，而其高潮則通過臨邛道士入海上仙山獲見貴妃來表現，所謂：

> 臨邛道士鴻都客，能以精誠致魂魄，爲感君王展轉思，遂教方士殷勤覓，排空馭氣奔如電，升天入地求之遍，上窮碧落下黃泉，兩處茫茫皆不見，忽聞海上有仙山，山在虛無縹緲間，樓閣玲瓏五雲起，其中綽約多仙子，中有一人字太眞，雪膚花貌參差是。

……。

這是〈長恨歌〉的又一重要情節。陳鴻〈歌傳〉也作同樣的記述，但這仍舊不是事實。當然，這不是說海上仙山之不存在和方士到仙山獲見貴妃之不可能，這種不可能在今天自已毋庸多說。這裏是說連方士爲玄宗尋覓貴妃的裝神弄鬼活動在當時也不可能有過，也不是事實。

玄宗以太上皇身分於至德二載十二月丁未返回長安後定居興慶宮卽南內，乾元三年七月丁未移居西內之甘露殿，第二年上元二年四月甲寅卒於神龍殿（《舊唐書》卷九〈玄宗紀〉、卷一〇〈肅宗紀〉，惟〈肅宗紀〉誤紀入居南內在丙午）。〈長恨歌〉所說方士尋覓貴妃之事是在南內抑西內，〈歌〉中不曾明確交待（如何不明確在第四節裏要談到）。姑且先作爲南內吧，玄宗入居南內後的情況見《舊唐書》卷一八四〈宦官李輔國傳〉及《通鑑》卷二二一上元元年六月條，而以《通鑑》所紀較爲詳備：

上皇愛興慶宮，自蜀歸卽居之。上時自夾城往起居，上皇亦間至大明宮。左龍武大將軍陳玄禮、內侍監高力士久侍衞上皇，上又命玉眞公主，如仙媛、內侍王承恩、魏悅及梨園弟子常娛侍左右。上皇多御長慶樓，父老過者往往瞻拜，呼萬歲，上皇常於樓下置酒食賜之，又嘗召將軍郭英乂等上樓賜宴，有劍南奏事官過樓下拜舞，上皇命玉眞公主，如仙媛爲之作主人。

又《舊唐書．肅宗紀》：

〔乾元元年八月〕甲辰，上皇誕節，上皇宴百官於金明門樓。……〔十月〕甲寅，上皇幸華清宮，上送於灞上。……十一月丁丑，……上皇至自華清宮，上迎於灞上。

《高力士外傳》：

上皇在興慶宮，先留廐馬三百匹。

則玄宗在南內的二年半時間雖處於肅宗政權監視之下，仍有相當範圍內之自由。要招致方士，以後世的眼光來看似不無可能，因爲這無非是迷信活動，不牽涉到政治。但在封建社會卻並非如此簡單，尤其是封建社會前期，上層統治階級所興的大獄往往和交通左道、巫祝、方士之類發生牽連。卽以玄宗朝而言，如《舊唐書》卷五一〈后妃玄宗廢后王氏傳〉：

后兄守一以后無子，常懼有廢立，導以符厭之事，有左道僧明悟爲祭南北斗，刻霹靂木，書天地字及上諱，合而佩之，且呪曰：「佩此有子，當與則天皇后爲比。」事發，上親究之，皆驗，……下制曰：「皇后王氏，……可廢爲庶人，別院安置。……。」守一賜死。

卷一〇七〈玄宗諸子棣王琰傳〉：

寵二孺人，……孺人乃密求巫者，書符置於琰履中以求媚。琰與監院中官有隙，中官聞其事，密奏於玄宗，云琰厭魅聖躬。玄宗使人掩其履而獲之，玄宗大怒，……命囚於鷹狗坊中，絕朝請，憂懼而死。

卷一〇五〈楊愼矜傳〉：

愼矜性疏快，素昵於〔王〕鉷，嘗話讖書於鉷，又與還俗僧史敬忠游處。……鉷於〔李〕林甫構成其罪，云「愼矜是隋家子孫，心規克復隋室，故蓄異書，與凶人來往，而說國家休咎」。……林甫令人發之，玄宗震怒，……詔楊愼矜、〔及兄〕愼余、〔弟〕愼名並賜自盡。

這幾件案子都是玄宗親手處理過的，他不可能不懂得交通方士、左道之類在某種情況下的嚴重性。此時處於肅宗政權監護之下，卽使依戀貴妃的美色，重萌思念之心，也絕對不敢冒此不韙，公然訪求臨邛道士來裝神弄鬼。何況此時逼殺貴妃的高力士、陳玄禮日侍左右，玄宗的「聖躬」正有賴他們保護，作爲有政治頭腦的玄宗，也絕對不致有此等思戀貴妃的行動以啟高、陳之疑忌。因此可以斷定，卽使在南內有一定的自由時，玄宗也不可能招致方士來尋覓貴妃。

遷入西內如何？《通鑑》卷二二一上元元年七月所紀說：

丁未，〔李〕輔國矯稱上語，迎上皇遊西內，至睿武門，輔國將射生五百騎露刃遮道奏曰：「皇帝以興慶宮湫隘，迎上皇遷居大內。」上皇驚，幾墜，高力士曰：「李輔國何得無禮！」叱令下馬，輔國不得已而下，力士因宣上皇誥曰：「諸將士各好在！」將士皆納刃，再拜呼萬歲，力士又叱輔國與己共執上皇馬鞚，侍衛如西內，居甘露殿，輔國率眾而退，所留侍衛兵才尫老數十人，陳玄禮、高力士及舊宮人皆不得留左右。……丙辰，高力士流巫州，王承恩流播州，魏悅流溱州，陳玄禮勒致仕，置如仙媛於歸州，玉眞公主出居玉眞觀，上更選後宮百餘人置西內備灑掃。

據《高力士外傳》則高力士之除名長流尚在移西內十餘日後，而所述遷移情景之狼狽似更為近眞：

上皇謂高公曰：「常用輔國之謀，我兒不得終孝道，明早向北內（肅宗所居大明宮）！」及曉，至北內，皇帝使人起拜云：「兩日來疹病，不復親起拜伏，伏願且留吃飯。」飯畢，又曰：「伏願且歸南內。」行欲至夾城，忽聞憂憂聲，上驚迴顧，見輔國領鐵騎數百人便逼近御馬，輔國便持御馬，高公驚下，爭持曰：「縱有他變，須存禮儀，何得驚御。」輔國叱曰：「老翁大不解事，且去！」卽斬高公從者一人，高公卽攏御馬，直至西內安置，自辰及酉，然後老宮婢十數人將隨身衣物至，一時號泣，……（上皇）便處分尚食，明日以後不須進肉食，每日上皇與高公親看掃除庭院，芟薙草木，或講經論，議轉變說話。

則已成完全失去自由的俘囚，其不可能招致方士更無待言。

關於馬嵬驛事件當時尚有某些皮相之談，如後來《舊唐書・楊國忠傳》等之所記載，白居易也許確實不明其眞相。玄宗入居南內、西內後之不可能招致方士，則在本朝曾任秘書省校書郎的白居易不會不懂得。陳寅恪先生《元白詩箋證稿》第五章〈新樂府・李夫人〉條曾指出〈李夫人〉

此篇「又不見秦陵一掬淚，馬嵬坡下念楊妃，縱令妍姿艷質化爲土，此恨長在無銷期」等句與〈長恨歌〉的關係，以論證〈長恨歌〉「後半節暢述人天生死形魂離合之關係」，實「由漢武帝李夫人故事轉化而來」。我亦有同樣的看法（詳拙作〈漢皇與明皇〉，載一九四九年四月八日《東南日報・文史》）。我並認爲，這段方士尋覓貴妃的情節，並非白居易採集已在社會上流播的故事傳說，而卽係白居易以漢武帝、李夫人爲藍本所編造，因爲在唐人雜記小說中有關玄宗貴妃的逸聞至多，其中還有若干是牽涉到方士羅公遠、葉法善之類的，但從未見到這樣請方士尋覓貴妃的故事。

三

〈長恨歌〉的再一個畫龍點睛式的重要情節，是貴妃見到玄宗的使者臨邛道士對玄宗的寄語：

> 臨別殷勤重寄詞，詞中有誓兩心知，七月七日長生殿，夜半無人私語時，在天願作比翼鳥，在地願爲連理枝。

〈歌傳〉說得更具體些：

> 昔天寶十載，侍輦避暑驪山宮，秋七月牽牛、織女相見之夕，……夜始半，休侍衞於東西廂，獨侍上，上憑肩而立，因仰天感牛女事，密相誓心，願世世爲夫婦，言畢執手各嗚咽，此獨君王知之耳。

對此，陳寅恪先生早在〈長恨歌箋證〉裏就提出了兩個問題。

一個問題是關於長生殿，陳先生根據《舊唐書》卷九〈玄宗紀〉天寶元年十月條、《唐會要》卷三〇〈華清宮〉條「長生殿名曰集靈臺以祀神」的記載，以及《唐詩紀事》卷六二鄭嵎〈津陽門詩注〉「長生殿乃齋殿」「飛霜殿卽寢殿」的講法，認爲「唐代宮中長生殿雖爲寢殿，獨華清宮之長生殿爲祀神之齋宮，神道清嚴，不可闌入兒女猥瑣，樂天未入翰林，猶不諳國家典故，習於世俗，未及詳察，遂致失言」。不過這類「失言」問題尚小，華清宮寢殿之究爲長生抑飛霜對探討〈長恨歌〉無甚關係，而且據我推測鄭嵎〈詩注〉未必便爲典要，〈長恨歌〉之長生殿爲華清宮寢殿很可能本無錯誤，對此本文附錄〈說長生殿〉要詳加討論，這裏不再多說。

陳先生提出的另一問題則值得注意，卽「溫泉之浴，其旨在治療疾病，除寒祛風，非若今世習俗，以爲消夏避暑之用」，「則玄宗臨幸溫湯必在冬季春初寒冷之時節。今詳檢兩《唐書·玄宗紀》無一次於夏日炎暑時幸驪山，而其駐蹕溫泉，常在冬季春初，可以證明者也。夫君舉必書，唐代史實，武宗以前大抵完具，若玄宗果有夏季臨幸驪山之事，斷不致漏而不書。然則絕無如〈長恨歌〉〈傳〉所云天寶十載七月七日玄宗與楊妃在華清宮之理，可以無疑」。陳先生這點講得很正確。玄宗在位四十四年中有三十一年行幸過驪山，其去起初在九月至明年正月，開元二十六年後基本固定在十月，返回長安則在十月至明年正月，如〈歌傳〉所說「避暑驪山宮」七夕相誓的天寶十載，《舊唐書·玄宗紀》卽寫明是「冬十月辛亥幸華清宮」，因此某些記載如《舊唐書·貴妃傳》、〈楊國忠傳〉就索性說「玄宗每年十月幸華清宮」。〈長恨歌〉〈傳〉把七月七日相誓說成在驪山華清宮，確實有背於史實。

但在這個重要情節上爲什麼再一次違背史實，陳先生尚未暇疏說。我則認爲，這也和前一個重要情節招致方士之不可能一樣，不是白居易不諳典故，缺乏常識，而是明知故犯。因爲今本《白氏長慶集》卷一二歌行曲引中有題爲〈江南遇天寶樂叟〉的歌行，其中說到：

是時天下太平久，年年十月坐朝元。

朝元閣是華清宮的建築物，見《舊唐書・玄宗紀》天寶七載十二月戊戌條，可見白居易本人是知道每年十月幸華清宮這個故事的。如果說這首歌行未注寫作年分，或許成於〈長恨歌〉之後，則可覆檢配合〈長恨歌〉同時撰寫的〈歌傳〉，其中也已說到：

時每歲十月駕幸華清宮。

加以〈長恨歌〉本身「春寒賜浴華清池」之不曰「夏暑」而作「春寒」，都可作爲白居易明知行幸季節的鐵證。不諳典故缺乏常識自可不論，明知故犯就不能不探討其故犯的原因。

原因我認爲應該從兩方面來分析。先是時間，爲什麼一定要把夜半相誓說在七月七日。這需要考察七月七日是怎樣的日子。《藝文類聚》卷四〈歲時〉引東漢末崔寔《四民月令》：

七月七日，……設酒脯時果，散香粉於筵上，祈請於河鼓、織女，言此二星神神當會。[6]

《初學記》卷四〈歲時部〉引晉周處《風土記》：

七月七日，其夜灑掃於庭，露施几筵，設酒脯時果，散香粉於河鼓（注：《爾雅》曰河鼓謂之牽牛）、織女，言此二星神當會，守夜者咸懷私願，或云見天漢中有奕奕正白氣，

6 《初學記》卷四歲時部引《四民月令》無此數語，但東漢人〈古詩十九首〉中已有「迢迢牽牛星，皎皎河漢女」之詠。可見其時確已有此風俗，《類聚》所引不妄，《初學記》當以其語與上文所引周處《風土記》重複刪落，而未思《風土記》之實承用崔語。

有耀五色，以此爲徵應，見者便拜，而願乞富乞壽，無子乞子，唯得乞一，不得兼求，三年乃得言之，頗有受其祚者。

又引梁宗懍《荊楚歲時記》：

七夕，婦人結彩縷，穿七孔針，或以金銀鍮石爲針，陳瓜果於庭中以乞巧，有喜子網於瓜上，則以爲得。

唐代猶是如此，如《唐語林》四庫本卷八補遺：

七夕者，七月七日夜。《荊楚歲時記》：「七夕，婦人穿七孔針，設瓜果于庭以乞巧。」今人乃以七月六日夜爲之，至明曉望於彩縷，以冀織女遺絲，乃是七曉非夕也，又取六夜穿七竅針，益謬矣。今貴家或連二宵陳乞巧之具，此不過苟悅童稚而已。[7]

即〈長恨歌傳〉也說：

秋七月牽牛、織女相會之夕，秦人風俗，是夜張錦繡，陳飲食，樹瓜華，焚香於庭，號爲乞巧，宮掖間尤尚之。

至於見於詩人歌詠，自〈古詩十九首〉「迢迢牽牛星，皎皎河漢女」以下之見於《藝文類聚》、《初學記》以及《北堂書鈔》卷一五五〈歲時〉者已連篇累牘，更無論唐人。白居易生於唐代，自備悉當時宮掖民間於七月七日牛女相會之夕的乞巧風俗，同時又身爲文士，易受前人以七夕牛

7　《唐語林》係北宋王讜采唐人小說五十家分門編集，此條取自何書，匆匆無暇檢核，不知所謂「七月六日夜為之」是唐何時何地習俗，但恐仍以七日夜為之者為通行，如〈長恨歌傳〉所說及李商隱〈七夕偶題〉「花果香千戶」，〈辛未七夕〉「惟與蜘蛛乞巧絲」之類可證，何況此條本身也仍說「貴家或連二宵」，並非都改七夕為六夕或七曉。

女乞巧故事入詩歌詠之啟發，其所編集以資詞藻之用的《白氏六帖事類集》，在卷一〈七月七日〉條下就列徵《荊楚歲時記》等記載，則撰寫〈長恨歌〉時選擇此通行宮掖民間的牛女相會七夕乞巧節，作爲玄宗、貴妃男女相誓的時間，以天上牛女與人間夫婦相比附，誠可說是天衣無縫，錙銖悉稱，要改用冬春任何其他節日都不可能如此適合。

再說地點。七月七日玄宗、貴妃既不可能在驪山，能不能把相誓的地點說成在其時皇帝平日所居的大明宮或宮中寢殿，不曰「七月七日長生殿」而曰「七月七日大明宮」或「七月七日某某殿」。這也不能，因爲驪山對玄宗來說已有其不可分離的特殊關係。本來，由於驪山毗鄰長安又有溫湯之勝，在長安地區建都的帝王前往遊樂者自多有其人，並非始於李唐，更不始於玄宗（詳宋敏求《長安志》卷一五〈臨潼縣溫湯〉）。不過像玄宗那樣幾乎每年行幸、甚至在驪宮受正旦朝賀者確實是前所未有。而舊驪宮之踵事增華爲華清宮，於「驪山上下益治湯井爲池，臺殿環列山谷」，「又築會昌城，即於湯所置百司與公卿邸第」，儼然與長安的大明宮及西內、南內相敵體，則又悉成於玄宗之時，迥非前此帝王略事興築之所能及。自玄宗以後，則「天子罕復遊幸，唐末遂皆圮廢」（宋《志》），其間只有穆宗、敬宗這兩個青年童稚喜好遊樂的皇帝各去過一次，當日即回（《舊唐書》卷一六〈穆宗紀〉元和十五年十一月，卷一七上〈敬宗紀〉寶歷元年十一月），還備受臣下們的諫阻。諫阻穆宗的表狀今存元稹《元氏長慶集》，即卷三四的〈兩省供奉官諫駕幸溫湯狀〉，其中說：

伏以駕幸溫湯，始自玄宗皇帝，乘開元致理以後，當天寶盈羨之秋，葺殿宇於驪山，置官曹於昭應，警蹕於繚垣之內，周行於馳道之中，萬乘齊驅，有司盡去，無妨朝會，不廢戒嚴，而猶物議喧囂，財力耗顇，數年之外，天下蕭然。累聖已來，深懲覆轍，驪宮圮毀，永絕修營。

敬宗之事則見於《唐語林》四庫本卷六補遺：

寶歷中，敬宗皇帝欲幸驪山，時諫者至多，上意不決。拾遺張權輿伏紫宸殿下叩頭諫曰：「昔周幽王幸驪山，爲戎所殺；秦始皇葬驪山，國亡；明皇帝宮驪山，而祿山亂；先皇帝（穆宗）幸驪山，而享年不長。」帝曰：「驪山若此之凶耶？我宜往驗彼言。」

可見中唐時人輿論以爲安祿山叛亂是由於玄宗淫侈遊樂，而淫樂之中心則在驪山，人主除個別外多不敢蹈此覆轍，幾以行幸驪山爲惡德。這種認識今天看來當然大成問題，而當時詩人則不能不深受其影響。因此舉凡中唐以還詩人歌詠玄宗、貴妃故事多涉驪山，歌詠驪山亦必及玄宗、貴妃。白居易作爲詩人自亦未能免俗，這就是〈長恨歌〉寧願違背史實而必須把七月七日夜半相誓的地點放到驪山這個淫樂熱鬧之所的原因。

四

除上述若干重要情節外，〈長恨歌〉還有許多背離史實、不易理解的地方。這點早在南宋時的程大昌已有所發覺，在所撰《雍錄》卷四〈溫泉說〉中就認爲〈長恨歌〉「多不得其實」，只是沒有把不得其實之處逐一列舉，其他人在這方面也談得不多且較零星，因此在這裏還有必要說一說。

「漢皇重色思傾國，御宇多年求不得。」唐人詩篇稱玄宗往往用其謚號曰「明皇」，這裏本也可用「明皇」。用「漢皇」者，是暗示此〈歌〉的藍本是漢武帝李夫人故事，所以〈歌傳〉就點明貴妃「鬒髮膩理，纖穠中度，舉止閑冶，如漢武帝李夫人」。這在陳寅恪先生〈長恨歌箋證〉中已經指出。不過當時中國亦可稱「漢」，皇帝自亦可稱「漢皇」，所以這裏用「漢皇」是語意雙關，不能算背離史實。背離史實倒是第二句「御宇多年求不得」。玄宗先天元年御宇，到開元末年貴妃入宮已近三十年，誠可說「多年」。但這「多年」中已有備承恩寵「特賜號爲惠妃，宮中禮秩，一同皇后」的武氏（《舊唐書》卷五一〈玄宗貞順皇后武氏傳〉），並非「多年求不得」而是早已求得。但〈長恨歌〉偏要如此寫，目的是爲了使主題更加集中，這比〈歌傳〉一定要寫出「先是玄獻皇后、武淑妃皆有寵（其實後來追贈玄獻皇后的楊氏之受寵絕不能與惠妃、貴妃相比），相次即世」，然後轉入尋求貴妃者顯然高明。讀〈歌〉者多讀〈傳〉者少，某些選本如《唐詩別裁集》且存詩去傳，固然與文字體裁有關，而文學水平的高下恐也是一個重要原因。

「楊家有女初長成，養在深閨人未識。」楊貴妃先爲玄宗十八子武惠妃所生壽王瑁之妃，已是人所共知的事實，〈歌傳〉即點明「潛搜外宮，得弘農楊玄琰女於壽邸」。而〈歌〉不如實寫出者，倒並非如宋人趙與旹、馬永卿等所說是「大惡不容不隱」（趙氏《賓退錄》卷九），「《春秋》爲尊者諱」（馬氏《嬾真子》卷二），而也是爲了集中文字於主題，防止旁生枝節。

「春寒賜浴華清池，溫泉水滑洗凝脂，侍兒扶起嬌無力，始是新承恩澤時。」據《舊唐書·玄宗紀》驪宮在天寶六載十月才改名華清宮，前此則曰溫泉宮，貴妃之承恩早在其先，如何能有華清池之稱，此點《雍錄》即已指出。但今本《舊唐書》肅宗乾元以前紀傳多用唐吳兢等所撰國史；而據〈歌傳〉「世所知者有玄宗本紀在」之語，知白居易實讀過此等國史本紀。今仍違背國史記載寫作「華清池」者，以華清宮之名爲人所共知，寫「華清池」則並宮名也連帶而出。否則寫成「溫泉池」，或如〈歌傳〉寫成「湯泉」，則不僅均屬不辭，且與下句「溫泉水滑」相犯，寫成「賜浴在湯池」又點不出「華清」二字，都不如逕用「華清池」爲好。

「六軍不發無奈何，婉轉娥眉馬前死。」貴妃之死並非禁軍自發行動，已如本文第一節所說。「六軍」一詞也有問題，《舊唐書》岑建功本校勘記卷三二貴妃傳「既而四軍不散」條引張宗泰說：「以《新書・兵志》考之，大抵以左右龍武、左右羽林合成四軍，及至德二載，始置左右神武軍，是至德以前有四軍無六軍明矣。〈白居易長恨歌傳〉曰『六軍徘徊』，〈歌〉曰『六軍不發無奈何』，蓋詩人沿天子六軍舊說，未考盛唐之制耳。」案《新唐書・兵志》所說左右龍武軍建置時間雖有錯誤，但玄宗末年禁軍之僅有左右羽林、左右龍武四軍，則誠是事實，別詳唐長孺先生《唐書兵志箋證》卷三。而〈長恨歌〉〈傳〉所以沿用「天子六軍」舊說者，很明顯是考慮到「六軍」之稱比較通俗，不若「四軍」眼生，必須於當時史實作過研究的人才能懂得。

「黃埃散漫風蕭索，雲棧縈紆登劍閣，峨嵋山下少人行，旌旗無光日色薄。」這有兩個問題。首先，從陝西南下至成都不需要經過峨嵋山，如宋沈括《夢溪筆談》卷二三〈謬誤〉所說：「峨嵋山在嘉州，與幸蜀路並無交涉。」而所以如此寫者：一則峨嵋是四川有名的大山，用峨嵋山比用其他不甚知名的山川來得通俗且更易形象化。再則據《元和郡縣圖志》卷三一〈劍南道嘉州峨嵋縣〉：「峨嵋大山，在縣西七里，……兩山相對，望之如峨嵋，故名。」是此山本以似眉而名峨嵋，用峨嵋山可與上面所詠「宛轉蛾眉馬前死」映帶成文。這是地理上的問題。從時間來說也有問題，玄宗之幸蜀，據《舊唐書・玄宗紀》是天寶十五載六月乙未離長安，丁酉發馬嵬驛，七月壬戌次益昌縣，渡吉柏江入劍南，庚辰至成都，一路上正值炎暑。炎暑來風可熱可涼，但絕對不能如秋風之稱「蕭索」，炎炎烈日也決不能形容成秋冬季節日色之「薄」。而〈長恨歌〉偏要不顧時令用「風蕭索」「日色薄」者，無非是爲了要寫出幸蜀途中君臣心情之淒涼暗淡，以與前比「驪宮高處入青雲，仙樂風飄處處聞」的熱鬧場面相襯托。

「天旋日轉廻龍馭，到此躊躇不能去，馬嵬坡下泥土中，不見玉顏空死處，君臣相顧盡沾衣，東望都門信馬歸。」案之《舊唐書・玄宗紀》「〔至德二年〕十月，肅宗遣中使啖廷瑤入蜀奉迎。丁卯，上皇發蜀郡。十一月丙申，次鳳翔郡，肅宗遣精騎三千至扶風迎衛。十二月丙午，肅宗具法駕至咸陽望賢驛迎奉。」則玄宗返回長安確仍經過馬嵬。但此時高力士、陳玄禮及原在陳指揮下殺戮楊國忠等的禁軍都扈從隨行，爲「君」的玄宗面對他們不可能垂思念貴妃之淚，爲「臣」的這批人更不可能爲貴妃垂淚，迎衛監視的肅宗系部隊也不會垂淚。〈長恨歌〉偏說「君臣相顧盡沾衣」，是爲了要寫出貴妃之死博得時人廣泛的同情和哀憐。

「歸來池苑皆依舊，太液芙蓉未央柳。」這兩句是描寫回到長安時的情景。據宋敏求《長安志》卷六〈唐宮室東內大明宮〉章：「有太液池，池內有太液亭子。」知此池是人君游賞之所，池內種植芙蓉即〈歌傳〉所謂「池蓮」自屬可能。同卷〈禁苑內苑〉章：「未央宮，……漢之舊宮也，去宮城二十一里，唐置都邑之後，因其舊址復增修之，宮側有未央池。」〈歌〉所謂「池苑」之苑即指此內苑，「未央柳」之未央即指此內苑未央宮中或未央池側之柳，案之苑中有所謂「柳園亭」，此處植柳也自可能。但玄宗於至德二載十二月返回長安時的活動經過如《舊唐書・玄宗紀》所說是：「丁未，至京師，文武百僚、京城士庶夾道歡呼，靡不流涕，即日御大明宮之含元殿，見百僚，上皇親自撫問，人人感咽，時太廟爲賊所焚，權移神主於大內長安殿，上皇謁廟請罪，遂幸興慶宮。」[8]其間並未一經內苑，而且大明宮的太液池遠在含元殿之北，當日忙於撫問百僚，請罪神主，也未必有暇涉足。此外，返回時已屆十二月嚴冬，芙蓉早已枯敗盡淨，多柳也決不能如下文所說那樣「如眉」。〈長恨歌〉只是爲了要寫下文的「芙蓉如面柳如眉，對此如何不淚垂」，才不顧時令地點信筆出此「太液芙蓉未央柳」之句。

「西宮南苑多秋草，落葉滿階紅不掃，梨園弟子白髮新，椒房阿監青娥老。」據《長安志》、徐松《唐兩京城坊考》，唐代並無南苑，此「南苑」當卽南內之互文。玄宗回長安後先住南內，其後被迫移入西內，則應說「南苑西宮」才妥。不過這出入尚小，與事實大有出入的是「梨園弟子」兩句。《舊唐書》卷八〈音樂志〉：「玄宗又於聽政之暇，教太常樂工弟子三百餘人爲絲竹之戲，……號爲皇帝弟子，又云梨園弟子，以置院近於禁苑之梨園。」這些樂工子弟不可能是中年以上之人，而玄宗天寶十五載六月離長安幸蜀，第二年至德二載十二月卽返回，不到一年半時間他們如何能迅速衰老而新生白髮。椒房之阿監雖一般由年齡稍長的宮女來充任，也不至在同樣短促時間內就頓現老態。〈長恨歌〉如此寫，是爲了要極言歸來後之淒涼衰敗，不堪回首。

「夕殿螢飛思悄然，孤燈挑盡未成眠。」宋邵博《聞見後錄》卷一九對此批評說：「寧有興慶宮中，夜不燒蠟油，明皇帝自挑燈者乎？書生之見可笑耳。」陳寅恪先生〈長恨歌箋證〉也認

8　《舊唐書・肅宗紀》所紀略同，惟大內之殿名作「長樂」，這是當時要把「宮省門帶『安』字者改之」的緣故，見〈肅宗紀〉至德二載十一月壬申。

爲「樂天之作〈長恨歌〉在其任翰林學士以前，宮禁夜間情狀，自有所未悉」。其實恐仍是爲了極言玄宗回長安後處境之淒涼，所以不用蠟燭入詩而偏用「孤燈」。

「悠悠生死別經年，魂魄不曾來入夢。」這「別經年」通常只能解釋爲別離經一年，但貴妃之死在天寶十五載六月，離第二年十二月玄宗之返長安已近一年半時間。即使籠統一點講，這「別經年」也應是指玄宗初返長安而言，當時玄宗入居南內，逼遷西內是兩年半以後乾元三年七月的事情，而上文卻已講到「西宮南苑多秋草」，豈非自相矛盾。所以如此者，仍由於〈長恨歌〉本非寫實，在這些地方可以隨便不拘。

五

〈長恨歌〉全篇不過八百四十字，而爲文學需要不恤細節者既如此，重要情節之背離史實又如彼，足證其非杜甫式的史詩，而係選擇若干史實，加以徹底改造編撰，使之成爲一完整故事，而用歌行這種體裁寫出來的文學作品。

根據以上對幾個重要情節之所以不顧史實重加改造編撰的分析，可以看出：㈠〈長恨歌〉故事是以漢武帝思念李夫人的舊聞爲藍本。不過李夫人是因病善終的，而楊貴妃則被縊兇死，凡兇死者從民俗學來說最易打動人們的心靈[9]。抓住馬嵬驛之變把它說成是士兵自發行動，君王則如

9 如蔣子文據《搜神記》只是漢末秣陵尉，蘇峻用舊時看法更是犯上作亂之徒，而在東晉南朝成為朝野嚴祀的蔣帝、蘇侯神者，凶死是其主要原因。明清時關羽祠廟之遍及各地，岳飛、于謙之崇祀西湖，均頗傳靈響，和他們的不得其死也不無關係。

漢獻帝於伏后之死那樣「掩面救不得」，自更能獵取讀者的同情。㈡李夫人之有故事性，全在於死後有方士齊人少翁爲之招魂，因此〈長恨歌〉必須在玄宗返回長安後用大段篇幅編造一臨邛道士尋覓貴妃的故事，不顧其與史實之有矛盾扞格。㈢李夫人故事以招到一個「是邪非邪」的形影就結束（《漢書》卷九七上〈外戚孝武李夫人傳〉），〈長恨歌〉則由此展開「七月七日長生殿」的故事，「青出於藍而勝於藍」，正是白居易這位大文學家手筆高妙之處。㈣這個故事的時間所以要定在七月七日夜半，是利用在宮掖民間都流行已久的七夕乞巧風俗，從天上牽牛、織女七夕相會引出人間男女的離合悲歡，如〈歌傳〉所謂「感牛女事，密相誓心，願世世爲夫婦」，作爲全詩的主題。㈤既然相誓「願世世爲夫婦」，並且如〈歌傳〉所寫貴妃將「復於下界，且結後緣，或爲天，或爲人，決再相見，好合如舊」，則可謂結局圓滿無復遺恨。但白居易在「在天願作比翼鳥，在地願爲連理枝」兩句之後，忽接上「天長地久有時盡，此恨綿綿無絕期」以爲全詩結束，並題目也標作〈長恨歌〉，這不是標目和主題矛盾，而是點清海上仙山、重踐誓言云云無非虛幻，只能作故事欣賞而不必鑿實。這又是白居易高妙之處，迥非並時文士之所能企及。㈥至於七月七日之地點必須放在驪山華清宮，則如前所說，由於當時驪宮與玄宗、貴妃已不能分割，不用驪宮改用其他大明宮等作爲背景，整個故事就將大爲減色。其他細節之不顧史實隨心湊揑描繪者，也出於同一目的。這種要求情節服從於主題，就是〈長恨歌〉與杜甫式史詩的一個顯著區別。

弄清了〈長恨歌〉的性質，才能確如其分地對它作出評價。但現在對〈長恨歌〉的許多評價似乎不是如此。這些評價歸納起來大體有兩種：一種認爲〈長恨歌〉是歌頌愛情，甚至說是歌頌純潔的愛情；另一種則相反，認爲是譏諷封建統治階級；還有人從中調和，認爲二者兼而有之。我看都未見得中肯。

〈長恨歌〉是譏諷之說並非現在才有，淸代思想正統且頗有點迂腐的詩人沈德潛就如此主張，在他所選的《唐詩別裁集》中有「此譏明皇之迷於色而不悟也。以女寵幾於喪國，應知從前之謬戾矣，乃猶令方士遍索」云云的議論。如果要找根據，〈歌〉中的「春宵苦短日高起，從此君王不早朝」，「姐妹兄弟皆列土，可憐光彩生門戶，遂令天下父母心，不重生男重生女」之類句子都可算得上。〈歌傳〉所說「樂天因爲〈長恨歌〉，意者不但感其事，亦欲懲尤物，窒亂階，垂於將來」，更可說是第一等的證據。但後者和元稹〈鶯鶯傳〉結尾「大凡天之所命尤物也，不妖其身，必妖於人」之類的議論同屬套話，名義上可說是模仿古人的「曲終奏雅」，實際與主題無甚關涉。試問讀過〈長恨歌〉者只要不抱成見，有誰能產生「懲尤物，窒亂階」的思想以至仇恨封建統治階級的感情，可見這種譏刺說實近乎深文周納，沒有多少說服力。

歌頌愛情說也有問題。且不說封建帝王對后妃嬪御除生理欲望外一般不會有多少眞正的愛情，也不說馬嵬驛貴妃之縊事實上是爲玄宗權衡利害後所默許，卽從〈長恨歌〉本身來看，一開頭便說「漢皇重色思傾國」，「色」難道能和愛情等同，愛情豈必傾國之色，「回眸一笑百媚生，六宮粉黛無顏色」之類豈能謂之純潔。中國古代詩歌中歌頌純潔愛情確是有的，如《華山畿》、《孔雀東南飛》之類，很難說〈長恨歌〉和這類作品有同樣的思想風格。

我認爲與其漫無憑準地猜測，還不如看看作者本人對作品的自我評價。《白氏長慶集》卷一六有〈編集拙詩成一十五卷因題卷末戲贈元九李二十〉，首聯就說：

一篇〈長恨〉有風情，十首〈秦吟〉近正聲。

〈秦吟〉者，即《白集》卷一諷諭中之〈秦中吟〉十首，前有自序所謂「貞元、元和之際，予在長安，聞見之間，有足悲者，因直歌其事」，與〈新樂府〉等同屬以諷諭為目的之作品。白居易認為這樣的作品才符合古人採詩觀風的要求，如《白集》卷四五〈與元九書〉中所說：

僕當此日，擢在翰林，身是諫官，手請諫紙，啟奏之外，有可以救濟人病、裨補時闕而難於指言者，輒詠歌之，欲稍稍遞進聞於上，上以廣宸聽，副憂勤，次以酬恩獎，塞言責，下以復吾平生之志。豈圖志未就而悔已生，言未聞而謗已成矣，又請為左右終言之：凡聞僕賀雨詩，而眾口籍籍已謂非宜矣；聞僕哭孔戡詩，眾面脈脈盡不悅矣；聞〈秦中吟〉，則權豪貴近者相目而變色矣；聞樂游園寄足下詩，則執政柄者扼腕矣；聞宿紫閣村詩，則握軍要者切齒矣；大率如此，不可徧舉。不相與者號為沽名，號為詆訐，號為訕謗；苟相與者，則如牛僧孺之戒焉；乃至骨肉妻孥，皆以我為非也；其我不非者，舉不過兩三人。……嗚呼，豈六義四始之風，天將破壞不可支持耶？

可見白居易認為只有〈秦中吟〉之類的諷諭詩才符合古代詩人「六義四始」之旨，才夠得上所謂「正聲」也就是今人所謂譏刺性、政治性的作品。至於〈長恨歌〉，則白居易編集時並沒有把它收入諷諭詩裏，不認為「正聲」而止是「風情」之作。對此，白居易〈與元九書〉中也有所申說：

及再來長安，又聞有軍使高霞寓者，欲聘倡妓，妓大誇曰：「我誦得白學士〈長恨歌〉，豈同他妓哉！」由是增價。……自長安抵江西三四千里，凡鄉校、佛寺、逆旅、行舟之中，往往有題僕詩者；士庶、僧徒、孀婦、處女之口，每每有詠僕詩者。此誠雕蟲之戲，不足爲多。然今時俗所重，正在此耳。雖前賢如淵、雲者，前輩如李、杜者，亦未能忘情於其間哉！

又說：

今僕之詩，人所愛者，悉不過雜律詩與〈長恨歌〉已下耳。時之所重，僕之所輕。

唐末五代時人王定保所撰《唐摭言》卷一五〈雜記〉記大中皇帝（唐宣宗）弔白樂天詩中也有「童子解吟〈長恨曲〉」之句。足見〈長恨歌〉之見重於時，是見重於士庶、僧徒、婦女、童子，亦卽高水平者在外的流俗之人[10]。這些流俗之人對政治性強烈的諷諭詩未必感興趣，感興趣的是故事性強、當然文采也要好的比較通俗的文藝作品。〈長恨歌〉所講的旣是離開當時才半個世紀的本朝宮闈故事，故事的中心又牽涉到流行在社會上尤爲婦女、童子所喜愛的七夕乞巧風俗，從牽牛、織女的相會引出玄宗、貴妃人間天上的離合悲歡，而所用記敍體長歌的表達形式又頗似當時風行的「變文」「俗講」[11]，自然比用散文形式撰寫的記敍男女之情的傳奇如〈李娃傳〉、〈無

10 宋惠洪《冷齋夜話》卷一所謂：「白樂天每作詩，令一老嫗解之，問曰解否，嫗曰解，則錄之，不解則易之。故唐末之詩近於鄙俚。」當卽由此而編造，《夜話》紀事頗有不足憑信者，此亦其一。至於唐末某些作者之詩較前此確有近鄙俚處，其原因當別事研討，決不能把責任往白居易身上一推了之。

11 關於「變文」「俗講」之流行於唐代，向達先生〈唐代俗講考〉已有所論述（收入所撰《唐代長安與西域文明》三聯書店本）。又唐孟棨《本事詩・嘲戲》門記詩人張祜與白居易相戲，「〔祜〕曰：『祜亦嘗記得舍人〈目連變〉。』白曰：『何也？』祜曰：『上窮碧落下黃泉，兩處茫茫皆不見，非〈目連變〉何耶？』」恐在捃摭個別詩句巧相比類的同時還有〈長恨歌〉體式近乎「變文」的暗示。

雙傳〉、〈霍小玉傳〉之類更易受到當時流俗的歡迎。所謂「有風情」者，就是指這類以男女之情爲中心的作品。這種男女之情和今日所謂純潔愛情本非一回事，「風情」的作品〈長恨歌〉以至〈李娃傳〉等本只是講說故事而沒有考慮去歌誦男女主角的什麼愛情[12]。因此只能老老實實地說：像〈長恨歌〉這樣的作品在藝術上是十分成功的，思想則說不上什麼。白居易在〈與元九書〉裏本來只承認〈長恨歌〉是以「雕蟲之戲」即今日所謂藝術性而爲「時俗所重」，〈戲贈元九李二十〉詩之「一篇〈長恨〉有風情」也無非是以藝術上的成功自誇，若與講求思想性的諷諭「正聲」相比，則自然要重「正聲」而輕「風情」。對一個詩人來說，寫出「正聲」當然是可貴的，「正聲」之餘寫點無害於社會的「風情」以及其他夠不上「正聲」之作諒亦無傷大雅。而且非「正聲」的無害之作有時由於藝術高超也能流傳不衰，在詩歌、繪畫、音樂等文藝領域裏其例至多。又何必一定用今天的標準來要求，把這類流傳不衰之作一一拔高，非把〈長恨歌〉提到譏刺封建統治階級或歌頌純潔愛情的高度來認識不可。這樣既難於自圓其說，又有背作者本意，實殊屬不必。

（附）說長生殿

「長生殿」一詞除寫入白居易〈長恨歌〉外，尚見於其他文獻，如《舊唐書》卷七八〈張行

12　白行簡所撰〈李娃傳〉中有倡女李娃與其姥勾結誆騙男主角的情節，主張歌頌愛情說者對此極感棘手，多方辯解。其實只要懂得這類作品本不在歌頌愛情，而只是「風情」之作，則面對這種誆騙情節就不致有所驚怪而曲爲迴護。

成附張易之昌宗傳〉說「則天臥疾長生院」。卷八二〈李義府附李湛傳〉說「〔李湛〕率所部兵直至則天所寢長生殿」。以及卷一〇〈肅宗紀〉說「崩於長生殿」，卷一一六〈肅宗諸子越王係傳〉說「〔張〕后令內謁者段恒俊與越王謀，召中官有武勇者二百餘人授甲於長生殿」。胡三省注《通鑑》，在卷二〇七長安四年十二月「太后寢疾居長生院」下對此作了解釋，認爲「長生院即長生殿」，「蓋唐寢殿皆謂之長生殿。此武后寢疾之長生殿，洛陽宮寢殿也。肅宗大漸，越王係授甲長生殿，長安大明宮之寢殿也。白居易〈長恨歌〉所謂『七月七日長生殿，夜半無人私語時』，華清宮之長生殿也」。

但《舊唐書》卷九〈玄宗紀〉書：天寶元年「十月丁酉，幸溫泉宮，辛丑……新成長生殿，名曰集靈臺，以祀天神。」《唐會要》卷三〇〈華清宮〉條也作：「天寶元年十月造長生殿，名曰集靈臺，以祀神。」據北宋時宋敏求撰《長安志》卷一五〈臨潼縣溫湯〉條「長生殿」小注引《實錄》「天寶元年新作長生殿集靈臺以祀神」，知《舊》紀、《會要》所書均本《實錄》，惟宋《志》所引在「集靈臺」前脫去「名曰」二字。長生殿既爲祀神之用，則似不能同時作爲寢殿，〈長恨歌〉、《通鑑》胡注以華清宮的長生殿爲寢殿就有問題。

《唐詩紀事》卷六二鄭嵎〈津陽門詩〉自注又提出另一種說法：「有長生殿，乃齋殿也，有事於朝元閣，即御長生殿以沐浴也。」「飛霜殿即寢殿，而白傳〈長恨〉以長生殿爲寢殿，殊誤矣。」這裏明確否定了華清宮的長生殿爲寢殿之說，說華清宮寢殿是飛霜殿。至於華清宮的長生殿則是齋殿，有事於朝元閣之先在此沐浴，則祀神之所復是朝元閣而不是長生殿，和《實錄》長生殿名曰集靈臺是祀神之所的講法又有不同。〈詩注〉連集靈臺這個名稱都沒有提到。

宋敏求《長安志·溫湯條》所述華清宮的殿閣名稱方位，由於史料闕佚，多本「〈津陽門詩注〉及今所在遺迹」。其中據〈詩注〉分列飛霜殿、長生殿爲兩個條目，條目下小注即抄錄〈詩注〉作爲解釋。另外，又在長生殿條目後面別出一集靈臺條目，這和《實錄》之以長生殿即集靈臺的講法復有歧異。南宋程大昌《雍錄》卷四〈溫泉〉、元駱天驤《類編長安志》卷九〈勝游門華清宮〉都照抄宋《志》。不過宋《志》、程《錄》在集靈臺條目下都無小注，駱《志》則集靈臺下新增一段注釋：「在長生殿側，天寶元年作，則齋沐以事神。」後兩句是從宋《志》長生殿小注抄來的，前一句是駱天驤自己加上的。

陳寅恪先生撰〈長恨歌箋證〉，則兼信《舊》紀、《會要》即《實錄》與〈津陽門詩注〉，將《實錄》長生殿祀神和〈詩注〉長生殿齋宮沐浴兩種不同的講法合二而一，說「李三郎與楊玉環乃於祀神沐浴之齋宮，夜半曲敍兒女私情，揆之事理，豈不可笑」，從而和〈詩注〉一樣否定〈長恨歌〉之以夜半私語在長生殿，並否定《通鑑》胡注之以華清宮長生殿爲寢殿。

前此清人馮浩箋注李商隱〈驪山〉「平明每幸長生殿」句，又別具新說，說「今玩白傅詩，初未言是寢殿，七月七日焚香乞巧，亦祀天神之類也。鄭嵎所譏自欠明析，《通鑑注》亦小疏」（《玉溪生詩集箋注》卷三）。實際是在爲〈長恨歌〉的「七月七日長生殿」迴護。

以上種種，誠可謂異說紛云，歧中有歧。如何理清頭緒，探得眞相，多年來我曾反覆考慮。現在我認爲：㈠《舊唐書·玄宗紀》和《唐會要》所書都本《實錄》。是最可信據的第一手原始史料，而且二者文句基本相同，可知其並無脫誤，對此均不能有所懷疑動搖。㈡但《舊》紀、《會要》這段的文句確實不易通解。既說「新成長生殿」，則「長生殿」已是此新成建築物的名稱，何以下文又接上一句「名曰集靈臺」，難道此建築是一物而有二名。如果這樣，則應說「又名集靈臺」，如何能說「名曰集靈臺」，難道《實錄》撰人的文理眞如此欠通。㈢《舊唐書・一二張傳》說「則天臥疾長生院」，〈李湛傳〉說「率所部兵直至則天所寢長生殿」，但同書卷九一〈桓彥範傳〉卻說彥範、李湛等率兵斬關而入時「則天在迎仙宮之集仙殿」，此集仙殿應卽〈李湛傳〉的長生殿，則又是一建築物而有二名。㈣試檢宋敏求撰元人增修的《元河南志》（《藕香零拾》刻徐松輯永樂大典本），於卷四唐城闕古蹟的宮城部分只有集仙殿，小注「武太后造，前有迎仙門」，與〈桓彥範傳〉所紀相符合，而不見如〈李湛傳〉等所說長生殿或長生院的名稱。檢宋敏求撰《長安志》，於卷六唐宮室的東內大明宮章以至西內章、卷九南內興慶宮條也都不見長生殿的名稱，長生殿的名稱僅見於東內大明宮章後的「別見」部分。而所謂別見者，是不見於唐人所傳宮省舊圖爲宋敏求旁搜其他文獻所得，故方位悉不明瞭，其中的長生殿當卽抄自《舊書・越王係傳》，別無其他依據。

根據以上幾點，我認爲只能作這樣的解釋，卽所謂長生殿者，並非某所建築物的專稱，而係唐人對皇帝寢殿的通稱。既是通稱，自然不能記入宮省圖，宮省圖上只能標記專稱，如洛陽宮寢殿之標記集仙殿之類，因此在《長安》、《河南》兩宋志中除「別見」外就找不到所謂長生殿的痕迹。這樣，《舊》紀、《會要》卽《實錄》所紀的頭兩句也就很好通解，「新成長生殿，名曰集靈臺」者，「新成寢殿，名曰集靈臺」之謂，並非一建築物而二名，「長生殿」「集靈臺」之間當然也不能用「一名」而要用「名曰」。此外，武則天臥疾的寢所一說長生院、一說長生殿者，也不必如《通鑑》胡注作「長生院卽長生殿」的解釋，院不能等於殿，而應是院中有殿，據〈桓彥範傳〉，《河南志》此院正式名稱應是迎仙宮或迎仙院，此殿正式名稱應是集仙殿，因爲是皇帝所寢之宮院與所寢之殿，所以可稱爲長生院與長生殿。

《舊》紀卽《實錄》紀事的後一句「以祀天神」應如何解釋，祀神之所或齋宮是否必不能同時又是寢殿，如〈津陽門詩注〉和〈長恨歌箋證〉以及馮浩箋注李商隱詩等所說，我認爲也不見得。因爲寢殿並非一定不能祀神，如清代大內卽今北京故宮的坤寧宮，是皇后所居亦卽所謂寢殿，而其中每日朝祭釋迦牟尼、觀音、關帝，夕祭穆哩罕諸神、畫像神、蒙古神，又同時爲日常祀神之所，瀋陽故宮的皇后所居寢殿也是如此，這都是寢殿可以祀神的明證。當然，這可能是滿族的習俗，但唐代皇室也多染所謂胡俗，胡人服飾、歌舞之充斥宮廷已是讀史者所習知的事情，則宮廷中出現一些在寢殿祀神的胡俗誠不足爲怪。《實錄》之所以特別加上一句「以祀天神」，只是爲了解釋長生殿卽寢殿之爲什麼要命名集靈臺，此外不再含有其他用意。馮浩箋注李詩把兒女七夕乞巧附會爲祀神，說〈長恨歌〉所詠七夕相誓的長生殿本謂祀神之所而非寢殿，則徒事調停彌縫，既有背詩旨，又於當時風俗習慣全不相合。

鄭嵎雖是唐人，但〈津陽門詩〉裏有「湟中土地昔湮沒，昨夜收復無瘡痍」之句，則實係宣宗大中時期的作品，去天寶已逾百年，不特遺老無存，舊時華淸宮的建築物亦復日見廢圮。卽使此〈詩〉眞如鄭嵎自序所說是根據他「下帷於石瓮僧觀」時所聞「宮中陳迹」和耳聞「自言世事明皇」的山下旅邸主公所道「承平故實」而作，也無非採摭當時流傳的野語逸聞，其價值不過與《開元天寶遺事》之類相伯仲，試看〈詩注〉中對羅公遠、葉法善之類荒誕不經的故事津津樂道，並以懂得「開元中未有東西神策軍但以六軍爲親衛」自詡，而不知其時實止有左右羽林龍武四軍之類，卽可知所說之多不足爲典要。其所謂「長生殿乃齋殿」，「白傳〈長恨〉以長生殿爲寢殿卽殊誤」者，自係誤解《實錄》「長生殿名曰集靈臺以祀天神」所致（蓋至晚唐時以長生殿爲寢殿通稱的習慣已不存在，或當時此種用語本止流行在上層統治階級內部，非尋常士人若鄭嵎者之所能諳熟）。又看到驪山別有一祀神之朝元閣遺址，爲避免重覆而竄易《實錄》之祀神爲齋沐，並增添出「有事於朝元閣卽御長生殿以沐浴」的臆說。不知祀神本不必止在一地，如清大內日常祀神雖在坤寧宮，歲終至元旦大祭則別在所謂堂子。而且據《舊唐書·玄宗紀》天寶七載十二月戊戌「言玄元皇帝見於華清宮之朝元閣，乃改爲降聖閣」，以及卷一〇六〈李林甫傳〉「林甫時已寢疾，……巫言一見聖人差減，……乃敕林甫出於庭中，上登降聖閣遙視，舉紅巾招慰之」等紀事，和白居易〈江南遇天寶樂叟〉「年年十月坐朝元」的詩句，似朝元閣仍爲皇帝日常起居之所，而並非專用以祀神的建築，後來認爲祀神者乃緣訛言玄元皇帝李耳降臨而附會。〈詩注〉如此增益，實徒見心勞力拙。宋敏求本唐史專家，乃以文獻無證之故，撰述《長安志》華清宮部分不得不旁採〈詩注〉，而不知用《實錄》校出〈詩注〉此條之多事增竄。又所據《實錄》此條「集靈臺」上脫去「名曰」二字，遂誤長生殿與集靈臺爲兩建築物，而長生殿下別標一集靈臺條目。其後程《錄》、駱《志》悉本宋《志》，駱《志》且逕謂集靈臺在長生殿側，舊時撰述類多此等粗疏憑臆之處，正有賴後人匡正。

至於飛霜殿之爲寢殿，當係鄭嵎在驪山所聞野老傳說，同樣不能視作典要。宋《志》華清宮多採〈詩注〉並繪出宮圖，其圖在明清刻本宋《志》中雖已佚失尚大體保存於程氏《雍錄》。今檢《雍錄》卷四〈華清宮圖〉，則才入津陽門卽標一飛霜殿，世豈有大門之內便是臥寢之理，其悠謬不足取信益顯而易見（元李好文別撰《長安圖》三卷，明清刻本附宋《志》曰《長安志圖》，其中唐驪山宮圖廣占三幅，則又移飛霜殿於程圖長生殿位置，而遷長生殿與集靈臺於宮牆外東側叢山之中。無非師心自用，自我作古而已）。

以上辨說推斷，對研究白居易〈長恨歌〉本無多大裨益。但驪山溫泉至今仍是關中勝蹟，長生殿故事亦恒爲人們所艷說。將紊若亂絲的舊說作一次清理，似尚與「爲無益之事」者有別。因草成此篇，不入〈長恨歌新解〉正文而聊充附錄。

唐肅宗即位前的政治地位和肅代兩朝中樞政局

一

對唐肅宗、代宗這兩個皇帝，《舊唐書》本紀論贊裏還說得比較好，《新唐書》已不行，以後每況愈下，很多人罵他們是「昏君」，認為當時政局上出現的問題都是昏君胡作亂為之所致，這種論調似與舊史論贊同樣不甚正確。肅宗、代宗以及其他人物之所以產生某種思想並見諸行動，主要應該從當時社會的種種特定條件去考察，而不宜歸結於他們生來昏庸或賢明。本文不是對肅、代兩宗作全面的評價，而只是對這兩朝變幻動蕩的中樞政局作若干分析和解釋，但分析解釋時往往廻避不了這個昏庸與否的問題，因此首先申明一下自己的觀點。

要研究以肅宗爲核心的中樞政局，我認爲有必要回顧肅宗在沒有成爲皇帝以前的地位和處境。

唐玄宗皇后王氏無子，三十子都係妃嬪所生。長子琮可能因母劉妃無寵，沒有立爲皇太子。開元三年立爲皇太子的，是趙麗妃所生的第二子瑛。肅宗亨則是第三子，生母楊妃在至德二載肅宗成爲皇帝後才由玄宗追册爲元獻皇后。《舊唐書》卷五二〈玄宗元獻皇后楊氏傳〉裏有一大段關於肅宗的記載：

后〔睿宗〕景雲元年八月選入太子（玄宗）宮。時太平公主用事，猶忌東宮，宮中左右持兩端，而潛附太平者必陰伺察，事雖纖芥，皆聞於上，太子心不自安。后時方娠，太子密謂張說曰：「用事者不欲吾多息胤，恐禍及此婦人，其如之何？」密令說懷去胎藥而入，太子於曲室躬自煮藥，醺然似寐，夢神人覆鼎，既寤如夢，如是者三。太子異之，告說，說曰：「天命也，無宜他慮。」既而太平誅，后果生肅宗。太子妃王氏無子，后班在下，后不敢母肅宗，王妃撫鞠，慈甚所生。開元中，肅宗爲忠王，后爲妃，又生寧親公主，張說以舊恩特承寵異。說亦奇忠王儀表，心知運曆所鍾，故寧親公主降說子垍。

這無非是說肅宗生來不凡，未成皇太子時地位就迥出其餘諸王之上，並且獲得大臣張說的有力支持。但所謂覆鼎云者明係神話，睿宗朝太平公主雖頗有權勢，也確曾站到睿宗一邊共同抑制身爲太子的玄宗，而玄宗其時已掌握禁軍主力左右萬騎，爾後且迫使睿宗不得不採取退讓姿態實行內禪，足見力量亦殊不弱，又何至在太平黨羽窺伺下「心不自安」到不敢讓妾侍誕育。所謂楊氏「

不敢毋肅宗，王妃撫鞠，慈甚所生」也決非事實，否則開元十二年王氏被廢何以肅宗不曾波及，到二十六年且代玄宗第二子瑛爲皇太子。很明顯，所有這些都出於肅宗正位後所編造，爲肅宗製造天命、擡高身分[1]。其所以牽涉張說者，當以張說子垍所尚寧親公主爲肅宗同母妹的緣故[2]。肅宗在未立爲皇太子前實僅是一普通皇子，並無特殊地位或其他奧援。

這裏需要研究肅宗爲什麼能從普通皇子一躍而爲皇太子的問題。如前所說，原來的皇太子是趙麗妃所出的皇第二子瑛，他之所以得立，固然由於年長，更重要的還是由於趙麗妃「有才貌，

---

1 《舊唐書・楊后傳》的這段記載又見於今本《次柳氏舊聞》，《舊聞》李德裕撰，見《舊唐書》卷一七四本傳，《新唐書》卷五八〈藝文志〉雜史類也著錄。今本卷首冠以李德裕自記，略謂：「上元中史臣柳芳得罪竄黔中，時〔高〕力士亦從巫州，因相與周旋，力士以芳嘗司史，為芳言先時禁中事，皆芳所不能知，而芳亦有質疑者，芳默識之，及還，編次其事，號曰《問高力士》。……今按求其書，亡失不獲。臣德裕亡父先臣〔吉甫〕與芳子吏部侍郎冕貞元初俱為尚書郎，後謫官，亦俱東出，道相與語，遂及高力士之說，且曰『彼皆目睹，非出傳聞，信而有徵，可為實錄』。先臣每為臣言之，臣伏念所憶授凡十有七事，歲祀久，遺稿不傳，臣德裕……唯次舊聞，懼失其傳，不足以對大君之問，謹錄如左，以備史官之闕云。」從文字體式來看這個自記可信為李德裕的手筆，但今本所記十七事卻多係荒誕悠謬之談，如張果擊齒復生，無畏三藏咒龍致雨，以及玄宗幸蜀前登興慶宮花萼樓置酒歌水調之類，皆為事理之所必無，與真多出於高力士口述的《高力士外傳》之翔實可信者截然不同，如何稱得上「信而有徵，可為實錄」，「以備史官之闕」，李德裕何至如此缺乏起碼的史識。因此我懷疑此《舊聞》的真本久已佚失，惟自記獨存，後人因據自記雜採小說傳聞以足成之，而偽謂原本。張說進藥、神人覆鼎的神話當係作偽者自取國史或《舊》傳，而不是《舊》傳採用《舊聞》。

2 張說子均、垍後均陷於安祿山為其宰執，《通鑑》卷二二〇至德二載十二月壬申條據柳珵《常侍言旨》謂玄宗返京後堅執殺均、垍，經肅宗救免，似肅宗當年確曾被張說保護。但《常侍言旨》記肅宗之言，有「臣比在東宮，彼人誣譖，三度合死，皆張說保護，得全首領以至今日」云云，而事實上肅宗為太子入居東宮已在開元二十六年，據《舊唐書》卷九七〈張說傳〉則說早在開元十八年病故，如何尚能盡保護之責。又據〈張說傳〉垍實「死於賊中」，特免死長流者是均而非垍。足見《通鑑》此條所記全非事實。至於均之得免死長流，當只是由於和肅宗沾點姻親關係的緣故，初不足深論。

善歌舞」而寵幸於玄宗。王皇后廢後，武惠妃專寵，「宮中禮秩，一同皇后」，麗妃恩弛，太子瑛的地位自無從繼續維持。開元二十三年李林甫得武惠妃等幫助任宰相，二十五年就和武惠妃合謀潛殺太子瑛以及同樣由於生母寵衰失歡的第五子鄂王瑤、第八子光王琚（《舊唐書》卷五一〈玄宗貞順皇后武氏傳〉）、卷一〇六〈李林甫傳〉、卷一〇七〈玄宗諸子傳〉）。照理，立武惠妃所出玄宗第十八子壽王瑁已屬題中應有之義，李林甫也以此陳請（《舊唐書·林甫傳》、卷一〇〈肅宗紀〉），但玄宗並未表態。這年十二月武惠妃病死，第二年六月卻立忠王亨即肅宗為皇太子。這仍舊不僅是由於肅宗在年齡上是僅次於故太子瑛的皇第三子，如《舊唐書·李林甫傳》記玄宗所說「忠王仁孝，年又居長，當守器東宮」，這只是表面文章。實際上當時內廷另有一股反對壽王瑁的勢力，其代表就是宦官首領高力士。《新唐書》卷二〇七〈宦者高力士傳〉：

> 初，太子瑛廢，武惠妃方嬖，李林甫等皆屬壽王。帝以肅宗長，意未決，居忽忽不食。力士曰：「大家不食，亦膳羞不具耶？」帝曰：「爾我家老，揣我何爲而然。」力士曰：「嗣君未定耶？推長而立，孰敢爭。」帝曰：「爾言是也。」儲位遂定。

此事《舊唐書·高力士傳》雖未寫入，但據《通鑑》卷二一四開元二十六年六月立太子條《考異》知又見於《統紀》，必非虛構。其後「林甫懼不利己，乃起韋堅、柳勣之獄，上（太子亨）幾危者數四，後又楊國忠依倚妃家，恣爲褻穢，懼上英武，潛謀不利。爲患久之」（《舊唐書·肅宗紀》，又詳〈林甫〉、〈國忠〉等傳），而肅宗皇太子之位迄未因之失卻，顯然也是有高力士在抵制。但切莫認爲高力士已是太子即肅宗的私黨，這種抵制行動是從肅宗利益出發。因爲《高力士外傳》有這樣一段記載：

〔天寶〕十二年冬，林甫云亡，國忠作相。……十三年秋大雨，晝夜六十日，陳希烈罷相，韋見素持衡。上因左右無人，謂高公曰：「自天寶十年以後，朕數有疑，果致天災，以殃百姓，雖韋、陳改轍，楊、李殊途，終未通朕懷，卿總無言，何以爲意？」高公伏奏曰：「開元二十年以前，宰臣授職，不敢失墜，邊將承恩，更相戮力，自陛下威權假於宰相，法令不行，災眚備於歲時，陰陽失度，縱爲軫慮，難以獲□，臣不敢言，良有以也。」上久而不答。[3]

陳希烈、韋見素都是所謂「不敢參議」「無所是非」的伴食宰相（《舊唐書·李林甫傳》、卷一〇八〈韋見素傳〉），和高力士對立的開元二十年以後的宰相自非李林甫、楊國忠莫屬[4]。這種對立已發展到使高力士在玄宗面前公開對李、楊攻擊，要求玄宗表態，說明前此雙方在私底下早有過多次鬪爭傾軋。高力士之反對李林甫擁立壽王瑁爲皇太子，抵制李林甫、楊國忠危害肅宗，都屬於這種鬪爭傾軋活動。這可以說是當時宦官和宰相之間的首次交鋒，也就是唐代最早的內廷與外朝之爭。對高力士來說，打擊外朝宰相李林甫、楊國忠是其目的，反對立壽王、抵制危害肅宗只是對

3 《高力士外傳》後人多視爲小說，其實不然，《新唐書》卽把它著錄於卷五八〈藝文志〉雜傳記類中。撰者郭湜因得罪李輔國貶謫巫州，與高力士相接，據力士口述舊事寫成此《外傳》，是研究玄宗朝歷史的第一手資料。《通鑑》卷二一七天寶十三載九月高力士侍側條卽據《外傳》這段記事節寫。

4 據《舊唐書·李林甫傳》，林甫之任宰相曾得到高力士的幫助，又據〈楊國忠傳〉，國忠的進用也曾走過李林甫的門路。但李、楊與力士終於先後矛盾對立者，是由於自長孫無忌、褚遂良爲高宗貶死後唐外朝宰相久未能參與內廷政權核心，其權力僅限於處理一般日常政務。此時李、楊均欲染指於政權核心，自必引起力士的妒恨。這種始朋比、終傾軋之事在封建統治階級中最爲常見，李、楊之間後來也發生矛盾亦是一例。

付李、楊的手段而並非目的，並非想通過支持身爲皇太子的肅宗而取得什麼利益。要知道，支持或擁立皇太子另成其勢力的做法最易招致皇帝的疑忌，這在唐代已成爲通則，高力士不會不懂得。而當時「每四方進奏文表，必先呈力士然後進御，小事便決之」（《舊唐書·高力士傳》），實際上力士已成爲內相即玄宗的代理人，只要能把外朝宰相抑制住，就可長保所謂一人之下的最高權勢，又何必冒著招致玄宗疑忌的危險另找皇太子肅宗作爲自己的新主子。這從後來馬嵬驛事變後力士沒有跟肅宗去靈武而仍隨玄宗入蜀，第二年玄宗返回長安後力士仍克盡保護之職，最後且以此爲肅宗一系宦官首腦李輔國迫害放逐，即可證實。

由此可以斷定：肅宗在成爲皇太子以後仍缺乏眞正的奥援，沒有能形成自已的政治勢力。

二

再研究馬嵬驛事變中肅宗的地位，並對他前往靈武另立政權作點剖析。

封建社會內廷與外朝之爭，失敗的一方常是外朝宰相。這是因爲外朝宰相既不能如內廷宦官之能經常接近皇帝，有口含天憲的權利，而且權高易於震主，不像宦官是所謂刑餘之人，沒有篡奪自立的可能。唐代首次內廷與外朝之爭也難背離此通則。何況高力士是玄宗當初奪取政權時的從龍勳臣，爲玄宗寵用逾四十年之久，而楊貴妃之入宮已屬開元之末，楊國忠更遲至天寶十一年才爲宰相，他們和玄宗的關係遠不如高力士之深。加之自開元十九年禁軍首腦王毛仲、葛福順等與高力士爭寵不勝被貶逐後，禁軍在另一長官陳玄禮統率下早就投入高力士懷抱，楊國忠輩在長安並無可以憑藉的兵力，其失敗自無疑義。馬嵬驛事變就是高力士在天寶十三年攻擊楊國忠未達到目的後，乘安祿山叛亂之機指使陳玄禮利用禁軍所發動的一次清君側行動。《舊唐書》卷一〇六〈陳玄禮傳〉所說「及祿山反，玄禮欲於城中誅楊國忠，事不果，竟於馬嵬斬之」，以及《舊唐書》卷九〈玄宗紀〉、《安祿山事迹》卷下所記事變時陳玄禮率禁軍殺楊國忠於外，高力士逼縊貴妃於內，都是明證（別詳拙作〈說馬嵬驛楊妃之死的真相〉）。至於肅宗，也有個別記載說是參加了這次軍事行動，如《舊唐書》卷五一〈后妃・楊妃傳〉：

> 從幸至馬嵬，禁軍大將陳玄禮密啟太子，誅國忠父子。

卷一〇八〈韋見素傳〉：

> 次馬嵬驛，軍士不得令，流言不遜。龍武將軍陳玄禮懼其亂，乃與飛龍馬家李護國（輔國）謀於皇太子，請誅國忠，以慰士心。

但如前所說，太子肅宗與楊國忠有矛盾，高力士以及陳玄禮與肅宗並無勾結；而且此時扈從禁軍全在高、陳掌握，肅宗毫無實力可資憑藉，高、陳又何必密啟肅宗，以蹈自外於玄宗之嫌。可見這是出於訛傳或有意附會，鑑於後來馬嵬驛事變已成爲公認的義舉[5]，想以此來爲肅宗完美化。因此較嚴肅的記載，如根據《實錄》纂修的《舊唐書・玄宗紀》、〈肅宗紀〉就都沒有這樣的說法。

馬嵬驛事變後肅宗沒有隨玄宗入蜀而分兵北趨。即位靈武。其經過據本自《實錄》的《舊唐

---

5 如杜甫〈北征〉就說：「桓桓陳將軍，仗鉞奮忠烈，微爾人盡非，於今國猶活。」錢謙益注：「余謂『微爾人盡非』，猶言『微管仲，吾其被髮左衽矣』，其推許之至矣！」

書·肅宗紀》是：

〔天寶十五載六月〕車駕將發，留上在後宣諭百姓，衆泣而……請從太子收復長安。玄宗聞之曰：「此天啟也。」乃令高力士與壽王瑁送太子內人及服御等物，留後軍廄馬從上，令力士口宣曰：「汝好去，百姓屬望，慎勿違之，莫以吾為意。且西戎北狄，吾嘗厚之，今國步艱難，必得其用，汝其勉之。」上迴至渭北，便橋已斷，水暴漲，無舟楫，……渭水可涉。又遇潼關散卒，誤以為賊，與之戰，士衆多傷，乃收其餘衆北上，軍既濟，其後皆溺，上喜，以為天之佑。時從上惟廣平、建寧二王及四軍將士纔二千人，自奉天而北，夕次永壽。……戊戌，至新平郡，時晝夜奔馳三百餘里，士衆器械亡失過半，所存之衆，不過一旅。己亥，至安定郡，斬新平太守薛羽、保定太守徐瑴，以其棄郡也。庚子，至烏氏驛，彭原太守李遵謁見，率兵士奉迎，仍進衣服糧糗。上至彭原，又募得甲士四百，率私馬以助軍。辛丑，至平涼郡，搜閱監牧公私馬，得數萬匹，官軍益振。……上在平涼，數日之間，未知所適。會朔方留後杜鴻漸、魏少游、崔漪等遣判官李涵奉牋迎上，備陳兵馬招集之勢，倉儲庫甲之數，上大說，鴻漸又發朔方步騎數千人於白草頓奉迎。時河西行軍司馬裴冕新授御史大夫（當作中丞）赴闕，遇上於平涼，亦勸上治兵於靈武以圖進取，上然之。……上行至豐寧南，見黃河天塹之固，欲整軍北渡，以保豐寧，忽大風飛沙，跬步之間，不辨人物，及回軍趨靈武，風沙頓止，天地廓清。七月辛酉，上至靈武，時魏少游預備供帳，無不畢備。裴冕、杜鴻漸等從容進曰：「今寇逆亂常，毒流函谷，主上倦勤大位，移幸蜀川，江山阻險，奏請路絕，宗社神器，須有所歸，萬姓顒顒，思崇明聖，天意人事，不可固違。……」……凡六上牋，辭情激切，上不獲已，乃從。是月甲子，上卽皇帝位於靈武，……改元至德，……卽日奏其事於上皇。……八月壬午，……上以治兵收京城，詔〔郭〕子儀等旋師，子儀、〔李〕光弼率所統步騎五萬屯（當作至）自河北。……癸巳，上所奉表始達成都。丁酉，上皇遜位稱誥，遣左相韋見素、文部尚書房琯、門下侍郎崔渙等奉册書赴靈武。……〔至德〕二載春正月庚辰朔，上在彭原受朝賀，是日通表入蜀賀上皇……上皇遣平章事崔圓奉誥赴彭原。

又卷五二〈后妃・肅宗張皇后傳〉：

后天寶中選入太子宮爲良娣，……辯惠豐碩，巧中上旨。祿山之亂，玄宗幸蜀，太子與良娣俱從。車駕渡渭，百姓遮道請留太子收復長安，肅宗性仁孝，以上皇播越，不欲違離左右，宦者李靖忠（輔國）啟太子請留，良娣贊成之，白於玄宗，太子如靈武。時賊已陷京師，從官單寡，道路多虞，每太子次舍宿止，良娣必居其前，太子曰：「捍禦非婦人之事，何以居前？」良娣曰：「今大家跋履險難，兵衞非多，恐有倉卒，妾自當之，大家可由後而出，庶幾無患。」及至靈武，產子，三日起縫戰士衣，太子旁曰：「產忌作勞，安可容易。」后曰：「此非妾自養之時，須辦大家事。」

卷一八四〈宦官・李輔國傳〉：

本名靜忠，閑廄馬家小兒，……天寶中，閑廄使王鉷嘉其畜牧之能，薦入東宮。祿山之亂，玄宗幸蜀，輔國侍太子扈從。至馬嵬，誅楊國忠，輔國獻計太子，請分玄宗麾下兵，北趨朔方，以圖興復。輔國從至靈武，勸太子卽帝位，以繫人心。

這些記載自難免有所誇飾，但大體尚保存若干事實眞相：

一、肅宗分兵自立，其謀實出於李輔國、張良娣，並非玄宗的本意。李輔國當時已是東宮宦官的首腦，他之所以勸肅宗分兵自立，是襲當年高力士的故智，想通過擁立來竊取中樞政柄。張良娣則性「辯惠」，是武則天、韋后、太平公主式的政治人物，也想通過擁立來竊取權力。而肅宗在東宮初無其他親信，此時親隨保護的唯有李、張，李、張的主意自然易於爲肅宗接受，何況這個兵分自立的主意也確實對肅宗有利。〈肅宗紀〉所以不提李輔國、張良娣勸分兵自立者，當是由於紀所根據的《肅宗實錄》是代宗朝所修，其時李、張在政治上均已先後失敗，自不便再以此功歸諸李、張。至於所謂百姓泣留肅宗，以及〈張后傳〉所謂肅宗「性仁孝」「不違離左右」，自然更是帶有美化性質的表面文章，不足置信。

二、分兵自立後，下一步怎麼辦？肅宗以及李輔國、張良娣都並無成算，從肅宗到達平涼後尚未「知所適」可知。李輔國傳說他獻計肅宗時就提出「北趨朔方」，《通鑑》卷二一八記分兵後肅宗三子建寧王倓就提出「朔方道近，士馬全盛」，「速往就之，徐圖大舉」，都出於事後附會或行文疏失，不足信據[6]。當時河西、隴右兩節度主力既已覆沒於靈寶之役，朔方軍成爲唯一

6　據《舊唐書》卷一一六〈肅宗諸子承天皇帝（卽建寧王）倓傳〉，他在當時的主張是「暫往河西，收拾戎羊」，並非如《通鑑》所説是要就朔方。《通鑑》在「朔方道近，士馬全盛」下還說「裴冕衣冠名族，必無貳心」。據《舊唐書·肅宗紀》和卷一一三〈裴冕傳〉，此時冕是河西行軍司馬，正以授御史中丞向赴長安，這和所謂建寧王建議要前往的朔方又有何相干？可見《通鑑》這段記載全非事實，不足憑信。

可用的武力，這點肅宗、李、張等自然是淸楚的。但在潼關陷落後朔方軍的態度如何，是否還繼續支持唐室，當時還未獲得可靠的情報，因此直到朔方留後人員奉迎後才敢決策赴靈武。由此可見玄宗之同意肅宗分兵，也不是認爲他有把握利用朔方軍以中興唐室，而只是借此分散安祿山叛軍的注意力，在長安西北牽制叛軍使不至全力向南追逼，從而保障自己入蜀後的安全。

三、當時靈武、成都間的交通從來未中斷，裴冕等勸進牋中所說「江山阻險，奏請路絕」不是事實。肅宗不請示玄宗獲得認可而自行卽皇帝位，迫使玄宗承認旣成事實而遜位爲太上皇，很明顯是奪權性質。但任何封建帝王非萬不得已都不甘願退位讓權，玄宗自難例外，因而在鑒於肅宗獲得朔方軍支持不得不追認這一旣成事實的同時，仍派韋見素、房琯、崔渙、崔圓打著奉詔册的旗號先後赴靈武，企圖對新成立的肅宗政權作一定的影響和控制。

以上幾條都比較重要，我認爲可以用來作爲了解肅宗朝中樞政局的主要線索。

三

肅宗在位前後七年，除地方節鎭及安史叛亂勢力不屬本文探討範圍外，內廷和外朝的政治勢力主要有下面這一些：

內廷首先是宦官，《舊唐書·李輔國傳》說：

> 肅宗卽位，擢爲太子家令，判元帥府行軍司馬事，以心腹委之，仍賜名護國，四方奏事，御前符印軍號，一以委之。……從幸鳳翔，授太子詹事，改爲輔國。肅宗還京，拜

殿中監，閑廄、五坊、宮苑、營田、栽接、總監等使，又兼隴右羣牧、京畿鑄錢、長春宮等使，勾當少府，殿中二監都使。至德二年十二月加開府儀同三司，進封郕國公，食實封五百戶。宰臣百司，不時奏事，皆因輔國上決。常在銀臺門受事，置察事廳子數十人，官吏有小過，無不伺知，即加推訊。府縣按鞫，三司制獄，必詣輔國取決。隨意區分，皆稱制敕，無敢異議者。每出則甲士數百人衛從。……判元帥行軍司馬，專掌禁兵，賜內宅居止。

再一個內廷政治人物是張良娣，《舊唐書》本傳：

肅宗即位，冊爲淑妃。……乾元元年四月，冊爲皇后。……皇后寵遇專房，與中官李輔國持權禁中，干預政事，請謁過當。

可見張、李在肅宗即位，尤其是返回長安之後，已掌握中樞絕大部分權力，張后頗似中宗朝的韋后，李輔國則較其前輩高力士之權勢更爲有過無不及。因爲高力士當年除知內侍省事、任內侍監等宦官最高本職外，還未公開兼任軍職和其他官職，李輔國則公開兼任關係財政、軍需的監牧諸使，並竊取司法大權，甚至以判元帥行軍司馬而直接統率禁軍。對此，很多人認爲肅宗要負責任，是肅宗個人昏庸之所致。其實不然，因爲肅宗在東宮除李、張外別無可用的私黨及奧援，已如前所說，分兵自立之謀又實出李、張，則即位返京後又如何能對李、張不重加委任。這種委任與當年玄宗之委任高力士、王毛仲，以至玄宗以前唐室諸帝之委任寵臣、后妃，在做法上並無什麼不同，不能因李、張跋扈就詬肅宗爲昏庸。而且，肅宗對李、張的跋扈也並非全無覺察，一味盲目信任，〈張后傳〉在記述她「干預政事，請謁過當」後接著就說「帝頗不悅，無如之何」。

對於李輔國，則不是「無如之何」而採取了對策，《舊唐書》卷一一二〈李峴傳〉就有這樣一段記載：

> 初，李輔國判行軍司馬，潛令官軍於人間聽察是非，謂之察事，忠良被誣構者繼有之，須有追呼，諸司莫敢抗。御史臺、大理寺重囚在獄，推斷未了，牒追就銀臺，不問輕重，一時釋放，莫敢違者。每日於銀臺門決天下事，須處分，便稱制敕，禁中符印，悉佩之出入。縱有敕，輔國押署，然後施行。及峴為相，叩頭論輔國專權亂國，上悟，賞峴正直，事並變革。輔國以此讓行軍司馬，請歸本官，察事等並停。

李峴拜相是在乾元二年，即肅宗返回長安後的第三年，此時已聽從宰相的進諫對李輔國有所約束，為時亦不算太遲，盡管所謂「讓行軍司馬」一事並未眞能實現[7]，其察事等司法大權確係由此而被剝奪。過了兩年，到上元二年八月，又發生了李輔國本人求兼宰相的事情，《舊唐書·輔國傳》：

> 輔國驕恣日甚，求為宰臣，肅宗曰：「以公勳力，何官不可，但未允朝望如何！」輔國諷僕射裴冕聯章薦己，肅宗密謂宰臣蕭華曰：「輔國欲帶平章事，卿等欲有章薦，信乎？」華不對，問裴冕，曰：「初無此事，吾臂可截，宰臣不可得也。」華復入奏，上喜

7　李輔國之罷判元帥軍司馬，是代宗即位後寶應元年六月己未的事情，見《舊唐書》卷一一〈代宗紀〉，〈李輔國〉、〈程元振〉等傳所記略同。《通鑑》卷二二一乾元二年四月庚子記李峴之諫作「輔國由是讓行軍司馬，請歸本官，上不許」，知輔國雖有此請而肅宗察其非誠，鑑於時機不成熟因而不許，《舊唐書·峴傳》行文自稍嫌疏失。《新唐書》卷一三一〈峴傳〉即據《舊》傳改寫，乃逕作「輔國由是讓行軍司馬」，連《舊唐書·代宗紀》以及〈輔國〉、〈元振〉等傳都不參考檢核，可謂其失彌甚。

曰：「晃固堪大用。」

宦官如任宰相，則是合內廷與外朝爲一體，其權力之大將爲前朝之所未有，因此肅宗用宰相予以抵制。只是由於可憑藉的力量尙嫌不足，加以第二年寶應元年四月肅宗卽病死，沒有來得及作出更有效的措置。

外朝宰相在肅宗朝先後有過十六名，卽韋見素、崔圓、房琯、裴冕、崔渙、李麟、苗晉卿、張鎬、王璵、呂諲、李峴、第五琦、李揆、蕭華、裴遵慶、元載（《唐會要》卷一《帝號》，並參考《新唐書》卷六二《宰相表》）。韋見素、崔圓、房琯、崔渙以及李麟都出於玄宗任命，以後才來到肅宗身邊，其中以房琯較有才略，《舊唐書》卷一一一《琯傳》：

肅宗以琯素有重名，傾意待之，琯亦自負其才，以天下爲己任。時行在機務，多決之於琯，凡有大事，諸將無敢預言。尋抗疏自請將兵以誅寇孽，收復京都，肅宗望其成功，許之。……及與賊對壘，琯欲持重以伺之，爲中使邢延恩等督戰，蒼黃失據，遂及於敗。上猶待之如初，仍令收合散卒，更圖進取。會北海太守賀蘭進明自河南至……奏曰：「……陛下待琯至厚，以臣觀之，琯終不爲陛下用。」上問其故，進明曰：「琯昨於南朝爲聖皇制置天下，乃以永王爲江南節度，穎王爲劍南節度，盛王爲淮南節度，……枝庶悉領大藩，皇儲反居邊鄙，此雖於聖皇似忠，於陛下非忠也。……。」上由是惡琯。……崔圓本蜀中拜相，肅宗幸扶風，始來朝謁，琯意圓纔到，當卽免相，故待圓禮薄，圓厚結李輔國，到後數日，頗承恩渥，亦憾於琯。……〔至德〕二年五月，〔琯〕貶爲太子少師。

肅宗進取長安之所以一開始不用朔方軍而用房琯，並不是眞對房琯信任，而是企圖借此形成一支由中央直接控制的強大作戰部隊，庶不致兵柄完全落入地方節鎭之手，因此並沒有給房琯指揮全權，而派遣宦官邢延恩等凌駕其上監軍督戰，這和安祿山叛亂後玄宗對西邊節鎭將領封常淸、高仙芝、哥舒翰不完全信任，派宦官邊令誠等監軍督戰是同一做法。房琯之所以罷相，也不是由於收京戰敗，而是由於有黨於玄宗而對肅宗不忠之嫌。至於韋見素等人，則如《舊唐書》卷一〇八〈韋見素傳〉所說：

〔至德二載〕三月，〔見素〕除左僕射，罷知政事。……及房琯以敗軍左降，崔圓、崔渙等皆罷知政事，上皇所命宰臣無知政事者。

排列一下這幾個人罷相的年月，韋見素在至德二載三月，房琯在五月，崔渙在八月，崔圓和李麟同在至德三載即乾元元年五月（《舊唐書·肅宗紀》）。不到十五個月就出現「上皇所命宰臣無知政事者」的局面，其根本原因顯然和前面所說房琯之所以罷相者同，是肅宗懷疑玄宗任命的這些人對自己不忠，不放心讓他們在外朝掌權，這和當年高宗之必欲貶死太宗舊人長孫無忌、褚遂良正出於同一目的。當然，除掉這個根本原因外，有些人還有其他原因，如崔渙「惑於聽受，爲下吏所鬻，濫進者非一，以不職稱聞」（《舊唐書》卷一〇八本傳），李麟「正身謹事，無所依附」，爲李輔國所「不悅」（《舊唐書》卷一一二本傳）。這些原因應該都是次要的，例如崔圓對李輔國「懼其威權，傾心事之」（同上），卻和不依附李輔國的李麟同時罷相。於此也可見李輔國並不能完全左右肅宗的意志。

其餘十一名宰相都是肅宗自己任命的，其中除元載的任命已在肅宗臨死之前，其發生作用實在代宗朝而外，大體可區別爲三類。第一類曾諂附李輔國。如苗晉卿和崔圓同樣懼輔國威權而「傾心事之」（《舊唐書·李麟傳》）。李揆「見輔國執子弟之禮，謂之五父」（《舊唐書·李輔國傳》）。第二類如王璵「以祭祀妖妄致位將相」（《舊唐書》卷一三〇本傳），第五琦以財利進用（《舊唐書》卷一二三本傳），都還不曾發現他們有依附李輔國的實迹。但看他們的生平言行也未必能和宦官立異同，到代宗朝宦官魚朝恩被殺，「琦坐與款狎」而被貶可爲佐證。第三類則不依附李輔國甚至有所鬪爭。李峴、蕭華之曾和李輔國鬪爭已如前所說（並可參考《舊唐書》卷九九〈蕭華傳〉）。裴冕早在至德二載三月就和韋見素同時罷知政事而轉遷尚書右僕射，在對待李輔國求爲宰臣問題上態度比較曖昧，不如蕭華堅決，但也沒有眞替李輔國出力，他後來「以倖臣李輔國權威，將附之」，則已是代宗即位初的事情，不好算進肅宗朝宰相的動態裏（《舊唐書》卷一一三本傳）。裴遵慶是由蕭華引進，自不致在對待李輔國問題上和蕭華有大分歧（《舊唐書》卷一一三本傳）。呂諲雖然曾和「出納詔命」的宦官馬上言相昵，但外任後在處理李輔國黨羽妖人申泰芝時還能「剛斷不撓」（《舊唐書》卷一八五下〈良吏〉本傳），張鎬則緣宦官謀孽而罷相（《舊唐書》卷一一一本傳），可推測他們起碼不致和李輔國有牽連。這第三類和李輔國沒有牽連以至作過一定鬪爭的宰相比第一、二類加起來還多，和玄宗朝之多因高力士「而取將相高位」（《舊唐書·力士傳》），睿宗朝「宰相七人，五人出〔太平〕公主門」的局面頗爲不同（《舊唐書》卷一八三〈外戚太平公主傳〉）。這說明李輔國等內廷宦官的勢力在肅宗時並未深入外朝宰相之中，同時也說明肅宗命相還有自己的主見，並未全以李輔國的好惡轉移。

肅宗朝還有一個介乎內廷、外朝之間的李泌。《新唐書》卷一三九〈李泌傳〉和《通鑑》都把他說得如何才智兼備，好像眞是並世無雙的傑出人物。但《新》傳、《通鑑》所根據的主要是泌子李繁所寫的《鄴侯家傳》，而《家傳》中有很多是誇飾之辭。這只需看他在德宗朝眞做上宰相後只是「隨時俯仰，無足可稱」，就足以證明《家傳》所說的嘉言懿行之類至少要打個大折扣，因此這裏不根據多本《家傳》的《新》傳、《通鑑》而用《舊唐書》卷一三〇裏的〈李泌傳〉。傳中說他：

> 天寶中，自嵩山上書論當世務，玄宗召見，令待詔翰林，仍東宮供奉。楊國忠忌其才辯，奏泌嘗爲感遇詩，諷刺時政，詔於蘄春郡安置，乃潛遁名山，以習隱自適。天寶末，祿山構難，肅宗北巡，至靈武卽位，遣使訪召。會泌自嵩、潁間冒難奔赴行在，至彭原郡謁見，陳古今成敗之機，甚稱旨，延致臥內，動皆顧問。泌稱山人，固辭官秩，特以散官寵之，解褐拜銀青光祿大夫，俾掌樞務。至於四方文狀，將相遷除，皆與泌參議，權逾宰相，仍判元帥廣平王軍司馬事。……尋爲中書令崔圓、倖臣李輔國害其能，將有不利於泌。泌懼，乞游衡山，優詔許之，給以三品俸祿，遂隱衡岳，絶粒栖神。

從這裏可以看出李泌之見用主要是由於亂前曾爲東宮供奉，是肅宗的故舊，肅宗在靈武除張后、李輔國外在士人中更無親信，自然要把這位東宮舊人李泌找來做幫手，盡管資歷不够，不便立卽任命爲宰相，仍讓他參與中樞機密。這必然要引起另一個早就參與中樞機密的宦官李輔國的疑忌，外朝宰相也必然對這個實權超過他們的人不滿。李泌處於內外交逼的不利形勢下，爲保全自己而暫時退出了政治舞臺，這種做法卽使用封建社會的標準來衡量，也未必算是什麼美德。

四

肅宗病死之前發生過兩件大事，一件是玄宗被逼遷入西內，繼而先肅宗死去，再一件是張后與李輔國火拚而為李輔國殺死。這兩件事過去也多認為是肅宗昏庸之所致。

先說玄宗之逼遷西內。這在《舊唐書·肅宗紀》中講得很簡略，只說上元元年七月「丁未，上皇自興慶宮移居西內。丙辰，開府高力士配流巫州，內侍王承恩流播州，魏悅流溱州，左龍武大將軍陳玄禮致仕」。具體的過程則以《高力士外傳》所記為詳悉：

上元元年七月，太上皇移仗西內安置，高公竄謫巫州，皆輔國之計也。上皇在興慶宮，先留厩馬三百匹，欲移仗前一日，輔國矯詔索留人馬，惟留十匹。有司奏陳，上皇謂高公曰：「常用輔國之謀，我兒不得終孝道，明早向北內！」及曉，至北內，皇帝使人起拜云：「兩日來疹病，不復親起拜伏，伏願且留吃飯。」飯畢，又曰：「伏願且歸南內。」行欲至夾城，忽聞憂憂聲，上驚迴顧，見輔國領鐵騎數百人便逼近御馬，輔國便持御馬，高公驚下，爭持曰：「縱有他變，須存禮儀，何得驚御。」輔國叱曰：「老翁大不解事，且去！」卽斬高公從者一人。高公卽攏御馬，直至西內安置。自辰及酉，然後老宮婢十數人將隨身衣物至，一時號泣，上皇止之。皆輔國矯詔之所為也，聖上寧得知之乎？

《外傳》多本力士口述，這段紀事自然是最可信據的。由此可知這實際上是武裝劫送，使玄宗自此完全落入與外界隔絕的俘囚境地。問題是這個行動究竟由誰主謀，據《外傳》中所加的「皆輔國之計」，「皆輔國矯詔之所爲」等案語，好像主謀者只是一個李輔國。另外有一些記載也是這麼說，如《通鑑》卷二二一上元元年六月，七月的紀事就作：

〔輔國〕言於上曰：「上皇居興慶宮，日與外人交通，陳玄禮，高力士謀不利於陛下。今六軍將士盡靈武勳臣，皆反仄不安，臣曉諭不能解，不敢不以聞。」上泣曰：「聖皇慈仁，豈容有此？」對曰：「上皇固無此意，其如羣小何？陛下爲天下主，當爲社稷大計，消亂於未萌，豈得徇匹夫之孝。……」上不聽。……輔國又令六軍將士號哭叩頭，請迎上皇居西內，上泣不應。

這段紀事沒有《考異》，不詳其所根據。從所謂「上不聽」，「上泣不應」來看，好像確實是李輔國在矯詔。但《通鑑》接著還記述逼遷西內的過程，說當時高力士還能叱令李輔國下馬，「與己共執上皇馬鞚侍衛如西內」云云，較《高力士外傳》所述已大事粉飾，顯然在爲上皇玄宗留面子。因此所謂「上不聽」云云，和《外傳》所作「皆輔國之計」的案語，實際上也都是爲肅宗留面子而作的曲筆。歪曲不大比較近眞的記載今保存在《舊唐書·李輔國傳》裏：

上皇自蜀還京，居興慶宮，肅宗自夾城中起居。上皇時召伶官奏樂，持盈公主往來宮中，輔國常陰候其隙而間之。上元元年，上皇嘗登長慶樓，與公主語，劍南奏事官過朝謁，上皇令公主及如仙媛作主人。輔國起微賤，貴達日近，不爲上皇左右所禮，慮恩顧或衰，乃潛畫奇謀以自固，因持盈待客，乃奏曰：「南內有異謀。」矯詔移上皇居西內，送持盈於玉眞觀，高力士等皆坐流竄。

這裏雖仍說「矯詔」，但在李輔國奏「南內有異謀」後不再說什麼「上不聽」了，可見移居之詔並非出李輔國所矯。從「輔國常陰候其隙而間之」來看，可知玄宗還京居南內後就久在肅宗及其代理人嚴密監視之下。雖然如前所說肅宗後來已和李輔國發生矛盾，但在對付玄宗這點上則利害始終一致。這是因為靈武即位本屬奪權性質，玄宗還京後萬一復辟，不僅李輔國等奪權支持者立即貶逐誅戮，就連肅宗本人的下場也將不堪設想。因此當初玄宗還京途中次鳳翔郡時，肅宗就派遣精騎三千以迎衛名義將扈從玄宗的舊禁軍武裝全部解除（《高力士外傳》，並參《舊唐書・玄宗紀》、《通鑑》卷二二〇至德二載十一月丙申條），此時肅宗多病[8]，深恐給玄宗造成機會，於是採取逼移西內的斷然措施。這不是李輔國眞的背著玄宗在矯詔，而是肅宗、李輔國出於利害一致的合謀，所以不能憑此就給肅宗安上頂昏庸的帽子。當然，也不必給肅宗另安殘酷無情或不孝的帽子，因為儘管封建社會裏講究家族關係，但在利害攸關的時候，照樣可以把什麼父子之情、兄弟或夫妻之情等統統拋開不管。前此玄宗自己之逼睿宗退居太上皇，以及太宗之逼高祖退居太上皇，實際上也都是叫自己的父親充當高級政治俘囚，不過當時海內安謐，政局穩定，用不到像肅宗這樣採取更嚴酷的措施而已。

玄宗之被囚禁於西內歷時不到二年，在寶應元年四月甲寅死於西內神龍殿，這自然屬於通常史書上所說的「幽死」。但過了十三天，肅宗自己也就死去。儘管《舊唐書・肅宗紀》作了解釋，說是肅宗「自仲春不豫，聞上皇登遐，不勝哀悸，因茲大漸」，總有事太突兀之嫌。北宋樂史所撰《楊太眞外傳》記玄宗死前毫無病痛，只說「令具湯沐，『我若就枕，愼勿驚我』，宮愛

8　《舊唐書・肅宗紀》上元二年正月甲午「上不康」，寶應元年「上自仲春不豫」，又《高力士外傳》記遷進西內事也說肅宗「兩日來瘧病」，可見肅宗晚年之多疾病。

聞睡中有聲，駭而視之，已崩矣」。隱約地表示其非善終而係兵死。《太眞外傳》當然不能視爲信史，但樂史撰寫時實多採唐人舊聞小說，說明在唐代確有玄宗兵死的傳說[9]。當時肅宗既已久病難愈，李輔國怕給玄宗造成復辟的機會而搶先下手，在事理上也是完全可能的。這也可說是封建統治集團內部鬪爭的一種規律，和肅宗個人之昏庸與否當然毫無關涉。

肅宗臨死時，發生了張后和李輔國之間的火拚，張后爲輔國所殺。其經過據《通鑑》卷二二二寶應元年四月丁卯條《考異》所引《肅宗實錄》說：

> 張后因太子監國，謀誅輔國，其日，使人以上命召太子，語之，太子不可。乙丑，后矯上命將喚太子，程元振知之，密告輔國。景寅，元振與輔國夜勒兵於三殿前，使人收捕越王及同謀內侍朱光輝、段恒俊等百餘人，繫之，移皇后於別殿。

《舊唐書》卷一一六〈越王係傳〉所記同上引《肅宗實錄》而稍加詳，《通鑑》卽據越王係傳編寫。但《舊唐書》卷一一〈代宗紀〉、〈張后傳〉，以及〈宦官・程元振傳〉則是另一種說法。〈代宗紀〉說：

> 寶應元年四月，肅宗大漸，所幸張皇后無子，后懼上功高難制，陰引越王係於宮中，將圖廢立。乙丑，皇后矯詔召太子，中官李輔國、程元振素知之，乃勒兵於凌霄門，俟太子至，卽衛從太子入飛龍厩以俟其變。是夕，勒兵於三殿，收捕越王係及內官朱光輝、馬英俊等禁錮之，幽皇后於別殿。

〈程元振傳〉略同。〈張后傳〉則更補述了張后所以反對代宗的原因：

9 南宋王銍《默記》所記李輔國遣盜弑玄宗，破腦出丹而死的神話，當亦據此等傳說編造。

先在靈武時，太子弟建寧王倓爲后誣譖而死。自是太子憂懼，常恐后之構禍，乃以恭遜取容。后以建寧之隙，常欲危之。張后生二子興王佋、定王侗，興王早薨，侗又孩幼，故儲位獲安。

《張后傳》、《代宗紀》等的說法顯然比《肅宗實錄》之類可信。封建社會后妃要立自己所出的皇子爲太子以圖固寵怙權，久已成爲通例，張后又在肅宗身邊握有相當的權勢，自然不容建寧王和太子代宗。李輔國本是肅宗的私黨，和代宗並無淵源，但在返回長安後已漸與肅宗發生矛盾，而且此時肅宗久病已漸危殆，因而想通過擁立代宗來保持其權力。他和張后雖然本來互爲表裏，沆瀣一氣，但到雙方權力膨脹發生矛盾不得解決之時，自亦不恤見諸干戈，這和肅宗本身昏庸與否仍不發生關係。元載修《肅宗實錄》時李輔國、程元振當已被貶殺，爲了隱諱代宗之爲李輔國擁立而不恤歪曲眞相，把一切罪過歸之於李輔國、程元振。《通鑑》轉信此等曲說，可謂失察。

五

代宗在位十八年中，后妃裏沒有出現過政治性人物。宰相先後有過十二名，卽雍王适、苗晉卿、裴遵慶、元載、李輔國、劉晏、李峴、王縉、杜鴻漸、裴冕、楊綰、常袞。其中雍王适卽後來的德宗是以平河北之功拜尚書令，不久就立爲皇太子。宦官李輔國之兼任中書令也沒有幾天，苗晉卿等是肅宗朝留下來的舊人，其餘幾個在中樞權力鬭爭中也多不關緊要，關緊要的只有一個元載。因此，這裏不準備多談外朝宰相的問題，而只對李輔國、程元振、魚朝恩幾個宦官在中樞的權力消長以及代宗所採取的對策作若干剖析。

先看李輔國。《舊唐書》本傳說：

代宗卽位，輔國與程元振有定策功，愈恣橫，私奏曰：「大家且內裏坐，外事聽老奴處置。」代宗怒其不遜，以方握禁軍，不欲遽責，乃尊爲尚父，政無巨細，皆委參決。五月，加司空、中書令，食實封八百戶。程元振欲奪其權，請上漸加禁制。乘其有間，〔六月己未〕乃罷輔國判元帥行軍事，其閑廐以下使名，並分授諸貴，仍移居外。輔國始懼，茫然失據。〔辛酉〕詔進封博陸王，罷中書令，許朝朔望。……十月十八日夜，盜入輔國第，殺輔國，携首臂而去。詔刻木葬之，仍贈太傅。

李輔國有殺張后、越王，擁立代宗之功，但代宗並不爲其所惑，在表面尊崇甚至滿足其宰相要求的同時迅速下手，卽位後才兩個月就剝奪李輔國的一切權力，實現了肅宗的遺志。從這點來說，代宗應該比唐代某些對宦官一味信任不移的皇帝包括玄宗在內要高明，至少安不上昏庸的惡名。至於李輔國之爲盜所殺，據《通鑑》卷二二二寶應元年十月壬戌條引《統紀》說是代宗所指使，這當然有極大的可能。

李輔國倒臺後，另一宦官頭目程元振又在中樞擅權，有人又認爲這是代宗昏庸，其實也頗冤枉。代宗所以要用程元振，是要利用他來剝奪李輔國的權力，尤其是剝奪掌管禁軍的權力，李輔國既倒，然後再尋找機會對程元振下手。《舊唐書．程元振傳》所說：

代宗卽位，以功拜飛龍副使、右監門將軍、上柱國，知內侍省事。尋代輔國判元帥行軍司馬，專制禁兵。……是時元振之權，甚於輔國，軍中呼爲十郎。……廣德元年……

……九月，吐蕃、党項入犯京畿，………十月，蕃軍至便橋，代宗蒼黃出奔陝州，賊陷京師。………及至行在，太常博士柳伉上疏切陳誅元振以謝天下，代宗顧人情歸咎，乃罷元振官，放歸田里。………十二月，車駕還京，元振服縗麻於車中入京城，以規任用，與御史大夫王昇飲酒，爲御史所彈，詔……長流溱州。

程元振的權勢如此喧赫一時，何以在代宗出走陝州後會束手就擒，《舊唐書・宦官・魚朝恩傳》作了解答：

至德中，常令〔朝恩〕監軍事。九節度討安慶緒於相州，不立統帥，以朝恩爲觀軍容宣慰處置使。………自相州之敗，史思明再陷河洛，朝恩常統禁軍鎮陝，以殿東夏。廣德元年，西蕃入犯京畿，代宗幸陝。時禁軍不集，征召離散。比至華陰，朝恩大軍遽至迎奉，六師方振。

原來程元振借以擅作威福的禁軍在京師不守時已告瓦解，元振隨代宗進入陝州時已成爲無拳無勇之徒，代宗自然很容易地利用陝州屯軍長官魚朝恩使之就範。在亂離中能抓住有利時機辦成這一平時不易辦到的大事，足見代宗之機捷果斷。

再看代宗下一步如何利用宰相元載以對付魚朝恩。此事《舊唐書・魚朝恩傳》所記不甚明晰，這裏改引《新唐書》卷二〇七〈宦者・魚朝恩傳〉：

元載乃用左散騎常侍崔昭尹京兆，厚以財結其黨皇甫溫、周皓，溫方屯陝，而皓射生將，自是朝恩隱謀奧語，悉爲帝知。………朝恩入殿，嘗從武士百人自衛，皓統之，而溫握兵在外。載乃徙鳳翔尹李抱玉節度山南西道，以溫代節度鳳翔，陽重其權，寔內溫以自助。……留溫京師未卽遣，約與皓共誅朝恩。謀定以聞，帝曰：「善圖之，勿反受禍。」方寒食宴禁中，旣罷將還營，有詔留議事。朝恩素肥，每乘小車入宮省，帝聞車聲危坐，載守中書省，朝恩至，帝責其異圖，朝恩自辨悖慠，皓與左右禽縊之。

這頗近似於後來文宗朝宰相李訓謀圖宦官仇士良的所謂「甘露之變」，但元載能勾結魚朝恩的親信皇甫溫、周皓，使宦官的武力轉而爲己所用，自然能夠必操勝算。元載此人本來並不反宦官，《舊唐書》卷一一八本傳還說他與李輔國以及內侍董秀等都曾有所勾結。而此時樂於爲代宗謀誅魚朝恩者，是由於魚朝恩一再欺凌宰相，甚至「謀將易執政，以震朝廷」（《新唐書・魚朝恩傳》），使元載爲了自己的生存，不得不對魚朝恩進行反擊。因此，可以說這場鬬爭不僅是皇帝反對宦官，在很大程度上還反映了內廷宦官與外朝宰相之爭。

元載對魚朝恩鬬爭得勝利，自然要進而攫取更多的權力。《舊書》卷一一八本傳說：

載兼判度支，志氣自若，謂己有除惡之功，是非前賢，以爲文武才略，莫己之若，外委胥吏，內聽婦言，……恣爲不法，侈僭無度，……貨賄公行，近年以來，未有其比。與王縉同列，縉方務聚財，遂睦於載，二人相得甚歡，日益縱橫。

外朝宰相勢力膨脹至此，當然不是代宗之所能容忍，大歷十二年元載被殺，王縉也被貶逐。自此中樞大權完全歸皇帝所掌握。

通常多認爲自從玄宗寵任高力士以來，宦官一直在中樞掌權，盡管順宗朝的二王八司馬，文宗朝的李訓、鄭注等都以討除宦官爲己任，但都告失敗，最後宰相崔胤引藩鎭朱溫的武力盡除宦官，而中央政權也就隨之而爲朱溫所奪取。其實並不盡然。從上面對肅、代兩朝中樞政局的剖析，可看到早在肅宗朝皇帝對宦官已有所抵制，而代宗則繼承肅宗遺志，在對付宦官問題上大獲全勝，再通過誅殺元載以抑制宰相的驕縱，使中樞政局出現短期的穩定。以後德宗即位之初頗事振作者，正是承受了代宗後期政局穩定的餘蔭。

論建中元年實施兩稅法的意圖

首先聲明，本文不是講兩稅法取代租庸調的必然性。這個必然性是擺得很明白的。原先唐代的國家「正供」租庸調以均田制爲基礎，受田一頃的丁男必須承擔相應的租庸調。但實際上受田多流於形式，而租庸調卻不能減少，以致田愈少者負擔愈重，只好大批逃亡他鄉成爲客戶，使只徵土戶的租庸調收入銳減。於是不論土客戶按資產分等徵收的戶稅和按田畝徵收的地稅起而代之，安史亂後不斷提高戶、地稅額使之成爲實際上的「正供」，建中元年（七八〇）更通過法令正式頒行了以戶、地稅爲主的兩稅法，把租庸調殘額以及非法賦斂併入兩稅稅額。這個取代過程及其必然性已爲多數人所認識，用不到在這裏多說。

本文要討論的是爲什麼在德宗剛卽位的建中元年明令實施兩稅法，實施這個兩稅法的主觀意圖是什麼。

一

在六十年代史學界已經有人提出這個問題，他們的看法是：「唐代宗以來，由於政府過度剝削而引起社會危機，大江南北，都不斷發生農民起義，尤其是袁晁等幾次在江南規模較大的起義，震撼了唐皇朝的統治基礎，迫使唐統治階級在賦稅制度方面，不得不進行一些改革」，兩稅法就是「唐政府在巨大的人民威力下不得不被迫進行改革」的產物[1]。

要判斷這種看法是否正確，應該對當時的反政府軍事行動作具體的如實的觀察。

《通鑑》卷二二二[2]：肅宗上元二年（七六一）九月，「江淮大飢，人相食」。寶應元年（七六二）正月，「租庸使元載以江淮雖經兵荒，其民比諸道猶有貲產，乃按籍舉八年租調之違負及逋逃者，計其大數而徵之，擇豪吏爲縣令而督之，不問負之有無，貲之高下，察民有粟帛者發徒圍之，籍其所有而中分之，甚者什取八九，謂之『白著』，有不服者，嚴刑以威之。民有蓄穀十斛者，則重足以待命，或相聚山澤爲盜，州縣不能制」。袁晁就是其中最主要的一支。《通鑑》卷二二三：代宗寶應元年八月己巳，「台州賊帥袁晁攻陷浙東諸州，改元寶勝，民疲於賦斂者多歸之。李光弼遣兵擊晁於衢州，破之」。九月，「袁晁陷信州」。十月，「袁晁陷溫州、明

1 見王仲犖先生〈唐代兩稅法研究〉，載《歷史研究》一九六三年第六期。又韓國磐著《隋唐五代史綱》第一一章第二節、第一二章第二節也均有類似之說。

2 爲方便起見，本文凡紀事儘先引用《通鑑》，《通鑑》所不詳，再雜引兩《唐書》等文獻。

州」。廣德元年（七六三）四月庚辰，「李光弼奏擒袁晁，浙東皆平。時晁聚眾近二十萬，轉攻州縣，光弼使部將張伯儀將兵討平之」。其經過大體如此[3]。案安史亂後財賦所入頗賴於江淮地區，袁晁在浙東反抗賦歛，當然會給政府一定的打擊。但鬪爭只持續一兩年，雖「聚眾近二十萬」，占領過若干州縣，而派去平亂官軍卻僅是李光弼部將所率領的偏師，李光弼本人仍坐鎮徐州防禦安史餘孽，足見對政府的打擊並不太大，決不會到達「震撼唐皇朝的統治基礎」的程度[4]。而且這次軍事行動主要是由「白著」之類的重賦苛歛引起的，因此在寶應元年十月袁晁占領溫州、明州之後，政府已「詔浙江水旱，百姓重困，州縣勿輒科率」，袁晁失敗後，廣德二年（七六四）十一月又「免越州今歲田租之半，給復溫、台、明三州一年」[5]。儘管這種詔令實行的程度還可以研究[6]，在政府總算多少作了一些緩和矛盾的措施。何以事情已過去十多年，到建中元年再來個舊事重提，用實施兩稅法的辦法來緩和矛盾？這使人有點難於理解。

除袁晁外在代宗時還有幾次反政府軍事行動。《通鑑》卷二二三：廣德二年（七六四）春正月，「吐蕃之入長安也，諸軍亡卒及鄉曲無賴子弟相聚為盜，吐蕃既去，猶竄伏南山子午等五

3 有關袁晁的記載還見於《冊府元龜》卷一二二〈征討〉、卷三五九〈立功〉、卷三八五〈褒異〉，《舊唐書》卷一一〈代宗紀〉、卷一五二〈王栖曜傳〉，《新唐書》卷六〈代宗紀〉等文獻，除袁晁失敗時間〈新紀〉作廣德二年十一月外，所述均大體相同。

4 《舊唐書》卷一一〇〈李光弼傳〉有「監軍使以袁晁方擾江淮，光弼兵少，請保潤州以避其鋒」的紀載，似乎袁晁聲威已足牽制李光弼的行止。但這段記載是不可信的，所說地理也有錯誤，寶應元年五月的《通鑑考異》已作了辨正。

5 均見《新唐書》卷六〈代宗紀〉，後一條又見《冊府元龜》卷四九〇〈蠲復〉。

6 這類減免賦稅的詔令在唐代是經常發布的，看《冊府元龜》卷四九〇〈蠲復〉可知，但實施起來是否會打折扣，落到農民頭上的好處真有多少，均可以研究。

谷，所在爲患。丁巳，以太子賓客薛景仙爲南山五谷防禦使以討之」。十一月，「五谷防禦使薛景仙討南山羣盜，連月不克，上命李抱玉討之。賊帥高玉最強，抱玉遣兵馬使李崇客將四百騎自洋州入，襲之於桃虢川，大破之，玉走成固。庚申，山南西道節度使張獻誠擒玉，獻之，餘盜皆平」。案之《舊唐書・代宗紀》，廣德元年八月，「自七月不雨，至此月癸丑方雨」；二年九月，「自七月大雨未止，京城米斗值一千文，蝗食田」，「是秋蝗食田殆盡，關輔尤甚，米斗千錢」。可能有若干困於災荒的農民參加了這次行動。但吐蕃攻入長安後的「諸軍亡卒」當在其中起了主要作用，從而使它的性質和袁鼂爲反抗賦斂的行動不盡相同。它前後只有一年多光景，四百騎官軍就能大破其最強的賊帥，可見對政府的威脅也不大。

《通鑑》卷二二四：大曆六年（七七一），「嶺南蠻酋梁崇牽自稱平南十道大都統，據容州，與西原蠻張侯、夏永等連兵攻陷城邑，前容管經略使元結等皆寄治蒼梧。經略使王翃至藤州，以私財募兵，不數月，斬賊帥歐陽珪」。「翃募得三千餘人，破賊數萬眾，攻容州，拔之，擒梁崇牽，前後大小百餘戰，盡復容州故地，分命諸將襲西原蠻，復郁林等諸州。先是賊帥馮崇道、桂林叛將朱濟時，皆據險爲亂，陷十餘州，官軍討之，連年不克，〔節度使〕李勉遣其將李觀與翃並力攻討，悉斬之。三月，五嶺皆平」。卷二二五：大曆十年（七七五）十一月，「西原賊帥覃問乘虛襲容州，翃伏兵擒之」。卷二二六：大曆十四年（七七九）十二月，「湖南賊帥王國良阻山爲盜，上遣都官員外郎關播招撫之」。建中元年七月丙寅，「邵州賊帥王國良降。國良本湖南牙將，觀察使辛京杲使戍武岡，以扞西原蠻。京杲貪暴，國良家富，京杲以死罪加之，國良懼，據縣叛，與西原蠻合，聚眾千人，侵掠州縣，瀕湖千里，咸被其害，詔荊、黔、洪、桂諸道合兵討之，連年不能克。及曹王皋爲湖南觀察使，……遣國良書，……約爲兄弟，盡焚攻守之具，散其眾使歸農」。案這幾起反政府的軍事行動前後持續了十年左右，牽動今湖南、廣東、廣西三省，其規模比袁晁之在浙東似乎還大一些。但從《舊唐書》卷一五七〈王翃傳〉所謂「自安史之亂，頻詔徵發嶺南兵募隸南陽魯炅軍，炅與賊戰於葉縣，大敗，餘眾離散，嶺南谿洞夷獠乘此相恐爲亂」的記載來看，這是少數民族乘政府力量削弱而發動的軍事行動，漢族農民也參加，從所謂「散其眾使歸農」可證明，而爲首的則是軍官王國良之流，說明其性質與袁晁的抗賦行動實有所不同。同時，湖南、兩廣和江淮也不一樣，不是當時上供財賦的主要地區。從而難於設想實施兩稅法和這地區的反政府行動有什麼關聯。王國良是建中元年七月才被曹王李皋招降的，《通鑑》所載李皋的招降書也只說：「將軍非敢爲逆，欲救死耳。我與將軍俱爲辛京杲所構，我已蒙聖朝湔洗，何心復加兵刃於將軍乎？」專從私人恩怨利害來打動他，沒有一句提到這年正月實施的兩稅法。

以上幾次都是《通鑑》以及《舊唐書》本紀所記載的。《舊書》本紀以《實錄》爲藍本，司馬光纂修《資治通鑑》也經過一番別擇，說明這幾次總還是引起封建統治者注意，而且要引爲鑒誡以「資治」的。此外，這個時期的反政府軍事行動散見於文獻者還有若干起，如舒州楊昭、新安沈千載[7]，餘姚龔厲[8]，沂州李浩[9]，常州張度[10]，宣、饒二州方清、陳莊[11]，宣州王方[12]，蘇、常諸州潘獰虎、胡參等[13]，除個別外大都發生在長江下游的財賦之區。但規模都不太大，人數至多不過「數千」，爲時不過「累年」，活動範圍也多數局限於本州縣，至多波及鄰近州縣。他們之所以有所舉動，一方面固然由於安史之亂以來賦斂的加重，另方面也是由於政府要集中力量對付安史叛軍而削弱了對後方的控制。因此，一旦引起地方長官的注意，調動爲數不很多的部隊就能把他們平定[14]，從而也就沒有被寫入《舊書》本紀和《通鑑》。要說政府懾於他們的威力被迫實施兩稅法，似乎更說不過去。

而且，如果政府眞是懾於農民的威力被迫實施兩稅法，那兩稅法之所徵收總得比過去要減輕些，這樣才談得上緩和階級矛盾。主張懾於農民威力被迫實施兩稅說者對這個關鍵問題卻沒有怎麼考慮。爲此，在拙撰〈唐代兩稅法雜考〉一文中[15]，曾根據實施兩稅法的詔令建中元年正月五

---

7 均見獨孤及《毗陵集》卷八〈張鎬遺愛頌〉。

8 《毗陵集》卷五〈為江東節度使奏破餘姚草賊龔厲捷書〉。

9 《新唐書》卷一六一〈鄭運逵傳〉。

10 《新唐書》卷一四六〈李栖筠傳〉。

11 《舊唐書》卷一三二〈李芃傳〉、《毗陵集》卷四〈賀袁傪破賊表〉。

12 《元和郡縣圖志》卷二八宣州旌德縣。

13 《舊唐書》卷一四〇〈張建封傳〉、李翺《李文公集》卷一三〈柏良器神道碑〉。又拙文寫成後獲讀張澤咸先生的《唐五代農民戰爭史料彙編》（一九七九年十一月中華書局版），所收至為繁富，雖間或旁及並非農民戰爭之史料，仍可資別擇參考。

14 如攻打龔厲的戰役，據獨孤及〈為江東節度使奏破餘姚草賊龔厲捷書〉，官軍方面只有「軍將呂道光領拍刀手一百人」，「軍將左璋率弩手一百五十人」，「軍將余能變率弩手一百五十人」，「軍將張恩覽率拍刀手一百人」，此外還有「軍將潘景蘭領輜馱數十準偽為商旅」以誘敵，「轉戰數十里」，只殺死龔部三百餘人，最後和龔厲一同被殺的也只有「八九十人」；而〈捷書〉上卻說什麼「僵仆原隰，脂膏草莽」，頌揚皇上「聖謨神策，與天合契，制勝兩楹，威加四海」，極盡舖張揚厲之能事。

15 載《歷史研究》一九八一年第一期。

日赦文[16]，二月十一日起請條，以及事前楊炎請作兩稅法的奏疏[17]，事後陸贄〈均節賦稅恤百姓六條〉之一「論兩稅之弊須有釐革」中對兩稅法的批評[18]，把兩稅法所徵收的數量算了一筆總帳：㈠兩稅法以戶、地稅為主，二月十一日起請條規定戶稅「據舊徵稅數」，地稅「據大曆十四年見佃青苗地額」，據陸贄所說是「每州各取大曆中一年科率錢穀數最多者」，比其他年分的戶、地稅加重。㈡起請條規定「其丁租庸調，並入兩稅」，就是把各州府原先徵收的租庸調殘額分別附加進當州府戶、地稅總額裏，並未省免。㈢安史亂起後地方政府紛紛巧立名目，非法賦歛，如楊炎奏疏中所說「科歛之名凡數百，廢者不削，重者不去，新舊仍積，不知其涯」，實施兩稅法時卻變這些非法賦歛為合法，把它統統「並入兩稅」，而且原先這些非法賦歛不一定都照數徵足，「並入兩稅」成為「恒規」後就非徵足不可[19]。最後把這加進租庸調殘額和非法賦歛的州府戶、地稅總額攤派到該州府土、客戶及其墾田上面。因此農民的負擔不僅沒有減輕，反而比實施兩稅法之前更加重。天下決無用加重賦稅來緩和矛盾之理，可見兩稅法的實施和安史亂起後的反政府軍事行動並無因果關係。

---

16 見《唐會要》卷八三〈租稅〉。又卷七八〈黜陟使〉及《冊府元龜》卷四八八〈賦稅〉、《通典》卷六〈賦稅〉所載建中元年正月制即此正月五日赦文，文字均略有出入，可互相參考補正。

17 見《舊唐書》卷一一八〈楊炎傳〉。又《唐會要》卷八三〈租稅〉、《冊府元龜》卷四八八〈賦稅〉也收有此疏，文字略有出入。《唐會要》標明「其年八月宰相楊炎上疏」，而把它次於建中元年正月赦文等後，是傳抄致誤，原本當列於上文大曆十四年五月條之後，這年五月德宗即位，八月相楊炎，請作兩稅法奏疏即拜相後所上。

18 收入《陸宣公集》卷二二。

19 別詳陸贄〈均節賦稅恤百姓〉之一「論兩稅之弊須有釐革」。

還有一點也值得注意。唐人在發布的詔令裏是很喜歡做文章的，尤其在如何惠愛優恤百姓上常常大做其文章。只要檢讀《唐大詔令集》、《唐會要》、《册府元龜》等書的都會有此感覺。但在建中元年正月五日赦文、二月十一日起請條以至楊炎請作兩稅法奏疏裏都沒有兩稅法如何減輕賦歛、如何恤民之類的話頭。這正是因爲實施兩稅法時本沒有從減輕賦歛、緩和矛盾上來考慮，以致擅長撰寫恤民文字的詔令代言人也無從在這方面着筆。

二

建中元年實施兩稅法是在財政稅收上的一次大改革，凡大改革在當時總有其意圖，總準備用來解決一些矛盾。六十年代史學界提出這點本來是應該的，問題是這個大改革究竟用來解決什麼矛盾。在安史亂起後，東南江浙地區的農民反政府行動確實使階級矛盾比亂前尖銳了一些，但從前面所說規模和持續時間等來看，顯然成不了當時的主要矛盾。當時中央政權用全力來對付的是安史叛軍，安史亂定後用很大精力來對付的仍舊是地方藩鎮，這個中央和地方的矛盾才是當時的主要矛盾。而通常研究歷史的只注意到這個時期中央和地方在政治軍事上的矛盾，很少有人考慮到經濟上的矛盾，從而不知道建中元年實施兩稅法的主要意圖就在於從財政稅收來解決中央和地方的經濟矛盾。

要弄清楚這個問題，應該回顧一下唐初以來的財政制度。

從唐初到安史亂前，財政收入一向是歸中央統一掌管的。如《唐六典》卷三〈戶部〉：「度支郎中、員外郎，掌支度國用租賦少多之數，物產豐約之宜，水陸道路之利，每歲計其所出而支其所用，……皆料其遠近時月眾寡好惡而統其務焉。……凡天下邊軍，皆有支度之使，以計軍資糧仗之用，每歲所費，皆申度支而會計之，以《長行旨》為準。」原注：「支度使及軍、州每年終各具破用、現在數，申金部、度支、倉部勘會。開元二十四年敕：以每年租耗雜支輕重不類，令戶部修《長行旨條》五卷，諸州刺史、縣令改替日，並令遞相交付者，省司每年但據應支物數，進書頒行，附驛遞送，其支配處分，並依旨文為定。」租庸調等稅收原則上都要上繳到中央，地方州縣每年所需的開支，得按戶部所規定在稅收中留下一部分，邊軍的開支也必須按戶部的規定在稅收中留用或調撥，並且每到年終還要把「破用」和「現在」的數字上報戶部[20]。中央把地方的財政控制得如此嚴密，是和當時全國統一、中央集權的局面完全相適應的。

安史亂後，局面起了變化。河北藩鎮「收安史餘黨，各擁勁卒數萬，治兵完城，自署文武將吏，不供貢賦，……朝廷專事姑息，不能復制，雖名藩臣，羈縻而已」[21]。其他地區也是「紀綱廢弛，百事從權，至於率稅多少，皆在牧守裁制」[22]，「徵斂多名，且無恒數」[23]。而這些非法賦斂之所入，又多為地方所有，所謂「有重兵處皆厚自奉養，正賦所入無幾，吏之職名，隨人署置，俸給厚薄，由其增損」，「朝廷不能覆諸使，諸使不能覆諸州」[24]。歸結起來，就是「賦

20 《通典》卷六〈賦稅〉就載有天寶中度支歲計粟、布、絹、綿、錢上繳中央和留州、供軍的數字。
21 《通鑑》卷二二三永泰元年七月壬辰條。
22 陸贄〈均節賦稅恤百姓〉六條之一「論兩稅之弊須有釐革」。
23 《通典》卷七〈丁中〉後總論自注。
24 楊炎請作兩稅法奏疏。

歛、出入、俸給皆無法，長吏得專之」[25]，而中央的財源大爲縮減。甚至如周智光在華州「擅留關中所漕米二萬斛，藩鎮貢獻，往往殺其使者而奪之」[26]。即使京師的情況也不妙，「舊制，天下金帛皆貯於左藏，太府四時上其數，比部覆其出入」，這時也由於「京師多豪將，求取無節」，而不得不「盡貯於大盈庫，使宦官掌之」[27]。這種局面如不設法扭轉，中央政權就有難於維持的危險。

肅宗時安史之亂還未平定，沒有力量來解決這個問題，只好任用第五琦等在鹽利上大肆搜括[28]。這在當時另有一定成效，總不是根本解決的辦法，因爲如果聽任地方勢力發展，鹽利也同樣有被侵吞的危險。代宗初年，安史之亂算是平定，但其殘餘勢力以田承嗣爲首的藩鎮仍跋扈河北，時動干戈，同時吐蕃占領河隴地區，並一度攻陷長安，關中局勢重形緊張，解決財政稅收問題當然還不是時候。要到代宗大曆年間，吐蕃的威脅稍見減輕，河北藩鎮因內部矛盾不能協力對付中央，某些節度使且有轉而親附中央的傾向[29]，盤據華州的周智光也被中央消滅。中央政權日

25 《通鑑》卷二二六建中元年十月己亥條追述「大曆以前」的情況。
26 《通鑑》卷二二四大曆元年正月。
27 《通鑑》卷二二六大曆十四年十二月條追記。
28 《舊唐書》卷四七〈食貨志〉、卷一二三〈第五琦傳〉、《新唐書》卷五四〈食貨志〉。
29 如《通鑑》卷二二四：大曆八年八月辛未，「幽州節度使朱泚遣弟滔將五千精騎詣涇州防秋。自安祿山反，幽州兵未嘗為用，滔至，上大喜」。卷二二五：大曆九年，「朱泚入朝，……九月庚子，至京師，士民觀者如堵」。大曆十年，「成德節度使李寶臣、淄青節度使李正己皆為田承嗣所輕，……及承嗣拒命，寶臣、正己皆上表請討之。上亦欲因其隙討承嗣，夏四月乙未，……命河東、成德、幽州、淄青、淮西、永平、汴宋、河陽、澤潞諸道發兵前臨魏博。……六月，田承嗣以諸道兵四合，部將多叛而懼」。

趨穩固，削弱地方勢力、包括解決財政稅收問題才能提上議事日程。

大曆後期，代宗已在這方面開始作出措施。《通鑑》卷二二五：大曆十二年（七七七）五月辛亥，「詔自都團練使外，悉罷諸州團練守捉使。又令諸使非軍事要急，無得擅召刺史及停其職務，差人權攝。又定諸州兵皆有常數。……自兵興以來，州縣官俸給不一，……刺史月給或至千緡，或數十緡，至是始定節度使以下至主簿、尉俸祿，掊多益寡。上下有敍，法制粗立」。大曆十四年（七七九）五月代宗去世，嗣位的德宗更是個急於恢復中央威權、企圖有所作爲的人物[30]，《通鑑》卷二二六：大曆十四年十月，下詔「凡財賦皆歸左藏，一用舊式」，恢復了中央財政機關的權力。前面所說地方專擅目無中央的情況，大曆末年都在逐一糾正。再進一步就要通過實施兩稅法把尤關重大的財政稅收問題用快刀斬亂麻的手段予以解決。

考論史事重在內證。認眞研讀建中元年正月五日赦文、二月十一日起請條以及楊炎奏疏、陸贄〈均節賦稅恤百姓六條〉等第一手史料，就會發現，兩稅法除繼承原先的戶、地稅和歸併租庸調殘額外，舉凡前所未有而爲這次所作出的新規定新措施，無一不與解決中央和地方的財權有關：

一、戶、地稅在兩稅法實施前已成爲事實上的國家「正供」，把它作爲兩稅的基礎，再把法定的「正供」租庸調附加進去，這都是比較名正言順的。至於非法賦斂，即使在封建社會也被認

30 如《通鑑》卷二二五：「郭子儀……權任既重，功名復大，……代宗欲分其權而難之」，德宗五月癸亥即位，甲申即「詔尊子儀為尚父，加太尉兼中書令，……所領副元帥諸使悉罷之，以其裨將……李懷光、……常謙光、……渾瑊……分領其任」，利用朔方軍內部矛盾剝奪了這位中興元勳的實權，非有作為者不敢出此。

爲是虐民弊政，何以實施兩稅法時卻把它承認下來而附加進戶、地稅裏？如說怕廢止了要影響收入，那儘可把戶、地稅額再進一步提高，何必讓本來非法的東西合法化？這就因爲這些非法賦斂是地方政權的收入，過去中央無力過問，只好任其惡性發展；這時雖已有力過問，但仍不便明令取締，以免激起地方政權的普遍反抗。於是採取如上的折衷辦法：承認這些非法賦斂爲合法，不予取締；同時把它「並入兩稅」，納入中央的控制範圍。這就是兩稅法要「采非法之權令，以爲控制，總無名之暴賦，以立恒規」[31]的原因。

二、兩稅法和過去戶、地稅、租庸調最顯著的區別，是不再像過去戶、地稅、租庸調那樣有全國統一的稅額，而改用攤派的辦法。二月十一日起請條中明文規定：「據舊徵稅數，及人戶土客，定等第錢數多少，爲夏秋兩稅，……其應科斛斗，請據大曆十四年見佃青苗地額均稅。……其黜陟使每道定稅訖，具當州府應稅都數，……分析聞奏。」說得具體一點，就是以州府爲單位，把該州府過去徵收戶、地稅最多一年的總額，加上該州府原先徵收的租庸調殘額和非法賦斂，成爲該州府的戶、地稅總額，然後按該州府的土客戶數戶等和見佃青苗地額來攤派。這樣各州府之間就不再有畫一的戶、地稅額，出現了「創制之首，不務齊平」[32]的奇怪現象。其所以如此，是因爲這時各州府百姓的負擔本來就不「齊平」，硬要制定畫一的稅額使之「齊平」，必然出現有的州府稅收較前增多、而有的較前減少的局面，增多了自有背於中央限制地方財權的目的，減少了則易於招致地方的口舌。不如對既成事實作適當的遷就，「不務齊平」以減少波動。

31 陸贄〈均節賦稅恤百姓六條〉之一「論兩稅之弊須有釐革」中對非法賦斂「並入兩稅」的批評。

32 陸贄〈均節賦稅恤百姓六條〉之一「論兩稅之弊須有釐革」中的批評語。

三、所以說適當地遷就而不是一味地遷就，是在承認各州府既成事實的同時又把它統統作為國家的「正供」，不僅本來是「正供」的租庸調殘額和準「正供」的戶、地稅，就連地方政權別出心裁的種種非法賦歛也成為了國家「正供」。而既成為了國家「正供」就得由中央來經管支配。具體辦法定由中央派出「黜陟使十一人分巡天下」[33]，「與觀察使、刺史計人產等級為兩稅法」[34]，並如二月十一日起請條所規定「黜陟使每道定稅訖，具當州府應稅都數及徵納期限并支留、合送等錢物斛斗，分析聞奏，並報度支、金部、倉部、比部」。也就是由黜陟使代表中央和地方長官觀察使、刺史協商，在確定該州府兩稅總額的錢物斛斗後，從中劃出若干「支留」地方，若干「合送」中央。所謂「天下百姓輸賦於府，一曰上供，二曰送使，三曰留州」[35]，就是從這時開始的。「自是輕重之權始歸於朝廷」[36]，扭轉了過去「率稅多少，皆在牧守裁制」「正賦所入無幾」的局面，使中央獲得「賦不加歛而增入」的好處[37]。

四、兩稅法不僅沒有全國統一的稅額，就連上供、送使、留州的數量，各州府之間也沒有劃一的比例。陸贄〈均節賦稅恤百姓六條〉之一「論兩稅之弊須有釐革」中所說「謀始之際，不立科條，分遣使臣，凡十餘輩，專行其意，各制一隅，遂使人殊見，道異法，低昂不類，緩急不倫，

33 《通鑑》卷二二六建中元年二月丙申條。

34 《唐會要》卷八三〈租稅〉建中元年二月關於兩稅法的紀事。

35 《唐會要》卷八三〈租稅〉元和六年二月條。這「送使」也叫「留使」，如同卷元和四年十二月度支奏中就稱「諸州府應供上都兩稅匹段及留使、留州錢物等」。「送使」、「留州」都是地方「支留」，「上供」即是「合送」中央。

36 《舊唐書・楊炎傳》、《冊府元龜》卷四八八〈賦稅〉建中元年二月條原注。

37 《冊府元龜》卷四八八〈賦稅〉建中元年二月條原注。

逮至覆命於朝，竟無類會裁處」，也就包括上供、送使、留州之無劃一比例在內。這是由於地方政權對中央的服從程度各有不同，管轄地區的富饒貧瘠又各有不同，服從中央、態度恭順而又富饒的地區，中央可以索取較多的上供，反之雖富饒而態度不十分恭順，或者雖恭順而地區過於貧瘠，自然只好放寬送使、留州的數量。因而中央不宜訂出劃一的比例，而是委派黜陟使分赴各道和地方長官協商，確定「當州府應稅都數及徵納期限並支留、合送等錢物斛斗」。黜陟使在唐代是代表中央的欽差大臣，有極大的權威[38]，他們做不到的中央自別無辦法，所以當他們「覆命回朝」就一律照准，不再「類會裁處」。

五、確定了各州府兩稅總額，以及上供、送使、留州的數字，讓地方政權分得一定的好處，此外就不再允許地方政權非法賦歛，所謂「比來新舊徵科色目，一切停罷，兩稅外輒別率一錢，四等官准擅興賦，以枉法論」[39]。儘管到後來此禁令形同具文，但當初絕非官樣文章，而是要用來限制地方勢力的發展，不准再像過去那樣背了中央私自另開財源。

以上都是建中元年頒行兩稅法時的新規定新措施，無一不是反映了中央對地方的財權之爭。

---

38 黜陟使在唐初就派過，《唐會要》卷七八〈黜陟使〉：「貞觀八年，將發十六道黜陟大使，畿內未有其人，上問房玄齡：『此道事最重，誰可充使？』尚書右僕射李靖曰：『畿內事大，非魏徵莫可。』上曰：『朕今欲向九成宮，事亦不小，朕每行不欲與其相離者，乃為其見朕是非得失必無所隱。』乃命李靖充使。」在李靖、魏徵等大臣中揀擇黜陟使人選，可見這個差使寄任之重，威權之大。因此建中元年就以黜陟使名義派出中央代表和地方長官打交道。其中如「河北黜陟使洪經綸，……聞〔魏博節度使田〕悅軍七萬，符下，罷其四萬令歸農」，敢於在兩稅之外干預部隊編制，而田悅也只得「陽順命，如符罷之」，過後再「使各還部伍」，不敢公然抗命（《通鑑》卷二二六建中元年二月丙申條）。可見這批黜陟使仍有相當的威風。

39 《冊府元龜》卷四八八〈賦稅〉所載建中元年正月制。

其結果則是「每歲天下共歛三千餘萬貫，其二千五十餘萬貫以供外費，九百五十餘萬貫供京師；稅米麥共千六百餘萬石，其二百餘萬石供京師，千四百萬石給充外費」[40]。中央收入雖遠比不上外費的總數，但已遠遠超過任何一個地方政權的收入，說明實施兩稅法向地方爭奪財權，在當時確已取得成效。

前面說過，德宗初年之所以能在財政稅收上對地方採取措施，是因爲這時候中央政權重形穩固，威權有所恢復。以後一旦威權下墜，地方政府必然會在財權問題上有所反覆。兩稅法在建中元年實施後曾經有過一些變動，執行起來也有時認眞，有時馬虎。如果仔細觀察，就會發現這一切幾乎或多或少地都關係到中央和地方勢力的消長，它實質上還是中央、地方間財權之爭的反映。

這裏舉幾個比較明顯的例子。

建中「三年五月，初加稅。時淮南節度使陳少游請於當道兩稅錢每一千加稅二百，度支因請諸道悉加之」[41]。兩稅法才實施了三個年頭，就不顧原來的規定大幅度提高稅額，豈非中央自喪威信？但如果考察一下當時的形勢，就可知道中央如此做實有不得已的苦衷。原來德宗對地方政權操之過急，在財權問題剛取得一些勝利後，就要從政治上進一步剷除以河北藩鎭爲首的地方割

---

40 《通典》卷六〈賦稅〉原註。當然，這次增出的收入中有一部分是黜陟使在各道搜括戶口得來的，見《通典》卷七歷代盛衰戶口原註和〈丁中〉後總論。但這些增出的戶口實際上早已為地方政權所私下掌握，黜陟使這次不過是從地方政權手裏要過來而已。拙撰〈唐代兩稅法雜考〉曾對此作了分析。

41 《唐會要》卷八三〈租稅〉，《冊府元龜》卷四八八〈賦稅〉、《通鑑》卷二二七略同。

據勢力，在建中二年（七八一）向田悅、李納等採取軍事行動，使田悅等聯合起來對付中央，到建中三年四月，原來聽命於中央的王武俊、朱滔又先後轉而支援田悅。中央由於「兩河用兵，日費百餘萬緡，府庫不支數月」，實施兩稅法後增加的收入已不足以應龐大的軍費開支，以致要「詔借商人錢」，「括僦櫃質錢」，弄得「長安囂然如被寇盜」，「百姓爲之罷市」[42]；軍事上又從優勢轉爲劣勢，威權迅速下降。而陳少游建節淮南，正是財賦所出之地，他本人又是桀傲不馴之流，中央對他不得不有幾分顧忌[43]。他在建中三年五月正當形勢逆轉中央十分被動的時候提出加稅的要求，中央如何能不同意。不僅同意陳少游，而且讓各道也照樣增加，這樣既可買好各道藩鎮讓他們支持中央，同時中央也想從中分得好處，以充實已告匱乏的府庫。

杜佑指出兩稅法實施後「仍屬多故，兵革薦興，浮冗之輩，今則衆矣，徵輸之數，亦以闕矣」[44]。李泌也說「自變兩稅法以來，藩鎮州縣多違法聚斂，繼以朱泚之亂，爭榷率、徵罰以爲軍資，點募自防。泚既平，自懼違法，匿不敢言」[45]。這是由於德宗兩河用兵未能取勝，又經朱泚、李懷光先後叛亂，不得不改變即位初年積極進取的態度，即後人所謂「德宗自艱難之後，事多姑息」[46]。因此實際上不會是地方重新「違法聚斂」後「匿不敢言」，而應是中央明知其事不欲過問。至於戶口流亡隱匿，則是我國封建社會中經常發生的事情，這時中央威權既已下墜，沒

42 《通鑑》卷二二七建中三年四月甲子。
43 參考《通鑑》卷二二七建中三年十一月己卯條、卷二二九建中四年十一月 陳少游將兵請討李希烈條。
44 《通典》卷七〈丁中〉後總論。
45 《通鑑》卷二三二德宗貞元三年七月。
46 《舊唐書》卷一四七〈杜黃裳傳〉。

有力量再派黜陟使之類去各道檢括，自然形成「浮冗之輩，今則眾矣」的局面。

憲宗是德宗以後有志恢復中央威權而且取得成效的皇帝，在他手裏對兩稅法又作出一系列措施。如「元和元年已後三度赦文，每年旨條兩稅留州、留使錢外，加率一錢一物，州府長吏並以枉法贓論」。出巡的監察御史也根據赦文照章辦事，認眞彈劾地方官在兩稅外加徵錢物的非法行爲[47]。「自建中初定稅時，貨重錢輕，是後貨輕錢重，齊人（民）所出，國已倍其初徵矣。其留州、送使，所在長吏又降省估使就實估，以自封殖，而重賦於人。及〔元和三年〕裴垍爲相，奏請天下留州、送使物，一切令依省估；其所任觀察使仍以其所涖之郡租賦自給，若不足，然後許徵於支郡，其諸州送使額，悉變爲上供」[48]。省估貨價高，實估貨價低，這樣一來不僅取消了地方政權在實估上取得的非法進款，而且使「諸州送使額悉變爲上供」，把藩鎭的財權局限於所駐節的州郡，大大削弱了他們對管內支郡的控制，而加強了支郡對中央的聯繫。此外，中央還先後多次任命兩稅使勘定諸道兩稅。如《唐會要》卷八四〈兩稅使〉所記元和四年命鹽鐵使楊子留後、江陵留後、上都留後、度支山南西道分巡院官等充諸道兩稅使。「五年（當作十四年）誅李師道，恢復淄、青十二州，……命王彥威充十二州勘定兩稅使，朝法振舉」。「十五年閏正月命度支郎中趙佶使淄、青、兗、海、鄆、曹、濮、蔡、申、光等州定兩稅」。所以能如此，正是由

47 元稹《元氏長慶集》卷三七〈彈奏山南西道兩稅外草狀〉、〈彈奏劍南東川節度使狀〉。

48 《唐會要》卷三〈租稅〉元和六年二月條，《通鑑》卷二三七元和三年九月丙申條略同。有關這個措施的章奏、詔令，今存元和四年十二月度支奏和敕旨、五年正月度支奏、六年二月制，均見《唐會要》同卷、《冊府元龜》卷四八八〈賦稅〉。

於元和元年平夏綏楊惠琳，平西川劉闢，二年平鎮海軍李錡，五年平昭義盧從史，八年平鎮武軍，十一年平宥州，十二年平淮西吳元濟，十四年平淄青李師道，把對抗中央、動亂不安的大小地方勢力逐一解決，從而使其他藩鎮「惕息多求入朝」[49]，連最不易對付的魏博、成德、幽州所謂河北此三鎮都先後歸心朝廷。中央重張威權，才能在兩稅上進一步作出如上的限制措施。

任何歷史事物的出現和存在決不會是孤立的。兩稅法在建中元年以後實施的認眞與否既和中央、地方勢力之消長有如此緊密關係，就更可證實建中元年之實施兩稅法確實是一項向地方爭奪財權的重大措施。

49 《通鑑》卷二三七元和四年九月條。

唐代兩稅法雜考

唐德宗建中元年頒行兩稅法是歷史上的一件大事，但許多歷史教本對兩稅法本身並沒有講清楚。原因之一是史料掌握得不充分，一般喜歡用《舊唐書》卷一一八〈楊炎傳〉裏請作兩稅法的奏疏，而對《唐會要》卷八三〈租稅〉所載實施兩稅法的正式詔令建中元年正月五日赦文[1]、二月十一日起請條以及「其月大赦天下」云云的紀事不予重視，更不用說旁徵其他文獻了。

本文以赦文、起請條等爲依據，並參考大曆十四年八月楊炎請作兩稅法的奏疏[2]、陸贄〈均

1 《唐會要》卷七八〈黜陟使〉、《册府元龜》卷四八八〈賦稅〉、《通典》卷六〈賦稅〉所載建中元年正月制就是這個正月五日赦文。

2 《唐會要》標明「其年八月宰相楊炎上疏」，而把它次於建中元年正月赦文等後，顯然是不對的，「上疏」條當次於上文大曆十四年五月條之後，今本傳抄致誤。

節賦稅恤百姓六條〉對兩稅法的批評（《陸宣公集》卷二二）和其他文獻，力求把兩稅法及其前身戶稅、地稅弄清楚。《歷史研究》一九六三年第六期發表過王仲犖先生的論文〈唐代兩稅法研究〉，對兩稅法之包括戶稅、地稅和戶、地稅如何發展成爲兩稅作了大體正確的論述，因此這裏只就一般歷史著作以及王先生論文所沒有講到或沒有解決的問題作若干考釋，名之曰「雜考」，不再系統地講說。

一 根據什麼來定徵收戶稅的等第

戶稅在唐初就開始正式徵收，按照戶等高下確定稅額。《唐會要》卷八五〈定戶等第〉：「武德六年三月令：天下戶量其貲產，定爲三等。至九年三月二十四日詔：天下戶三等未盡升降，依爲九等。」卷八三〈租稅〉：「大曆四年正月十八日敕：天下〔百姓〕及王公已下，自今以後，宜準度支長行旨條，每年稅錢，上上戶四千文，上中戶三千五百文，上下戶三千文，中上戶二千五百文，中中戶二千文，中下戶一千五百文，下上戶一千文，下中戶七百文，下下戶五百文。」到建中元年實施兩稅法，正月五日赦文仍規定要「約丁產，定等第」，二月十一日起請條也說要「據舊徵稅數及人戶土客，定等第錢數多少」，按戶等來徵收戶稅。

怎樣定戶等第，《册府元龜》卷四八六〈戶籍〉所載天寶四載三月勅講得比較具體，即「每至定戶之時，宜委縣令與村鄉對定，審於眾議，察以資財，不得容有愛憎，以爲高下，徇其虛妄，令不均平，使每等之中，皆稱允當，仍委太守詳覆，如有不平，縣令錄奏量事貶降，其鄉村對定之人便與節級科罪，覆定之後，明立簿書」。其中關鍵仍如武德六年令所說，在於「量其貲產」即「察以資財」。「貲產」、「資財」指什麼，武德令、天寶四載勅都沒有再說，王仲犖先生認爲「在封社會建裏，土地是主要的生產資科，是重要的財產，如果定戶等第而不把土地當作財富統計在內，那成什麼話說？」但這只是推測，沒有舉出證據。其實證據是有的，即中國科學院圖書館所藏新疆吐魯番勝金口出土的三片所謂〈貲合文書〉[3]，這裏抄錄第一片正反面比較完整的兩段。

第一片正面：

馮照蒲陶二畝半　桑二畝
常田十畝半
其他田十五畝
田地枯棗五畝破爲石田畝二斛
興蒲陶二畝半　桑二畝
常田十八畝半　其他田七畝
泮桑二畝半
得張阿興蒲陶二畝半
得闞衍常田七畝

3 賀昌羣先生〈漢唐間封建的國有土地制與均田制〉圖版一、二，一九五八年上海人民出版社版。並參考賀先生部分釋文。

得韓千哉田地沙車田五畝
得張渚其他田四畝半□二畝半
貲合二百五十七斛半

第一片反面：

齊都鹵田八畝半　常田七畝
棗七畝　石田三畝　桑二畝半
得吳並鹵田四畝半
貲合八十斛
——右孝敬里
扣竟
校竟

〈文書〉上沒有年號，賀昌羣先生說：「據其字迹觀察，當是北朝末至唐初之物。」卽使是北朝或隋代的吧，唐初的定戶等第也還是繼承前朝的辦法，仍舊可以用它來說明唐代的定戶等第。它是定戶等第時「量其貲產」、「察以資財」的一種底帳，在上面算出各戶的資產折合若干斛卽「貲合××斛」，從而確定他們的戶等，登入正式的籍帳。而「貲產」、「資財」，則如〈文書〉所開列，盡是「常田×畝」、「鹵田×畝」、「蒲陶×畝」、「棗×畝」等各種不同質量和出產的土地頃畝數。當然〈文書〉中的馮照、齊都都是農村戶口，城市戶口除了官僚和某些富商外不一定有土地，但在舊社會裏，農村戶口占絕大多數，就是官僚的資產也總是以土地爲主，因此這個〈文書〉是有代表性的，它證實了按照戶等徵收的戶稅，實際上主要還是以擁有土地的數量質量爲依據。

弄清這個事實很重要。因爲，建中元年實施的兩稅法雖然把戶稅和地稅都包括在內，但在時人心目中還往往側重戶稅。如杜牧〈同州澄城縣戶工倉尉廳壁記〉說：「縣之所重，其舉秀貢賢也，……次乃戶稅而已。」〈唐故處州刺史李君墓誌銘並序〉說：「出爲池州刺史，始至，創造籍簿，……復定戶稅。」（《樊川文集》卷一〇、八）。韋莊〈秦婦吟〉：「鄉園本貫東畿縣，歲歲耕桑臨近甸，歲種良田二百壥，年輸戶稅三千萬。」何以到了宋代的「二稅」，卻完全按土地頃畝來徵收，成爲清一色的地稅性質？現在知道戶稅的定戶等第主要也是依據該戶的土地，而兩稅法中的戶稅和地稅又都在同一個時間徵收（詳本文第四節），發展下去，就勢必合併成爲完全按土地徵收的「二稅」。如果忽視這一點，認爲宋代的「二稅」和唐代的兩稅法只是名稱相似，並無淵源，那就未免有割斷歷史之嫌。

二　什麼時候把義倉稅稱為地稅

地稅最初是義倉稅。《册府元龜》卷五〇二〈常平〉載：「太宗貞觀二年四月制：『天下州縣，並置義倉。』先是每歲水旱，皆以正倉出給，無倉之處，就食他州，百姓流移，或致困窮。左丞戴胄上言：『……請自王公以下，爰及眾庶，計所墾田稼穡頃畝，每至秋熟，准其見苗，以理勸課，盡令出粟，稻麥之鄉，亦同此稅，各納所在，爲立義倉。若年穀不登，百姓饑饉，所在州縣，隨便取給。』……戶部尚書韓仲良奏：『王公已下，墾地畝納二升，其粟麥稅稻之屬，各依土地，貯之州縣，以備凶年。』制可之。」這只是一種備荒措施，不算正式稅收，後來政府隨便動用，失去了義倉備荒的本意，義倉稅才變成了正式的國家稅收——地稅。

什麼時候發生這種轉變？據《通典》卷一二〈輕重〉所說是：「高宗、武太后數十年間，義倉不許雜用，其後公私窘迫，貸義倉支用，自中宗神龍之後，天下義倉費用向盡。」中宗神龍元年到玄宗即位只有八年，從《通典》的文字上看好像義倉稅變成地稅是在開元年間。王仲犖先生並根據《册府元龜》卷四九〇〈蠲復〉所載開元十三年正月詔中出現「地稅」這個名詞，說：「因爲……按畝徵收的緣故，索性連義倉的名稱也取消，把它改稱爲地稅了。」

按地稅這個名詞出現後，義倉的名稱並未完全取消[4]，王先生這句話似微有語病。但王先生認爲地稅這個名詞的出現標誌著義倉性質的轉變這點則是正確的，不過說開元十三年詔才開始用地稅這個名詞，未免說得太晚了。《册府元龜》卷四九〇〈蠲復〉高宗永隆元年正月己亥詔載：「雍、岐、華、同四州六等以下戶宜免兩年地稅。」中宗景龍三年十一月南郊禮畢大赦令：「關中諸州無出今年地稅。」這都在玄宗以前。大概高宗後期武則天掌實權時就已使用了地稅這個名詞。

這和《通典》所說「高宗、武太后數十年間，義倉不許雜用」的話並不矛盾。《通典》在「中宗神龍之後，天下義倉費用向盡」之前已說「其後公私窘迫，貸義倉支用」，中宗神龍前就是

4　如《通典》卷一二〈輕重〉就說：「開元二十五年定式：王公以下每年戶別據所種田畝，別稅粟二升，以為義倉。」並根據天寶八年的資料列舉了各道義倉的貯糧石數。

高宗、武則天時代，可見《通典》本意只是說「高宗、武太后數十年間」義倉原則上不許雜用，事實上後來因公私窘迫，已貸義倉使用，所以到「中宗神龍以後，天下義倉費用向盡」（古人行文有時過於疏略，需仔細尋繹上下文才好理解）。這樣，通常認爲義倉制度破壞在中宗時實應提前到高宗後期武則天掌權時，而地稅這個名詞正在此時出現決非偶然，可以如王先生那樣認識，是標誌著義倉稅的性質在起變化。

三　地稅什麼時候開始提高稅額　什麼時候開始一年兩度徵收

地稅稅額在貞觀二年開始設置義倉時是依照韓仲良奏「王公已下，墾地畝納二升」。除永徽二年一度改爲按戶等出粟外（《唐會要》卷八八〈倉及常平倉〉），長期沒有變動。如《通典》卷一二〈輕重〉開元二十五年定式：「王公以下，每年戶別據所種田畝，別稅粟二升，以爲義倉。」《冊府元龜》卷四八七〈賦稅〉代宗廣德元年七月詔：「地稅依舊每畝稅二升。」以後起了變化，如《元龜》同卷大曆四年十月敕：「北（應作比）屬秋霖，頗傷苗稼，百姓種麥，其數非多，如聞村閭，不免流散，來年稅麥，須有優矜，其大曆五年夏麥所稅，特宜與減常年稅，其地總分爲兩等，上等每畝稅一斗，下等每畝稅五升，其荒田如能開佃者，一切每畝稅二升。」大曆四年十二月敕：「今關輔諸州，墾田漸廣，江淮轉漕，常數又加，計一年之儲，有大半之助，其餘他稅，固可從輕，其京兆來年秋稅，宜分作兩等，上下各半，上等每畝稅一斗，下等每畝稅六升，其荒田如能佃者，宜准今年十月二十九日敕，一切每畝稅二升。」大曆五年三月：「定京兆府百姓稅，夏稅上田畝稅六升，下田畝稅四升，秋稅上田畝稅五升，下田畝稅三升，荒田開佃者畝率二升。」但有人據此就認爲大曆五年才開始提高地稅稅額，這顯然是不對的。王仲犖先生說：「大曆四年兩次詔令，都提到『優矜』、『從輕』，根據這字面來推測，可知大曆四年以前的地稅徵收率，有一度比這令文所規定的還要重。」這個認識是正確的。

究竟什麼時候開始提高，王先生根據《新唐書》卷五一〈食貨志〉所說：「大曆元年……天下苗一畝稅錢十五，……號青苗錢，又有地頭錢，每畝二十，通名爲青苗錢。」認爲：「當時竭澤而漁，開始徵收青苗錢和地頭錢，地稅的加重，當在這同時。」按王先生這樣講只是推測，沒有從文獻上找證據。其實證據還是有的，《算經十書》本《夏侯陽算經》卷中求地稅章就有這樣的算題：「今有田三百七十九畝，畝出稅谷三升納官，每斛加二升耗，問輸正及穀各幾何？」「今有田一畝，計稅谷三升，問一步合計幾何？」這部《夏侯陽算經》是爲現實生活中應用需要而編寫的，說明地稅稅額在代宗廣德元年「依舊每畝稅二升」以後，第一步是提高到每畝三升，到大曆四年之前再進一步提到夏、秋地稅各在一斗或一斗以上，到大曆四年認爲提得太高實行有困難又略爲降低，如四年十月、十二月敕所說那樣。從廣德二年到大曆四年的六年中是地稅稅額變動最劇烈的時候[5]。

5　這裏牽涉到《夏侯陽算經》編寫的年代問題，一九六三年中華書局出版的錢寶琮先生校點《算經十書》本在提要中據《新唐書》卷四九下〈百官志〉「上元二年諸州復置別駕，德宗時復省」等記載定此書為代宗時代的作品。但錢先生列舉的證據多成問題，即以「別駕」這個職官名稱來說，從《唐會要》卷六九〈別駕〉與《新唐書・百官志》的記載知並非止是肅宗上元二年以後才有。而《夏侯陽算經》卷中分祿料章除「別駕」外還提到「太守」，據《唐會要》卷六八〈刺史〉的記載，「太守」、「別駕」同時存在只有天寶元年到八年這一段時間。因此我認為《夏侯陽算經》的原本應是天寶元年到八年之間所編寫。到安史亂後代宗年間又有所增改，添入或改寫成「畝稅穀三升」。

地稅在「畝稅二升」時從未說過一年兩度徵收，到大曆四年十月、十二月敕中卻說「夏麥所稅」和「秋稅」，因此一般認爲地稅之一年兩度徵收始於大曆四年。這也有問題。因爲如眞始於大曆四年，在這兩個勅中對爲什麼改爲兩度徵收必有所解釋，但勅中並無任何解釋，只平淡地說「其大曆五年夏麥所稅」，「其京兆來年秋稅」，說明地稅在這以前早已分夏秋兩度徵收。這在《夏侯陽算經》中也可得到證實，《算經》卷中〈定腳價〉章有「兩稅米」的算題，在唐代凡一年兩度徵收的賦稅都可稱爲「兩稅」（詳下節），可見地稅在每畝稅額提高到三升時已改爲一年兩度徵收。

一方面一年兩度徵收，一方面又規定畝稅三升，究竟是夏秋各徵三升呢？還是夏秋稅額合起來一共三升？這在文獻上無可稽考。但我認爲，前一個可能性大些，因爲如果夏秋兩次合起來每畝三升，則一次的稅額比過去每畝二升還要少，當時政府正急於搜刮，稅米到手越早越多越好，決不願意這麼做。

四　為什麼叫兩稅法　兩稅法包括地稅有什麼證據　兩稅法中的戶、地稅是否同時徵收

關於兩稅法之所以得名，過去有人認爲是由於它包括了戶、地兩種稅的緣故。這種認識不對。因爲在唐代，只要一年兩度徵收的都可以叫「兩稅」，如《文苑英華》卷四八四常袞大曆四年三月〈免京兆府稅錢制〉中就說：「國家計其戶籍，俾出泉貨，著在令典，謂之兩稅。」就是

把兩稅法實施前的戶稅稱做「兩稅」。因此有些人猜測兩稅法也應因此而得名，如王仲犖先生就說：「只要一個賦稅分爲兩次徵收，都可帶上『兩稅』這一名稱。楊炎兩稅所規定的戶稅，是分夏秋兩次徵收的，地稅也是分夏秋兩次徵收的，因此新稅法便很自然地採用兩稅法這一現成名詞。」不過王先生等都沒有舉出證據。其實證據就在實施兩稅法的建中元年正月五日赦文、二月十一日起請條和紀事裏。赦文說：「宜委黜陟使與觀察使及刺史、轉運，所由計百姓及客戶，約丁產，定等第，均率作年支兩稅。」起請條說：「請令黜陟、觀察使及州縣長官據舊徵稅數及人戶土客，定等第錢數多少，爲夏秋兩稅。」下文紀事說：「遣黜陟使觀風俗，仍與觀察使、刺史計人產等級爲兩稅法。」三者文句用詞都大體相同，而前者講「年支兩稅」，「爲夏秋兩稅」，後者則說「爲兩稅法」，豈不正是由於年支夏秋兩稅才名之爲兩稅法的明證！

對兩稅法之不僅繼承戶稅而且包括地稅，王仲犖先生已引用《唐會要》卷八四〈租稅〉大中四年正月制、《册府元龜》卷四八四〈經費〉貞元八年裴延齡條、陸贄〈論度支令京兆府折稅市草狀〉、元稹〈論當州朝邑等三縣代納夏陽韓城兩縣率錢狀〉等加以論證，但建中元年二月起請條中還有個最堅強的內證，即所謂「其黜陟使每道定稅訖，具當州府應稅都數及徵納期限，并支留合送等錢物斛斗，分析聞奏，並報度支、金部、倉部、比部。」按所謂「黜陟使每道定稅」從下文「遣黜陟使觀風俗，仍與觀察使、刺史計人產等級爲兩稅法」的紀事來看，是指的兩稅，而所定的內容則爲「當州府應稅都數及徵納期限，並支留合送等錢物斛斗」。這裏的「錢」，不用說是戶稅錢，「斛斗」，也顯然是指上文「其應科斛斗請據大曆十四年見佃青苗地額均稅」的地稅而言，這就充分說明黜陟使所定兩稅是兼包戶稅和地稅[6]。只是由於地稅是「據大曆十四年見佃青苗地額均稅」，手續比較簡單，不像戶稅那樣要重新「計百姓及客戶，約丁戶，定等第」，因此在下文紀事中就只說「計人產等第爲兩稅法」，正月五日赦文中也只說「約丁產，定等第，均率作年支兩稅」，沒有再提「應科斛斗」，從而使有些人產生了地稅不包括在兩稅之內的錯覺。

兩稅法中的戶稅和地稅是否同時徵收，講述兩稅法的論著都沒有提到。其實這在起請條裏也已交待清楚。起請條先講戶稅「據舊徵稅數及人戶土客，定等第錢數多少，爲夏秋兩稅」，再講地稅的「應科斛斗，請據大曆十四年見佃青苗地額均稅」，接著總括一句：「夏稅六月內納畢，秋稅十一月內納畢。」這「夏稅」和「秋稅」中當然都各自包括戶、地稅，戶、地稅是同時徵收。本來，我國大多數地區一年收穫兩次，地稅是田畝稅，戶稅評定戶等所依據的資產如本文第一節所說也以土地爲主，舊歷六月、十一月正是夏收、秋收之後，廣大農民有油水可供榨取之時，封建統治階級不趁此向他們同時徵收戶、地稅，更待何時？當然，有些地方的收穫季節和一般地區不完全一樣，或遲或早，所以這「夏稅六月內納畢，秋稅十一月內納畢」也只是大體的規定，允許因地制宜，有所變通，這就是赦文中所說「如當處土風不便，更立一限」和楊炎請作兩

6 至於起請條「錢物斛斗」之「物」，當卽穀物之物。有人根據陸贄所說戶稅「定稅之數，皆計緡錢，納稅之時，多配綾絹」，認爲這「物」指綾絹而言。但「錢物斛斗」是指定稅的數字，旣然「定稅之數，皆計緡錢」，這「物」就不可能是綾絹。

稅涉奏疏中所說「居人之稅，夏秋兩徵之，俗有不便者正之」[7]。而起請條末了所謂「黜陟使每道定稅訖，具當州府應稅都數，及徵納期限，並支留合送等錢物斛斗，分析聞奏」，也說明各州府的「徵納期限」可由黜陟使根據當地實際情況作出具體規定，不一定拘於六月、十一月。

五　兩稅法有沒有全國統一的稅額

兩稅法實施前戶、地稅的稅額一直是全國統一的，有些學者認為兩稅法也應有全國統一的稅額。如陳寅恪先生〈秦婦吟校箋〉解釋「歲種良田二百壥，年輸戶稅三千萬」時就引用《唐會要》卷八三〈租稅〉大曆四年正月十八日敕來推測戶稅稅額，王仲犖先生也說：「兩稅實施以後，按畝徵收粟米的稅額，固然史無明文。但據元稹〈同州奏均田〉奏議中稱：『右臣當州百姓田地，每畝只稅粟九升五合，草四分。』陸贄在〈均節賦稅恤百姓六條〉的奏議中稱：『今京畿之內，每田一畝，官稅五升，而私家收租，殆有畝至一石者。』陸贄的奏議，在貞元十年（七九四年），元稹的奏議，在長慶二年（八二二年），由此可知，從七九四年到八二二年這三十多年間，地稅每畝的稅額，在五升至九升五合左右，如果元稹所指的是一年的稅額，而陸贄所指的係夏稅或秋稅一次的稅額，兩次合加起來，也近一斗，那末陸贄和元稹所舉的數目又相差不遠。」按以上這些推測似均欠科學，因為建中元年正式實施兩稅法後，無論戶稅、地稅都再沒有全國統

7　《冊府元龜》卷四八八〈賦稅〉建中元年二月條作「二之」，《舊唐書》卷四八〈食貨志〉作「三之」。王仲華先生根據赦文所說「更立一限」，認為應作「三之」。但「更立一限」者，似是不按照六月、十一月的規定另立期限的意思，並非說在六月、十一月外再定個期限一年收三次。「正之」，則是對原定六月、十一月作更正的意思。

一的稅額。建中元年二月起請條就明確規定：「據舊徵稅數，及人戶土客，定等第錢數多少，為夏秋兩稅。……其應科斛斗，請據大曆十四年見佃青苗地額均稅，……其黜陟使每道定稅訖，具當州府應稅都數及徵納期限，幷支留合送等錢物斛斗，分析聞奏。」這裏所謂「錢數多少」指戶稅，「應科斛斗」指地稅，是分別按「舊徵（戶）稅數」及「大曆十四年見佃青苗地額」為「當州應稅都數」，也就是陸贄〈均節賦稅恤百姓六條〉第一條〈論兩稅之弊須有釐革〉中所說：「每州各取大曆中一年科率錢穀數最多者便為定額。」用今天的語言來表達，就是根據大曆時各州府徵收的戶、地稅最高額作為當州府戶、地稅的固定總額，然後把這戶稅總額按當州府的戶數戶等分攤到每戶頭上，把這地稅總額按當州府的墾田畝數分攤到每畝墾田上，這完全是一種攤配性質的稅制。後來元稹的〈同州奏均田狀〉就是因當州墾田荒失、地稅攤配不均需要重攤，〈論當州朝邑等三縣代納夏陽韓城兩縣率錢狀〉就是要求糾正朝邑等三縣代攤夏陽、韓城兩縣戶稅的不合理辦法（《元氏長慶集》卷三八、三九）。《冊府元龜》卷四八八〈賦稅〉會昌元年正月制所說：「州縣每年所徵科斛斗，一切依元額為定，……數外如有陂澤山原，百姓或力能墾闢耕種，州縣不得輒問，所收苗子，五年不在收稅限，五年之外，依例收稅，於一鄉之中，先塡貧戶欠闕，如無欠闕，卽均減衆戶合徵斛斗，但令不失元額，不得隨田地頃畝加稅。」則是對墾田增闢後如何攤配的規定。正因為是攤配，所以建中元年正月赦文、二月起請條中都不提稅額，這不是「史無明文」或史有闕文，而是本不存在全國統一的稅額[8]。

8 關於兩稅法之為攤配，李劍農先生的《魏晉南北朝隋唐經濟史稿》（一九五九年三聯書店版）第一二章第三節裏已首先提出，但迄未為人們注意，因此仍有必要在這裏考證清楚。

六　兩稅法實施後原有的租庸調額稅如何處理

兩稅法實施後，原有的租庸調稅額如何處理？過去研究的人往往不甚注意。他們看到楊炎請作兩稅法奏疏中所說「其租庸雜傜悉省，而丁額不廢」，便認為原有的租庸調已不再徵收，對建中元月二月起請條中所說的「其丁租庸調，並入兩稅」，則認為是「一句無甚意義的空文」[9]。這種看法似成問題。

建中元年實施兩稅法以前，租庸調並沒有廢止，就大曆年間來說，如《册府元龜》卷四九〇《蠲復》大曆四年十一月乙亥敕：「淮南數州……其淮上今年租庸、地稅、旨支米等宜三分放二分。」十二年十一月庚辰詔：「巴南……蓬、渠、集、壁、充、通、開等州宜放二年租庸。」可見當時租庸調仍每年徵收。至於收入有多少，王仲犖先生根據楊炎請作兩稅法奏疏中所說「至德之後，……天下殘瘁，蕩為浮人，鄉居地著者，百不四、五」，認為租庸調是只向土戶中的課口徵收的，這時土戶既已不到安史亂前的百分之四、五，租庸調的收入就「微不足道」，這也恐不盡然。《通典》卷七《歷代戶口盛衰》說唐代戶口極盛是在天寶十四載，其時「管戶總八百九十一萬四千七百九」，而大曆中還有「百二十萬戶」，將近極盛時的百分之十四，而不是百分之四、五，楊炎奏疏所說「百不四、五」是行文誇飾之詞。這「百二十萬戶」中課口數字史無明文，姑

9　見金寶祥先生《唐代封建經濟的發展及其矛盾》，載《歷史教學》一九五四年五、六期。

按《通典・歷代戶口盛衰》原注所記肅宗乾元三年「應管戶總百九十三萬三千一百七十四」、其中「課口二百三十七萬七百九十九」的比例來推算，大歷中的課口總得在一百五十萬左右。以租庸調的法定稅額每丁租二石、絹二匹、綿三兩（半屯）計，每年還可收入租三百萬石，絹三百萬匹，綿七十五萬屯，不論收入後是否上供中央，就數量來說總還是很可觀的。試以《通典》卷六《賦稅》原注所紀建中初實施兩稅法後「每歲天下共斂三千餘萬貫，……稅米麥共千六百餘萬石」[10]的數字相比較：絹三百萬匹，按每匹值錢三貫計[11]，折錢九百萬貫，將近兩稅錢三千餘萬貫的三分之一，租三百萬石，也將近兩稅米麥千六百餘萬石的五分之一；還有綿七十五萬屯沒有折算在內。這樣一筆收入，政府在實施兩稅法時如何肯放棄。因此起請條中規定「其丁租庸調，並入兩稅」，就是要把各州府的租庸調總額折成錢穀分別附加進當州府戶、地稅總額裏，作為戶、地稅攤配到當州府每戶和每畝墾田上。楊炎奏疏中「其租庸雜徭悉省」的「省」，實際上是「省併」之「省」，不能理解為「省卻」之「省」。

附帶說一下，楊炎奏疏中「其租庸雜徭悉省，而丁額不廢」，以及起請條中所說的「州縣常存丁額，准式申報」，也不是空文。唐代除按丁徵收租庸調外，還有按戶等丁額徵發徭役的規定，如《唐大詔令集》卷六九廣德二年南郊赦、卷七〇寶曆元年正月南郊赦中都提到當時各種徭

10 《通鑑》卷二二六建中元年作「稅錢一千八十九萬八千餘緡，穀二百一十五萬七千餘斛」，與此數字不同。《歷史教學》一九五一年第二卷第五、六期所載岑仲勉先生〈唐代兩稅基礎及其牽連的問題〉認為「係專指供京師的數目」。

11 《夏侯陽算經》是天寶元年至八年間編寫、代宗時又有所增改的算書，卷下說諸分章有「絹一匹值一貫一百文」，「絹……每匹三貫五百文」，「絹……每匹當錢四貫三百六十六文四分七厘八毫九絲四忽」等幾個絹價，陸贄〈論兩稅之弊須有釐革〉中則說「往者納絹一匹，當錢三千二三百文」，折衷一下，姑以每匹三貫作為大曆時的一般絹價。

役的名稱，杜牧〈唐故處州刺史李君墓志銘並序〉中並有開成時「出爲池州刺史，始至，創立籍簿，民被徭役者，科品高下，鱗次比比，一在我手」的記載（《樊川文集》卷八）。說明按丁徵收的租庸調雖已併入兩稅，按戶等丁額徵發的徭役卻從沒有廢止。因此，楊炎要提出「丁額不廢」，起請條要作出「州縣常存丁額，准式申報」的規定。

七 兩稅法有沒有減輕剝削

兩稅法在剝削上比過去減輕還是加重？講述兩稅法的人很少作出明確的答覆。這也難怪，因爲攤派式的兩稅法沒有統一稅額，無從用幾個簡單的數字來和實施前的戶、地稅以及租庸調相比較，但如果用其他方法來比較分析，這個問題還是可以解答的。

先看兩稅法的主要組成部分戶、地稅。前面第五節裏已說過，建中元年二月起請條裏規定戶稅「據舊徵稅數」，地稅「據大曆十四年見佃青苗地額」，這戶稅的「舊徵稅數」和「大曆十四年見佃青苗地額」據陸贄所說是「每州各取大曆中一年科率穀數最多者」，也就是說各州府的戶、地稅總額是根據過去徵收戶、地稅最多一年的總額來確定，這和其他年分的戶、地稅相比，剝削已經加重。

再看過去的租庸調。前面第六節裏已經說過，實施兩稅法時已把各州府原先徵收的租庸調總額分別附加進當州府戶、地稅總額裏，並沒有絲毫省免。

租庸調是法定的「正供」，戶、地稅在安史亂後也成爲事實上的「正供」。除這些「正供」

外，安史亂後地方上還出現了種種巧立名目、擅自徵收的非法賦斂，如楊炎請作兩稅法的奏疏中所說「科斂之名凡數百，廢者不削，重者不去，新舊仍積，不知其涯」。建中元年正月赦文規定，「比來徵科色目，一切停罷」，好像兩稅法一實施，這些非法賦斂就統統制止。其實不然。當時只是把各州府的非法賦斂的錢物斛斗併入當州府的兩稅稅額之中。陸贄所說「大曆中非法賦斂，急備、供軍、折估、宣索、進奉之類者，既併入兩稅」就是明證。所謂「徵科色目一切停罷」者，只是不再保留原有的急備、供軍等等名目而已。而且，陸贄還說：「大曆中紀綱廢弛，百事從權，至於率稅少多，皆在牧守裁制，邦賦既無定限，官司懼有闕供，每至徵稅之初，例必廣張名數，以備不時之命，且爲施惠之資，應用有餘，則遂減放，增損既由郡邑，消息易協物宜，故法雖久刓，而人未甚瘁，及總雜處數，以爲兩稅恒規，悉登地官，咸係經費，計奏一定，有加無除。」（〈論兩稅之弊須有釐革〉）原先各州府自定的賦斂數額並不一定照實徵足，還有減放的可能，這時統統併入兩稅，上報戶部——「地官」，就非徵足不可了，這實際上又加重了剝削。

以上就兩稅法的制定來說，剝削已是加重而不是減輕。

至於實施起來，剝削量更大大增加。「自初定兩稅，貨重錢輕，乃計錢而輸綾絹，既而物價愈下，所納愈多，絹匹爲錢三千二百，其後爲錢一千六百，輸一者過二，雖賦不增舊，而民愈困」（《新唐書》卷五二〈食貨志〉）。又建中元年正月赦文規定「兩稅外輒別率一錢，以枉法論」，這是防止地方政府再私自非法賦斂，是一種限制地方財權的措施，但實際上藩鎮州縣仍舊「多違法聚斂」（《通鑑》卷二三二貞元三年七月李泌奏）。建中三年「淮南節度使陳少游請於當道兩稅錢每一千加稅二百，度支因請諸道悉加之」（《唐會要》卷八二〈租稅〉），更打破了兩稅法的原定額。因此陸贄在〈均節賦稅恤百姓六條〉中要說：「今既總收極甚之數，定爲兩稅矣；所定別獻之類，復在數外矣；間緣軍用不給，已嘗加徵矣；近屬折納錢價，則又多獲矣；比於大曆極甚之數，殆將再益其倍焉」（第二條〈請兩稅以布帛為額不計錢數〉）。陸贄這個奏疏是德宗貞元十年所上的，離開建中元年實施兩稅法不過十四年，可見兩稅法沒有給老百姓帶來好處。

兩稅法的總剝削量比過去加重，但攤派到某些人戶上的稅額會不會有所減輕？有人認爲對土戶說來有所減輕，根據是楊炎奏疏中所說的「戶無土客，以見居爲簿；人無丁中，以貧富爲差」（《唐會要》卷八三〈租稅〉），過去只徵土戶，現在也攤派到客戶頭上，豈非減輕了土戶的負擔！其實這是個錯覺。因爲建中元年以前戶、地稅本來一向是土客戶同樣徵收的，所謂「戶無土客，以見居爲簿；人無丁中，以貧富爲差」，就是承用過去徵收戶、地稅的老辦法，並非過去戶、地稅只徵土戶，這時才土、客戶並徵。非法賦斂也是如此。只有租庸調過去只徵土戶，併入兩稅後分攤到客戶頭上。不過如前所說，實施兩稅後州府的總稅額既已加重，土戶的負擔卽使把原先租庸調部分分攤給客戶後仍不會有所減輕。

唐代有檢括戶口的辦法，如「開元九年正月二十八日監察御史宇文融請急察色役僞濫，並逃戶及籍田，因令充使，於是奏勸農判官數人，……分往天下，安輯戶口，檢責賸田，……諸道括得客戶凡八十餘萬，田亦稱是」（《唐會要》卷八五〈逃戶〉）。實施兩稅法時也作了一次這樣的檢括。《通典》就說「戶至大曆中唯有百二十萬戶，建中初命黜陟使往諸道按比戶口，約都得土戶百八十餘萬，客戶百三十餘萬」（卷七〈歷代盛衰戶口〉原注），土、客戶比過去多檢括出近二百萬戶。把原先一百二十萬戶承擔的賦稅轉移一部分到新檢括出的二百萬戶頭上，對原先一百二十萬戶來說負擔豈非有所減輕。我認爲帳不能這樣算。因爲逃亡他鄉的客戶多數成爲地主的依附，檢括他們會和當地的地主豪紳引起矛盾，而安史亂前賦稅收入是由中央嚴格控制的（《唐六典》卷三〈戶部度支郎中〉），地方政府檢括戶口、增加稅收徒然得罪地主豪紳，對自己並無很大好處，要檢括必須由中央下決心。安史亂後不同了，地方政府可以自擅賦稅而不上供中央，徵收愈多對自己好處愈大，可以檢括的戶口早已被他們檢括乾淨了，他們檢括不到的就更非外來的黜陟使在短期內所能檢括出來。《通典》的這條記載只能說明安史亂後中央已不復掌握地方政府據以徵稅的眞實戶數，實施兩稅法時才由黜陟使把若干土、客戶從地方政府手裏要過來。因此實施兩稅法時並不能像宇文融那樣眞正檢括出隱匿不納賦稅的戶口，這次檢括只對中央有好處，原先繳納賦稅人戶的負擔並不會減輕。

八 〈楊炎傳〉「版籍不造而得其虛實」應如何理解

有人根據《舊唐書・楊炎傳》所說實施兩稅法後「版籍不造而得其虛實」，認爲兩稅法實施後眞可不用編造戶籍。這決非事實。

我國封建社會裏沒有一個朝代可以不用戶籍簿，因爲這是政府用來徵調賦役的依據。就兩稅法來說，如果「版籍不造」，如何能知道當州府有多少應該負擔賦役的土、客戶，如何能按戶等來向他們攤派戶稅，如何能按墾田畝數來向他們攤派地稅，又如何談得上「得其虛實」。相反，在兩稅法實施後的詔令裏，多次提到要審定戶籍，如貞元四年正月赦文：「天下兩稅，更審定等第，仍令三年一定，以爲常式。」元和十五年二月赦節文：「自今已後，宜准例三年一定兩稅，非論土著客居，但據貲產差率。」長慶四年三月制：「自今已後，州府所有戶帳及墾田頃畝，宜據現徵稅案爲定，申省後戶部類會，具單數聞奏；仍敕五年一定兩稅，如有逃亡死損，州縣須隨事均補，亦仰年終申戶部，如有隱漏，委御史臺及所在巡院察訪聞奏。」（《唐會要》卷八五〈定戶等第〉、《冊府元龜》卷四八八〈賦稅〉及《唐大詔令集》卷二等）儘管這樣三令五申，地方官吏還常常不認眞執行，元和十四年冊尊號赦中就公開承認：「比來州縣，並不定戶，貧富變易，遂成不均，前後頻有制敕，長吏不盡遵行。」（《唐大詔令集》卷一○）其中也有想認眞遵行、掃除積弊的，如元和六年正月衡州刺史呂溫奏：「臣昨尋舊案，詢問閭裏，承前徵稅，並無等第，又二十餘年，都不定戶，存亡孰察，貧富不均。臣不敢因循，設法團定，檢獲隱戶，數約萬餘，州縣雖不徵科，所由已私自率斂，與其潛資於奸吏，豈若均助於疲民？」（《唐會要》卷八五〈定戶等第〉）元稹〈同州奏均田狀〉：「右件地並是貞元四年檢責，至今已是三十六年，其間人戶逃移，田地荒廢；又近河諸縣，每年河路吞侵，沙苑側近，日有沙礫塡掩，百姓稅額已定，皆是虛額徵率；其間亦有豪富兼併，廣占阡陌，十分田地，才稅二三，致使窮獨逋亡，賦稅不辦，州縣轉破，實在於斯。……臣遂設法，各令百姓自通手實狀，又令里正、書手等旁爲穩審，並不遣官吏擅到鄉村，百姓皆知臣欲一例均平，所通田地，略無欺隱，臣便據所通，悉與除去逃戶荒地及河侵沙掩等地，其餘見定頃畝，然〔後〕取兩稅元額地數，通計七縣沃瘠，一例作分抽稅，自此貧富強弱，一切均平，徵斂賦租，庶無逋欠。」（《元氏長慶集》卷三八）可見兩稅法實施後不按時更定戶籍正是病民弊政之一，要掃除這種積弊實不容易。那有實施兩稅法便可以不造戶籍之理。

因此所謂「版籍不造而得其虛實」應從另一個角度去理解，即兩稅法實施後，尚書省只需掌握黜陟使所上報的各州府「應稅都數及徵納期限，並支留、合送等錢物斛斗」數字，就能得其虛實，用不著去過問各州府人戶增減的實況。版籍不是不用造，而是一任地方政府去造，尚書省不必在這上面再操心力。

「涇師之變」發微

唐德宗建中二年發動對淄青、成德、魏博以及山南東道四節度使的討伐戰爭，當年淮西節度使李希烈平山南東道梁崇義，三年王武俊以成德請降。但不久幽州、成德又聯同魏博、淄青拒命，淮西也與之交通而叛唐，德宗把注意力轉移到南戰場對付李希烈。四年十月準備到南戰場解襄城之圍、救援哥舒曜的涇原兵東過長安時發生變亂，擁立朱泚稱帝，是爲「涇師之變」。德宗出奔奉天，在北戰場作戰的李懷光，李晟等回師救援。明年改元興元，赦淮西、魏博、成德、淄青、幽州，專討朱泚，而李懷光又叛歸河中，德宗再奔梁州。同年五月李晟等收復長安，殺朱泚。明年貞元元年七月平李懷光。二年四月李希烈被殺，淮西歸順。對這場前後延續七個年頭的軍事行動，一向很少有人研究。尤其是影響大局的「涇師之變」，在常見的通史、斷代史裏或一帶而過，或沿襲舊史作誇大個人作用的記述評議。爲了弄清歷史眞相，探討封建統治集團內部矛盾鬪爭的規律，有必要重新解剖分析。

一　涇原和鳳翔

要剖析「涇師之變」，先得弄清楚涇原節度使和涇原兵的來歷，以及所擁立的朱泚的來歷。

涇原節度使是代宗大曆三年設置的，領有涇、原二州。涇州在今甘肅靈臺、涇川、鎮遠一帶，原州在今甘肅平涼、隆德和寧夏固原一帶，肅宗乾元二年始置邠寧節度使時本在所管九州之內，大曆三年罷邠寧才置涇原。大曆十四年復置邠寧節度使，管邠、寧二州，在涇原之東；再東是以鄜、坊二州爲基礎的渭北鄜坊節度使；涇原之南則是以鳳翔府（岐州）和隴州爲基礎的鳳翔節度使（《新唐書》卷六四〈方鎮表〉，吳廷燮《唐方鎮年表》）。這鳳翔、涇原、邠寧、鄜坊連成一線，是安史亂後京西北防禦吐蕃的屏障。但在安史亂前，這京西北地區除設置若干監牧以蕃蓄軍馬外（《新唐書》卷五〇〈兵志〉，《元和郡縣圖志》卷二〈鳳翔府普潤縣〉條、卷三〈原州監牧〉條，並無重兵屯駐，因爲在這個地區的北邊有朔方，西邊有河西、隴右，更西在西域還有安西、北庭，這幾個節度使管區都已配備重兵，用不著在內線的京西北地區再設第二道屏障。《舊唐書》卷一〇〈肅宗紀〉記「馬嵬之變」後肅宗北上至新平郡（卽邠州）時，「士眾器械亡失過半，所存之眾不過一旅」，卽五百人左右[1]，卻有力量討斬棄郡的新平郡太守薛羽和保定郡（卽涇州）[2]太守徐轂，足見當

1 《左傳》哀元年：「有衆一旅。」杜註：「五百人爲旅。」〈肅宗紀〉的「一旅」卽用此故實。

時京西北地區連稍具戰鬪力的地方兵也沒有[3]。安史亂起，原有的朔方軍要用於對付山東叛軍，河西、隴右兩軍的主力在哥舒翰統率下經過靈寶戰役又遭受重大損失，爲防禦吐蕃入侵建立京西北節鎭，形成「平時安西萬里疆，今日邊防在鳳翔」的新局面（白居易〈新樂府·西涼伎〉），駐屯的鎭兵就只有從其他地區調入。請看《舊唐書》卷一五二〈馬璘傳〉，他是設置涇原節度後的第一任：

開元末，杖劍從戎，自效於安西。……至德初，王室多難，璘統甲士三千，自二庭赴於鳳翔。……永泰初，……遷四鎭北庭行營節度使及邠寧節度使。……以大戎（指吐蕃）浸驕，歲犯郊境，涇州最鄰戎虜，乃詔璘移鎭涇州，兼權知鳳翔隴右節度副使，涇原節度涇州刺史、四鎭北庭行營節度使如故。……鎭守凡八年，……大曆十二年卒。

這裏應該注意的是，馬璘無論在邠寧抑移鎭涇原，始終帶有四鎭北庭行營節度使頭銜，說明安西、北庭鎭兵是他的基本隊伍。這安西、北庭兵不都如〈馬璘傳〉所說是他自己帶來赴難的，還有一支是肅宗在靈武時下詔叫李嗣業從安西帶來的。李嗣業的地位比馬璘高，馬璘赴難時只是左

---

2 「涇州保定郡，本安定郡，至德元載更名」，見《新唐書》卷三七〈地理志〉。《舊唐書》卷三八〈地理志〉涇州條失記至德元載更名保定郡事。

3 獨孤及《毘陵集》卷一一〈唐故特進太子少保鄭國公李公（遵）墓志銘〉說安祿山叛軍進入長安後「自新平屬之五原（鹽州），二千石皆為賊守，肅宗以餘騎十數次於彭原（寧州），公……悉發倉庫，募敢死士，獲九百人，……師次臨涇（涇州管縣），又北至於平原（平原郡即德州在河北道，此平原或是平涼之誤，或是平涼、原州的簡稱），收攜逆命者斬之以徇，破其餘黨」，與〈肅宗紀〉所記先斬薛、徐然後得彭原太守李遵迎謁之說不同。獨孤及和李遵是同時人，所志當多少透露真相，則肅宗以九百人即能收斬已為賊守的地方官，並破其餘黨，更足說明京西北地區當時兵力之單弱。

金吾衛將軍同正，李嗣業已是驃騎左金吾大將軍，所以開始被任命爲鎮西北庭支度行營節度使的是李嗣業（《舊唐書》卷一〇九〈李嗣業傳〉）[4]。乾元二年李嗣業戰死，荔非元禮「權鎮西北庭行營節度使」（《舊唐書》卷一〇〈肅宗紀〉）。寶應元年荔非元禮爲麾下所殺，李嗣業先鋒將安西胡人白孝德被推爲安西北庭行營節度（《舊唐書》卷一〇九〈白孝德傳〉、〈段秀實傳〉，《通鑑》卷二二二寶應元年建卯月）。其後白孝德出任邠寧節度使，這支由李嗣業留下的安西、北庭兵由他帶至邠寧，他去職後由馬璘接任四鎮北庭行營節度、邠寧節度使（《唐方鎮年表》卷一邠寧大曆元年條），這支安西、北庭兵才落入馬璘之手。大曆三年暫罷邠寧置涇原，詔馬璘移鎮，他所統率的安西、北庭兵也就帶進涇州，《舊唐書·段秀實傳》所說「璘既奉詔徙鎮涇州，其士眾嘗自四鎮、北庭赴難中原」，便是明證。這個情況後來並無變化，如大曆九年代宗降備邊勅，命令「馬璘以西域前庭、車師後部、兼廣武之戍、下蔡之徭凡三萬眾屯於回中」（《新唐書》卷一九六下〈吐蕃傳〉），這「廣武之戍、下蔡之徭」是涇原節度所遙管的鄭、潁二州派來的防秋兵[5]，「西域前庭、車師後部」則是馬璘基本部

4 《通鑑》卷二一八至德元年七月甲戌：「上命河西節度副使李嗣業將兵五千赴行在。」《考異》：「《段秀實別傳》曰：『詔嗣業將安西五萬眾赴行在。』今從舊傳。」案今本《舊書》本傳只說「嗣業自安西統眾萬里，威令肅然」，並無「將兵五千」之說，但《別傳》所說「五萬」也似太多，按照天寶元年的數字安西、北庭駐兵總共不過四萬五千，見《通鑑》卷二一五。至於《通鑑》把李嗣業說成是河西節度副使，也顯然不對，這「河西」或是「安西」之誤，也可能司馬光誤信了不可靠的記載。《通鑑》同條又說「上徵兵於安西，行軍司馬李栖筠發精兵七千人」，係本《新唐書》卷一四六〈李栖筠傳〉，〈李傳〉不言統將，或即李嗣業所率，《通鑑》誤分為兩次。

5 這廣武不是當時蘭州的廣武縣，而是指鄭州西北的廣武山，馬璘移鎮涇原後因為地方太窮，「詔璘遙管鄭、潁二州，以贍涇原軍」（《舊唐書》卷一二八〈段秀實傳〉），「廣武之戍」就是指從鄭州來的防秋兵。下蔡在潁州，「下蔡之徭」當然也就是從潁州來的防秋兵。鄭、潁二州都原屬淮西節度使管領，《舊唐書》卷二〇〇下〈朱泚傳〉所記大曆九年防秋有「淮西、鳳翔兵馬璘統之」之語，其中的淮西兵馬即指鄭、潁二州防秋兵而言。至於鳳翔兵也歸馬璘所統，則是由於馬璘兼權知鳳翔隴右節度副使的緣故。

隊安西、北庭兵的雅稱。防秋兵通常每支二、三千人，則當時屯於回中的涇原鎮安西、北庭兵當在二萬以上，這和《舊唐書》卷一一八〈楊炎傳〉「涇有勁兵二萬」之說正相吻合。大曆十一年馬璘病死，由安西舊將、歷任李嗣業、荔非元禮、白孝德的節度判官、馬璘的節度副使段秀實繼任涇原節度使仍兼帶四鎮北庭行營節度使的頭銜（《舊唐書・段秀實傳》，《通鑑》卷二二一乾元二年三月辛卯條）。

後來被涇原兵擁立的朱泚本是幽州鎮將，屬於河北系統，和涇原以至安西、北庭毫無淵源。大曆三年朱泚與弟滔和朱希彩殺幽州節度使李懷仙，擁立朱希彩為幽州節度（《新唐書》卷二一二〈李懷仙傳〉）；大曆七年朱希彩被殺，朱滔又擁立朱泚為幽州節度（《舊唐書》卷二〇〇〈朱泚傳〉）。但朱泚、朱滔之間又發生矛盾，大曆八年朱泚上表由朱滔率兵二千五百人赴京西防秋，朱滔「戍還，乃謀奪泚兵」（《新唐書》卷二一二〈朱滔傳〉）；大曆九年，朱泚自請領步騎三千人入覲，「滔攝後務，稍稍剪落泚牙角，泚自知失權，為滔所賣，不得志，乃請留京師，帝因授滔節度留後」（《新唐書》卷二二五中〈朱泚傳〉），這是幽州兵將長期屯駐關中的開始，不過還沒有獲得固定的地盤。到大曆十二年鳳翔隴右節度使李抱玉死，才讓朱泚以掛名的幽州節度使兼「隴右節度使、權知河西澤潞行營兵馬事」（《舊唐書》卷二〇〇〈朱泚傳〉）。李抱玉本係「武德功臣安興貴之裔，代居河西」，是河西鎮出身的將領，安史亂起以戰功任澤州刺史，代宗即位擢澤潞節度使，廣德元年兼鳳翔節度使（《舊唐書》卷一三二〈李抱玉傳〉），而以弟抱真為澤潞節度留後（《舊唐書》同卷〈李抱真傳〉），實際上專鎮鳳翔。當時隴右已為吐蕃攻占，只好讓相鄰的鳳翔節度使掛上隴右節度虛銜，所以朱泚之任隴右節度使也就是任鳳翔節度使，從此鳳翔成為了朱泚所統幽州兵的據點。至於朱泚同時帶有「權知河西澤潞行營兵馬事」者，則是由於原屬李抱玉的河西、澤潞兵還留在鳳翔的緣故。但後來這支河西、澤潞兵應撤回澤潞歸李抱眞統帶，因此德宗建中三年因朱滔叛唐而召朱泚回長安後，源出《實錄》的《舊唐書》卷一二〈德宗紀〉就只說「以中書侍郎平章事張鎰兼鳳翔尹隴右節度使以代朱泚」，卷一二五〈張鎰傳〉也只說「爲鳳翔隴右節度使代朱泚」，都不再有「知河西澤潞行營兵馬事」的兼銜。「涇師之變」發生後德宗本想去鳳翔依靠張鎰，被人勸阻，趙元一《奉天錄》卷一載其理由曰：

> 張鎰雖陛下信臣，莅職日淺，所管勁卒，皆朱泚部曲，本漁陽突騎凶衆，城中旣立朱泚，本軍必生大變。[6]

可見其時鳳翔確已不再有河西、澤潞兵留駐。當然，防守鳳翔這樣一個軍事要地單憑朱泚當初帶來的三千幽州兵是不夠的，肯定還從幽州增調過部隊。大曆十四年十月南詔和吐蕃聯合進攻四川，宰相楊炎說「今朱泚所部范陽（幽州）勁兵，戍在近甸，促令與禁兵雜往，舉無不捷」，乃發禁兵四千、范陽兵五千赴援東川（《舊唐書》卷一一七〈崔寧傳〉），除赴援東川的五千人以外還得有兵留守鳳翔，可見當時鳳翔的幽州兵總數當在萬人以上。此外，鳳翔府西邊緊鄰著隴右的隴州也屬鳳翔節度使管轄，在朱泚罷任鳳翔節度使時「留范陽五百人戍隴州，而泚將牛雲光督之」（《舊

6 趙元一《奉天錄》四卷，《新唐書》卷五八〈藝文志〉雜史類著錄，《錄》中目德宗為「上」、為「皇帝」，不稱廟號、謚號，知作於德宗在位之時，是記載「涇師之變」的第一手史料。這個勸阻者《錄》中未著姓名，《新唐書》卷一〇一〈蕭復傳〉則認為是蕭復，所記理由是「鳳翔乃泚舊兵，今泚悖亂，當有同惡者」，與《錄》所說相同，不過沒有點明「漁陽突騎凶衆」。《通鑑》卷二二八建中四年十月壬子書此事本《新唐書·蕭復傳》但改「舊兵」為「舊部曲」。

唐書》卷一四〇〈韋皐傳〉），光靠五百幽州兵也不够守隴州，還應有其他部隊，很可能是從隴右內撤的隴右兵，不過史無明文。

朱泚和涇原發生關係，是由於建中元年城原州之役。其事詳記於《舊唐書》卷一一八〈楊炎傳〉：

建中二年（當作元年）二月，〔炎〕奏請城原州。先牒涇原節度使段秀實，令為之具，秀實報曰：「凡安邊卻敵之長策，宜緩以計圖之，無宜草草興功也；又春事方作，請待農隙而緝其事。」炎怒，徵秀實為司農卿，以邠寧別駕〔邠寧節度使〕李懷光〔兼涇原〕，居前督作，以檢校司空平章事〔鳳翔節度使〕朱泚、御史大夫平章事崔寧各統兵萬人以翼後。三月，詔下涇州為具，涇軍怒而言曰：「吾曹為國西門之屏十餘年矣，始治於邠，才置農桑，地著之安，而徙於此，置榛莽之中，手披足踐，才立城壘，又投之塞外，吾何罪而置此乎！」李懷光監朔方軍，法令嚴峻，頻殺大將，涇州裨將劉文喜因人怨怒，拒不受詔，上疏復求段秀實為帥，否則朱泚。於是以朱泚〔兼四鎮北庭行營、涇原節度使〕代懷光，文喜又不奉詔，涇有勁兵二萬，閉城拒守。……命朱泚、李懷光等軍攻之，……涇州別將劉海賓斬文喜首，傳之闕下。……原州竟不能城。

劉文喜之亂平定後，朱泚「還鎮鳳翔，而以舒王謨遙領涇原節度」（《舊唐書・朱泚傳》），可見朱泚並沒有眞正進入涇州行使過節度使職權。舒王謨遙領時「孟皥為涇原節度留後，自以文吏進身，不樂軍旅，頻表薦〔姚〕令言謹肅，堪任將帥，皥尋歸朝廷，遂拜令言為四鎮北庭行營、涇原節度使」（《舊唐書》卷一二七〈姚令言傳〉）。到建中四年就發生了「涇師之變」。

弄清楚以上史實，對「涇師之變」中的許多複雜問題才能作出合理的解釋：

一、涇原節度使管下的部隊是李嗣業和馬璘兩次帶進來的安西、北庭兵，總共才二萬多人。因此《舊唐書．姚令言傳》說叛亂的涇師是姚令言所率救援哥舒曜的「本鎮兵五萬」，顯然太多。《通鑑》卷二二八建中四年十月丙午條考異引徐岱《奉天記》[7]作「令言本領三千，請加至五千」，《奉天錄》卷一作令言「總師五千」，《新唐書．朱泚傳》也作「令言督鎮兵五千」，這五千之數才正確。變亂發生後，據《奉天錄》卷一所記有「幽隴三千人，與哥舒曜救援，行至澠池縣，聞朱泚僭僞，返旆投泚」，所謂「幽隴三千人」者就是在隴右鳳翔節度使管下的幽州兵[8]，和倡亂的涇原兵合起來不過八千人，此外不曾再有正規部隊來投靠。所以朱泚首次向奉天發兵「奉迎乘輿，陰起逆謀」時，只能動用「銳卒三千」（《奉天錄》卷一，《舊唐書．朱泚傳》、〈段秀實傳〉同）。其後「朱泚自統眾攻奉天」，人數增多，一仗就被官兵「殺傷萬計」，應該多數屬於新招募或裹脅來的缺乏戰鬥力的人員，是所謂「蟻聚之眾」（《奉天錄》卷二，《舊唐書．朱泚傳》同），

7　此書一卷，《新唐書．藝文志》雜史類著錄，原註：「德宗西狩事。」撰者徐岱兩《唐書》均有傳，《舊唐書》卷一八九下說他「從幸奉天、興元」，可見此書是據見聞而記述，其史料價值自不亞於《奉天錄》，惜全卷已佚，僅《考異》引存片斷。

8　《舊唐書．朱泚傳》別謂「鳳翔、涇原大將張廷芝、段誠諫以潰卒三千餘自襄城至」，與《奉天錄》所謂「幽隴三千人」數字相同，應屬同一事而記載稍有歧異，朱泚傳「鳳翔、涇原大將」的「涇原」二字則是衍文，因為有關「涇師之變」的各種記載裏都看不出前此已調涇原兵東征之事。《通鑑》卷二二八建中四年十月庚戌條所記「鳳翔、涇原將張廷芝、段誠諫將數千人救襄城，未出潼關，聞朱泚據長安，殺其大將隴右兵馬使戴蘭，潰歸於泚」，則顯係參考〈朱泚傳〉所寫，不足為據。又同卷十月丁巳記「幽州兵救襄城者聞泚反，突入潼關，歸泚於奉天」，也應和張廷芝、段誠諫之「潰歸於泚」是一回事，被《通鑑》錯成了兩起。

所以才殺傷得如此容易（當然這「殺傷萬計」還不免有誇大的成分）。

二、這東征的區區五千涇原兵何以敢公開叛亂，並且不是像淄青、成德、魏博等只是割據抗命，而是進據京師長安，另立皇帝，顛覆原有的中央政權。《奉天錄》說是由於部隊路過長安時京兆尹王雄（當作翃）屬吏置頓，牛酒儉薄，《舊唐書・姚令言傳》也說是「京兆尹王翃犒軍士，唯糲食菜啖而已」，從而激怒了將士，反戈鼓噪，釀成變亂。我不否認這是變亂的導火線，但同時還應看到涇原的安西、北庭兵本就是極不穩定、慣於鬧事作亂的部隊。誠然，《舊唐書・李嗣業傳》說他帶安西、北庭兵勤王時「威令肅然，所過郡縣，秋毫不犯」，但到歸白孝德統率赴鎮邠寧時就出現「大軍西遷，所過掠奪」的局面，靠段秀實約束才「號令嚴一」。馬璘奉詔移鎮涇原，「刀斧將王童之以人心動搖，導以爲亂」，又被段秀實捕殺，才能遷至涇州。馬璘死，「都虞候史廷幹、裨將崔珍、張景華謀作亂，秀實乃送廷幹於京師，徙珍及景華外鎮，軍中遂定」（均詳《舊唐書》卷一二八〈段秀實傳〉）。接著就是怕艱苦不肯城原州，引起以劉文喜爲首的抗命作亂。像這樣以作亂爲茶飯常事的部隊在當時節鎮中確是罕見的。對此中央也不會不清楚，這次抽調其中五千人東征，固然是暫無其他可靠的部隊可調用，同時也未必不是因爲這支部隊不可靠，才有意讓他們去南戰場犧牲，從而削弱其兵力，而想不到他們敢在輦轂之下鬧這樣的大變亂。

三、這五千涇原兵的統帥是他們的節度使姚令言，爲什麼變亂後不擁立姚令言，顯然是姚令言的威望太不够。如前所說，姚令言之得任涇原節度使是出於孟皞的保薦，而孟皞「文吏進身」，並非安西、北庭系統的舊將，所保薦的姚令言自然不會獲得將士的擁護。因此在發動變亂時根本不和姚令言打招呼，弄得「軍聲浩浩，令言不能戢」（《舊唐書》卷一二七〈姚令言傳〉），甚至「有引弓射令言者」（《奉天錄》卷二），這樣姚令言才跟著走上叛亂的道路，後來「既以身先逆亂」，方「頗盡心於賊」。現任節度使充當擁立對象既不合格，就只好到前任節度使中去尋找。前任節度使中最有威望的首推段秀實，當年拒不城原州時就曾「復求段秀實爲帥，否則朱泚」，而且這時段秀實正在長安做司農卿。但段秀實是解決涇原兵變的老手，此時既鬧到把德宗攆出京城，段秀實肯定不會答應，於是求其次找朱泚，朱泚是被人家從幽州擠出來的，在關中的直屬部隊只有鳳翔地區的萬把幽州兵，實力還比不過涇原，讓他當主子，不會形成對涇原兵的威脅。而且當年他在幽州有兩度參與兵變的歷史，連他的幽州節度使都是通過兵變得來的，加之現在「失權廢居，快快思亂」（《舊唐書》本傳），在這次更大規模的兵變中把他擁立當主子肯定不會遭到拒絕。這就是「涇師之變」所以要擁立朱泚的原因。

四、長安亂兵並無多大實力，老於軍旅的朱泚自然是知道的，因此趕快羅致人才，擴充實力。羅致的對象首先是段秀實，段秀實在涇原的聲望朱泚是欽仰已久的，當初段秀實被調離涇原入京路過鳳翔時，「泚固致大綾三百匹」以結好（柳宗元〈段太尉逸事狀〉，《柳集》卷八），這時當然好壞要把他拉出來，至少可以藉此獲得留守涇原的安西、北庭全軍的支持。據《舊唐書·段秀實傳》，「泚召秀實議事，源休、姚令言、李忠臣、李子平皆在坐，秀實戎服，與泚並膝」，可見朱泚心目中段秀實的地位遠在姚令言等人之上。無奈段秀實堅決反對叛亂，當場奪象笏把朱泚打得中額流血，朱泚卻仍是「一手承血，一手指羣凶曰：『義士，勿殺之！』聲手相及，段公已害，泚哭之甚哀，封忠義侯，以三品禮葬之」（《奉天錄》卷一）。這當然不是眞爲了講「忠義」，而仍是想以此籠絡涇原駐軍，至少不開罪他們。至於當時同坐諸人中除姚令言外，源休在變亂時是光祿卿（《舊唐書》卷一二七本傳），李忠臣是被李希烈所逐單騎赴京師的原淮西節度使（《舊唐書》卷一四五本傳）9，此外爲朱泚所羅致的如張光晟是太僕卿、前振武軍使，喬琳是吏部尚書、前宰相，蔣鎮是工部侍郎，洪經綸是前黜陟使，彭偃是都官員外郎（均見《舊唐書》卷一二七本傳），不是手無寸鐵的朝官，便是久已失去兵權的光桿軍人，並不能眞正給朱泚補充什麼實力。

五、涇原、鳳翔兩鎮好像應該全力支持朱泚，事實上並非如此。涇原在姚令言出征時以馮河清「知兵馬，留後」，姚況「知州事」，「上幸奉天，河清與況聞之，乃集三軍大哭，因共激勵將吏，誓敦誠節，眾頗義之，卽時發甲仗器械，車百餘輛，連夜送行在所。時駕初遷幸，六軍雖集，蒼黃之際，都無戎器，及涇州甲仗至，軍士大振，特詔褒其誠效，拜四鎮北庭行軍、涇原節度使。……賊泚及姚令言累遣間諜招誘，河清輒拘而戮焉。及駕幸梁州，其將田希鑑潛通泚，使結凶黨害河清」（《舊唐書》卷一二五〈馮河清傳〉）。這顯然是由於涇原兵內部不統一鬧矛盾。所以當初劉文喜抗命時別將劉海賓就殺文喜歸順朝廷，這時節度使姚令言在長安叛變，留後馮河清又公開支持奉天行在。但只能在甲仗器械上給行在支援，不能正式出兵勤王，顯然又係田希鑑等反對派在阻撓。田希鑑殺馮河清後也無力公開出兵支持朱泚，朱泚失敗奔涇州，田希鑑就「閉門登陴」，擲還並焚毀朱泚給他的節度使旌節（《舊唐書·朱泚傳》）。所有這些只能用內部不統一來解釋。同時，朱泚叛軍基幹力量單薄，並無必成大業的把握，也是涇原根據地所以舉棋不定、不敢

---

9 李子平經歷不詳。

匆促作一邊倒的原因。至於鳳翔，本是朱泚系統幽州兵的據點，所以長安剛剛變亂，李楚琳就襲殺支持朝廷的節度使張鎰而接受朱泚任命的鳳翔節度使僞職。但鳳翔節度使管下駐有五百幽州兵的隴州卻沒有能跟著叛變，權知隴州行營留後事韋臯誘殺督五百幽州兵的朱泚舊將牛雲光，被行在任命爲隴州刺史、奉義軍節度（《奉天錄》卷二，《舊唐書》卷一四〇〈韋臯傳〉），這對李楚琳也是一個約束。因而李楚琳始終搖擺不定，「泚攻奉天，楚琳供應，及李懷光救援，……楚琳勢窮，遂進節奉天，……後懷光阻兵，帝幸洋、梁，楚琳又與泚通好」（《奉天錄》卷四），但仍沒有敢於發兵。

六、「涇師之變」的嚴重性只是在於變起輦轂打亂了李唐政權的指揮中心。以朱泚爲首叛亂集團既沒有強大的實力，又得不到關中各節鎭包括涇原、鳳翔在內的軍事援助，其唯一辦法就是繼續用迅雷不及掩耳之勢向行在奉天猛撲，如果消滅了奉天這個新指揮中心，大局自可以改觀。而以德宗爲首的中央統治集團也深明這一局勢，採取了正確的對策，卽用臨時拼湊的力量堅守奉天，以待在河北前線作戰的大部隊回師解圍。這就是四十多天的奉天攻守戰所以空前酷烈的原因。來解圍的大部隊中軍容最盛的是李懷光統率的朔方軍，有精兵五萬（《奉天錄》卷二，《舊唐書》卷二〇〇〈朱泚傳〉）[10]，而叛軍中較有戰鬥力的安西、北庭和幽州兵加起來不過八千，如何能與五萬朔方精兵較量，因此當朔方兵到達涇陽時，「朱泚聞涇陽戰鼓，不覺墜榻，遂抽軍卻守長安」（《奉天錄》卷二）。如果不是神策軍和朔方兵發生矛盾，促成李懷光的叛變，長安肯定提前收復。

10 因為其中有少數民族部隊，保存著部落組織形式，所以《奉天錄》還說「子父相繼可十五萬」。

二　朔方兵

朔方兵統帥李懷光的叛變是神策軍將李晟促成的，這在第三節論神策軍時要細談，這裏只談朔方兵和李唐中央政權的關係。

朔方兵是朔方節度使管下的部隊，朔方節度使則是安史亂前久已設置的九節度之一。當時朔方兵屯靈、夏、豐三州（靈州在今寧夏西部，夏州在今內蒙西南部，豐州在今內蒙西北部），東聯鄰鎮河東以對付回紇（回紇之前是復興後的東突厥），西援河西、隴右以對付吐蕃。據《通鑑》卷二一五天寶元年正月壬子條所記，朔方節度兵六萬四千七百人，次於范陽、隴右、河西而居第四位，這應是當時中央的統計，實際上恐不止此數，如郭子儀就有「朔方……開元、天寶中戰士十萬，戰馬三萬」之說（《舊唐書》卷一二〇〈郭子儀傳〉大曆九年上封事）。因此當安祿山以范陽、平盧諸鎮進取中原，河西、隴右主力又隨哥舒翰戰敗潰散後，完整而且強大可用的部隊就只有朔方兵，從而成為平定安史的主力。對此，舊作〈《通典》論安史之亂的「二統」說證釋〉已作了疏說。但成為主力是一回事，是否得到信任是另一回事，舊作對此並沒有認眞考慮。直到一九八一年撰寫〈唐肅宗卽位前的政治地位和肅代兩朝中樞政局〉，重新細讀《舊唐書》，方發現這支主力在當時並沒有得到中央政權的信任。

通常認為「馬嵬之變」後肅宗是為了去靈武依靠朔方兵，才留下而沒有跟隨玄宗去成都，

《舊唐書》卷一八四〈李輔國傳〉也說「輔國獻計太子，請分玄宗麾下兵，北趨朔方，以圖興復」，其實均非實錄。其眞實情況應如《舊唐書》卷一〇〈肅宗紀〉所說：

上（肅宗）在平涼，數日之間，未知所適，會朔方留後杜鴻漸、魏少游、崔漪等遣判官李涵奉牋迎上，備陳兵馬招集之勢，倉儲庫甲之數，上大悅。時河西行軍司馬裴冕新授御史大夫（當作中丞）赴闕，遇上於平涼，亦勸上治兵於靈武以圖進取，上然之。上初發平涼，有彩雲浮空，白鶴前引，出軍之後，有黃龍自上所憩屋騰空而去。上行至豐寧南，見黃河天塹之固，欲整軍北渡，以保豐寧，忽大風飛沙，跬步之間，不辨人物，及回軍趨靈武，風沙頓止，天地廓清。七月辛酉，上至靈武。

除掉最後幾句史官作了天命論的附會外，可看出肅宗對去靈武存在著顧慮，即使靈武的朔方留後杜鴻漸等表態歡迎，並且出動部隊護駕，還是徘徊不定，一度想不去靈武而保豐寧，說明安祿山叛亂後中央對其它節度使也不敢完全信任。肅宗在靈武稱帝，朔方節度使郭子儀、新任范陽節度使李光弼奉詔統率以朔方兵爲主力的五萬步騎從河北前線撤回靈武。但在進取長安時卻另行編組了五萬人馬，宰相房琯自請任統帥，「仍令兵部尚書王思禮爲副，分兵爲三軍，楊希文、劉貴哲、李光進等各將一軍」。其中王思禮是隨哥舒翰戰敗西赴行在的隴右大將，這五萬人馬中自應有他帶來的部分河隴兵。這個李光進是李光弼的兄弟（《新唐書》卷一三六〈李光弼傳附光進傳〉），說明這五萬人馬中也抽調有若干朔方兵。但何以不動用建制完整的朔方全軍並讓郭子儀或李光弼令統帥，仍舊是由於肅宗對朔方兵不信任，因而要另行組建中央直屬的嫡系部隊，並企圖讓它在收京戰役中立大功以樹威信。結果這支新軍在陳濤斜戰敗，中央第一次建軍打算沒有如願。

建軍不成，平亂只好主要依靠朔方兵。但總怕朔方兵尤其是他們的統帥靠不住，因此多次在人事上下功夫。中央知道，安祿山之所以能叛亂，長期充任范陽節度使至十二年之久是一個相當重要的原因，因爲時間久了容易使節度使成爲全軍獨一無二的領袖，偏裨拔擢都出領袖之手，上下盤結形成自外於中央的地方特殊勢力，進而和中央對抗。於是煞費苦心地多次更易朔方統帥，生怕他們步安祿山的後塵。〔第一次〕是郭子儀做了三年朔方節度使之後，肅宗乾元二年三月與李光弼等共九節度在相州戰敗，七月以李光弼「代郭子儀爲朔方節度、兵馬副元帥」（《舊唐書·李光弼傳》、〈肅宗紀〉）。〔第二次〕是在李光弼做了兩年之後，肅宗上元二年二月北邙之役李光弼戰敗，「走保聞喜」，三月授李光弼「侍中、河中尹、晉絳等州節度觀察使」，朔方兵進入河中即始於此時。但到五月就把李光弼調離河中的朔方行營，改「充河南副元帥、都統河南淮南山南東道五道行營節度，鎮臨淮」（《舊唐書》卷一〇〈肅宗紀〉），八月李國貞「充朔方鎮西北庭興平陳鄭等節度行營兵馬及河中節度都統處置使，鎮於絳（《舊唐書》卷一一二〈李國貞傳〉），成爲朔方兵的統帥[11]。〔第三次〕是在肅宗元年建卯月（寶應元年二月），由於李國貞是文吏出身，幹了幾個月就被管下突將王元振等所殺，朔方兵亂，「時太原節度鄧景山亦爲部下所殺，恐其合眾從連賊，朝廷憂之，後輩帥臣，未能彈壓，勢不獲已，遂用子儀爲朔方河中北庭潞儀澤沁等州節度行營兼興平定國副元帥充本管觀察處置使，進封汾陽郡王，出鎮絳州」（《舊唐書》卷一二〇〈郭子儀傳〉），以安定

11　沒有讓李光弼把朔方兵帶往臨淮，所以「監軍使以袁晁方擾江淮，光弼兵少，請保潤州以避其鋒」（《舊唐書·李光弼傳》），如果朔方兵跟隨移鎮就決無「兵少」之說，足見其時朔方兵已落入李國貞之手，所以後來李國貞管下王元振矯令修李國貞的都統宅以激怒士卒，被激怒的士卒有「朔方健兒豈修宅夫邪」之說（《通鑑》卷二二二）。

朔方兵。〔第四次〕就在同年四月，代宗即位後「以子儀功高難制」，「罷副元帥」「充肅宗山陵使」、「留京師」（《舊唐書》本傳），而由朔方宿將、朔方行營節度使僕固恩統率朔方兵從天下兵馬元帥雍王適收復洛陽，平定河北，十二月，授僕固懷恩朔方節度使、河北副元帥以代郭子儀[12]。但僕固懷恩所統朔方兵在第二年廣德元年平定河北後沒有回河中治所，而頓兵汾州，八月叛變（《新唐書》卷六〈代宗紀〉）。〔第五次〕是在廣德二年正月，因爲僕固懷恩叛變，只好仍以郭子儀爲關內河東副元帥、河中節度使、朔方節度大使（《通鑑》卷二二三廣德二年二月戊寅《考異》引《實錄》，《汾陽家傳》、《邠志》），二月郭子儀鎮河中，又至汾州，「懷恩之眾數萬悉歸之」（《通鑑》卷二二三）。自此至大曆十四年終代宗之世朔方節度使一直是郭子儀沒有更動，而且還擴大了朔方節度管區，廣德二年罷河中節度和振武節度，以河中所管蒲、晉、絳、隰、慈五州和振武所管麟、勝二州隸朔方，大曆三年罷邠寧節度以所管邠、寧、慶三州隸朔方（《新唐書》卷六四〈方鎮表〉）》。這應由於此時吐蕃、回紇的威脅比較嚴重，需要利用較有威望的郭子儀來統籌防禦，同時還由於此時神策軍已成爲中央直屬部隊且迅速壯大，對鄰近的地方部隊可起鉗制作用而不怕他們造反。〔第六次〕是在大曆十四年，這年五月代宗死，德宗即位，詔郭子儀「還朝、攝冢宰，充山陵使」（《舊唐書》本傳），閏月「加號尚父，守太尉」（《舊唐書》卷一二〈德宗紀〉），「所領諸使、副元帥並罷」（《舊唐書》本傳），徹底解除他的兵權，而將朔方節度分成邠寧（包括河中）、朔方（靈鹽）、振武三節度，「以朔方都虞侯李懷光爲河中尹、邠寧慶晉絳慈隰等州節度觀察，以朔方右留後常謙光兼

12 這裏的時間據《舊唐書‧代宗紀》，《通鑑》卷二二二作十一月。授朔方節度使據《舊唐書‧僕固懷恩傳》和〈代宗紀〉廣德二年五月癸未制，〈僕固懷恩傳〉所載廣德元年八月二十三日懷恩上書中所列職銜則曰朔方節度副大使。

靈州大都督、西受降城定遠軍天德鹽夏豐節度使，以朔方左留後、單于副都護渾瑊為單于大都護、振武軍東中二受降城鎮北及綏銀麟勝等軍州節度營田使」（《舊唐書‧德宗紀》）。常謙光所得雖是朔方老治所所在，但朔方兵主力久已東移，渾瑊所得也不關重要，重要的是李懷光所得邠寧（包括河中），是朔方兵主力之所在。建中二年七月又「以邠寧節度使李懷光兼靈州大都督、單于鎮北大都護、朔方節度使」（《舊唐書》卷〈德宗紀〉），但並未去靈武，三年奉詔東討魏博，四年回師解奉天之圍，接著叛變。

以上幾位朔方節度使除李國貞是中央派出的文職人員外，郭子儀、李光弼、僕固懷恩、李懷光都是朔方本鎮的軍將（均詳《舊唐書》本傳），出身其他節鎮的軍將都沒有一個能來朔方當統帥，而李國貞的被殺就更顯出這個軍事集團對中央的離心。因此，中央也決不會把這個軍事集團的骨幹當作自己人，任用他們充當本鎮節度使是事非得已，在任用的同時對他們猜忌、打擊，力圖消除他們的影響，則是中央的本意或可謂之國策。

就所謂「再造王室，勳高一代」的郭子儀來說，朝廷給他太尉、中書令、汾陽郡王等崇高官爵，甚至賜號「尚父」，八子七婿皆朝廷重官，六子曖且尚代宗第四女昇平公主，面子上很過得去，骨子裏卻不盡如此。《舊唐書‧郭子儀傳》所載史臣裴洎的一段議論就頗堪玩味：

> 汾陽事上誠藎，臨下寬厚，每降城下邑，所至之處，必得士心。前後遭羅倖臣程元振、魚朝恩譖毀百端，時方握強兵，或方臨戎敵，詔命征之，未嘗不即日應召，故讒謗不能行。代宗幸陝時，令以數十騎觀賊，及在涇陽，又陷於胡虜重圍之中，皆以身許國，未嘗以危亡易慮，亦遇天幸，竟免患難。田承嗣方跋扈魏州，傲狠無禮，子儀嘗遣使至，

> 承嗣西望拜之，指其膝謂使者曰：「兹膝不屈於人若干歲矣，今爲公拜。」李靈耀據汴州，公私財賦一皆遏絕，獨子儀封幣經其境，莫敢留之，必持兵衛送。其爲豺虎所服如此。麾下老將若李懷光輩數十人，皆王侯重貴，子儀頤指進退，如僕隸焉，幕府之盛，近代無比。始與李光弼齊名，雖威略不逮，而寬厚得人過之。歲入官俸二十四萬貫，私利不在焉。其宅在親仁里，居其里四分之一，中通永巷，家人三千，相出入者不知其居。前後賜良田美器，名園甲館，聲色珍玩，堆積羨溢，不可勝紀。代宗不名，呼爲大臣。天下以其身爲安危者殆二十年，校中書令考二十有四。權傾天下而朝不忌，功蓋一代而主不疑，侈窮人欲而君子不之罪，富貴壽考，繁衍安泰，哀榮終始，人道之盛，此無缺焉。

郭子儀身爲朔方大鎮最有威信能得士心的統帥，對麾下老將若李懷光輩王侯貴重者可以頤指進退，視若僕隸，這是他的本錢。因此而爲田承嗣、李靈耀等人所畏服，也因此而使朝廷對他採取兩面手法。一面是以高官厚祿、良田美器、名園甲館來拉攏，這是當年玄宗對待安祿山之流的老辦法（見《舊唐書》卷二〇〇上〈安祿山傳〉、姚汝能《安祿山事跡》），也是當時籠絡節度使們的常用手法（見《舊唐書・馬璘傳》、卷一三四〈馬燧傳〉）。再一面是對他製造種種困難。所謂「前後遭罹倖臣程元振、魚朝恩譖毀百端」者，當指這麼幾次：相州之役戰敗後，「中官魚朝恩素害子儀之功，因其不振媒孽之」，用李光弼取代子儀；上元元年「以子儀爲諸道兵馬都統」收河北，「詔下旬日，復爲朝恩所間，事竟不行」；「代宗即位，內官程元振用事，……以子儀功高難制，巧行離間，請罷副元帥，……充肅宗山陵使」；元帥雍王收河北，「代宗欲以子儀副之，而魚朝恩、程元振亂政，……子儀既爲所間，其事遂寢」，而改用僕固懷恩（均見《舊唐書》本傳）。程元振、魚朝恩等宦官在這裏起作用當然不能否認，但宦官是皇帝的親信和代言人，盡管程、魚後來和皇帝有矛盾以至被收拾，在對待地方節鎮勢力上始終從同一立場出發。否則德宗即位時並無宦官在掌權，何以德宗也要解除郭子儀的兵權？何以代宗爲了對付吐蕃、回紇兩度讓郭子儀身陷險境，差點成爲犧牲品？虧得郭子儀頗有處理統治集團內部矛盾的經驗，才獲得「富貴壽考，繁衍安泰」的結局。因此所謂「權傾天下而朝不忌，功蓋一代而主不疑」，只是史臣裴洎巧爲文辭而已，並非直筆。

對待李光弼也是如此，給予高官厚祿的同時排擠打擊。肅宗稱帝之初讓李光弼和郭子儀把朔方精兵帶回靈武後，又派李光弼以景城、河間之卒去守太原，加上太原的兵馬也只有不滿萬人的烏合之眾，卻要抵擋史思明等十餘萬眾的進攻。北邙戰敗，李光弼被撤銷朔方兵的指揮權後，又只讓帶少數兵馬去鎮臨淮（《舊唐書》本傳）。這些做法和讓郭子儀去對付吐蕃、回紇兩度陷入險境並無不同。《舊唐書》本傳還說是魚朝恩、程元振在和李光弼爲難，這仍舊是把責任推給後來倒了臺的宦官而爲皇帝掩飾的手法。所不同的，李光弼是契丹酋長李楷洛之子，雖然能讀《漢書》，未必眞像郭子儀那樣精通處世之道，「廣德初吐蕃入寇京畿，代宗詔征天下兵，光弼……遷延不至。……吐蕃退，乃除光弼東都留守，以察其去就。光弼伺知之，辭以久待敕不至，且歸徐州，欲收江淮租賦以自給」（《舊唐書》本傳），只是不曾公開背叛，不曾落到僕固懷恩的地步。

前李懷光叛變的是僕固懷恩，他是鐵勒部落僕骨歌濫拔延的曾孫，世襲朔方管內夏州九都督府的金微都督（《舊唐書》本傳），是帶了整個家族參加朔方部隊的，在朔方兵中形成了一支以他爲首的先鋒主力。肅宗時郭子儀收復長安、洛陽，就靠這支主力在出力。代宗卽位後他代郭子儀任朔方節度使，又用這支主力再收洛陽並平定河北，「一門內死王事者四十六人」（《舊唐書》本傳），應說是爲朝廷立了大功。但他濡染中原文化太淺，不習慣封建統治階級的處世之道，「剛決犯上，始居偏裨之中，意有不合，雖主將必詬怒之」（《舊唐書》本傳）。當了統帥，立下大功，還要「爲人媒孽」「蓄性獷戾，快快不已」，終於在平定河北回軍途中叛變。這種叛變是逼出來的，確非本願預謀，所以當時「明懷恩反者，獨辛雲京、李抱玉、駱奉先、魚朝恩四人耳，自外朝臣，咸言其枉」（《舊唐書》本傳載顏眞卿語）。也正因爲不是預謀，而係倉卒行事，全無布置，所以在朝廷起用郭子儀後他只好「率麾下數百騎……渡河北走靈武，……嘯聚亡命」，誘吐蕃、回紇入寇，最後病死靈武，終未能成大事（《舊唐書》本傳）。至於媒孽他的人，肅宗時是宦官李輔國（《舊唐書》本傳載懷恩叛變前所上書），代宗時如上面所說是辛雲京、李抱玉、駱奉先、魚朝恩，辛、李是和朔方有矛盾的地方軍人，駱、魚則又都是宦官，這說明仍是中央在歧視排擠地方勢力。《舊唐書》本傳說「懷恩逆命三年，再犯順，……而上爲之隱惡，前後下制，未嘗言其反。及懷恩死，羣臣以聞，上爲之憫默曰：『懷恩不反，爲左右所誤。』其寬仁如此」。不言其反是避免過於刺激朔方兵，因爲隨懷恩反的朔方主力這時已歸郭子儀統率替朝廷出力，「寬仁」云者則無非是史臣爲代宗推卸責任而已。

李懷光是「渤海靺鞨人」，「本姓茹，其先徙於幽州，父常爲朔方列將，以戰功賜姓」，「懷光少從軍，以武藝壯勇稱」，「性清勤嚴猛，而敢誅殺，雖親戚犯法，皆不撓避」（《舊唐書》本傳），和僕固懷恩一樣是很少濡染中原文化、不習慣封建處世之道的少數民族將軍。他在解奉天之圍立下大功後被逼反，和僕固懷恩平定河北後被逼反如出一轍，都是中央歧視朔方這支地方勢力的結果。不過從大曆五年代宗殺掉魚朝恩後，到德宗前期宦官一直沒有在中央掌大權，所以排擠欺壓李懷光的不是宦官而是中央新建嫡系主力神策軍及其統將李晟。

三　神策軍

讀史者通常認爲神策軍只是禁軍，這可能是受《新唐書・兵志》的影響。〈兵志〉就是把神策軍放在禁軍裏講的，盡管也說到「神策兵雖處內，而多以裨將將兵征伐，往往有功」，但不爲人們所注意。至於以宦官管領神策軍，更被詬爲唐代的一大弊政。有些人在給李晟評功擺好時，也盡量少講或不講他和神策軍的關係。這種說法自不宜再接受，而需要把神策軍的作用包括神策軍將李晟的功過統統還其歷史眞面目。

在第二節論朔方兵時已說過，安史亂起後組建中央直屬嫡系部隊成爲迫切任務。肅宗在靈武圖恢復，抽調部分朔方兵加上部分河隴兵並擴大招募編組一支新部隊由宰相房琯來統率，便是一次嘗試。但臨時拼湊的地方雜牌部隊未必能聽從毫無淵源的統帥來指揮，因此這次嘗試不能成功。爲中央計，成立直屬部隊的最理想辦法是找一支建制完整且具有戰鬪力的地方部隊，排除其原有將帥，由既與此部隊有淵源又忠於李唐皇室者來統帶，從而化此地方武力爲中央嫡系，適當爲其選的便是原屬隴右地方武力的神策軍。

神策軍成爲中央直屬嫡系主力的經過，以《唐會要》及《新唐書・兵志》所記最得要領。

《唐會要》卷七二〈京城諸軍神策軍〉條說：

> 天寶初，哥舒翰破吐蕃於臨洮城西二百餘里，遂請以其地爲神策軍，朝廷以成如璆爲洮陽太守兼神策軍使。及安祿山反，如璆使其將衛伯玉領神策軍千餘人赴難於相州城下。官軍相州之敗，伯玉收其兵，與觀軍容使魚朝恩同保陜州，時西邊土地已沒，遂語伯玉所領軍號神策軍，以伯玉爲軍使，與陜州節度使郭英乂同鎮於陜，觀軍容使魚朝恩亦在焉。敕伯玉以其兵東討有功，遂加神策軍節度使。伯玉尋歸朝，英乂又兼領神策軍節度使。尋進郭英乂爲僕射，其軍遂統於觀軍容使。

這條史料爲論述神策軍者所常引用，但仍需作點疏說。首先，相州之役「以子儀、光弼俱是元勳，難相統屬，故不立元帥，唯以中官魚朝恩爲觀軍容宣慰使」，通常認爲是肅宗的失策者，其實多半係出於士大夫對宦官這種皇帝家奴、刑餘之人的偏見。皇帝縱使昏愚[13]，何至連宦官的軍事才能不如職業軍人這點都不懂得，其所以要派宦官監軍者，是讓宦官以皇帝代表的身分去控制地方部隊，作爲加強中央集權的措施。郭子儀的地位聲望本高於李光弼，這點肅宗也不會不知道，所以不讓郭子儀爲最高統帥者，是要讓魚朝恩代表肅宗來直接控制參加相州之役的九節度軍而限制郭子儀等的權力，因爲不止監一軍而要統監九軍，所以不再如通常稱「監軍」而改用「觀軍容宣慰處置使」[14]作爲這一高級監軍的專稱。衛伯玉在相州之役時還只是神策軍使下面的兵馬

13 肅宗、代宗常被讀史者詬爲昏愚，其實不然，別詳拙作〈唐肅宗即位前的政治地位和肅代兩朝中樞政局〉。

14 這是觀軍容使的全稱，見《舊唐書》卷一三四〈魚朝恩傳〉及《新唐書·兵志》，「處置」者，有權代表中央處置軍政之謂。

使（《舊唐書》卷一一五〈衛伯玉傳〉）[15]，沒有資格和九節度使並列，他和所率的神策軍自應成爲觀軍容使魚朝恩的直屬部隊，所以九節度戰敗後他會和魚朝恩「同保陝州」。這時神策軍當已依靠魚朝恩的力量大事擴編，絕不止當初赴難時千餘人之數，因而才能升格到節度級，衛伯玉之由軍兵馬使、軍使一再擢任至節度使也自出於魚朝恩的保薦卵翼。這時神策軍的兵柄實際上已爲魚朝恩所掌握，因此調離衛伯玉軍中不會有波動。郭英乂雖也是隴右出身的軍人（《舊唐書》卷一一七本傳），但和神策素無淵源，這時他的本職是陝州節度使，神策軍節度使是兼領，只算個過渡人物，因此他徵爲僕射入京後神策軍就順理成章地統於觀軍容使魚朝恩，不再另設節度使而成爲中央直屬部隊。所有這一切顯然出於魚朝恩的謀畫，當然也獲得肅、代兩宗的首肯。至於這支中央直屬部隊如何進而成爲禁軍，則如《新唐書・兵志》所說：

> 廣德元年，代宗避吐蕃幸陝。朝恩舉在陝兵與神策軍迎扈，悉號神策軍，天子幸其營。及京師平，朝恩遂以軍歸禁中，自將之，然尚未與北軍齒也。永泰元年，吐蕃復入寇，朝恩又以神策軍屯苑中，自是寖盛，分爲左右廂，勢居北軍右，遂爲天子禁軍，非它軍

---

15 但《舊唐書・衛伯玉傳》的有些記述是錯誤的。如說他本是安西將領，肅宗卽位後他「自安西歸長安」，卽與《唐會要》所說「領神策軍千餘人赴難」不同，如果真是安西將領何以又是隴右系統的神策軍兵馬使，可見舊傳說不如《會要》可信。舊傳又說他在擢任神策軍節度使前曾「轉四鎮北庭行營節度使」，其實此「四鎮北庭行營節度使」頭銜一直為安西、北庭系軍人李嗣業、茘非元禮、白孝德、馬璘等人相繼擁有，未嘗中斷，為何能忽然落到衛伯玉頭上。再如衛伯玉的離開神策軍據《會要》是在廣德元年代宗幸陝州之前，舊傳卻說成是幸陝以後，但《舊唐書・代宗紀》寶應元年十月戊辰條只說「留郭英乂、魚朝恩鎮陝州」，已不再提衛伯玉，可見舊傳所說又不如《會要》可信。蓋舊傳本諸行狀、家傳、碑志之屬，故史料價值遜於《會要》所據官方文書。《新唐書》卷一四一〈衛伯玉傳〉在這些地方一本舊傳，無所糾正，今並不取。

> 比，朝恩乃以觀軍容宣慰處理使知神策軍兵馬使。大曆四年，請以京兆之好時、鳳翔之麟游、普潤皆隸神策軍，明年，復以興平、武功、天興隸之，朝廷不能遏。

廣德元年代宗幸陝這件事值得注意，因爲在唐代每逢長安受威脅時皇帝通常南幸，如前此玄宗就南幸成都，就算成都也易受吐蕃威脅不宜南幸，也何必一定東幸陝州，可見在代宗心目中已將魚朝恩所統神策軍視爲嫡系武力，投奔其所在地陝州比投奔其他非嫡系地方武力更放心。魚朝恩從陝州西上迎扈的部隊《唐會要·神策軍》條只提神策軍，《兵志》則神策軍外還說有「在陝兵」，這自是郭英乂內任僕射後留下的陝州節度使所管部隊，通過這次迎扈被正式編入神策軍建制，再一次擴大神策軍實力。當時長安原有的禁軍已「離散」（《舊唐書》卷一八四〈魚朝恩傳〉），其首腦程元振也被罷官放歸田里（《舊唐書》同卷〈程元振傳〉），因此魚朝恩統率的神策軍實際上已成爲天子行在的禁軍，事定返回長安後自然升格爲正式的禁軍[16]。至於大曆時畫京西北好時、麟游等地爲神策軍駐防區，則自係由於神策軍本是有地盤的野戰部隊而非單純從事警衛的禁軍，除駐屯長安宮禁外有必要在長安周邊指定防區，實際上是以長安爲中心設置了一個直屬天子的節度使級管區，使其他地方節鎮更不敢向中央政權問鼎染指。這顯然也是秉承皇帝的意圖，也許就直接出於代宗的宸斷。《兵志》對此反說「朝廷不能遏」，好像是魚朝恩或神策軍自行其是，《通

---

16 至於兵志說其時神策軍「尚未與北軍齒」，到永泰元年「分為左右廂」後才「勢居北軍右」而成為「天子禁軍」，則顯係行文疏失。分左右廂是在「涇師之變」平定以後，見《唐會要·神策軍》條，唐長孺先生在《唐書兵志箋證》中已經指出。而原有之禁軍在吐蕃攻占長安後既已離散，事後卽稍有恢復，亦不可能有戰鬪力，焉能與炙手可熱的魚朝恩和神策軍相抗衡。

鑑》卷二二四大曆五年正月辛卯條又說這是宰相元載爲了收拾魚朝恩所出的點子，「朝恩喜於得地，殊不以載爲虞，驕橫如故」，和〈兵志〉之說相矛盾，只能說都是事後附會之談。魚朝恩恃功驕橫逾分致被代宗利用元載予以鏟除是一回事，神策軍的需要發展壯大是另一回事。「大曆五年朝恩得罪死，以其將劉希暹代之。是歲希暹復得罪，以朝恩舊將王駕鶴代將」（《唐會要・神策軍》條，《新唐書・兵志》同），可見魚朝恩只是代宗對魚個人不滿意，對神策軍及其將領們一如既往地倚任信用。

代宗晚年曾討伐河北諸鎭中最不順命的魏博節度田承嗣，但沒有派出神策軍，只是用以地方勢力制地方勢力的傳統策略，發動昭義、成德、幽州、河東、河陽、淄青、淮西等鎭進討，這可能出於穩重，不願輕易動用嫡系主力，結果由於一些節鎭不出力，討伐沒有成功。大曆十四年代宗死，德宗卽位，這是一個比代宗要冒進些的皇帝，同時也可能總結了前朝用兵的經驗教訓，從而開始動用神策軍。這年十月，吐蕃與南詔三道入侵劍南，德宗詔李晟將神策軍四千合鳳翔的幽州兵赴援（《舊唐書・德宗紀》、卷一一七〈崔寧傳〉、卷一三三〈李晟傳〉）。第二年建中元年劉文喜涇州之叛，據《通鑑》卷二二六同年四月乙未條也曾命神策軍使張巨濟將禁兵二千助討。這兩次小試都成功了。到建中二年發動對東方叛鎭的大討伐，就把神策軍作爲主要力量，和其他服從中央的地方武力一起投入戰場。當然，效果並不理想，東方諸叛鎭並沒有被神策軍打平，南戰場對付淮西李希烈的神策軍且一再失利。這是神策軍的總兵力尚嫌不足（對付一個叛鎭雖有餘，對付若干叛鎭卽嫌不足），還是具體戰役指揮上有錯誤，當另行研究。這裏只能就動用神策軍討叛這個措施和「涇師之變」的關係作探討。

要探討這個關係，先得弄清楚神策軍投入討叛戰場的情況。據現存文獻，首先是建中二年三月張巨濟部都將陽惠元率三千神策軍與京西防秋兵移鎮關東討魏博田悅，這支神策軍到第二年五月詔李懷光討田悅時歸懷光統率（《舊唐書》卷一四四〈陽惠元傳〉、〈德宗紀〉）。再一支是建中二年六月神策先鋒都知兵馬使李晟與河東節度使馬燧、昭義節度使李抱眞會兵討田悅（《舊唐書・李晟傳》、卷一三四〈馬燧傳〉）。以上這兩支都是用於北戰場的。用於南戰場的也有兩支：建中四年正月左龍武大將軍哥舒曜總神策軍五萬討李希烈（《舊唐書・德宗紀》、《奉天錄》卷一，《新唐書》卷一三五〈哥舒曜傳〉）17。八月，李希烈圍哥舒曜於襄城，神策制將行營兵馬使御史大夫劉德信、御史大夫高秉哲各馬步共一萬救襄城（《奉天錄》卷一，《通鑑》卷二二八建中四年八月丁未條、九月丙戌條）18。這裏北戰場李晟所統率的兵數史無明文，但可肯定是神策軍的精銳，因爲當時沒有估計到南戰場的開闢。因此，到李希烈叛變，建中四年正月攻下汝州，哥舒曜調動剩餘的京西北各鎮神策軍東征後，已處於「神策軍皆臨賊境」（《舊唐書》〈德宗紀〉建中四年六月條）京畿空虛的局面。於是在同年四月趕快

17 《舊唐書・德宗紀》作「以左龍武大將軍哥舒曜爲東都畿汝節度使，率鳳翔、邠寧、涇原等軍東討希烈」。〈哥舒曜傳〉作「拜曜東都行營汝州行營節度使，將鳳翔、邠寧、涇原、奉天、好畤兵萬人討希烈」。第一手史料《奉天錄》則作「上命工部尚書兼右僕射哥舒曜總禁兵五萬而討之」。此禁兵即神策軍，好畤、奉天也本隸神策軍（見前引〈兵志〉及《舊唐書》卷一五一〈高崇文傳〉）。至於邠寧，節度使就是李懷光，所部兵早已開赴北戰場，鳳翔、涇原二節度使的兵則這次並未出動。這次出動的鳳翔、邠寧、涇原兵，實際上也是三節度境內的神策軍，如兵志所說鳳翔境內即有麟游、普潤二神策軍鎮可證。因此《奉天錄》所說「哥舒曜總禁兵」討李希烈實較舊記、舊傳為得要領。此外《錄》稱哥舒曜為「工部尚書兼右僕射」者，係任行營節度使時所加職銜，與其原職左龍武大將軍也並不矛盾。

18 年月從《通鑑》，紀事從《奉天錄》。但《錄》作兵一十萬，與《通鑑》建中四年九月丙戌條所記劉德信兵止三千之數相去太遠，《錄》蓋誤衍「十」字，今刪去而定劉、高二軍合一萬，似差近事實。

任命神策軍使檢校左散騎常侍兼御史大夫白志貞爲京城招募使，給神策軍招募新兵（《舊唐書》卷一三五〈白志貞傳〉、《通鑑》）。「時尚父〔郭〕子儀婿端王傅吳仲孺家財巨萬，以國家召募有急，懼不自安，乃上表請以子弟率奴客從軍，德宗嘉之，超授五品官，由是志貞請令節度、觀察、團練等使並嘗爲是官者，令家出子弟甲馬從軍，亦與其男官」（《舊唐書・白傳》）。這種用子弟兵補充的新神策軍在質量上當然已不如原有的神策軍，但比市井之徒總還有些戰鬪力。神策制將劉德信統率救援哥舒曜的部隊據《通鑑》建中四年九月丙戌條說是「諸將家應募者三千人」，就是這次招募來的子弟兵[19]。這支子弟兵開赴前線後，就只好召募「其人皆在市廛」的「京師沽販之徒」以塡神策軍之闕（《舊唐書・白傳》），弄得「宮苑之內，備衞不全」（陸贄〈論關中事宜狀〉），從而在客觀上爲「涇師之變」創造了條件，在涇師變作時，「詔志貞以神策軍拒賊，無人至者」（《舊唐書・白傳》）。平心而論，這不能由白志貞來負責。所以德宗出奔奉天後「仍以志貞爲行在都知兵馬使」（《舊唐書・白傳》），委以防守奉天的重任。至於當時某些人把白志貞和盧杞同樣認爲以奸邪，說德宗播遷是「盧杞、志貞之罪」，《舊唐書・白傳》因之，則係盧杞、志貞的反對派故意製造輿論，混淆視聽，呂思勉師已作過辨析，見師所著《隋唐五代史》第六章第三節[20]。

---

19 陸贄〈論關中事宜狀〉（重印《四部叢刊》影宋本《唐陸宣公集》卷一一，又見《通鑑》建中四年八月）建議「所遣神策六軍士馬及點召節將子弟東行應援者悉可追還」，其中「點召節將子弟」也就是劉德信所率東征的三千子弟兵。

20 當時被詆為奸邪者還有判度支趙贊，其罪名是稅商貨、官借富商錢、稅間架、算除陌（《舊唐書・德宗紀》、卷一三五〈盧杞傳〉），其實也是在軍費開支龐大、財源枯竭下不得已的措施，呂師《隋唐五代史》同節亦已作辨析。而涇原兵過京師因「牛酒儉薄」而兵變，也顯然是由於當時政府太窮，對雜牌的地方部隊供應得馬虎一些，而並非京兆尹王翃刻薄所致。

涇師既係乘京師空虛之機發動變亂，而且變亂的部隊加上部分鳳翔兵如前所考一共只有八千主力，在德宗赦免東方諸叛鎭、撤回前線的神策軍以及其他節鎭兵主要是朔方兵以專討朱泚後，變亂本不難平定。至於李晟，不過以神策軍統帥的身分適逢時會而成其大功，這正和前此郭子儀以朔方軍統帥身分成大功享大名相同，因此在原本國史的《舊唐書》裏獲得佳傳，《新唐書》、《通鑑》因之，李晟在人們心目中遂成爲「一代之賢將」（《舊唐書》本傳史臣曰）。但就他在破賊收京過程中的所作所爲來看，實大謬不然。

先看他殺劉德信，這件事很少有人注意，好像無關緊要，其實大有講究。劉德信的職銜是神策制將行營兵馬使御史大夫（《奉天錄》卷一），而李晟在東征時也不過是神策先鋒都知兵馬使加御史中丞，地位和劉德信差不多，到撤軍回援途中才加檢校工部尚書神策行營節度使（《舊唐書》本傳、《金石萃編》卷一〇八裴度撰〈唐故太尉兼中書令西平郡王贈太師李公（晟）神道碑〉），卻敢不經奏請擅殺同軍大將劉德信，已屬駭人聽聞。再看殺的理由，《舊唐書·李晟傳》說劉軍「先次渭南，與晟合軍，軍無統一，晟不能制，因德信入晟軍，乃數其罪斬之，晟以數騎馳入德信軍，撫勞其眾，無敢動者，既並德信軍，軍益振」。好像李晟殺將並軍滿有理由，劉德信則罪有應得，其實都是曲筆。其眞相要看《奉天錄》，《奉天錄》卷二說：

〔建中四年十月〕十日，制將劉德信、高秉哲聞帝蒙塵，遂拔汝州，星夜兼馳，於沙苑監取官馬五百匹，先收東渭橋，於是天下轉輸食糧在此焉。軍次昭應，列陣於見子陵之西隅，……王師大捷，乘勝築壘於東渭橋，時十月十九日也。……劉德信、高秉哲固守渭橋，往往出師游奕於望春樓下，〔賊〕設伏皆敗績。……〔十一月〕二十八日，……

李公晟自趙州拔城，從飛狐口越白馬津，聞難駿奔，……駐軍於東渭橋，斬劉德信而幷其軍。……初，劉德信軍禮不備，失儀於公，公斬之，孔子曰：「何以爲身，曰恭敬忠信而已，恭則遠於患，敬則人愛之，忠則和於衆，信則人信之。」犯此先誡，其劉公之謂乎！

原來劉德信和高秉哲的援軍最先趕到，搶占東渭橋要衝，屢立戰功，只緣劉德信對遲到的新任行營節度使李晟禮數不周有欠恭敬，有損於李晟的尊嚴，就身被殺而軍被幷。對同屬神策軍系統的尚如此，對受中央歧視的朔方兵及其統帥李懷光更可想而知。李懷光帶領朔方主力五萬從河北前線回師，據《奉天錄》卷二，在十一月十八日就趕到涇陽，是僅次於劉德信、高秉哲到達的勤王大軍[21]，朱泚因此而「抽軍卻守長安」。對此《奉天錄》說了「李懷光返旆解奉天重圍」「功無與議」的公道話。但在大功垂成之際忽然叛變，其根本原因自如第二節所說是當時中央政權對地方勢力的歧視排擠。至於導火線，據《舊唐書》本傳說是由於「懷光性粗厲疏愎，緣道數言盧杞、趙贊、白志貞等奸佞，……屯軍咸陽，數上表暴揚杞等罪惡，上不得已爲貶杞、趙贊、白志貞以慰安之。〔懷光〕又疏中使翟文秀，上之信任也，又殺之。懷光既不敢進軍，遷延自疑，因謀爲亂」。這似太不近情理，德宗既已接受李懷光表疏爲之貶杞、贊、志貞、殺翟文秀，也可算

---

21 據《奉天錄》李晟是在李懷光到達涇陽的十天以後，十一月二十八日才自趙州回師的。但《通鑑》卷二二九建中四年十一月記李懷光回師之事卻有「至河中，力疲，休息三日，河中尹李齊遠傾力犒賞，軍尚欲遷延」之說，形容李懷光對勤王之不出力，這顯然是李懷光叛變後所加誣蔑之詞。《舊唐書》本傳說此行「懷光率軍奔命，時屬泥淖，懷光奮勵軍士，道自蒲津渡河」云云，倒還保存了事實真相。

是言聽計從，何以李懷光轉而自疑甚至謀亂[22]。因此我認爲眞正的導火線，應該從李懷光的對立面李晟那邊去找尋。好在《舊唐書．李晟傳》裏在這個問題上留下了不少蛛絲馬跡。〈李晟傳〉說：

時朔方節度使李懷光亦自河北赴難，軍於咸陽，不欲晟獨當一面以分己功，乃奏請與晟合兵，乃詔晟移軍合懷光軍。晟奉詔引軍至陳濤斜，軍壘未成，賊兵遽至，晟乃出陣，且言於懷光曰：「賊堅保宮苑，攻之未必克，今離其窟穴，敢出索戰，此殆天以賊賜明公也。」懷光恐晟立功，乃曰：「吾軍適至，馬未秣，士未飽，詎可戰耶？不如蓄銳養威，俟時而舉。」晟知其意，遂收軍入壘，時興元元年正月也。每將合戰，必自異，衣錦裘繡帽前行，親自指導，懷光望見惡之，乃謂晟曰：「將帥當持重，豈宜表飾以自啗賊也。」晟曰：「晟久在涇原，軍士頗相畏服，故欲令其先識以奪其心耳。」懷光益不悅，陰有異志，遷延不進。晟因人說懷光曰：「寇賊竊居京邑，天子出居近甸，兵柄廟略，屬在明公，公宜觀兵速進，晟願以所部得奉嚴令，爲公前驅，雖死未悔。」懷光益拒之。

這表面上頗像李晟一再要出兵，而一再受李懷光阻撓，李懷光眞是心存兩端。其實李晟軍壘未成如何能出戰，朱泚叛軍雖少但困守京師堅城，又如何能一戰倖勝。何況當時李懷光是元帥，李晟的神策軍形式上總得受李懷光指揮，而李晟偏要表飾自異[23]，要充當先鋒前驅以獨占收京之功，

22　這種不近情理之說，很大可能是事定後黨於李晟者所製造，借以為李晟激變李懷光一事開脱罪責。

23　李晟雖曾任涇原四鎮北庭都知兵馬使，而李懷光在城原州之役中更久著威名，《舊唐書》本傳卽有「涇州軍士咸畏之」之說，可見李晟所謂「久在涇原，軍士頗相畏服，故欲令其先識以奪其心」云云，只能說是強詞奪理而已。

完全是以嫡系自傲而蔑視非嫡系雜牌地方部隊的姿態，自使李懷光難於忍受。〈李晟傳〉又說：

> 晟兵軍於朔方軍北，每晟與懷光同至城下，懷光軍輒虜驅牛馬，百姓苦之，晟軍無所犯，懷光軍惡其獨善，乃分所獲與之，晟軍不敢受。久之，懷光將謀沮晟軍，計未有所出。時神策軍以舊例給賜厚於諸軍，懷光奏曰：「賊寇未平，軍中給賜，咸宜均一，今神策軍獨厚，諸軍皆以爲言，臣無以止之，惟陛下裁處。」懷光計欲因是令晟自署侵削己軍，以撓破之。德宗憂之，欲以諸軍同神策，則財賦不給，無可奈何，乃遣翰林學士陸贄往懷光軍宣諭，仍令懷光與晟參議所宜以聞。贄、晟俱會於懷光軍，懷光言曰：「軍士稟賜不均，何以令戰？」贄未有言，數顧晟，晟曰：「公爲元帥，弛張號令，皆得專之，晟當將一軍，唯公所指，以效死命，至於增損衣食，公當裁之。」懷光默然，無以難晟，又不欲侵刻神策軍發於自己，乃止。

案撰〈李晟傳〉者的本意自然想借此表白李晟的公忠體國，其實反爲中央嫡系欺壓朔方軍增一佐證。當年陳寅恪先生撰論文〈論李懷光之叛〉（《清華學報》十二卷第三期，又收入《金明館叢稿二編》），已指出此軍餉不均對朔方軍情緒之影響。而李懷光名爲元帥卻對軍餉獨優的中央嫡系神策軍無可奈何，李晟又在中央代表陸贄的支持下對李懷光公然出難題，以及朔方軍迫於軍餉不繼虜驅百姓牛馬後分惠神策軍以示友好復被拒絕，凡此恐更爲李懷光和朔方軍所不能堪。但這些仍構不成李懷光叛變的主要原因。主要原因當如〈李晟傳〉下文所說：

> 懷光屯咸陽，堅壁八十餘日，不肯出軍，德宗憂之，屢降中使，促以收復之期，懷光托以卒疲，更請休息，以伺其便，然陰與朱泚交通，其迹漸露。晟俱爲所併，乃密疏請移

> 軍東渭橋，以分賊勢，上初未之許。晟以懷光反狀已明，緩急宜有所備，蜀漢之路，不可壅也，請以裨將趙光銑爲洋州刺史，唐良臣爲利州刺史，晟子婿張彧爲劍州刺史，各將兵五百以防未然，上初納之，未果行。無何，吐蕃請以兵佐誅泚，上欲親總六師，移幸咸陽，以促諸軍進討，懷光聞之大駭，疑上奪其軍，謀亂益急。時鄜坊節度李建徽、神策將楊惠元（一作陽惠元）及晟並與懷光聯營，晟以事迫，會有中使過晟軍，晟乃宣令云：「奉詔徙屯渭橋。」乃結陣而行，至渭橋，不數日，懷光果劫建徽、惠元而併其兵，建徽遁免，惠元爲懷光所害。

原來李晟不僅欺凌朔方軍，還不斷地媒孽離間，硬給李懷光安上「陰與朱泚交通」「反狀已明」之類的大罪名。證據最多只是「懷光屯咸陽，堅壁八十餘日，不肯出軍」，但持重以待時機也爲兵家之所允許，否則這年三月底李懷光叛變，李晟擔任統帥後仍過了兩個月到五月二十八日才收復京師又如何解釋？此外所謂「反狀」更無實迹。相反，李晟密疏移軍並布置子婿等心腹以算計李懷光倒是事實。李晟的態度對德宗當然有影響，所以既屢降中使促戰，又頒賜「鐵券」（《舊唐書》卷一二一〈李懷光傳〉），但對李晟布置子婿張彧等任三刺史的建議「初納之而未果行」，因爲並不完全相信李懷光眞馬上會叛變。至於德宗準備「親總六師，移幸咸陽」，是否眞有奪李懷光軍的打算，史無明文可稽，而李懷光緣此疑懼，則當然又是李晟不斷媒孽離間的結果。最後李晟矯詔徙屯渭橋，更直接以軍事行動促成了李懷光之叛。所幸叛變並非本心，如《奉天錄》記懷光所說：「吾心惟勤王，而聖主見疑，錫之鐵券，吾騎虎捻耳，掎鹿是困，自古列地封王，各爲盟主，今是時也，吾觀兵河中，晉之舊壤，秣兵訓士，以候天時，看其形勢，見機而取之，卞莊子刺虎之事也，不亦休哉！」從而既不與朱泚聯軍（由此也可見所謂「與朱泚交通」之誣），更沒有進占奉天、梁州，而只是退守河中這個朔方軍根據地以自保。這樣才使李晟有可能以全力對付朱泚，成其收京大功。而李懷光則於第二年貞元元年在朔方軍另一舊將渾瑊和鄰鎮河東節度使馬燧的圍攻下被部將所殺，其粗疏以致殺身和李晟的智詐以成大功正是一個鮮明的對比。

不過智詐之人亦往往有弄巧成拙的時候。實力過於龐大的地方勢力朔方軍及其不懂得封建處世之道的統帥李懷光在德宗心目中固在所必除，但在京師尚未收復、朱泚尚未殲滅的情況下動手則決不是時候。因此德宗儘管要給中央嫡系神策軍撐腰，多少聽進這些李晟的讒言，卻一則沒有實行李晟安排三刺史的建議，再則沒有同意李晟移軍渭橋的要求。而李晟偏偏矯詔行動，終於促成李懷光之叛，弄得德宗再度倉皇移駕，對李晟的這些跋扈行爲德宗自不能絕無戒心。加之前此李晟的擅殺劉德信，也易於引起德宗對他猜疑和神策軍對他的離心。於是在收復京師之後三個月，興元元年八月以解決涇原田希鑒及鳳翔亂黨爲理由，叫李晟以兼鳳翔尹充鳳翔隴右節度等使、涇原四鎮北庭行營兵馬副元帥的名義出鎮，解除了他在神策軍的統帥權，到興元三年三月又册拜他爲太尉中書令，徹底罷掉他的兵權（《舊唐書·德宗紀》、本傳）。這對李晟來說，誠可謂咎由自取[24]。當然，面子上還是給李晟下得去的，身前極其尊崇，歿後備盡哀榮，諸子也多擢授顯要，這無非是一種安定人心的手段，試和《舊唐書·郭子儀傳》對看，自可了然。

李晟調離後，讓誰來接統神策軍？讓其他功臣悍將來接統自然同樣不放心。但像白志貞那樣

---

24 其後元稹撰〈望雲騅馬歌〉為李晟鳴不平，有所謂「千官暖熱李令閑，百馬生獰望雲老」云云（《元氏長慶集》卷二四），非文人無識，卽別有寄托，要與史事真相差之甚遠。

既「小心勤恪」又「動多計數」的人才實在不好找，而白志貞本人當時已經貶謫，無從重新啟用[25]。爲一勞永逸起見，只好恢復肅代兩朝的老辦法，讓皇帝自己的親信家奴宦官代表皇帝來統帶。興元元年十月，「令中官竇文場、王希遷監左右廂神策軍都知兵馬使」（《舊唐書·德宗紀》）[26]。「貞元二年九月二日，神策左右廂宜改爲左右神策軍，每軍置大將軍二人，秩正三品，將軍各二人，從三品」（《唐會要·神策軍》條），這是沿用傳統的左右羽林軍、龍武軍等設置大將軍、將軍的辦法，任職的今僅知有個三流軍人柏良器，《新唐書》卷一三六本傳說他曾「入爲左神策軍大將軍知軍事」[27]。但據《新唐書·兵志》在改神策左右廂爲左右神策軍的同時還「特置監勾當左右神策軍以寵中官」，則實權仍在此等中官之手，即如柏良器也受竇文場排擠改任右領軍衛大將軍而離開神策軍了事。貞元十二年六月，「以監勾當左神策軍左監門衛大將軍知內侍省事竇文場爲左神策軍護軍中尉，監勾當右神策軍右監門衛將軍知內侍省事霍仙鳴爲右神策軍護軍中尉」（《新唐書·兵志》）[28]。左右神策中尉之爲左右神策軍首腦遂成定制，正如《舊唐書》卷一八

25 後來德宗要起用白志貞為果州刺史，「宰臣李勉及諫官表疏論列，言志貞與盧杞罪均，未宜敘用，固執不許，凡旬日，方下其詔」（《舊唐書·白傳》）。這是貞元二年的事情，已是興元元年後的第三年，阻力尚如此之大，自然談不上在興元元年讓他復任神策軍職。

26 《唐會要·神策軍》條也說「興元克服，〔李〕晟出鎮鳳翔，始分神策軍為左右廂，令內官竇文場、王希遷分知兩廂兵馬」。德宗紀「監左右」下原脫一「廂」字，今據《唐會要》補。此蓋仿節度使制度，節度使下通常設置左右廂兵馬使各一人。

27 此條承研究生賈憲保檢示。

28 〈兵志〉上記貞元十二年，事在是年六月則據《舊唐書·德宗紀》及〈宦官·竇霍傳〉，惟〈竇霍傳〉又說「右神威軍使張尚進為右神策中護軍，內謁者監焦希望為左神策中護軍」，此「右神策」「左神策」據〈德宗紀〉及〈兵志〉當作「右神威」「左神威」，與左右神策軍無關，新點校《舊唐書》未能察出改正。

四〈宦官傳序〉所說，「自是神策親軍之權，全歸於宦者矣」。同卷〈竇霍傳〉還追溯其前竇文場的用事，說到「涇師之亂，……志貞貶官，左右禁旅，悉委文場主之」。案之《册府元龜》卷四一四〈將帥部・赴援〉，又有「張孝忠爲易定節度，時朱滔侵逼，詔神策行營兵馬使李晟、中官竇文場以衆援之」的記載[29]，則竇文場還曾作過李晟所統神策軍的監軍，以竇易李，正與當年用魚朝恩以代衛伯玉、郭英乂之事相同，自不致產生阻力。至於在神策軍左右廂的基礎上正式分神策爲左右兩軍，各設地位相當的護軍中尉，又在於使他們分掌兵柄，互相牽制，比集權於一宦官易對皇帝鬧獨立性的辦法來得穩妥，和過去羽林、龍武等禁軍之必分左右是同一意圖。

順便說一下，在上述七年討叛戰爭中人們往往認爲德宗是個徹底失敗者，甚至因此而斥責德宗爲「昏君」。其實不然，在北戰場是打了個平手，南戰場則先後消滅了山南東道的梁崇義和淮西的李希烈，盡管淮西的問題並未完全解決以後有勞憲宗來收拾。對鞏固京畿來說平定了朱泚的叛亂，消滅了涇原、鳳翔的隱患，還附帶解決了中央長期不放心的朔方軍問題，並把嫡系主力神策軍的兵權收歸比較可靠的皇帝家奴宦官來掌握。這些都只能說是成功而不能說失敗。當然，這並不等於否認德宗的某些措施不够妥當或有錯誤，甚至出了亂子。但出了亂子仍能力圖挽救且收效，可見德宗實在不昏。

---

29 此條亦係賈憲保所檢得。

所謂「永貞革新」

一

「永貞革新」者，是近二三十年來某些教科書上出現的新辭語，用來肯定唐順宗時以王叔文為首的政治集團的活動，稱之為革新運動。

但從對這個革新運動的論述來看，實在並無多少新內容。舊時代的文人，政治家中早有人提出過類似的見解，如北宋時的政治家范仲淹就認為：

劉禹錫、柳宗元、呂溫坐王叔文黨貶廢不用。覽數君子之述作，體意精密，涉道非淺，如叔文狂甚，義必不交。叔父以藝進東宮，人望素輕，然傳稱知書，好論理道，為太子所信，順宗即位，遂見用，引禹錫等決事禁中。及議罷中人兵權，牾俱文珍輩，又絕韋皐私請，欲斬之劉辟，其意非忠乎！皐銜之，會順宗病篤，皐揣太子意請監國而誅叔文，憲宗納皐之謀而行內禪，故當朝左右謂之黨人者，豈復見雪。《唐書》蕪駁，因其成敗而書之，無所裁正。[1]

清人王鳴盛在所著《十七史商榷》卷七四〈順宗紀所書善政〉、卷八九〈南衙北司〉、〈王叔文謀奪內官兵柄〉諸條更反覆申說王叔文之公忠體國，如〈順宗紀所書善政〉條卽說：

叔文之柄用，僅五六月耳，（《舊書・順宗紀》）所書善政，皆在此五六月中。如二月辛酉，貶京兆尹李實爲通州刺史。甲子，諸道除正敕率稅外，諸色雜稅並宜禁斷，除上供外，不得別有進奉。三月庚午，出宮女三百人於安國寺，又出掖庭教坊女樂六百人於九仙門，召其親族歸之。五月己巳，以右金吾大將軍范希朝爲右神策統軍充左右神策京西諸城鎮行營兵馬節度使。六月丙申，二十一年十月已前百姓所欠諸色課利租賦錢帛，共五十二萬六千八百四十一貫石匹束並除免。七月丙子，贈故忠州別駕陸贄兵部尚書，謚曰宣，贈故道州刺史陽城爲左散騎常侍。以上數事，黜聚斂之小人，褒忠賢於已往，改革積弊。加惠窮民，自天寶以至貞元，少有及此者。……《新書》於二月甲子禁斷諸色榷稅一條不書，卻書罷宮市，《通鑑》亦書此，且幷及罷五坊小兒，……此皆宦者所爲害民之事，……故順宗立後卽罷之也，叔文專與宦官爲難如此。……叔文行政，上利於國，下利於民，獨不利於弄權之閹宦，跋扈之強藩。觀《實錄》，叔文實以欲奪

---

1 見南宋初嚴有翼撰〈柳文序〉，收入世綵堂本《河東先生集》附錄卷下。

閹人兵柄，犯其深忌。……蓋其意本欲內抑宦官，外制方鎮，攝天下之財賦兵力而盡歸之朝廷。劉辟本韋皋所遺，叔文必欲殺之，若其策得行，後日何煩高崇文往討，勞費兵力乎！

王鳴盛算是比較知名的學者，等而下之，一般舊文人中發此類議論者還不少，如學識平庸的陳其元在同治時所撰寫的《庸閒齋筆記》卷七〈古人被冤〉條裏也曾爲王叔文等申寃，聲調和范仲淹、王鳴盛輩如出一口，可見這已成爲舊時代部分文人的共同見解[2]。

對比一下，今日學者關於「永貞革新」的講法和這些舊時代的文人、政治家並沒有多大不同。《庸閒齋筆記》之類人們未必找來參考，應該是承襲了《十七史商榷》。所增添的當然也有，即認爲王叔文集團是「代表庶族地主階級的新興力量」，其政治活動是對掌權的「宦官藩鎮豪族地主階級的舊勢力」作鬪爭[3]，並正式名之曰「永貞革新」而已。

舊時代人說的是否對，尤其是今人增添的是否眞有道理，容待下文討論。這裏姑先指出一個十分明顯的錯誤，即「永貞革新」這個辭語的錯誤。順宗是在貞元二十一年正月丙申即位的，到八月庚子就禪位皇太子憲宗而退爲太上皇，第二天辛丑才以太上皇名義下誥，說「國有大命，恩俾維新，宜因紀元之慶，用覃在宥之澤，宜改貞元二十一年爲永貞元年」[4]。而前此王叔文集團

2 其實何止文人，陳其元《筆記》中還說「我高宗純皇帝」即乾隆帝的「御論亦辨白之」，可惜手邊無他的御制文集之類可查，想來調門也差不多吧！

3 此兩語見王芸生〈論二王八司馬政治革新的歷史意義〉，載《歷史研究》一九六三年第三期，此文可說是「永貞革新」論的代表作。

4 詳《昌黎先生外集》本《順宗實錄》卷五及《舊唐書》卷一四〈順宗紀〉。

的政治活動都在順宗在位時期，其時年號尙是貞元而非永貞。就算這眞是革新，也只能在「革新」之前冠以「貞元二十一年」，如嫌累贅冠以「順宗」或「王叔文」之類也均無不可，何必生造什麼「永貞革新」！難道是因爲《通鑑》在這年正月即以永貞紀年[5]，抑係受了韓愈所寫〈永貞行〉[6]的影響？但以最後所改年號冠於本年之首是司馬光編寫《通鑑》的通例，何況胡三省在「永貞元年」下已注明「是年八月始改元永貞」，「永貞革新」命名者何至視而不見。〈永貞行〉則是以歌頌憲宗即位剪除王叔文集團爲主題的詩歌，所謂「嗣皇卓犖信英主，文如太宗武高祖，膺圖受禪坐明堂，共流幽州鯀死羽」云云都是改元永貞以後的事情，才以〈永貞行〉爲題目。凡此均成不了以「永貞」來稱「革新」的理由。

二

言歸正傳，正經地來看看當前「永貞革新」論者的主要論點。

主要論點之一，即上文所說的認爲王叔文集團是「代表庶族地主階級的新興力量」，其政治活動是對掌權的「宦官藩鎭豪族地主階級的舊勢力」作鬪爭。這後半句話在文字上頗不好懂，是宦官和藩鎭再加上豪族地主階級呢？還是宦官和藩鎭本身也都是豪族地主階級？有的教科書上是把豪族地主階級宦官、藩鎭三者並列的，那麼這豪族地主階級說具體點應該是何等樣人物？

5　新標點本《通鑑》且在頁邊印上「順宗永貞元年」。

6　見《昌黎先生集》卷三。

從在中央掌權這點來看，除內廷的宦官外應該是外朝的宰相，還有在當時已分掌部分相權、有「內相」之稱的翰林學士。貞元末年順宗即位前已居相職的是賈耽、杜佑、鄭珣瑜和高郢[7]，翰林學士則有衛次公、鄭絪、李程、王涯和後來屬於王叔文集團名列所謂八司馬的淩准[8]。

先看這些宰相的政治態度。在《昌黎先生外集》本《順宗實錄》卷二貞元二十一年三月裏有這樣一段紀事：

丁酉，吏部尚書平章事鄭珣瑜稱疾去位。其日珣瑜方與諸相會食於中書。故事：丞相方食，百寮無敢謁見者。叔文是日至中書，欲與執誼計事，令直省通執誼，直省以舊事告，叔文叱直省，直省懼，入白執誼，執誼逡巡慚赧，竟起迎叔文，就其閤語良久。宰相杜佑、高郢、珣瑜皆停筯以待。有報者云：「叔文索飯，韋相已與之同餐閤中矣。」佑、郢等心知其不可，畏懼叔文、執誼，莫敢出言。珣瑜獨嘆曰：「吾豈可復居此位！」顧左右取馬徑歸，遂不起。前是左僕射賈耽以疾歸第未起，珣瑜又繼去，二相皆天下重望，相次歸臥，叔文、執誼益無所顧忌，遠近大懼焉。

這段文字後來被《新唐書》卷一六五《鄭珣瑜傳》和《通鑑》所採用，大概由於寫得頗似小說，胡注認爲是「史甚言其事」。但既出於《實錄》，至少基本可信，則鄭珣瑜、賈耽之反對王叔文集團應是事實[9]。雖然據《順宗實錄》卷四貞元二十一年七月乙未條和《舊唐書》卷一四〈順宗

---

7 《舊唐書》卷一三〈德宗紀〉，《新唐書》卷六二〈宰相表〉。

8 《舊唐書》卷一五九〈衛、鄭傳〉，卷一七六〈李程傳〉，卷一六九〈王涯傳〉，柳宗元《河東先生集》卷一〇〈連州司馬凌君權厝志〉。

9 《舊唐書》卷一三八〈賈耽傳〉也說：「時王叔文用，政出羣小，惡其亂政，屢移病乞骸，不許。」

紀〉，鄭珣瑜是在以順宗名義下詔權令皇太子憲宗勾當軍國政事、也就是王叔文失敗時才正式罷相的。高郢，也是和鄭珣瑜一起罷相的，《舊唐書》本傳說他「為韋執誼等所憚」，但《河東先生集》卷一二有柳宗元貶永州司馬後所寫的〈先君石表陰先友記〉，仍以郢為先友，並說他是「有文章規矩自立者，不干貴幸」，因此他是否堅決反對過王叔文集團還不清楚，不過至少沒有王叔文集團站到一起或為這個集團所利用，這裏姑且算作鄭珣瑜一邊的人物。至於杜佑，在王叔文任度支鹽鐵副使時為正使，就算「其實叔文專總」，也已被叔文所利用成不了對立面[10]。對立面鄭珣瑜、賈耽外加高郢，一共宰相三人。

五名翰林學士之中，凌準屬於王叔文集團。李程，《舊唐書》卷一六七本傳說他「為王叔文所排，罷學士」，自然是叔文集團的對立面。還有衛次公、鄭絪和王涯，則可看《舊唐書·衛次公傳》裏的這樣一段記載：

德宗昇遐，時東宮疾恙方甚，倉卒召學士鄭絪等至金鑾殿，中人或云：「內中商量，所立未定。」眾人未對，次公遽言曰：「皇太子雖有疾，地居冢嫡，內外繫心，必不得已，當立廣陵王，若有異圖，禍難未已。」絪等隨而唱之，眾議方定。

這裏的廣陵王即後來成為順宗的皇太子而在政治上與順宗及王叔文集團對立的憲宗。而《順宗實錄》卷四貞元二十一年七月乙未條所說草詔權令皇太子憲宗勾當軍國政事的也正是「翰林學士鄭絪，衛次公，王涯等」[11]，可見這三人確屬王叔文集團的對立面。

---

10 《順宗實錄》卷二貞元二十一年三月景（丙）戌條，《舊唐書·順宗紀》，卷一三五〈王叔文傳〉。

11 《舊唐書》卷一八四〈宦官·俱文珍傳〉講草詔者還有李程，但李程在此時已「罷學士」，當是〈俱傳〉撰寫者手滑而妄加。

問題是這些和王叔文集團對立的宰相、翰林學士是否都如「永貞革新」論者之所認定是屬於「豪族地主階級」。

「豪族地主階級」是現代的新詞，但用在這裏似不甚妥切。因爲「豪族」一詞在南北朝時通常是「士豪」的同義語[12]，實際上尚屬於今天所說庶族地主的範疇。因此有些教科書上不用這個名詞而稱和王叔文集團對立的宰相、翰林學士爲士族地主階級。但那些郡姓可算士族地主階級，仍不甚好說。因爲現存的唐代譜牒文獻，如《元和姓纂》、《新唐書·宰相世系表》等都是士族、庶族並列而未作區別。《新唐書》卷一九九〈儒學·柳沖傳〉附載柳芳論氏族的文章裏除列舉「爲大」「首之」的少數僑姓、吳姓、郡姓、虜姓外，小一點次一點的士族仍沒有講到。何況士族這個事物和任何歷史事物一樣有其產生、發展以至衰亡的過程，各個士族產生、發展、衰亡的先後遲早還各不相同。從東漢末年大姓名士中顯貴者發展成爲魏晉時在經濟政治上具有特權的士族後，南朝的庶族地主仍不斷因緣軍功或其他功勳上升爲士族，北朝則經魏孝文帝之定姓族也讓大批鮮卑貴族步入士族的行列[13]。到唐太宗修新《氏族志》以「崇重今朝冠冕」[14]，仍舊要像魏孝文帝郡様培養一批新士族。無如當時士族制度已成尾聲，〈唐令〉中再也不能像西晉戶調式

---

12 此點可參看熊德基〈魏晉南北朝階級結構研究中的幾個問題〉，中國社會科學院歷史研究所魏晉南北朝隋唐史研究室編《魏晉隋唐史論集》第一輯。

13 要弄清這個問題，應看唐長孺《魏晉南北朝史論拾遺》中的〈東漢末期的大姓名士〉、〈士族的形成和升降〉、〈士人蔭族特權和士族隊伍的擴大〉、〈論北魏孝文帝定姓族〉等四篇論文，我認為都是研究我國中古士族問題最好的論文。

14 《舊唐書》卷六五〈高士廉傳〉，《唐會要》卷三六〈氏族〉貞觀十二年正月十五日條。

那樣規定「士人子孫」有庇蔭宗族佃客的特權，這個新《氏族志》並沒有能產生實效。因而講唐代的士族、庶族，實在沒有十分精確的衡量標準。不得已只好來個籠而統之的折中辦法，即除沿用柳芳文章裏說過的幾個成為士族的僑姓、吳姓、郡姓、虜姓外，凡先世在南北朝以至隋及唐初歷任顯職者也都算成是士族，不具備此等條件者則概歸之於庶族。

賈耽，《舊唐書》本傳只說是「滄州南皮人，以兩經及第，調授貝州臨清縣尉」。《元和姓纂》輯本卷七賈姓樂陵條也只說「唐沁水丞賈元琰生耽」。《新唐書》卷七五下〈宰相世系表〉才說其祖「知義，沁原主簿」，曾祖「遠則，長河尉」，高祖「敬言，刑部郎中滑州刺史」，六世祖「處靜，隋成州長史」，七世祖「寬」，「後周秘書監」。如這個世系可靠，應算是士族，但到賈耽久已破落，所以本傳不再提及父祖。如世系有問題，就只能是庶族。

高郢，《舊書》本傳說「其先渤海蓨人」，「父伯祥先為好時尉」。據《新書》卷七一下〈宰相世系表〉，「京兆高氏又有與北齊同祖，初居文安，後徙京兆」的一支是郢所自出，郢祖「質，滄州刺史」，曾祖「卿，遂城令」，以上即不詳。看來應是渤海高氏的假冒牌，只好算作庶族。

衛次公，《舊書》本傳只說是「河東人」，「弱冠舉進士」，而不言其父祖。《姓纂》卷八衛姓安邑條也只說「今陝虢觀察衛次公」，「河東安邑人」，而不詳其世系。足見是地道的庶族。

李程，《舊書》本傳只說是「隴西人」。《新書》則列入卷一三一〈宗室宰相傳〉，說明是「襄邑恭王神符五世孫」，也就是唐高祖李淵的從父弟李神符的後裔。「李唐先世若非趙郡李氏之破落戶，即是趙郡李氏之假冒牌」，其自言隴西李氏實隨宇文泰入關後所改[15]，惟自此即成爲西魏的八柱國家，自可與北朝的虜姓士族同樣看待。但唐代宗室之稍疏遠者實毫無權勢可言，所以李程只能通過「進士擢第，又登宏辭以進身」，其地位實際上相當於一個沒落的士族或庶族。

王涯，《舊書》本傳說是「太原人」。《新書》卷一七九本傳則說「其先本太原人，魏廣陽侯冏之裔」。案之《新書》卷七二中〈宰相世系表〉，則是系出東胡烏桓的烏丸王氏而非山東郡姓的太原王氏[16]，而且還只是烏丸王氏的旁支即所謂烏丸王氏始祖冏的五世孫元政的一支，而且這一支由元政四傳至王涯再無分出，這樣的世系本身就很可疑，大有王涯顯貴後僞造以高攀虜姓士族之嫌。再看其先世，除父「晃，溫州刺史」外，祖「祚，晉州司馬」，曾祖「實，安吉令」，高祖「元政，幽州別駕」，可說無一顯貴。因此只能定之爲庶族。

鄭珣瑜、鄭絪，據《新書》卷七五上〈宰相世系表〉，都係滎陽鄭氏，珣瑜出北祖房，絪出南祖房，是柳芳所說「爲大」的山東郡姓之一，又是唐代流俗「以崔、盧、李、鄭爲四姓」的四姓之一。但世系表又記珣瑜父「諒，冠氏令」。《新書》本傳說他「少孤，值天寶亂，退耕陸渾山以養母」，「大曆中以諷諫主文科高第」。則已沒落不振。鄭絪據《新書》本傳也是「擢進士第，登宏詞科」。據世系表除父「羡，池州刺史」外，祖「杳，河陽丞」，曾祖「崇業，永州司馬」，高祖「過庭，蒔令」，接連幾代都未能顯達，也只能算是舊士族中趨向沒落者。

以上和王叔文集團對立以及不受其利用的宰相、翰林學士七人中，原爲士族已趨沒落者二

15　陳寅恪《唐代政治史述論稿》上篇。

16　烏丸王氏之出東胡烏桓族，別詳姚薇元《北朝胡姓考》外篇東胡諸姓王氏條。

人，庶族或士族之沒落者一人，相當於庶族或沒落士族一人，純屬庶族的倒有三人。

再看王叔文集團。這個集團通常也叫「二王八司馬集團」，「二王」者王叔文、王伾，「八司馬」者事敗後被貶爲南方邊遠諸州司馬的韓曄、韓泰、陳諫、柳宗元、劉禹錫、凌準、程异、韋執誼。此外，據《順宗實錄》卷五永貞元年八月壬寅條附王叔文傳、《舊唐書》卷一三五〈王叔文王伾傳〉，屬於此集團的還有房啟、李景儉、呂溫、陸質諸人。這裏也審查他們是否眞如「永貞革新」論者所說是庶族地主階級。

王叔文，《舊書》本傳說他是「越州山陰人，以棋待詔」。又《河東先生集》卷一三有〈故尚書戶部侍郎王君先太夫人河間劉氏志文〉，是柳宗元爲王叔文母撰寫的墓志，志中只說叔文「舉明經，授任城尉，左金吾衛兵曹」。說明王叔文確實出身於地位低微的庶族。

王伾，《舊書》本傳說是「杭州人，始爲翰林侍書待詔」，父祖別無可考。可見也是地位低微的庶族。

凌準，據《河東先生集》卷一〇〈故連州員外司馬凌君權厝志〉所說是杭州人，「以孝悌聞於鄉，杭州刺史常召君以訓於下，讀書爲文章」，「年二十以書干丞相」，而不言其父祖官職。也應是庶族。

程异，《舊書》卷一三五，《新書》卷一六八本傳都只說是「京兆長安人」，不言父祖官職。《新書》卷七五下〈宰相世系表〉則謂其父「獻可，太子左諭德」，祖「子珪，左贊善大夫」，曾祖「思奉，利州刺史」，如可靠自有屬於士族之可能。但本傳又說他在憲宗朝被擢任宰相，「議者以异起錢穀吏，一旦位冠百僚，人情大爲不可」。則仍應是庶族，〈世系表〉所記蓋有增飾。

李景儉，《舊書》卷一七一本傳說是「漢中王瑀之孫，父褚，太子中舍，景儉，貞元十五年登進士第」。據《新書》卷七〇下〈宗室世系表〉睿宗六子讓皇帝房，漢中王瑀是睿宗長子所謂讓皇帝憲之子。則李景儉在宗室中較王叔文對立面李程還稍爲近親一點，其地位至少相當於一個破落士族。

呂溫，據《舊書》卷一三七本傳是呂渭之子呂延之之孫。又同卷〈呂渭傳〉，渭歷官禮部侍郎，湖南都團練觀察使，延之官浙江東道觀察使。據《姓纂》卷六呂姓，這是屬於河東一族，很可能是士族。如是庶族，也應是庶族中之上升者。

劉禹錫，《舊書》卷一六〇本傳說是「彭城人，祖雲，父漵，仕歷州縣令佐，世以儒學稱」。但《劉夢得外集》卷九有劉禹錫自撰〈子劉子自傳〉，略謂「其先漢景帝賈夫人子勝封中山王，謚曰靖，子孫因爲中山人。……七代祖亮，事北朝爲冀州刺史散騎常侍，遇遷都洛陽，爲北部都昌里人，世爲儒而仕。……曾祖凱，官至博州刺史，祖鍠，……殿中侍御史贈尚書祠部郎中，父諱緒，亦以儒學天寶末應進士，遂及大亂，舉族東遷，……爲淮西從事，本府就加鹽鐵副使，遂轉殿中，主務於埇橋」。所說系出漢中山靖王之後自屬依托，《姓纂》卷五劉姓中山條卽未列入劉禹錫一系。而七代祖亮以下則雖有誇飾，比較《舊書》本傳尚差爲可信。此劉亮《周書》卷一七有傳，謂「父持眞，鎭遠將軍領民酋長」，顯是胡人。又據本傳亮雖未如〈自傳〉所說「爲冀州刺史散騎常侍」，但在北魏節閔帝初年曾以都督從賀拔岳西征入關中，可見劉禹錫家也確係北朝後期新興的虜姓士族。〈自傳〉所謂「世爲儒而仕」則是劉亮以後的事情。先世以軍功起家，後裔轉而以儒學見稱，本來就是魏晉以來士族發展的一種規律。

柳宗元，《舊書》卷一六〇本傳說是「河東人，後魏侍中濟陰公之系孫。曾祖奭，高宗朝宰相。父鎮，太常博士，終侍御史」。《新書》卷七三上〈宰相世系表〉則說其祖「察躬，德清令」，曾祖。「從裕，清池令」，高祖「子夏，徐州長史」，五世祖「楷，濟、房、蘭、廓四州刺史」，六世祖「旦」，「隋黃門侍郎新城男」，七世祖「慶，後魏侍中左僕射平齊景公」。《姓纂》卷七柳姓河東解縣條所載與此略同。這河東柳氏是柳芳所說關中六郡姓之一，柳宗元父祖及曾祖的官職雖不算通顯，伯曾祖則是宰相，比鄭珣瑜，鄭絪這兩支士族入唐後久不出宰相者要顯赫得多。

韋執誼，《舊書》卷一三五本傳只說是「京兆人。父浼，官卑」。因而「永貞革新」論者說他「出身低微」[17]。殊不知京兆韋氏本是柳芳所說的關中六郡姓之一，是從北朝到隋唐仍未衰敗的士族。據《姓纂》卷七京兆諸房韋氏條和《新書》卷七四上〈宰相世系表〉，韋執誼系出龍門公房，是京兆杜陵韋氏東眷房的一支，其六世祖龍門縣公「瓊，驃騎大將軍晉州大總管府長史」，五世祖「善嗣，上谷郡太守」，高祖「崇德，太子諭德」，祖「仲昌，京兆少尹」，父「浼」，「巴州刺史」。刺史在唐代仍屬顯職，《舊書》本傳說浼「官卑」，無非是執誼失敗後國史的誣辭曲筆。

韓曄，《舊書·王叔文王伾傳》說是「宰相滉之族子」。據《新書》卷七三上〈宰相世系

17 〈論二王八司馬政治革新的歷史意義〉。

表〉則是滉弟韓洄之子，宰相韓休之孫。〈韓洄傳〉附見《舊書》卷一二九及《新書》卷一二六〈韓滉傳〉，謂「以蔭緒受任」，歷任戶、兵、刑諸部侍郎，京兆尹，國子祭酒。又據《姓纂》卷四韓姓及《新書·宰相世系表》，韓休一支出昌黎棘成，即所謂昌黎韓氏。這在北朝已是士族，入唐後仍甚顯貴。

韓泰，據《新書》卷七三上〈宰相世系表〉，其父「某，萬州刺史」。祖「某，著作郎」，曾祖「某，郢州刺史」，五世祖「仲良，戶部尚書潁州公」。《姓纂》卷四韓姓列韓仲良於南陽堵縣條，但所記仲良父祖又有脫誤。據于志寧撰〈韓仲良碑〉拓本，則仲良「祖褒，魏侍中，周使持節開府儀同三司原涼二州總管少保三水貞公」，「父紹，周昌郡守，隋儀同三司驃騎將軍衛尉少卿金崖縣開國公」。可見也是北周以來歷久未衰的士族。

房啟，據《新書》卷一三九〈房琯傳附傳〉，是肅宗朝宰相房琯之孫，「以蔭補鳳翔參軍事，累調萬年令」。又據《新書》卷七一下〈宰相世系表〉，房琯一系為河南房氏，原係胡姓屋引氏，是高車貴族南遷洛陽後改為房氏者[18]。〈世系表〉謂啟父，「乘，秘書郎」，曾祖「融，相武后」，五世祖「恭懿，隋海州刺史」，六世祖，「謨，北齊侍中吏部尚書」，八世祖「倫，後魏殿中尚書武陽公」。也是北朝以來歷久未衰的士族。

陸質，《舊書》卷一八九下〈儒學傳〉說是「吳郡人」，「有經學，尤深於《春秋》」。《新書》卷一六八本傳說「七世祖澄，仕梁為名儒，世居吳」。澄傳見《南齊書》卷三九、《南

18 別詳《北朝胡姓考》內篇內入諸姓房氏條。

史》卷四八，謂澄祖邵，臨海太守，父瑗，州從事，澄歷官度支尚書、散騎常侍、秘書監、吳郡中正、國子祭酒，「當世稱爲碩學」。吳郡陸氏本是柳芳所說東南「爲大」的四吳姓之一，陸澄、陸質這一支又世代以儒學見稱，當然不可能冒牌而係地道的吳姓士族。

最後還有一個陳諫，事迹僅附見於兩《唐書．王叔文王伾傳》，此傳附見諸人多不言其籍貫、先世，陳諫之爲庶族抑士族已難查明。

以上王叔文集團的十四人中，除一人士庶難明外，屬於士族的多至七人，有士族可能一人，相當於沒落士族一人，剩下眞正的庶族只有四人，還不到總數三分之一。

既然王叔文集團及其對立面中都是既有士族又有庶族，而且和「永貞革新」論者所想像相反，王叔文集團中士族還遠多於庶族，對立面中靠得住的士族轉少於庶族。則王叔文集團代表庶族地主階級向士族或所謂豪族地主階級作鬬爭之說，豈非空中樓閣！

三

也許「永貞革新」論者會說：上面這些考證統統是白花氣力，因爲判斷一個封建政治集團之代表庶族地主抑士族地主的利益，主要不是看其成員的家庭成分，而要看他們的政治表現，而在政治表現上，王叔文集團及對立面是分別代表了庶族地主和士族地主的利益。

此話似乎也有道理。因此，這裏再從范仲淹、王鳴盛以來直至今之「永貞革新」論者公認的王叔文集團兩大政治表現，卽「內抑宦官」、「外制方鎭」這兩點來作考察。考察每一點還需要分兩層：首先，得從理論上弄清楚是否只有庶族地主才反對宦官或藩鎮，而士族地主則不反甚至勾結投靠宦官或藩鎮；然後，再用史實來證明是否只有王叔文集團眞在反宦官或藩鎮，而其對立面則不反甚至勾結投靠宦官或藩鎮。

先談藩鎮，這裏又得首先澄清通行教科書給人們造成的糊塗觀念，卽安史之亂以後的藩鎮統統是和中央鬧獨立性，甚至是和中央完全處在對立地位的。事實上，除河北地區的幽州、成德、魏博以及今山東地區的淄青屬於安史殘餘勢力，對中央鬧半獨立性外，其餘的藩鎮都像安史亂前那樣是由中央主動設置，而且節度使也由中央任免，很少像河北三鎮及淄青那樣鬧世襲。實際上只是在原先的州、縣二級地方行政機構之上再加上一級節度使管區，並且像魏晉南北朝的州刺史或使持節都督某某等州軍事那樣掌握一定的兵權而已。他們一般都服從中央，擁護中央，向河北三鎮看齊要求世襲以至反抗中央的是極少數，魏晉南北朝有兵權的刺史、都督有時也會反中央嘛，這本來不值得大驚小怪，因此，在當時很少想到從根本上取消這種藩鎮制度。有人認爲柳宗元的〈封建論〉是公開宣傳「封建非聖人意」，是一篇反藩鎮的文章。其實文章裏從沒有把古代的封建和當時的藩鎮等同起來，捎帶講到藩鎮的只有這麼幾句：「唐興，制州邑，立守宰，此其所以爲宜也。然猶桀猾四起，虐害方域者，失不在於州而在於兵，時則有叛將而無叛州，州縣之設固不可革。」[19] 這只是把當時境內的戰亂歸之於節度使擁兵太多，仍舊沒有進一步提出取消藩鎮的主張。至於說只有庶族地主才反藩鎮，士族不反或勾結投靠，那就更缺乏理論根據了。因爲

19 《河東先生集》卷三。

節度使並非都是士族地主，相反如最成問題的河北諸節度使幾乎都出身庶族地主，甚至原先連地主都不是，也很難找到他們有什麼代表士族利益的言行。當然，還曾經有人認爲藩鎮的社會基礎是封建大地主所有者即大莊園主，但大莊園主和士族之間又如何能畫等號？何況藩鎮的社會基礎事實上是充當職業傭兵的農民和流氓無產者[20]，這和士族地主的利益就更風馬牛不相及了。

王叔文集團是不是眞正在反藩鎮？反藩鎮這個制度並沒有，前面已說過了，對某一具體藩鎮的言行表示反對倒確曾有過，就是《順宗實錄》卷四貞元二十一年六月乙亥所說的：

> 貶宣州巡官羊士諤爲汀州寧化縣尉。士諤性傾躁，時以公事至京，遇叔文用事，朋黨相煽，頗不能平，公言其非。叔文聞之，怒，欲下詔斬之，〔韋〕執誼不可，則令杖殺之，執誼又以爲不可，遂貶焉。由是叔文始大惡執誼，往來二人門下者皆懼。先時劉闢以劍南節度副使將韋皋之意于叔文，求都領劍南三川，謂叔文曰：「太尉使某致微誠於公，若與其三川，當以死相助；若不用，某亦當有以相酬。」叔文怒，亦將斬之，而執誼固執不可。闢尚遊京師，未去，至聞士諤，遂逃歸。[21]

這是韋皋、劉闢提出擴大地盤的要求，才碰了釘子，如不提，不是相安無事了嗎，此外還有什麼反藩鎮的實跡呢？當然，這件事也可說反過某個藩鎮，但只是王叔文在反，集團中的韋執誼便不那麼堅決，並不是整個集團的一致行動。而且王、韋的鬧意見如《實錄》所說主要在對待羊士

20 關於社會基礎這點可參考楊志玖〈試論唐代藩鎮割據的社會基礎〉，載《歷史教學》一九八〇年第六期；楊志玖，張國剛〈藩鎮割據與唐代的封建大土地所有制〉，載《學術月刊》一九八二年六月號。

21 《舊唐書》卷一四〇〈韋皋傳〉所記劉闢事略同。

謬上，對待劉闢還是次要的，說明王叔文本人也並沒有把劉闢的問題作爲頭等大事來處理。至於韋臯，這個有點野心的節度使本來並沒有反對王叔文集團鬧「革新」，相反如《實錄》所說倒是想和這個集團拉好關係的。無奈王叔文不領情，於是如《舊唐書·韋臯傳》所說：「臯知王叔文人情不附，又知與韋執誼有隙，自以大臣可議社稷大計，乃上表請皇太子（憲宗）監國。」從而成爲擁立憲宗推翻王叔文集團的首先發難者。這是形勢發展所造成的，並不能說明藩鎮和王叔文集團之間有天生的矛盾。

更有意思的是，韋臯不久病死了，劉闢叛亂，是誰把這場叛亂平定的呢？請看《舊書·韋臯傳附劉闢傳》：

永貞元年八月，韋臯卒，闢自爲西川節度留後，率成都將校上表請降節鉞。朝廷不許，除給事中，便令赴闕，闢不奉詔。時憲宗初卽位，以無事息人爲務，遂授檢校工部尚書充劍南西川節度使。闢益凶悖，出不臣之言，而求都統三川，……遂舉兵圍梓州。憲宗難於用兵，宰相杜黄裳奏：「劉闢一狂厥書生耳，王師鼓行而俘之，兵不血刃。臣知神策軍使高崇文驍果可任，舉必成功。」帝數日方從之。於是令高崇文、李元奕將神策京西行營兵相繼進發，令與〔山南西道節度使〕嚴礪、〔東川節度使〕李康特角相應以討之，仍許其自新。元和元年崇文出師，三月收復東川，乃下詔……奪〔闢〕在身官爵。……九月崇文收成都府。……闢檻送京師，……戮於子城西南隅。

憲宗在「永貞革新」論者心目中是保守派擁戴的新皇帝，是斷送王叔文集團革新事業的元凶。杜黃裳是憲宗以皇太子勾當軍國政事的同一天任門下侍郎平章事當上宰相的[22]，《舊唐書》卷一四七本傳說他「貞元末爲太常卿，王叔文之竊權，黃裳終不造其門，嘗語其子婿韋執誼令率百官請皇太子監國，執誼遽曰：『丈人纔得一官，可復開口言禁中事耶？』黃裳勃然曰：『黃裳受恩三朝，豈可以一官見買。』即拂衣而出」。足見也是堅決站到憲宗一邊的。而神策軍以及神策軍使高崇文的上司又正是擁立憲宗的宦官，俱文珍且親自出任高崇文的監軍，但就是平定了藩鎮劉闢的叛亂。不僅如此，《舊書·杜傳》還說：

後與憲宗語及方鎮除授，黃裳奏曰：「自德宗艱難之後，事多姑息，貞元中每帥物故，必先令中使偵伺其軍動息，其副貳大將中有物望者必厚賂近臣，以求見用，帝必隨其稱美而命之，以是因循，方鎮罕有特命帥守者。陛下宜熟思貞元故事，稍以法度整肅諸侯，則天下何憂不治」。憲宗然其言，由是用兵誅蜀，夏之後，不容藩臣蹇傲，尅復兩河，威令復振，蓋黃裳啟其衷也。

這種制裁藩鎮的態度豈不比王叔文當年更堅決。憲宗本人在劉闢初叛時態度似尚不够堅決，這是《舊書·劉闢傳》所說由於剛即位「難於用兵」的緣故，以後還是用兵了。而且在元和元年三月又平定夏州，殺知節度留後楊惠琳；二年平定鎮海軍，殺節度使李錡；五年擒獲昭義節度使盧從史；七年魏博田弘正歸心中央，由中央任命爲節度使；八年平定振武軍亂事；十一年平定宥州亂事；十二年平定淮西，殺自領節度的吳元濟；十三年成德節度使王承宗送二子入侍爲人質；十四

22　《順宗實錄》卷四貞元二十一年七月丁未條。

年平定淄青，殺節度使李師道；幽州節度使劉總也想「盡更河朔舊風」，在憲宗身後穆宗長慶元年把地盤交還給中央：所有成問題的藩鎮包括河北三鎮和淄青在內基本上全被解決。按照反藩鎮就是革新的邏輯，憲宗豈非是個大大的革新派！但只因爲他收拾了王叔文集團，就被扣上頂保守的帽子[23]。

現在再談宦官。說只有庶族地主才反宦官，士族則不反甚至投靠宦官，同樣拿不出理論根據。眞講理論，那宦官是皇帝的「家奴」卽家內奴隸，倒眞正出身於庶族，而且是庶族中地位極低下者，多數連地主都够不上。不過既成爲皇帝的家內奴隸，其中掌權者就和主子卽皇室互相依存，有共同的利益而已[24]。現在有的教科書中說「宦官是工商雜類在政治上的代表」[25]，大概是看到宦官統率的「神策軍軍士多是長安富家子卽工商家子」，從而以偏概全，其難於成立自毋庸多說[26]。但不管怎樣宦官和士族地主之間總不致存在什麼特殊利害關係。事實上也端不出宦官只

---

23 但憲宗解決了那麼多的藩鎮總是事實，那也好辦，或是假裝不知道，或是發揮文字技巧加以貶低。如〈論二王八司馬政治革新的歷史意義〉中就說討伐劉闢、李錡、吳元濟三役只是「表面勝利」。不知道怎樣才算不是表面勝利，是否像王叔文想殺劉闢而未果才是徹底勝利。王鳴盛則說得更妙，什麼「劉闢本韋皋所遣，叔文必欲殺之，若其策得行，後日何煩高崇文往討，勞費兵力」。好像殺了一個劉闢就能徹底消除日後西川的叛亂。而且，王叔文之策不行只能說他自己不夠堅決，幾曾有集團以外的反對派在阻撓，王鳴盛這位封建史家大概寫史論寫得手滑，連起碼的歷史事實都顧不上了。

24 《唐代政治史述論稿》篇指出唐代宦官「多出自今之四川、廣東、福建等省，在當時皆邊徼蠻夷區域」，這個看法是很精闢的。古代的家內奴隸，或係戰爭所俘虜，或係買賣所獲，當時南方少數民族力量單弱，因而常遭到被俘虜或購買充當奴隸的厄運。不過既成為皇帝的家內奴隸而且得寵掌權後，階級地位自起變化，不再代表原來被壓迫的少數民族的利益了。

25 《中國歷史簡編》第三編第二章第三節。

26 舊社會上海工商界人士中頗有為了保障財產不受流氓侵害而不得已參加幫會的，豈能說幫會是代表工商雜類利益。宦官以至神策軍之不代表工商雜類利益也同此道理。

代表士族不代表庶族的言行。

至於王叔文集團，和某些宦官有過鬪爭倒是事實。《順宗實錄》卷三貞元二十一年五月條說：

辛未，以右金吾大將軍范希朝爲檢校右僕射兼右神策京西諸城鎮行營兵馬節度使。叔文欲專兵柄，藉希朝年老舊將，故用爲將帥，使主其名，而尋以其黨韓泰爲行軍司馬專其事。甲戌，以度支郎中韓泰守兵部郎中兼中丞充左右神策京西都柵行營兵馬節度行軍司馬，賜紫。

同書卷五所附王叔文傳在講了這個措施後還接著說：

中人尚未悟。會邊上諸將各以狀辭中尉，且言方屬希朝，中人始悟兵柄爲叔文所奪，乃大怒曰：「從其謀，吾屬必死其手。」密令其使歸告諸將曰：「無以兵屬人。」希朝至奉天，諸將無至者。韓泰白叔文，計無所出，唯曰：「奈何，奈何！」

案神策軍包括神策軍的京西諸城鎮行營都是歸屬由宦官擔任的神策中尉管轄的，叫范希朝當京西諸城鎮行營兵馬節度使只不過想從事實上來控制這支部隊，分割神策軍的部分兵權，在名義上並沒有改變神策全軍和中尉之間的隸屬關係。而邊上諸將偏偏「各以狀辭中尉，且言方屬希朝」者，說明王叔文的企圖早爲他們所洞察，所以及時向中尉報告，並奉中尉之命拒絕這兩位新上司。王叔文的鬪爭手段實在算不上多麼高明。

更重要的，王叔文在圖謀抓神策軍部分兵權的同時，卻和另一個大宦官相互勾結，如《順宗實錄》卷一說：

聞德宗大漸，上〔順宗〕疾不能言，〔王〕伾即入，以詔召叔文，入坐翰林中使決事。伾以叔文意入言於宦者李忠言，稱詔行下，外初無知者。

卷四說：

上自初即位，則疾患不能言，至四月益甚，時扶坐殿，羣臣望拜而已，未嘗有進見者，天下事皆斷於叔文，而李忠言、王伾爲之內主，〔韋〕執誼行之於外。

卷五說：

叔文既得志，與王伾、李忠言專斷外事。……伾以侍書幸，寢陋、吳語、上所褻狎，而叔文頗任事自許，微知文義，好言事，上以故稍敬之，不得如伾出入無阻。叔文入至翰林，而伾入至柿林院，見李忠言、牛昭容等。故各有所主，伾主往來傳授，劉禹錫、陳諫、韓曄、韓泰、柳宗元、房啟、凌準等主謀議唱和，采聽外事。

又《舊唐書·王叔文傳》說：

時上久寢疾，不復關庶政，深居施簾帷，閹官李忠言、美人牛昭容侍左右，百官上議，自帷中可其奏。……叔文因王伾，伾因李忠言，忠言因牛昭容，轉相結構。

這些史料所說順宗有病當是事實，「疾患不能言」則過甚其辭，當是史官故意把一切罪名推在二王等人身上，從而爲順宗開脫，因爲憲宗究竟是順宗的兒子，兒子可反父親，但還得爲父親留面子。但順宗最親信的大宦官李忠言在其中所起的重大作用則是事實而不可能虛構。勾結一個大宦官，同時想從另一派宦官手裏奪兵權，這最多只能說和某些宦官爭權鬧矛盾，說反宦官就未免太誇大，因爲他們並沒有反整個宦官制度和全體宦官，相反仍然在維持宦官控制內朝的傳統，仍舊是內朝外廷相勾結呼應的老一套而已。

不僅如此，《實錄》卷四還說：

自叔文〔因母喪〕歸第，伾日詣中人并杜佑請起叔文爲相，且總北軍，既不得，請以威遠軍使平章事，又不得，其黨皆憂悸不自保。

《舊唐書・王叔文傳》又說：

叔文母死前一日，叔文置酒饌於翰林院，宴諸學士及內官李忠言、俱文珍、劉光奇等，中飲，叔文白諸人曰：「叔文母疾病，比來盡心戮力，爲國家事，不避好惡難易者，欲以報聖人之重知也。若一去此職，百謗斯至，誰肯助叔文一言者，望諸君開懷見察。」……俱文珍隨語折之，叔文無以對。

這些在文辭上自難免有對王叔文等貶低醜化之處，但事實總不至憑空捏造。則王叔文、王伾在大勢將去之時，仍有這類乞憐於宦官、甚至包括反對派大宦官俱文珍之流的活動，王伾甚至還想通過這種乞求讓王叔文來「總北軍」即神策軍。這種與虎謀皮的辦法也正說明王叔文集團之對待宦官實在說不上有多麼堅強的鬪爭性。

爲「永貞革新」論者鋪張揚厲如火如荼的「內抑宦官」、「外制方鎮」，其眞相不過如此，其餘所謂新政也就可想而知。當然，我不說他們沒幹好事，除爭奪神策軍指揮權的是非尚待研究外[27]，他們所幹的在封建社會裏大體都可算是好事。但能不能幹這類好事，和是否庶族地主並無

27 關於神策軍對維護中央政權所起的積極作用，以及爲什麼德宗最後要把神策軍歸屬宦官統率，別詳拙作〈「涇師之變」發微〉。

什麼關係。而且在唐代能幹或想幹這類好事的還頗有其人。與俱文珍有牽連，並不講王叔文好話的韓愈，以及京兆尹吳湊和其他諫官御史，在德宗末年都先後論列宮市之弊，韓愈且由此被貶爲陽山令[28]。放宮女的事情，除眾所周知的唐太宗曾把「怨女三千放出宮」外[29]，打開《册府元龜》可看到〈帝王部·仁慈門〉裏還記載了不少。在唐朝高宗、睿宗、憲宗、穆宗、敬宗、文宗都放出過，其中收拾王叔文集團的憲宗在元和八年就「出宮人二百車，許人得娶以爲妻」，這在人數上也未必少於順宗。至於賦稅，在封建社會裏本是經常減免的（當然這種減免對老百姓眞有多少好處還待研究），查一下《元龜》的〈邦計部·蠲復門〉，就知道在唐代幾乎所有的皇帝都下詔減免過，光憲宗一朝就有二十二次之多。如果這都算「革新」，那歷史上的革新人物也就未免太多了。

四

王叔文等人形成一個政治集團是事實，幹了一系列的政治活動也是事實。如上所說既不算革新運動，更不是庶族地主對士族地主的鬪爭，那這場政治活動政治鬪爭究竟屬於什麼性質？這是個尚待仔細研究的課題。在這裏我只想粗線條地提供點線索。

28 《舊唐書》卷一六〇〈韓愈本傳〉，卷一四〇〈張建封傳〉。

29 白居易《新樂府》首篇〈七德舞〉。

首先，我認爲應該注意王叔文等人在順宗朝之所以能進用。這在有關王叔文、王伾的記載裏本已講得很清楚。如《順宗實錄》卷一就說：

> 上學書於王伾，頗有寵，王叔文以碁進，俱待詔翰林，數侍太子碁。叔文詭譎多計，上在東宮，嘗與諸侍讀并叔文論政，至宮市事，上曰：「寡人方欲極言之。」衆皆稱贊，獨叔文無言。既退，上獨留叔文，謂曰：「向者君奚獨無言，豈有意邪？」叔文曰：「叔文蒙幸太子，有所見，敢不以聞。太子職當侍膳問安。不宜言外事。陛下在位久，如疑太子收人心，何以自解？」上大驚，因泣曰：「非先生，寡人無以知此！」遂大愛幸，與王伾兩人相依附，俱出入東宮。

卷五附〈叔文傳〉說：

> 〔叔文〕以碁入東宮，頗自言讀書知理〔治〕道，乘閒常言人間疾苦，上將大論宮市事，叔文說中上意，遂有寵，因爲上言某可爲將，某可爲相，幸異日用之。密結韋執誼，并有當時名欲僥倖而速進者陸質、呂溫、李景儉、韓曄、韓泰、陳諫、劉禹錫、柳宗元等十數人，定爲死交，而凌準、程异等又因其黨而進。

《舊唐書·二王傳》基本上承用《實錄》而稍有補充，如〈王叔文傳〉說是「德宗令值東宮」，說「東宮之事依之裁決」，〈王伾傳〉說「始爲翰林侍書待詔，累遷至正議大夫殿中丞皇太子侍書」。總之，這些史料講得很清楚，王叔文、王伾都是順宗爲皇太子時的東宮舊人，在東宮裏早已以王叔文爲首，並吸收了後來成爲八司馬的一批有政治欲望的人，結合成朝廷以外的政治小集團，說得不好聽點就是形成了皇太子順宗的私黨。皇太子順宗一旦即位，私黨們當然彈冠相慶，要登上政治舞臺作出一番表演。

王叔文集團的下臺仍舊是這個規律在起作用。《順宗實錄》卷四說：

> 六月……癸丑，韋皐上表請皇太子監國，又上皇太子牋。尋而〔荆南節度使〕裴均、〔河東節度使〕嚴綬表繼至，悉與皐同。……七月……乙未，詔軍國政事宜權令皇太子某勾當。……〔時〕有韋皐、裴均、嚴綬等牋表，而中官劉光奇、俱文珍、薛盈珍、尚解玉等皆先朝任使舊人，同心怨猜，屢以啟上，上固已厭倦萬機，惡叔文等，至是遂召翰林學士鄭絪、衛次公、王涯等入至德殿撰制詔而發命焉。又下制以太常卿杜黃裳爲門下侍郎，左金吾衛大將軍袁滋爲中書侍郎，並平章事，又下制吏部尚書平章事鄭珣瑜、刑部尚書平章事高郢並守本官罷相。

又《舊唐書》卷一八四〈宦官．俱文珍傳〉說：

> 俱文珍，貞元末宦官，後從義父姓曰劉貞亮。……每〔李〕忠言宣命，內臣無敢言者，唯貞亮建議與之爭。知其朋徒熾，慮隳朝政，乃與中官劉光奇、薛文珍、尚衍、解玉等謀[30]，奏請立廣陵王（憲宗）爲皇太子，勾當軍國大事。順宗可之。貞亮遂召學士衛次公、鄭絪、李程、王涯入金鑾殿草立儲君詔，及太子受內禪，盡逐叔文之黨，政事悉委舊臣。……元和八年卒，憲宗思其翊戴之功，贈開府儀同三司。

可見這是以宦官俱文珍爲首的德宗朝所任使的舊人舊臣，結合到一起對順宗朝的李忠言、王叔文

30 「尚衍、解玉」《實錄》作「尚解玉」，未知孰是。

等人的一次大奪權。德宗早已死去，他們所擁戴的自然只能是順宗的長子，後來成爲皇太子的廣陵王。同時，如前所說早在順宗當皇太子時已以王叔文爲首形成了東宮裏的政治小集團，這些德宗時的舊人不會毫無知覺，所以如前引《舊書·衛次公傳》所說在德宗死去時衛曾有「皇太子雖有疾，地居冢嫡，內外繫之，必不得已，當立廣陵王」的創議。這當然不是忠誠於順宗，而正是準備寄托希望於憲宗，因爲順宗健康之惡化也爲人所共知，立了順宗，時間不會太長憲宗就有上臺的可能。這又說明他們這些德宗朝舊臣宦官和憲宗早有勾結，在順宗朝早已形成了一個勢力超過了王叔文等人的政治集團，繼而很快達到了取而代之的目的。此外外邊藩鎭中的韋臯如前所說是本想投靠王叔文集團碰釘子後才反王的。裴均據《新唐書》卷一〇八本傳是德宗朝大宦官左神策軍中尉竇文場的「養子」，「德宗以均任方鎭，遂欲相之」，經諫官點出是宦官養子才作罷。嚴綬據《舊書》卷一四六本傳也是被德宗親自選任爲河東行軍司馬，接著升擢節度使的，和宦官同樣多所勾結。說明他們也都是以德宗舊臣的身分和俱文珍等內外呼應來反王叔文的。德宗舊臣中還有雖反王叔文卻沒有被憲宗重用的，如宰相鄭珣瑜、高郢在憲宗以皇太子勾當軍國政事時反被罷了職，這應是他們在反王的同時並未投靠憲宗和俱文珍之流。這又說明以憲宗爲核心的政治集團並沒有把德宗朝舊人全部包括進去，是以這些舊人爲基礎的重新組合。

由此可知，王叔文集團的結集和成敗，只是唐代統治階級各個集團之間內部鬭爭的體現。這些集團都得找一個皇帝或皇子爲集團的核心，而參加的成員多數是皇帝或皇子的舊人，是以人事關係結集而並非以士族、庶族來區分。而且在政策上各個集團之間也並沒有太大的差別。因爲施點仁政之類本是中國儒家的傳統思想，一般來講無論那個集團得勢登上政治舞臺總得多少做一點。這就是前面所說的盡管憲宗上臺收拾了王叔文集團，用人上「一朝天子一朝臣」，在行政上有好些地方看起來倒像是順宗朝的延續。

在這裏，我想引用《中國通史簡編》第三編第二章第三節裏關於憲宗收拾王叔文所寫的幾句評論，即：

> 從此，唐朝又創了一個新的惡例，每一個皇帝都把自己任用的人當作私人，後帝對前帝的私人，不分是非功過，一概敵視，予以驅逐。

案《簡編》講述王叔文雖未能完全脫出王鳴盛等人的窠臼，但並沒有像其他通行教科書那樣把它說成是庶族士族之爭，也沒有亂用「永貞革新」這樣的新辭語。而上面這幾句話則說得更高明，差不多觸及到了這場政治上反覆鬪爭的實質。不過這並不能說是憲宗個人所創的「惡例」，而只是當時統治階級內部矛盾鬪爭的規律或模式。因爲早在憲宗之前這個規律已多次在起作用。從玄武門之變算起，武則天之架空高宗改唐爲周，玄宗之殺韋后殺太平公主奪取政權，肅宗之在靈武擁兵自立，甚至前一個朝代隋煬帝之取代楊勇登上帝位，無一不是體現了這個規律。對此我別有專文論證，在這裏不再多說。

唐代的宦官

一 來源和身分

所謂「宦」，本來只是指在政府裏學習辦事。戰國時貴族多養「門客」，「宦」又成爲充當門客的意思。這種門客不僅貴族門下有，國君也有，專門畜養著充當近侍隨從，就叫做「宦官」。因此宦官本來並不都是閹割過的人。但既成國君的親隨，經常穿宮入戶，弄得不好會和后妃們搞不正常男女關係，總不如用閹割過、喪失生殖能力的人來得保險。正好，古代本有對男性俘虜施加「宮刑」的辦法，即閹割後到宮室裏來服役，於是宦官中也常選用這類受過宮刑的人來充當[1]。

1 以上都根據呂誠之（思勉）師的考證，見所著《三國史話》，一九四三年開明書店本。

最受秦始皇帝寵信的宦官趙高，就本係趙國「諸趙疏屬」，國亡後受宮刑當上宦官的（《史記》卷八八〈蒙恬傳〉）《後漢書》卷七八〈宦者傳〉說：「中興之初，宦官悉用閹人。」可見直到前漢宦官還不都閹割，要從後漢起才都用受過宮刑的閹人，當然也包括許多自行閹割以投效謀生的[2]。

古代門客之於主子多少有點人身依附關係，發展成爲宦官制度以後，宦官更統統是奴隸身分。唐末以昭宗名義所下誅戮宦官的詔書中就說過，「此輩皆朕之家臣也，比於人臣之家，則奴隸之流」（《舊唐書》卷一八四〈宦官傳〉）。用現代科學語言來講就是皇帝的家內奴隸。家內奴隸通常和從事勞動生產的奴隸一樣，都是被奴役受壓迫的；但如上升爲奴隸頭兒，奴隸總管，成爲高級的宦官，那就轉而站到主子的立場去壓迫奴役別人了。

在這個問題上，應該提一下史學界老前輩陳寅恪先生的觀點。陳先生在其名著《唐代政治史述論稿》中指出：「唐代閹寺多出自今之四川、廣東、福建等省，在當時皆邊徼蠻夷區域。其地下級人民所受漢化自甚淺薄，而宦官之姓氏又有不類漢姓者，故唐代閹寺中疑多是蠻族或蠻夷化之漢人也。」案奴隸本多是俘虜來的，也有是買來的，唐代北方游牧爲生的少數民族比較厲害，卽使戰敗也多不願受閹割當家奴，皇帝家奴只有從當時從事農耕的南方少數民族中選用。但這些皇帝家奴得寵掌權後階級地位就起了變化，不再代表被壓迫的少數民族的利益，而只能是代表皇室的利益，成爲皇帝的得力爪牙了。這點務請讀者們注意[3]。

---

2 現在又通稱宦官為「太監」，這是因為明代的宦官辦事機構分設十二監，每監各設太監一員為長官，以後宦官權勢大了，人們也就把非太監的宦官混稱為「太監」。

3 現在有些教科書如《中國通史簡編》等還認為唐代宦官「是工商雜類在政治上的代表」，這大概是看到有些長安富家子卽工商家子也混進宦官統率的神策軍充當兵將，從而以偏概全，其立論之難於成立自更毋庸多說。

二　在什麼情況下掌權

我國封建社會的宦官並非在任何情況之下都能掌權。一般說來，貴族勢力大，能够分掌中樞大權時輪不到宦官掌權；必須皇帝有較大權力也就是中央高度集權的時候，作爲皇帝的家奴才有可能掌權。歷史上宦官掌過權的朝代，如秦、漢、唐、宋、明等莫不如此。戰國以前照我看是封建領主制社會，貴族和國君共同掌權。魏晉南北朝出現的門閥制度是領主制殘餘在地主制社會的廻光返照，皇帝得靠世家大族撑腰，皇帝家奴更沒有資格多說話。少數民族皇帝的金、元、淸等朝在內廷基本上不搞漢人那一套，卽使有個別宦官作點威福也形成不了制度。

再就中央集權的朝代來說，也並非一開始就讓宦官掌權。因爲開國皇帝身邊總有一批同過患難、經過考驗的功臣元勳，卽使他們貴爲宰相，和皇帝仍是休戚與共，皇帝用不到另外培植貼身親信。如唐開國時高祖有他的「太原元謀功臣」，太宗有參與「玄武門之變」幫他奪取政權的功臣。高宗卽位時，宰相長孫無忌、褚遂良都是先帝太宗的舊人，爲了從他們手裏奪回權力，轉而依靠「素多智計，兼涉文史」的昭儀武氏，形成了在皇帝身邊的另一個中樞機構所謂「內朝」，而和宰相爲首的「外朝」相抗衡。武氏當上皇后、太后最後改唐爲周當女皇帝，先是自己掌權，晚年信任男寵張易之、張昌宗，又形成了女皇帝的內朝。中宗復周爲唐，又寵信韋后形成內朝。這幾個內朝都還輪不到宦官參與。

開始讓宦官組成內朝，是在唐玄宗時候。玄宗吸取前此皇后擅政的教訓，在廢掉王皇后後不再立皇后，不讓所寵愛的武惠妃、楊貴妃憑藉皇后名義插手政治。把政權全部交給外朝宰相吧，當然更不放心。於是挑選了身邊的大宦官高力士協助他處理政務，「每四方進奏文表，必先呈力士，然後進御，小事便決之」，力士也就此「常止於宮中，稀出外宅」（《舊唐書》卷一八四〈高力士傳〉），這樣就出現了由宦官組成的和外朝宰相抗衡的內朝。原先，唐宦官機構「內侍省」不置三品官，長官「內侍」只是四品，這時設置正三品的「內侍監」爲長官，擡高到和外朝正三品的宰相同一級別。

唐玄宗之所以讓宦官組成內朝，當然是由於宦官都已閹割過，按照習慣這種閹割過的「刑餘之人」是沒有可能當皇帝的，不像宰相權勢大了有可能篡位當皇帝，皇后也有可能當女皇帝；同時，也由於宦官是家奴，既貼近，又恭順聽話，不像外朝宰相有時要擺官架子，裝得嚴肅可怕。至於宦官中選用高力士，則是因爲高力士給他出過大力，「玄宗在藩，力士傾心奉之」，玄宗翦除太平公主從太上皇睿宗手裏取得全部政權時，力士又積極參與軍事行動（《舊唐書・高力士傳》及卷八〈玄宗紀〉），可說是經得起考驗的幹才。以後各個皇帝寵任的宦官就兩《唐書・宦官傳》所記，如李輔國、竇文場、霍仙鳴、吐突承璀、仇士良、田令孜等，都曾是皇帝在東宮當太子時的親侍，程元振、俱文珍、王守澄、梁守謙等都以擁立皇帝建有殊勳，總之多數是皇帝心目中最親近最可信賴的人物。要知道，「任人唯親」本是舊社會的通病，唐代某些宰相也是以東宮舊人的身分被擢用的，何況宦官！

三　監軍・神策中尉・樞密使

在《舊唐書・職官志》、《新唐書・百官志》等記述唐代官制的文獻裏，都曾備列內侍省自內侍監以下大小宦官的官職，但這些事務性官職並不能使宦官掌握多少權力。宦官之能够掌大權，是由於玄宗以後他們可以外任監軍、內任神策中尉和樞密使，這些不見於當初正式編制的才是眞正有權有勢的要職。

先說派宦官監軍，這種做法在唐初是沒有的，因爲當時的將領多半和皇帝共過患難，而且有大征戰部隊都是臨時抽調組成，「將帥無握兵之重」，用不到再派人監視。玄宗時設置了九節度使，邊塞重兵長期由節度使控制，這就需要派自己的家奴宦官去充當監軍。如宦官邊令誠長期充當安西四鎭節度使的監軍，安祿山叛亂，現任和前任節度封常清、高仙芝戰敗，邊令誠憑玄宗敕書就能在軍中把封、高誅殺，可見監軍的威權（《舊唐書》卷一〇四〈高、封傳〉）。亂事平定後，中央爲了對付河北、淄青的亂黨殘餘勢力，抵禦西北邊吐蕃等少數民族，以及鞏固全國其他地區的統治，保證運河糧道暢通等需要，先後主動設置了三四十個節度使、觀察使。可又怕他們走安祿山的老路叛變作亂，就派出大批宦官分頭到他們的管區充當監軍，形成了固定的監軍制度。當然，充當監軍的宦官未必都懂軍事，還經常幹出貪污受賄之類的醜事，甚至會因私嫌而誣構陷害節度使（《册府元龜》卷六六九〈內臣貪貨〉王賊言條、李國貞條，卷六七〇〈內臣誣構〉薛盈珍、高重昌、許遂振諸條）。但在代表中央加強對節度使控制這點上總還是起了積極作用的，有時節度使管區內發生變亂，監軍也有能力及時敉平（《元龜》卷六六七〈內臣立功〉皇甫政條，《舊唐書》卷一四五〈董晉傳〉記俱文珍事）。

宦官開始插手禁軍也是在玄宗時候。先是高力士和禁軍將領爭寵，禁軍將領葛福順及其後臺王毛仲等失敗被貶殺（《舊唐書》卷一〇六〈王毛仲傳〉），另一夥以陳玄禮爲首的禁軍將領就倒向了高力士。到肅宗朝的大宦官李輔國，代宗朝的大宦官程元振，就都曾正式「專掌禁兵」（《舊唐書》卷一八四〈李輔國傳〉、〈程元振傳〉）。但所有這些禁軍還只是用來駐守宮城，翼衛京師，力量究屬有限。要到神策軍由宦官專掌，才可算事關大局。

神策軍本來只是隴右節度使管下的邊防部隊，安祿山叛亂時才開進中原作戰，歸監九節度使的高級監軍「觀軍容宣慰處置使」大宦官魚朝恩指揮，等本軍舊將領調走了，魚朝恩就很自然地成爲它的正式長官（《唐會要》卷七二〈京城諸軍〉，《新唐書》卷五〇〈兵志〉）。要知道，自從安祿山叛亂之後，皇帝對節度使再不敢無條件信任了，他迫切需要建立一支直屬自己的野戰部隊，以維護中央的威權。這支直屬部隊的兵源光靠招募不行，臨時招幕拼湊不會有戰鬪力，必須找一支建置完整且有戰鬪力的地方部隊，排除其原有將帥，由既與此部隊有淵源、又忠於皇室的人來統帶，從而化此地方武力爲中央嫡系。以宦官魚朝恩爲長官的神策軍適當其選，於是在代宗時開進京城升格爲天子禁軍。這支禁軍和過去的禁軍相比較在性質上已起了變化，它不僅負責京師的翼衛，而且如上所說成爲了皇帝的直屬野戰部隊，把京西北的好時、麟游、普潤、興平、武功、扶風、天興等地畫歸它駐防，稱爲「神策行營」，實際上是以京城爲中心設置了一個直屬皇帝的節度使級管區。而且這個管區的兵力比任何一個節度使都強大，在德宗時已擴大到十五萬（《新唐書·兵志》），武宗時左右神策軍「每軍有十萬」（《入唐求法巡禮行記》卷四），而當時節度使手下眞能作戰的最多不過三、五萬，少的僅一萬。加之節度使之間矛盾重重，即使最不聽話的河北、淄青也很難聯合起來對付中央，因而這十五至二十萬神策軍足可使節度使們不敢輕舉妄動。一旦有所舉動，皇帝可以馬上動用神策軍。《新唐書・兵志》所謂「神策軍雖處內，而多以裨將將兵征伐，往往有功」，確實點清了神策車的積極作用。

神策軍之成爲禁軍是魚朝恩的功勞。以後魚朝恩跋扈被殺，代宗沒有再派宦官接管神策軍，而由神策軍將自行統率。這些軍將不是當大帥的材料，到德宗時又改派出身朔方軍、懂得軍事的文官白志貞來統率。以後由於打河北、淄青及打淮西把神策軍調空了，京西北的涇原兵過京城發動兵變，白志貞受到朝廷反對派的攻擊無法繼續幹下去。等前線的神策軍撤回來平定了兵變，又發現它的臨時統將李晟過於飛揚跋扈，不敢讓他正式成爲神策全軍的長官。比較起來還是家奴宦官可靠一些，於是先讓曾經充任李晟監軍的宦官竇文場和另一個宦官霍仙鳴以「監勾當左右神策軍」名義作爲神策全軍的監軍，貞元十二年正式設立「神策中尉」，以竇爲左神策護軍中尉，霍爲右神策護軍中尉，自此出任中尉的宦官成爲名正言順的神策軍長官。當然，皇帝對神策中尉的信任還是有限度的，他採用過去禁軍分左右的辦法也讓神策軍分成左右，設置不相統屬的左軍中尉和右軍中尉，讓他們在自己面前互相爭寵，互有牽制，而自己從中操縱利用。有些中尉之所以會被貶逐誅殺而無力反抗，正是因爲他不曾掌握神策全軍，得不到另一個中尉支持的緣故。

神策中尉獨掌兵權，樞密使則分掌政權。前面說過，玄宗時高力士接受「四方進奏文表」，這實際已起著後來樞密使的作用。代宗時用內侍董秀「掌樞密」，「宜傳詔旨於中書門下」，秀誅，以〔喬〕獻德代之」（《册府元龜》卷六六五〈內臣總序〉、〈恩寵〉）。從此逐漸形成制度，到敬宗時正式設置了兩員由大宦官充任的樞密使[4]。樞密使的本職如上所說只是在皇帝身邊掌管機密，宣傳詔旨，但實際上可以和宰相「共參國政」（《通鑑》卷二五〇咸通二年二月條），甚至有權過問宰相的任命（《通鑑》卷二四七會昌三年五月條），所以和兩神策中尉合稱爲「四貴」。一般說來，樞密使的級別似乎比中尉低，中尉往往由樞密使升任，但由於樞密使干預政事的機會多，和皇帝更親近，地位實際上反高於中尉。不過中尉也經常干政，尤其是政局有大變動時，掌握兵權的中尉往往有力量否決樞密使的主張[5]。此外還應看到，皇帝不僅任用樞密使、中尉組成內朝，還同時任用文人以「翰林學士」的名義來充當自己的機要秘書，當時稱中尉、樞密使爲「內大臣」（《唐語林》四庫本卷七），而翰林學士和樞密使又都有「內相」之稱（《舊唐書》卷一三九〈陸贄傳〉，曾「總樞密之任」的宦官梁守謙墓志拓本），這又是皇帝在對各幫勢力搞平衡。

四　和皇帝、宰相的關係

先說宦官和宰相的關係。宰相是外朝，因爲辦公的中書、門下兩省在宮城南面也通稱爲「南衙」，而宦官組成的內朝相對稱爲「北司」。早在天寶末年高力士就在玄宗面前攻擊宰相楊國

4　《册府元龜·內臣總序》說憲宗元和中始置樞密使二人，按之有關文獻恐不可信，這裏據賈憲保〈唐代樞密使考略〉所訂正，載陝西師範大學《唐史論叢》第二輯。

5　如武宗、懿宗之得立爲皇帝，就都是中尉否決了樞密使的主張，詳《舊唐書》卷一八上〈武宗紀〉、一九上〈懿宗紀〉。

忠（《高力士外傳》），陳玄禮所率禁軍在馬嵬驛誅殺楊國忠、逼死楊貴妃，據我研究也應出於高力士的指使，這實際上是北司和南衙的第一次鬪爭。到中晚唐這類鬪爭更爲頻繁劇烈，形式也多種多樣。如宰相元載在代宗指使下翦除魚朝恩（《舊唐書》卷一八四〈魚傳〉），是宰相和皇帝聯合起來收拾個別宦官。如翰林學士王叔文、宰相韋執誼等聯合順宗身邊的大宦官李忠言來分割神策軍的部分兵權，對付另一個大宦官俱文珍（《舊唐書》卷一三五〈王傳〉、卷一八四〈俱傳〉），是皇帝私黨包括宦官、翰林學士和宰相來反對準備擁立皇太子的另一派宦官和朝官[6]。只有文宗時宰相李訓等是想「盡誅宦官」，結果沒有成功反被左軍中尉仇士良等所殺害（《舊唐書》卷一六九〈李訓傳〉、一八四〈王守澄傳〉）。宰相等都是士大夫，比較有文化修養，有時確想施點「仁政」之類。宦官雖然也能看章奏、宣詔旨，比起士大夫來總差了一大截，貪贓枉法、擾害老百姓之類的事情比士大夫做得更多更露骨。加之舊史書的纂修概出於士大夫之手，所以看上去士大夫總像正面人物，閹割過的宦官常爲人們所厭惡。其實宦官、宰相同屬封建統治階級，他們之間的鬪爭絕大多數只是本階級內部的權力之爭，未必眞有多少大是大非可說。

宦官和皇帝的關係只是家奴和主子的關係。中晚唐有些皇帝由宦官擁立，有時某一派宦官還會殺掉在位的皇帝擁立他們所依附的皇子做皇帝，或者皇帝遺囑要立某個皇子而他們不同意另立別的皇子做皇帝，所有這些也只能看成是家奴在參與皇室的內部糾紛。好比舊社會大家族裏各房的奴婢分別幫助其小主子爭產業，而並非奴婢的權力眞大到可以反掉整個大家族。如宣宗死後神

6 此即通常所稱「永貞革新」，過去常有人誇大王叔文等的進步性，說他們要翦除整個宦官勢力，顯然是不對的。

策中尉準備擁立懿宗時，宰相夏侯孜就曾說「但是李氏子孫，內大臣定，外大臣卽北面事之」（《唐語林》四庫本卷七）。換句話說如果宦官要改事別姓，推翻李唐皇室，那就辦不到。相反，宦官卽使貴爲中尉、樞密使，其命運在一定程度上還得由皇帝來掌握。首先他們都得由皇帝擢用，條件許可時皇帝也能將他們撤任或誅殺。一些權勢顯赫的大宦官，如憲宗朝的左軍中尉吐突承璀曾被放逐外任淮南監軍，復任後到穆宗朝又被誅殺；文宗朝的右軍中尉王守澄被賜死（《舊唐書》卷一八四〈吐突傳〉、〈王傳〉）；卽使在文宗朝大殺宰相朝官凶焰不可一世的左軍中尉仇士良，到武宗朝也被迫退休，死後還削官爵籍沒其家。當他退休時，曾向其他宦官傳授經驗說：「天子不可令閑暇，暇必觀書，見儒臣，……莫若殖財貨，盛鷹馬，日以毬獵聲色蠱其心，極侈靡，使悅不知息，則必斥經術，闇外事，萬機在我，恩澤權力欲焉往哉！」（《新唐書》卷二〇七〈仇士良傳〉）這仍是要討好愚弄皇帝，而沒敢說要欺壓。當時「每歲櫻桃熟時，兩軍（左右神策軍）各擇日排宴，祇候行幸，謂之行從，盛陳歌樂，以止盡日，倡優百戲，水陸無不具陳」（《中朝故事》），就是博取皇帝歡心的一種手法。這種手法卽使對誅討宦官失敗後的文宗仍要使用，只是文宗「意忽忽不樂」，才使「兩軍毬鞠之會什減六七，雖宴享音技雜遝盈庭，未嘗解顏」而已（《通鑑》卷二四五開成元年十一月條）。有人根據文宗所說「朕受制家奴」等牢騷話（《新唐書·仇士良傳》），認爲到唐後期皇帝都已成爲宦官的傀儡，是十分錯誤的。

宦官對李唐皇室有異心是在黃巢起義以後，這時神策軍因長期不打仗而徹底腐化，不堪起義軍一擊卽告瓦解，以後雖重建，再也不具備戰鬥力。李唐政權眼看保不住，大宦官中如被迫退休的前右軍中尉楊復恭才萌反心，左軍中尉駱全瓘才轉而投靠地方勢力把昭宗刼持到岐州，右軍中尉劉季述才敢依仗地方勢力廢黜幽囚昭宗（《舊唐書》卷一八四〈楊復恭傳〉）。接著地方勢力中最強大的朱溫進入長安，宰相崔胤借他的兵力大殺宦官後自己也被殺，昭宗在朱溫壓力下遷都洛陽，最後朱溫稱帝，李唐政權隨之宣告結束（《舊唐書》卷二〇上〈昭宗紀〉）。

五 餘 論

從以上的事實，可以看到唐代之所以任用宦官，讓宦官執掌樞密、統率禁軍並外出監軍，都是在封建社會特定條件下必然要出現的事情，而並非如通常所說是由於皇帝昏庸的緣故。皇帝是有昏庸與否之分的，但何以自玄宗以後宦官幾乎受到每一個皇帝的信用，朱溫大殺宦官後後唐莊宗又訪求故唐時宦官加以任用，到宋、明兩朝宦官擅政的事情仍不斷出現。研究歷史應該從中探索其必然的規律。不能簡單地歸之於某些個人的昏不昏。

前人常把唐亡的原因歸之於宦官擅政，現在看來也有問題。政權之能存在或崩潰原因很複雜，決非簡單地把責任推到那一種人身上就能了事，至於宦官本身，主觀上倒是眞心誠意要維護李唐皇室的，家奴和主子總是相依爲命嘛！而且如前所說，宦官也確實做了不少有益於李唐皇室的事情，可說是和宰相朝官在不同崗位上爲維護封建統治而賣力。當然這種賣力歸根到底無非是爲了朝官或宦官們各自的利益而已，不能倒過來把宦官都誇成是所謂盡愚忠的「忠臣」。

下編

唐代籍帳中「常田」「部田」諸詞試釋

現存唐代籍帳等有關土地的官文書，在「一段×畝永業」或「一段×畝」下面，有時用小字注上「常田」、「部田」等名稱。這些名稱在民間契約上也有時出現。這裏就我所見，作如下的統計：

名稱 ＼ 出現次數 ＼ 文書標題[1]
常田
常田買附
部田
部田壹易[2]
部田貳易
部田叁易[3]
賜田
賜田二易
薄田
潢田
秋潢田
鹵田
沙車田
石田
蒲陶
陶
桃
棗
枯棗
桑
泮桑
菜
其他田

1 為便於查對，文書標題悉遵所據原書，卽有未妥，亦不改易。

2 亦作「部田一易」。

3 亦作「部田三易」。

〔1〕[4]	〔2〕	〔3〕	〔4〕	〔5〕[6]	〔6〕[7]	〔7〕
2			2		3	
				3		
		2	2		2	1
					1	
[5]1	1					
						1
					1	

4 中國科學院歷史研究所資料室編《敦煌資料》第一輯，一九六一年中華書局版。以下各件凡不注來源者均見於此。

5 原件作「永業部□三□」，審係「部田三易」之闕文。以下各件還有類似的闕文，只要原文可推知，就逕列入本表，不再一一加注。

6 原載中村不折《禹域出土墨寶法書源流考》下册史料類，茲據賀昌羣《漢唐間封建的國有土地制與均田制》一九五八年上海人民出版社版上篇第七節四五頁所引。《敦煌資料》第一輯亦收有此件，係據羽田亨《西域文明史概論》，缺去前半截重要的受田部分。

7 原件在日本東京上野國立博物館所藏〈樹下美人圖〉的裏貼上，茲據《山東大學學報・歷史版》一九六三年第一期唐耕耦〈從敦煌吐魯番資料看唐代均田令的實施程度〉所引。

〔8〕	〔9〕[8]	〔10〕[9]	〔11〕	〔12〕	〔13〕	〔14〕
5	8	1	2			2
2		3	1			
		2		1	1	
			1			
	5					
	2					
	3					
	7					
	3	1	1			
	1					
	7					
	1					
	4					

8　中國科學院藏，茲據《漢唐間封建的國有土地制與均田制》下篇第八節所附圖版一至四，並參考此書一〇六至一〇七頁所作的釋文。

9　《大谷文書》是日本所藏我國新疆吐魯番出土的古文書，其中有關土地的約三百件，上起高昌延壽年間，下迄唐永泰元年，而以開元時期的居多，發表於日本西域文化研究會編一九五九年出版的《敦煌吐魯番社會經濟資料》裏。這裏引用的從一二二五、二三八八、二三九二綴合到四三七四號，均見該書所載西島定生〈吐魯番出土文書より見たる均田制の施行狀態〉的「給田文書」部分，並參考該文的〈補遺・補正〉。

〔15〕	〔16〕	〔17〕	〔18〕	〔19〕	〔20〕	〔21〕	〔22〕	〔23〕	〔24〕
2					1	2	1		
3		1			4	1		2	1
							1		
1	1				2				
	2								
					1				
				1					
			2						
				1					

(25)	(26)	(27)	(28)	(29)	(30)	(31)	(32)	(33)	(34)
2	1	2	2			1	1	1	1
2	2	2	1	1		1			
		1	3		1	2		1	
				1					

(35)	(36)	(37)	(38)	(39)	(40)	(41)	(42)	(43)	(44)
1					1		1	1	
1		1	1			1			1
1	1								
	1								
				2					

(45)			1																				
(46)[10]	2		2	1		1											1						
(47)	1		6																				
(48)	6		3			7																	
(49)	4		2																			1	
(50)	2					5																	
(51)	3		1	1																			
(52)	1																						
(53)	2		1																				

10 從一二二〇、二八六〇綴合到四九〇一號，均見西嶋定生〈吐魯番出土文書すり見たる均田制の施行狀態〉的「退田文書」部分。

〔54〕	〔55〕	〔56〕	〔57〕	〔58〕	〔59〕	〔60〕	〔61〕	〔62〕	〔63〕
2	5	3		3	1	1	1	4	1
	3	1		6	4	2			
	1	2	1			1			
1		1							
1								1	
							1		
	1	1							1
					1				

(64)	(65)	(66)	(67)	(68)	(69)	(70)	(71)	(72)	(73)
			2		1		1		
1	1			1	1			1	
		2							
						1			
									1

〔74〕	1																					1	
〔75〕			1																				
〔76〕	1		1																				
〔77〕	2																						
〔78〕			1																				
〔79〕			2																			1	
〔80〕			2																				
〔81〕	2		3						1		1												
〔82〕[11]	201		182																				

11 從一四五八到四三七八號，均見《敦煌吐魯番社會經濟資料》所載西村元佑〈唐代吐魯番における均田制の意義〉的「欠田文書」部分，二八九二、二八九七、二九〇〇綴合見西島定生〈吐魯番出土文書より見たる均田制の施行狀態〉。這種所謂「欠田文書」，都是先列戶名，下面注出「欠常田×畝，部田×畝」，也有只欠「常田」或只欠「部田」的，卻沒有提到欠其他種類。因此在這裏把二十八件合併統計，以節省篇幅。

(83)[12]		61
(84)[13]	2	
(85)[13]	1	3
(86)[14]	1	1
(87)[15]	1	
(88)[16]	1	
(89)[17]	1	

12 從一二〇〇到三四〇七號，均見西村元佑〈唐代吐魯番における均田制の意義〉附錄「田籍文書」全文。這二十六件「田籍文書」只有「部田」，沒有其他種類，因此合併統計。

13 《敦煌吐魯番社會經濟資料》所載周藤吉之〈佃人文書の研究〉。

14 《敦煌吐魯番社會經濟資料》所載周藤吉之〈唐代中期における戶稅の研究〉。

15 《文物》一九六二年第七、八期合刊所載吳震〈介紹八件高昌契約〉的圖版和釋文。延昌二十四年為隋開皇四年。

16 〈介紹八件高昌契約〉。本件時代不得遲過開皇六年。

17 本件和下一件均見西島定生〈吐魯番出土文書より見たる均田制の施行狀態〉一文，時代均為高昌延壽十五年，即唐貞觀十二年。

〔90〕	〔91〕18	〔92〕19	〔93〕20	〔94〕21	
1	1			1	309
					3
		1	1		335
					3
					1
					40
					1
					2
					8
					7
					2
					5
					2
					3
					7
					1
					3
					9
					1
					7
					1
					4
					4

〔1〕〈趙師戶殘卷〉（斯四六八二）。〔2〕〈武則天永昌元年帳後大女史女輩等戶籍殘卷〉（仁井田）。〔3〕〈武則天聖曆二年帳後智力等戶籍殘卷〉（仁井田）。〔4〕〈唐戶籍殘卷〉（那波）。〔5〕〈唐開元四年柳中縣高寧鄉戶籍〉（中村）

18 〈介紹八件高昌契約〉。

19 用《歷史研究》一九六二年第六期孫達人〈對唐至五代租佃契約經濟內容的分析〉所引參校，孫文據原件顯微膠片，較《敦煌資料》第一輯之轉錄者正確。

20 《敦煌吐魯番社會經濟資料》所載仁井田陞〈吐魯番出土の唐代取引法關係文書〉。時代為開元二十四年。

21 用《歷史研究》一九六三年第一期沙知〈吐魯番佃人文書裏的唐代租佃關係〉所引參校，沙文據仁井田陞〈唐宋法律文書的研究〉圖版七。

〔6〕〈唐開元四年柳中縣高寧鄉戶籍〉（上野）。〔7〕〈柳中縣戶殘卷〉（斯六〇九）。〔8〕〈戶籍殘卷〉（流沙遺珍）。〔9〕〈貲合文書殘卷〉。〔10〕〈大谷文書〉一二二五、二三八八、二三九二綴合。〔11〕〈大谷文書〉一二二八、二三九〇、二九三〇、二九七四綴合。〔12〕〈大谷文書〉一二二九、二九二五綴合。〔13〕〈大谷文書〉一二三〇。〔14〕〈大谷文書〉一二三一、二九三二綴合。〔15〕〈大谷文書〉一二三二、二三八四綴合。〔16〕〈大谷文書〉一二三三。〔17〕〈大谷文書〉一二三五。〔18〕〈大谷文書〉一二三六。〔19〕〈大谷文書〉一二三七。〔20〕〈大谷文書〉一二三八、二六〇四綴合。〔21〕〈大谷文書〉一二四三。〔22〕〈大谷文書〉一二四四。〔23〕〈大谷文書〉一二四六、二三八一綴合。〔24〕〈大谷文書〉一二五〇。〔25〕〈大谷文書〉一三七六。〔26〕〈大谷文書〉二三八二。〔27〕〈大谷文書〉二三八三。〔28〕〈大谷文書〉二三八五。〔29〕〈大谷文書〉二三八六。〔30〕〈大谷文書〉二三八八。〔31〕〈大谷文書〉二三八九。〔32〕〈大谷文書〉二三九一。〔33〕〈大谷文書〉二三九五。〔34〕〈大谷文書〉二五九八。〔35〕〈大谷文書〉二九一六。〔36〕〈大谷文書〉二九二六。〔37〕〈大谷文書〉二九二七。〔38〕〈大谷文書〉二九六九。〔39〕〈大谷文書〉二九七一。〔40〕〈大谷文書〉二九七三。〔41〕〈大谷文書〉二九七六。〔42〕〈大谷文書〉二九八一。〔43〕〈大谷文書〉二九八七。〔44〕〈大谷文書〉四三七四。〔45〕〈開元二十九年戶籍殘卷〉（大谷）。〔46〕〈大谷文書〉一二二〇、二八六〇綴合。〔47〕〈大谷文書〉二三七六、二九九〇綴合。〔48〕〈大谷文書〉二八五二、二八五三、二八五四綴合。〔49〕〈大谷文書〉二八五五。〔50〕〈大谷文書〉二八五六。〔51〕〈大谷文書〉二八五七。〔52〕〈大谷文書〉二八五九。〔53〕〈大谷文書〉二八六一。〔54〕〈大谷文書〉二八六二。〔55〕〈大谷文書〉二八六三。〔56〕〈大谷文書〉二八六五。〔57〕〈大谷文書〉二八六六。〔58〕〈大谷文書〉二八六七、二八七五綴合。〔59〕〈大谷文書〉二八六八。〔60〕〈大谷文書〉二八六九。〔61〕〈大谷文書〉二八七〇。〔62〕〈大谷文書〉二八七一。〔63〕〈大谷文書〉二八七三。〔64〕〈大谷文書〉二八七四。〔65〕〈大谷文書〉二八七五。〔66〕〈大谷文書〉二八七六。〔67〕〈大谷文書〉二九一三。〔68〕〈大谷文書〉二九一四。〔69〕〈大谷文書〉二九一五。〔70〕〈大谷文書〉二九三八。〔71〕〈大谷文書〉二九九六。〔72〕〈大谷文書〉三〇六八。〔73〕〈大谷文書〉三一二五。〔74〕〈大谷文書〉三三七七。〔75〕〈大谷文書〉三四〇六。〔76〕〈大谷文書〉三四八七。〔77〕〈大谷文書〉四〇四六。〔78〕〈大谷文書〉四三七七。〔79〕〈大谷文書〉四三八一。〔80〕〈大谷文書〉四九〇一。〔81〕〈唐開元

二十九年柳中縣張保葉等戶籍殘卷〉（大谷）。〔82〕〈大谷文書〉一四五八、二三七六、二八八六、二九一二綴合，二八八七、二八八八、二八九〇、二九〇四綴合，二八八九、二八九一、二八九二、二八九七、二九〇〇綴合，二八九三、二九〇六綴合，二八九四、二八九五、二八九六、二八九八、二八九九、二九〇一、二九〇二、二九〇三、二九〇四、二九〇五、二九〇七、二九〇八、二九〇九、二九一〇、二九一一、二九四八、四〇四二、四〇四三、四三七八。〔83〕〈大谷文書〉一二〇〇、一二〇一、一二〇四、一二〇五、一二〇六、一二〇七、一二〇八、一二一六、二三五六、二三五七、二三五八、二三五九、二三六〇、二三六一、二三六二、三三九四、三三九五、三三九六、三三九七、三三九八、三四〇〇、三四〇一、三四〇三、三四〇四、三四〇六、三四〇七。〔84〕〈橘瑞超文書〉一—一一。〔85〕〈唐天寶四載戶籍殘卷〉（大谷）。〔86〕〈橘瑞超文書〉一—二六。〔87〕〈延昌二十四年道人智賈（?）夏田契〉。〔88〕〈麴郎出租常田契〉。〔89〕〈大谷文書〉一四六九。〔90〕〈大谷文書〉三四六四。〔91〕〈龍朔三年趙阿歡仁與張海隆租佃常田契〉。〔92〕〈唐天授元年張文信租田契〉（馬三一四）。〔93〕〈大谷文書〉三一〇七。〔94〕〈唐天寶五載呂才藝出租田畝殘卷〉（流沙遺珍）。

這個統計雖不夠科學[22]，但多少可以看出各類田所占的比重，其中「常田」、「部田」占了絕大多數。

上篇　考釋

「常田」、「部田」等名稱不見於《唐六典》、《通典》、《唐會要》、《冊府元龜》以及兩《唐書》等所載田令中，說明不是法定的正式名稱，因此不像「永業」、「口分」之類容易解

22　首先，統計的對象只是現存少數殘缺不完的文書，這些文書的性質還不完全相同（這點在本文下篇裏要講到）；其次，只是統計各個名稱出現的次數，沒有統計畝數。

釋。就我所知，歷來研究田制和敦煌學的中外學者對此還未寫出過考釋的專文，只是在某些論著中附帶作過說明。其中較有影響的是賀昌羣的《漢唐間封建的國有土地制與均田制》一書，書中認爲「常田，就是永業田」，「部田則是畿外州縣的公田」[23]。

賀書一〇九頁引用了中國科學院藏〈貲合文書殘卷〉，說：

> 上文所舉〈貲合〉殘卷中的常田，就是永業田，晚近西北各地出土的唐代籍帳中常見之。《白氏長慶集》卷四七〈策林〉三說：「當要衝以開府（兵府），因隙地以營田，府有常業，俾乎時而講武，歲以勸農，分上下之番，遞勞役之序。」那末，常田應是永業田，上篇第七節所錄吐魯番出土的開元四年籍帳中，就明記永業田爲常田。

這就是賀書主張常田卽永業田的理由，這些理由我認爲都不能成立。

首先，賀書徵引白氏〈策林〉就有脫誤。〈策林〉這段文字見於第四十五復府兵置屯田篇，我查了《白氏文集》的舊刻善本[24]，都作「府有常官，田有常業」，賀書當是把中間「常官田有」四字抄漏了，才變成「府有常業」。而且不管抄漏與否，從這段文字裏總看不出「常田應是永業田」的暗示。

至於賀書所謂「明記永業田爲常田」的開元四年籍帳，卽前列統計表中的〈唐開元四年柳中

---

23 如吳震〈介紹八件高昌契約〉就承用了賀書「常田就是永業田」之說。

24 文學古籍刊行社影印宋本《白氏文集》，明嘉靖伍忠光龍池草堂本《白氏文集》，萬曆馬元調本《白氏長慶集》，這三個都是先詩後筆的本子；另有分前、後、續集的四部叢刊影印日本那波道圓活字本《白氏文集》，篇章文字和先詩後筆本實無甚出入。〈策林〉此篇見先詩後筆本卷六四，活字本卷四七，賀書引作卷四七，所據當卽活字本。

縣高寧鄉戶籍〉（中村），原文是：

（前缺）壹段捌拾步永業常田買附　城南半里（下略）
壹段貳拾伍步永業常田買附　城南半里（下略）
壹段叁拾步永業常田買附　城南半里（下略）（後略）

這裏在「永業」下注有「常田」，這就是賀書所說「明記永業田爲常田」。但有些籍帳在「永業」下注有「部田」和其他田，如〈柳中縣戶殘卷〉（斯六〇九）：

（前缺）壹段陸拾　（中缺）　城渠□□□□　東　壹段貳畝永業部田城東貳拾里柳中縣
壹段叁畝永業潢田　城東肆拾里柳中縣　東（後缺）

又有在「永業」下「常田」、「部田」並注的，如〈唐戶籍殘卷〉（那波）：

（前略）一段貳畝永業常田　城南一里（下略）　一段壹畝永業部田　城南一里（下略）
一段叁畝永業貳畝常田壹畝部田　城南一里（下略）（後略）

按賀書的邏輯，都不好解釋。而且，在某些文書裏，「常田」還和口分田聯在一起，如〈唐天寶五載呂才藝出租田畝殘卷〉（流沙遺珍）：

天寶五載閏十月十五日□□交用錢肆佰伍拾文於呂才藝邊租取澗東渠口分常田一段貳畝。
（下略）

〈龍朔三年趙阿歡仁與張海隆租佃常田契〉：

龍朔三年九月十二日武城鄉人張海隆，於同鄉人趙阿歡仁邊，夏取叁、肆年中，五、六年中，武城北糸（渠？）口分常田貳（貳）畝。（下略）

口分也有「常田」，這是常田不等於永業田的鐵證。

賀書「部田是畿外州縣的公田」之說，也同樣不能成立。賀書一二八頁說：

> 部乃所治地方，西漢有十三州部，卽十三州所治的地方。《居延漢簡》（二三）五〇五・三七有哀帝「建平五年……男子丘張自言與家買客田，居作都亭部」，卽作都亭所部管的地方。……靈帝光和七年〈樊利家買地券〉有「買石梁亭部桓千（桓氏阡）東、比是佰（比氏陌）北田五畝」，〈芒洛冢墓遺文續編〉卷上〈孫成買地券〉有「左廐官大奴孫成從雒陽男子張伯始賣（買？）所有廣德亭部羅伯田一町」。上所舉各亭部，都是亭所治的地方。由此可知，部田之稱，當是漢以來的常用語。

這裏對「州部」、「亭部」的解釋是正確的，但與「部田」有何關係？所引漢簡、地券中並無「部田」這個名詞，更未說「州部」、「亭部」之田可稱爲「部田」，如何能據此便說「部田之稱當是漢以來的常用語」。賀書同頁還引用了《通典》卷二開元二十五年令「其州縣縣界內所有部受田悉足者爲寬鄉，不足者爲狹鄉」，《新唐書》卷一〇五〈長孫順德傳〉「前〔澤州〕刺史張長貴、趙士達占部中腴田數十頃」，《唐律疏議》卷一三「諸部內田疇荒蕪者，以十分論，一分笞三十」，疏「部內，諸州縣及里正所管田」等史料，也沒有一處提到「部田」，如何能把「州縣界內所有部」受的田，「張長貴、趙士達占部中」的田，以及「部內田疇」亦卽「州縣及里正所管」的田都指實爲「部田」，從而得出「部田則是畿外州縣的公田」的結論。

賀書五三頁說：「均田是由封建政權……把政府在京畿內外所掌握的公田授與各級『吏民』以一定數額的土地。」這種看法是否正確姑置不論，但照此說來，所謂「畿外州縣的公田」的「

部田」，就應該包括永業田和口分田，或至少包括必須還授的口分田在內[25]。如賀書認爲只包括口分田，不包括永業田，則籍帳上何以常有「一段×畝永業部田」的記載？如認爲「部田」還包括永業田，則與認爲等於永業田的「常田」又如何區別？試以前引〈唐戶籍殘卷〉（那波）中的「一段叄畝永業貳畝常田壹畝部田」爲例，如把此「壹畝部田」解釋爲口分田，則和「一段叄畝永業」相衝突，如把它解釋爲永業田，則和所謂等於永業田的「貳畝常田」相重複，怎樣解釋都講不通。

其實，這些在「一段×畝永業」之下注有「常田」、「部田」等名稱的，都是當時籍帳之類的土地文書，不是附加箋注的古籍。如「常田」當眞和永業田是同一含義，編造籍帳者何以如此不憚煩地在「永業」之下注上這些同義詞？編造者旣注上「常田」、「部田」之類，就說明這些名稱與永業、口分決非同一性質的東西，應從別的方面找尋其含義。

從前列統計表可看到和「常田」、「部田」處於同一位置的還有「潢田」、「鹵田」等名稱，這些名稱比較容易從字面上來探索其含義。如果把這些名稱的含義和性質弄淸楚，則處於同一位置的「常田」、「部田」的性質就可隨之而確定，再進一步探索「常田」、「部田」的含義也就容易一些。

下面就先易後難，先將「潢田」、「鹵田」等逐個考釋，最後對「常田」、「部田」進行解說。

潢田　秋潢田

25　照賀書所解釋的「部田」究竟只指口分田，還是口分田和永業田都包括在內，賀書沒有交代。

「潢田」，除前引〈柳中縣戶殘卷〉（斯六〇九）提到外，還見於〈大谷文書〉一二三七，二三八六，二九七一，二八六二，二八七一諸件，如〈大谷文書〉二八七一：

（前缺）

（上缺）永業常田〔安〕　城東肆拾里柳中縣　東棠悍紛　西（下缺）

（上缺）永業常田〔安〕　城東肆拾里柳中縣　東王波斯　西（下缺）

（上缺）永業常田〔安〕　城東貳拾里柳中縣界　東孟運積　西（下缺）

（上缺）永業潢田〔安〕　城東肆拾里柳中縣　東至渠　西（下缺）

（上缺）退

（上缺）常田　城西貳里（下缺）

（上缺）田　城（下缺）

（後缺）

〈大谷文書〉二八七〇和〈唐開元二十九年柳中縣張保葉等戶籍殘卷〉（大谷）則載有「秋潢田」，如〈大谷文書〉二八七〇：

（前缺）

（上缺）西柒里榆樹渠口（下缺）

（上缺）死退

（上缺）畝[安]永業常田　城東貳拾里柳中縣　東魏禿子　西至渠　南馮（下缺）

壹段貳畝[安]永業秋潢田　城南伍里土營部　東至渠　西至渠　南（下缺）

（後缺）

《左傳》隱三年：「潢汙行潦之水。」孔疏引服虔注：「畜小水爲之潢。」《說文》：「潢，積水池也。」因此「潢田」應是低窪易於積水的耕地。

這樣解釋是否正確，要看記有「潢田」的是什麼地區的文書，這個地區有沒有這樣易於積水的耕地。這幾件標爲〈大谷文書〉的和斯六〇九文書都上有「城東××里柳中縣」字樣，《通典》卷一九一：貞觀「十四年八月，交河道行軍大總管侯君集平高昌國……太宗以其地爲西州，以交河城爲交河縣，始昌城爲天山縣，田地城爲柳中縣，東鎭城爲蒲昌縣，高昌城爲高昌縣。」這都在現在的新疆吐魯番地區，其中高昌在今哈剌和卓之西，三堡之南，柳中在今魯克沁，所謂「城東××里柳中縣」，就是坐落高昌城東××里柳中縣界的意思[26]。今新疆可耕地多爲低窪的盆地，吐魯番盆地卽是其一，可耕地中又有水草地和鹽鹼地兩種[27]，唐代的情況當也如

26 有「潢田」字樣的〈柳中縣戶殘卷〉（斯六〇九）收入《敦煌資料》的正編裏，據《資料》前言，正編所收概為敦煌石室發現的文書，則此〈柳中縣戶殘卷〉（斯六〇九）當為斯坦因從敦煌石室取去的大宗寫本之一。當時內地與西域交通有南北兩道，吐魯番處於北道，敦煌是南北兩道進入內地的會合點，〈柳中縣戶殘卷〉自有流入敦煌之可能。

27 可參考講述新疆經濟地理的論著，以及黃文弼《吐魯番考古記》（一九五四年中國科學院版）所附〈吐魯番考查路線圖〉，特別注意圖中的河流、草地和鹽層。

此[28]。因此所謂「潢田」可以肯定是水草地中低窪易於積水的耕地。〈大谷文書〉二三八二有「城東三里浴中潢」字樣，更說明當時吐魯番確有這種積水的地段。

「潢田」含義既明，「秋潢田」就好解釋。兩件有「秋潢田」的文書都有「柳中縣」字樣，也都是吐魯番地區的東西。所謂「秋潢田」，卽是在秋季易於積水成潦的耕地。

鹵田

「鹵田」見於中國科學院藏〈貲合文書殘卷〉，〈殘卷〉第一張反面：

齊都鹵田八畝半　常田七畝
棗七畝　石田三畝　桑二畝半
得吳並鹵田四畝半
（後略）

又第二張正面[29]：

（前略）
闞衍桑四畝
常田十七畝　七畝入馮泮
鹵田十八畝半　田地桑十三畝半三斛
蒲陶（中缺）畝二斛（後缺）

---

28 千年來這裏的自然環境未起根本變化，舊史高昌傳所記氣候物產與今吐魯番地區大致相同，卽是明證。

29 第二張賀書未作釋文，圖版又不甚清晰，所釋容有差錯。

第二張反面：

得□（中缺）田一畝半
出鹵田四畝入田地道人惠政
出鹵田四畝入保居
貲合二百二十一斛五斗
其 八十九斛（中缺）除
 百三十（下缺）
（後缺）

這〈貲合文書殘卷〉賀書一〇六頁說是「新疆吐魯番勝金口出土的」，卷中常見的「蒲陶」也是吐魯番的特產[30]，可以肯定這〈貲合文書殘卷〉也是當時吐魯番地區的東西。解釋「潢田」時說過新疆可耕地有水草地和鹽鹹地兩種，〈殘卷〉上的「鹵田」就是這種鹽鹹地。《史記・夏本紀》：「厥田斥鹵。」《集解》：「鄭玄曰：斥謂地鹹鹵。」《索隱》：「《說文》云：鹵，鹹地，東方謂之斥，西方謂之鹵。」[31]都是最好的說明。《通典》卷二水利田引永徽六年雍州長史長孫祥請修鄭白渠奏中有「至於鹹鹵亦堪為水田」的話，可見「鹵田」之稱當時在內地也行用。

沙車田

「沙車田」也只見於科學院藏〈貲合文書殘卷〉，第一張正面：

30 參考本篇「蒲陶」等條考釋。
31 今本《說文》作：「鹵，西方鹹地也。」

（前略）得張阿興蒲陶二畝半　得闞衍常田七畝　得韓千哉田地沙車田五畝　得張渚其
他田四畝半□二畝半　貲合二百五十七斛

第二張正面：

（前缺）　□常（下缺）　得范周□（下缺）　得□猗奴（下缺）　田地沙車（下缺）
□知道常田七畝貲五斛□□貲　貲合二百三十二斛五斗　（後略）

漢代西域諸國中有莎車，與此「沙車田」自無關係。王楨《農書》卷一一：「沙田，南方江淮間沙淤之田也，或濱大江，或峙中洲，四圍蘆葦駢密，以護堤岸，其地常潤澤，可保豐熟。」吐魯番的自然地理和江淮間完全不同，決不能用江淮間的「沙田」來解釋吐魯番的「沙車田」。而且「沙車田」這個詞在「貲合文書」上出現了兩次，「沙車」的「車」字也決不會是衍文。

常書鴻《敦煌抒感》中說：「由於這裏水土含鹼量大，全年無霜期短促，因此，除掉一般的耕作勞動外，必須多上肥，勤翻土，常日晒；爲了中和水土的鹼化硬化，還要把一車一車的沙子摻和在土和肥料中。」[32] 據新疆來的人講當地也有這種車了沙子來治鹽鹼地的辦法。我國過去農業技術的發展比較緩慢，這種辦法當是沿用已久的老習慣。所謂「沙車田」，就是車上沙子的鹵田。

《殘卷》兩處「沙車田」前都冠有「田地」兩字。據《殘卷》上還有「田地枯棗」、「田地桑」等字樣，可知這「田地」兩字與「沙車田」並無特殊的聯繫。「田地」本是唐人常用詞，如

32 《人民文學》一九六三年十一月號。

〈唐大中六年僧張月光易地契〉（伯三三九四）上有「田地貳拾伍畝」，「官有處分，許回博（轉）田地」，《分家書樣文》（斯四三七四）上有「莊園，舍宅，田地鄉□渠道四至」[33]。唐人文章如《元氏長慶集》卷三〈同州奏均田狀〉卷三九〈論當州朝邑等三縣代納夏陽韓城兩縣率錢狀〉等用「田地」處更多。所謂「田地沙車田」，只是「田地——沙車田」之意而已。

石田

「石田」，也只見於〈貲合文書殘卷〉，第一張正面：

馮照蒲陶二畝半　桑二畝　常田十畝半　其他田十五畝　田地枯棗五畝破爲石田畝二斛

（下略）

又第一張反面也有「石田三畝」之語，見前「鹵田」條徵引。

岩石上不好種植農作物，當然不會有眞正的石田。《左傳》襄十一年：「得志於齊，猶獲石田也，無所用之。」這裏的「石田」當如《左傳》的用法，是指極貧瘠、極難耕作的土地。

薄田

「薄田」一詞，見於〈大谷文書〉一二二八、二二三九〇、二九三〇、二九七四綴合，一二三九、二九二五綴合，一二三八、二六〇四綴合，二九二六，二八六二，二八六五，三一二五，以及〈唐開元二十九年柳中縣張保葉等戶籍殘卷〉（大谷）。〈張保葉等戶籍殘卷〉（大谷）：

（前略）　一段壹畝薄田　城東□□柳中縣　（下缺）

33　均見《敦煌資料》第一輯〈契約・文書〉部分。

（後略）

《大谷文書》二八六五：

（前略） 壹段壹畝永業薄田 城東貳拾里柳中縣界 （下略）

《齊民要術》卷一《耕田》引《氾勝之書》：「得時之和，適地之宜，田雖薄惡，收可畝十石。」同卷《種穀》：「地勢有良薄。」原注：「良田宜種晚，薄田宜種早。」又引崔寔《四民月令》：「二月、三月可種植禾，美田欲稠，薄田欲稀。」「薄田」，就是對良田、美田而言的薄惡之田。這個名詞至今通行，在唐代不可能有其他含義。

蒲陶　陶　桃

「蒲陶」，見於《貲合文書殘卷》，除第一張「馮照蒲陶二畝半」、「得張阿興蒲陶二畝半」，第二張「蒲陶（中缺）畝二斛」，已分別見前「石田」、「沙車田」、「鹵田」條引用外，第一張正面尚有：

（前略） 興蒲陶二畝半　桑二畝　常田十八畝半　其他田七畝　泮桑二畝半

（後略）

以及[34]：

（前略） 康豪田地□沖蒲陶五畝　得韓豐田地蒲陶五畝　棗十畝　得□□常田五畝

得闞桃□田地桑六畝入韓豐　得闞榮興田地桑田五畝半　得闞□□□□□□蒲陶一畝棗

34 這一段賀書亦未作釋文。

田十畝入

（後缺）

「陶」只見於〈唐開元四年柳中縣高寧鄉戶籍〉（上野）：

（前略）　壹段叁畝半永業陶　城南一里（下略）（後略）

「桃」見於〈大谷文書〉二八六三，二八六五，二八七三。如二八七三：

（前略）　一段壹畝桃城東卌里柳中縣　東張明願（下缺）

（後缺）

以上的〈大谷文書〉、〈柳中縣高寧鄉戶籍〉、〈買合文書殘卷〉都是吐魯番地區的東西，而「蒲陶」和「蒲陶酒」正是吐魯番的特產。如《魏書》卷一〇一〈高昌傳〉：「多五果，……多蒲桃酒。」《梁書》卷五四〈高昌傳〉：「出……蒲陶酒，……大同二年中，子堅遣使獻蒲陶。」《隋書》卷八三〈高昌傳〉：「多五果，……多蒲陶酒。」《舊唐書》卷一九八〈高昌傳〉：「有蒲萄酒，宜五果。」《册府元龜》卷九七〇：「及破高昌，收馬乳蒲桃實於苑中種之，並得其酒法。」〈買合文書殘卷〉上出現五處「蒲陶×畝」，正好反映出這個〈文書〉的地區特色。

「蒲陶」今習慣寫作「葡萄」，古代多寫作「蒲陶」或「蒲桃」。〈柳中縣高寧鄉戶籍〉中的「陶」顯係「蒲陶」的省寫。

〈大谷文書〉中多次出現「桃」，粗看很容易當作「桃樹」之「桃」。但「桃」非吐魯番名產，而名產葡萄在大量有關土地的〈大谷文書〉一次也不出現，倒未免有點不近情理。因此〈大谷文書〉上的「桃」必係「蒲桃」的省寫，猶「蒲陶」之可省寫爲「陶」。

棗　枯棗

〈貲合文書殘卷〉有「棗十畝」、「棗田十畝」、「棗七畝」的記載，見「蒲陶」和「鹵田」條所引。此外，在〈大谷文書〉一二二五、二三八八、二三九二綴合，一二二八、二三九〇、二九三〇、二九七四綴合，一二三六，一二二〇、二八六〇綴合，二八六八的「一段×畝」下也都出現「棗」字。如一二三六：

（前缺）　給張（下缺）一段壹畝棗　城東肆拾里（下缺）

一段壹畝棗　城東肆拾里　（下缺）　已上貫□　（下缺）（後缺）

又前「石田」條所引〈貲合文書殘卷〉有「田地枯棗破爲石田畝三斛」的記載。

「棗」也是吐魯番的名產。〈大谷文書〉所載「一段×畝」的坐落地段中就有「城西五里」、「城西七里」、「城西八里」三處「棗樹渠」[35]。以「棗樹」名渠，可知當地種植棗樹之多。又〈大谷文書〉三〇五四[36]：

果子行　乾蒲萄壹勝　上直錢拾柒文　次拾陸文　下拾伍文　大棗壹勝　上直錢陸文　次伍文　下肆文

以「大棗」次「乾蒲萄」後，亦可見「棗」在吐魯番所產果品中的地位。

所謂「田地枯棗」，當爲枯死的棗樹田，已無經濟價值，因此只好「破爲石田」，即當作

35 參考《敦煌吐魯番社會經濟資料》所載「高昌縣城周邊地段所在地一覽」。

36 《敦煌吐魯番社會經濟資料》所載「價格表文書」。

「石田」計算。

桑　泮桑

〈貲合文書殘卷〉有「桑二畝半」、「桑四畝」、「田地桑十三畝半三斛」、「桑二畝」、「田地桑六畝」、「田地桑田五畝半」的記載，分別見於「鹵田」、「石田」、「蒲陶」條所引。又有「泮桑二畝半」，見「蒲陶」條所引。

《魏書》卷一〇一、《周書》卷五〇、《隋書》卷八三〈高昌傳〉都有「宜蠶」的記載，說明吐魯番地區養蠶事業一向很發達。養蠶要有桑樹，這就是〈殘卷〉出現許多「桑田」的原因。「泮桑」之「泮」在賀書圖版上印得不甚清晰，釋「泮」是據賀書釋文。「泮」指什麼不清楚，「泮桑」當亦桑田的一種。

菜

「菜」見於〈大谷文書〉一二三七，二八五五，三三七七，四三八一。如四三八一：

（前略）　壹段陸□步永業菜　城西拾里武城渠　東（下缺）（後略）

吐魯番是種蔬菜的，如〈大谷文書〉三〇八五[37]：

菜子行　蔓菁子壹勝　上直錢貳拾文　次拾陸文　下拾伍文　蘿蔔子壹勝　上直錢貳拾貳文　次貳拾文　下拾捌文　葱子壹勝　上直錢肆拾貳文　次肆拾文　下叁拾伍文

三四四一：

37 《敦煌吐魯番社會經濟資料》所載「價格表文書」，下同。

韮子壹勝　上直錢肆拾伍文（下缺）

三四四五：

（上缺）壹勝　上直錢拾伍（下缺）　莅子壹勝　上直錢拾貳文　次拾文（下缺）蘭

（下缺）

三四〇九：

新興華壹束　上直錢拾叁文　次拾貳文　下（下缺）　苞蓿春茭壹束　上直錢陸文　次

伍文　下肆文

可見蔬菜品種頗多。〈大谷文書〉裏的「菜」肯定是蔬菜田。

其他田

〈貲合文書殘卷〉有「其他田四畝半」、「其他田十五畝」、「其他田七畝」，見「沙車田」、「石田」、「蒲陶」條所引。此外〈殘卷〉第二張反面還有僅存的「□其他田四畝」一行。「其他田」不會是種植穀物的主要耕地。而「蒲陶」、「棗」、「桑」在這〈殘卷〉上都有了，就沒有「菜」，因此這「其他田」可能是包括「菜」田在內的土地。

以上把籍帳等文書上所注土地名稱除「常田」、「部田」及其有關者外都作了考釋。這些土地名稱可分兩大類：「潢田」、「秋潢田」、「鹵田」、「沙車田」、「石田」、「薄田」標誌土地質量；「蒲陶」、「陶」、「桃」、「棗」、「枯棗」、「桑」、「菜」標誌種植作物。和這些名稱同列的「常田」、「部田」等也就只能是標誌土地質量或種植作物，不能別有其他含義。

常田

「常田」一詞在籍帳等土地文書裏出現得最多，前列統計表統計了一四六件文書，「常田」就出現了三〇九次，不見「常田」的文書只是少數[38]。這種載有「常田」的文書前面已有所徵引，這裏再舉幾個例子。如〈趙師戶殘卷〉（斯四六八二）：

（前缺）　男趙師年拾□□　男　女小姜年貳拾陸歲　丁女　一十畝永業　一十畝卅分
已受　應受田壹頃貳拾壹畝　卅分居住園宅　一頃一十畝二百分未受
一段二畝永業常田　城西十里武城渠（下略）
一段二畝永業常田　城（中缺）（下略）
（上缺）永業部□三□　（中缺）（下略）
（後缺）

又如〈大谷文書〉一二三一、二九三二綴合：

（前缺）　給張□□　張阿蘇剩退一段壹畝常田　城西拾里武城渠　（下略）〔昌〕給
竹昌　獻祥（下缺）　一段叁畝常田　城東卅里柳中縣屯續渠　（下略）〔昌〕給□□
（後缺）

沒有叫「常」的作物、「常田」顯然不是像「陶」、「棗」、「桑」、「菜」之類以作物名稱爲標誌的土地。而且一般說來，種植蔬果的土地和種植穀物的比起來總是少數，「常田」在土地文書上既占絕大多數，說明它一定屬於種植穀物的土地，和「潢田」、「鹵田」、「薄田」之

38 這少數文書之所以不見「常田」，還可能是由於文書殘缺之故。

類一樣，是標誌土地的質量。

「常田」是什麼質量的土地？這在某些文書上可以得到啟發。如〈大谷文書〉一二三七：

（前略）　大女張是買一段貳畝瀵田折□田壹□　（下缺）（後略）

比勘〈大谷文書〉二八六二中有「瀵田折常田」字樣，可知上引一二三七的缺文是「常」字、「畝」字，全文應作「一段貳畝瀵田折常田壹畝」。「瀵田」是水草地中低窪易積水的耕地，不算好，貳畝「瀵田」折合壹畝「常田」，可見「常田」是質量較好的耕地。再如〈唐天寶四載戶籍殘卷〉（大谷）：

（前略）　弟嘉秀　唯有常田二畝餘久不青之次望請准式　上柱國子張嘉盛（後缺）

張嘉盛說其弟嘉秀只有二畝「常田」，其餘的土地已久不青，卽久不生長作物。這也說明「常田」是質量較好的耕地。

而且，如前所釋，「瀵田」、「鹵田」、「沙車田」、「石田」、「薄田」等無一不是質量較差的土地，「部田」下面要談到，也是質量較差的土地。如「常田」質量也差，則這類土地文書上竟無一塊好地，這太遠於情理。這又說明「常田」只能是質量較好的耕地。

今天用「常」字一般指「經常」或「尋常」，唐代也是如此。如元稹〈遣悲懷〉「唯將終夜常開眼」，這「常」是經常，和「常田」之「常」無關。杜甫〈丹青引〉「屢貌尋常行路人」，這「常」是尋常，「常田」之「常」本也是這個意思。王楨《農書》卷一一：「園田，種蔬果之田也，……比之常田，歲利數倍。」王楨是元代人，其時仍稱尋常之田爲「常田」。

前「薄田」條引《氾勝之書》，《四民月令》稱質量好的耕地爲「美田」、「良田」，唐代詔敕奏議中又有「良沃」、「上沃」、「膏腴」之稱[39]。土地文書何以不用這些名詞，而用本義爲尋常之田的「常田」來稱質量好的耕地？這是因爲土地文書中大部分是籍帳之類需要呈報官府的東西[40]，呈報時總想多報少，富報貧，如故意「脫戶」、「脫口」、「增減年狀」，以及隱漏土地、定戶時「求居下等」等事情，在籍帳上經常出現。因此決不願寫上「良田」、「美田」而只寫尋常之田「常田」。日久「常田」一詞就成爲土地文書上的習慣用語，連民間契約也習用「常田」而不用「良田」、「美田」[41]。

常田買附

籍帳上有「壹段×步永業常田買附」的寫法，僅見於〈唐開元四年柳中縣高寧鄉戶籍〉（中村），本文前已徵引。

唐代籍帳上有記載「買田」的，見〈唐天寶六載敦煌郡敦煌縣龍勒都鄉里戶籍殘卷〉（伯二五九二）鄭恩養戶，〈唐大曆四年沙州敦煌縣懸泉鄉宜禾里手實〉（斯〇五一四）索恩禮戶、安游璟戶、李大娘戶[42]。如李大娘戶：

合應受田伍拾玖畝並已受廿畝永業廿五畝買田一十三畝口分一畝居住園宅（中略）　一段拾伍畝買田　城東十五里瓜渠（下略）　一段伍畝買田　城東十五里瓜渠（下略）　一段伍畝買

39 如《唐會要》卷八四〈移戶〉開元十六年十月敕，同卷〈雜稅〉建中四年六月趙贊奏，卷八九〈疏鑿利人〉建中元年四月嚴郢奏。

40 參考本文下篇推論。

41 本文統計表自〈延昌二十四年道人智賈（?）夏田契〉以下八件悉為民間契約，提到「常田」者多至六件。

42 均見《敦煌資料》第一輯。

田　城東十五里瓜渠（下略）（後略）

「買附」就是「買田附載」的意思。唐代籍帳在姓名、年歲、丁中下面往往注有「××年帳後附」或「××年帳後漏附」，是指嬰兒未生或因故脫漏、原先××年籍帳上無此人以後才附加上帳的意思[43]。「買附」之「附」和此「漏附」之「附」是同一個用法。

因此「買附」是獨立詞，並非連屬在「常田」之下，「常田買附」不能連續。「買附」和「買田」以至「永業」、「口分」是同一範疇，和土地質量無關[44]。

部田　部田壹易　部田貳易　部田叁易

「部田」和「常田」同是土地文書最常見的，前列統計表一四六件文書上「部田」出現了三三五次。前面已徵引過一些，這裏再舉兩例。〈武則天聖曆二年帳後智力等戶殘卷〉（仁井田）：

（前缺）　男智力年貳拾玖歲　衛士　女醜始年拾陸歲　中女　（中缺）　一段一畝永業部田　（下缺）　一段二畝永業部□　（下缺）　□段卌步居住□□　（下缺）

（後略）

〈大谷文書〉二八六八：

（前缺）　尚賢里□　（下缺）

---

43 參考《唐會要》卷八五〈籍帳〉開元十八年敕：「有析、生、新附者，於舊戶後依次編附。」

44 至於〈宜和里手實〉、〈龍勒鄉戶籍〉把「買田」和「永業」分開，〈高寧鄉戶籍〉把「買附」列於「永業」之下，則是由於「買田」多數隱漏不登，登上籍帳是少數，因而沒有形成統一的習慣寫法。

〔同云〕

一段壹畝壹拾　（下缺）

曹屯屯剩退一段壹畝部田　城西廿　（下缺）

〔同云〕

石奴奴剩退壹段壹畝常田　城東　（下缺）

〔同云〕

一段壹畝部田　城東卌里柳　（下缺）

〔同云〕

一段壹畝部田　城西五里　（下缺）

〔同云〕

一段壹畝部田　城西□　（下缺）

〔同云〕

一□□畝棗　城東　（下缺）

〔同云〕

（上缺）□□　（下缺）

（後缺）

「部田」之「部」可以作多種解釋。可以把「部田」之「部」解釋爲「州部」、「亭部」之「部」，賀昌羣《漢唐間封建的國有土地制與均田制》即如此解釋。其不可通已如前說。

唐代西北地區有「部落」的組織，見於《敦煌資料》第一輯的有「上部落」、「下部落」、「中元部落」、「行人部落」、「悉東薩部落」（亦作「悉董薩」、「思董薩」）、「阿骨薩部落」[45]。《太平廣記》卷三六八有〈居延部落主〉條，出《玄怪錄》。這種「部落」的性質可另作探討。但據其紀年均以十二支，如「寅年」、「卯年」、「未年」、「酉年」之類，當係少數民族的習慣，與記有「部田」的籍帳、契約的紀年方法顯有區別，不能比附。即勉強比附，將「部田」解釋成「部落所有之田」即「部落的公田」，但「部田」多注在已受田「一段×畝永業」之下，「部落」的公田何以能變成私人的「永業」？即變成私人「永業」後又何必再注出「部田」？仍舊講不通。

唐代還保存「部曲」之稱，除見於《唐律》等文獻外，如〈部曲白善□等名籍殘卷〉（仁井田）[46]：

（前缺） 部曲白善□年伍拾陸歲 丁部曲空 部曲白小禿年肆拾捌歲 丁部曲空部曲

妻趙慈尚年伍拾歲 丁部曲 部曲男索鐵年叁拾歲 丁部曲男空 □□□□□□拾玖歲

丁部曲男空 □□□□□□□ 丁部曲男空 （後缺）

---

45 分別見〈未年安環清賣地契〉（斯一四七五）、〈酉年曹茂晟便豆種契〉（斯一四七五）、〈曹清奴便麥契〉（斯一二九一）、〈張七奴借契〉（靈圖寺貸麥契，斯一四七五）、〈寅年僧慈燈雇工契〉（北圖咸字五九號）、〈卯年張和和便麥契〉（斯六八二九）、〈寅年鈝興逸等便麥契兩件〉（伯二五〇二）以及〈趙卿卿借契〉、〈馬其鄰借契〉（均見靈圖寺貸麥契，斯一四七五）、〈王清清借契〉（普光寺戶借麥契，伯二六八六）。此外還有〈翟米老借契〉（靈圖寺貸麥契，斯一四七五）作「□□薩部落」，〈寅年令狐寵寵賣牛契〉（斯三八七七）說到「同部落」。

46 《敦煌資料》第一輯。

這個名籍的性質尚可研究。但用這裏的「部曲」來解釋「部田」，把它講成「部曲所有之田」，仍屬不妥。因爲這個名籍上並無「部田」字樣，而有「部田」字樣的大量文書又從未提及「部曲」，說明二者並無關係，不好比附。

《左傳》襄二十四年：「部婁無松柏。」杜注：「部婁，小丘。」《太平廣記》卷三四八〈李全質〉條記全質「開成初銜命入關，回宿壽安縣，……馬旁見一人，……每以其前路物導之，或曰樹，或曰椿，或曰險，或曰培塿，或曰窮」（出《博異記》）。「培塿」即「部婁」，說明這個古語唐代仍有人使用。「部田」會不會是「部婁之田」，關鍵在於記載「部田」字樣文書的出土地有沒有這種「部婁之田」即小丘上的可耕地。

在丘陵地帶古代就有開墾「梯田」的，如王楨《農書》卷一一：「梯田，謂梯山爲田也，夫山多地少之處，除磊石及峭壁例同不毛，其餘所在土山，下自橫麓，上至危巔，一體之間，裁作重磴，即可種藝。」但記載「部田」字樣的文書，除〈戶籍殘卷〉（流沙遺珍）出土地不明外，〈大谷文書〉、〈橘瑞超文書〉、〈武則天聖曆二年帳後智力等戶籍殘卷〉（仁井田）、〈唐開元四年柳中縣高寧鄉戶籍〉（上野），〈柳中縣戶殘卷〉（斯六〇九），〈唐天授元年張文信租田契〉（馬三一四）都是吐魯番地區的東西[47]，〈唐戶籍殘卷〉（那波）上有「天山軍」字樣，《舊唐書》卷四〇〈地理志．河西道北庭都護府〉：「天山軍，開元中置伊州城內。」在今新疆

47 〈張文信租田契〉（馬三一四），《敦煌資料》第一輯引自馬伯樂〈斯坦因在中亞細亞第三次探險的中國古文書考釋〉。馬伯樂原文我未見到，但據一九三六年中華書局版向達譯《斯坦因西域考古記》第十七章及附錄一，知是一九一四年冬斯坦因在吐魯番所得。

巴里坤。而新疆的耕地都在盆地中間的平地上，包括水草地和鹽鹹地，冬日積雪的高山地帶和低山地帶只宜於林牧，冰川雪山和山腳礫石則對農牧甚少直接利用價值。因此用「部婁」來解釋「部田」仍不合適。

以上單就「部」字的字義來解釋，既都解釋不通，就只能像前面考釋「常田」那樣從其他方面來比勘推測。

籍帳等文書上除了有「部田」外，還有「部田壹易」、「部田貳易」、「部田叁易」等字樣。「部田壹易」見於〈大谷文書〉一二四四、一二三〇、二八六〇綴合，二八五七。如二八五七：

（前略） 大女陰三娘死退壹段壹畝常田 （下缺） 壹段壹畝常田 城東伍里 （下缺）
壹段壹畝部田壹易 城北壹里 （下缺） （後缺）

「部田貳易」見〈唐開元四年柳中縣高寧鄉戶籍〉（上野）：

（前略） 壹段壹畝永業部田貳易 城西叁里 （下略） （後略）

「部田叁易」最常見，本文統計的一四六件文書中出現了四〇次，僅次於「部田」和「常田」的出現次數。例如〈大谷文書〉二三八九：

（前缺） （上缺） □ 訖 （下缺） 一段貳畝部田三易 城東廿里高寧城 東荒
西荒 （下缺） 〔戎〕 給□勝□（下缺） 一段壹畝部田三易 城西五里棗樹渠 東口
（下缺） 〔戎〕 給趙桃□ （下缺） 一段壹畝常田 城南一里索渠 東王 （下缺）
〔歸〕 給牛□ 〔云〕 （下缺） 一段貳畝部田 （下缺） （後缺）

又二八五二、二八五三、二八五四綴合：

（前略）　壹段壹畝永業部田叁易　城西拾里　（下略）

〔立〕

壹段壹畝永業部田叁易　城西拾里　（下略）

〔立〕

（後略）

以上「壹易」、「貳易」、「叁易」都和「部田」連屬在一起，如果把「壹易」、「貳易」、「叁易」的含義弄清楚，「部田」的性質就比較容易推測。

「壹易」、「貳易」等最早見於《周禮・地官大司徒》：「凡造都鄙，制其地域而封溝之，以其室數制之。不易之地，家百晦（畝）；一易之地，家二百晦；再易之地，家三百晦。」注引鄭司農云：「不易之地，歲種之，地美，故家百晦；一易之地，休一歲乃復種，地薄，故家二百晦；再易之地，休二歲乃復種，故家三百晦。」《漢書・食貨志》：「民受田：上田，夫百晦；中田，夫二百晦；下田，夫三百晦。歲耕種者，爲不易上田；休一歲者，爲一易中田；休二歲者，爲再易下田。三歲更耕之，自爰其處。」《周禮》、《漢志》所講都是我國古代的休耕方法，這種休耕到唐代仍存在，如唐武德七年田令：「其地有薄厚，歲一易者，倍授之，寬鄉三易者，不倍授。」開元二十五年田令：「其給口分田，易田則倍給。」原注：「寬鄉三易以上者，仍依鄉法易給。」[48] 這「壹易」、「貳易」、「叁易」既是「地薄」需要休一歲、二歲以至三歲

48 均用仁井田陞《唐令拾遺》輯本。

才能耕種，則「部田」就不能是質量好，而只能是質量不好的耕地。所謂「部田壹易」、「部田貳易」、「部田叁易」者，就是質量不好需休耕一歲、二歲以至三歲的土地。

這樣解釋是否正確，還可用有關的土地文書來檢驗。〈橘瑞超文書〉一—二六：

（上缺）十二月　日武城鄉人田門孔辭　（上缺）那　（上缺）開十五年娶上件女婦爲
妻　（上缺）娶已來校家　門孔身戶徭油自　（上缺）被里正更索妻無那分大稅錢無
（上缺）共妻無那若有常部田地半畝　（上缺）昨蒙並合一戶夫妻郎得　（上缺）被里
正撮兩戶稅錢切急　（上缺）帳官用懷政直　（上缺）縣已來就成貸　（上缺）往不取
不勝　（下缺）　辭

這個文書脫誤太甚，但大意還可看淸，是說田門孔娶妻後里正要向他收兩戶的戶稅錢，可是他和妻子並無什麼土地，只好請求減免。其中說到「共妻無那若有常部田地半畝」的話，「常田」是質量好的土地，如把「部田」解釋爲質量不好的土地，則這句話正好翻譯爲「好壞田地半畝也沒有」，很適合田門孔訴苦的口氣。相反，如對「部田」作其它解釋，安在這裏總不會合適。

再看本文統計表中所列〈大谷文書〉一四五八到四三一八，這是日本學者所謂的「欠田文書」。如二八八七：

（前缺）　骨不當二丁常田四畝部田四畝　竹玄㲉丁欠常田一畝　馬忠誠丁欠常田一畝部田二畝　尉
嘉寶丁欠常田半畝一百步部田三畝　張阿蹳丁欠常田一畝半部田三畝　辛胡子丁欠常田一畝半　柳天壽
丁欠常田一畝部田四畝　曹天保二丁常田五畝部田四畝　耿思順二丁欠常田一畝部田五畝　陰袍虛丁欠常
田二畝部田三畝　白懷壽丁欠部田二畝　白善生丁欠常田二畝　孫鼠居丁欠常田一畝　白善住一老四丁

欠常田二畝部田十一畝　（後略）

這些「欠田文書」每戶名下多以「常田」、「部田」並提，「常田」是質量好的土地，「部田」是質量不好的土地，在這裏作這種解釋又正合適。

再看本文統計表各種土地的比例，質量好的「常田」包括「常田買附」出現三〇九次，而質量不好的「薄田」、「潢田」、「秋潢田」、「鹵田」、「沙車田」、「石田」加起來只有二七次，還不到「常田」出現次數十分之一，難道吐魯番等地區的土地都是好質量？如把「部田」包括「部田叁易」等解釋爲質量不好的土地，則質量不好的土地合起來就有四〇六次，比「常田」次數多出近三分之一，從當時土地所有者希圖多報少、富報貧的情況來看，這樣的比數較爲合乎情理。

從以上幾方面審察的結果，證實把「部田」解釋爲質量不好的土地是正確的。

質量不好的土地何以要寫成「部田」，不寫成「薄田」？我認爲，這個「部田」就是「薄田」的異寫，「部」字是「薄」字的假借。現存唐代文書中本多不好認、不易解的字，大體有三種情況：一種是當時流行的異體字，如「年」之作「秊」，「葉」之作「枼」，「戒」之作「戓」[49]。一種是筆誤或寫別字，如「若是自牛並死者不關雇人之是」的「並」爲「病」之誤寫，「是」爲「事」之誤寫[50]，「其絹梨頭」之「梨」爲「利」之誤寫[51]，「山河違誓」之「違」爲

49　參考《敦煌資料》第一輯所附「敦煌資料中的別體字改排為繁體字對照表」。

50　《壬辰年雇牛契》（斯六三四一），見《敦煌資料》第一輯，下同。

51　《丙辰年僧法寶貸生絹契》（伯三〇五一）。

「為」之誤寫[52]，「放牧則不被饑寒」之「被」為「避」之誤寫[53]。再有一種則是通行的假借字，有時以繁易簡，多用於單位數字，以防塗改，如「石」之作「碩」[54]，「一」之作「壹」，「二」之作「貳」，「三」之作「叁」，「五」之作「伍」，「十」之作「拾」[55]；有時又以簡代繁，以省筆墨，如「懸欠」之作「玄欠」[56]，「親姻」之作「親因」[57]，「質典」之作「只典」[58]。「薄田」之作「部田」就是最後一種情況。

這樣說是有根據的，唐代文書中就有以「部」代「簿」的例子。以「簿」稱計帳文書，由來已久[59]，唐人尤習慣使用[60]，而《敦煌資料》第一輯所收斯〇五四二記載敦煌地區諸寺役使丁壯

---

52 〈善濮兄弟分家文書〉（伯二六八五）。

53 〈家童再宜放良書〉（斯六五三七）。

54 用「石」字的如〈丙子年阿吳賣兒契〉（斯三八七七）、〈唐天復二年樊曹子租地契〉（斯五九二七）等，用「碩」字的如〈寅年令狐寵寵賣牛契〉（斯一四七五）、〈乙亥年索黑奴等租地契〉（斯六〇六三）等，其例甚多。

55 這類數字之作大寫在籍帳及契約文書中最為常見。

56 「懸欠」見〈唐乾寧四年張義全賣宅舍契〉（斯三八七七）、〈未年安環清賣地契〉（斯一四七五）等，「玄欠」見〈唐大中六年僧張月光易地契〉（伯三三九四）、〈後唐清泰三年楊忽律哺賣宅舍契〉（斯一二八五）等。

57 「親姻」見〈後唐天復九年安力子賣地契〉（斯三八七七）、〈後唐天復四年賈員子租地契〉（伯三一五三）等，「親因」見〈丙子沈都和賣宅舍契〉（北圖生字二五號）、〈姚文清買宅舍契〉（斯五七〇〇）等。

58 「只典」見〈後周廣順三年羅思朝典地契〉（斯〇四六六）、〈乙未年趙僧子典兒契〉（伯三九六四）等。

59 參考錢大昕《恒言錄》卷四〈貨財〉類「帳簿」條。

60 官文書如《唐律疏議》卷一三〈戶婚律〉：「應收授之田，每年十月一日，里正預校勘造簿。」《唐會要》卷八五〈團貌〉：「延載元年八月敕：諸戶口計年將入丁老疾應免課役及給侍者，皆縣親貌形狀，以為定簿。」又如《唐國史補》卷中〈陳諫閱染簿〉條則是私人的帳簿，小說中更常見「簿書」之詞，見《太平廣記》卷三一〇〈馬朝〉條（出《河東記》）、三一三〈趙瑜〉條（出《稽神錄》）、三一四〈李泳子〉條（出《野人閑話》）等。

的名册，首行卻題作「戌年六月十八日諸寺丁壯車牛役部」，這「部」字顯係「簿」之俗寫簡化。至於「竹」頭「艸」頭之分，古人頗不講究，《釋名》卷六〈釋書契〉〈簿〉字條江聲疏證：「簿，俗字也，據漢〈夏承碑〉『爲主薄督郵』，〈韓勅碑〉『主薄魯薛陶』，〈武榮碑〉『郡曹史主薄』，古『簿』字皆從『艸』明矣，然諸史書並從『竹』。如『籍』、『藉』之類，亦互相通。」唐碑、唐墓志中這類例子尙多。「簿」、「薄」既相通用，則「部」可代「簿」，自亦可代「薄」，從字形上說是沒有問題的。

問題在讀音上，根據唐及北宋人增修本《廣韵》[61]，「部」、「簿」在上聲姥部，均音裴古切，「薄」在入聲鐸部，音傍各切，二者讀音不同，把「部」字說成「簿」之假借似不可通。但《廣韵》源出隋陸法言《切韵》，而「《切韵》所懸之標準音，乃東晉南渡以前洛陽京畿舊音之系統，而非楊隋開皇仁壽之世長安都城行用之方言」[62]，這種語言「分析過密，是音韵學家嚴格審定的標準語言，一般人或者不容易照這樣去說」[63]。因此「部」、「簿」、「薄」在唐代西北地區的方言裏是否相通，需要重新考察。

羅常培著《唐五代西北方言》一書，其中雖未提及「部」、「簿」、「薄」等字，但所引敦煌發現的《注音本開蒙要訓》卻提供了一個值得注意的現象，即四聲互注之例多不勝舉，可見唐

---

61 《古逸叢書》覆宋本。
62 陳寅恪〈從史實論切韻〉，一九四八年《北京大學五十周年紀念論文集》單行本。
63 唐蘭〈論唐末以前的「輕重」和「清濁」〉，同上。

五代西北地區仍有四聲不分的情況[64]，當然四聲不分不一定上聲的「部」、「簿」和入聲的「薄」就可通讀假借，經古音韻學家研究「假借必取諸同部」[65]，而「部」、「簿」爲上聲姥部，「薄」爲入聲鐸部，而姥、鐸在古音正同屬一部[66]，這樣「部」、「簿」、「薄」的通假就有了理論依據。再看實際情況，顧炎武《唐韻正》卷一八入〈聲鐸部〉「薄，平聲則音蒲，〈書序〉『成王既踐奄，將遷其君於蒲姑』，《史記》作『薄姑』，《左傳》亦作『蒲姑氏』。」這雖是先秦、兩漢的古音，從《廣韻》以及同經唐人北宋人增修的《玉篇》[67]中仍可找到許多這樣的例子。《廣韻》入聲鐸部「薄」字之後就另有個「簿」字，注曰「蠶具」，和「薄」同音「傍各切」，《玉篇》艸部「薄」字則曰「蒲各切，厚薄，又林薄也，一曰蠶薄」，「蠶薄」、「蠶具」顯屬一物，而一作「薄」，一作「簿」，「竹」、「艸」不分，讀音相同。《玉篇》竹部「簿」，「蒲各切，裴古切」，前者同《玉篇》及《廣韻》「薄」字讀音，後者同《廣韻》姥部「簿」字讀音，又是「竹」，「艸」不分，讀音相同。《玉篇》食部「餺」，「蒲莫切，餅也」，《廣韻》鐸部「薄」，「餺餅，亦作⿰麥薄」，唐慧琳《一切經音義》卷三七「餢⿰麥主」，「此油餅本是胡食，中國效之，微有改變，所以近代亦有此名，諸儒隨意制字，原無正體，未知孰是」，日

64 其中一小部分「關於聲調的錯綜注音」，羅書認為「大概不是類推的讀法，就是記音時的疏略」（羅書一二九頁）。案此恐是羅書過求規律而云，《開蒙要訓》雖是啓蒙讀物，撰注人不必有高水平，但也不致如此連篇累牘地念別字。

65 這個原則是十分正確的，不僅先秦古籍如此，即《敦煌資料》中也有這樣的例子，如前引「悉東薩部落」一作「悉董薩部落」，據《廣韻》「東」在上平東部，「董」在上聲董部，二者可通用，就因為東、董在古音同屬一部。

66 段玉裁《六書音韻表》卷一今韻古分十七部表。其他古音韻學家對此兩部也別無異說。

67 日本慶長時覆刻元至正南山書院本。

本《和名類聚鈔》卷一六作「䴺飳」，音「部斗」，這「餺」、「䴺」明係一字，所謂「隨意制字，原無正體」者，而前者從「薄」音「薄」，後者從「音」音「部」，「薄」、「部」同音，這又是一例。《廣韻》、《玉篇》等都是經文士整理過的韻書字書，還透露這麼多「薄」「部」同音，「簙」「薄」不分的例子，說明當時社會上確實存在這種通讀互用的情況，何況出土的唐代土地文書多屬文化程度不高的里正等人的手筆。這些人爲了減省點畫，以簡代繁，從而把「薄田」有時寫成「部田」。這應該是對把質量不好的土地寫成「部田」的最合理的推測。

有人會提出異議，因爲少數文書上有「薄田」和「部田」同時出現的情況，如〈大谷文書〉一二二八、二三九〇、二九三〇、二九七四綴合：

（前略）　（上缺）一段半畝常田　城西六十里交河縣界　（下略）（上缺）畝常田　城西六十里交河縣界　（下略）　〔西〕□上給孫〔天〕小胡訖　一段壹畝薄田城北廿里新興

（下略）　〔順〕給張令珣訖〔泰〕　一段貳畝部田　城東卅里柳中縣界對渠　（下略）

給王神□　（下缺）　一段半畝棗　城東卅里柳中縣棗　（下略）　給□□□訖　（下缺）　（後略）

如果「部田」爲「薄田」之簡寫，何以二者會同時出現？其實，這種繁簡同用、同時出現，在唐代文書中並不止這一例，如〈丙午年翟信子便麥粟契〉（伯三八六〇）[68]：

（前略）先辛丑年於氾法律面上便麥陸石，粟兩石，中間其麥粟並總填還多分，今與會

68　《敦煌資料》第一輯。

智定欠麥肆碩，粟陸碩。（後略）

許國霖《敦煌寫經題記與敦煌雜錄》下輯〈書幡帳目〉：

（前略）　三月五日使牛具種兩日折麥一石，又布一匹折肆碩二升。

又僧伯明處遺付麥一石捌升，九月十日磑祼折麥壹碩肆升。

又使牛兩日折麥一石，又硙祼折麥一石，又親家支麥陸碩。（後略）

繁寫之「碩」與「石」可同時出現，簡寫之「部田」與「薄田」同時出現又何足爲怪！今天的簡化漢字是正式頒行的，但書寫起來還時常繁簡並用，在一篇文稿中同一字往往繁簡兩體互見，何況古人只是約定俗成地在行用，怎麼可能要求他們一定用簡廢繁，杜絕繁簡互見。

賜田　賜田二易

〈大谷文書〉二九三八頁有「賜田」字樣：

（前略）　一段壹畝賜田　城西二里（下缺）　（上缺）西十里（下缺）　（上缺）里

左部渠東荒　西張伯　南（下缺）　（後缺）

一二三三有「賜田二易」字樣：

（前略）　（上缺）畝部田三易　（中缺）　西渠　南□（下缺）　（上缺）段壹畝貳佰

步賜田二易　城西（中缺）　西渠　南卜武　北（下缺）　已上安忠秀　（下缺）　（上缺）

壹畝貳佰步賜田二易　城南五里　東渠　（下缺）　給　□（下缺）　（後缺）

唐代賜田之事極多[69]，《通典》卷二三〈屯田郎中〉：「掌屯田、官田、諸司公廨、官人職分、

69 詳呂思勉師《隋唐五代史》第一七章第二節，一九五九年中華書局版八四六頁。

賜田、及官園宅等事。」卷二引開元二十五年田令：「應賜人田，非指的處所者，不得狹鄉給。其應給永業人若官爵之內有解免者，從所解者追，其除名者依口分例給，自外及有賜田者並追。若當家之內有官爵及少口分應受者，並聽回給，有剩追收。」「其官人永業田及賜田欲賣及貼賃者皆不在禁限。」[70] 說明「賜田」除受賜者犯事被解免官爵得追還外，便成爲私有，允許貼賃買賣。有「賜田」字樣的〈大谷文書〉二九三八是所謂「退田文書」，有「賜田二易」字樣的一二三三是所謂「給田文書」，這兩起「賜田」當已經政府追收不屬受賜者所有，才能或「給」或「退」。

「賜田」一詞並不標誌土地質量，何以能與標誌土地質量的「部田」等處在同一位置，寫到「一段×畝」之下？這當與前釋「常田買附」的情況相同。「買田」和「賜田」都只是說明土地的來源，和「常田」、「二易」均非連屬成一名詞，一二三三的「賜田二易」應讀作「賜田」、「二易」，「二易」者卽「部田二易」之簡稱。至二九三八之單獨寫上「賜田」，不再標誌土地質量者，蓋此土地卽係「常田」，以質量好的「常田」究屬正常情況，因此可省略不注，不像質量較差的「賜田」必須加上「二易」字樣。

有「賜田」及「賜田二易」字樣的文書僅此兩件，缺乏更多的資料作比勘，僅能作如上初步推測。

---

70 參考《唐令拾遺》〈田令〉所輯。

下篇　推論

籍帳等文書上爲什麼會寫上「常田」、「部田」等標誌土地質量的名詞？這需要從籍帳作用來考慮。

《唐六典》卷三〈戶部郎中員外郎〉述唐代籍帳制度：

凡男女始生爲黃，四歲爲小，十六爲中，二十有一爲丁，六十爲老。每一歲一造計帳，三年一造戶籍。縣以籍成於州，州成於省，戶部總而領焉（原注：諸造籍起正月，畢三月，所須紙筆裝潢軸帙，皆出當戶內口別一錢，計帳所須，戶別一錢）。凡天下之戶，量其資產，定爲九等（原注：每三年縣司注定，州司覆之，然後注籍，而申之於省）。每定戶以仲年（原注：子、卯、午、酉），造籍以季年（原注：丑、辰、未、戌），州縣之籍，恒留五比，省籍留九比。

《唐會要》卷八五〈籍帳〉、〈團貌〉、〈定戶等第〉，《冊府元龜》卷四八六〈戶籍〉，《通典》卷三〈鄉黨〉，收輯有關敕令，所言益爲詳備，如《會要·籍帳》引開元十八年十一月敕：

諸戶籍三年一造，起正月上旬，縣司責手實、計帳，赴州依式勘造。鄉別爲卷，總寫三通，其縫皆注某州某縣某年籍，州名用州印，縣名用縣印。三月三十日納訖。並裝潢一通，送尚書省，州縣各留一通。所須紙筆裝潢，並皆出當戶內口戶別一錢[71]。其戶每以

71　此句《冊府元龜》作「當戶戶口內外一錢」，與此均有脫誤，當用上引《六典》注文校正。

造籍年預定爲九等，便注籍腳。有析生新附者，於舊戶後以次編附。[72]

這都說明當時對編造籍帳十分重視。有人根據這點，又看到籍帳上記有「應受田」若干，若干畝「未受」，就認爲唐代確實在出力地推行均田制，編造籍帳就是爲了「均田」，用籍帳來登記「應受」、「未受」之數，準備補授。有些研究唐代籍帳的人也把注意力集中到這方面，其實這是一種錯覺。代表地主階級利益的政府決不可能對羣眾受田如此關心，要不憚其煩地三年一造戶籍[73]。編造籍帳的目的主要是爲了按籍徵稅，猶如地主向佃戶收租需要收租帳簿。因此，均田制的實施從北魏到唐只有三百年光景，而上起先秦下至明清，無一封建王朝不重視編造戶籍的工作[74]。

唐代稅收前期以「租庸調」爲主。「租庸調」是按丁徵收的，因此要「諸戶口計將入丁、老疾，應免課役及給侍者皆懸親貌形狀，以爲定簿，一定之後，不得更貌，疑有奸欺者，聽隨時貌定，以付手實」[75]，然後登諸戶籍，按籍按丁徵收租庸調[76]。這和「常田」、「部田」等土地質

72 參考《唐代拾遺•戶令》所輯。

73 關於唐代均田制的真相，一九四九年來報刊上頗多討論文章，我認為楊志玖〈論均田制的實施及其相關問題〉（《歷史教學》一九六二年第四期）、汪籛〈唐代實際耕地面積〉（《光明日報》一九六二年十月二十四日《史學》二四九號）兩文中提出的看法比較正確。唐代「均田」實際上是把各戶私有土地按「丁男給永業田二十畝」等規定畫出一部分加上「永業」稱號，剩餘的就算「口分」。此外，政府為了增加收入，把所掌握的一些荒閑地按「先貧後富，先無後少」的規定分給無地少地農民，但這和各戶原有的私田相比只占少數。

74 韋慶遠《明代黃冊制度》（一九六一年中華書局版）第一章第一節對此作了簡要的敘述，可參考。

75 《唐會要》卷八五〈團貌〉引延載元年八月敕。《唐令拾遺》所輯開元二十五年〈戶令〉末句作「以附於實」，蓋誤。

量無關，在這裏可不必細說。

「租庸調」外還有「戶稅」、「地稅」。地稅按畝徵收，貞觀二年規定「王公以下，墾田畝納二升」[77]，除永徽二年一度改為「率戶出粟，上上戶五石，餘各有差」外[78]，長期是「畝納二升」[79]，要到安史亂後才分「上田」、「下田」兩等徵收[80]。現存唐代籍帳多數是安史亂前的，其中武則天時的也許沿襲永徽時按戶等出粟的辦法，一般都是「畝納二升」，用不著區別土地的好壞。即使安史亂後要區別，也只需注明「上田」、「下田」或「常田」、「部田」兩等，沒有必要再注「壹易」、「貳易」、「潢田」、「鹵田」之類。可見籍帳之注有土地質量和徵收地稅也基本無關。

---

76 這從現存唐代籍帳已得到證實，如《敦煌資料》第一輯〈唐天寶六載敦煌縣龍勒鄉都鄉里戶籍殘卷〉（伯二五九二）鄭恩養戶：

戶主鄭恩養　載肆拾叁歲　白丁口空課戶見輸
母　程　載陸拾柒歲　老寡
妻　氾　載叁拾壹歲　丁妻空
男　嗣方　載壹拾捌歲　中男空
女　王王　載壹拾壹歲　小女
（後略）

凡屬唐代正式的籍帳，每戶開頭都必須列上這樣的名單，作為徵收「租庸調」的依據。

77 《通典》卷六〈賦稅〉卷一二〈輕重〉、《唐會要》卷八〈倉及常平倉〉、《冊府元龜》卷五〇二〈常平〉貞觀二年制。

78 同上永徽二年頒新格。

79 《唐令拾遺》輯本開元七年〈賦役令〉，《通典》卷一二〈輕重〉開元二十五年定式。

80 《冊府元龜》卷四八七〈賦稅〉大曆四年十月、十二月，五年三月諸條。

再看戶稅，武德六年三月令：「天下戶量其資產，定爲三等。」九年三月詔：「天下戶立三等，未盡升降，宜爲九等。」按戶等高下徵收戶稅[81]。以後稅額雖有變動[82]，以至建中元年以戶稅、地稅爲基礎頒行兩稅法後改用攤派的辦法不再有統一的稅額[83]，但按戶等高下分別徵收之法始終不改。這就是前引開元十八年敕所說「其戶每以造籍年預定爲九等，便注籍腳」的目的。戶等怎麼評定，前引《唐六典》及武德六年令只說「量其資產」，天寶四載三月敕具體一些「每至定戶之時，宜委縣令與村鄉對定，審於眾議，察以貲財，不得容有愛憎，以爲高下，循其虛妄，令不均平，使每等之中，皆稱允當，仍委太守詳覆定後，明立簿書[84]」。但「貲財」「資產」指什麼，如何「量」「察」，直到所謂〈貲合文書殘卷〉發現後才弄清。〈殘卷〉前已徵引，爲便於說明問題，再將其中比較完整的第一張正反面馮照、齊都兩戶的全文抄錄如下：

馮照蒲陶二畝半　桑二畝　常田十畝半　其他田十五畝　田地枯棗五畝破爲石田畝二斛
與蒲陶二畝半　桑二畝　常田十八畝半　其他田七畝　泮桑二畝半　得張阿興蒲陶二畝
半　得闞衍常田七畝　得韓千哉田地沙車田五畝　得張渚其他田四畝半□二畝半　貲合

81 《通典》卷六〈賦稅〉，《唐會要》卷八五〈定戶等第〉，《冊府元龜》卷四八六〈戶籍〉。案《通典》卷六尚有武太后長安元年十月詔：「天下諸州，王公以下，宜准往例稅戶。」可見前此早有徵收戶稅之事，唐初多承隋制，武德三年、九年之定戶卽為徵收戶稅無疑。

82 戶稅天寶中稅額見《通典》卷六〈賦稅〉天寶中天下計帳戶下原注，大曆四年稅額見同卷長安元年十月詔下原注及《唐會要》卷八三〈租稅〉、《冊府元龜》卷八四七〈賦稅〉。

83 別詳拙作〈唐代兩稅法雜考〉，《歷史研究》一九八一年第一期。

84 《唐會要》卷八五〈定戶等第〉，《冊府元龜》卷四八六〈戶籍〉。

二百五十七斛

齊都鹵田八畝半　常田七畝　棗七畝　石田三畝　桑二畝半　得吳並鹵田四畝半　貲合八十斛　——右孝敬里　扣竟　校竟

這裏把馮照一戶中馮照本人和馮與所有的各種土地開了清單，再加上買進的張阿與等土地，分別折價，折價是以糧食若干斛來計算的[85]，土地好的折得多，壞的折得少，因此才要將好壞不同的「常田」、「其他田」等分別開來，各自折合，最後算出該戶「貲合二百五十斛」的數字。齊都戶也是如此。由此可見標明「常田」、「部田」等名稱，是爲了計算貲財，以定戶等第，然後按戶等高下向戶主徵稅。

〈貲合文書殘卷〉上不記戶等，戶等是根據〈文書〉上的貲合若干斛，經過一定手續如天寶四載三月敕中所說那樣評定出來，然後登記在正式的籍帳上面。籍帳上只記最後評定的戶等，沒有必要再把「常田」等各若干、貲合若干一一記上去。今天所能看到的籍帳大多數是如此[86]。在已受田「一段×畝永業」下注出「常田」、「部田」等詞的只有本文統計表中從〈趙師戶殘卷〉

---

85 如「田地枯棗五畝破為石田畝二斛」，就是五畝「枯棗」田照「石田」計算，每畝折價糧食二斛。其餘「常田」、「其他田」、「蒲陶」、「桑」之未注斛數，當是由於這些較為常見，其折算已有成法，為統計者所熟知，因而省略不注。「田地枯棗」非常見，故需注明「破為石田畝二斛」。

86 如《敦煌資料》第一輯所收〈唐天寶六載敦煌縣龍勒鄉都鄉里戶籍殘卷〉（伯三三五四）是造得很正規的，每逢接縫處都寫上「敦煌郡敦煌縣龍勒鄉都鄉里天寶六載籍」一行，與前引開元十八年敕所謂「其縫皆注某州某縣某年籍」吻合，敕中規定「州名用州印，縣名用縣印」，而《資料》小注：「本卷中蓋有『敦煌縣之印』多顆。」但其中就只注明戶等，在「一段××畝永業」、「口分」下不再加注「常田」「部田」等詞。

〈斯四六八二〉到〈戶籍殘卷〉（流沙遺珍）七件。這七件之所以記有「常田」、「部田」等詞，大概是根據「貲合文書」之類登記戶等時順便照抄上去的。從現存唐代籍帳來看，在某些細節上並不怎麼統一，如有的籍帳在每戶戶口後開上「計租×石」[87]，有的則不開[88]；有的先記「××畝已受」、「×畝永業」、「×畝口分」，再記「合應受田××畝」、「××畝未受」[89]，有的則在「合應受田××畝」下面，用雙行小字注出「××畝已受」、「××畝永業」、「××畝口分」、「××畝未受」[90]。如此之類，不一而足。「常田」、「部田」等在籍帳上或注或不注也是一例。

統計表中的〈大谷文書〉，日本學者把它分做四類：從一二二五、二三八八、二三九二綴合到四三七四，稱爲「給田文書」，〈開元二十九年戶籍殘卷〉（大谷）大概也是同樣性質；一二二〇、二八六〇綴合到四九〇一，稱爲「退田文書」，〈唐開元二十九年柳中縣張保葉等戶籍殘卷〉（大谷）也是同一類；一四五八到四三七八，稱爲「欠田文書」；一二〇〇到三四〇七，稱爲「田籍文書」。以上這些，研究唐代土地制度的人往往認爲是有關均田的文書，且用來說明唐代均田制下土地還授的情況[91]。我的看法不同，因爲不僅所謂「田籍文書」和一般籍帳大有差

87 如〈唐開元九年帳後戶籍殘卷〉（伯三八七七）等，見《敦煌資料》第一輯。

88 如〈唐天寶六載敦煌郡敦煌縣龍勒鄉都鄉里戶籍殘卷〉（伯二五九二）等。

89 如〈武則天聖曆三年帳後沙州敦煌縣效穀鄉戶籍殘卷〉（伯三六六九）等。

90 如〈唐天寶三載籍後敦煌郡敦煌縣戶籍殘卷〉（沙州文錄）等。

91 如《敦煌吐魯番社會經濟資料》中有關各篇，韓國磐〈根據敦煌和吐魯番發現的文件略談有關唐代田制的幾個問題〉（《歷史研究》一九六二年第二期），唐耕耦〈從敦煌吐魯番資料看唐代均田令的實施程度〉。

異[92]，所謂「欠田文書」每戶欠田一般止「常田」幾畝，「部田」幾畝[93]，和籍帳上動輒幾十畝甚至幾頃未受的情況相去太遠，因此我認爲這幾類文書上的土地未必是均田。這幾類文書的性質及其登載「常田」、「部田」的原因當另行研究。

〈唐天寶四載戶籍殘卷〉（大谷）和〈橘瑞超文書〉一—一一、一—二六，都是上呈官府的文牒。除〈天寶殘卷〉和〈橘文書〉一—二六涉及「常田」、「部田」已分別在「常田」、「部田」條作了解釋外，應和上述〈大谷文書〉一併另行研究[94]。

統計表中〈延昌二十四年智賈（？）夏田契〉以下各件，都是民間租佃和買田的契約。這種契約收入《敦煌資料》第一輯契約、文書部分裏的就有好多件，但除列入統計表的〈張文信〉、

---

92 如〈大谷文書〉一二〇〇：

鄉義鄉

戶主焦龍貞　年六十六　男才爽　年卌□

壹段壹畝永業部田　城西柒里棗樹渠　東賈懷（下缺）

戶主令狐小及年卌七白丁殘疾思順年十一

壹段貳畝永業部田　城西伍里棗樹（下缺）

□□□守忠　年卌一衞士

（後缺）

93 一概不記「應受田」若干，「已受田」若干。有些連「永業」等也不記。而每戶畝數一般只有一、二畝，多亦不過五、六畝，也實在少得奇怪。

94 如前「部田」條所引〈大谷文書〉二八八七。

如〈橘文書〉一—一一中的「周祝子」又見於「欠田文書」二八九九，「欠田文書」等的性質如不弄清楚，這些文書就很難全部理解。

〈呂才藝〉兩件外，一般都不注明「常田」、「部田」。當然，好地租價買價都高，壞地低，但這都可由立約雙方面議，只須把土地畝數、地段和租價、買價記淸楚就行了，不一定要在契約上再注明「常田」或「部田」。

此外，在唐代土地文書的「四至」中還出現「常田」、「薄田」、「易田」、「水田」以及「潢」、「鹵」、「荒」等詞，和標誌地形的「澤」、「渠」、「道」、「塞」，標誌土地屬主的「州公廨」、「縣公廨佐史田」、「驛田」、「亭田」、「官田」、「××寺」、「××寺厨田」、「大戶地」、「百姓」等詞並列。這幾類詞都比較複雜，也應另行研究。

後記

這篇論文是一九六三年十二月寫成的。一九六四年九月上海人民出版社又出版了賀昌羣的《漢唐間封建土地所有制形式研究》，其舊著一九五八年上海人民出版社版《漢唐間封建的國有土地制與均田制》已收入作爲一個篇章。收入時略有修改，一九五八年版所謂「常田就是永業田」之說已删去，並承認「常田的土質比部田優良」，但對一九五八年版所謂「部田是畿外州縣的公田」之說尚作保留，而且「常田」爲什麼不是永業田，一九五八年版所說爲什麼不對，也未作任何說明。因此我這篇論文中對賀說的批評就無改寫之必要，這樣對正確判斷這個學術問題的是非來說似更有好處。

一九七九年七月

唐天寶宣城郡丁課銀鋌考釋

關於唐代的銀鋌，過去日本學者加藤繁根據歷史文獻作過一些推測[1]。至於實物，則是近若干年來陸續發現的[2]。一九五六年在西安市郊唐大明宮遺址發掘到四鋌，《文物參考資料》一九五七年第四期有專文報導，並經唐長孺教授作了題爲〈跋西安出土唐代銀鋌〉的考釋[3]。一九六三年長安縣文化館又自該縣秦渡地區北張村徵集到一鋌，據說是從某個古墓中出土的，《文物》一九六四年第六期刊登了報導。

這裏，對一九六三年徵集到的一鋌作若干考釋，以補唐〈跋〉的不足。

1 《唐宋時代金銀之研究》第四章第二節及其他有關部分，有中譯本。

2 舊社會裏不見得沒有發現，不過當時對這類文物不重視，即有發現，也當作普通金銀銷毀掉，難於保存流傳。

3 《學術月刊》一九五七年第七期。

一九六三年徵集到的這鋌長三十厘米，寬八厘米，重二・一公斤，和大明宮出土的四鋌基本相同[4]。大概出土後曾經椎擊，已彎成弧形。鋌的兩面銘刻著文字，由於椎擊，創痕纍纍，文字受到損傷，頗難辨認。《文物》報導中所錄謬誤太甚，不堪卒讀。一九六四年夏我到長安縣文化館查看了原物，把文字勾摹下來，今照錄如下：

正面一行：

天寶十三載採[5]丁課銀一[6]鋌[7]伍拾[8]兩

反面五行，從左到右，爲：

朝請[9]大夫使持節宣城郡諸軍事守宣城郡太[10]守□□[11]副使上輕事[12]都尉清水縣開國男趙

4 由於厚度不一，五鋌的長寬均略有出入，但大致保持長四寬一之比。重量之微有出入，當是由於熔製時的粗疏及年久侵蝕磨損之所致，不能以此「證明唐時衡制尚未統一」（如《文物參考資料》一九五七年第四期報導中所說）。

5 「採」字報導脫去。

6 「一」字報導作匹，不可通，今審「一」字上有數線道、實椎擊創痕，非本來字畫。

7 「鋌」字右旁模糊，報導誤釋為「錠」。

8 「伍拾」報導誤從省筆「五十」。

9 「請」，報導誤作「清」。

10 「太」，報導作「大」。「太」字古人本寫作「大」，但唐人已習慣用「太」，細審原物，「大」下實有一點。

11 模糊平漫，不可辨釋。下作□者同。

12 「輊」即「輕」字，「事」乃「車」字之誤刻，唐有「輕車都尉」無「輕事都尉」可知。報導釋為「幹事」，大謬。

悅（按：原銘文此行較後四行高出六字）

朝議郎守司馬□□

朝議郎行錄事參軍□□[13]

朝議郎行司士參軍李□[14]

部送綱將仕郎守宣城[15]縣尉員外置同正員劉鉥

報導錄此五行係從右到左，是不對的。唐人習慣，把官職高的寫在前面，低的寫在後面，傳世的唐人文書如「告身」之類多如此，大明宮出土的朗寧郡貢銀也先題太守，後題戶曹參軍，都是這五行應從左到右的明證。過去漢文上下行的多數從右到左，但古代銘刻中也偶或從左到右，唐代尚不乏這樣的例子[16]，不足爲怪。

二

唐代的白銀，除前朝遺留下來外，有兩個來源：一是從有銀礦的地方開採出來；再是中亞、南海各國的金銀經過河西走廊和交廣一帶的貿易港流入中國[17]。這個記有「宣城郡」（卽宣州

13 原物此處雖不可辨釋，但細審實是二字，報導多列一□，誤。

14 此字上半作「明」尚可辨。

15 報導此處誤衍「郡」字。

16 參考葉昌熾《語石》卷九〈左行〉條。

17 參考《唐宋時代金銀之研究》第八章第一節、第五節，呂思勉師《隋唐五代史》第十八章第五節。

[18]）的天寶銀鋌，我認爲應該是從當地開採出來的。

報導中也講到這一點，根據《新唐書》卷五四〈食貨志〉所載「凡銀、銅、鐵、錫之冶一百六十八，陝、宣、潤、饒、衢、信五州銀冶五十八」[19]，以及卷四一〈地理志〉江南西道「宣州宣城郡，望[20]，土貢銀銅器……」，屬縣南陵「鳳凰山有銀」，寧國「有銀」，來「斷定此銀鋌產自宣城郡，是該郡礦冶手工工人生產的」。案這樣論證在史料的時間性上尚有問題。試檢《元和郡縣圖志》，其中注明出銀和稅銀的有五州，貢銀的元和中有九州，開元中有七州，其中都沒有宣州[21]。卷二八江南道宣州的「貢賦」項下只說「開元貢白紵布，自貞元後，常貢之外，別進五色線毯及綾絹等珍物，與淮南、兩浙相比」。上推《通典》，卷六〈賦稅〉所載天寶時「天下諸郡常貢」中提到貢銀的有三十二郡，其中也無宣城郡，宣城郡只「貢白苧布十匹」[22]。開元末編纂的《唐六典》，在卷三〈戶部郎中〉下列舉各道各州的貢品中，宣州也只有「白紵布」、「黃連」、「綺」而沒有銀或銀器。因此，《新書．地理志》中關於產銀、貢銀等記載，前人早疑爲

---

18 《舊唐書》卷四〈地理志〉江南西道：「宣州，……天寶元年改為宣城郡，……乾元元年復為宣州。」

19 〈志〉所舉實有六州，「五州」疑「六州」之誤。

20 唐有所謂六雄、十望州，見《唐會要》卷一〇〈量戶口定州縣等第〉條，及王鳴盛《十七史商榷》卷七九〈赤畿望緊上中下輔雄〉條。又《會要》同卷〈州縣分望道〉：「江南道，……新升望州：潤州、宣州、越州、常州，並會昌五年四月升。」報導引此以「宣州宣城郡望」為句，誤。

21 參考《唐宋時代金銀之研究》第八章第一節所列簡表。

22 同注21。又《通典》原書未注明此「天下諸郡常貢」的時代，所以知其為天寶者，以其中上稱「××郡」下注「今×州」可知，《唐會要》卷六八〈刺史〉：「天寶元年正月二十日，改州為郡，改刺史為太守。至德元載十二月十五日，又改郡為州，太守為刺史。」

「根據元和以後昭宗以前某時期的記錄」[23]，不能用來說明天寶時的情況。至於《新書·食貨志》中的記載，更難判明其時代，同樣不能隨便用來作爲唐代前期宣州產銀的佐證。

唐代前期有沒有宣州產銀的記載？有的，《新唐書》卷一〇〇〈權萬紀傳〉：「召萬紀爲持書御史，卽奏言宣、饒部中可鑿山冶銀，歲取數百萬。」這是太宗時候的事情。《太平御覽》卷八一二〈珍寶部·銀〉引《唐書》講得更詳細：「貞觀中，治書侍御史權萬紀上言：『宣、饒二州諸山大有銀坑，采之極是利益，每歲可得錢百萬貫。』上謂曰：『朕貴爲天子，是事無所少乏，唯須嘉言善事有益於百姓者，且國家剩得數百萬貫錢，何如得一有才行人，不見卿推賢進善之事，又不能按舉不法，震肅權豪，唯只言稅鬻銀坑，以利多爲美，昔堯抵璧於山，投珠於谷，由是崇名美號，見稱千載，後漢桓靈二帝，好利賤士，爲近代庸暗之主，卿遂欲將我比桓靈耶？』是日放令還第。」[24] 案唐宋時代的金銀等礦本是聽任民間自行開採的[25]，如果不是宣、饒二州民間已有人開採銀坑，當時缺乏探測地下礦藏的技術，權萬紀從何得知「二州諸山大有銀坑」，這是宣州在天寶前早已產銀的明證。

宣州既早就產銀，何以《元和郡縣圖志》不予記載？我認爲，這倒不是《元和志》的脫漏，而係牽涉到當時政府對待銀坑的政策。權萬紀建議政府經營銀坑，給太宗碰了回去，應是當時對

23 《唐宋時代金銀之研究》第八章第一節，中譯本下冊九一頁。

24 吳兢、韋述、柳芳等遞修《唐書》，北宋時尚存，《御覽》此處所引不見劉昫《舊唐書》卷一八五〈權傳〉，或係引用吳兢等修《唐書》。

25 參考《唐宋時代金銀之研究》第八章第三節。

金銀的需求量還不太大，「是事無所少乏」。其後統治階級中奢侈之風日甚，對金銀的需求量增大，加之國用繁費，也需要廣開財源，於是開始對民間開採的銀坑徵稅。這就是《新唐書》卷五四〈食貨志〉所說的「開元十五年初稅伊陽五重山銀錫」[26]。這時徵稅由地方經手，如大明宮出土的天寶十一載信安郡稅山銀就是由本郡的錄事參軍以兼「專知山官」的身分徵收的[27]。以後才由中央的鹽鐵使直接掌管，《新書·食貨志》下文所謂「德宗時戶部侍郎韓洄建議山澤之利宜歸王者，自是皆隸鹽鐵使」[28]。因此我認爲，見於《元和郡縣圖志》的產銀州縣，是已經中央過問徵稅的。宣州當時雖有銀坑，但可能開採規模不大，產量不豐[29]，中唐以前一直沒有由中央正式徵稅，到晚唐才一度徵稅，這就是宣州產銀何以僅見《新書·地理志》的原因[30]。

唐代前期宣州進銀的記載，也是有的，《唐六典》卷二〇〈右藏署令〉：「雜物州土：……饒、道、宣、永、安南、邕等州之銀，……凡四方所獻金玉珠貝玩好之物皆藏之。」可見最遲在

26 如據北宋樂史《太平寰宇記》卷一百七饒州德興縣「有銀山，出銀及銅，唐〔高宗〕總章二年，邑人鄧遠上列取銀之利，〔高宗〕上元二年，因置場監，令百姓任便采取，官司什二稅之」，則初稅銀山的時間還得推前一些。

27 當時中央政府有威權，因此得解繳若干進國庫。

28 「開成元年復以山澤之利歸州縣，刺史選吏主之。……及宣宗增河湟戍兵，……鹽鐵轉運使裴休復歸鹽鐵使以供國用。」

29 宋代就再不見宣州產銀的記載，如《太平寰宇記》、《元豐九域志》、《宋史·地理志》、〈食貨志〉等列舉當時產銀州縣，宣州都不在其內。而權萬紀上言中和宣州並提的饒州，則《元和郡縣圖志》既大書其所屬樂平縣有「銀山在縣東一百四十里，每歲出銀十餘萬，收稅山銀七千兩」（卷二八），《太平寰宇記》、《元豐九域志》、《宋史·食貨志》又都說它產銀有銀場，可見宣州產銀遠非饒州之比（宋代產銀記載，《唐宋時代金銀之研究》第八章第二節列有簡表，可參考）。

30 信安郡（衢州）銀坑曾設專知官徵稅，但也不見於《元和郡縣圖志》記載者，當亦由於其後來歸中央鹽鐵使掌管。

開元末宣州已有進銀之事。但它不見於《六典》的〈戶部郎中〉和《通典》的「天下諸郡常貢」，說明不是正式的「常貢」，而是用其他名義（如大明宮出土的宣城郡和市銀和這鋌丁課銀之類）進入中央的。

如上推測，宣州在唐代前期產銀是肯定的，這鋌宣城郡「採丁課銀」應該是當地銀坑的產物，丁課前的「採」字也多少透露了消息。但至少唐代前期，在全國的產銀地區中宣州並不占有重要地位。不能看到《新書・食貨志》的記載，凑巧出土的唐代銀鋌中宣州又占了二鋌（大明宮出土的宣州和市銀和這鋌丁課銀），便如報導那樣誇大地說天寶時宣城郡已是「產銀、冶銀要地」。

三

這鋌宣州銀正面刻着「天寶十三載採丁課銀一鋌伍拾兩」。爲什麼叫「丁課銀」，需要作點解釋。

如所周知，唐代在安史亂前徵收賦稅，是實行的「租庸調」制，高祖武德七年令：「每丁歲入粟二石（案這就是『租』）；調則隨鄉所產，綾絹絁各二丈，布加五分之一，輸綾絹絁者，兼調綿三兩，輸布者，麻三觔（案以上是『調』）；凡丁，歲役二旬，若不役，則收其庸，每日三尺，有事而加役者，旬有五日免其調，三旬則租調俱免，通正役不過五十日（案以上是『庸』）；

若夷獠之戶，皆從半稅。」[31]這也就是所謂「丁課」。丁課本是不輸銀的，《新唐書》卷五一〈食貨志〉在講「調」時有「非蠶鄉則輸銀十四兩」之說，是錯誤的，早經前人指摘[32]。所謂「丁課銀」，顯然不能以《新書．食貨志》的話來解釋[33]。

租庸調的收入，除按戶部的規定留下一部分以供地方政府開支外，原則上必須上繳到中央[34]。唐代初年，首都長安所在的關中地區糧產不足，需要把江淮地區的租米通過運河每年大量地輸入長安。到玄宗開元後期採用「運江淮變造義倉」及「和糴」等辦法，關中存糧充足，就不再需要其他地區的租米，叫這些地區改繳布帛。如《唐大詔令集》卷一一一開元二十五年二月〈關內庸調折變粟米敕〉所說「自今已後，關內諸州庸調資課並宜準時價變粟取米，……其河南北有不通水利，宜折租造絹，以代關中調課」；《冊府元龜》卷五〇二〈平糴〉開元二十五年九月戊子敕所說「今歲秋苗遠近豐熟，……宜令……於京畿據時價外，每斗加三兩錢，和糴粟三四百萬石，……其江淮間今年所運租停」；《通典》卷六〈賦稅〉開元二十五年定令：「其江南諸州租，並迴造納布。」都是上述政策的明文規定[35]。

布帛，在今天是普通的商品，在唐代則兼具貨幣的作用，這是讀史者所習知的事情。大批布帛之集中到長安，顯然不是全部當作商品使用，其中一部分成為最高統治階級手裏掌握的貨幣，

31 《唐會要》卷八三〈租稅〉，《冊府元龜》卷四八七〈賦稅〉、《舊唐書》卷四八〈食貨志〉略同。
32 見盧文弨《鍾山札記》（卷二）、錢大昕《廿二史考異》（卷四五）、趙紹祖《新舊唐書互證》（卷六）諸書。
33 何況宣州土貢有綺、綾絹之類（見前引《唐六典》、《元和郡縣圖志》），也根本不是「非蠶鄉」。
34 參考《唐六典》卷三〈度支郎中〉、〈戶部郎中〉的有關條文。
35 「運江淮變造義倉」、「和糴」、「迴造納布」等考證，詳見陳寅恪《隋唐制度淵源略論稿》七〈財政〉。

以此購買他們所需求的其他商品，特別是高貴的奢侈品，以滿足生活享受。而這些高貴的商品，又往往不是長安城裏生產的，它是各地的土產，或由商人販運到長安供應統治階級的需求，或由統治階級直接到產地採購。一般的統治階級只能通過這兩個途徑來獲得土產。皇室則不然，除上兩個途徑外，各道各州還得向它進貢，使它無代價地獲得各地的土產。不過從《通典》、《元和郡縣圖志》等所載土貢的資料來看，數量還很有限，遠不能滿足皇室無厭的需求。這時候長安存糧既已充足，已叫江淮等地用布帛代租米，那何不索性連布帛也不要，直接把各地土產折成租賦之類運入長安。

從現存史料來看，開始實施這個辦法是在玄宗天寶初年。當時韋堅在「天寶元年三月擢爲陝郡太守水陸轉運使」，負責運輸山東、江淮租賦的工作。他建議「於江淮轉運租米，取州縣義倉粟，轉市『輕貨』，差富戶押舡」[36]。天寶二年，這些「輕貨」運到了長安新鑿成的廣運潭，「其船皆樹牌表之：若廣陵郡船，卽於栿背上堆積廣陵所出錦、鏡、銅器、海味；丹陽郡船，卽京口綾衫段；晉陵郡船，卽折造官端綾繡；會稽郡船，卽銅器、羅、吳綾、絳紗；南海郡船，卽瑇瑁、眞珠、象牙、沈香；豫章郡船，卽名瓷、酒器、茶釜、茶鐺、茶椀；宣城郡船，卽空青石、紙、筆、黃連；始安郡船，卽蕉葛、蚺蛇膽、翡翠；船中皆有米；吳郡卽三破糯米、方丈綾。凡數十郡」[37]。以上各郡「土地所產寶貨諸奇物」[38]，就是轉市來的「輕貨」。

36 《舊唐書》卷四八〈食貨志〉。
37 《舊唐書》卷一〇五〈韋堅傳〉，參考《新唐書》卷一三四〈韋傳〉。
38 《新唐書》卷五三〈食貨志〉。

繼之而起是楊國忠。此人在天寶七載「擢給事中兼御史中丞，專判度支」，掌握了國家財政大權。「時海內豐熾，州縣粟帛舉巨萬，國忠因言：古二十七年耕，餘九年食，今天置太平，請在所出滯積，變輕賫，內富京師；又悉天下義倉及丁租地課，易布帛以充天子禁藏」[39]。所謂「輕齎」，卽韋堅所市的「輕貨」。韋堅只是把義倉存米變換輕貨，楊國忠更擴大了範圍，不論義倉、滯積、丁租、地課，都可斟酌情況變易成「輕貨」上供京師（「變輕齎」和「易布帛」是互文，並非「天下義倉及丁租地課」只「易布帛」不得「變輕齎」，不可死讀）。天寶十三載宣城郡的「丁課」銀鋌，就是這樣來的，它是把當地丁課換成「輕貨」上繳中央的一種。

四

金銀，用近代眼光來看主要是貨幣，似乎不能同眞珠、象牙、翡翠、沈香、名瓷、銅器、吳綾、絳紗等「輕貨」相提並論。在唐代則不然。唐代不曾用金銀爲貨幣，這是我國過去的學者早就作了考證的[40]。日本加藤繁獨持異議，但所列舉的證據，也大體局限於統治階級間賄賂、贈遺、進獻、賞賜……之用，並不能說明它眞正具備了價值尺度和流通手段的職能[41]。凡不具備以

39 《新唐書》卷二〇六〈楊國忠傳〉。

40 如顧炎武《日知錄》卷一一〈金〉、〈銀〉，黃宗羲《明夷待訪錄·財計》，趙翼《陔餘叢考》卷三〇〈銀〉。

41 詳《唐宋時代金銀之研究》第二章第一、二、五節。

上兩種職能的就不算貨幣。加藤之說已有人駁正[42]，這裏不再多說。

那麼，當時統治階級大量搜求金銀幹什麼呢？從前面所引唐太宗申斥權萬紀的話中，可看出當時是把金銀和珠玉等玩好同樣看待的。唐代統治階級用金銀製作玩好器物之風，極爲盛行。呂思勉師曾從兩《唐書》裏搜輯了好多這方面的資料[43]。這裏單就他沒有提到的天寶時代的情況舉個實例，這就是唐姚汝能《安祿山事迹》卷上所載玄宗賞賜安祿山的大批器物：其中如天寶九載祿山入居賜宅，不僅賞賜金銀平脫的家具，甚至「廚廄之內亦以金銀飾其器」，有「金平脫五斗飯罌二口，銀平脫五斗淘飯魁二，銀絲織成筹筐、銀織笊籬各一，金銀具食藏二」；同年天長節又「賜祿山寶鈿鏡一面，并金平脫匣、寶枕、承露囊、金花盌等」；不久又「賜祿山金靸花大銀胡瓶四，大銀魁二并蓋，金花大銀盤四，雜色綾羅三千尺」；十載正月祿山生日玄宗又「賜金花大銀盆二，金花銀雙絲平二，金鍍銀蓋椀二，金平脫酒海一并蓋，金平脫杓一，小馬腦盤二，金平脫大盞四，次盞四，金平脫大腦盤一，玉腰帶一，并金魚一袋，及平脫匣一，紫細綾衣十副，內三副錦襖子并半臂，每副四事，熟錦細綾□□三十六具」，此外還有楊妃所賜的「金鍍銀盒子」、「金平脫盒子」、「銀沙羅」、「銀鏂碗」等等，「其日又賜陸海諸物，皆盛以金銀器」。以上這些器物玩好中，金銀製作的占了絕大多數[44]。單憑皇室內庫一點存銀，如何供得上這樣揮

42 《歷史研究》一九六四年第一期李埏〈略論唐代的「銀帛兼行」〉。

43 《隋唐五代史》第一八章第一五節。

44 近若干年來在西安多次出土唐代銀器，製作極為精工；日本正倉院保存的唐代日本皇室遺物中，用金銀飾製者為數亦極多，足證《安祿山事迹》所說並無夸大。又《事迹》傳世鮮善本，上引文字容有脫落訛誤；「平脫」則為當時一種手工藝，可參考傅芸子《正倉院考古記》，於此均不贅。

霍，這就是天寶時代搜刮各地「輕貨」中會出現銀鋌的原因。

弄清銀鋌在當時的用途，就可附帶談一談大明宮出土的天寶十載「宣城郡和市銀」。唐長孺教授〈跋西安出土唐代銀鋌〉中說：「和市卽是國家向民間收買物資。可是這鋌銀何以稱爲和市銀卻不很清楚。一種解釋是中央分付宣城郡和市若干土產，預發價若干，後來買價較預計爲低，還有餘多，以之繳還國庫，這也算一種所謂『羨餘』。另外一種解釋是以租調義倉粟折錢和市輕貨送往長安，這鋌銀是和市所得之物，因此稱爲和市銀。」我認爲後一種解釋似較妥當。因爲銀鋌在當時並非貨幣，不可能把銀鋌發到宣城郡去收購土產；而且和市也不會是一次，如果中央撥給宣城郡其他錢帛之類的貨幣，一次用不完盡可留待下次再用，何必急忙換成銀鋌上繳。

五

這鋌丁課銀背面有五行題名，都是天寶十三載宣城郡現任的地方官。他們在兩《唐書》沒有立傳，可見都不是什麼重要有關係的人物。其中太守趙悅，李白曾做詩送他，見繆氏覆宋本《李太白文集》卷一二，是一首題爲〈贈宣城趙太守悅〉的五言古體詩，應酬之作，諛詞滿篇，也別無考證價值。

至於官職，也沒有必要逐條仔細解釋，只講幾點較有關係的。

題名以「宣城郡太守」居首，太守是一郡之長，本郡上供銀鋌，當然由他領銜。

太守（刺史）下面設若干職事官，分別承擔行政事務。職事官多少，視州郡等級而定。宣城郡在天寶年間應爲上州[45]，據《唐六典》卷三〇所載，上州有別駕一人，長史一人，司馬一人，錄事參軍事一人，錄事二人，司功參軍事一人，司倉參軍事一人，司戶參軍事二人，司兵參軍事一人，司法參軍事二人，司士參軍事一人，參軍事四人，……。其中見於此「丁課」銀鋌的只有司馬、錄事參軍和司士參軍。據《六典》，其職掌是：「別駕、長史、司馬，掌貳府州之事，以紀綱衆務，通判列曹，歲終則更入奏計。」「司錄錄事參軍，掌付（府）事勾稽，省署抄目，糾正非違，監守符印，若列曹事有異同，得以聞奏。」以上這兩個當是以太守副貳和出納審計的身分列名「丁課」銀鋌的。「士曹司士參軍，掌津梁舟車舍宅百工衆藝之事，啟塞必從其時，役使不奪其力，通山澤之利，以贍貧人。」《六典》在這裏還加了一條重要的原注：「凡州界內有銅鐵處，官未採者，聽百姓私採者，鑄得銅及白鑞，官爲市取，如欲充折課役亦聽之。」銅、鐵礦如此，銀坑當亦不例外，司士參軍是礦冶的主管者，當然要列名銀鋌了。原注中所謂「官市取」的，當卽大明宮出土的「和市」銀；所謂「折充課役」的，則就是這鋌「丁課」銀。

《六典》：「倉曹司倉參軍，掌公廨、度量、庖厨、倉庫、租賦徵收、田園、市肆之事。」「戶曹司戶參軍，掌戶籍計賬、道路、逆旅、田疇、六畜、過所、蠲符之事。」「戶籍計賬」、「租賦徵收」，都是管丁課的，何以這鋌「丁課」銀上不列該郡司戶、司倉參軍之名？大概丁課

45 《新唐書・地理志》稱宣州為望州，這是會昌五年才升的（詳注20），前此的《元和郡縣圖志》卷二八則稱宣州為緊州。《舊唐書・地理志》則是根據天寶十一載的資料寫成的（參考《十七史商榷》卷七九〈天寶十一載地理〉條），在卷四宣州條下雖不注等級，但講清楚「天寶領縣九，戶一十二萬一千二百四十」，再據《唐會要》卷七〈量戶口定州縣等第例〉開元十八年敕「四萬戶已上為上州」的規定，則宣城郡在天寶時至少為上州（當然也可能已是緊州，但開元十八年敕有「其六雄十望三輔等……並同上州」。則卽使其時宣稱郡已為緊州，所設職官亦與上州無出入）。

雖由戶曹、倉曹徵收，折銀上供則專歸主管礦冶的士曹辦理，因此司戶、司倉參軍就不再有必要列名銀鋌吧！這應是宣城郡地方上的特殊規定[46]。

銀鋌上最後列名的是「宣城縣尉員外置同正員」。宣城縣是宣城郡的屬縣，郡治所在。唐制，縣亦分等級，宣城縣《元和郡縣圖志》、《新書．地理志》都說是望縣，天寶時當已如此，望縣同於上縣[47]。據《唐六典》卷三〇，上縣只規定有尉二人。額外添設一名，就叫「員外置同正員」。《六典》：「縣尉親理庶務，分判眾曹，割斷追徵，收率課調。」則丁課確是縣尉的職掌範圍，因此被郡太守點派承擔押送丁課進京的任務（所押送之丁課不會都是丁課銀鋌，當還有其他粟、帛之類）。這行題名的開頭有「部送綱」三字，唐宋時代的運輸隊叫「綱」[48]，所謂「部送綱」，即押送運輸隊的意思。

當時中央掌管賦稅調度的是戶部的度支郎中，掌管金錢財貨出納的是戶部的金部郎中，藏儲出納金銀玩好等輕貨的是太府寺的右藏署[49]。丁課銀鋌押送到長安後，得經戶部然後入藏右藏署。不過如前所說，當時所以廣求金銀，主要是供皇室揮霍，則入藏右藏署後，遲早要像大明宮出土的稅山銀、和市銀那樣被楊國忠之流進奉入宮庭的內庫。這鋌天寶十三載丁課銀上所以看不到進奉的銘文，當是由於第二年即爆發安史之亂，沒有來得及進奉。

46 大明宮出土的「朗寧郡都督府天寶二年貢銀」就有「戶曹參軍陳如玉、陳光遠、□□仙」的題名。

47 《唐會要》卷七〇〈量戶口定州縣等第例〉。

48 北宋宣和時的「花石綱」已眾所周知。其實唐代早有此稱，如《冊府元龜》卷四八七〈賦稅〉開元九年十月敕「天下諸州送租庸行綱，發州之日，依數收領，至京都不合有欠」即是。

49 詳《唐六典》卷三〈度支郎中〉、〈金部郎中〉及卷二〈右藏署令〉。

這些銀鋌製作不甚精工，不僅厚薄不勻，邊緣不平，而且文字也不講究，如這鋌丁課銀上的文字卽顯係工匠隨手刻就，點畫草草，且有誤字（「輕車」誤「輕事」）。案唐代所鑄的銅錢是極其精工的，看傳世的「開元通寶」之類可知。銀鋌之所以簡率從事者，當因它本僅是製造珍貴器物的原料，遲早得熔掉，不必講求精工。

附　記

加藤繁考證唐宋銀鋌，未能舉出實物。唐代銀鋌過去未見著錄，固不必苛求加藤，但宋代銀鋌實物淸人早有記載。莫友芝《宋元舊本書經眼錄．附錄》卷二有「宋達州進奉大禮銀鋌」，「款識三行，云：『達州今解發寶慶三年紹定元年分』『進奉大禮銀一大鋌重伍拾兩』『奉議郎通判達州軍州兼管內勸農兼權州事臣任隆祖。』中有人名湯孫、朱榮、山澤，而山澤字倒書向上。結銜行後復有『靳德一郎記』五小字。」「此鋌重準今庫平五十兩少一兩四錢，準東南市用漕平少四錢。同治元年皖南鎮總兵官唐義訓統強中營駐休寧，掘黃氏窖藏，得銀七千餘兩以充餉，中有此鋌，舍弟祥芝拓其款識以存。」案這是南宋理宗時以南郊祭名義進奉的東西。莫氏雖未記其形制，實物經所謂「充餉」也早被銷毀，拓片也無可踪迹，但從其重量、銘文來看，還和唐代銀鋌相近似。至其中地理、職官、制度之類，當別事考釋，於此不贅。

考唐長安城內兩個缺失的坊名

一

要研究唐代的長安城，北宋時人宋敏求編撰的《長安志》是極其重要的文獻。但這部書的宋刻本早已不傳，現在通行的是清乾隆四十九年畢沅巡撫陝西時刊刻的靈巖山館本（後來編入《經訓堂叢書》，所以也稱爲經訓堂本），宋敏求原書本應有圖，今已缺失（宋敏求所撰記述洛陽的《河南志》就有圖，見繆荃孫輯刻《藕香零拾》），正文則朱雀門街西第一街從北數起第一、二兩坊也缺失，連坊名都看不到。

元至正時李好文撰《長安志圖》，明清時與宋敏求《長安志》合刻，應該能用來校補宋志。

可惜明清刻本卷上裏的「唐宮城坊市總圖」、「唐皇城圖」、「唐京城坊市圖」又都缺失，宋志裏缺失的兩個坊名在這本圖裏仍無法查考。

清乾嘉時考證之學大盛，由治經、講小學而旁及史地，並且將考證方法用之於編撰地方志。嘉慶二十年董曾臣所撰《長安縣志》，二十三年陸耀遹、董祐誠（即曾臣改名）所撰《咸寧縣志》，都不僅詳今，且能考古，但對這兩個坊名仍無從措手，只好任其空缺。

二

試圖填補這兩個空缺坊名的是清中葉的史地學家徐松。他在嘉慶道光時所纂修、身後由張穆經手刻入《連筠簃叢書》的《唐兩京城坊考》裏有這樣兩段考證，卷四「長安縣所領朱雀門街之西從北第一」作「光祿坊」，下面考證說：

《長安志》于此處缺二坊，別無善本可證。李濟翁《資暇集》永樂坊古冢下注云：「光祿坊內亦有古冢，《新記》不載，時以之與永樂者對，遂目為王母台，張郎中譙云；常於《雜鈔》中見光祿者是漢朝王陵母墓，以賢，呼為王母，所以東呼為王公。」按光祿坊之名不見《長安志》，既云與永樂相對，又云東呼為王公，是在永樂之西，恐兩缺坊內有一名光祿者，今注於第一坊下以俟考。

接著在「次南」作「□□坊」，考證說：

張元忠夫人令狐氏墓誌云：「夫人卒於京兆府殖業里之私第。」按以南數坊多以「業」

爲名，或此坊爲殖業歟？不言縣而獨言京兆府，以府廨在光德坊，與此坊相近也。存之附考。

後者當然只是一種猜測。因爲次南是豐樂坊並無「業」字，再次南才出現兩個有「業」字的安業坊、崇業坊，不能如徐松所說「以南數坊多以『業』爲名」。而光德坊和這個缺名的坊中間還隔了個通義坊，也說不上相近。令狐氏墓志之作京兆府只是統而言之（卽只說府而不再提縣），不能以此來說明墓志所說殖業坊的地望。大概徐松自己也感到證據實在太薄弱，因而只用懷疑的口氣說「或此坊爲殖業歟？」而在坊名上仍作□□。至於前一個坊的考證，徐松認爲較有把握，所以正式填上「光祿」這個坊名。但認眞推敲一下，可以發覺其所持理由仍極單薄。因爲《資暇集》所說的永樂坊是朱雀門街東第二街從北數起第四個坊，和朱雀門街西第一街從北數起第一坊並非東西相對稱，不能因爲這個第一坊缺了坊名，就把《資暇集》所說的光祿坊硬填進去。

不過，徐松這部《唐兩京城坊考》問世後久已成爲權威著作，爲多數研究唐長安城者無條件信從。於是，今人繪製唐長安城坊圖時，幾無不在朱雀街西第一街第一坊填上「光祿」，而徐松尚未敢填寫的第二坊也斷然填上「殖業」。

三

一九八一年我應中華書局約，點校元人駱天驤《類編長安志》，這是一部元以後卽未刊刻僅有抄本流傳的秘籍，《四庫全書》、《宛委別藏》均未著錄，畢沅、董曾臣、徐松等人也均未寓目。在這駱志卷二〈京城〉類〈隋唐．外郭城〉條開列了城內的全部坊名，朱雀門街西的第一、二坊卽明清刻本《長安志》所缺失的卻赫然是「善和」和「通化」，而不是如徐松所猜測的「光祿」、「殖業」。

後來翻閱日本平岡武夫《唐代的長安與洛陽》的〈地圖篇〉（一九五七年陝西人民出版社所出版的楊勵三譯本），知道平岡已知道利用該國靜嘉堂文庫所藏、原爲我國陸氏皕宋樓收藏的駱志傳抄本，發現了駱志這兩個坊作「善和」、「通化」，並考證「善和里的名稱見於《册府元龜》（卷九三八）、《雲仙雜記》（卷四〈石蓮匣〉條）引用的《大唐龍髓記》、《國史補》（卷下〈善和里御井〉條）等，通化坊的名稱見於《舊唐書．裴度傳》（卷一七〇）、《太平御覽》（卷一八〇）等」。但平岡過於審愼，認爲這「善和」、「通化」不一定就是宋志所缺失的兩個坊名。這也許是他發現駱志所記坊名和明清刻本宋志間或有出入，從而對駱志不敢充分信賴。

駱志作者的水平確實不高，我在點校中確已發現其中有不少錯誤，甚至抄宋志也會因誤解文義而抄錯。但這兩個坊名倒還是可以信賴的。因爲駱氏是金元時人，所用的宋志無疑是宋刻或金刻的足本，這個坊名單子可以用宋志足本照抄，而且這又牽涉不到文義，不見得會抄錯。至於駱志中有少數坊名和宋志有出入，則是由於唐長安城的有些坊名曾經更改過，駱志很可能根據其他史料對宋志的坊名作過增改。如駱志朱雀街門街西第五坊爲「安善」，宋志同坊爲「崇善」，好像有出入，但宋志崇善坊內有玄都觀，徐松《唐兩京城坊考》抄錄宋志，在玄都觀下作考證說：「按《會要》言移玄都觀至安善坊，疑安善坊爲此坊之舊名。」如前所說徐松是沒有見過駱志的，但這裏的考證卻和駱志之作「安善」暗合。可見駱志所列坊名確可信賴，朱雀門街西第一街第一、二坊之爲「善和」、「通化」，可信從駱志毋庸置疑。

四

「善和坊」的宋志佚文見於駱志卷七〈古跡〉類御井條：

《長安志》：善和坊，有井水甘美，以供內厨，開元中，日以駱駝馱入內，以給六宮，謂之御井。

「通化坊」則見於駱志卷四〈堂宅亭園〉類：

行臺左僕射鄖國公殷開山宅。本隋蔡王智積宅。

秘書監顏師古宅。貞觀永徽間，太常少卿歐陽詢、著作郎沈越賓亦住此坊。殷、顏卽南朝舊族，歐陽與沈又江左士人，時人呼此坊爲吳兒坊。

鄭國夫人楊氏宅。武惠妃之母。

京兆尹韋武宅。元和人。

右四宅在通化坊。

案這四宅均見於今明清刻本宋志卷九朱雀門街東第五街之敦化坊：

敦化坊。東門之北，都亭驛。南街之北，淨影寺（原注：隋文帝爲沙門慧遠立，寺額申州刺史殷仲容所題）。東南隅，行臺左僕射鄖國公殷開山宅（原注：本隋蔡王智積宅）。西門之北，秘書監顏師古宅（原注：貞觀永徽間，太常少卿歐陽詢、著作郎沈越賓亦住此坊。殷、顏卽南朝舊族，歐陽與沈又江左士人，時人呼爲吳兒坊）。鄭國夫人楊氏宅（原注：武惠妃之母）。京兆韋武宅（原注：元和人）。

徐松《唐兩京城坊考》卷三〈敦化坊〉下全錄明清本宋志的這段文字，但注明「《太平御覽》引作通化坊」，今案《御覽》所引見卷一八〇：

韋述《兩京新記》……曰：「通化坊，東南鄖公殷開山宅，西北顏師古宅，時人謂之吳兒坊。」

可見宋志本根據韋記而在通化坊下寫了殷、顏等宅。駱志所據宋志尚無脫誤，而今明清本宋志則把通化坊全文錯入敦化坊下。今後整理宋志，通化坊條可據此全部恢復原貌。

說餅——唐代長安飲食探索

寫這篇文章，有幾點要交代清楚。㈠《太平御覽》卷八六〇〈飲食部・餅〉引《范子》說：「餅出三輔。」可見長安地區的餅一向著名，談古長安的飲食首先應該說餅。㈡餅在今天只是主食中不甚重要的一種，唐和唐以前卻作爲最重要的主食。這是因爲「餅」的概念古今有所不同。今天的餅必是乾的而且多數是扁而圓的，古代則不然。東漢許愼的《說文》在篇五下〈麥部〉裏說：「麪，麥屑末也。」〈食部〉裏說：「餅，麪餈也。」「餈，稻餅也。」用稻米製作的叫做餈，用麥粒研成麪粉製作的就都叫餅，所以漢末劉熙的《釋名・釋飲食》篇裏說：「餅，并也，溲麪使合并也。」並不論其形狀與乾濕。而在唐和唐以前，我國經濟文化重心在黃河流域（從宋代開始，長江流域才後來居上），黃河流域適宜種植小麥，從而餅就成爲當時最重要的主食。㈢這篇文章講唐代長安的餅，卻引用了許多唐以前的文獻。這是考慮到唐代飲食文獻，尤其有關長安的文獻並不多，而飲食習慣又不一定隨時間或地域而起變化。在時間上，自兩漢歷魏晉南北朝到隋唐的飲食習慣一向一脈相承。在地域上，長安既是當時的京城，黃河流域其他地區的飲食在長安城裏肯定都會有，正如今天在北京可以吃到全國的名菜一樣，何況長安夙以製餅著稱。因此說唐代長安之餅而引用唐以前黃河流域的文獻，似不能算離題。

當時的餅有那些花式品種，像今天的食譜那樣可分成幾大類，唐代文獻中無明文可稽。北魏賈思勰《齊民要術》卷九〈餅法〉篇中列舉了好些餅的名目，但並不齊全，更沒有分類。這裏把它分做「蒸餅」、「湯餅」、「油餅」、「胡餅」四大類來講，只是憑我個人的理解。

蒸餅　這應是最普及的一種餅。《御覽》引《晉陽秋》：「王歡耽學貧窶，或人惠蒸餅一軸，以充一日。」這種窮人吃的蒸餅大概用麵粉發酵蒸熟就行了。富貴人吃的則有種種講究。《初學記》卷二六〈餅〉引王隱《晉書》：「何曾尊豪累世，蒸餅上不作十字不食。」《御覽》引《趙錄》：「石虎好食蒸餅，常以乾棗、胡桃瓤爲心，蒸之使坼裂方食。」這種能坼裂成十字頗有點像今天的開花饅頭，估計不可能太薄。石虎愛吃乾棗、胡桃瓤心的蒸餅當是甜的。另外還有肉餡的，《初學記》、《御覽》都引有束晳〈餅賦〉，其中有「爾乃重羅之麵，塵飛白雪，膠粘筋籾，溓液濡澤。肉則羊膀豕脅，脂膚相半，臠如繩首，珠連礫散。薑枝葱本，萃縷切判，辛桂剉末，椒蘭是灑，和鹽漉豉，攪和膠亂，於是火盛湯涌，猛氣蒸作，振衣振裳，握搦拊搏，麵迷離於指端，手縈迴而交錯，紛紛駁駁，星分雹落。籠無迸肉，餅無流麵，姝媮冽敕，薄而不綻，弱似春綿，白若秋練，氣勃鬱以揚布，香飛散而遠遍，……三籠之後，轉更有次」等等的鋪敘。宋人程大昌《演繁露》卷五〈不托〉條認爲這是講湯餅，其實是講肉餡的蒸餅，因爲煮湯餅用不到籠，而這裏有「籠無迸肉」「三籠之後」等話，只有用在蒸餅上才合適。唐人的〈次柳氏舊聞〉裏說肅宗爲太子時割羊臂臑，「餘汚漫在刃，以餅潔之」，可見唐宮庭裏常以蒸餅爲主食，因爲其他的湯餅、油餅、胡餅都是無法用來擦刀的。

今天的饅頭或曰蒸饃，古人則寫作「曼頭」。束晳〈餅賦〉和《初學記》的〈餅〉類裏都有「曼頭」個這名目。束晳是晉人，《初學記》撰集者徐堅是唐開元時人，可見到唐代仍把曼頭看成是餅的一種，也應屬於蒸餅一類。

湯餅　這是用湯煮的麵食，所以也叫「煮餅」。《漢書・百官公卿表》少府所屬有「湯官」，據顏師古注就是專爲皇帝供應餅餌的，其所供自當以湯餅爲主。據《御覽》引〈李固別傳〉，東漢時的小皇帝質帝就是「食煮餅」時被人下毒毒死。束晳〈餅賦〉說：「玄冬猛寒，清晨之會，涕凍鼻中，霜凝口外，充虛解戰，湯餅爲最。」可見湯餅是冬季大冷天的常食，所以《初學記》引崔寔《四民月令》要說：「立秋無食煮餅及水溲餅。」而同書引范汪〈祠制〉規定「孟冬祭下水引」，這「水引」也就是「水溲餅」，是湯餅的一種。其做法則見於《齊民要術》〈水引、餺飥法〉條，是「細絹篩麵以成，謂肉臛汁，待冷溲之，水引挼如箸大，一赤（當作尺）一斷，盤中盛水浸，宜以手臨鐺上挼，令薄如韭葉，逐沸煮」，是一種用肉汁攪和麵粉做成的湯麵條。《御覽》引庾闡〈惡餅賦〉的序文中說「臛鷄爲餅」，賦裏說：「然後水引，細如委綖，白如秋練，羹杯半在，財得一咽，十杯之後，顏解體潤。」則是一種和鷄汁做成的湯麵條或鷄肉湯麵。

《齊民要術》〈水引、餺飥法〉中的「餺飥」，也是湯餅的一種，其做法是「挼如大指許，二寸一斷，若水盆中浸，宜以手向盆旁挼，使極薄，皆急火逐沸熟煮，非直光白可愛，亦自滑美殊常」。可見是像今日湯麵片那樣的東西。漢人所撰《方言》卷一三所說「餅謂之飥，或謂之餦餛」，也就是這種東西，這在唐代又叫「不托」或「餛飩」，唐李匡乂《資暇集》卷下說：「不托，今俗字有餺飥」，「餛飩，以其象渾沌之形」。則唐時餛飩已不像《齊民要術》中的餺飩是湯麵片而近乎今天的餛飩，而且可能已包餡，因爲不包餡的麵團是不易煮熟的。

油餅　唐代著名佛教徒慧琳在所撰《一切經音義》卷三七釋「**䴺䴸**」說：「此油餅，本是胡食，中國效之，微有改變，所以近代亦有此名，諸儒隨意製字，元無正體。」慧琳說得很對，在《齊民要術》裏這種油餅就寫作「餢飳」。其做法是：「盤水中浸劑於漆盤背上，水作者省脂，亦得十日軟，然久停則堅乾。劑於腕上手挽作，勿著勃入脂，浮出，卽急翻以杖周正之，但任其起，勿刺令穿，熟乃出之，一面白，一面赤，輪緣亦赤，軟而可愛，久停亦不堅。」可見是一種油煎餅。所謂「本是胡食」者，本來是西域兄弟民族所製作，傳入內地而爲漢人所喜愛。

油餅中還有「鷄鴨子餅」和「細環餅」、「截餅」，都見於《齊民要術》。鷄鴨子餅是用鷄蛋或鴨蛋「破寫甌中，少與鹽，鍋鐺中膏油煎之，令成團餅，厚二分」，是否加麵粉不清楚。「環餅一名寒具，截餅一名蝎子」，都是油煎的甜食，「皆須以蜜調水溲麵，若無蜜煮棗取計，牛羊脂膏亦得，用牛羊乳亦好，令餅美脆。截餅純用乳溲者，入口卽碎，脆如凌雪」。唐李綽《尚書故實》中說：「《晉書》中有飲食名寒具者，……是今所謂饊餅」。可見至少環餅（卽饊餅）在唐代仍很流行。

胡餅　這也是西域的東西，《御覽》引《續漢書》：「靈帝好胡餅，京師皆食胡餅。」又引《魏志》「漢末趙岐避難逃之河間」，「又轉詣北海」，「常於市中販胡餅」。可見早在東漢這種胡餅就傳入黃河流域。《通鑑》卷二一八天寶十五載六月乙未條說唐玄宗避安祿山叛軍逃離長安後吃不上東西，「楊國忠自市胡餅以獻」。日本僧圓仁在唐文宗時曾來長安，歸國後所撰寫的《入唐求法巡禮行記》卷三裏說：「開成六年正月六日立春節，賜胡餅、寺粥，時行胡餅，俗家皆然。」可見這種胡餅在唐代也流行於長安地區。《通鑑》胡三省注對這種胡餅有所解釋，說：「胡餅，今之蒸餅。高似孫曰：胡餅言以胡麻著之也。」說胡餅卽蒸餅是錯的，因爲《齊民要術・餅法》裏有「胡餅鑪」這個名稱，可見胡餅是放到爐裏烤而不是放在籠上蒸，和蒸餅是完全不同的兩種東西。但所引高似孫說則講對了，《御覽》引《趙錄》說，「石勒諱胡，胡物皆改名，胡餅……改曰麻餅」，可見胡餅面上確是敷有胡麻的。另外胡餅還有餡，傳爲五代時陶穀的《清異錄》有這樣的記載：「湯悅逢士人於驛舍，士人揖食，其中一物是爐餅，各五事，細味之，餡料互不同。」這裏的「爐餅」也就是胡餅的別名，以在爐裏烤製而得名。

《齊民要術》有〈作燒餅法〉：「麵一斗，羊肉二斤，葱白一合，豉汁及鹽熬令熟，炙之，麵當令起。」這種餅雖然也烤炙，但不敷胡麻，所以叫做燒餅，以區別於敷胡麻的胡餅，此所以《一切經音義》在釋䴺麱而說到其它胡食要並列燒餅和胡餅。

《齊民要術》還有〈髓餅法〉，「以髓脂、蜜合和，面厚四五分，廣六七寸，便著胡餅鑪中令熟，勿令反覆，餅肥美可經久」。也是胡餅的另一個品種。

以上四個種類的餅有兩種創製於漢族，兩種創製於西域兄弟民族，這也體現了漢族文化和兄弟民族文化的交流融合。

唐代家具探索

一

研究我國古代家具，以明、淸兩代易於措手，因爲實物具存，只需按時期、地區分類排比，就可掌握其特點，找出其發展規律。唐代則不然，經過一千多年的歲月、木製的家具除非有特殊的保護早已毀失淨盡，雖經考古工作者和文物徵集者的努力，在國內至今還沒有看到唐代的家具實物。日本正倉院是藏有大量盛唐時候的工藝品和當時日本的仿製品的，但其中家具極少，常用的坐臥家具一件也沒有。因此，要研究唐代的家具，主要還得依靠當時的文獻記載和繪畫。繪畫中敦煌的壁畫眞實性沒有問題，但不是高手的作品，畫得比較粗糙不够逼眞。傳世的幾幅著名唐畫號稱大畫家所作，畫得確實比敦煌壁畫要精緻，但未必是眞蹟，大多是後人的摹本，臨摹時在畫面上難免加進點後世的東西。所以必須把這幾方面的資料結合起來，才能比較如實地探索出唐代家具的眞面目。這是首先要說明的一點。

再有一點，唐代有很多風俗習慣是沿襲繼承前代的，在家具上也是這樣。因此往往要追溯到兩漢、魏、晉、南北朝，甚至追溯到先秦，才能把唐代的講清楚。有時唐代的資料缺乏，還要依靠前代的資料來推測。同時唐代統治時間比較長，從建國到滅亡有二百九十年，唐亡後的五代又只是晚唐政局的延續，把五代加上去更長達三百四十三年。經歷這麼長的時間，事物有起變化的可能，而實際上晚唐、五代的家具也的確起了大變化。因此不能籠統地講唐代家具，必須把後期的變化弄清楚。

唐代家具有那些品種名目，從當時一些類書中可得到啟發。隋末虞世南的《北堂書鈔・服飾部》有屛風、牀、榻、几、胡牀（卷一三二、一三三、一三五），唐初歐陽詢的《藝文類聚・服飾部》有屛風、几、胡牀（卷六九、七〇），盛唐時徐堅的《初學記・器物部》有屛風、牀（卷二五），中唐時白居易的《白氏六帖事類集》有屛風、几、牀（卷四），北宋初年的《太平御覽・服用部》有屛風、、牀、榻、胡牀、几、匱、厨（卷七〇一、七〇六、七一〇、七一三）。匱、厨現在寫作櫃、櫥，和屛風都不是坐臥起居的必需品，以後有機會再談，這裏談唐代最常用的家具牀、榻、胡牀和几，以及後期流行的卓、倚。

二

通常說古人席地而坐，這大體是說對了的。古人確有席地而坐的習慣，遠的不說，東漢時山東武氏祠、孝堂山、河南南陽等地的石刻，四川成都、新津等地的磚刻，以及河北望都、遼寧遼陽等地漢墓的壁畫上，人都是坐在地上的，地上往往鋪有「席」（也寫作「蓆」），在傳爲東晉時顧愷之所畫實係後人摹本的〈女史箴圖〉裏這種四方有邊的席就畫得很清楚。但可供坐的家具也早就有了，這就是「牀」。牀在先秦的古書裏是常見的，最初只作爲臥具，當然也只是「高貴」些的才用，「卑賤」的就睡在地上，《詩・小雅・斯干》就說「乃生男子，載寢之牀」，「乃生女子，載寢之地」，到《後漢書・列女傳》載班昭的《女誡》中還說「臥之床下，明其卑弱」。至於兼作坐具，大概開始於漢代，東漢時劉熙的《釋名》裏已說：「人所坐臥曰牀。」但當時坐地的習慣還未消失，所以漢畫裏還都坐地。〈益部耆舊傳〉裏說：「刺史每自坐高牀，爲從事設單蓆於地。」（《御覽》卷七〇九引）可見坐床還是比較高貴講究的事情，大概經過南北朝坐牀之風才普遍。

牀是什麼樣子？既然最初只是臥具，面積應該比較寬大，東漢時服虔的《通俗文》說：「八尺曰牀。」（《初學記》卷二五引）但開始時不會怎麼高，河北望都漢墓壁畫所畫主記史像坐在牀上，有四條牀腿，高度按比例只有五寸左右，所以古代有「用龜支牀足」的故事（《史記・龜策列傳》）。以後〈女史箴圖〉和北魏司馬金龍墓木板漆畫上的牀都升高了。唐代的牀，在日本正倉院裏藏有聖武天皇的「御牀二張」，見日本天平勝寶八年（七六五年）的《東大寺獻物帳》，惜已失去。但在敦煌壁畫的所謂〈得醫圖〉（窟號二一七）、〈帷屋閑話圖〉（窟號八五）、〈戰爭圖〉（窟號一二），傳爲閻立本畫實爲後人摹本的〈帝王圖〉的陳文帝像和陳廢帝像，日本教王護國寺藏李眞畫的〈不空金剛像〉，以及傳爲顧愷之實爲唐人畫後人所摹的〈洛神賦圖〉裏還可看到，形式都一致，卽：⑴略帶長方形。⑵高度和現在的牀差不多。⑶牀面中間一塊大木板，四邊鑲以木條，和舊式八仙桌的桌面做法一樣（這在〈不空金剛像〉上看得特別清楚）⑷牀腿不是四條而是八條，大的在八條以上，而且每條腿的邊不作直線而是弧形，看起來很美觀且有堅實之感。⑸爲了防止腿的鬆散，現在的木製桌椅往往用木條在腿的中部聯結起來以加固，唐牀也用木條聯結腿部，但聯結在最下端，也頗有堅實之感（見圖一、採自〈不空金剛像〉）。

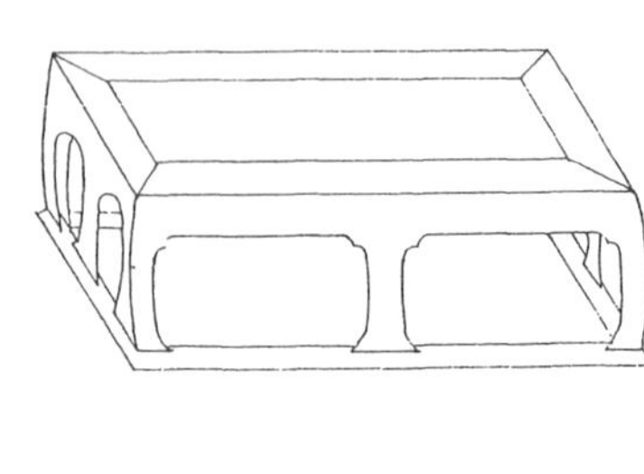

圖一　牀

這些唐牀有大小兩種。大的如〈得醫圖〉、〈帷屋閑話圖〉上的可以坐幾個人，唐姚汝能《安祿山事迹》所記唐玄宗賞賜安祿山的東西中有「白檀香床兩張，各長一丈闊六尺」，「貼文牙床二張，各長一丈闊三尺」，當是坐臥兩用的小。的則只能坐一個人，只是坐具不是臥具。這在東漢時已如此。《釋名》講了牀後又說：「小者曰獨坐。」可見當時已有專供一人獨坐的小牀。這種小牀當然不能用來睡覺。就是大牀雖然可坐可臥，也不一定都坐臥兼用。《晉中興書》

說：「中宗既登尊號，百官陪列，詔王導升御牀共坐。」（《北堂書鈔》卷一三三引）《舊唐書・裴寂傳》說：「高祖視朝，必引與同坐。」這都是設在朝堂上的大牀，當然不會兼充臥具。只有在內室裏的如〈得醫圖〉上的大牀才坐臥兼用。這種作臥具的牀往往還有附加物，主要是屏風。屏風在古代有「連地屏風」和「牀上屏風」兩種（《御覽》卷七〇一引《東宮舊事》），前者和今天的屏風一樣立在地上，後者比較矮，專設於牀上。這種「牀上屏風」有的只設在牀的背後一面，如〈得醫圖〉所繪，有的圍到左右兩側甚至延伸至正面，如〈女史箴圖〉所繪（此外所謂顧愷之畫的〈列女圖〉上席地而坐的人後面也有屏風，但屏風上畫的山水已是南宋以後的畫法，此圖當出明人手，不敢置信）。臥牀上還設有帳、幬、牀幨等，當另作研究，這裏從略（帳、幬、牀幨的文獻《御覽》卷六九九所列略備）。

在〈韓熙載夜宴圖〉裏又是另一個情況。韓熙載是五代南唐的大臣，相傳南唐後主派顧閎中偷看了韓家宴的情景而繪製此圖，但後來的傳本大都是南宋畫院中人的手筆（見清初孫承澤《庚子消夏記》），清皇室《石渠寶笈初編》著錄今藏故宮博物院並已影印複製的也是其中之一，因爲圖中所畫「連地屏風」和「牀上屏風」上的山水都是南宋時最風行的馬遠、夏圭一派的畫法，但圖中人的坐法有些還是如漢畫和〈女史箴圖〉那樣用膝著牀的「跪」式或「跽」式，有的則如〈洛神賦圖〉、〈帝王圖〉、〈不空金剛像〉那樣用臀著牀而盤

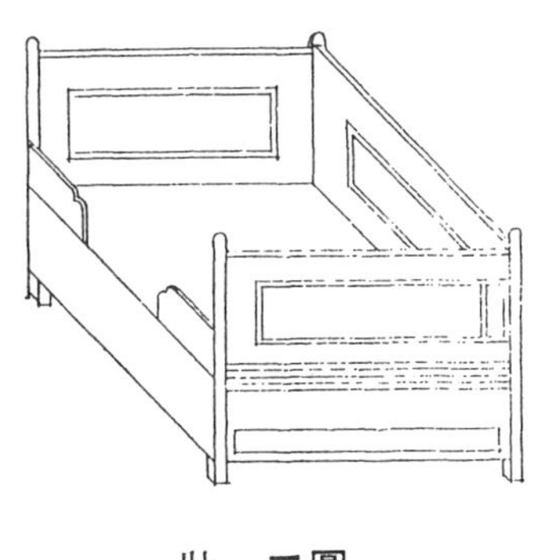

圖二 牀

坐的一種「居」式，這都是先秦以來到唐代沿用的老傳統坐法，而沒有都畫成垂腳著地的新式坐法，可見這個〈夜宴圖〉不全出南宋人憑空杜撰，而是有五代北宋間的舊圖爲藍本，畫中的大批家具，可以作爲晚唐五代時新型家具的標本。這裏的牀已都是大牀（獨坐的小牀這時已變成椅，後面要談），和唐前期不同之處是：(1)牀腿都作直線條。(2)牀下四周圍以木板。(3)「牀上」屏風已固定在牀上，和牀連成不可分的一體（見圖二）。

三

和牀關係最密切的是「榻」。《釋名》在講了牀後接著說：「長狹而卑曰榻，言其榻然近地也。」前面講過，牀最初也是卑矮近地的，後來牀升高，才把沒有升高的牀另叫做榻。這種榻的特點是卑矮、狹小而且輕巧。《通俗文》說「八尺曰牀」，「三尺五曰榻板」，可見榻比牀狹小得多。謝承《後漢書》記「陳蕃爲太守，不接賓客，唯〔徐〕穉來特設一榻，去則懸之」，又記「〔周〕璆來置一榻，去則懸之也」（《御覽》卷七〇六引）。榻能懸掛，可見其輕巧程度。這種榻有兩個用途：(1)和牀同樣作爲坐具，除了陳蕃爲徐穉、周璆特設坐榻外，還有皇甫謐《高士傳》所記管寧「常坐一木榻，積五十餘年，未嘗箕股，其榻上當膝處皆穿」的有名故事（《三國志·魏書·管寧傳》裴注引）。到唐代仍常有設榻備坐的事情，如「玄宗命太常韋縚讀時令，……御宣政殿，側置一榻，東置面案，令韋縚坐而讀之」（《御覽》卷七〇六引《唐書》）；又嘗御勤政樓，爲安祿山「置一榻坐之」（《安祿山事迹》）；「宰相元載等見中官傳詔命至中書者，引之升政事堂，仍置榻待之，〔李〕峴爲宰相，令去其榻」（《舊唐書・李峴傳》）。當然，由於榻狹長，也可以和大牀一樣權充臥具，如三國時簡雍「性傲跌宕，在先主坐席，猶箕踞傾倚，威儀不肅，自縱適，諸葛亮以下，則獨擅一榻，枕項臥語」（《三國志・蜀書・簡雍傳》），說明坐榻也可橫臥，但這究竟不是正常的情況，在正常的情況下睡覺總得用寬一點的臥牀。⑵作爲臥牀前的腳墊。《釋名》說：「榻登，施之大牀前小榻上，登以上牀也。」這個「榻登」又作「毾㲪」（《一切經音義》引《釋名》），可見只是一種毛織物，它鋪在大牀前的小榻上，而這個小榻才是供上下牀時墊腳之用。

榻在古畫中比較少見。〈女史箴圖〉的施帳安屏風的大臥牀前畫有一張狹長且比牀卑矮的家具，就是牀前墊腳用的榻（見圖三）。前面已說過，〈女史箴圖〉雖號稱東晉時顧愷之所畫，實係後人摹本，圖中牀的牀腿結構和〈得醫圖〉、〈不空金剛像〉等唐畫中的牀腿結構完全相同，則牀前的榻也可看作是唐代的形式。它的特點是：⑴榻面的板很薄，不像牀那麼厚重。⑵不用四條腿或六條八條腿，而在榻面的兩端用若干弧形的細木板作爲支柱，弧形細木板下端再用直木板聯結加固，這樣就既輕巧、又美觀。

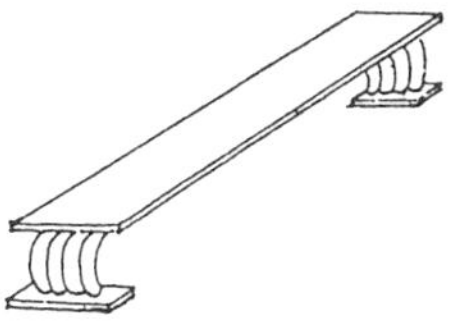

圖三　榻

專作坐具的榻，在敦煌壁畫的〈宴會圖〉（窟號三六一）中可看到一種，榻面仍狹長但比較厚，支柱改用四條直腿，腿之間用木條聯結（見圖四）能坐四五個人，和今天的長凳差不多，不像〈女史箴圖〉上的那麼輕巧。〈宴會圖〉是晚唐的作品，這種坐榻應是後起的式樣。

由於榻和牀同是坐具，牀又是臥具而榻也可橫臥，因此很早就常以牀、榻併稱。如《初學記》把榻併在牀這個類目裏，《太平御覽》把牀、榻兩個類目安排在一起。到後世牀、榻之成爲同義詞，其原因也在於此。

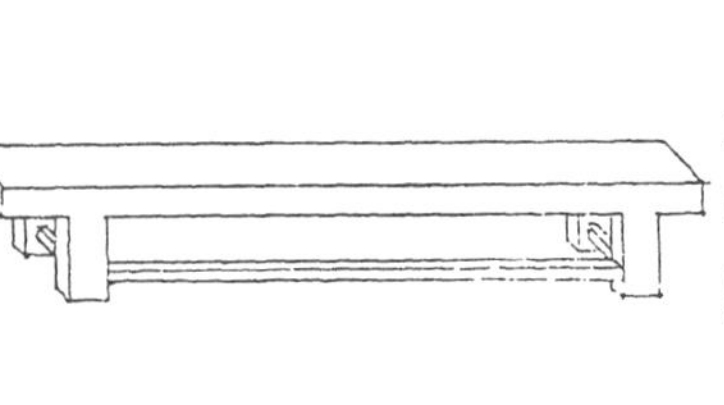

圖四　榻

四

以上的坐具和坐法都是先秦以來的老傳統，宋以來通行的坐具和坐法在很大程度上是受了西北少數民族的影響。古代稱西北少數民族爲胡，把從西北少數民族那裏傳進來的東西都加個「胡」字，其中就有「胡牀」這種家具。根據可靠的文獻，這種胡牀最遲在東漢末年靈帝時就傳進黃河流域（《風俗通》、《後漢書・五行志》），西晉時「貴人富室」已「必蓄其器」（《晉書・五行志》），東晉南北朝時的史書裏提到胡牀之處就更多，一般都在行軍作戰（《三國志・魏志・武帝紀》注引〈曹瞞傳〉、《晉書・戴若思傳》、〈張重華傳〉、〈蘇峻傳〉、《魏書・禿髮烏孤傳》、《南齊書・柳世隆傳》、《梁書・楊公則傳》、〈韋放傳〉、〈王僧辯傳〉）、打獵（《北堂書鈔》卷一三五引《魏略》）以及其他室外活動時使用（《晉書・王愷傳》、〈王恬傳〉、〈桓伊傳〉、《魏書・裴粲傳》、〈爾朱弼傳〉、《南齊書・張岱傳》）。它只供一個人坐，輕便、不用時可以掛起來，易於攜帶。大概西北少數民族習慣於游牧而很少定居，不宜用分量重或形體大的牀、榻，因而創造了便於攜帶的胡牀，所以傳進中原後起初也用之於野外，以後才逐漸用之於室內。經過隋、唐、五代到宋代這種胡牀仍是常用的坐具，不過因爲已長時間爲漢族所用，所以有時也就它的形制稱之爲「繩牀」、「交牀」或「交椅」（宋王觀國《學林》、程大昌《演繁露》）。《安祿山事迹》所記賜物中有「白檀香木細繩牀一張」，《舊唐書・穆宗紀》更記載長慶二年十二月辛卯「上於紫宸殿御大繩牀見百官」，說明這種新式坐具已不僅常在室內使用，且出現於莊嚴的朝堂之上了。

胡牀結構的特點，南朝蕭梁庾肩吾〈賦得詠胡牀詩〉裏有兩句講得很形象，即所謂「足欹形已正，文斜體自平」（《藝文類聚》卷七〇引）。這就是說：胡牀的特點在腿，一般牀的腿是垂直的，而胡牀是欹斜的，靠欹斜的腿把牀面支平正。元胡三省在《通鑑》注裏更對交牀即胡牀作了詳細的剖析：「交牀以木交午爲足。足前後皆施橫木而平其底，使之錯地而安。足之上端其前後亦施橫木而平其上，橫木列竅以穿繩條，使之可坐。足交午處復爲圓穿，貫之以鐵，斂之可挾，放之可坐。以其足交，故曰交牀。」（《通鑑》卷二四二，案胡氏誤分繩牀、交牀爲二物，解釋繩牀雖有錯誤，剖析交牀則很精確）。今天的軟面摺疊椅當就是其遺制。這種交牀即胡牀在唐畫中尚未找到，但南宋趙仲僩所畫〈五王熙春圖〉中還有一具（見圖五，不過床面不用繩而用布或皮），推想唐代的也應基本上是這個樣子，最多在細節上如靠背部分有點出入（趙圖的靠背與〈韓熙載夜宴圖〉中的椅的靠背很相像，可能是晚唐、五代以後的式樣）。

圖五　胡牀

前面說過，從先秦以來通行的坐法是跪式、踞式或居式，到用牀榻爲坐具後仍是如此，垂腳著地的坐法被認爲不禮貌。但胡牀因爲是軟面不便跪、跽或居，所以少數民族坐胡牀都是垂腳著地。由於胡牀的普及，而且垂腳著地的坐法一般要比跪、跽、居式舒適些，因此坐法也隨之而逐漸起變化。到五代、宋時垂腳著地已成爲普遍通行的坐法，到今天依然如此。

胡牀之輕便可摺疊本爲野外使用的方便，在室內使用就不一定要這樣，四條垂直固定的腿總比交叉摺疊式要穩固些結實些，因此後來又參考牀腿的式樣，把胡牀的四條交叉腿改成四條垂直固定的腿，這就成爲今天最通行的坐具——椅子。椅子最初作「倚子」，唐德宗貞元十三年所立〈濟瀆廟北海壇祭器碑〉碑陰所列的器物中就有「繩床十，內四倚子」（《金石萃編》卷一〇三，又《安祿山事迹》所記賜物中有「銀平脫胡平牀子二」，胡牀加一「平」字，可能已是固定式的倚子，但尚無確證）。這倚子就可能是腿改爲固定式的繩牀，所以要註明以區別於一般繩牀。至於爲什麼叫倚子，當是因爲有個靠背可以倚靠的緣故。到五代、北宋初，這種倚子更風行起來，而且因爲這是木製家具，把「倚」改寫成「椅」（見《新五代史·景延廣傳》、北宋人撰《丁晉公談錄》〈周世宗時竇儼侍郎〉條、南宋初王銍《默記·南唐李後主》條）。〈韓熙載夜宴圖〉中的坐具就都是這種倚子（見圖六），說明五代末年這種新坐具確已十分風行。

圖六　倚子

五

古代席地而坐以及坐卑矮的牀、榻時，當然不能用像今天這樣高的桌子。當時用的叫「几」。在西周的文獻《尚書・顧命》裏就有「憑玉几」的話。不過一般都應是木製，如《禮記・曲禮》說：「乘必以几。」「謀於長者必操几、杖以從之。」只有用木製而且很輕巧才有可能隨意搬動携帶，因此有時也寫成「机」。最初大概是貴族及有身分的長者坐前放個几，以便伏在几上休息，這種姿態就叫「憑几」或「隱几」。以後當逐漸普及。這時也有專用机來擱置東西的，所以《釋名》解釋「几」說：「几，庋也，所以庋物也。」《晉書・張華傳》說張華「雅愛書籍，身死之日，家無餘財，惟有文史，溢於机篋」，〈劉琨傳〉說「文案盈机」，唐韋應物〈燕居即事〉詩中說「几閣積羣書，時來北窗閱」，都是用几來堆放書籍文案的例子。至於用餐、讀書、寫字、辦公之用几，就更不言而喩。《南史・沈麟士傳》說他「恆憑素几，鼓素琴」，可見琴也可放到几上來鼓彈。

這種几是什麼樣子？從琴可放到几上這點可見几一定比較長。傳爲王維的〈伏生授經圖〉裏畫伏生席地而坐，憑几授經，所畫的几是一塊長木板，兩端各用幾條弧形的曲木並列作爲腿，末端又用木條聯結加固（見圖七）。腿的這種做法和〈女史箴圖〉裏的榻的腿很相像，榻這樣做是圖輕巧美觀，几這樣做當也是出於同一目的。當然，這張圖只是傳爲王維所畫，很可能是後人的摹本，會不會後人不是臨摹而出於杜撰呢？我認爲不至於。因爲日本學者當年在朝鮮樂浪故址發掘漢代的墓葬，在所謂「樂浪彩篋冢」和「樂浪王光墓」中都發現有几，其形狀正和〈授經

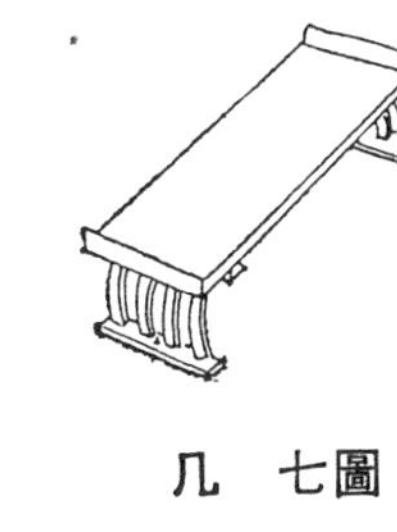

圖七　几

圖〉上所畫的相符（只是兩端的腿各爲五條而不是四條，腿下聯法的木板做成波浪形式，見當年朝鮮古蹟研究會出版的《樂浪彩篋冢》和《樂浪王光墓》兩書圖版，日本學者把彩篋冢裏的一張錯釋爲「大形塗木案」），可見這至少是自漢代以來相沿用的式樣，到唐代還是如此，〈授經圖〉如出後人手也應是一個忠實的摹本。晉人撰《語林》的某個故事中講到几的基本形制是「直木橫施，植其兩足」（《御覽》卷七一〇引），不說四足而說兩足，也是一個很好的例證。

坐牀、榻成習慣後几怎麼辦？如果是大牀可以把几放到牀上，就像今天北方農村的炕桌一樣。傳爲南唐衛賢的〈高士圖〉就畫梁鴻坐在牀上，牀上再放一個几，這几的形制和〈授經圖〉裏的差不多，也許是按唐、五代時的實物描繪。至於在單人坐的小牀以及長條的榻前如何放几，是否把几加高些，則文獻和唐畫裏都無可查考。在晚唐、五代的敦煌壁畫上則另出現一種新的式樣，前面講榻時引用過的晚唐〈宴會圖〉（窟號三六一）以及另一五代時的〈嫁娶圖〉（榆林窟，窟號三八）上都畫有這種新式樣的家具，它比几要長要高，每邊有四條或四條以上的直腿，但腿與面之間接有一條波浪形的邊，顯係從牀的形式蛻化而來（見圖八，據〈嫁娶圖〉臨摹）。家具面上放着食物，有好幾個人垂腳並坐在長凳式的榻上（即圖四所摹繪）準備進食。這種家具不知仍叫几還是另有新名稱。到了〈韓熙載夜宴圖〉上則已都是一個長方面、四條直腿，腿之間用幾根細木條作爲橫檔以聯結加固，和今天的桌子沒有多大區別（見圖九）。這種形式的家具在敦煌唐畫〈屠房〉（窟號八五）

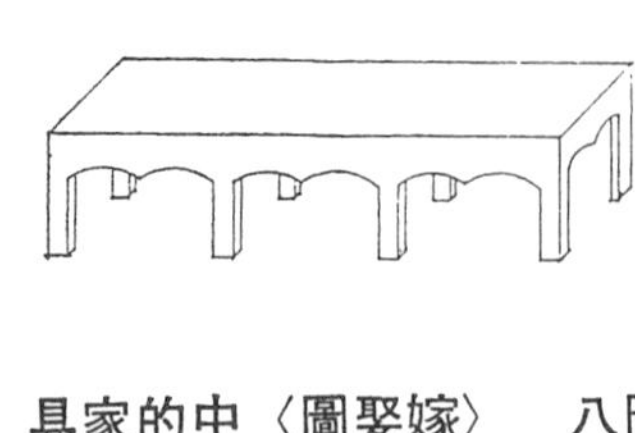

圖八　〈嫁娶圖〉中的家具

圖九　卓子

中已可看到，不過沒有橫檔，且作爲屠案，不像〈夜宴圖〉中的已登大雅之堂。五代後唐時僧齊己的《白蓮集》中有〈謝人寄南榴卓子〉詩，北宋初楊億的《談苑》中也有「造檀倚、卓」的記載，可見〈夜宴圖〉上的這種家具已應叫「卓子」。爲什麼叫卓子，北宋末黃朝英《靖康緗素雜記》作了解釋，認爲「卓之在前者爲卓」，也就是卓然直立在前面的意思。《雜記》又說「今人用倚、卓字多用木旁」，可見在北宋末卓子已多寫作「棹子」，至於寫成「桌子」則更是以後的事情。

附帶說一下日本正倉院所藏的几，據正倉院藏品的攝影圖錄《東瀛珠光》（一九一〇年日本宮內省版）所載，中倉下層藏有若干張名爲「几」的家具，有「蘇芳地彩繪箱及蘇芳地金銀繪花形方几」（第一六八）、「綠地彩繪箱及粉地花形方几」（一七〇）、「黃楊木几」（一八二）、「黑柿蘇芳染金繪長花形几」（一八三）、「白地金銀繪八角長几」（一八四）、「粉地銀繪花形几」（一八五）、「粉地彩繪几」（一八六）、「粉地彩繪八角几」（一八七）、「粉地木理繪長方几」（一八八）、「彩繪長花形几」（一八九）、「蘇芳地六角几」（一九〇）。除頭兩張實際是木箱的座架外，其餘多是花形、六角形，八角形，沒有一張和傳統的作長形的几相似，不像是放在座位前和今天的桌子起著同樣作用的家具。而且上述這些名稱不見於《東大寺獻物帳》等原始文書，當出於後人所擬，其本來名稱是不是「几」還可研究。

六

最後談一點唐代家具的文飾。

唐代的高檔家具上是有文飾的。這可以從三方面得到證實：⑴首先文獻記載上就提到，唐以前如曹操〈上雜物疏〉中有「上車漆畫重几」（《御覽》卷七一〇引），《鄴中記》說「石虎御座几悉漆雕，盡皆爲五色花」（同上），《北齊書・武成胡后傳》有「寶裝胡牀」。唐代則如《安祿山事迹》所記賜物有「貼文牙牀」、「貼文柏牀」、「銀平脫胡平牀子」。蘇鶚《杜陽雜編》所記妓女石火胡演出百戲的道具有「朱畫牀子」。⑵日本正倉院所藏盛唐時的工藝品很多都有文飾，其中「木畫紫檀棋局」（《東瀛珠光》第四三）、「木畫紫檀雙六局」（四五）、「木畫螺鈿雙六局」（一七六），「沉香木畫雙六局」（一七七）、「紫檀木畫雙六局」（一七八）的形制，和敦煌〈得醫圖〉、李眞〈不空金剛像〉等唐畫中的牀極爲相似，而這幾具木局上就都有精緻的文飾。⑶唐畫中的家具有的也畫出文飾，如〈不空金剛像〉的坐牀四周就加有彩繪，其他未加彩繪的轉可能是作畫時所省略。例如〈帝王圖〉中陳文帝和陳廢帝的坐床就只塗紅色而無彩繪文飾，皇帝的坐床不見得比不空這個和尚的更樸素，如不是作畫時省略就不好理解。

唐代木製工藝品的文飾據正倉院藏品及其他文獻來看，大體有四種：⑴金銀泥繪和其他彩繪。如正倉院的「朽木金繪木理箱」（一六二）、「碧地金銀繪箱」（一六三、一六四）、「蘇芳地金銀繪箱」（一六五、一六六、一六七）、「黃楊木金銀繪箱」（一六九）、「黑柿蘇芳染金銀繪箱」（一七二）、「金銀繪杉棋子合子」（一八〇）、「蘇芳地金銀繪籠箱」（一八一），「黑漆蘇芳染金銀繪如意箱」（二七七）、「沉香木繪箱」（一四九）、「密陀彩繪漆箱」（一五二、一五三、一五四）、「蘇芳地彩繪箱」（一六八）以及前面提到的若干金銀繪几、彩繪几。⑵木畫。如正倉院的「紫檀木畫挾軾」（八二）、「沉香木畫箱」（一五〇、一五一）、「紫木畫箱」（一五七）、「朽木木畫箱」（一六〇）、「檳榔木畫箱」（一六一）、「紫檀木畫琵琶」（二九四、二九五）以及前面提到的木畫棋局、雙六局，《唐六典》記每年二月二日中尚署所進「木畫紫檀尺」（卷二二）。⑶螺鈿。如正倉院的「螺鈿紫檀琵琶」（三四）、「螺鈿紫檀阮咸」（三七）、「螺鈿玉帶箱」（一四五）、「瑇瑁螺鈿八角箱」（二五八）、「楓蘇芳染螺鈿琵琶」（二九三），《安祿山事迹》中的「瑞錦褾鈿軸」。⑷平脫、平文，如正倉院的「金銀平文琴」（三三）、「銀平脫合子」（三一、三二、一一二），《安祿山事迹》中的「金平脫函」、「金平脫盒子」、「銀平脫胡平牀子」，《杜陽雜編》所說賜新安國寺的講座、唱經座「研檀沉爲骨，以漆塗之，縷金銀爲龍鳳花木之形徧復其上」，當也是平脫。《新唐書·肅宗紀》所載至德二載十二月戊午詔書中提出「禁珠玉、寶鈿、平脫、金泥、刺繡」，正好反映出當時這類工藝品的風行。這些工藝文飾中，金銀泥繪、彩繪和螺鈿鑲嵌今天仍有人在製作，不用多說。木畫是在紫檀木或桑木上用染色象牙、黃楊、鹿角等做成花紋圖案，現在日本還有類似的製品。平脫是用金銀薄片剪成花紋圖案，膠在器物上，再重重施漆，最後打磨光潔，使金銀的花紋圖案在平面上脫露出來，明初陶宗儀《輟耕錄》所載鎗金銀法（卷三〇）實卽其遺法。至於叫平文的器具則比較少見，和平脫是否一回事，還是如日本廣瀨都巽所說「凡所嵌之金銀片文漆後成爲平面者爲平脫，花紋浮出者爲平文」（見傅芸子《正倉院考古記》，一九四一年日本文求堂版），尚待研究。

文飾的花紋圖案也很複雜，有龍鳳鳥獸花木等等，看《東瀛珠光》或《正倉院御物圖錄》（一九二八年日本東京帝室博物館版）、《正倉院考古記》的圖版就可知道。其中以蔓草式的所謂「唐草文」用得最多。這種唐草文可在整齊中寓變化，確實比較生動美觀，某些比較講究的唐碑碑側也往往刻上這種圖案作爲裝飾。

釋敦煌寫本《雜鈔》中的「面衣」

敦煌寫本《雜鈔》一卷，題下原注：「一名《珠玉鈔》，二名《益智文》，三名《隨身寶》。」看這幾個名稱卽可知道是民間的通俗用書，其中應保存有當時社會風俗習尙的資料。可惜原件已爲伯希和携歸法國，入藏巴黎國立圖書館（編號伯二七二一）。二十年代初劉復教授到巴黎抄錄了該館的大量敦煌寫本，編成《敦煌掇瑣》出版，中輯七七號卽爲此《雜鈔》，但僅錄全卷首尾，認爲中間「一百三十五行悉是雜記典故，全無道理，故未抄錄」，致令人讀之殊有買櫝還珠之嘆。幸其後周一良教授獲睹全卷照片，於一九四八年撰成〈敦煌寫本《雜鈔》考〉，刊載於《燕京學報》第三五期，對被《掇瑣》刪落的一百三十五行開始給予重視。其中有幾條已作了很好的考釋，有的則尙嫌疏略，如《雜鈔》所說：

何人死面衣？……（周〈考〉：中間敍吳王敗於越，謂死後無顏見伍子胥。）請與面帛蓋之，於今不絕。

這裏的「面衣」究係何物，周〈考〉卽未著一語，似仍有需要作點考釋。「面衣」一詞不僅見於民間俗書，卽所謂正史裏亦已提及。因此，前人編撰辭書爲之專列條目。如舊《辭源》卽有「面衣」條，引《晉書》卷四〈惠帝紀〉所說：

帝行次新安，寒甚，尚書高光進面衣。

又引《西京雜記》卷一所謂趙飛燕女弟在昭陽殿所上物中有：

金花紫羅面衣。

案這類「面衣」顯然只是生人所用而非人死後專用的東西。生人何以要用「面衣」？舊《辭海》在承用上述兩條史料後說是「遠行之服，用以障風塵者」。近時《中文大辭典》〈面衣〉條則更轉襲舊《辭海》，別無新義。其實，這樣解釋是不確切的。《西京雜記》不論是否東晉時葛洪所僞造，從其原意看只是講女弟上物是爲了慶賀趙飛燕當上皇后，而並非爲了送飛燕「遠行」以「障風塵」。從《晉書·惠帝紀》，也只能看出「面衣」可以禦寒，看不出是用來「障風塵」。

對此，唐高宗時慧立撰述、武太后初彥悰增補寫定的《大慈恩寺三藏法師傳》裏有條史料講得更清楚，卽卷一所紀高昌王麴文泰爲玄奘西行贈送了許多東西，其中：

制法服三十具，此西土多寒，又造面衣、手衣、靴韈等各數事。

這裏的「手衣」當卽今日手套之類，和「手衣」並提的「面衣」當然也和《晉書》裏所說的「面衣」一樣，都是用以禦寒之物。出行逢到天寒固可戴上，不出行在家裏遇到冷天也未始不可戴用，因此《西京雜記》撰作者在開列所上飛燕皇后物品時會把「金花紫羅面衣」寫進去。

除生人戴用「面衣」以禦寒外，死人也需要戴「面衣」。早在先秦時已有此習尚，不過不叫「面衣」而曰「幎目」，如《儀禮．士喪禮》說：

幎目，用緇，方尺二寸，䞓裏，著，組繫。

鄭玄注：

幎目，覆面者也，幎，讀若《詩》云「葛藟縈」之縈。䞓，赤也。著，充之以絮也。組繫，爲可結也。

孔穎達疏：

鄭讀從「葛縈藟」之縈者，以其葛藟縈於樹木，此面衣亦縈於面目，故讀從之也。云「組繫爲可結也」者，以四角有繫，於後結之，故有組繫也。

《儀禮．士喪禮》和鄭注已把「幎目」的形制講得清楚，孔疏則更指出此古之「幎目」即後來的「面衣」。在唐人說鬼的小說中這種「面衣」更時常出見，如《太平廣記》卷三二八〈鬼〉一三〈陸餘慶〉條引《御史臺記》：

羣鬼悉有面衣。

卷三三〇〈鬼〉一五〈王鑑〉條引《靈異集》：

向火之人半無頭，有頭者皆有面衣。

同卷〈僧儀光〉條引《紀聞》：

婦人進食，捧盤前來，獨帶面衣，……知是亡人。

卷三四五〈鬼〉三〇〈裴通遠〉條引《集異記》：

遺一小錦囊，諸女共開之，中有白羅製爲逝者面衣四焉。

可見當時人死後戴用「面衣」之事已極普遍，因而編造說鬼小說時才常用「面衣」作爲所謂鬼的特徵。這種死人的「面衣」當然在製作上或質料色彩上和生人所用有點區別，猶如明器和生人用器總有所區別一樣，所以上引〈裴通遠〉條要特別說明是「逝者面衣」，並且一見戴用這種「面衣」者就「知爲亡人」，如上引〈僧儀光〉條所說。

爲什麼死人也需要戴「面衣」？《儀禮．士喪禮》和鄭注、孔疏都未作解釋。《雜鈔》則認爲是由於死後無顏見先逝者才蓋上「面衣」，並認爲其事始於春秋末的吳王夫差。一九六〇年的乾陵出土了一方劉仁軌的兒子劉濬和夫人李氏在開元十七年合葬的墓志，其中講了李氏的許多嘉言懿行，說她：

臨絶之際，嘆曰：「古有失行者，耻見亡靈，所以用物覆面，後人相習，莫能悟之。吾內省無違，念革斯弊。」子孫敬遵遺訓。

這是近似《雜鈔》所說而又略有不同的另一種解釋。關於《雜鈔》編寫所用的資料，周一良教授據其中「何名五岳」條「中岳嵩高山」下所注「嵩城縣」，認爲應是高宗、武太后時的東西，正與劉濬夫婦的時代大體相當。但二者對人死所以要用「面衣」的解釋卻不怎麼一致，足見這類解釋只是此種習俗形成日久之後人們想像附會之說，而並非當初給死人戴用的本意。當初的本意，我認爲倒是和生人相同的，從《儀禮．士喪禮》所記「幎目」之需要「著」即「充之以絮」，就可知道和生人所用「面衣」同樣是爲了禦寒。

人死了還要禦寒嗎？《太平廣記・再生》類收有許多死者赴「地府」見「冥官」的小說，對此作了肯定的答覆。如卷三八一〈再生〉七〈裴齡〉條說齡暴疾爲地府黃衫吏所追的情況是：

呼家人取馬，久之不得，乃隨吏去，見街中燈火甚盛，更出門行十餘里，煙火乃絕，唯一徑在衰草中，可行五十里，至一城，牆壁盡黑，無諸樹木。

有的說得更爲遙遠，如卷三七八〈再生〉四〈貝禧〉條引《稽神錄》說禧被召爲地府北曹判官的情況：

乘一馬，其疾如風，涉水不溺。至暮宿一村店，店中具酒食而無居人，雖設燈燭，如隔帷幔，云已行二千餘里矣。向曉復行，久之至一城。

這些小說還都把所謂冥中寫得幽晦陰暗，最明顯是卷三七八〈再生〉四〈張汶〉條引《宣室志》：

行十數里，曛黑不可辨，……汶有表弟武季倫者卒且數年，……汶因謂曰：「今弟之居，爲何所也？何爲曛黑如是？」季倫曰：「冥途幽晦，無日月之光故也。」

既「無日月之光」，自然陰冷，何況還得長途跋涉驅馳，在古人想像中其苦寒定不亞於玄奘之往西土，自然非讓逝者和生人一樣戴上「面衣」以禦寒不可。先秦時雖未有後世「地府」、「冥官」之類的鬼話，但「幽都」舊說則由來已久，所謂「幽都」者，先秦時人或以爲在北方（〈堯典〉），或以爲在地下（〈招魂〉），同樣都是陰寒之所，所以也需要給逝者戴用充絮的「幎目」即「面衣」。否則，眞如《雜鈔》或〈劉濬墓志〉所說只是爲了遮羞才「用物覆面」，那這個遮羞之物又何必充絮，何以會和專供生人禦寒的同稱「面衣」而不另用其他的名稱。

這種給死人蓋面的習俗唐以後繼續存在。但也許由於遮羞之說流行後已逐漸失去其禦寒的本意，因而製作日趨簡易。明初羅貫中根據南宋臨安小說話本編寫的《水滸傳》所講武大郎死後「將片白絹蓋了臉」（百回本第二十五回），即是過去「面衣」的遺制，不過已只用片禦不了寒的白絹，不僅取消了充絮和縫製，連「面衣」這個名稱也不再使用。舊時某些用棺葬之處還有此習俗，則更率直地稱之爲「蓋面布」。

讀唐劉濬墓志

劉濬是唐高宗、武太后時將相重臣劉仁軌之子，事迹附見《舊唐書》卷八四〈仁軌傳〉，止說：「子濬，官至太子中舍人，垂拱二年爲酷吏所陷，被殺，妻子籍沒。」《新唐書》卷一〇八〈仁軌傳〉更删略爲：「子濬，官太子舍人，垂拱中爲酷吏所殺。」又《新唐書》卷七一上〈宰相世系表・尉氏劉氏表〉載仁軌二子滔、濬，滔不記官職，蓋早卒，濬「工部員外郎」，此外別無事迹可考。一九六〇年六月，劉濬墓志出土於高宗乾陵附近。這是因爲劉仁軌「陪葬乾陵」，在開元十七年濬妻李氏卒後，濬二子晃、昂請將父母「歸祔先塋」的緣故。在唐代本有「其有父祖陪陵，子孫欲來從葬者亦宜聽許」的規定，見《唐會要》卷二一〈陪陵名位〉貞觀二十三年八月二十八日詔。此墓志拓片一九六五年十二期《文物》已印出。原石高廣均達七六公分，三十六行，行三十七字，全文字數多至一千三百餘，頗多關涉重要史實、制度以及社會習尚之處，可資研讀探討。

一

《舊唐書．劉仁軌傳》即用開元時韋述所修國史原文，傳末有「史臣韋述曰」云云可證，所紀當比較可信。其中講到劉仁軌對武則天的態度問題：

> 則天臨朝，加授特進，復拜尚書左僕射同中書門下三品，專知〔京師〕留守事。仁軌復上疏辭以衰老，請罷居守之任。因陳呂后禍敗之事，以申規諫。則天使武承嗣齎璽書往京慰喻之曰：「今日以皇帝諒闇不言，眇身且代親政，遠勞勸誡，復表辭衰疾，怪望既多，徊徨失據，又云『呂后見嗤於後代，產、祿貽禍於漢朝』，引喻良深，愧慰交集，公忠貞之操，終始不渝，勁直之風，古今罕化，初聞此語，能不罔然，靜而思之，是為龜鏡，且端揆之任，儀刑百辟，況公先朝舊德，遐邇具瞻，願以匡救為懷，無以暮年致請。」垂拱元年，以新令改為文昌左相同鳳閣鸞臺三品，尋薨，年八十四。

徐敬業揚州起兵即在武則天臨朝稱制的第二年光宅元年九月，同年十一月為武則天所遣揚州大總管李孝逸討平，因此我曾推測是否劉仁軌上疏請辭並申規諫正值徐敬業起兵之時，而仁軌身居留守京師長安重任，故武則天為安定後方計不得不對之曲事慰撫。後來細檢《舊唐書》卷六〈則天皇后紀〉，弘道元年十二月丁巳高宗崩，武則天以皇太后臨朝稱制，甲戌劉仁軌即為尚書左僕射依舊知政事。其上疏請辭當在此時，下距徐敬業起兵尚有八個月時間，可見推測之不確。今讀劉濬墓志，始知仁軌子濬本身卽參與征討徐敬業之役：

> 文明歲（案此年年號本曰嗣聖，二月廢李顯立李旦改元文明，九月改元光宅），敬業作亂維揚，王師未捷，授公江佐（案當作左）五州簡募宣勞使，開恩信，置權宜，無不到（案當作倒）戈，有如破竹，因表言敬業若不入海，卽當自縊，飛奏不日，果如所料，雖孫臏削樹，陳湯屈指，不足儔也。制曰：「允膺八駿之榮，克定五湖之俗。」遂加朝請大夫，兼賚口馬金帛。

此事不見於兩《唐書》、《通鑑》，這是由於舊史只紀揚州大總管李孝逸這支武裝部隊的出征作戰，劉濬是隨後以文職的江左五州簡募宣勞使至戰地「開恩信、置權宜」做招撫安置工作，較作戰部隊究屬次要的緣故。但和李孝逸等同樣爲武則天盡力自無疑問。足證劉仁軌、劉濬父子此時確實忠於武則天，否則武則天在征討徐敬業「王師未捷」的情況下決不致派遣劉濬負此重任。從而可知劉仁軌之上疏規諫，也只是感到臨朝稱制對武則天未必有利，在武則天派遣武氏家族的首席代表武承嗣齎璽書慰喻後就不更持異議，卽使以後武則天廢顯立旦也未見他有所表示。他死後據本傳「則天廢朝三日，令在京百官以次赴吊，册贈開府儀同三司幷州大都督，陪葬乾陵，賜其家實封三百戶」，備極哀榮。也說明他和武則天之間是全始全終，沒有多大矛盾隔閡。

二

徐敬業之起兵揚州，反對武則天的中央政權，是封建統治集團中的內部矛盾，和前代相州總管尉遲迥、鄖州總管司馬消難、益州總管王謙之反楊堅相同，都是憑地方勢力以反中央，很難簡單地用誰是誰非來判斷。但封建社會的史官和今天的史學家不同，他們從勸懲的要求出發是需要對這類事情作出簡單判斷的。如北宋時宋祁所修《新唐書》卷九三〈李勣傳論〉就說：

〔勣〕以老臣輔少主，會房帷易奪，天子畏大臣，依違不專，委誠取決，惟議是聽。勣乃私己畏禍，從而導之，武氏奮而唐之宗室殲焉，及其孫因民不忍，舉兵覆宗，至掘冢而暴其骨。嗚呼，不幾一言而喪邦乎！

這是否定李勣之「私己畏禍」，而對其孫徐敬業的「因民不忍」而反武則天表示肯定。而同在北宋時的司馬光則又是另一種論斷，《通鑑》卷二〇三光宅元年十一月乙丑條引陳岳論曰：

敬業苟能用魏思溫之策，直指河、洛，專以匡復爲事，縱軍敗身戮，亦忠義在焉，而妄希金陵王氣，是眞爲叛逆，不敗何待！

陳岳是唐人，撰有《唐統紀》一百卷，見《新唐書》卷五八〈藝文志〉乙部史錄編年類。《通鑑》此條即係引用《唐統紀》的論斷，說明司馬光對徐敬業還是承襲唐人的舊看法。此外，《舊唐書》卷六七〈李勣傳論〉：

英公振彭、黥之迹，自拔草莽，常能以義藩身，與物無忤，遂得功名始終，賢哉垂命之誡，敬業不蹈貽謀，至於覆族，悲夫！

此傳雖在結尾涉及李勣五世孫吐蕃將徐舍人事，但大體仍係本諸史舊文，這個傳論也就代表唐人言論。所謂「垂命之誡」，是指傳中所紀李勣臨終時對其弟李弼的遺言：「我有如許豚犬，將以付汝，汝可訪察，有操行不倫，交游匪類，急即打殺，然後奏知。」這裏是說徐敬業背此貽謀，以至覆族，對徐敬業作否定之辭。

以上兩類不同的評論，都從一共同的忠君觀念出發，這在封建社會是理所當然，無足深論。問題在於何以唐人在正式言論中多不直徐敬業所爲，到易代之後才有人公開給徐敬業說好話。我認爲這和唐中央政權之不給徐敬業平反有關。《舊唐書·李勣傳》：

> 中宗返正，詔曰：「故司空勣，往因敬業，毀廢墳塋，朕追想元勳，永懷佐命。昔竇憲干紀，無累安豐之祠，霍禹亂常，猶全博陸之祀，罪不相及，國之通典。宜特垂恩禮，令所司速爲起墳，所有官爵，並宜追復。」

這裏引用漢代的兩件舊事爲例：西漢時霍光以功封博陸侯，其子禹後以謀反被殺，「至成帝時爲光置守冢百家，吏卒奉祠」（《漢書》卷六八本傳）；東漢時竇融以功封安豐侯，曾孫竇憲以謀反被殺，而憲叔父嘉、嘉子萬全、萬全子會宗等襲爵安豐侯不替（《後漢書》卷五三本傳）。中宗以此兩例爲比，恢復李勣名譽而仍以徐敬業爲罪人，對其後嗣亦絕無宥赦之辭。但當時武則天雖已幽居而武三思等尚在，以後玄宗徹底清除武氏政治勢力後情況有無變化，舊史沒有記載。今讀劉濬墓志，則其中仍以徐敬業爲「作亂」，以平定徐敬業爲劉濬一大功績。劉濬墓志之撰書已在開元十八年，可見即使武氏勢力全部被清除後李唐官方依舊否定揚州起兵，未予徐敬業平反。官方態度既如此，述史著論者自亦無從別生他議。至於不給徐敬業平反的原因，今天已不甚清楚，可能是由於以地方反中央，其風不可長的緣故。因此這一時期見殺於武氏者至中宗、睿宗兩朝頗多平反，如李昭德、劉禕之以至裴炎等都追贈官職（《舊唐書》卷八七諸人本傳），而徐敬業獨長被惡名，不得沾此恩澤。

《舊唐書．李勣傳》末所附記五代孫徐舍人故事，是說：

貞元十七年，吐蕃陷麟州，驅掠民畜而去，至鹽州西橫槽烽，蕃將號徐舍人者，環集漢俘於呼延州，謂僧延素曰：「師勿甚懼，予本漢人，司空英國公五代孫也，屬武太后斲喪王室，吾祖建義不果，子孫流落絕域，今三代矣，雖代居職任，掌握兵要，然思本之心，無忘於國，但族屬已多，無由自拔耳。此地蕃、漢交境，放師還鄉。」數千百人解縛而遣之。

此事又詳紀於今本《唐會要》卷九七〈吐蕃〉，當爲宣宗大中七年楊紹復等續修蘇冕《會要》時所錄，至石晉修《舊唐書》時據楊續《會要》分別錄入〈李勣傳〉及卷一九六下〈吐蕃傳〉照錄《會要》原文，〈李勣傳〉則頗事刪節。但對徐敬業起兵的講法《會要》也已作「屬武后斲喪王室，余高祖建義中泯」，與〈李勣傳〉的刪節本相同，這是由於大中時去初盛唐已遠，而且是記徐舍人本人的口語，可不必像史官評論其事之非用斥責之辭不可。又據大中時趙璘撰《因話錄》卷四〈角部之次〉所紀淮南裨將譚可則元和十五年因防邊爲吐蕃所掠事，其中說到：

〔吐蕃〕得華人補爲吏者，則呼爲舍人，可則以曉文字，將以爲知漢書舍人，可則不願，其舊舍人有姓崔者，本華人，可則嘗於靈武相識，其人大爲蕃帥所信，爲言之得免。

可見吐蕃爲吏者頗有漢人，徐舍人之事當非虛構，舍人是徐的職稱而不是名號。至於此徐姓之漢舍人是否確係敬業胤裔、自無從考究。但至少說明時至中唐以後朝廷仍無宥赦徐敬業一系的表示，否則楊續《會要》不會如此記錄。

三

劉濬結局，據墓志是：

> 〔濬〕丁文獻憂，太后俾宗族之臣，崇吊問之禮，擬爲改革，潛欲禪簒，收率土之望，先大臣之家，旣作威福，令表勸進，事若風從，功當隗始。公曰：「忠臣守節，不附邪謀，死而後已，未敢聞命。」便被密奏，長流嶺南，終於廣州，春秋卌有七。

「文獻」是開元中劉濬子晃爲其祖仁軌表請立碑時獲得的謚法，見《舊唐書》本傳。劉仁軌卒於垂拱元年正月（《舊唐書·則天皇后紀》），劉濬被殺於垂拱二年。今據墓志，始知劉濬居父喪中所謂「宗族之臣」即武承嗣或其他武氏家族頭面人物已諷使他上表勸進，他拒絕後即被密奏長流廣州，這都應該是垂拱元年的事情，第二年才在廣州被殺。《舊書》本傳只說「垂拱二年爲酷吏所陷被殺」，沒有備詳此中曲折。其實這個曲折對了解武則天革唐爲周的過程是很有幫助的。通常讀史時只注意到垂拱四年「四月魏王武承嗣僞造瑞石，文云『聖母臨人，永昌帝業』，五月皇太后加尊號曰聖母神皇」（《舊唐書·則天皇后紀》），以及載初元年傅游藝「上書稱武氏符瑞，合革姓受命」（卷一八六上〈酷吏〉本傳），七月，「沙門十人僞撰《大雲經》表上之，盛言神皇受命之事，制頒於天下」（〈則天紀〉），以爲此時武則天才爲正式革唐爲周作準備。據此劉濬墓志，才知道早在垂拱元年年初，即臨朝稱制一年後已諷使「大臣之家」「令表勸進」。這當是鑒於徐敬業揚州起兵已被平定，天下「莫予毒也」的緣故，和楊堅平定尉遲迥等地方勢力反抗後即行革周爲隋如出一轍。所謂「事若風從，功當隗始」者，是要劉濬充當今日俗語的帶頭羊，想劉濬上表勸進後其他大臣及其子嗣聞風緊跟。劉濬不從，自然還會用同樣手法諷使其他有地位影響的人。因此，《舊唐書·酷吏傳》所稱周興「自垂拱以來，屢受制獄，被其陷害者數千人」中，應該有一部分是屬於劉濬之類的拒上勸進表者。而劉濬本和其父仁軌一樣是甘願爲武則天效忠的人，但在武則天要革唐命時卻堅執「忠臣守節，不附邪謀，死而後已，未敢聞命」，可見革唐命這點在已獲高官厚祿的舊臣僚中頗爲不得人心。這一方面推遲了武則天正式革唐爲周的日程，另方面也促使武則天大事拔用新進小臣，小臣中的酷吏用來清除不從命的舊臣，有才能者則代不從命的舊臣爲宰執大臣。唐人常說武則天的破格用人，如德宗時陸贄稱「則天太后踐祚臨朝，欲收人心，尤務拔擢」（《舊唐書》卷一三九〈陸贄傳〉），憲宗時李絳稱「天后朝命官猥多」（《李相國論事集》卷六〈上言須惜官〉條），今人也有以此爲武則天表功者，其實動機止是如此而已。封建帝王之識見才能自可有高下短長，但無非都是爲其個人、家族以及周圍小集團打算，決無「出以公心」的可能。

劉濬生前反對武則天稱帝，死後四十多年撰書的墓志仍稱武則天「潛欲禪簒」，斥之爲「邪謀」，下文還稱武周爲「僞朝」，食「周粟」爲有愧明靈，對武則天革唐爲周一事堅決否定。但對武則天本人除志銘中因「僞朝」而稱之爲「僞主」外，並沒有作什麼人身攻擊。可見墓志之堅決否定「僞朝」者不僅是尊重劉濬生前的政治態度，更主要是遵從當時的官方態度。因爲睿宗是武則天所出，玄宗是武則天的嫡孫，對祖母的革唐爲周不宜承認，對祖母本人則當留有分寸，而承認其爲唐室先妣。開元時劉知幾、吳兢仍爲武則天重修實錄，但不如前此宗楚客所修稱《聖母神皇實錄》而曰《則天皇后實錄》，承用吳兢所修國史的《舊唐書》也以武則天爲本紀而曰〈則天皇后本紀〉，都是這個道理。後來史館修撰沈既濟不明此理，在建中元年奏議以則天時事並入〈中宗紀〉，別纂錄其本人事迹入〈皇后傳〉，當然不會被採納（詳《唐會要》卷六三〈修國史〉、《新唐書》卷五八〈藝文志〉乙部史錄起居注類）。

四

《舊唐書》說劉濬被殺後，「妻子籍沒」。墓志則說：

> 及公枉歿南荒，夫人攜幼度嶺，行哭途跣，扶櫬還鄉，寒暑四年，江山萬里，一朝至止，誰不嗟伏。……太后自永昌之後，寬典行焉，如公數家，例還資蔭。夫人誡其子曰：「用蔭足免徵役，不可輒趍身名，汝祖父忠貞，亡身殉國，吾今食周粟，已愧明靈，汝儻事僞朝，如何拜掃。」二子親承訓誨，甘守鄉國。神龍之初，中宗監國，詔書夜過，夫人夙興，因率二子入都，修詞詣闕，時有親表愚昧，非笑是行，數日之間，果有恩命，各授班秩，咸驚訝焉。

墓志這段記載備詳曲折，言之確鑿，絕非尋常諛墓之辭。由此可知《舊書》所書「妻子籍沒」之爲失實。因爲被籍沒之人已屬奴隸性質，決無親自至廣州迎喪、在外自由往返四閱寒暑的可能。所謂「中宗監國，詔書夜過」，是指神龍元年正月張柬之等發動政變軟禁武則天，甲辰中宗以「皇太子監國，總統萬機，大赦天下」而言（《舊唐書·則天皇后紀》），此時中宗正式即皇帝位，革周復唐已成定局，劉濬妻遂率二子入都，蒙授班秩。這些都不難解釋。難解釋的是所謂「太后自永昌以後，寬典行焉」。「寬典」者，通常易於理解爲放寬對臣民的鎮壓。而永昌以後的第二年卽爲天授，武則天用以鎮壓臣民的酷吏中大多數之被擢用卻正在此天授年間。如《舊唐書》卷一八六上〈酷吏上〉所紀：來俊臣天授中「告密召見」，「則天以爲忠，累遷侍御史加朝散大夫按制獄，少不會意者必引之，前後坐族數千家，二年擢拜左臺御史中丞，朝廷累息，無交言者，道路以目」；侯思止「天授三年乃拜朝散大夫左臺侍御史」，「按制獄，苛酷日甚」；萬國俊「天授二年攝左臺監察御史，常與俊臣同按制獄」；王弘義「天授中拜右臺殿中侍御史，長壽中拜左臺侍御史，與來俊臣羅告衣冠」。因此墓志之所謂「寬典行焉」決不能理解爲放寬鎮壓，而只能是指如上述中宗監國那樣的大赦。據《舊唐書·則天皇后紀》，此時大赦有三次：一次是「永昌元年春正月，神皇親享明堂，大赦天下，改元，大酺七日」；一次是「依周制建子月爲正月，改永昌元年十一月爲載初元年正月」，「神皇親享明堂，大赦天下」，「大酺三日」；再一次是同年「九月九日壬午革唐命，改國號爲周，改元爲天授，大赦天下，賜酺七日」。改元永昌和改元天授的赦文均不傳。〈改元載初赦〉收入《唐大詔令集》卷四〈帝王類·改元〉中，其中並未提到長流身故如劉濬這類人的後嗣可以「例還資蔭」。則「例還資蔭」的寬典當在改元天授的赦文中。此時「改國號爲周」，所以劉濬妻有「儻事僞朝，如何拜掃」的話。如果在改元永昌時則唐的國號尚未革除，不會有「僞朝」之說。

有個問題可以在這裏附帶解決，卽《舊唐書·酷吏·索元禮傳》末所紀載初元年十月左臺御史周矩上疏請「緩刑用仁」，「則天從之，由是制獄稍息」。載初元年九月卽改元天授，並無十月，而且其時制獄正熾，已如上所述，如何能說因周矩上疏而「制獄稍息」。司馬光也覺察到「

是時制獄未息」，從而把此紀事勉強移至如意元年八月右補闕朱敬則上疏請省刑尚寬之後。但如意元年卽天授三年，是年四月改元如意，此時酷吏來俊臣、侯思止、萬國俊、王弘義等均在臺，並無制獄稍息實迹。其實這周矩上疏的所謂「載初元年」當是「延載」之誤，延載元年九月「俊臣貶，弘義亦流放瓊州」而爲人搒殺（《舊書・酷吏傳》，「九月」據《通鑑》卷二〇五），侯思止之被搒殺、萬國俊之卒當也均在其前（〈酷吏傳〉謂侯思止爲李昭德搒殺而不著年月，據〈則天紀〉則昭德於延載元年九月左授欽州南賓縣尉，其搒殺侯思止必在此前；萬國俊卒於長壽二年按殺廣州流人後不久，見〈酷吏傳〉）。酷吏既除，周矩始敢有「緩刑」之請，而制獄之得以稍息亦自在情理之中。唐代文獻中「載初」、「延載」、「景龍」、「景雲」等相近似的年號往往錯寫，此卽一例。

墓志說劉濬遺櫬運回後在「延載元年權殯河南午橋東原」。午橋在東都洛陽郊區，卽後來裴度綠野堂之所在地，見《舊唐書》卷一七〇〈裴傳〉。則濬妻是從洛陽至廣州迎喪，再由廣州返歸洛陽，所以志銘說劉濬妻「扶櫬携幼，來歸洛濱」。唐代洛陽，廣州間的交通捷徑是走水道，其道里日程詳見李翺所撰〈來南錄〉，收入《李文公集》卷一八〈雜著〉。據此《錄》李翺於元和四年正月自洛陽啟行，六月到達廣州，單程八千里，其中只有經玉山嶺、大庾嶺兩處是陸行，其餘都走水道。劉濬妻也是走這條捷徑，志銘說她「涉水萬里，乘舟四春」可證。至於此行往返要經歷「寒暑四年」，「乘舟四春」，而李翺單程只走了不到半年者，除在廣州爲運櫬事可能多所稽留外，路上還肯定要比李翺走得慢。這因爲李翺是以現任國子博士史館修撰的身分應嶺南節度使楊於陵之招南行（詳〈來南錄〉、《舊書》卷一六〇〈李傳〉、《李文公集》卷一四〈楊於陵墓志〉、吳廷燮《唐方鎮年表》卷七〈嶺南東道節度使〉），而劉濬妻子其時尚是流人家屬身分，行旅自必倍多困難。

五

劉濬墓志是開元十八年五月與妻李氏合祔仁軌陪陵塋地時所撰書，因此志中頗述李氏懿德。除上述處理劉濬後事如何得體外，還大講其禮法孝行：

> 文獻夫人老疾，公與夫人親侍湯藥，豈遑懈怠，年逾十年，日勤一日。天后召文獻夫人曰：「年老抱疾，幾女在旁？」對曰：「妾有男及婦，殊勝於女。」太后嘉之。及文獻夫人薨，公終禮謁見，高宗曰：「常見皇后說太夫人云，卿夫婦俱能至孝，忠臣取於孝子，豈忘卿乎！」夫人之舅太常崔公，夫人妹婿使君王公，皆當時貴傑，各與昆季諜議，遣子女供承，冀染清規，爭求近習，其欽望也如此。

所述已儼然是門閥禮法之家。但細考則殊成問題。

據墓志，「夫人隴西太君李氏，絳郡公六代孫，右衛將軍楊休之長姊」。隴西李氏確有絳郡房，《新唐書》卷七〇上〈宗室世系表〉說西涼李暠生十子，第六子翻「曾孫曰成禮，絳郡房始祖」可證。則李氏或許確系世族後裔。但志不言其父之姓名官爵，其中楊休亦僅任武職事官之右衛將軍，可見至少已漸敗落。至於劉氏一系的家世則更多糾葛。墓志說：

> 公諱濬，字德深，汴州尉氏人也，後漢章帝子河間孝王開十九代孫曹州使君之孫，尚書左丞相司空文獻公之子。

《元和姓纂》輯本卷五〈尤韵·劉姓尉氏〉條說：

唐左僕射樂城公劉仁軌。狀稱本望河間，後魏南陽太守樂城公通始居尉氏，通卽仁軌高祖。

《新唐書》卷七一上〈宰相世系表〉說：

尉氏劉氏，出自漢章帝子河間孝王開，世居樂城，十世孫通徙居尉氏。

關於通至仁軌諸世則表列爲：

通後魏建武將軍南陽太守樂城侯
能北齊冠軍將軍
熾淮陽王參軍
子威
仁軌字正則相高宗

將此三種材料對勘，卽可發現扞格之處太多。如墓志說劉濬是「河間孝王開十九代孫曹州使君之孫」，至濬應爲二十一代，世系表則說河間孝王開「十世孫通徙居尉氏」，而表格中自通至仁軌共六格，則仁軌才爲河間孝王十五代孫，濬爲十六代孫，與墓志所說相差五代之多。又《姓纂》說「通卽仁軌高祖」，但以世系表通至仁軌共六格計則通子某始爲仁軌高祖。又世系表格中仁軌祖熾「爲淮陽王參軍」，北齊時封淮陽王者爲和士開，見《北齊書》卷五〇〈恩倖〉本傳，其人權傾一時，劉熾既爲其參軍，何熾子子威白身無官職，豈以朝代改易之故？而墓志則說劉仁軌父爲曹州使君，且不著其名，與世系之子威又似非一人。再檢《舊唐書·仁軌傳》，起首只書：

劉仁軌，汴州尉氏人也。少恭謹好學，遇隋末喪亂，不遑專習，每行坐所在，輒書空畫地，由是博涉文史。

而不像閥閱之家於列傳之首必表出父祖姓名官爵。《太平廣記》卷二二一〈張冏藏〉條引《定命錄》，說：

劉仁軌，尉氏人，年七、八歲時，冏藏過其門見焉，謂其父母曰：「此童子骨法甚奇，當有貴祿，宜保養教誨之。」後仁軌爲陳倉尉，冏藏等被流劍南，經岐州過，馮長命爲岐州刺史，令看判司以下，無人至五品者，出逢仁軌，凜然變色，謂之曰：「僕二十年前，於尉氏見一小兒，其骨法與公相類，當時不問姓名，不知誰耳。」軌笑曰：「尉氏小兒，仁軌是也。」

所記述也不像是閥閱之家的氣象。因此我推測所謂尉氏劉氏本非世族，仁軌父系一絕不知名的布衣而非所謂「曹州使君」。仁軌則以孤寒自奮而致身將相。今墓志等所述尉氏劉氏世系，恐卽仁軌貴顯後其本人或子孫所編造。墓志撰作於開元，而《姓纂》成於元和，《新唐書·宰相世系表》所紀尉氏劉氏世系更已下及宣宗之世，由於所據譜牒僞造增竄之有先後，以至不能照應周密而發生上述種種扞格。這種僞造譜牒、增竄世系在重視門閥之風未完全衰竭的唐代本是常事，劉仁軌及其子孫之未能免俗自亦可以理解。

劉仁軌既非門閥世族，而其家卻講求禮法，得以見賞於帝后，見重於親戚，這也很好理解。因爲六朝舊門閥的祖先，本來就不是經師儒生，有的是憑勳勞而致身將相，有的更只是地方豪強。及其既貴之後，子孫輩有條件學習文化，積久遂成所謂德業儒素之家。劉仁軌這個後起的將相之家無非是走其先輩的老路而已，初不足爲怪。

六

墓志紀劉濬履歷以及身後贈官是：

> 累遷太子通事舍人、宮門郎、著作佐郎、秘書郎、尚書郎、秘書丞。朝廷選十學士，以公爲諸儒最。……文明歲，敬業作亂維揚，王師未捷，授公江佐五州簡募宣勞使，……克定，……遂加朝請大夫。……夫人……以開元十七年六月三日薨，……二子口奏父母遺願，並請歸祔先塋，優詔曲臨，便允所請，制曰：「故太子中舍人劉濬，俾榮充奉之禮，宜加寵飾之命，可贈太子率更令。」

據《舊唐書・職官志》，太子通事舍人、宮門郎都是東宮官屬。通事舍人屬右春坊，正七品下。宮門郎屬宮門局，從六品下（卷四四）。著作佐郎、秘書郎都屬秘書省。秘書省著作局有著作佐郎，從六品上。秘書郎直隸於省，也是從六品上（卷四三）。尚書郎在唐代本已無此職稱，但《通典》卷二二〈歷代郎官〉條發端即曰「郎官謂之尚書郎」，可見這是唐代對尚書省左右司郎中、六部二十四司郎中、員外郎的習慣通稱。《新書・宰相世系表》載劉濬任工部員外郎，因此墓志謂之尚書郎，員外郎是從六品上（《舊》志卷四三）。其後爲秘書丞屬秘書省則從五品上（卷四三）。十學士不是正式官職，不見於兩《唐書・志》、《通典》、《大唐六典》、《唐會要》諸書。它和「時人謂之登瀛州」的秦府十八學士同樣是有頗大榮譽的職稱，因此墓志首行題爲「大唐故十學士太子中舍人上柱國河間縣開國男贈率更令劉府君墓志」，把「十學士」這個職稱寫進去以爲逝者光寵。太子中舍人是劉濬貶死前的官職，開元贈官時說「故太子中舍人劉濬」可證，志文敍述劉濬歷官時漏列誠屬失檢。此太子中舍人也是東宮官屬，屬太子右春坊，正五品上（《舊書》卷四四，卷四三列正五品下，當是據《開元令》）。因而追贈時給予從四品上的太子率更令，這是太子率更寺的長官（《舊書》卷四四）。從職事官的官品來說，劉濬一生所歷止此，不能說很高。但唐代職事官仍前朝舊制有所謂清、濁之分。劉濬所歷著作佐郎、秘書郎、尚書諸司員外郎、秘書丞、太子中舍人都是所謂「清官」，其地位非其他濁流之所能比擬，這自由於其父身爲宰相的緣故。至於平定徐敬業時所授的江左五州簡募宣勞使是臨時差遣，不屬正式職官。平定後所加的朝請大夫，是正五品下的文散官（《舊書》卷四二），和上述職事官不是同一性質。題銜中開列的上柱國則是正二品的勳官，開國男是從五品上的爵（《舊書》卷四二），更不同於職事官、散官。劉濬之爲上柱國是憑其父蔭，《舊書·劉仁軌傳》紀仁軌總章五年「爲鷄林道大總管東伐新羅」，「以功進爵爲公，並子侄三人並授上柱國，州黨榮之，號其所居爲樂城鄉三柱里」。「子侄」之子卽係劉濬。封河間縣開國男僅見題銜，志文不及其事，或許就在授勳上柱國同時。又上柱國名曰正二品勳官，但唐代「勳官預文武選者，上柱國正六品上敍」，後來「戰士授勳者動盈萬計」。「據令乃與公卿齊班，論實在於胥吏之下」（《舊書》卷四二），劉仁軌父子時雖不至於此，但上柱國勳官已和其實任的職事官的品秩並無關係，這就是劉濬勳官雖已正二品，而職事官仍需由正七品下的太子通事舍人循資遷升的原因。

除此以外，墓志所紀劉濬嗣子晃官秘書少監，次子昂官祠部郎中，也可補《新書·宰相世系表》晃、昂歷官之闕。表只載晃子子藩、昂子子之，而墓志題「孫子英書」，「孫」對劉濬而言，則此名子英者不知是晃抑昂之子，並可見《新書・宰相世系表》之多有脫漏。子英所書正楷兼行，頗臻工妙，且有與今本〈蘭亭序〉相通之處。凡此多涉及劉氏家乘譜牒，和當時的重要史實、制度、社會習尚無甚關係，書法源流問題又牽連過廣，非片言之所能決，因此這裏都不再詳細論列。

《全唐文・楊妃碑記》僞證

《全唐文》卷四〇三有所謂〈容州普寧縣楊妃碑記〉，這是一篇僞文。但有人據以撰寫〈楊妃籍貫考〉（《人文雜志》一九八二年一期），說唐玄宗的楊貴妃是今廣西容縣人，並非如《舊唐書》本傳等所說是楊玄琰的親女兒，而是楊玄琰在容州做官時強買來的云云。因此仍有必要作點辨僞工作。

何以說是僞作，看文體筆調就可判斷。據《全唐文》，此碑記是唐玄宗「天寶時官四門助教」的許子眞所撰寫（〈籍貫考〉作許子慎，我所用的《全唐文》是嘉慶原刻本作子眞），而唐前期承六朝餘習，文章仍崇尚駢體，開始試寫古文是獨孤及等人，所謂「大歷、貞元之間，文章多尚古學，效楊雄、董仲舒之述作，而獨孤及、梁肅最稱淵奧，儒林推重」（《舊唐書・韓愈傳》），韓愈等人繼之而有古文運動，但一般文人仍習慣寫駢體文，古文占優勢要到北宋中後期。這篇〈楊妃碑記〉不僅不是駢體文，也絲毫不像獨孤及、韓愈等人的古文，而完全是明清時鄉曲陋儒拙於文辭者的筆調，對古代文字眞有點修養的人一看即能辨別。

也許有人不相信文字有什麼時代習尙、時代風格。那也好辦，請考慮一下撰立此碑記究竟爲了什麼。在古代立碑，一般有三種情況，一是地方官的頌德碑或去思碑，這和楊妃毫不相干；二是墓碑或神道碑，必須死後立在墓前，不能立到容州這個所謂出生地；三是寺院或神廟的碑，這也要楊妃死後而且在容州建廟後才有撰立的可能。但此碑記實僞托爲天寶時即楊妃生前撰立，因爲所謂碑記撰人許子眞別無可考，《全唐文》說他「天寶時官四門助教」者，必係所根據的材料注明此碑記是天寶時四門助教許子眞撰文。而且，從碑記的內容來看，一開頭就毫無隱諱地大講其楊妃兩度被賣的甚不光彩的經歷，當天寶年間楊妃正專寵宮闈之時，在所謂出生地容州忽然立上這麼一塊揭老底的碑記，也是不可思議的怪事（南宋洪邁《容齋續筆》卷二有題爲〈唐詩無諱避〉的札記，但只是說在楊妃和玄宗死去多年後寫點歌詠他們風流故事的詩篇並不犯忌，這和楊妃生前公然揭老底、搬醜史不是一回事）。

也許有人還不信服，那可再推敲碑記的措詞用語。㈠天寶時對在位的皇帝唐玄宗只能稱「天子」或「今上」，也可以稱他的尊號，如「開元天寶聖文神武皇帝」之類，而絕不能在天寶以至其後玄宗爲太上皇沒有死亡之前，稱「玄宗」或「明皇」，因爲「玄宗」是他死後的廟號，「明皇」是他死後的謚號（謚號全稱是「至道大聖大明孝皇帝」，「明皇」是簡稱）。現在名曰天寶時撰寫的碑記卻稱起「明皇」來，豈非笑柄！㈡楊妃天寶四載八月壬寅册爲貴妃（《通鑑》），如此碑記眞是其時所撰寫，照當時行文習慣應稱之爲「貴妃」，不應加「楊」字，更不應稱「楊妃」。㈢唐從天寶元年起改州爲郡，肅宗時又改郡爲州。容州在開元中稱容州都督府，入天寶改普寧郡，到肅宗乾元元年才恢復容州都督府之稱。此碑記名爲天寶時撰寫，卻誤用了容州這個舊稱。這一些也都是明顯的漏洞。

也許還有人給它辯解，說許子眞雖在天寶時官四門助教，此碑記的撰寫也可能在天寶以後甚至寶應元年玄宗去世以後，這樣稱容州、稱明皇都不存在問題，稱先朝貴妃爲楊妃也可以勉強委之於行文的小疏略。但㈣碑記中說楊妃係「開元二十四年明皇詔入內，號太眞，大被寵遇」，這一句話又有兩個毛病。首先太眞是楊妃爲女道士的稱號，並非入宮後才號太眞；再則玄宗原先最寵愛的是武惠妃，據新舊《唐書·玄宗紀》、《舊書·玄宗貞順皇后武氏傳》、《唐會要·皇后武惠妃》條，都說她死於開元二十五年（陳寅恪先生《元白詩箋證稿》第一章且對此作了考證，肯定此二十五年說的正確），只有《舊書·楊妃傳》誤作二十四年，說此後玄宗卽詔納太眞，《新書·楊妃傳》因之未作訂正。僞撰碑記者大概只看了《新書·楊妃傳》，就武斷地說開元二十四年太眞入宮，連同書的本紀也不知查對。㈤碑記把楊妃見納於玄宗之前先爲武惠妃之子壽王瑁妃這件事說成「進入壽宮」，這在用語上也有問題。因爲當時除皇太子外，一般皇子的住所已不稱「宮」，這裏只能如陳鴻〈長恨歌傳〉那樣稱「壽邸」，稱「壽宮」又是一個漏洞。㈥碑記稱楊妃三歲聽人誦讀，「漸長，通語孟」，這又是一個漏洞。「語孟」者，《論語》、《孟子》之謂。而自漢至唐，《孟子》迄爲子書，從未和《論語》並稱，並稱的是《論語》、《孝經》。把《孟子》擡到和《論語》同等地位要到宋代，尤其是朱熹的《四書章句集注》流行、國家用以試士以後。這裏稱「語孟」，分明是明清人的口吻，唐人絕對沒有這種講法。㈦碑記說第一次向楊妃生父楊維強買楊妃的楊康是「後軍都置」，唐代職官中也從未有此名稱。〈籍貫考〉

引作「後軍都督」，則更是明代才出現的名稱（見《明史・職官志・五軍都督府》條）。㈧碑記說第二次從楊康手裏強買楊妃的是在容州「攝行帥事」的「楊長史炎」，當即《舊書》楊妃本傳所說她的生父楊玄琰，但本傳只說「玄琰，蜀州司戶」，是個州刺史手下的「從七品下」的小官兒，此外別無記載說他到容州做過官，更未貴爲容州都督府「從五品上」的長史，這又是爲了說楊妃生於容州而胡亂編造。沒有「玄」字者，當然也是爲了避康熙帝的所謂御諱玄燁而省略。至於「琰」字作「炎」，應是纂修《全唐文》時爲避當時嘉慶帝的所謂御諱顒琰而改。沒有「玄」字者，當然也是爲了避康熙帝的所謂御諱玄燁而省略。但這個省略倒不像出於《全唐文》編纂者之手，因爲當時可以用缺筆或寫成「元」字等辦法來避諱，省略「玄」字，恐怕是僞撰此碑記者所玩的花樣，鑑於當時避御諱極嚴，索性省掉以免引來麻煩。如果這個推測能成立，則可以推知僞造此碑記的時間應在康熙以後、嘉慶修《全唐文》之前。

這篇僞作產生的地點，應在容州普寧縣即今廣西容縣。我手邊雖無廣西地方志、名勝志之類的書可查，但〈籍貫考〉作者確已查過明人的書，發現其中確有楊妃生於容縣之說。這也不奇怪，我國古代福建、兩廣、貴州、湖南等地的居民本常被掠賣爲奴隸，男的往往充當宦官，女的則淪爲婢妾，如石崇的家妓綠珠就有出生在廣西的傳說，所謂「白州有一派水，出自雙水山，合容州江，呼爲綠珠井，在雙角山下，昔梁氏之女有容貌，石季倫爲交趾采訪使，以眞珠三斛買之」（唐劉恂《嶺表錄異》聚珍本卷上，《太平廣記》卷三九九〈綠珠井〉條所引略同），其地點正和傳說楊妃出生的容州相鄰。楊妃這個在後世和綠珠同樣著名的傳奇式美人雖生前尊爲貴妃，畢竟不算正妻而是妾即高等女奴的性質，因而同樣產生生長於南方邊遠地區且被人買賣的傳說。「俗語不實，流爲丹青」，到淸代當地就有人根據傳說僞托唐人立了這塊所謂「楊妃碑記」，爲鄉土增一新「古蹟」。容縣在清代還是小地方，僞造碑記者只是鄉曲陋儒，缺乏歷史知識，於是留下了上述那麼多僞迹。修地方志者同樣不高明，把這篇僞迹彰著的碑記抄了進去以爲鄉土的光寵（當然也可能根本不曾立過這塊碑記，而由修地方志者一手所僞造）。

《全唐文》的這篇碑記則據地方志採錄，其末尾但作「册爲貴妃云」而不盡其辭者，當緣地方志即如此著錄（否則如纂修《全唐文》時眞直接有碑石拓片爲依據，則必錄全文而不可能刪節）。《全唐文》多至千卷，且是官書，雖然任唐史專家徐松爲提調兼總纂，也勢難逐篇仔細審核，誤收少數僞作正在情理之中（例如卷七九三有一篇被研究黃巢起義者所引用過的所謂劉汾《大赦庵記》，就是和《楊妃碑記》同樣拙劣的僞作，在清人勞格的《讀書雜識》中已經指出）。

《纂異記》和盧仝的生卒年

中唐詩人盧仝之死於文宗大和九年卽西元八三五年的「甘露之變」，是向來沒有人懷疑的。至於生年，近人所編寫的文學史、辭書或定爲七九〇，或定爲七九五，都是根據賈島〈哭盧仝〉詩中所謂「平生四十年，惟著白布衣」，認爲盧仝只活了四十年光景，從而上推取其成數得出來的，他們自己也感到沒有把握，所以加上了「？」「約」等字樣[1]。最近，在《學林漫錄》第七輯上發表了姜光斗、顧啟合寫的文章〈盧仝罹甘露之禍說不可信〉，只信賈詩的「平生四十年」而認爲死於甘露之變不是事實。說固新奇，其實更成問題。

姜、顧兩位言論的主要之點，是他們遍檢兩《唐書》、《通鑑》中有關甘露之變的記載，「都

1 如陸侃如、馮沅君的《中國詩史》作西元七九〇？，北京大學中文系文學專門化一九五五級集體編著的《中國文學史》作七九五？新本《辭海》作約七九五。另外幾種較有影響的文學史則沒有提到盧仝，或提了而未註生卒年分。

一字未及盧仝」。對此，我還可以幫他們再找一點證據，即《新唐書》卷一六七〈韓愈傳〉所附〈盧仝傳〉也沒有講到死於甘露之變。但這種論點總有所謂默證之嫌。甘露之變「坐訓、注而族者凡十一家」、「諸司從吏死者六、七百人」（《舊唐書》卷一六九〈李訓〉等傳），其姓名見於史傳及《唐大詔令集》卷一二五〈誅王涯鄭注後德音〉等文獻者，除李訓、鄭注、王涯、賈餗、舒元輿、王璠、郭行餘、羅立言、李孝本、韓約、魏逢諸主要人物外，只有很少幾個被偶然提到的親族、從吏，此外絕大多數的親族、從吏以及其他被波及者的姓名並沒有在史傳裏一一寫出來，怎麼能由於有關甘露之變的記載中看不到盧仝的姓名就斷定盧仝未曾罹難。盧仝在後人看來固如姜、顧兩位所說是韓派詩人，但也有一些文學史認爲他在韓派詩人中並不重要而不列其名。何況舊史中如《通鑑》「本以資治，何暇錄及文人」（《日知錄》卷二六〈通鑑不載文人〉條），在記述甘露之變時不提到這位與政變本無關係的文人盧仝是很正常的事情。《舊唐書》記載中晚唐史事人物本較簡略，既未爲盧仝立傳自談不上記載他的生死。《新唐書》是從文藝角度把盧仝和孟郊、張籍、賈島、劉叉同作爲〈韓愈傳〉的附傳，其中有官職如孟、張、賈諸人還可提一句仕至某某官，無官職如盧仝者自不必詳記其結局。只要能通讀一些史書，略知一些史例，而不僅僅憑藉臨時翻檢，我想不致緣此對盧仝之死發生懷疑。

姜、顧兩位的文章裏還有「盧仝死於甘露之變說，宋人雖有記載」這樣的話，說明兩位還認爲除正規史書外，其他唐五代人著述中也一概沒有提到盧仝死於甘露之變。這更是極大的錯誤。五代末期吳越國王錢俶的姪兒錢易入宋後在大中祥符年間所撰寫的《南部新書》，是一部記述唐五代遺事舊聞的重要文獻，其成書的時間比《新唐書》還要早半個世紀，距離甘露之變也不過一百七八十年，而在卷壬一開頭就有這樣的記事：

李紋者，早年受王涯恩，及為歙州巡官時，涯敗，因私為詩以吊之，末句曰：「六合茫茫皆漢土，此身無處哭田橫。」乃有人欲告之，因而《纂異記》（案《纂異記》上當有脫誤，「而」字或「纂」字「作」字之誤），記中有〈噴玉泉幽魂〉一篇，卽甘露之四相也，玉川先生，盧仝也。仝亦涯客，性僻面黑，常閉於一室中，鑿壁穴以送食，大和九年十一月二十日夜，偶宿涯館，明日，左軍屠涯家族，隨而遭戮。

案這裏所說的李紋當作李玫，《新唐書》卷五九〈藝文志〉小說類著錄李玫《纂異記》一卷可證[2]。其書宋以後卽佚失，幸《太平廣記》裏尚收錄了十二篇[3]，卷三五〇〈鬼〉類〈許生〉條就是《南部新書》所說的〈噴玉泉幽魂〉篇[4]，可見《新書》之說並非向壁虛造。這裏為了便於說明問題，將《廣記》本〈許生〉條全文迻錄如下：

會昌元年春，孝廉許生下第東歸，次壽安，將宿于甘泉店。甘棠館西一里已來，逢白衣叟，躍青驄自西而來，徒從極盛，醺顏怡怡，朗吟云：「春草萋萋春水綠，野棠開盡飄香玉，綉嶺宮前鶴髮人，猶唱開元太平曲。」[5]生策馬前進，問其姓名，叟微笑不答，

---

2 《藝文志》並註明是「大中時人」，和《南部新書》所說的時代也正相當。

3 參考鄧嗣禹《太平廣記篇目及引書引得》，中華書局本《太平廣記索引》。所引或作《纂異記》，或作《纂異錄》，這種小出入處古人並不講究。

4 南宋初曾慥《類說》卷一九所收《異聞錄》和《紺珠集》卷一所收《異聞實錄》中的〈白衣叟吟〉、〈甘棠館詩〉，也都是這〈噴玉泉幽魂〉篇的節本。

又吟一篇云：「厭世逃名者，誰能答姓名，曾聞三樂否，看取路旁情。」生知其鬼物矣，遂不復問，但繼後而行。凡二、三里，日已暮矣，至噴玉泉牌堠之西，叟笑謂生曰：「吾聞三四君子，今日追舊遊于此泉，吾昨已被召，自此南去，吾子不可連騎也。」生固請從，叟不對而去。生縱轡以隨之。去甘棠一里餘，見車馬導從，塡隘路岐，生麾蓋而進，既至泉亭，乃下馬，伏于叢棘之下，屛氣以窺之。見四丈夫，有少年神貌揚揚者，有短小器宇落落者，有長大少髭髯者，有清瘦言語及瞻視疾速者，皆金紫，坐於泉之北磯。叟既至，曰：「玉川來何遲？」叟曰：「適傍石墨澗尋賞，憩馬甘棠館亭，於西楹偶見詩人題一章，駐而吟諷，不覺良久。」座首者曰：「是何篇什？得先生賞嘆之若是。」叟曰：「此詩有似爲席中一二公，有其題而晦其姓名，憐其終章，皆有意思。」乃曰：「浮雲淒慘日微明，沈痛將軍負罪名，白晝叫閽無近戚，縞衣飲氣只門生，佳人暗泣塡宮淚，廐馬連嘶換主聲，六合茫茫悲漢土，此身無處哭田橫。」座中聞之，皆以襟袖擁面，如欲慟哭。神貌揚揚者云：「我知作詩人矣，得非伊水之上，受我推食脫衣之士乎？」久之，白衣叟命飛盃，凡數巡巡（案後一「巡」似當作「過」），而

5 案此詩又見於《全唐詩》中華書局本卷七二三李洞詩中，題〈綉嶺宮詞〉，僅首句作「春日遲遲春草綠」，三句「鶴髮人」作「鶴髮翁」。錢鍾書先生以為此詩本是李洞的作品（《管錐編》第二册《太平廣記》一五三條）。但南宋初計有功《唐詩紀事》卷五八收錄李洞詩，謂：「時人但誚其僻澀而不能貴其奇峭，唯吳子華（融）深知之，子華……嘗以百篇示洞，洞曰：『大兄所示百篇中有一聯絕唱。』」入後又載有「鄭谷哭洞詩」。晁公武《郡齋讀書志》著錄《李洞詩》一卷也說：「唯吳融稱之，昭宗時不第，遊蜀卒。」（袁本卷四中、衢本卷一八）可見李洞是唐末人，時代已在身值甘露之變的李玫之後。此詩的原作者應屬李玫，後來才誤入李洞集中。

座中欷歔未已。白衣叟曰：「再經舊遊，無以自適，宜賦篇詠，以代管弦。」命左右取筆硯，乃出題云〈噴玉泉感舊書懷〉，各七言長句。白衣叟倡云：「樹色川光向晚晴，舊曾遊處事分明，鼠穿月榭荊榛合，草掩花園畦壠平，迹陷黃沙仍未寤，罪標青簡竟何名，傷心谷口東流水，猶噴當時寒玉聲。」少年神貌揚揚者詩云：「鳥啼鶯語思何窮，一世榮華一夢中，李固有冤藏蠹簡，鄧攸無子續清風，文章高韻傳流水，絲管遺音託草蟲，春月不知人事改，閑垂光影照洿宮。」短小器宇落落者詩云：「桃蹊李徑盡荒涼，訪舊尋新益自傷，雖有衣衾藏李固，終無表疏雪王章，羈魂尚覺霜風冷，朽骨徒驚月桂香，天爵竟爲人爵悞，誰能高叫問蒼蒼。」清瘦及瞻視疾速者詩云：「落花寂寂草綿綿，雲影山光盡宛然，壞室基摧新石鼠，潴宮水引故山泉，青雲自致慚天爵，白首同歸感昔賢，惆悵林間中夜月，孤光曾照讀書筵。」長大少鬚髯者詩云：「新荊棘路舊衡門，又駐高車會一樽，寒骨未沾新雨露，春風不長敗蘭蓀，丹誠豈分埋幽壤，白日終希照覆盆，珍重昔年金谷友，共來泉際話孤魂。」詩成，各自吟諷，長號數四，響動巖谷。逡巡，怪鳥鴟梟，相率啾唧，大狐老狸，次第鳴叫。頃之，騾腳自東而來，金鐸之聲，振于坐中，各命僕馬，頗甚草草，慘無言語，掩泣攀鞍，若煙霧狀，自庭而散。生于是出叢棘，尋舊路，匹馬齕草於澗側，蹇童美寢於路隅，未明，達甘泉店。店媼詰冒夜，生具以對媼，媼曰：「昨夜三更，走馬挈壺，就我買酒，得非此耶？」開櫃視，皆紙錢也。

這裏所說的「少年神貌揚揚者」、「短小器宇落落者」、「長大少髭髯者」、「清瘦言語及瞻視疾速者」既「皆金紫」，自是李訓、王涯、賈餗、舒元輿四人即《南部新書》中所謂「四相」。《舊唐書・李訓傳》說訓「形貌魁梧」，當即其中的「長大少髭鬚者」。而白衣叟所謂甘棠館亭西楹晦其姓名的題詩結尾作「六合茫茫悲漢土，此身無處哭田橫」，正是《南部新書》所記李玫弔王涯之作，這也許眞如《新書》之說是李玫爲避禍故意撰寫這篇志怪性的傳奇小說以推諉此詩非自己所作，也有可能是人們讀了這篇小說而附會此小說是李玫爲了避禍而作。不論那個可能，這個李玫所弔的王涯應是小說中的「少年神貌揚揚者」，因爲小說說他聽了白衣叟所誦詩章後說：「我知作詩人矣，得非伊水之上，受我推食脫衣之士乎？」而且據《舊書》本傳王涯曾任河南尹，有在伊水對李玫推食脫衣之可能，又曾任劍南東川和山南西道的節度使，和李玫詩中的「沉痛將軍負罪名」也相合。但王涯貞元八年即七九二年進士擢第，至大和九年甘露之變已歷四十三年，《新書》本傳說他罹難時已「年過七十」，和「神貌揚揚者」之爲「少年」又不合拍[6]。如不是李玫故弄玄虛，這個「少年神貌揚揚者」也有可能是舒元輿，因爲《舊書》本傳說他在元和八年即八一三年才登進士第，仕宦資歷也比其他三相都淺，相形之下比較年輕一點，而且也曾「授著作郎分司東都」，有可能在伊水與李玫相遇。再看小說中白衣叟說甘棠館亭詩「有似爲席中一二公」，則也有可能兼指王涯、舒元輿而言，王、舒在洛陽時均曾有恩於李玫。至於「短小器宇落落者」和「清瘦言語及瞻視疾速者」中必有一個是賈餗，另一個是王涯或舒元輿，當時人

6　此外，「少年神貌揚揚者」所賦詩中有「鄧攸無子續清風」之句，如按通常解釋為本來無子，則也和王涯身世不合，因為《舊書》本傳、《新書》卷七二中〈宰相世系表〉都說王涯有子孟堅、仲翔。如此詩用鄧攸典只是說因族誅而絕嗣，自對「四相」中不論有子無子者均合適。

固一看便知，今天則殊難推斷，因爲兩《唐書》裏對賈餗、舒元輿的形貌都未作描繪，王涯在《新書》本傳中也只說「質狀頎省，長上短下」，和小說所描繪的仍對不上號。好在這裏所要查考的主要還是盧仝不是「四相」。而盧仝之「自號玉川子」，不僅《新書》本傳有明文，他自己所寫的〈月蝕詩〉、〈自詠〉、〈走筆謝孟諫議新茶〉（《玉川子詩集》卷二）、〈嘆昨日〉〈孟夫子生生亭賦〉（卷二）裏也都以「玉川子」、「玉川先生」自稱，則小說裏被呼爲「玉川」的白衣叟自非盧仝莫屬。再看盧仝在這裏是以「鬼物」的身分與「四相」幽魂相會，所賦詩中又自言「罪標青簡竟何名」，加之「四相」幽魂賦詩中有「白首同歸感昔賢」和「珍重昔年金谷友，共來泉際話孤魂」之句，用了西晉文士潘岳與顯貴石崇同刑東市時以所撰〈金谷詩序〉「白首同所歸」之句和石崇相酬答的典故[7]，都說明了盧仝確是和「四相」同罹甘露之難的一分子。當然，如果這篇傳奇小說出於唐末五代宋人之手，還可說是後人附會不足據爲典要。但如《南部新書》所說小說作者李玫不僅和盧仝「四相」同時，且曾受「四相」中王涯等人之恩，小說本身的內容也說明了這一點，則這篇小說對證實盧仝罹甘露之難來說確是第一手最可信據的史料，其可信程度即使後來史書上的正式記載也不足以比擬，卽使後來史書記載與此矛盾也只能以此爲準。何況史書如《舊唐書》、《通鑑》並沒有講到盧仝，《新唐書》雖爲盧仝立傳也沒有講他的結局，都找不出有什麼記載和這篇小說發生矛盾。

7　《世說新語・仇隙類》：「孫秀……收石崇、歐陽堅石，同日收（潘）岳。石先送市，亦不相知，潘後至，石謂潘曰：『安仁，卿亦復爾邪？』潘曰：『可謂白首同所歸。』潘〈金谷詩集序〉云：『投分寄石友，白首同所歸。』乃成其讖。」復錄入《晉書》卷五五〈潘岳傳〉。

要說有矛盾，只能是賈島的〈哭盧仝〉詩，詩今見《賈浪仙長江集》卷一，爲推敲方便起見，也把全文逐錄在下面：

> 賢人無官死，不親者亦悲，空令古鬼哭，更得新鄰比。平生四十年，惟著白布衣，天子未辟召，地府誰來追。長安有交友，托孤遽棄移，冢側志石短，文字行參差，無錢買松栽，自生蒿草枝。在日贈我文，淚流把讀時，從茲加敬重，深藏恐失遺。

姜、顧兩位說：「此詩有兩點值得注意，一是盧仝死時年齡是四十或四十稍出頭，二是他死時孩子年齡很幼小，否則是說不上『托孤』二字的。」但照我看，兩位似都沒有讀通賈詩的文義。

這裏先說「平生四十年，惟著白布衣」的「白布衣」。《舊唐書》卷四五〈輿服志〉記隋大業六年所定服色是「庶人以白」。又說「武德初因隋舊制」。又據《太平廣記》卷四八五〈雜傳記〉類元和中陳鴻祖撰〈東城老父傳〉記曾事玄宗的老父賈昌所說：「〈開元天寶時〉老人歲時伏臘得歸休，行都市間，見有賣白衫、白疊布，行鄰比鄽間，有人禳病，法用皂布一匹，持重價不克致，竟以幞頭羅代之。近者老人扶杖出門，閱街衢中，東西南北視之，見白衫者不滿百，豈天下之人皆執兵乎？」知盛唐下至中唐庶人仍以白布爲衣[8]。可見賈島〈哭盧仝〉詩之所謂「惟著白布衣」者，並非說盧仝衣著的簡樸，而是說盧仝平生從未仕宦的另一種較文雅的講法，以免與此詩首句「賢人無官死」的「無官」相重覆。人所共知，未成年的兒童談不上仕宦不仕宦，仕宦不仕宦只是成年人的事情。因此這裏所謂「平生四十年」者，並非說盧仝只活了四十年，而是指盧

---

8 參考陳寅恪先生〈讀東城老父傳〉，《歷史語言研究所集刊》第一〇本，今收入《金明館叢稿初編》。

仝自成年到罹甘露之難之間的四十年，則其享年自當過六十。這和《纂異記》小說中稱盧仝爲「白衣叟」正相吻合，和盧仝〈與馬異結交詩〉（《玉川子詩集》卷二）中所謂「盧仝四十無往還」也正相吻合。因爲韓愈〈寄盧仝〉詩（《昌黎先生集》卷五）有「玉川先生洛城裏」，「嗟我身爲赤縣令」等語，據洪興祖撰《韓子年譜》，「〔元和〕五年庚寅授河南縣令」，「六年辛卯行尚書職方員外郎」[9]，可見〈寄盧仝〉詩必作於元和五、六年卽八一〇、八一一年之間。而此詩說到「往年弄筆嘲仝、異」，卽指盧仝〈與馬異結交詩〉而言，唐人詩文用「往年」一般只是前一、二年，則〈與馬異結交詩〉亦必作於八〇八或八〇九年。〈結交詩〉中既自言年「四十」，下推至八三五年甘露之變也正好是年過六十。

再談賈詩中的「托孤」問題。姜、顧兩位根據韓愈〈寄盧仝〉詩說到「去歲生兒名添丁」，認爲「添丁生於元和五年」，又根據盧仝的〈寄男抱孫〉詩（《玉川子詩集》卷二），說「添丁有兄名抱孫，比添丁要大好幾歲」，「由此推算，添丁到甘露之變那年已二十六歲，抱孫可能要三十歲了」。這幾點考證大體上都可以說是正確的。問題在於是否眞如兩位所認識一定要「孩子年齡很幼小」才說得上「托孤」，恐怕不見得。這裏看兩個歷史上的實例。一個是衆所周知的劉備臨死前請諸葛亮輔佐嗣子劉禪，據《三國志・蜀志》卷三〈後主傳〉，當時劉禪已十七歲，在古人已可算成年，但卷五〈諸葛亮傳〉裴注引孫盛的議論仍稱之爲「托孤」。再一個唐太宗臨死前要長孫無忌、褚遂良輔佐太子高宗，《舊唐書》卷八〇〈褚遂良傳〉說：「太宗寢疾，召遂良及長

9 據《四部叢刊》本《朱文公校昌黎先生集》卷尾《新書》本傳註所引。

孫無忌入臥內，謂之曰：『卿等忠烈，簡在朕心，昔漢武寄霍光，劉備託葛亮，朕之後事，一以委卿，太子仁孝，卿之所悉，必須盡誠輔佐，永保宗社。』又顧謂太子曰：『無忌、遂良在，國家之事，汝無憂矣。』」又高宗將廢王皇后立武昭儀時，遂良也有「先帝不豫，執陛下手以語臣曰：『我好兒好婦，今將付卿』」的話。可見這也是一次托孤。但據卷四〈高宗紀〉高宗生於貞觀二年，到貞觀二十三年嗣位也已二十二歲。這都證明賈島〈哭盧仝〉詩用〈托孤〉一詞，對二十多歲的添丁以至抱孫來說，並未背離情理。

賈島〈哭盧仝〉詩不僅和盧仝罹甘露之難說不存在矛盾，如果仔細詠涵詩旨，還可發現有些地方適足證實罹難之說。即如「長安有交友，托孤遽棄移」兩句，就完全表明了以白衣而罹難如盧仝者的身分。正因爲只是白衣，不是顯貴，雖身死而可免族誅之慘[10]，才談得上「托孤」，而不必用覆巢無完卵之類的典故[11]。同時，又由於甘露變起後長安局面極爲混亂，「兵遂大掠」，「民乘亂往往復私怨，相戕擊，人死甚眾」（《新唐書》卷一七九〈李訓傳〉），盧仝交友不敢接受托孤遽行棄移才在情理之中。又如賈詩所說「空令古鬼哭，更得新鄰比」，這「新鄰比」也不是泛詞，而是指和盧仝同時罹難的「四相」諸人而言，即「白首同所歸」的意思[12]。此外全詩沒有一處像

10 當時族誅者止十一家，見前引《舊唐書》〈李訓〉等傳，此外或身死，或家破，其子嗣親族尚可免誅戮。如《舊書》卷一六三〈胡証傳〉謂「証素與賈餗善，及李訓事敗，禁軍利其財，稱証子溵匿餗，乃破其家，一日之內，家財並盡，軍人執溵入左軍，仇士良命斬之以徇」，即不言並及其子嗣家族。

11 覆巢無完卵的典故，出《世說新語．言語》類孔融被收條。

12 姜、顧兩位引用賈島在「更得新鄰比」句後加上問號（?），當是沒有體會文義，把「更得新鄰比」當成了「更得新鄰無」。

通常哀悼詩章那樣言及死者的老病，死者盧仝之非正命也就在不言之中。凡此蛛絲馬迹，姜、顧兩位何以不稍事審察，而只在「四十年」幾個字上做功夫。

至於《唐才子傳》卷五〈盧仝傳〉所謂「仝老無髮，奄人於腦後加釘，先是生子名添丁，人以爲讖」之說，也並非始創於傳的作者元人辛文房，我記憶中至遲宋人著作中已有此說。手頭宋人雜記詩話不備，這裏只引一段南宋人劉克莊《後村詩話前集》卷一裏的話：

> 唐人多傳盧仝因留宿王涯第中，遂預甘露之禍，仝老無髮，奄人於腦後加釘焉，以爲添丁之讖。或言好事者爲之。仝處士，與人無怨，何爲有此謗？然平時切齒元和逆黨，〈月蝕〉一詩，膾炙人口，意者羣奄因此害之。《太平廣記》載孝廉許生遇四丈夫與白衣叟會飲於甘棠館西噴玉泉，……蓋王涯、賈餗、舒元輿、李訓與仝之鬼也。……白衣叟所舉壁間詩云：「六合茫茫皆漢土，此身無處哭田橫。」妙甚，此必是涯、元輿門生故吏所作。

從這最後一句之作揣測之詞，可見《詩話》作者劉克莊沒有看到過《南部新書》的記載，但竟揣測得不錯，可見讀書之貴詠涵白文，體會文義。所謂「仝老無髮，奄人於腦後加釘」，是指當年被刑殺者要梟首示眾，盧仝年老髮脫，要加釘才便於懸掛[13]。但唐代梟示也有不用懸掛的[14]，而且盧仝並非「四相」那樣的頭面人物，未必夠得上梟示資格。所謂「添丁」應讖，顯然出於附

13 姜、顧兩位沒有弄清楚為什麼要「腦後加釘」，錯誤地解釋成「行刑時腦後加釘」。

14 如日本僧圓仁《入唐求法巡禮行記》卷四所記「斫叛主劉從簡（實是劉稹，稹是劉從諫之姪，圓仁聽聞不真而誤記）頭來，三鋒槍頭穿之，杆高三丈餘，上頭題名，先遣兩市，進入內里」，就不用懸掛。

會。甘露之變波及面廣，橫死者多，自易附會出若干讖應、定數之類的故事，如晚唐人蘇鶚撰《杜陽雜編》卷中所記王涯再從弟沐初不為涯所親，甘露變前得涯召見許官而罹禍，舒元輿族人守謙初為元輿禮遇，甘露變前被譴責辭歸江南而免禍，「當時論者以王、舒禍福之異有定分焉」[15]。盧仝之「添丁、應讖」無非也是這種氣氛下的產物，初不足深究。

從以上的考訂，可看到前此文學史、辭書的錯誤，在於沒有懂得賈島〈哭盧仝〉詩「平生四十年，惟著白布衣」的含義，因而弄錯了盧仝的生年。姜、顧兩位同樣不理解賈島詩句的含義，從而錯誤地否定盧仝死於甘露之變這一史實。足見不輕信成說加以否定是可以的，但一定要提出堅強的證據，並細心體會證據的文義，否則難免有以不誤為誤的危險。

15 並收入《太平廣記》卷一五六〈定數〉類，《唐語林》四庫輯本卷六補遺。

《浣花集》和〈秦婦吟〉

敦煌發現的韋莊〈秦婦吟〉[1]沒有收入他的詩集《浣花集》。但有關〈秦婦吟〉的某些疑難問題，如韋莊自諱〈秦婦吟〉的原因，如韋莊在廣明元年至中和三年的行迹，卻均可能轉而利用《浣花集》來作考說。因撰成此篇，以就正於當世通人。

韋莊自諱〈秦婦吟〉的原因

1 發現的〈秦婦吟〉寫本完闕計九本，詳劉修業女士〈秦婦吟校勘續記〉，載《學原》一卷七期，後又收入王重民先生《補全唐詩》，載《中華文史論叢》三輯，復編入中華書局本《全唐詩補編》。

一

孫光憲《北夢瑣言》卷七〈以歌詩自誤〉條[2]：

蜀相韋莊應舉時，遇黃寇犯闕，著〈秦婦吟〉一篇，內一聯云「內庫燒爲錦繡灰，天街踏盡公卿骨」。爾後公卿亦多垂訝，莊乃諱之。時人號「秦婦吟秀才」。他日撰〈家戒〉內不許垂〈秦婦吟〉障子，以此止謗，亦無及也。

案此記載自王國維先生〈唐寫本韋莊秦婦吟跋〉[3]引用後，已久爲讀〈秦婦吟〉者所熟知，但其可信程度，似尚未經分析。

孫光憲五代人，避地荊南，「高從誨見而重之，署爲從事，歷保融及繼沖三世，皆在幕府」[4]，《瑣言》自序謂：

唐自廣明亂離，秘籍散亡，武宗已後，寂寞無聞，朝野遺芳，莫得傳播。僕生自岷峨，官於荊郢，咸京故事，每愧面牆，游處之間，專於博訪。頃逢故鳳翔楊玭少尹，多話秦中平時舊說，常記於心。他日渚宮見元澄中允，款狎笑語，多符其說。元公謂舊族一二子弟曰：「諸賢生在長安，聞事不迨富春。」此則存好問之所宏益也。厥後每聆一事，

2 案今通行雅雨堂本《瑣言》作「自娛」，與所説李遠、韋莊、和凝皆見累於歌詞者不合，原本必是「自誤」，以形似滋誤，今逕改正。

3 載北京大學《國學季刊》一卷四號，趙萬里先生編校本《觀堂集林》卷二一。

4 《宋史》卷四八三〈孫光憲傳〉。

未敢孤信，三復參校，然始濡毫，非但垂之空言，亦欲因事勸戒。三紀收拾筐篋，爰自公退，咸取編連，先以唐朝達賢一言一行，列於談次，其有事類相近，自唐至後唐、梁、蜀、江南諸國所得聞知者，皆附其末。

「唐自武宗已後無實錄，史官之職廢」[5]，此書博訪長安故事[6]，兼及後唐、梁、蜀、江南諸國之所得聞知，蓋以拾遺補闕自任，故記述多有本原。如此條所說韋莊「時人號『秦婦吟秀才』」，必當時秦中或江南、西蜀地區確有此稱號流傳；「他日撰〈家戒〉內不許垂〈秦婦吟〉障子」，亦必孫光憲本人或他人見過此〈家戒〉，〈家戒〉中確有「不許垂〈秦婦吟〉障子」的明文。《瑣言》所說這兩點均係事實。

---

5 《新五代史》卷五七〈賈緯傳〉，並參考《舊五代史》卷一三一〈賈傳〉，卷四三〈後唐明宗紀〉長興三年十一月壬午條，《五代會要》卷一八〈前代史〉後晉天福六年四月趙瑩奏、賈緯奏，《新唐書》卷五八〈藝文志〉起居注類，趙翼《廿二史劄記》卷一六〈舊唐書原委〉條、〈唐實錄國史凡兩次散失〉條。

6 序中「咸京」卽長安之謂。魏晉以來下迄唐人多以咸陽稱長安，如曹操〈蒿里〉謂：「關東有義士，興兵討羣凶，初會期盟津，乃心在咸陽。」《宋書》卷九五〈索虜傳〉元嘉十九年，拓拔魏移書徐州謂：「大魏以沙漠之突騎，兼咸夏之勁卒」（夏卽據長安之赫連夏，為拓拔魏所併）。二十三年兗州答虜移謂：「北臨河濟，西盡咸汧。」同年蓋吳上表歸順謂：「創跡天台，爰曁咸雍。」李白〈上安州裴長史書〉謂：「遭沮渠蒙遜難，奔流咸秦，因官寓家。」貞元八年〈張維岳碑〉（在陝西高陵）謂：「汾陽蕩定咸、洛，追釭元惡。」《全唐詩》一二函七册安鳳〈贈別徐侃〉謂：「一自離鄉國，十年在咸秦。」《五代會要》卷一八天福二年趙瑩奏：「及咸秦蕩覆，鐘石淪亡。」均是其例。郭沫若先生《李白與杜甫》引〈上安州裴長史書〉乃謂「咸秦地望，注家不詳所在，如為建都咸陽之舊秦，則與碎葉、條支相抵觸，且由邊陲遷入內地而為『官』，亦不得言『奔流』，故『咸秦』必係訛字，蓋因原字蠹蝕破壞而後人以意補成之。余意『咸秦』當卽『碎葉』之訛，碎字左半包含在『咸』字中，葉字下部也包含在『秦』字中」云云，其牽強附會一至於此！彼不知漢魏以來邊裔多喜自託於中夏，碑誌所述先世猶不足憑，何況書函自詡之辭。咸秦地望則注家以讀者所共知而不復箋說，亦初非不詳所在。

但說韋莊自諱〈秦婦吟〉、不許垂〈秦婦吟〉障子是由於〈吟〉中「內庫燒爲錦繡灰，天街踏盡公卿骨」引起公卿垂訝，則未必是事實。因爲：

一、這「內庫燒爲錦繡灰，天街踏盡公卿骨」對公卿以至朝廷算不上觸犯，陳寅恪先生〈秦婦吟校箋〉[7]已有所辨說。又羅振玉先生〈秦婦吟書後〉[8]據元辛文房《唐才子傳》卷一〇〈韋莊傳〉引作「天街踏盡卻重回」，以爲是「後來避謗所改」。其實〈秦婦吟〉宋以後久不見流傳，《唐才子傳》以至南北宋間計有功《唐詩紀事》卷六八所紀都只是沿襲《北夢瑣言》，行文遣詞都大體相同，而《紀事》仍作「天街踏盡公卿骨」，可見《才子傳》之作「卻重回」只是辛文房記憶之誤[9]，何能憑此臆測當年眞有避謗的改本。

二、〈家戒〉說「不許垂〈秦婦吟〉障子」，必當時社會上流行〈秦婦吟〉障子才作此針對性訓戒。而障子是公卿貴族府第裏流行的陳設物，讀唐張彥遠《歷代名畫記》卷一〇〈張璪〉、〈李仲和〉，北宋郭若虛《圖畫見聞志》卷二〈房從眞〉、卷四〈黃居寀〉、卷五〈張璪〉、〈李益〉、卷六〈張氏〉〈圖畫〉諸條可知。何以公卿既對〈秦婦吟〉垂訝不滿，而府第裏又垂起〈秦婦吟〉障子？

三、即使確緣公卿垂訝使韋莊不得不自諱此〈吟〉，也最多只能在〈家戒〉中不許自己的兒孫垂〈秦婦吟〉障子，如何能制止人家垂〈秦婦吟〉障子？所以《瑣言》也說「以此止謗，亦無

---

7 載《嶺南學報》一〇卷二期，後收入《寒柳堂集》，其初稿〈讀秦婦吟〉則載《清華學報》一一卷四期。

8 載《敦煌零拾》。

9 而且「回」字是平聲，與上下文均用仄韻者亦不相諧。

及也」。但既明明「無及」，韋莊何以還要如此做？韋莊是個頗能作官最終貴爲王蜀小朝廷宰相的巧宦，何以在此「止謗」一事上會有「掩耳盜鈴」式的做法？

足見〈家戒〉之「不許垂〈秦婦吟〉障子」，必別有緣由，決非爲了「止謗」，更非由於公卿垂訝。

二

陳寅恪先生〈校箋〉看到《北夢瑣言》卷九〈李氏女〉條據劉山甫《金溪閑談》所說黃巢入長安後「有西班李將軍女奔波隨人，迤邐達興元」，爲鳳翔奏將軍董司馬所得的紀事，並考證了其時官軍楊復光部的駐地，對韋莊自諱〈秦婦吟〉事提出一個新解釋：

據《舊唐書·楊復光傳》，王重榮爲東面招討使，復光以兵會之。又據兩《唐書·王重榮傳》，復光與重榮合攻李祥於華州，及重榮軍華陰復光軍渭北，犄角敗賊。是從長安東出奔於洛陽者，如〈秦婦吟〉之秦婦，其路線自須經近楊軍防地。復依《舊唐書·僖宗紀》、《新唐書·王重榮傳》及《通鑑》中和元年〔九月〕之紀事，復光屯軍武功，則從長安西出奔於成都者，如《金溪閑談》之李氏女，其路線亦須經近楊軍防地。而楊軍之八都大將之中，前蜀創業垂統之君、端己北面親事之主（王建）即是其一。其餘若晉暉、李師泰之徒，皆前日楊軍八都之舊將，後來王蜀開國之元勳也。當時復光屯軍武功，或會兵華渭之日，疑不能不有如秦婦避難之人，及李女委身之事。端己之詩，流行一世，本寫故國亂離之慘狀，適觸新朝宮闈之隱情。所以諱莫如深，志希免禍，以生平之傑構，古今之至文，而竟垂戒子孫，禁其傳布者，其故儻在斯歟？

後來徐嘉瑞先生〈秦婦吟本事〉[10]又另作一種解釋：

以前箋釋〈秦婦吟〉的，對「金天神」一段不大注意，……其實「金天神」一段……是諷刺僖宗的，諷刺得最厲害。……王建雖然是一個叛臣，他對僖宗私人的關係太深，《五代史・前蜀世家》：「……光啟元年，……王重榮……召晉兵犯京師，僖宗幸鳳翔，二年三月移幸興元，以建爲清道使，使負玉璽以從行，至當塗驛，李昌符焚棧道，棧道幾斷，建控僖宗馬，冒煙焰中過，宿坂下，僖宗枕建膝寢，既覺，涕泣解御衣賜之。」……王建雖然叛逆，但叛逆之人最怕叛逆，他希望他的臣子對他忠順，這一類諷刺的文字他一定不喜歡的。

案這兩種解釋均仍從政治上著眼。但「金天神」實是華嶽神，〈校箋〉已有所考證。《舊唐書》卷二一〈禮儀志〉：

昊天上帝……爲大祀，……岳鎮海瀆……爲中祀。

卷二四〈禮儀志〉：

五嶽、四鎮、四海、四瀆，……祀官以當界都督、刺史充。……證聖元年有司上言曰：「……謹按五嶽視三公，四瀆視諸侯，……。」

韓愈《昌黎先生文集》卷三〈謁衡嶽廟遂宿嶽寺題門樓〉也說：

10　華中大學、哈佛燕京社本。

五嶽祭秩皆三公。

可見以五嶽比三公久爲唐人習知，縱使華嶽神得了「金天王」的封爵，也無從把他和昊天上帝或人間的皇帝等同類比[11]。〈校箋〉更提醒：〈秦婦吟〉是韋莊投奔「忠於唐室之大臣」周寶的贄見作，「豈肯作斯無君之語，轉自絕其進謁之路」。〈本事〉的解釋決不能成立。

〈校箋〉對當時官軍楊復光等部進逼長安的軍事形勢作了考證，但所作〈秦婦吟〉「適觸新朝宮闈之隱情」的推測仍有問題，因爲：

一、這究竟只是推測，並無任何史料可證實王蜀宮闈妃妾中確有當年屯軍武功、會軍華渭時虜來的婦女。

二、卽使有，在〈秦婦吟〉中也不曾觸及。〈秦婦吟〉敍述自長安至潼關，卽穿越楊復光諸部控制地區時只籠統地說「霸陵東望人煙絕，樹鎖驪山金翠滅」，「破落田園但有蒿，摧殘竹樹皆無主」，並未點明係官軍之所破壞。

三、而且據《圖畫見聞志》卷五〈常生〉條所記：

王先主旣下蜀城，謁僖宗御容，于時繪壁百僚咸在，惟不見田令孜、陳太師，因問何不寫貌彼二人，左右對以近方塗滅，先主曰：「不然，吾與陳、田，本無讎恨，圖霸之

11 唐代曾以高祖、太宗、高宗等先皇帝配享昊天上帝，見《舊唐書》卷二一〈禮儀志〉，可見當時只能以最尊崇的昊天上帝和皇帝類比。

道，披此血刄，豈與丹青爲參商乎！」遽命工重寫之。

可見王建在無關緊要之處頗能故示寬大以籠絡人心。其中尤能籠絡士人，如《新五代史》卷六三〈前蜀世家〉所謂：

蜀恃險而富，當唐之末，士人多欲依建以避亂。建雖起盜賊，而爲人多知詐，善待士，故其僭號，所用皆唐名臣世族。

韋莊是早有「秦婦吟秀才」之稱的，但王建就因爲他是唐宰相韋見素的後裔，請他以左散騎常侍制中書門下事爲宰相，可見即使〈秦婦吟〉如〈校箋〉所說有觸及宮闈隱情之處，王建也並未計較，韋莊更無作「掩耳盜鈴」式地自諱此〈吟〉的必要。

何況唐代在文字上本來就一貫寬大，南宋時諳熟前朝故事的洪邁在《容齋續筆》卷二〈唐詩無諱避〉條裏就說過：

唐人歌詩，其於先世及當時事直辭詠寄，略無避隱，至宮禁嬖昵，非外間所應知者，皆反覆極言，而上之人亦不以罪，……今之詩人不敢爾也。

如北宋時蘇軾的「烏臺詩獄」，清康雍乾三朝的文字獄，在唐五代時是不可能出現的。想從政治上尋找韋莊自諱〈秦婦吟〉的原因是無法找見的。

三

韋莊自諱〈秦婦吟〉，而其詩集《浣花集》也正不收〈秦婦吟〉，這二者之間是否有關聯？

先看《浣花集》十卷本，這是傳世的唯一舊本[12]，其詩篇下間有小注，依次為：

庚子季冬大駕幸蜀後作。（卷二卷首）

時大駕在蜀，黃寇未平，洛中寓居作。（卷三卷首）

浙西作。（卷四卷首）

巳後自浙西遊汴宋路至陳倉迎駕，卻過昭義相州路歸金陵作。（卷四卷中）

時在婺州寄居作。（卷五卷首）

自三衢至江西作。（卷六卷首）

甲寅年自江南到京後作。（卷八卷首）

及第後出關作。（卷九卷首）

時在華州駕前奉使入蜀作。（卷十卷首）

---

12 有明正德時朱承爵刻本（無序，有朱氏刻書跋語並所蒐輯集外詩二篇作為補遺），明天啓時毛晉綠君亭刻本（較朱本增多韋藹序），《四部叢刊》影印朱本（韋藹序用毛本，補遺及朱跋配舊抄本）。此外歷代著錄情況，則《新唐書》卷五八〈藝文志〉別集類未收《浣花集》。《郡齋讀書志》袁本卷四中別集類作《浣花集》五卷，謂「偽史稱莊有集二十卷，今止存此」。此「偽史」是指《蜀檮杌》，《蜀檮杌》和《崇文總目》輯本均作《浣花集》二十卷，當係包括韋莊其他文字如《諫草》等在內的全集，《郡齋讀書志》作五卷是止存詩集。今十卷本最後諸卷篇葉過少，在唐五代通行卷軸時必不能成卷，當是後人據詩篇下小注重分成十卷，其原本當如《郡齋志》所著錄為五卷。《直齋書錄解題》聚珍本卷一九詩集類著錄《浣花集》一卷，則應是書棚本小集之類的刪節本。《宋史》卷一六一〈藝文志〉別集類作《浣花集》十卷《諫草》一卷，除《諫草》失傳外《浣花集》作十卷已與今本相同，可見今本是承宋刻之舊。至於《全唐詩》一〇函九冊所收韋莊詩六卷，則是將十卷本又並成五卷，期與《全唐詩》其他卷帙勻稱，又輯得未入集的詩六十九題七十首為集外補遺一卷。

凡此均係作者本人口吻，可見這個本子是韋莊入蜀定居後按寫作先後所編成，堪稱爲韋莊詩集晚年的定本。這個定本擯〈秦婦吟〉而不收，足證韋莊晚年自諱〈秦婦吟〉確是事實。至於何以自諱，則應看此定本前韋莊弟靄所撰序，序謂：

> 余家之兄莊自庚子亂離前凡著歌詩文章數十通，屬兵火迭興，簡編俱墜，唯餘口誦者所存無幾。爾後流離漂泛，寓目緣情，子期懷舊之辭，王粲傷時之製，或離羣軫慮，或反袂興愁，四愁九愁之文，一詠一觴之作，迄於癸亥歲，又綴僅千餘首[13]。庚申夏自中諫□□□□[14]。辛酉春應聘爲西蜀奏記。明年，浣花溪尋得杜工部舊址，雖蕪沒已久，而柱砥猶存，因命芟夷結茅爲一室，蓋欲思其人而成其處，非敢廣其基構耳。藹便因閒日錄兄之藁草，中或默記於吟詠者，次爲□□□[15]，目之曰《浣花集》，亦杜陵所居之義也。餘今之所製，則俟爲別錄，用繼於右。時癸亥年六月九日藹集。

所謂「藹集」，恐實係韋莊手定，看前引小注之用作者口吻可知，至少也是韋藹秉兄命所集所序，而序裏表達了韋莊晚年的文學傾向——即推尊杜甫的傾向。對此從光化三年庚申即韋莊定居

---

13 徐嘉瑞先生《本事》引此作「迄於癸亥歲又輟，僅千餘首」，後附〈改正表〉謂「千改十」。其實唐人用「僅」字是「多至」的意思，與通常「僅」字作「僅有」即「少」的意思正相反。《本事》不明斯義，從而妄改「綴」字為「輟」，屬之上句，又以「千餘首」不得為少而用「僅」字，又妄改為「十餘首」。不知今十卷本自卷二「庚子年冬」至卷十已得詩二百零四首，如何能「僅十餘首」？《本事》之疏於文理往往若此。

14 夏承燾先生《韋端己年譜》：「據《容齋三筆》七，端己本年十二月為左補闕，則所缺當為『除左補闕』四字。」案事見《三筆》卷七〈唐昭宗恤儒士〉條。《年譜》載《詞學季刊》一卷四號，後又稍事增改，收入所著《唐宋詞人年譜》上海古典文學出版社本。

15 此闕文當是卷數。

成都的前一年所親手編集的唐詩選本《又玄集》以及計有功的《唐詩紀事》裏還都可找到旁證：即《又玄集》也正以杜甫居首[16]，一破唐人選詩的慣例[17]；而《唐詩紀事》卷八六紀韋莊：

誦〔杜〕子美「白沙翠竹江村暮，相送柴門月色新」，沉吟不輟，是歲卒於花林坊，葬於白沙。

如排除休咎宿命色彩，仍反映出韋莊晚年對杜詩的特殊感情。因此韋藹序中所謂定居成都的明年便到「浣花溪尋得杜工部舊址」，「結茅爲一室」，確係「思其人而成其處」，即出於尊杜才如此做，並非因當地有「杜工部舊址」而附庸風雅。把編定的詩集題名爲《浣花集》，也係本「杜陵所居之義」，並非由於韋莊在浣花溪「結茅爲一室」的緣故。

編集詩文通常有所去取，韋藹序說庚子後到癸亥歲「綴僅千餘首」，而《浣花集》從卷二「庚子季冬」大駕幸蜀後作至卷十「奉使入蜀作」合起來也不過二百零四首，足見至少有八九百首在編集時被删去不取。去取通常自有標準，從《浣花集》的名稱和韋藹序表達的尊杜傾向，韋莊編集舊作的去取標準只能是杜詩。杜詩近體和五言古體籠罩李唐一代，即到晚唐韋莊等人所作仍與之相去不遠。七言古體尤其是歌行則自中唐白居易的作品特別是〈長恨歌〉〈琵琶行〉等盛行

16 韋莊《又玄集》三卷，《宋史》卷一六三〈藝文志〉總集類著錄，莊自序並收入《文苑英華》卷七一四。其書則國內久無傳本，王士禛《十種唐詩選》所據實是僞物。惟日本享和元年江戶昌平坂學問所所刻是真本，文學古籍刊行社已影印。

17 傳世唐五代人詩歌選本除韋莊《又玄集》外悉不入選杜詩，而與杜甫同時詩人王維的作品卻收入《河岳英靈集》、《國秀集》、《極玄集》和《才調集》，且排列位置較高，即李白作品也收入《河岳英靈集》和《才調集》，均不若杜詩之受冷落。

以後，技巧風格爲之大變[18]，其影響直下被晚唐。韋莊中年時所作〈秦婦吟〉即這種影響下的產物，其模仿〈長恨歌〉、〈琵琶行〉的技巧風格是稍具文學修養者公認的事實。及至晚年厭棄此種技巧風格轉而尊杜，所選《又玄集》已擯落〈長恨歌〉、〈琵琶行〉而止收錄白居易的幾首近體[19]，三年後編集自己的舊作當然也得把模仿〈長恨歌〉、〈琵琶行〉的歌行包括膾炙人口的〈秦婦吟〉統統刪棄。我認爲，這就是《浣花集》裏不僅無〈秦婦吟〉且無一首古體歌行而全部是近體的原因，同樣也正是韋莊晚年所以要自諱〈秦婦吟〉的原因。這種文悔少作，本是古今文人常有的事情，如《北夢瑣言》〈以歌詞自誤〉條還紀有年輩晚於韋莊的和凝的故事：

> 晉相和凝，少年時好爲曲子詞，布於汴洛，洎入相，專託人收拾焚毀不暇。然相國厚重有德，終爲豔詞玷之，契丹入夷門，號爲「曲子相公」，所謂好事不出門，惡事行千里，士君子得不戒之乎！

韋莊之自諱〈秦婦吟〉，正與和凝之焚毀曲子詞如出一轍，只是和凝也許加上點閒情累德的因素而已。

韋莊〈家戒〉除《北夢瑣言》提及外，未見著錄，久已失傳，無從考知其撰述確切年月。但這種垂戒子孫的東西一般晚年才會命筆。而且如前所說，障子是公卿貴人府第中的陳設物，必韋莊定居成都仕宦顯達後始有垂障子的條件。這時韋莊既已刪落〈秦婦吟〉不使入集，當然也忘不

18 白居易自亦尊杜，但所尊是杜詩的思想內容，看他的〈與元九書〉可知，這與後來韋莊之在形式上追摹杜詩者有別，故不礙其在歌行之技巧風格上別開生面。

19 元稹的〈連昌宮詞〉、〈望雲騅馬詩〉風格上舊一點，故尚蒙《又玄集》收錄。

了在〈家戒〉裏作出「不許垂〈秦婦吟〉障子」的訓示。

至於韋莊定居成都後的作品，韋藹〈浣花集序〉說「俟爲別錄」，但未見傳本，也許並未錄成。明正德朱承爵刻本《浣花集》附補遺二首，《全唐詩》本第六卷集外補遺有六十九題七十首，都是從《文苑英華》等書裏蒐輯出來的。其中有定居成都後所作的，也有以前所作爲編《浣花集》時所刪棄的，已很難一一分別。只有朱本和《全唐詩》本同有的一首〈乞彩牋歌〉起句曰「浣花溪上浣花客」，可確定是韋莊壬戌年結室浣花溪後所行的七言歌行，風格已很近於杜甫的〈奉先劉少府新畫山水障歌〉、〈戲爲雙松圖歌〉，與〈秦婦吟〉顯然不同，這也轉可作爲韋莊晚年尊杜的又一旁證。

四

〈秦婦吟〉障子是什麼模樣？這裏也不妨附帶說一說。

記得童年初讀〈秦婦吟〉、看到《北夢瑣言》的記載時，以爲〈秦婦吟〉障子是在障子上寫出〈秦婦吟〉全文，以備諷誦或欣賞書法，如今人俞平伯先生爲陳寅恪先生寫〈秦婦吟〉卷子以張於屋壁之比[20]，可能還有人同此認識。其實不然。據前面提到的《歷代名畫記》、《圖畫見聞志》所記障子故事，障子上主要是繪畫而不是寫字。

長達一千三百八十六字的〈秦婦吟〉在一幅障子上如何畫得下？這要請看《太平廣記》卷二

20 〈秦婦吟校箋〉。

一四〈雜編〉條引〈盧氏雜說〉：

故德州王使君倚家有筆一管，約一寸，麤於常用筆管，兩頭各出半寸以來，中間刻〈從軍行〉一鋪，人馬毛髮、屋木亭臺遠水無不精絕，每一事刻〈從軍行〉兩句，若「庭前琪樹已堪攀，塞外征人殊未還」是也[21]。

「庭前琪樹已堪攀，塞外征人殊未還」見於隋盧思道〈從軍行〉，收入《樂府詩集》卷三二。〈秦婦吟〉障子當也是像這〈從軍行〉筆管一樣摘出〈吟〉中個別句子畫一畫，並非圖畫全〈吟〉，因此一幅障子自足容納。至於畫那幾句，則很可能是「路旁忽見如花人，獨向綠楊陰下歇，鳳側鸞欹鬢腳斜，紅攢黛斂眉心折」等秦婦與韋莊相遇的場面。《劉隨州詩集》卷五有〈觀李湊所畫美人障子〉，謂：

西子不可見，千載無重還，空令浣紗態，猶在含毫間。一笑豈易得，雙蛾如有情，窗風不舉袖，但覺羅衣輕。

〈秦婦吟〉障子當也就是這種以美人為畫面主體的障子。

21　《圖畫見聞志》卷五〈盧氏宅〉條略同，當即錄自〈盧氏雜說〉。

韋莊在廣明元年至中和三年的行迹

一

〈秦婦吟〉所吟起自廣明元年十二月黃巢進入長安到中和癸卯卽三年春三月秦婦和韋莊相邂逅於洛陽。但詩歌不等於紀實，吟中那些有事實依據，那些純出虛構，自有必要考證此時間內韋莊本人的行迹。

兩《唐書》、《五代史》均未爲韋莊立傳。王國維先生〈唐寫本秦婦吟跋〉依據《浣花集》、《唐詩紀事》考證了韋莊的出處經歷，惟詳於中和三年之後，其前止說「莊遇黃寇之亂，寓居洛中，旋客金陵」，未作深入探索。陳寅恪先生〈校箋〉著重探索了韋莊自長安至洛陽以及自洛陽東奔兩段路程，惜仍未臻精審，不足補王〈跋〉之闕。夏承燾先生《韋端己年譜》在這一段除承用王〈跋〉陳〈箋〉外，增益無多，且有差錯。因而韋莊此段行迹尚須鈎稽文獻，重事考實。

文獻主要還是《浣花集》。如前所說，此〈集〉按寫作先後所編成，除卷一是「庚子亂離前」所作外，卷二卷首自注「庚子季冬大駕幸蜀後作」，卷三卷首自注「時大駕在蜀，巢寇未平，洛中寓居作」，卷四卷首自注「浙西作」，說明這三卷是廣明元年十二月黃巢進入長安至中和三年韋莊抵達江南潤州卽所謂金陵時的作品[22]。其中某些詩題詩句標明或反映了所經歷的地域和年月時節，是考實韋莊行迹的第一等史料。不過它不是嚴格的編年而只是大體的分期，在同一時期裏的某些詩篇有先後顚倒者，引用時不宜過於拘泥。

二

首先考實廣明元年十二月黃巢進入長安時韋莊的行迹。《北夢瑣言·以歌詩自誤》條所紀韋莊事不盡可靠，已如前說，但所說：

韋莊應舉時，遇黃寇犯闕。

卽謂黃巢進入長安時韋莊身在城中，則是事實。《浣花集》卷一「庚子亂離前」作中有〈冬日長安感志寄獻虢州崔郎中二十韻〉，首韻卽云：

帝里無成久滯淹，別家三度見新蟾。

說明「庚子亂離」卽廣明元年黃巢進入長安前韋莊確因應舉無成而淹留帝里長安。《浣花集》卷二「庚子年冬大駕幸蜀後作」的第一首是〈雨霽晚眺〉五律，說：

入谷路縈紆，巖巔日欲晡，嶺雲寒掃蓋，溪雪凍黏鬚，臥草跧如兔，聽冰怯似狐，仍聞關外火，昨夜徹皇都。

此「關外火」卽潼關外之兵火，「昨夜徹皇都」者指潼關外之兵火卽黃巢軍已進入皇都長安。說

22 唐人亦稱浙西節將治所潤州之丹徒為金陵，詳陳寅恪先生〈校箋〉考證。

「昨夜」進入長安，可見此詩是廣明元年十二月黃巢進入長安的第二天所作。長安南邊不遠就是南山即終南山，此詩說「入谷」，以下又有「巖巔」、「嶺雲」諸詞，可見黃巢入城後韋莊即逃竄南山。但自長安入南山止一天路程，韋莊此詩點明進入南山山谷的時間是「日欲晡」，則韋莊出長安城當在這天的清晨，亦即黃巢進入長安後的第二天清晨，黃巢進入長安時韋莊正在城中。

《浣花集》卷二緊接〈雨霽晚眺〉是一首〈立春日作〉絕句，開頭即謂：

九重天子去蒙塵，御柳無情依舊春。

說明韋莊逃竄南山後不久即回長安，所以才能在第二年中和元年立春日看到長安城裏的「御柳」。《浣花集》此卷有〈賊中與蕭韋二秀才同臥重疾，二君尋愈，余獨加焉，恍惚之中因有題〉及〈重圍中逢蕭校書〉兩首五律，所謂「賊中」、「重圍中」自均指黃巢控制的長安城而言，以其時官軍已從幾面進逼長安，故有「重圍中」之說。

《浣花集》此卷復有題爲〈辛丑年〉的七律，首二聯是：

九衢漂杵已成川，塞上黃雲戰馬閑，但有羸兵塡渭水，更無奇士出商山。

辛丑年即是中和元年，此首二聯是咏官軍王處存、唐弘夫等反攻長安爲黃巢所殲之事，其年月史傳所述頗有出入。如《通鑑》卷二五四中和元年四日壬午條《考異》謂：

《舊》紀、傳、《新》傳皆云弘夫敗在二年二月[23]，《驚聽錄》、《唐年補錄》、《新》

23 胡克家仿元刻胡注本作六月，誤，今從《四部叢刊》影印南宋刻單行本《考異》，此條在卷二。明嘉靖孔天胤刻單行本同南宋本，通行點校本《通鑑》亦已改正。又此所云「紀」謂〈僖宗紀〉，「傳」謂〈黃巢傳〉。

紀、《實錄》[24]皆在此年四月，《新》紀日尤詳，今從之。

陳寅恪先生〈校箋〉則轉從中和二年二月之說[25]，案之〈辛丑年〉七律，中和元年四月之說乃得其實。由此可知此次攻奪長安戰役發生時韋莊尚在城內，〈秦婦吟〉所吟此役如：

一朝五鼓人驚起，呼嘯喧爭如竊議，夜來探馬入皇城，昨日官軍收赤水。赤水去城一百里，朝若來兮暮應至，凶徒馬上暗吞聲，女伴閨中潛生喜，皆言寃憤此時銷，必謂妖徒今日死。逡巡走馬傳聲急，又道官軍全陣入，大彭小彭相顧憂，二郎四郎抱鞍泣。沉沉數日無消息，必謂軍前已銜璧，簸旗掉鼓卻來歸，又道官軍悉敗績。

得備悉始末曲折者，當即韋莊本所見聞而寫出。

三

韋莊在什麼時候離開長安，離開長安後到什麼地方，前此研讀〈秦婦吟〉者均尚未能作出正確的解答。

夏承燾先生《韋端己年譜》定中和二年壬寅春韋莊離開長安，其理由是：

《集》四〈江上逢史館李學士〉云：「前年分袂陝城西。」又《全唐詩》端己詩補遺有〈江上別李秀才〉云：「前年相送灞陵春，今日天涯共避秦。」二詩皆明年癸卯作，見

---

24 此《實錄》是宋敏求所補撰，詳《郡齋讀書志》袁本〈後志〉卷一〈實錄類〉〈唐武宗實錄〉條及《直齋書錄解題》聚珍本卷四〈起居注類〉、《宋史》卷一五六〈藝文志〉編年類。

25 如說「依〈秦婦吟〉所述，此婦之出長安，約在中和二年二月黃巢洗城之後」，蓋陳先生未暇深考。

明年《譜》。則離長安，必在本年春間也。

檢明年中和三年癸卯《譜》，知所以定〈江上逢史館李學士〉為其年作即據王國維先生〈唐寫本秦婦吟跋〉之說，王說據此詩自注「時巢寇未平」來推斷，自屬正確，本文以後要談到。但夏《譜》因之而推斷另一首〈江上別李秀才〉亦係同時所作，則殊乏根據，因為此詩並無可反映寫作時期的自注，李秀才和李學士也未必即為一人。而且「前年」的用法在當時甚為寬泛，不一定是指「去年」，如〈秦婦吟〉謂中和癸卯即三年春三月韋莊在洛陽城外遇見秦婦，此秦婦所說「前年庚子臘月五」的「前年」是指前三年的廣明元年庚子，因此決不能止憑「前年」一詞以推斷時間。再則詩中「分袂」、「相送」的含義亦甚寬泛，不一定是李學士、李秀才送韋莊，也可能是韋莊送李學士、李秀才。夏《譜》所定韋莊中和二年春離長安的理由均難成立。

相反，《浣花集》卷三「時大駕在蜀，巢寇未平，洛中寓居作」中倒有多數詩篇可證實韋莊之離長安絕不在中和二年春日。這些詩篇均為春日所作，有的題目就標明〈立春〉、〈春早〉，有的如〈北原閑眺〉、〈中渡晚眺〉、〈寄園林主人〉、〈對黎華贈皇甫秀才〉、〈和元秀才別業書事〉有「春城」、「春苑」、「桃豔」、「梨華」、「杏籬」等詞句[26]，尤其是全卷第一首〈洛陽吟〉所說：

萬戶千門夕照邊，開元時節舊風煙，宮官試馬遊三市，舞女乘舟上九天。胡騎北來空進

26 梨花開於清明時節，其時絕無降雪之可能，〈寄園林主人〉之「梨華雪又催」和〈對梨華贈皇甫秀才〉之「林上梨華雪壓枝」只是借「雪」以形容梨花之潔白，並非真雪。《全唐詩》本改「梨華雪又催」為「雪又摧」，大謬。

主，漢皇西去竟升仙，如今父老偏垂淚，不見承平四十年。

更顯然是新正時韋莊在洛陽懷念承平景物之作[27]。這當然不會是中和元年的新正，因爲中和元年立春日韋莊還在長安寫了「御柳無情依舊春」的絕句，已如前所說。也不可能是中和三年的新正，因爲後面要考證出韋莊在中和二年年底之前已離開洛陽。因此這〈洛陽吟〉只能是中和二年新正所作。中和二年新正韋莊既已在洛陽作詩，則其離長安必不可能如夏《譜》所說遲至中和二年春日。

中和元年什麼時候離開長安，仍由《浣花集》卷二「庚子季冬大駕幸蜀後作」中的詩篇提供了線索。和〈辛丑年〉七律編在一起的還有一首題爲〈思歸〉的七律，說：

暖絲無力自悠揚，牽引東風斷客腸，外地見華終寂寞，異鄉聞樂更淒涼，紅垂野岸櫻還熟，綠染迴汀草又芳，舊里若爲歸去好，子期凋謝呂安亡。

詩中的「櫻」是櫻桃，今櫻桃初夏成熟，唐代也是如此，《太平御覽》卷九六九引〈唐景龍文館記〉謂：

夏四月，上與侍臣於樹下摘櫻桃恣其食。……夏四月，上幸兩儀殿，命侍臣升殿食櫻桃。

可見這首有「櫻還熟」的〈思歸〉詩是中和元年夏四月所作。當係這年四月官軍反攻失敗後長安收復無期，加之城內食糧匱乏，如〈秦婦吟〉所謂：

---

27 所謂「不見承平四十年」者，卽指玄宗在位四十五年而言，與韋莊行年無關。

四面從玆多厄束，一斗黃金一升粟。

韋莊自宜下決心離長安而回舊里故居。《浣花集》同卷復有題爲〈家叔南游卻歸因獻賀〉的七律，說明其時韋莊已返回舊居，因而其叔「南游卻歸」後得和他在家裏相聚。

這裏還可附帶落實〈辛丑年〉七律的寫作時間。我過去談《浣花集》時受了〈秦婦吟〉和時人論著影響，總以爲韋莊離長安後卽如〈吟〉中所謂秦婦者逕自東奔洛陽，對〈思歸〉、〈家叔南游卻歸因獻賀〉二詩欠注意推敲，不知韋莊離長安是回舊居，因而對〈辛丑年〉頸聯所說：

田園已沒紅塵裏，弟妹相逢白刃間。

也和夏《譜》一樣認爲是在長安圍城中相逢。其實韋莊滯淹長安是爲了應舉，其弟尤其是其妹如何會也在長安？前引〈賊中與蕭韋二秀才同臥重疾，二君尋愈，余獨加焉，恍惚之中因有題〉中說：

弟妹不知處，……懷鄉亦淚流。

明係懷念留在舊居的弟妹。因此〈辛丑年〉之有「弟妹相逢白刃間」者，正說明是回舊居與弟妹重逢後之作，因此才提到「田園」，所謂「田園已沒紅塵裏」正有陶潛〈歸去來辭〉「田園將蕪胡不歸」的意味。這首詩首二聯「九衢漂杵已成川」云云是詠中和元年四月官軍反攻長安的失敗，下回緊接著說「田園」說「弟妹相逢」，又可證四月反攻失敗不久韋莊卽回到了舊居。

四

韋莊此時家於何地？夏《譜》說在虢州，這是正確的，主要證據卽前引《浣花集》卷一「庚子亂離前」所作〈冬日長安感志寄獻虢州崔郎中二十韻〉。此詩獻於崔郎中，而首韻即云「帝里無成久淹留，別家三度見新蟾」，可見韋莊在入長安應舉時其家本在虢州。《浣花集》同卷還有〈虢州澗東村居作〉、〈三堂東湖作〉、〈三堂早春〉、〈漁塘十六韻〉諸篇。〈漁塘十六韻〉自注：

在朱楊縣石嵓下。

朱陽見《通典》卷一七七〈州郡典〉、《舊唐書》卷三八〈地理志〉、《新唐書》卷三八〈地理志〉及《元和郡縣圖志》卷六，是虢州的屬縣。三堂則韓愈《昌黎先生文集》卷九有〈奉和虢州劉給事使君三堂新題二十一韻〉，其詩序謂：

虢州刺史宇連水池竹林，往往爲亭臺島渚，目其處爲三堂。

呂溫《呂和叔集》卷一〇且有〈虢州三堂記〉[28]。這些也都是「庚子亂離前」韋莊就家於虢州的證據[29]。

《元和郡縣圖志》卷六說陝虢觀察使「管州三：陝州、虢州、汝州」，而陝州「爲陝虢觀察使理所」[30]。其時陝虢觀察使是王重盈，事迹附見《新唐書》卷一八七其弟〈王重榮傳〉，謂：

重盈前此已歷汾州刺史。黃巢渡淮，擢陝虢觀察使。

陝虢觀察使治所在陝州，因而可曰陝州主帥，〈秦婦吟〉所說「陝州主帥忠且貞，不動干戈惟守

28 又收入《文苑英華》卷八二七、《唐文粹》卷七四。

29 以上諸篇夏《譜》也都已提及，不過對三堂等沒有認真作解釋。

30 即「治所」，唐人避高宗諱易「治」爲「理」。

城」者即指此人。「不動干戈惟守城」者，即《通鑑》卷二五四廣明元年：

十一月……庚申，東都奏黃巢入汝州境。……丁卯，黃巢陷東都。……辛未，陝州奏東都已陷。……壬申，賊陷虢州。……十一月庚辰朔，……黃巢前鋒軍抵〔潼〕關下。

可知王重盈坐守治所陝州，對管下汝州、虢州之被黃巢攻陷初不過問。而黃巢攻陷虢州後當即全軍進入潼關，也未必留部隊在虢州駐守。則此時虢州實已成一較平靜的眞空地區，從〈家叔南游卻歸因獻賀〉詩中絕無兵荒馬亂等情況亦可證明。因此不僅韋莊可「思歸」而回虢州，其叔南游後亦可仍返回虢州[31]。

但韋莊此人不甘寂寞，當年爲了找出路至長安應舉，落第後留長安等待機會，黃巢進入長安後仍不願離去，到官軍反攻失敗，食糧匱乏才不得已返回虢州，其不甘老死牖下從可想知。而虢州名義上的統治者王重盈又闇弱無能，自需另行尋找他認爲有權勢有能力的節鎭以謀出路。在此問題上其南游卻歸之叔當給了他啟發。〈家叔南游卻歸因獻賀〉七律的全篇是：

繚繞江南一歲歸，歸來行色滿戎衣，長聞鳳詔徵兵急，何事龍韜獻捷稀，旅夢遠依湘水濶，離魂空伴越禽飛，遙知倚棹思家處，澤國煙深暮雨微。

從「繚繞江南一歲歸」和「離魂空伴越禽飛」，可知其叔一年前南游是游吳越[32]。吳越是黃巢未

31 〈辛丑年〉七律所說「弟妹相逢白刃間」者，只是亂世和弟妹重逢之謂，不能死板地理解為虢州其時尚處白刃交加之下，因為若如此，韋莊及其叔就決不會返回。

32 從「旅夢遠依湘水濶」的「湘水」可知其叔還到過今湖南地區，但也可能只是以「湘水」泛指南方澤國，好在與本題無大關係，可毋庸深究。

曾攻占過的地區，潤州的鎮海軍節度使周寶又是其地比較強大的節鎮。韋莊當係聽了其叔的介紹，才準備去江南投靠周寶。

在唐代自陝虢去江南最簡捷的走法是走汴路，也稱汴宋路，這是其時南糧北運的必經水道。陳寅恪先生《校箋》對此已有所考證，中唐時李翺《李文公集》卷一八《來南錄》曾就親歷詳記走此汴路至潤州的日程[33]：

> 元和……四年正月己丑（案即正月十二日[34]）自旌善第[35]以妻子上船於漕。乙未（十八日）去東都。……明日（十九日）及故洛東。……戊戌（二十一日）……暮宿於鞏。庚子（二十三日）出洛下河，止汴梁口，遂泛汴流，通河於淮。辛丑（二十四日）及河陰。乙巳（二十八日）次汴州。……二月丁未朔（二月一日）宿陳留。戊申（二日）……宿雍丘。己酉[36]（三日）次宋州。……壬子（六日）至永城。甲寅（八日）至埇口。丙辰（十日）次泗州，見刺史假舟。……庚申（十四日）下汴渠入淮。……壬戌（十六日）至楚州。丁卯（二十一日）至揚州。……辛未（二十五日）濟大江至潤州。……自洛川下黃河汴梁過淮至淮陰一千八百有三十里，順流自淮陰至邵伯三百有五十里，逆流自邵伯至江九十里。

33 據《四部叢刊》影印明成化刻本。

34 據陳垣先生《中西回史日曆》，以下月日干支之換算亦均據此《日曆》，不復注出。

35 成化本原誤作「弟」，今逕改正。

36 成化本原誤作「乙酉」，今逕改正。

旌善坊在洛陽，北臨洛水，由此上船走汴河水道凡二千二百七十里，除中間訪友登眺、病寒召醫外實足用三十幾天即一個月零幾天的時間，這在當時已是較快的速度。從〈家叔南游卻歸因獻賀〉末聯「遙知倚棹思家處，澤國煙深暮雨微」來看，知其叔歸虢州仍是走此汴路水道，惟當年李翺從洛陽南下，其叔則由江南北上。韋莊既因其叔介紹欲去江南，自仍欲走此水道捷徑，而欲走此捷徑自需在洛陽上船，這就是韋莊離虢州後必先赴洛陽的原因。

《浣花集》卷二「庚子季冬大駕幸蜀後作」裏有兩首離虢州赴洛陽途中的詩篇，一首是〈早秋夜作〉七律：

翠簟初清暑半銷，撇簾松韻送輕飈，莎庭露永琴書潤，山郭月明砧杵遙，傍砌綠苔鳴蟋蟀，遶簷紅樹織蠨蛸，不須更作悲秋賦，王粲辭家鬢已凋。

從「王粲辭家」可知是重離虢州舊居後所作，從詩題「早秋」和「暑半銷」、「鳴蟋蟀」可知作詩的時間在中和元年七月中下旬。假定韋莊離虢州前在家住一兩個月，則上推前此回到虢州的時間應在這年五六月之間。從長安到虢州據《元和郡縣圖志》卷八所說爲四百三十里，大約得走上半個月，則韋莊之離長安當在這年五月初，這和前面所推測韋莊在這年四月官軍反攻長安失敗後不久即寫〈思歸〉離長安也正相吻合。

再一首是〈宿泊孟津寄三堂友人〉七律，首二聯是：

解纜西征未有期，槐華又逼桂華時。鴻臚陌上歸耕晚，金馬門前獻賦遲。

從詩題〈寄三堂友人〉和「歸耕晚」詩句可知也是重離虢州舊居後所作，所謂「解纜西征未有期」、「金馬門前獻賦遲」是說西上長安博取功名暫無可能只好東行，「槐華又逼桂華時」點明自虢州東行入黃河至孟津是在中和元年八月。孟津即盟津，《通典》卷一七七〈州郡典〉：洛陽「東北有盟津」。《元和郡縣圖志》卷五：河南府偃師縣「西南至府七十里」，「盟津在縣西北三十一里」。從孟津再有一天路程就到達洛陽[37]。

五

韋莊到洛陽後停留不進，是由於發生戰亂而汴路受阻。對此陳寅恪先生〈校箋〉據兩《唐書・僖宗紀》、〈時溥傳〉、《通鑑》以及崔致遠《桂苑筆耕集》中代高駢所作書牒已作出精確的考證，即中和元年八月武寧軍兵變，牙將時溥奪支詳節爲留後，詳爲牙將陳璠所殺，時溥表璠爲宿州刺史旋又殺璠，同時，又藉口泗州舊屬武寧軍而與泗州刺史于濤爭戰[38]。武寧軍節度治所徐州雖非汴路所經，所屬宿州、所侵泗州則均當汴路要衝，其情況正如〈秦婦吟〉所說是：

仍聞汴路舟車絕，又道彭門自相殺，宿野徒銷戰士魂，河津半是冤人血。

如前所說，韋莊在中和元年五六月間回到虢州舊居，其叔亦繼而返回，其時時溥尚未倡亂，汴路

---

37 《浣花集》卷二在〈宿泊孟津〉復又有〈天井關〉七律，天井關在今山西南端的晉城西南太行山上，此詩首聯所謂「太行山上雲深處，誰向雲中築女牆」即是。自天井關南下自亦可達洛陽，但並非從虢州至洛陽的必經之途。從此詩尾聯「守吏不教飛鳥過，赤眉何路到吾鄉」來看，當是韋莊過孟津時北望志慨之作。又黃巢渡淮後是從汝州北取洛陽，又從洛陽西取虢州而入潼關，並未經此天井關，韋莊此詩當止是泛言志慨。

38 此徐、泗爭戰事兩《唐書》、《通鑑》失記，惟見《桂苑筆耕集》中代高駢致時溥、于濤諸人書牒，又《文苑英華》卷八〇九李磎〈泗州重修鼓角樓記〉亦有此項記載，為〈校箋〉徵引所未及。

通行無阻，故韋莊仍欲走汴路赴江南。至韋莊到達洛陽已值八月，是月時溥亂事發生，繼而緣徐、泗兵爭致汴路受阻，韋莊自只能在洛陽逗留。

但在此逗留期間韋莊仍曾試走汴路，其證據是《浣花集》卷三「洛中寓居作」中的一首題爲〈東游遠歸〉的七律，全文是：

扣角干名計已疏，劍歌休恨食無魚，辭家柳絮三春半，臨路槐華七月初，江上欲尋漁父醉，日邊時得故人書，青雲不識揚生面，天子何由問子虛。

案此詩不甚好懂，需作分析解釋：㈠「辭家柳絮三春半」，中和元年「三春半」韋莊尚在長安，談不上「辭家」，此「辭家」的「三春半」只能是中和二年的「三春半」，所謂「辭家」是辭「洛中寓居」之家，不是辭虢州之家，和前面所考中和元年七月辭虢州之家去洛陽不是一回事[39]。㈡「辭家」是爲了「扣角干名」即干求投以靠謀出路，投靠的對象是江南潤州的鎮海軍節度使周寶，所以說「江上欲尋漁父醉」。㈢從題目「東游」可知這次去「江上」仍試走最簡捷的汴路，結果還是走不通，只好回來作「劍歌休恨食無魚」之歎。㈣「三春半」辭家，「七月初」才回來，說明這次走汴路已走得較遠，所以詩題要叫「遠歸」。㈤這次功敗垂成使韋莊十分懊惱，要東投諸侯路走不通，想西見天子又無有力者汲引，所以寫了尾聯「青雲不識揚生面，天子何由問子虛」，流露出徘徊歧途的失意情緒。陳寅恪先生〈校箋〉似未注意及此，只推測汴路雖艱阻

---

39 《浣花集》卷二「洛中寓居作」中有一首題為〈晚春〉的五律，有「皎皎洛川神」句，似中和二年晚春韋莊仍在洛陽，而與〈東游遠歸〉的「辭家柳絮三春半」相矛盾。其實〈晚春〉頸聯「峨峨秦氏髻，皎皎洛川神」只是說這兩年來自己曾先後領略長安、洛陽的酒色，所以尾聯接着說「風月應相笑，年年醉病身」，完全不礙其為離洛陽後旅途中所作。

而「端己之南投周寶或仍由此路」，不知走此路不通之後仍復東歸，可說只講對了一半。

六

韋莊最後到達江南當然不是走通了汴路，否則到達江南後用以贄見周寶的〈秦婦吟〉中就不會仍有「汴路舟車絕」的句子。汴路不通走什麼路。當看《浣花集》卷三緊接〈東游遠歸〉的另一首題爲〈新正日商南道中作寄李明府〉的七律，其全篇是：

相看又見歲華新，依舊楊朱拭淚巾，踏雪偶因尋戴客，論文還比聚星人。嵩山不改千年色，洛邑長生一路塵，今日與君同避世，卻憐無事是家貧。

此詩也需作解釋：㈠題目的「新正日」是中和三年的新正日，因爲元年新正日韋莊在長安，二年新正日在洛陽，均已如前所說。㈡〈新正日商南道中作〉何以要說「嵩山」、「洛邑」，可見是離開洛陽行經商南道中所作，「洛邑長生一路塵」即指洛陽駐屯官軍之騷擾，和後來〈秦婦吟〉中所說「自從洛下屯師旅，日夜巡兵入村塢，……入門下馬若旋風，罄室傾囊如卷土」是一個意思。㈢走商南的目的仍是爲了要去江南，詩中「避世」者卽走避滔滔大亂的中原，而去〈秦婦吟〉所說「戎馬不曾生四鄙」的江南潤州周寶管區。但上次走汴路既已遇阻，這次走商南這條歧路是否走得通亦無把握，從而要發「依舊楊朱拭淚巾」之歎。所以韋莊第二次離開洛陽的時間和去江南的走法這首詩均已作了解答，卽離洛陽是在中和二年年底以前，從洛陽改走商南，中和三年新正日正走在商南道中。

陳寅恪先生〈校箋〉本來也已注意到這首詩，但也許對詩句不曾仔細推敲，對「新正日」這個時間也未作先後排比，仍有點半信半疑，說「豈〔韋莊〕取襄漢路赴潤州耶？但詩語無明確之表示，故不敢遽斷」。其實不僅詩語表示尚爲明確，已如上所說；從中和三年新正日這個時間也可肯定韋莊之走商南道只能是去江南潤州。因爲後面要說到，韋莊是在中和三年三月到達江南的，如新正日走商南道是別有目的。則以後再回洛陽，再由洛陽到江南，三個月時間絕對不够用，在同年三月絕對到不了江南。

韋莊這次從洛陽到江南何以要走商南，即使汴路不通，在正常情況下應該從洛陽南下先經南陽、襄陽到鄂州，再沿長江東下到潤州。但戰亂時就很難說，《通鑑》卷二五四中和元年：

> 黃巢以朱溫爲東南面行營都虞候，將兵攻鄧州，三月辛亥陷之，執刺史趙戒，因戍鄧州以扼荆襄。……四月，……賊所署同州刺史王溥、華州刺史喬謙、商州刺史宋巖聞巢棄長安，皆率眾奔鄧州，朱溫斬溥、謙，釋巖使還商州。……七月，……鄜延節度使李孝昌、權夏州節度使拓拔思恭屯東渭橋，黃巢遣朱溫拒之。

輯本《舊五代史》卷一〈梁太祖紀〉採《册府元龜》所紀：

> 中和元年二月，巢以帝（朱溫）爲東南面行營先鋒使，令攻南陽下之。六月，帝歸長安。

鄧州在南陽附近，和南陽都係自洛陽南下去襄陽之所必經，而在中和元年二三月已爲朱溫所攻占，成爲黃巢在長安以外的重要據點，雖然同年六月朱溫又調回長安，但鄧州、南陽並無隨之棄守之說，則至中和二年秋冬仍有可能是兵戈擾攘之地[40]，自洛陽南下去襄陽在這裏不易通過。至於商州，則位置偏僻，殊非南陽、鄧州之比，不屬兵家必爭之地，中和元年黃巢所署商州刺史宋巖止是三四流人物，兵力無多，因而得知王處存等官軍反攻長安、黃巢暫時撤出的消息後即主動棄守投靠朱溫，雖爲朱溫釋還商州也未必能持久，則至中和二年秋冬商州更應寧靜便於行旅。緣此韋莊選擇了這條通道，自洛陽向西南溯洛水或伊水至商南，由商南向東南沿丹水、漢水至襄陽，然後由襄陽向東沿漢水至鄂州，再由鄂州沿長江東下至潤州。這種走法自較洛陽直下南陽、襄陽轉了個大彎子，且自洛陽至商南、由商南至襄陽這兩段路也頗不好走，但總比冒險穿越兵戈擾攘之地要安全得多。

韋莊到達江南的時間，王國維先生〈唐寫本秦婦吟跋〉定爲中和三年三月，其根據是《浣花集》卷四「浙西作」的第二首〈江上逢史館李學士〉七律：

前年分袂陝城西，醉憑征軒日欲低，去浪指期魚必變，出門迴首馬空嘶，關河自此爲征壘，城闕于今陷戰鼙，誰謂世途陵是谷，燕來還識舊巢泥。

「城闕于今陷鼓鼙」句下自注：

時巢寇未平。

但王〈跋〉過於簡略，沒有講清楚如何能從詩注看出韋莊到江南是在中和三年三月，緣此要代爲作點疏說。

40　唐懿宗咸通以後海內分崩離析，史官之職久闕，某些局部性的戰亂往往不載後來所修兩《唐書》、《通鑑》，前面所說徐、泗兵爭之轉詳於《桂苑筆耕集》書牒中亦是一例。

案詩注的「巢寇未平」，今日通常易理解爲黃巢尚未被最後平定。其實不然。「時巢寇未平」者是「城闕于今陷鼓鼙」的注，這個「城闕」之「闕」就是《北夢瑣言》所謂「黃寇犯闕」之「闕」，也就是《舊唐書》所載官軍楊復光等攻取長安露布告捷中所謂「收平京闕」之「闕」[41]，是指京闕、京城，因而「巢寇未平」之「平」也就是「收平京闕」之「平」，「時巢寇未平」是說其時黃巢尚未退出長安。官軍楊復光等「收平京闕」據露布是中和三年四月八日[42]，江南路遠在五月裏總可得到此消息。而韋莊〈江上逢史館李學士〉還說「時巢寇未平」，必係中和三年五月以前的作品，這時韋莊已能在江上逢史館李學士，所以王〈跋〉把韋莊到達江南潤州定在中和三年三月。

王〈跋〉這個考證是正確的。我還可以再找一個證據，即〈秦婦吟〉的開卷第一句「中和癸卯春三月」。〈秦婦吟〉所言秦婦之係假託自爲有識者所共知，如上文所考說中和三年癸卯三月韋莊已早離洛陽而至江南，絕無仍在洛陽城外邂逅秦婦之可能。但撰寫〈秦婦吟〉時何以偏要把假託的秦婦說成在「中和癸卯春三月」和自己相見，我認爲這正是點出了韋莊在潤州謁見鎮海軍節度使周寶的時間。韋莊這篇〈秦婦吟〉實係唐人的贄見詩性質，唐人贄見詩中如朱慶餘的〈閨

---

41 此露布全文見於《舊唐書》卷一九下〈僖宗紀〉和二〇〇下〈黃巢傳〉，文字略有出入，這裏從傳，紀作「收平京國」。

42 楊復光等軍進入長安的日子，《舊唐書・僖宗紀》作四月庚辰，但這年四月並無庚辰，〈黃巢傳〉作四月十一日，《新唐書・僖宗紀》作四月丙午即十日，《通鑑考異》引宋敏求補撰《實錄》及《後唐太祖紀年錄》、《唐年補錄》都作四月乙巳即九日，自均不若楊復光露布之可信據，《通鑑》亦從露布定為四月甲辰即八日，詳《通鑑》卷二五五中和三年四月甲辰條並《考異》。

意〉以含蓄著稱，因爲要見的是著名的文人張籍，愈含蓄愈易博得賞識[43]。而韋莊要見的是「藉蔭爲千牛備身」以起家的軍人周寶[44]，軍人文學修養差。所以韋莊要在〈秦婦吟〉開卷就點出作〈吟〉贄見的時間「中和癸卯春三月」，使周寶一看便知是爲贄見而作，是假秦婦之口來對自己歌功頌德。

43 《唐詩紀事》卷四六。

44 《新唐書》卷一八六〈周寶傳〉。

述《類編長安志》

承中華書局之約，我在一九八一年暑假點校了元人駱天驤的《類編長安志》。考慮到這是過去學者難於見到的秘籍，而傳本脫誤累累，其校勘之不易迥出尋常古籍之上，把校勘研究之所得擇要寫成專文，對研究長安古都以及從事古籍整理者將不無幫助。

一

傳世的幾部宋元人關於長安古都的專著，以成書時代先後排列是：北宋人宋敏求的《長安志》二十卷，南宋初人程大昌的《雍錄》十卷，元人駱天驤的《類編長安志》十卷，元人李好文的《長安志圖》三卷[1]。宋志、李圖的宋元刻單行本雖不存，尚有明成化四年郃陽書堂、嘉靖十

1 明黄虞稷《千頃堂書目》，著錄曰《長安圖記》，未可信從。

一年李經兩種合刻本傳世。儘管所刻較原本已多缺失[2]，而源出明刻的清乾隆四十九年畢沅靈巖山館校刻本[3]更爲通行易得。《雍錄》也有明嘉靖十一年李經刻本和萬曆時吳琯刻《古今逸史》本，後者較通行且完善。獨《類編長安志》歷明清兩代至今六百多年，迄未重刻重印，元時刻固久絕天壤，即傳抄本也極爲稀見。

就著錄來說，除明代皇家的《文淵閣書目》曾著錄此《類編長安志》外，明清之際以多藏舊本秘籍著稱的錢謙益的《絳雲樓書目》裏、錢曾的《述古堂書目》、《也是園書目》和《讀書敏求記》裏，都不曾提到此書。乾隆時開館修《四庫全書》，廣搜歷代著述，在《進呈書目》和最後編定的《四庫全書總目》裏此書也沒有出現。嘉慶時阮元進呈了一批後來賜名爲《宛委別藏》的《四庫》未收書，在所編撰的《四庫未收書提要》裏也未收入此書。另外，乾隆時的學者曾針對《元史》之不志藝文作過補志，錢大昕就著有一部《補元史藝文志》，只要是元人撰述不論存佚統統著錄，而且在著錄時還得到當時大藏書家黃丕烈的幫助，但志中仍未收入此書。可見博洽如錢氏不僅未曾目睹此書，連此書的書名也未聽到過，更不用說學識不逮錢氏的倪燦所撰、盧文弨所補的《補遼金元藝文志》了。

正由於此傳本罕秘，除明清之際葉奕苞編撰《金石錄補》曾利用過其中〈石刻〉類的資料外，有

2　宋志兩明刻除朱雀門街東第五街昇道坊以下第一街開頭顛倒脫漏外，按《藕香零拾》本宋敏求撰元闕名增補《河南志》體例，似原本亦應有圖，兩明刻已失去。李圖兩明刻則均缺失卷上〈唐宮城坊市總圖〉、〈唐皇城圖〉、〈唐京城坊圖〉三幅。

3　即所謂《經訓堂叢書》本，其校語蓋出幕府中孫星衍等人之手，然仍多誤字未能勘正。

清一代從事長安文獻整理撰述的人，如上述乾隆時畢沅校刻宋志、李圖，編撰《關中勝蹟圖志》[4]，嘉慶時陸耀遹、董祐誠纂修《咸寧縣志》、《長安縣志》，嘉慶道光時徐松撰著《唐兩京城坊考》，以及其後程鴻詔撰著《唐兩京城坊考校補記》，都不知道利用此書。清末日本學者足立喜六撰著《長安史蹟之研究》[5]，一九三二年正式出版前曾經他們的東洋史專家桑原隲藏、那波利貞校閱補訂，而此書仍未列入參考文獻。直到一九五六年出版的平岡武夫《唐代的長安與洛陽·地圖篇》，才利用了日本靜嘉堂文庫所藏即我國陸氏皕宋樓舊藏的此書傳抄本，平岡並說這個抄本曾轟動了日本學界[6]。在我國，近若干年來某些考古機構輾轉傳抄了此書，某些考古工作者也零星利用過，但很少有人對它作系統的整理研究。

二

《類編長安志》撰著者駱天驤其人，不特《元史》未爲立傳，即今存元人總集別集中也不見其傳狀碑志。因此其生平事蹟只能從《類編長安志》的本身來探討。

《類編長安志》有駱氏在元成宗元貞二年丙申（一二九六年）所寫的引即自序，以及大德二年戊戌（一二九八年）安西路儒學教授賈𫓧、安西路總管兼府尹王利用的兩篇序。據賈、王序，

---

4 此書編撰當亦由孫星衍等代勞。

5 我國有楊煉譯一九三五年商務印書館本，改名為《長安史蹟考》。

6 據楊勵三譯一九五七年陝西人民出版社本，譯本改名為《長安與洛陽》（地圖），不若原書名之冠有「唐代」為確切。

知駱氏字飛卿。據自序、賈序，知別號藏齋。又據自序所說「家本長安」，王序又稱之爲「長安故家」，知其籍貫長安，且是世居長安的所謂故家舊族。至於其生卒年歲雖無從考實，但從〈石刻〉類小序所稱「自幼酷嗜古人書法，石刻僅有存者，不憚涉遠披荆莽而追訪，鈔錄書撰人名暨所在，垂六十年，集成編帙，附《長安志》後」，知貞元二年纂成《類編長安志》時至少年逾七十。上推其生年尚在金宣宗末年（一二二三年前後）。書成之後又繼續增補，石刻類中著錄大德四年（一三〇〇年）三月駱氏篆額的〈大元陝西創建三皇廟碑〉可證，則駱氏卒年最早亦當在大德四年以後。

駱氏仕宦所歷官職，據此書卷前所題銜名只曰京兆路儒學教授。而此書〈石刻〉類所著錄駱氏書丹或篆額的碑刻，則不僅有題銜且有年月。即：至元十三年（此爲元世祖至元十三年，即一二七六年）正月〈大元京兆府重修文宣王廟記〉，題府學教授駱天驤書並篆額；至元十四年（一二七七年）〈皇子安西王盛德之碑〉，題孟文昌撰，僕散祖奐書，駱天驤篆額，府學諸儒人建；至元十六年（一二七九年）正月〈皇子安西王文廟釋奠記〉，題京兆路儒學教授孟文昌撰，儒學教授駱天驤隸書並篆額。這裏所題的府學即京兆路總管府的府學，所謂府學教授即京兆路總管府的府學教授，亦即京兆路儒學教授[7]。從碑刻所記年月，駱氏之仕此職至遲亦當在至元十三年以前。至於離職，我推測即在至元十六年正月書篆〈釋奠記〉之後。因爲據《元史》卷六〇〈地理志〉，至元十六年改京兆爲安西路總管府，而《類編長安志》成書自序在元貞二年，已後於路名更改十

7 《元史》卷九一〈百官志〉說諸路總管府設儒學教授一員，而〈釋奠記〉京兆路孟文昌、駱天驤兩教授並列，〈石經〉條也有至元十四年時「天驤與孟文昌充西府教官」之說，可見〈百官志〉所說只是法定的官樣文章，未可拘泥。

七年。如路名更改後駱氏仍任儒學教授，自應稱安西路儒學教授，而此書卷前銜名卻仍曰京兆路儒學教授。同時大德二年王序自署安西路總管而稱駱氏爲京兆教授；賈序自署安西路儒學教授而稱駱氏爲藏齋先生，並說他「辭聲利而遠市朝」；駱氏自序自稱爲藏齋遺老：也都是書成時駱氏久已不任儒學教授現職的口吻。至於書成後補入的大德四年三月〈大元陝西創建三皇廟碑〉之仍題府學教授駱天驤篆額者，當是承用舊時職稱，和此書卷前仍題京兆路儒學教授舊職稱者相同，而不可能是此時駱氏又重新起用爲安西路儒學教授，否則卷前的題銜也要改用安西路儒學教授，不會仍用京兆路之稱。〈石刻〉類中還著錄有〈大元嘉議大夫提點司天臺張公神道碑〉，題司天臺判駱天驤書，而未記年月，當在駱氏任儒學教授以前，司天臺判是他早先的官職。

駱氏此書撰成後既乞現任地方職官王利用、賈藏作序，其刊刻時間從一般情理推測當在作序之後不久，即大德四年或稍後，其時駱氏當仍生存。刊刻地點則很可能是平陽（今山西臨汾），因爲此書的傳抄本如南京圖書館所藏丁氏八千卷樓舊藏的傳抄本和日本靜嘉堂文庫所藏陸氏皕宋樓舊藏抄本[8]，都是半葉十三行，行二十二字，每卷首尾書名大題作大字占雙行地位，顯係保存了元代原刻的款式。而這種款式在元代只通行於兩個地區的刻本，即北方平陽書坊刻本所謂平水本，和南方建陽（今福建建陽）書坊刻本所謂建本即麻沙本。平陽距離長安近，書成後就近送平陽去刊刻更合乎情理。懂點版本之學的人都知道，平陽是金元兩代北方的刻書中心，進入明代後卻一落千丈，不僅不再有新刻出現，即金元時舊刻平水本之傳世者也稀如星鳳，遠不能和南方建

8 前者我所見到的是中華書局提供的據八千卷樓舊藏本的影抄本。後者則承日本京都大學愛宕元副教授提供複印書影，日本北海道教育大學妹尾達彥副教授又贈我複印全本。

陽出版業之綿延宋元明三朝、建本之廣爲傳布相比擬[9]。這應該就是駱氏此書元刻本之所以久告失傳，而傳抄本也極爲稀見的原因。

三

駱氏編纂《類編長安志》的目的和體例，在自序中均有所說明。卽鑒於長安地區經「兵火相焚蕩，宮闕古蹟，十亡其九。僅有存者，荒臺廢苑，壞址頹垣，禾黍離離，難以詰問，古老相傳，名皆訛舛」。而「宋敏求編《長安志》」，「故事散布州縣，難以檢閱」，「乃剪去繁蕪，撮其樞要，自漢晉隋唐宋金迄皇元更改府郡州縣，引用諸書，檢討百家傳記，門分類聚，並秦中古今碑刻，名賢詩文，長安景題，及鴻儒故老傳授，增添數百餘事，裒爲一集，析爲十卷，目之曰《類編長安志》。覽之者不勞登涉，長安事蹟，如在目前，豈不快歟」。這最後幾句「不勞登涉，長安事跡，如在目前」，就是駱氏編纂此書的目的。說得更明確些，就是要編纂一部介紹長安地區山川地形、歷史沿革，尤其是名勝古蹟、舊事佚聞的讀物。這和宋敏求《長安志》之「考論都邑，網羅舊聞」，「窮傳記諸子鈔類之語，絕編斷簡，靡不總萃隱括而究極之，上下浹通，爲二十卷，用備舊都古今之制，俾其風瀼光塵有以奮於永久。故夫府縣有政，官尹有職，河渠關塞有利病，皆干於治而施於用」[10]，是大不相同的。宋志堪稱爲學術性專著，而此書只是近乎後世旅遊

9　其原因尚不清楚。會不會像四川眉山的刻書業經宋末戰亂破壞那樣從而衰竭，迄未找到確鑿的文獻來證實。

10　宋志卷首熙寧九年趙彥若序。

指南的讀物而已。因此，在體例上，宋志採用過去地理總志如《元和郡縣圖志》、《太平寰宇記》的傳統辦法，先宮室，再京城，再屬縣，屬縣以下分述山川古蹟，京城則上紹《洛陽伽藍記》、《兩京新記》舊式，按街坊分別記述。而駱氏認爲「故事散布州縣，難以檢閱」，改用「門分類聚」，近乎前人編纂類書的辦法，打破了街坊屬縣的體系。在內容上，駱氏主要承用宋志，但又認爲宋志內容太多，要「剪去繁蕪，撮其樞要」，再加上自己「增添數百事」。這樣的刪減增改，又使此書不只是宋志的分類重編本，而成爲在宋志基礎上重新改編改寫的一部元代的新《長安志》。

我國古代沒有編分類索引的習慣。把地志式的宋志改編成近乎類書的新志，亦自無不可。可惜駱氏在分類上做得並不理想。除了開頭的所謂〈雜著〉、〈管治郡縣〉大體承襲宋志外，駱氏自出心裁的分類標目是：〈京城〉、〈宮殿室庭〉、〈宮禁〉、〈圓丘郊社〉、〈明堂辟雍〉、〈苑囿池臺〉、〈館閣樓觀〉、〈堂宅亭園〉、〈街市里第〉、〈寺觀〉、〈廟祠〉、〈山水〉、〈川谷〉、〈泉渠〉、〈陂澤〉、〈潭泊〉、〈橋渡〉、〈原丘〉、〈關塞〉、〈鎮聚〉、〈驛郵〉、〈坡坂〉、〈堆堰〉、〈故城闕〉、〈古跡〉、〈山陵冢墓〉、〈紀異〉、〈辯惑〉、〈數目故事〉、〈勝遊〉、〈石刻〉。這不僅大小輕重不倫，而且排比次序錯雜，甚至往往自亂其例。如〈宮殿室庭〉類記述唐代宮殿是先列宮，再在各個主要的宮的下面縷述所屬之殿，而記述漢代卻把所有的殿集中到一起，不再分列在宮的下面。〈隋唐離宮〉裏既列了華清宮，〈勝遊〉類裏又別出華清宮，而且詳記宮裏的殿閣樓臺，其實驪山華清宮在全盛時是天子遊幸之所，初非尋常人之得往遊，「唐末遂皆圮廢」，就更非勝遊之地。〈隋唐離宮〉裏還列了個上清太平宮，其實這是北宋建隆元年在鰲厔設置的道觀，本名北帝宮，太平興國二年重修改名上清太平宮，「每三元聖節，命使設醮」，既非離宮，更不屬隋唐。〈苑囿池臺〉類的臺本是指鴻臺、漸臺、柏梁臺之類的建築物，在唐代部分卻把御史臺這樣的政府機構混雜進去。〈堂宅亭園〉的亭是指太液亭、沉香亭之類的建築物，卻把秦漢時「列亭置郵」的亭如杜郵亭、鴻門亭、曲郵亭等統統混雜進去。〈堂宅亭園〉類的宅是第宅，卻只列唐宋人的宅，而把漢人的第宅另列進〈街市里第〉類。〈街市里第〉類的里只列漢長安城內的里，而把同樣性質的唐長安城內的坊另列在〈京城〉類的〈隋唐〉〈京城外郭城〉條下。這種雜亂不成章法，甚至望文生義的事情，在宋志、程錄、李圖等記述長安古都的書裏很少見到。

駱氏自詡減去宋志的繁蕪，但很多地方剪裁得並不妥貼。以〈堂宅亭園〉類的宅爲例，駱氏只從宋志抄錄了八十一個，被剪棄不錄的有一百九十七個之多。是否這些剪棄不錄的宅主人都不知名，不一定，其中如李勣、尉遲敬德、裴炎、姚元崇、李光弼、武元衡、白敏中等都是聲名顯赫的將相，此外還有很多是兩《唐書》列傳的人物。是否這些剪棄不錄的都無事跡可記，也不是，其中很多在宋志裏都有事蹟，而見錄的韓洄、馬總、沈傳師、崔垂休、劉延景、章仇兼瓊等二十七宅倒全不注事跡。可見駱氏在剪裁時不過信手去取，毫無義例可說。另一方面，眞正繁蕪甚至重複之處在駱氏此書裏倒在在可見，〈古蹟〉、〈紀異〉、〈辯惑〉三類的條目更常和其他門類重複。如〈原丘〉類裏既有了銅人原，〈古跡〉類裏又重見銅狄；〈石刻〉類裏既有了〈石鼓文〉，〈古跡〉類裏又重見石鼓；〈川谷〉類裏既有了坑儒谷，〈古跡〉類裏又重見坑儒谷；〈寺觀〉類裏既有了石甕寺和記述石麒麟神話的青梧觀、蟾井神話的白鹿觀，〈古跡〉類裏又重見石甕、石麒麟、蟾井；〈苑囿池臺〉類裏既有了記述石鯨魚、織女石的昆明池，〈古跡〉類裏又重見石鯨魚、織女石；〈宮殿室庭〉類的建章宮條已講到了鳳闕和闕上的銅雀，〈古城闕〉類裏又重見鳳闕，〈古跡〉類裏又重見銅雀；〈紀異〉類除積憂、磨刀劍、慶山、魚龍飛動、澄水帛、桐葉各條駱氏自注已見於其他類目外，還有哭泉重見於〈渠〉類哭泉條，尸香重見於〈宮殿室庭〉類鉤弋宮條，長樂宮鬼重見於〈宮殿室庭〉類唐望春宮條和〈堂宅亭園〉類唐望春亭條，刧灰、橡化龍鳳分別重見於〈苑囿池臺〉類的昆明池條和通天臺條。忍寒暑、蜚廉銅馬分別重見於〈館閣樓觀〉類的昆明館條和飛廉館條，舞馬、乾湫分別重見於〈勝遊〉類的華清宮舞馬條和御宿川乾湫條。〈辯惑〉類除陽甲城駱氏自注重見於〈城〉條外，如韓信冢重見於〈山陵冢墓〉類秦莊襄王壽陵條，司馬冢重見於漢許后小陵條和〈原丘〉類少陵原條，日月精重見於〈館閣樓觀〉類結麟樓條，石鯨鳴吼重見於〈古跡〉類石鯨條和〈苑囿池臺〉類昆明池條，蠟燭自焰、布漆、灰中經分別重見於〈寺觀〉類雲經寺、大興善寺、資聖寺諸條。像這樣重見的現象，在被駱氏病爲繁蕪的宋志裏卻一次也不曾出現過。

駱氏在此書卷首開列了〈引用諸書〉，有一百九十六種之多。但實際上此書的絕大部分內容是承用宋志，此外有關漢代的某些條目直接抄自今本《三輔黃圖》，〈關塞〉類等少數條目抄自《雍錄》，還有少數條目參考過幾部紀傳體正史。其他開列的大量引用書目中，有的只是把宋志引用的書名照抄過來，駱氏本人並未直接讀到原書、從原書引用。有的則是化一書爲若干書，如《史記》之外又開列〈秦始皇本紀〉，《漢書》之外又開列〈漢志〉、〈漢書五行志〉、〈賈誼傳〉、〈霍光傳〉以及顏師古注、臣瓚注、應劭注、蘇林注，甚至把引用《史記》、《漢書》裏的言論也分別標爲婁敬說、田肯說、張良說以充數。有的書名還被駱氏妄改，如把《呂氏春秋》改成《春秋呂氏傳》之類，不管其是否講得通。凡此都說明駱氏這個〈引用諸書〉是沿襲其時坊肆編刻書籍動輒以所謂幾百家音注爲號召的陋習，極不嚴肅。至於正文裏出現的書名，也同樣不可盡信。如宋志長安縣條有「長安，蓋古鄉聚名」的話，此書在這句話上加了「按漢書郡國志」幾個字，其實《漢書》只有〈地理志〉，編入今本《後漢書》的司馬彪《續漢書》的八志裏才有〈郡國志〉，而且這兩個志裏都根本沒有講到過長安是古鄉聚。再如此書咸陽條的「按周舊圖經」、臨潼縣條的「按周地圖」、興平縣條的「按周舊圖」之類，也都是宋志所無而駱氏所妄加，如果輯地理古佚書者信以爲眞，就非上當不可。妄加之外也妄改，最明顯的如〈辯惑〉類小兒原條所說唐玄宗設置十六王宅的事情，宋志朱雀門街東第五街第一坊十六王宅條小注本引用《政要》，此書卻改爲《貞觀政要》，《貞觀政要》是《太宗實錄》的分類節本，怎麼能記載玄宗時候的事情呢？豈非一大笑話。

在承用摘抄宋志上，由於工作粗疏也出了一些毛病。最明顯的是〈山水〉類標了一個名叫〈南總五水〉的條目，那有什麼河流叫「南總五水」呢？查對宋志渭南縣，才知道原文本作「《水經注》曰：酋水，出倒獸山，南總五水，單流北注」云云，駱氏沒有讀懂，把「南總五水」誤認爲水名。當然，宋志個別地方也有這類錯誤，如京兆尹下記張敞「爲京兆尹九年，與楊惲厚，坐惲大逆誅」。其實張敞只緣此免爲庶人，彙以誅殺賊捕掾絮舜事亡命，旋復起用，《漢書》本傳裏講得很清楚，說被誅是宋敏求記錯了，也可能是宋敏求這句話本作「坐惲大逆免」，刊行時被寫官或刻工錯成了「誅」，駱氏卻一仍其誤，未能稍事訂正。

可見駱氏此書的水平確實遠低於宋志。

四

駱氏此書雖遠不如宋志，但也不能說只要有宋志，駱氏此書可聽其存廢。因爲此書本身仍有許多重大的優點，而非宋志、尤其是今本宋志之所能代替。

首先，宋志的宋刻原本久已不傳，現存成化、嘉靖兩明刻朱雀門街西第一街從北數起第一、二兩坊全部缺失，連坊名都不存。畢沅校刻時也未能塡補，試圖塡補的是徐松。他在《唐兩京城坊考》裏說：「《長安志》于此處缺二坊，別無善本可證。李濟翁《資暇集》永樂坊古冢下注云：『光祿坊內亦有古冢，《新記》不載，時以之與永樂者對，遂目爲王母台。張郎中譙云：常於《雜鈔》中見光祿者是漢朝王陵母墓，以賢，呼爲王母，所以東呼爲王公。』按光祿坊之名不見《長安志》，既云與永樂相對，又云東呼爲王公，是在永樂之西，恐兩缺坊內有一名光祿者，今注於第一坊下以俟考。」在第二坊下則說：「張元忠夫人令狐氏墓誌云：『夫人卒於京兆府殖業里之私第。』按以南數坊多以『業』爲名，或此坊爲殖業歟？不言縣而獨言京兆府，以府廨在光德坊，與此坊相近也。存之附考。」現在查對駱氏此書，在京城類隋唐外郭城條逐個記出城內的坊名。朱雀門街西的第一、二坊亦卽今本宋志之所脫漏者卻是善和與通化，並非如徐考所臆測是光祿、殖業（別詳拙撰〈考唐長安城內兩個缺失的坊名〉）。單就這一點來說，駱氏此書就有其存在的價值。何況駱氏此書可補宋志殘缺並不止這一處。如宋志涇陽縣屬六鄉管六里中四個鄉都寫明「在縣東」或「在縣外」，兩個鄉卻不寫明，只作「瑞寧鄉管神狐里」、「河池鄉管養生里」。查對駱氏此書，瑞寧鄉下有「在縣北」三字，河池鄉下有「在縣南」三字。足見只是今本宋志缺失，而據駱氏此書可以補足。

除了可補缺外，駱氏此書在文字上還有許多地方可以校正今本宋志的錯誤。就通行的畢刻而言，如晉始平郡所管五縣中有蒲城，從地望看顯然有錯誤。此書作蒯城，與《晉書》卷一四〈地理志〉相合。又如京兆尹韋澳條記澳爲京兆尹時長安尉李信爲其造宅，「澳連書信兩上下者」，這「兩上下者」語不可通，此書則作「兩上下考」。上下考是當時按九等考課官吏的第三個等級。可見今宋志「兩上下者」之「者」是「考」字形似致誤。又如昭國坊崇濟寺條記其寺「開皇三年魯郡夫人孫氏立，貞觀二十三年，以尼寺與慈恩僧寺相鄰，而騰業坊甘露尼寺又比於崇濟僧寺，敕換所居爲本宏寺，神龍中改」。這騰業坊當然是勝業坊之誤，而最後「敕換所居」云云也頗費解。此書則作「敕換所居焉，本『弘』字，神龍中改」。「弘」是唐高宗第五子之名，顯慶元年立爲皇太子，謚爲孝敬皇帝，神龍元年祔其神主於太廟，廟號義宗，當卽緣避此所謂義宗之諱而改弘濟寺名爲崇濟，宋志「爲」字是「焉」字形似致誤，「寺」字是「字」字形音均近致誤，而「宏」字又是畢刻爲避清高宗諱弘曆而改。又如進昌坊太清宮條有「每歲四時及臘終廟獻之禮」之語，好像可以通讀而不存在錯誤。但此書〈寺觀〉類太清宮條卻作「每歲四時及臘修朝獻之禮」，與《舊唐書》卷二四〈禮儀志〉載天寶九載十一月制中所謂「自今以後，每親告獻太清、太微宮，改爲朝獻」云云相合。可見宋志之「終廟獻」本作「修朝獻」，「終」之與「修」，「廟」之與「朝」，均緣形似致誤。又如同條「刻石爲李林甫、陳希烈像列侍於聖容之側。林甫犯事，又刻楊國忠之形，而磨塵林甫之名」。「磨塵」云云顯然有錯誤，此書作「而磨瘞林甫之石」，與《舊唐書》同卷〈禮儀志〉所云「而瘞林甫之石」相合。宋志之「塵」字、「名」字皆緣形似致誤。

宋志記述至五代北宋而止，此書則增補到金元。其中頗有有價值的史料。如〈管治郡縣〉所說：「金初，分陝西爲五路。京兆爲陝西東路，鳳翔爲陝西西路，延安爲鄜延路，慶陽爲環慶路，臨洮爲熙河路。京兆先管商、華、同、耀、乾五州十二縣。貞祐元年，分鳳翔、郿縣、盩厔來屬，又改韓城縣爲貞州。郿縣爲郿州，盩厔縣爲恒州，始爲八州十二縣。」卽與《金史》卷二六〈地理志〉所記有詳略異同。宋志只記述興慶宮和龍池在唐代的情況，五代後卽不詳，此書苑囿池臺類興慶池條則說：「興慶宮，經巢寇、五代，至宋湮滅盡淨，唯有一池。至金國，張金紫[11]於池北修衆樂堂、流杯亭，以爲賓客游宴之所。刻畫樓船，上巳、重九，京城仕女，修禊宴燕，歲以爲常。正大辛卯東遷後，遂爲陸田。兵後，爲瓜區、蔬圃。庚子歲，復以龍首渠水灌之，鯽魚復生。舊說有千歲魚子，信不誣矣。」〈辨惑〉類雁塔影條也說：「龍池，兵後水涸，爲民田、瓜區、蔬圃十餘年。庚子、辛丑歲，始引龍首渠水灌池，許人占修酒館。至壬寅，池水泓澄，四無映帶，唯見雁塔影倒於池中，游觀者無數，酒爐爲之一空。」可知龍池在劃入長安郊區以後仍幾度繁華，成爲仕女佳節遊樂場所，頗有點唐時曲江的規模。灞橋在宋志萬年縣條講得極

11 張金紫者，是金朝金紫光祿大夫張中孚，《金史》卷七九有傳，又見此書堂宅亭園類衆樂堂條及宋太尉張金紫宅條，衆樂堂條誤作仲孚，「宋太尉」當是「金太尉」之誤。

爲簡單，此書在〈灞渡〉類除講述漢唐灞橋外，還說「唐宋至今，有司課材木爲輿梁以濟。十月橋成，三月拆毁。至我大元，堂邑劉斌修爲石橋」，並詳記劉斌修造石橋的經過說：「初，灞水適秋夏之交，霖潦漲溢，波濤洶湧，舟楫不能通。漂沒行人，不可殫記，常病涉客。中統癸亥，會斌旅秦，還至灞上，值秋雨泛漲。同行之車凡三，漲息，斌車前導，僅達岸次，渡者人畜幾溺，斬靳獲免，其殿者隨流漂沒，不知所在。斌遂誓修石梁，歸，詢親辭妻，家事悉委其弟，曰：『若石橋不成，永不東歸。』至元三年，結廬灞岸，先架木梁，以濟不通。斌能於匠石、工梓、鍛冶、斵輪，靡有不解，以素藝供其所費。」「前後歷三十寒暑，鄉關隔一千餘里。不爲妻孥掛懷，持空拳，孜孜勉勉，以成曠古所無之功。」這不僅爲研究我國古代橋樑建築提供了寶貴史料，而且像劉斌這樣捨己利人的歷史人物實在難得，在某種意義上比建造趙州橋的隋工匠李春更值得後人緬懷敬仰。

關中是唐碑的淵藪，根據北宋元祐五年（一〇九〇年）〈京兆府學新移石經記〉，當時已把唐書法家「顏（眞卿）、褚（遂良）、歐陽（詢、詢子通）、徐（浩）、柳（公權）之書，下迨《偏旁》、《字源》之類」，「分布於庭之左右」，成爲後來碑林的雛形。但宋志裏卻很少見到有關這些名碑的記述。駱氏大概受了南宋地志如《輿地紀勝》等詳載碑刻的影響，在此書最後增添〈石刻〉一類，著錄了長安及附近的一百四十多種碑刻。其中有些是從宋人的《東觀餘論》、《寶刻叢編》等金石書裏抄來的，更多的則是駱氏本人「不憚涉遠披荆莽而追訪」之所得。略具碑刻知識的人都知道，我國碑刻文字之學之大盛是在宋代，出現過《集古錄》、《金石錄》等名著，到了元代除陶宗儀的《古刻叢鈔》外，就不再看到這方面的著作。而且陶鈔著錄碑刻只有五十八種，沒有涉及關中名碑。關中名碑在元代存佚的情況只有依靠駱氏此書才得考知一二。如初唐書家向稱歐、虞、褚、薛，歐陽修、褚遂良都有幾塊名碑存留，虞世南的〈孔子廟堂碑〉也有北宋王彥超重刻的所謂陝本和元至元間重刻的所謂城武本，獨薛稷所書都已毀失。僅清書家何紹基藏過一冊薛書《信行禪師碑》舊拓殘本，有宋末賈似道藏印，現在發現駱氏此書還著錄有這塊〈信行碑〉，並注明仍在百塔寺，可知其毀失當在元後。柳公權所書〈左神策軍紀聖德碑〉今僅存宋拓前半篇殘冊，也有賈似道藏印和元翰林國史館官書印。原石不知何時毀失，現發現其碑仍著錄於駱氏此書，同時還著錄了一塊咸通中所立〈右神策軍碑〉，並注明仍分立在左右軍舊址，知其毀失也在元後。敦煌石窟發現唐拓孤本太宗行書〈溫泉銘〉殘卷，過去不知原石在何時毀失，據此書則元時尚在華清宮，知毀失也在元後。由此推知元明之際或入明以後長安石刻破之烈。當然，有的石刻在這以前已遭破壞，如草書大家張旭用楷書寫過有名的〈尚書省郎官廳石記〉，傳世者只有兩種宋翻宋拓。據此書知「兵後〈石記〉塡在青蓮池中」，因而堙失。又碑林裏的石刻在明嘉靖三十四年（一五五五年）關中大地震中多數仆倒折損，這是留心文物者所共知的。據此書〈石經〉條則金元時早已兩度仆倒，即「正大辛卯（一二三一年）遷徙，悉以摧仆，至庚戌（一二五〇年）省幕王公琛奉而起立。至元十四年（一二七七年）碑盡摧倒。天驥與孟文昌充西府教官，請灞橋堂邑劉斌而復立焉」。此外，此書還著錄了好些塊《集古錄》、《金石錄》等未曾收入而後世也失傳了的碑刻，如隋開皇十四年（五九四年）僧法林撰書〈眞寂寺碑〉，唐乾封元年（六六六年）暢整書〈阿彌陀經〉，開元十六年（七二八年）玄宗撰書〈一行禪師塔碑〉，大歷六年（七七一年）韓擇木八分書〈薦福寺德律師碑〉，貞元十五年（七九九年）

姜泳書〈牛頭山七祖遍照禪師碑〉之類，所著錄的金元時長安碑刻也多數失傳。雖然駱氏著錄這些碑刻未迻寫全文，僅存碑刻名目、年月和書撰姓氏，但總比完全堙滅連名目都不存要好得多。

駱氏此書受了宋人所撰地志的影響，在記事中還引用了若干前人的詩篇。這在校勘和輯佚上都有一定的用處。如〈勝遊〉類樊川范公五居條引錢起題杜舍人林亭詩：「來訪龍樓客，時逢酒甕新。花齊雲入幕，苔逕竹迎人。鵲喜嬌遲日，鶯啼惜暮春。不須耽小隱，南院在平津。」〈寺觀〉類杜光寺條引長興中王仁裕題詩：「上爾高僧更不疑，夢乘龍駕落沉暉。寒暄暈映琉璃殿，曉夜摧殘毳衲衣。金體幾生傳有漏，玉容三界自無非。莓苔滿院人稀到，松畔香臺野鶴飛。」就都是不見於《全唐詩》，並爲《敦煌唐人詩集殘卷》、日本上毛河世寧《全唐詩逸》、王重民《補全唐詩》、孫望《全唐詩補逸》、童養年《全唐詩續補遺》[12]所未收的佚詩。〈勝遊〉類華淸宮御湯九龍殿條引唐太宗過溫湯詩「溫渚停仙蹕，豐郊駐曉旌」云云，《唐詩紀事》和承用《紀事》的《全唐詩》作高宗詩，未必《紀事》正確此書錯誤，同條引玄宗詩「蓮湯湧自然」，《全唐詩》作「蘭湯湧自然」，不知「蓮湯」者是指設置白玉石雕蓮花的御湯而言，作「蘭湯」就泛而不切。〈堂宅亭園〉類樂遊園條引玄宗同二相以下宴樂遊園賜詩「拱日巖廊起」，《唐詩紀事》作「撰日巖廊暖」，《全唐詩》作「撰日巖廊暇」，都遠不如此書作「拱」、作「起」之明白暢通。〈苑囿池臺〉類定昆池條引宗楚客詩「水邊重閣如飛動，雲裏孤峰類削成」，《唐詩紀事》

12 以上三家滙印為《全唐詩外編》，中華書局本。

和《全唐詩》作「含飛動」，不如「如飛動」精切且和「類削成」對稱[13]。元代有關唐詩的文獻流傳尚多，如辛文房的《唐才子傳》就引用了一些今天已失傳的資料。駱氏所引唐詩有勝於今本處自亦理所當然。此外，駱氏還引用了不少宋人以及金元人詩篇，其中不爲總集、詩語選錄而僅見於此書者更多。儘管有些詩做得並不高明，但總是稀見之物，其價值至少不低於《永樂大典》裏保存的某些低水平佚詩佚文。

五

最後，談一些整理點校上的問題。

整理點校古籍，最好以善本爲底本。這個善本並不是藏書家所謂凡宋元舊刻本舊抄本必是善本的「善本」，而是內容文字較少脫誤較接近於原本的「善本」，或者可以說是校勘工作者心目中眞正的「善本」[14]。十分遺憾，較接近駱氏原本的元刻本《類編長安志》如前所說已久絕天壤。中華書局提供的抄本雖從丁氏八千卷樓舊藏抄本轉抄，而且這個丁氏舊藏抄本還著錄於丁氏《善本書室藏書志》，但錯誤脫漏多至不可勝數，隨便翻到那一葉都可以找出幾處以至十幾處，從〈

13 當然「飛動」有時可解釋為飛鳥走獸。「含飛動」可解釋為水邊重閣裏養鳥獸，但仍和「類削成」對不起來，可見此書作「如飛動」實精當不可更易。

14 這裏和陳垣先生《校勘學釋例》所說的有出入，別詳拙著《古籍整理概論》〈對校〉節「底本要不要選用善本」條，陝西人民出版社本。

宮殿室庭〉類「前後秦」標題以下到後周太極殿條之前還缺掉一個整葉，遠不是校勘工作者所要求的善本。北京圖書館有一部明抄本，中華書局請人用它和上述抄本對校。除少數文字得據以校正外，其他大量的錯誤脫漏仍一同上述抄本，而且卷一、二已經佚失，無從據以抄補「前後秦」以下一葉。陝西省圖書館有一部三十年代的紅格印版抄本，版心有「關中叢書」四個字，是當時在西安設局編印《關中叢書》時所傳抄，但書中仍舊缺掉「前後秦」以下一頁，其他錯誤脫漏也和中華書局提供的抄本多半相同，加之行款已經更動，還不如中華書局提供的能保存元刻舊式。我又打聽到湖南省圖書館有一部清代中葉藏書家張燮收藏過的舊抄本，去信詢問，答覆還是沒有「前後秦」一頁。日本靜嘉堂文庫的皕宋樓舊藏抄本也沒有這一頁。以上這些估計都同出一源，在校勘上起不了多大作用。

當年編印《關中叢書》的先生們大概鑑於此書缺乏善本，校勘繁難，不易措手，終於沒有把它收入《叢書》排印公世。今天當然不宜再畏難縮手。底本雖然不善，也沒有合適的本子可資對校，但可以用本校、他校、理校幾種辦法來解決。所謂本校是用此書的目錄和正文互勘，正文和正文互勘。他校則首先借助於此書的主要根據宋敏求《長安志》，用畢刻本並參考今本《三輔黃圖》和其他舊籍，比對底本，改正部分錯誤。宋志等所無的文字，則概用理校之法，因為傳抄致誤也自有其規律，無非或是音近，或是形似，有些詩篇無書比對，則可以從平仄、韻腳上來檢查。

經過仔細推敲，凡有絕對把握的，如「蘗音部」誤作「者部」、「大王徙郊」誤作「徙郊」之類，就逕行改正，不再注出原來的錯字。因為這類錯字為數太多，如一一注出，將弄得滿紙都是無意義的小注，徒亂人眼目，不如不注為愈。有些脫漏，據宋志可補的，也逕行補足，如漢京兆尹、左馮翊之下均有戶數，獨右扶風脫去，卽據宋志補足，不再注明。有的空格確屬空錯了的，如「恩如春，威如虎」的「恩」、「如」兩字之間有一空格，也逕行聯屬成「恩如春」，不再注明。有的應大字正文而被擠成小字，如「石勒、苻堅、姚萇」一語中獨「苻堅」擠成雙行小字，也逕行改爲大字，不再注明。

稍涉疑似的則不改動正文，而加小字案語。如「漢城門皆有候門，主候門，謹啟閉」，上一「候門」不可通讀，則參考今本《三輔黃圖》及宋志而下案語曰：「此候門當作門候。」因爲保不定駱氏此書原作「候門」，所以不宜逕行改動正文。有時宋志與此書文字有出入，如此書咸陽縣屬「奉賢鄉在縣東北，管秦城里」，宋志作「縣東」、「奉城里」；此書宋鳳翔府盩厔戶五千四百五十二，宋志作五千四百五十三。凡此也只在案語中注出宋志異文，而不隨便改動。因爲駱氏此書所據宋志是宋或金本。且如前所說確有今本宋志錯誤而此書轉不誤之處。當然也有可能宋志本不誤而此書傳抄致誤，旣別無其他佐證，自以爲不動正文爲妥。

那張「前後秦」下的缺葉，目前旣找不到善本補抄，只好姑且按照此書的目錄，抄宋志的有關條文補齊，以便檢讀。此書本多承用宋志，今據宋志以補此書之缺，自揣和此書原來的文字不致有太大差距，至於所補湊不滿一葉的行字，則應由於駱氏別據史籍有所增飾，增飾了什麼無從猜測，只好聽之而不宜想當然地臆造。

用此書目錄和正文對勘卽作所謂本校，發現目錄頗有脫漏，提行空格也不盡一律，爲便於檢讀，已一一調整補齊，並在所補目下加有「據本志補」案語。

除掉底本不善造成的困難外，再一件棘手的事情是如前所說駱氏此書本身存在着不少問題，尤以引書的問題不易處理。如所周知，古人引書是不甚嚴謹的，有時則僅取大意，把不相連屬的幾段文字聯綴到一起；有時還把注解混進正文，而不事區別。這些毛病在宋志裏已常出現，駱氏此書則更爲嚴重，甚至如前所說，對書名也可以亂加亂改。對此，我堅持一個原則，即整理點校古籍，除聲明重編者外，都必須維護古籍的本來面貌。所謂校者是校正後來傳寫刊刻所產生的錯誤，而不是校改古籍原本的錯誤。因此，對駱氏此書本身的問題，包括引書上的種種問題，都一仍原貌，不作改動。只有遇到大有背於史實，如前面提到過的所謂張敞緣楊惲大逆誅，則加案語糾正，仍不動正文。對所引書也都加上引號，以資醒目。但引號裏的並非都是引書的原文，所標的書名也不一定靠得住，不要隨便轉引。要引用時應多查對宋志，原書具在的更必須覆核原書。

《三夢記》辨僞

題爲唐白行簡撰的《三夢記》這篇傳奇小說，保存在元末陶宗儀編纂的《說郛》裏[1]。明胡應麟的《少室山房筆叢》曾提到它，沒有對它產生懷疑[2]。魯迅先生的《唐宋傳奇集》、汪辟疆先生的《唐人小說》也都把它作爲白行簡的作品收錄進去。其實，這篇傳奇小說是後人編造、假名白行簡的僞作。

開始發現這篇傳奇小說有點問題的，還是魯迅、汪辟疆兩位先生。這篇傳奇小說在講了劉幽求妻、元稹、竇質三個做夢的故事後，附帶講了一個長安光德里張氏女做夢的故事。這個故事以「行簡云」開頭，以「會昌二年六月十五日也」結尾。《唐宋傳奇集》的〈稗邊小綴〉說：這篇

1 見明抄原本《說郛》卷四，明抄原本有前商務印書館校印本。

2 《筆叢》卷三六〈二酉綴遺〉。

附記「所紀年月為會昌二年六月，時行簡卒已十七年矣。疑偽造，或題名誤也」。《唐人小說》的按語也說：「張氏女夢遊一篇，既出於三夢之外，而其事為會昌二年六月。其時行簡早已卒，當為後人附記，非行簡本文。」兩位先生差不多同時編集這兩部傳奇小說[3]，不約而同地注意到這個「會昌二年」的問題，足見前輩讀書之細心。白行簡死於唐敬宗寶歷二年（八二六年）[4]，早於武宗會昌二年（八四二年）有十七年，兩位先生的懷疑當然很有道理。不過，魯迅先生已說這可能僅是「會昌二年」云云的「題名誤也」，不能就此斷定整個附記為偽造。就算整個附記為偽造，也不能就此斷定《三夢記》全文都出於偽造。

我所以斷定《三夢記》全文出於後人偽造，是因為發現了更多更致命的破綻。

仍舊先看附記。它說張氏女入夢後見到吏部侍郎沈公、尚書幷帥王公。唐傳奇小說裏凡講到大官顯宦一般都實有其人（儘管不一定實有其事），這裏也不例外。沈公是沈傳師，王公是王璠。《舊唐書》卷一四九〈沈傳師傳〉：「入為吏部侍郎，大和元年卒。」卷一六九〈王璠傳〉：「（大和）九年五月，遷戶部尚書，判度支，……其年十一月，李訓將誅內官，令璠召募豪俠，乃授太原節度使（案即附記所說「幷帥」），托以召募爪牙為名，訓敗之日，……斬璠於獨柳樹。」兩人都是文宗大和年間死在長安的大官。附記講張氏女夢見兩人後醒來說自己「殆將死矣」，意思是見了鬼，則附記之寫成必在王、沈已死，即大和九年（八三五年）之後。而白行簡早在敬宗寶歷二年（八二六年）就去世。這是附記出於偽造必非白行簡手筆的內證。

3　《唐宋傳奇集》有民國十六年即一九二七年魯迅先生題記，《唐人小說》有己巳即一九二九年汪先生自序。

4　見兩《唐書》本傳，《白氏長慶集》卷六〇〈祭弟文〉。

不僅如此，在《太平廣記》裏還找到一個和附記極爲相似的故事，卽《廣記》卷四五四〈張立本〉條[5]，全文是：

> 唐丞相牛僧孺在中書草場宮。張立本有一女爲妖物所魅。其妖來時，女卽濃妝盛服於閨中，如與人語笑，其去，卽狂呼號泣不已。久，每自稱高侍郎。一日，忽吟一首云：「危冠廣袖楚宮妝，獨步閒廳逐夜涼，自把玉簪敲砌竹，清歌一曲月如霜。」立本乃隨口抄之。立本與僧法舟爲友，至其宅，遂示其詩云：「某女少不曾讀書，不知因何而能？」舟乃與立本兩粒丹，令其女服之，不旬日而疾自癒。其女說云：「宅後有竹叢，與高鍇侍郎墓近，其中有野狐窟穴，因被其魅。」服丹之後，不聞其疾再發矣。[6]

這個故事和《三夢記》附記的故事不僅主角同是張氏女，同樣見到死去的大官（一在夢裏見，一爲野狐假托），而且大官同樣送她一首「清歌一曲月如霜」的七言絕句。可以肯定兩個故事必有一個是創作，一個是抄襲。誰是創作？〈張立本〉《廣記》原注說它出於《會昌解頤錄》，此書著錄於《新唐書．藝文志》，作《會昌解頤》四卷，沒有注明作者[7]。好在故事中所說高鍇侍郎，和附記的沈、王二公一樣，也是實有其人，而且也列傳於兩《唐書》。《舊唐書》卷一六八〈高鍇傳〉說：「鍇元和九年登進士第，昇宏辭科，累遷吏部員外。大和三年，準敕試別頭進士

5 這類小題目很多是《廣記》編纂者後加的，此條應作〈張立本女〉才妥。

6 汪辟疆先生《唐人小說》在選載的小說後往往附收內容相近或有關其他唐宋人作品，對研究工作很有幫助，可惜這個張立本女故事被遺漏了。

7 輯釋本《崇文總目》同，《通志．藝文略》作一卷，《宋史．藝文志》作《會昌解頤錄》五卷；但《郡齋讀書志》、《直齋書錄解題》、《文獻通考》均不著錄，大概在南北宋之際已亡佚。

明經鄭齊之等十八人，牓出之後，語辭紛競，監察御史姚中立以聞。詔鍇審定，乃昇李景、王淑等，人以爲公。……七年，遷中書舍人。九年十月，以本官權知禮部貢舉。開成元年春試畢，進呈及第人名，……鄭覃曰：『陛下改詩賦格調，以正頹俗，然高鍇亦能勵精選士，仰副聖旨。』……乃以鍇爲禮部侍郎，凡掌貢舉三年，……選擢雖多，頗得實才，抑豪舉，擢孤進，至今稱之。尋轉吏部侍郎。……〔三年〕九月出爲鄂州刺史御史大夫鄂岳觀察使，卒。」這當是因襲唐國史舊文，對高鍇職掌貢舉頗作褒詞，《新唐書》卷一七七〈鍇傳〉削繁就簡，也別無增補。其實，封建社會裏考試要做到公允，談何容易，尤其在唐代還不曾有糊名之類的措施。唐末五代人王定保撰《摭言》，搜輯了大量唐代貢舉資料，卷九〈惡得及第〉類就有一條講高鍇曲從宦官仇士良取裴恩謙爲狀元的事情。宋洪邁《容齋隨筆》認爲「恩謙亦疏俊不羈之士耳，鍇徇凶璫之意，以爲舉首，史謂頗得才實，恐未盡然」[8]。像這類事情當然會引起落第者的不滿。而編造文字對大官進行人身攻擊，又是唐人慣用的手法。唐李肇《國史補》在講文妖時就說到「近代有造謗而著書」的事情，習見的唐人傳奇小說如《周秦行紀》[9]就是李德裕門人韋瓘爲了誣陷政敵牛僧孺而編造的[10]。《會昌解頤錄》裏的〈張立本〉也屬於這一類，不過沒有力量對高鍇誣陷，只是在其死後作點人身攻擊，把堂堂的禮部侍郎醜化成野狐，出出怨氣而已。所謂《會昌解頤錄》者，應是記述武宗會昌年間新奇解頤之事的意思[11]。高鍇死於文宗開成三年（八三八年），下去

8 《續筆》卷一一〈高鍇取士〉條。
9 《太平廣記》卷四八九。
10 見宋初張洎《賈氏談錄》及《郡齋讀書志》，《唐人小說》在選錄《周秦行紀》時悉已徵引。
11 猶唐鄭棨著書記玄宗時事取名《開天傳信記》，唐宋人書名常有這種取法。

會昌元年（八四一年）僅三年，到會昌末年（會昌六年，八四六年）也只有八年。當年受過高鍇氣的落第者到會昌時（或會昌稍後）編寫這本《解頤錄》，編造這個張立本女故事，在時間上完全允許[12]。對人家進行人身攻擊的文字，一般說來不可能出於抄襲。何況這類傳奇小說的編寫還正是貢舉中人所擅長[13]。以擅長傳奇小說者編造個短篇傳奇攻擊仇人卻要找好藍本來抄襲，未免太遠於情理。因此，可以肯定這篇〈張立本〉不會是抄襲，只能是創作[14]。

〈張立本〉既是創作，《三夢記》附記就只能是出於抄襲。附記行文有些前後不相照應，如張氏女入夢時本未說有兄相伴，下文卻說女兄嘗爲小吏識吏部沈公，不知此兄從何而來？張氏女習琴箏後，尙書王公曰恐汝或遺，乃令口授「清歌一曲月如霜」之詩，不知此詩和琴箏遺忘與否有何關係？上文說此詩是尙書王公口授，並未說筆錄，更未說錄了放在衣帶裏，下文卻說張氏女寤後手捫衣帶謂母曰尙書詩遺矣，不知口授之詩和衣帶有何干涉？這都是抄襲《會昌解頤錄》時故意改頭換面以圖掩飾雷同之跡而又未能圓到的地方。在抄襲「清歌一曲月如霜」這首詩時，還故意把《會昌解頤錄》的原詩改竄幾個字，作「鬟梳嫽俏學宮妝，獨立閒庭納夜涼，手把玉簪敲

12 至於〈張立本〉開頭「唐丞相牛僧孺在中書草場宮」這句話，和下文連不起來，可能中間脫一「說」字。按之兩《唐書》牛僧孺傳，從開成三年高鍇死後，牛僧孺迄未再任相職，不可能在「中書」說高鍇墓野狐之事，這點在時間上有問題，但無關故事大旨，且「唐丞相」云云也不像唐人手筆，姑且存而不論吧！

13 宋趙彥衛《雲麓漫鈔》卷八就說「唐之舉人，先藉當世顯人以姓名達於主司，然後以所業投獻，逾數日又投，謂之溫卷，如《幽怪錄》、《傳奇》等皆是也。蓋此等文備衆體，可以見史才、詩筆、議論」。

14 〈張立本〉有敘事有詩篇，正符合「見史才、詩筆」之說，只是沒有議論，議論在唐人傳奇小說中一般也是長篇才有的。

砌竹」云云，卻偏偏沒有把「敲砌竹」改掉，不知《會昌解頤錄》說張立本「宅後有竹叢」，因此詩裏可以即景生情來個「敲砌竹」，附記故事裏並無竹叢，那能也來個「敲砌竹」，叫人不禁失笑，說明這位抄襲改編者起碼頭腦不甚清晰。至於附記結尾「會昌二年六月十五日也」這句話，當是看了《會昌解頤錄》這個書名隨便寫上的，抄襲著頭腦既不甚清晰，則寫這句話時不考慮一下與白行簡生存時間是否相當，也就毫不足怪了。

以上否定了附記。現在再來否定《三夢記》正文。

正文的破綻出在第二夢上，這個故事不長，爲比較方便起見，全錄如下：

> 元和四年河南元微之爲監察御史，奉使劍外。去踰旬，予與仲兄樂天、隴西李杓直同游曲江，詣慈恩佛舍，徧歷僧院，淹留移時，日已晚，同詣杓直修行里第，命酒對酬，甚歡暢。兄停杯久之，曰：「微之當達梁矣。」命題一篇於座壁，其詞曰：「春來無計破春愁，醉折花枝作酒籌，忽憶故人天際去，計程今日到梁州。」實二十一日也。十許日，會梁州使適至，獲微之書一函，後寄紀夢詩一篇，其詞曰：「夢君兄弟曲江頭，也入慈恩院裏遊，屬吏喚人排馬去，覺來身在古梁州。」日月與遊寺題詩日月率同。蓋所謂此有所爲而彼夢之者矣。

案《舊唐書》卷一六六〈白行簡傳〉說行簡「貞元末登進士第，授秘書省校書郎，元和中盧坦鎮東蜀，辟爲書記」。盧坦做劍南東川節度使是元和八年或以後[15]，則元和四年白行簡確在長安，

15　《舊唐書》卷一五三本傳。

時間上沒有像附記那樣出問題。問題是白行簡並沒有和白居易、李建（杓直）「同游曲江，詣慈恩佛舍」以至看白居易在李建家題詩的事情。白行簡的文集雖早失傳，白居易的《白氏長慶集》則至今完好無損，「計程今日到梁州」一詩見於卷一四，全文是：

〈同李十一（案卽李建杓直）醉憶元九〉：花時同醉破春愁，醉折花枝作酒籌，忽憶故人天際去，計程今日到梁州。

《白氏長慶集》今有宋本[16]、明嘉靖覆宋本、日本那波道圓活字本[17]、明萬曆馬元調本以及清汪立名重編《白香山詩集》本，文字略有短長。但這首詩除「梁州」誤「涼州」外，所有本子都一樣，從題目到內容，都沒有說這次同醉還有白行簡在內，而且連曲江、慈恩寺也沒有一個字提到，可見所謂「同游曲江，詣慈恩佛舍」云云根本是子虛烏有。這事是從元稹的一首詩捏造出來的。此詩見於今本《元氏長慶集》卷一七，作：

〈梁州夢〉（自注：是夜宿漢川驛，夢與杓直、樂天同遊曲江，兼入慈恩寺諸院，倏然而寤，則遞乘及階，郵使已傳呼報曉矣）：夢君同繞曲江頭，也向慈恩院院遊，亭吏呼人排去馬，忽驚身在古梁州。

這是根據明弘治楊循吉照宋本傳抄又經錢謙益用宋本校補缺字的本子[18]，是傳世《元集》中最可靠的一種。根據這原詩和自注，可以知道：所謂「同游曲江」只是元稹夢裏的事情；夢裏同遊曲

16 題《白氏文集》，文學古籍刊印社影印本。
17 《四部叢刊》影印本。
18 文學古籍刊印社影印本。

江兼入慈恩諸院的是李建、白居易、元稹三人，白行簡不在其內；詩的第一句是「夢君同繞曲江頭」，不是「夢君兄弟曲江頭」[19]。把元稹這首〈梁州夢〉和白居易的〈同李十一醉憶元九〉硬扯到一起，把元稹在梁州夢遊曲江、慈恩硬派爲白居易在長安眞遊曲江、慈恩，把白居易〈同李十一醉憶元九〉硬派爲遊曲江、慈恩後作，再硬揷進一個同遊者白行簡，如此改頭換面，才改成個題爲白行簡作的《三夢記》第二夢。

不過，從前面對附記的考辨已可看出這位《三夢記》的作僞者知識貧乏，未必眞有這種聯想附會的才能。首先把元、白這兩首詩聯想附會而且筆之於書的應是唐末的孟棨。他編撰的《本事詩・徵異》門有這樣一條：

> 元相公稹爲御史，鞫獄梓潼。時白尚書在京，與名輩游慈恩，小酌花下，爲詩寄元曰：「花時同醉破新愁，醉折花枝作酒籌，忽憶故人天際去，計程今日到梁州。」元果及褒城，亦寄夢遊詩曰：「夢君兄弟曲江頭，也向慈恩院裏遊，驛吏喚人排馬去，忽驚身在古梁州。」千里神交，若合符契。友朋之道，不期至歟！[20]

這裏已把白居易的〈同李十一醉憶元九〉改爲白居易「與名輩游慈恩」寄元稹的詩。元稹寫的〈梁州夢〉據自注並沒有馬上寄給白居易，這裏也變成元稹「亦寄夢游詩」。不過《本事詩》此條情節還比較簡單，沒有像《三夢記》所說遊罷後再到李建家飲酒題詩，更沒有在同遊人中添進

19 其他三句原詩也和《三夢記》略有異同，以無關緊要，從略。

20 此條汪辟疆先生《唐人小說》已收錄在《三夢記》後，可惜他沒有再查對一下原詩，不曾發現其中的問題。

個白行簡。因此可以斷定《本事詩》此條撰寫在《三夢記》之前[21]。《三夢記》的僞造者正是看到《本事詩》有元、白「千里夢契」故事，而白居易又是白行簡的哥哥，這才拉來塞進個白行簡，把元詩的「夢君同繞」改作「夢君兄弟」，使它變成所謂白行簡《三夢記》的第二夢[22]。也許正是看到《本事詩》這個元、白夢契故事，才觸發他拼湊僞造這個假名白行簡的《三夢記》。元、白原詩和《本事詩》都不曾標明作詩作夢的具體月日，《三夢記》白居易題詩後的「實二十一日也」是妄加上去的，和附記抄襲改編了《會昌解頤錄》在最後悍然妄加個「會昌二年六月十五日也」一樣。

前面論辨了附記之僞，還可說附記是後人所附益，《三夢記》正文則是三個夢合成的一個整體。現在尋出了第二夢的藍本，揭了它轉輾抄襲僞造假托的老底，整個《三夢記》就土崩瓦解，從白行簡的作品目錄中永遠清除出去了。

還有幾點可以說說。第一夢即所謂「彼夢有所往而此遇之者」，是講劉幽求妻夢遊寺院被劉幽求撞見的故事。劉幽求是唐睿宗和玄宗初年的宰相，武則天時確曾在朝邑做過官，不過做的是朝邑尉[23]，不是《三夢記》所說的「爲朝邑丞」。而且，做夢並不是眞有個靈魂脫離了軀殼出外活動，決無丈夫看到妻子夢中出遊的事情，這個故事之出於編造自無疑問。不過，並非《三夢記》僞作者編造。晚唐段成式《酉陽雜俎》卷八「夢」類有一條說：「李鉉著《李子正辨》，言『至

21 如在《三夢記》之後，是抄襲《三夢記》，則不會無故把《三夢記》裏的白行簡丟開不提，只提「名輩」。

22 今本《本事詩》也作「夢君兄弟」，應是淺人轉據《三夢記》妄改，以致和上文「名輩」之說矛盾。

23 見《舊唐書》卷九七本傳、《新唐書》卷一二一本傳同。

精之夢，則夢中身人可見，如劉幽求見妻夢中身也。』」李鉉事蹟不詳，《正辨》撰著年代也不可考知[24]，但至少在《酉陽雜俎》以前劉幽求見妻夢遊的故事已流傳，《三夢記》第一夢當即以它爲藍本。這個劉幽求妻夢遊的原本未爲《太平廣記》所收錄，蓋早已亡失。

至於第三夢講貞元中扶風竇質和華嶽祠女巫同做一夢即所謂「兩相通夢」的故事。竇質及其同伴京兆韋旬都不見於兩《唐書》列傳，眞有其人與否不可知。《太平廣記》我雖通讀過，也多次片斷地翻檢過，但想不起那一條可能是這個第三夢的藍本。第三夢最後說了一句「自始及末，若合符契」，則有點像從《本事詩》元、白故事最後所說「千里神交，若合符契」套來的。

《三夢記》僞造的時代，不可能早於唐末。因爲如前考辨，它的第二夢是從《本事詩》抄襲來的。《本事詩》孟棨自序題「光啟二年」，光啟是唐僖宗的年號，二年是西元八八六年，下距唐亡的九〇七年只有二十一年，而且從《本事詩》的寫成作序到廣爲流傳可供抄襲還得一段時間。《太平廣記》沒有收僞《三夢記》，說明北宋初年編纂《廣記》時僞《三夢記》還未流傳。南宋時計有功編寫的《唐詩紀事》卷三七紀元、白事兼採《本事詩》和僞《三夢記》的內容[25]，可見南宋時僞《三夢記》已流傳於世。僞《三夢記》雖多出於抄襲，但文體還有點唐人傳奇小說的樣子，和北宋後期以至南宋時的志怪筆記小說如《睽車志》、《括異志》、《夷堅志》之類截然不同。由此推測其僞造應在五代到北宋初這一段時間。

---

24 《正辨》不見於《新唐書・藝文志》止《宋史・藝文志》雜家類有《李子正辨》十卷，但《郡齋讀書志》等均未著錄，知其時已亡失。

〔附〕《高常侍集》版本

《會昌解頤錄》張立本女故事裏的「清歌一曲月如霜」一詩，又見於今通行本高適詩集即《高常侍集》裏，如《四部叢刊》影印明活字本《高常侍集》卷八即有之，題曰〈聽張立本女吟〉。高適是唐玄宗時人，遠在武宗會昌之前，會不會《會昌解頤錄》張立本故事是根據《高常侍集》所編寫？

《四庫總目提要》說：「《高常侍集》十卷，浙江鮑士恭家藏本，唐高適撰。……其集《唐志》作十卷，《通考》又有集外文一卷，詩一卷。此本從宋本影抄，內廓字缺筆，避寧宗嫌名，當爲慶元以後之本，凡詩八卷，文二卷，其集外詩文則無之。考明人所刻《適集》，以《太平廣記》高鍇侍郎墓中之妖狐絕句『危冠高髻楚宮妝，閒步前庭趁夜涼，自把玉簪敲砌竹，清歌一曲月如霜』一首併載入之，蕪雜殊甚。又〈九日〉一詩，見宋程俱《北山集》，毛奇齡選唐人七律亦誤題適作。此本不載，較他本特爲精審。」案《提要》於版本之學本不甚講求，此條所說卻大體允當。

《高集》最早著錄於《新唐書·藝文志》[26]，今通行本《新唐書》作《高適集》二十卷，疑

---

25 《紀事》說「自有《感夢記》備敘其事」，這《感夢記》疑即偽《三夢記》的別稱。

26 《舊唐書·經籍志》止「錄開元盛時四部諸書」，當然不可能有《高集》。

是「十二卷」的誤倒[27]。十二卷者，本集十卷，集外文一卷，別詩一卷，宋晁公武《郡齋讀書志》著錄正如此[28]。但宋代已有不附集外文、別詩僅本集十卷的本子，如輯釋本《崇文總目》、聚珍本《直齋書錄解題》所著錄者都是。《直齋書錄解題》且題作《高常侍集》，《四庫總目》所著錄者當是根據這種宋本影抄的本子。

到了明代，集外文、別詩均失傳，只剩下本集十卷。在這十卷本裏，又竄入〈聽張立本女吟〉七絕和〈重陽〉七律，如《四庫總目提要》所說。《鐵琴銅劍樓藏書目錄》：「《高常侍集》十卷，明刊本，……尚出舊第，惟〈重陽〉律詩一首乃程俱作，見《北山小集》，宜別出之。」《郘亭知見傳本書目》：「《高常侍集》十卷，……明正德中刻本，……校四庫所據汲古影宋精抄，多絕句一首，與王、岑兩家合刻。」都是這種經過明人竄亂的十卷本。

《四部叢刊》本卷八裏也收有〈重陽〉七律，作「節物驚心兩鬢華，東籬空繞未開花」云云。手邊沒有程俱《北山小集》，查了《宋詩鈔》裏的〈北山小集鈔〉，這首七律正抄在裏面，題曰〈九日寫懷〉，詩尾原注：「高適〈九日〉詩：『縱使登高秖斷腸，不如獨坐空搔首。』」明人正是看到程詩這個注提到高適，就把程詩也抄進《高集》。又讀到《太平廣記》張立本女故事，把故事中高侍郎與高常侍混為一談，把所謂高侍郎口吟的「清歌一曲月如霜」七絕加個〈聽

27　百衲影宋本、殿本都作二十卷，《通志・藝文略》多沿襲前代著錄，也作二十卷，可見當時《新唐書》傳本已如此。《四庫總目》作十卷，不知何據？

28　見汪刻衢本。影宋袁本和殿本《文獻通考》經籍考集外文皆作二卷，蓋誤。《宋史・藝文志》正作十二卷，惟題《高適詩集》的「詩」字當是衍文。《四庫總目提要》說「《通考》有集外文一卷」，所據應是勝於殿本的善本。

張立本女吟〉標題竄入《高常侍集》裏。《四部叢刊》影印的《高常侍集》八卷本是明人用活字匯印的唐人詩集零種[29]，正是根據明代已經竄亂的十卷俗本去掉最後文二卷排印的，所謂明活字本多源出宋刻的舊說法不可盡信。《四部叢刊》編印者徒震於明活字本的大名，在《叢刊書錄》裏說「他本七絕無〈聽張立本女吟〉一首，此本有之」，沾沾自喜，連《四庫總目提要》也忘了查對，可謂粗疏之至！

《全唐詩》高適小傳：「集二卷，今編四卷。」此二卷本當卽《增訂四庫簡明目錄標注》所著錄的明黃埻刊唐十二家詩集本或明許自昌刊本，是把明十卷俗本合併而成的，所以《全唐詩》本高適詩裏也有〈重陽〉和〈聽張立本女吟〉。

弄清了《高常侍集》的源流演變，確信〈淸歌一曲月如霜〉的創作權仍應屬於《會昌解頤錄》。

29 這個活字滙印本零種《錢考功集》也影印在《四部叢刊》裏。八千卷樓舊藏明活字本唐人小集十八家也是這種本子。高、錢兩家都在其內。

「士先器識而後文藝」正義

早年讀顧炎武《日知錄》，知道宋人有「士當器識爲先，一號爲文人，無足觀矣」的話。後來又知道更早的講法是「士先器識而後文藝」，見於《舊唐書·文苑傳》。但如何理解，則甚模糊，無非和很多人同樣認爲是講德最重要，才則其次，甚至可有可無而已。近來重讀《舊書》，旁徵其他文獻，才知道這是封建社會評論人才的特殊標準，其間還滲雜過很大的迷信成分，和今天的德才問題完全是兩種不同的概念。

一

《舊唐書》卷一九〇上〈文苑·王勃傳〉說：

> 初，吏部侍郎裴行儉典選，有知人之鑒，見〔勃兄〕勮與蘇味道，謂人曰：「二子亦當掌銓衡之任。」李敬玄尤重楊炯、盧照鄰、駱賓王與王勃等四人，必當顯貴。行儉曰：「士之致遠，先器識而後文藝。勃等雖有文才，而浮躁淺露，豈享爵祿之器耶？楊子沉靜，應至令長，餘得令終爲幸。」果如其言。

友人傅璇琮精熟唐集，成《唐代詩人叢考》，首篇〈楊炯考〉就考證了《舊書・王勃傳》這段紀事。他指出：

> 王勃有〈上吏部裴侍郎啟〉（《王子安集》卷八），其中說：「殊恩屢及，嚴命兼加，……誠恐下官冒輕進之譏，使君侯招過聽之議。」又說：「今者接君侯者三矣，承招延者再矣。」則裴行儉爲吏部侍郎，王勃參選時，裴行儉對王勃是很看重的。……駱賓王也有與裴行儉的書啟，也表示過與王勃類似的意思，他的〈上吏部侍郎帝京篇〉一文（《駱臨海集箋注》卷一），自序有云：「賓王啟，昨引注日，垂索鄙文，拜手驚魂，承恩屢息。」說「引注日」，即咸亨中裴行儉爲吏部侍郎時，駱賓王參預銓試事。由此可見，至少裴行儉對王勃、駱賓王的才器是相當看重的。再看王勃〈上吏部裴侍郎啟〉中所表達的思想，……「文章之道，自古稱難，……苟非可以甄明大義，矯正末俗，俗化資以興衰，家國由其輕重，古人未嘗留心矣」。又說：「君侯受朝廷之寄，掌熔範之權，至於舞詠澆淳，好尚邪正，宜深此爲念也。伏見銓擢之次，每以詩賦爲先，誠恐君侯器人於翰墨之間，求材於簡牘之際，果未足以采取英秀，斟酌高賢者也。」這裏的議論，與所傳裴行儉的「士之致遠，先器識而後文藝」，可以說是如出一轍；而且這些話

又都直接說給裴行儉聽的，裴行儉又何從而獲得王勃等「浮躁淺露」的印象呢？這裏除以爲王、裴思想見解「如出一轍」似尚可商榷，讀拙作下文自知外，所持理由均可謂精當不易。前此清末民國初年人姚大榮所著《惜道味齋集》裏有一篇〈跋駱賓王上吏部裴侍郎書〉，根據〈書〉中所說「不圖君侯忽垂過聽之恩，任以書記之事，正當陪麾後殿，奉節前驅」，以及「流沙一去，絕塞千里」等語，指出：

行儉以吏部侍郎奉使冊立波斯王，便道計禽西突厥都支，在調露元年己卯六月，是時賓王官武功主簿，以母老不堪遠行辭不往。……行儉奉使絕域，欲立奇功，擇于眾中，而辟賓王，使掌書記，其相知必深，相期必厚；使果有浮躁淺露之嫌，肯引爲臂助，與之馳驅絕塞乎？……況王勃卒於上元二年乙亥，在行儉辟賓王之前五年。行儉之評四子，若在勃卒後，不應與三子同論；若在勃存時，其後何爲又舉用賓王？反復推求，牴牾實多。

因此這件事情之出於虛構而非事實，已絕無疑問。問題是何以要在裴行儉身上虛構這件故事，它有沒有來龍去脈可以尋求。

二

先從史源上來推究。這個虛構故事除《舊唐書·王勃傳》外，還見於《舊唐書》卷八四〈裴行儉傳〉、《新唐書》卷一〇八〈裴行儉傳〉，以及《唐會要》卷七五〈藻鑑〉、《大唐新語》卷七〈知微〉、《張說之文集》四部叢刊影印嘉靖本卷一四〈贈太尉裴公（行儉）神道碑〉。除《新書・裴傳》全襲《舊書・裴傳》及〈王勃傳〉可置不論外，其他五種記載究竟孰先孰後？從表面看，張說的〈裴公神道碑〉似乎撰述在先，其他記載均源出此碑，姚大榮即如此認識。其實不然。因為《舊唐書・裴傳》所記此故事與《唐會要》完全相同，即文字亦無甚出入，而《唐會要》在德宗以前實出蘇弁，蘇冕兄弟之手。二蘇貞元時人，自無窺見石晉時所修《舊唐書》之理，可見二者實同源出於韋述等所撰國史舊傳，今《舊書》與行儉同傳的〈劉仁軌傳〉末尚存「史臣韋述曰」云云更足為佐證。再據《新唐書》卷四六〈百官志〉：「考功郎中、員外郎各一人，掌文武百官功過善惡之考法及其行狀，若死而傳於史官，謚於太常，則以其行狀質其當不，其欲銘於碑者，則會百官議其宜述者以聞報其家。」又《唐會要》卷六四〈史館雜錄〉載史官李翺奏：「凡人之事迹，非大善大惡，則眾人無由知之，舊例皆訪問於人，又取行狀、謚議以為依據。今之作行狀者，非門生即其故吏。……」（《李文公集》卷一〇〈百官行狀奏〉同）則《舊唐書・裴傳》及《唐會要》所本之國史舊本，自係根據裴氏門生故吏所作行狀撰寫，這和張說所撰〈神道碑〉之本諸行狀者正相同。而且試持〈神道碑〉與《舊唐・書裴傳》相比對，還可發現整個《舊書・裴傳》的紀事遠較〈神道碑〉為詳密，足證《舊書・裴傳》比〈神道碑〉更接近於行狀原本，在行狀原本失傳以後可說是有關裴行儉的原始史料。

對四傑的評論，《舊書・裴傳》這個原始史料是如此寫的：

> 行儉尤曉陰陽算術，兼有人倫之鑑，自掌選及為大總管，凡遇賢俊，無不甄采，每制敵摧凶，必先期捷日。時有後進楊炯、王勃、盧照鄰、駱賓王並以文章見稱，吏部侍郎李

敬玄盛爲延譽，引以示行儉，行儉曰：「才名有之，爵祿蓋寡，楊應至令長，餘並鮮能令終。」是時，蘇味道、王勮未知名，因調選，行儉一見，深禮異之，仍謂曰：「有晚年子息，恨不見其成長，二公十數年當居衡石，願記識此輩。」其後相繼爲吏部，皆如其言。

這開頭幾句「尤曉陰陽算術，兼有人倫之鑑」云云，《舊書．王勃傳》沒有寫進去，《大唐新語》改成「少聰敏多藝」，〈神道碑〉則把「又善測候雲物，推步氣象」寫在裴氏生平所著書籍之前，和人倫之鑑分別開來，似均有失門生故吏撰述此裴氏行狀時的本意。其本意是要把二者扯到一起的，因爲在我國古代這二者確實頗有牽連。如《漢書．藝文志》就以陰陽書入五行家，與包括相人術在內的形法家同屬劉歆《七略》的術數略。到唐代則將此等迷信總稱之曰「陰陽」，如呂才承太宗命纂修的《陰陽書》，卽包括宅經、祿命、葬書部分。呂書今不傳，其大略見於《舊唐書》卷七九本傳，所述祿命部分除列舉若干以生年月日推祿命事例外，還引用《論衡．骨相篇》「見骨體而知命祿，睹命祿而知骨體」等語，說「此卽祿命之書，行之久矣」，可見在唐初所謂相人祿命之術已統屬於陰陽範疇。因此門生故吏在裴氏行狀中把人倫之鑑和曉陰陽算術合寫到一起，說行儉「自掌選及爲大總管，凡遇賢俊，無不甄采，每制敵摧凶，必先期捷日」，然後舉出鑑相四傑和蘇味道、王勮的事例，這種寫法在當時正是理所當然。這裏所謂「人倫之鑑」，完全是屬於陰陽範疇的相人術，和正常的月旦人物不能混爲一談。

陰陽迷信包括相人術之類在今天看來自不值一笑，但在封建社會尤其宋以前確有其廣闊的市場。在這方面，先師呂思勉先生所著《先秦史》、《秦漢史》、《兩晉南北朝史》、《隋唐五代史》的宗教雜迷信部分已鈎稽出大量事例，舊類書以及《太平廣記》卷二二一至二二四所集《定命錄》等有關相術故事也可資參考，文繁自毋庸備列。這裏只提出一點，即《新唐書》卷九三〈李靖、李勣傳〉論所謂：

世言靖精風角、鳥占、雲祲、孤虛之術，爲善用兵。是不然，特以臨機果，料敵明，根於忠智而已。俗人傅著怪詭禨祥，皆不足信。

裴行儉這位在軍事上有成就的將相大臣之所以被上「曉陰陽算術」「每制敵摧凶必先期捷日」的迷信色彩，是和李靖一樣出於「俗人傅著」，抑裴氏本人有意以此夸飾，甚至其人的係篤信此道，今已無從分辨。但撰述行狀的門生故吏在當時把這類迷信色彩寫進去，確是想以此爲逝者榮。這和宋人撰寫《新唐書·二李傳》論時不信此道，斥之爲「怪詭」者正說明時代意識之不同。至於把王勃等作爲附會裴氏精於相人之術的題材，則自由於㈠王勃四人是當時有影響的人物，如《舊唐書·文苑·楊炯傳》就說他們「以文詞齊名，海內稱爲『王楊盧駱』，亦號爲『四傑』」。㈡而此「四傑」的生平：王勃「爲沛府修撰」，「補虢州參軍」，「當誅，會赦除名」，「上元二年」「渡南海墮水而卒，時年二十八」；楊炯「拜校書郎，爲崇文館學士」，「遷詹事司直」，「左轉梓州司法參軍，秩滿選授盈川令」，「卒官」；盧照鄰「授鄧王府典簽」，「拜新都尉，因染風疾去官」，「沉痼攣廢，不堪其苦」，「自投潁水而死，時年四十」；駱賓王「爲長安主簿」，「左遷臨海丞」，「棄官而去，文明中與徐敬業於揚州作亂」，「伏誅」（均詳《舊書·文苑》本傳）。確實都是「爵祿蓋寡」，除楊炯外「鮮能令終」，可以作爲裴行儉所否定人物的代表者。㈢此外王勃兄勮「弱冠進士登第，累除太子典膳丞」，「長壽中擢爲鳳閣舍人」，「尋加弘文館學士，兼知天官侍郎」（《舊書》附王勃傳）。蘇味道「弱冠本州舉進士，累轉咸陽尉」，裴行儉「征突厥阿史那都支，引爲管記」，「延載初歷遷鳳閣舍人，檢校鳳閣侍郎同鳳閣鸞臺平章事，尋加正授，證聖元年坐事出爲集州刺史，俄召拜天官侍郎」（《舊書》卷九四本傳）。都是宦途通達而且確實做到天官即吏部侍郎的顯貴人物。加之蘇味道曾爲裴行儉的「管記」，自更易於附會成爲裴氏能前知其顯貴。

凡預言前知而且應驗必係被預言者結局已明顯後所編造（參看外舅童書業先生遺著《春秋左傳研究》論預言諸條）。裴行儉卒於永淳元年四月，行狀之撰述當在其後不久。王勃卒於上元二年固在其前，駱賓王文明元年後被誅，楊炯長壽二年後卒官（據傳《考》）以及王勮長壽中擢鳳閣舍人，尋加弘文館學士兼知天官侍郎，蘇味道證聖元年出爲集州刺史俄召拜天官侍郎，都已是永淳元年裴行儉卒後二、三年以至十三、四年的事情。何以駱、楊結局和王蘇之任吏部「居衡石」都能成爲行狀所述裴氏鑑人前知故事的內容？這也好解釋。張說的〈裴公神道碑〉中已講到「開元孝享，宰嗣延恩，贈公太尉」，又講到「季子光庭，侍中兼吏部尚書」，後者更是開元十八年的事情（見《舊唐書》卷八〈玄宗紀〉，《新唐書》卷六一〈宰相表〉），此時不僅「四傑」，即王勮、蘇味道亦均早已前卒（勮萬歲通天二年被誅，味道神龍初卒，均見《舊書》本傳）。而張說撰此〈裴公神道碑〉必取資於行狀，半世紀前行儉初卒時的舊行狀至此自不盡適用，在光庭及裴氏門生故吏增飾此舊行狀、補入光庭貴顯事迹的同時，將此鑑相「四傑」及王勮、蘇味道的前知故事附麗狀末，以爲先人光寵，正是合乎人之常情。《舊書·裴行儉傳》所用國史舊傳，當即本此已增訂之行狀撰寫，因而有此鑑相「四傑」等故事。至此故事究係先已流傳於社會而爲增訂行狀時採用，抑即出於增訂者之所編造，則無關大體，自可不必深究。

三

以上根據《舊唐書·裴行儉傳》探索了故事的性質和來源。但《舊書·裴傳》裏並沒有「士先器識而後文藝」的話。記有這句話的除《舊書·王勃傳》外，是中唐元和時劉肅所撰《大唐新語》卷七〈知微〉，所紀此故事的全文是：

裴行儉少聰敏多藝，立功邊陲，屢克凶醜。及為吏部侍郎，賞拔蘇味道、王勮，曰：「二公後當相次掌鈞衡之任。」勮，勃之兄也。時李敬玄盛稱王勃、楊炯等四人，以示行儉，曰：「士之致遠，先器識而後文藝也。勃等雖有才名，而浮躁淺露，豈享爵祿者，楊稍似沉靜，應至令長，並鮮克令終。」卒如其言。

這在文字上和《舊書·王勃傳》基本相同，但並非二者同本於舊國史王勃傳。因為《舊書·王勃傳》沒有《新語》此條開頭的「少聰敏多藝，立功邊陲，屢克凶醜」這幾句話，而這幾句話和講裴氏有鑑人之能無關，顯然是因襲今《舊書·裴傳》所從出的國史裴傳或裴氏行狀。把原來的「行儉尤曉陰陽算術，兼有人倫之鑑，自掌選及為大總管，凡遇賢俊，無不甄采，每制敵摧凶，必先期捷日」云云去掉迷信色彩，「曉陰陽算術」改為「聰敏多藝」，「每制敵摧凶，必先期捷日」改為「立功邊陲，屢克凶醜」，而省卻中間「兼有人倫」云云幾句話，忘掉「立功邊陲」也與鑑人無關，從而留下了因襲點竄的痕迹。《舊唐書·王勃傳》則採用《新語》此條，但為了要以王勃等「四傑」爲主體，所以在採用《新語》時再把無關的裴氏「聰敏多藝」，「立功邊陲」以及對蘇味道，王勮的評鑑一併刪去。裴傳、《新語》、王傳三者之間的關係既如此，則將此「士之致遠，先器識而後文藝」加入裴氏鑑人故事之中自必始於《新語》而非〈王傳〉或舊國史。

從《新語》此條之刪改「陰陽算術」諸語，可推知其撰人劉肅對陰陽以至相人之術必不感興趣。因此這增入的「士之致遠，先器識而後文藝」自亦不致與當時社會迷信有關，其出典應在其他文獻。就我所知，這個文獻就是曹魏黃初時劉邵所撰著的《人物志》。這是現存的我國封建社會前期關於人才學的唯一理論專著，可惜清代以來的學者很少給予重視。《志》的上卷〈流業篇〉這樣寫道：

蓋人流之業，十有二焉：有清節家，有法家，有術家，有國體，有器能，有臧否，有伎倆，有智意，有文章，有儒學，有口辯，有雄傑。若夫德行高妙，容止可法，是謂清節之家，延陵、晏嬰是也；建法立制，強國富人，是謂法家，管仲、商鞅是也；思通道化，策謀奇妙，是謂術家，范蠡、張良是也；兼有三材，三材皆備，其德足以厲風俗，其法足以正天下，其術足以謀廟勝，是謂國體，伊尹、呂望是也；兼有三材，三材皆微，其德足以率一國，其法足以正鄉邑，其術足以權事宜，是謂器能，子產、西門豹是也。兼有三材之別，各有一流：清節之流，不能弘恕，好尚譏訶，分別是非，是謂臧否，子夏之徒是也；法家之流，不能創思遠圖，而能受一官之任，錯意施巧，是謂伎倆，張敞、趙廣漢是也；術家之流，不能創制垂則，而能遭變用權，權智有餘，公正不足，是謂智意，陳平、韓安國是也。凡此八業，皆以三材爲本，故雖波流分別，皆爲輕

(此據四部叢刊影印隆慶本,疑當作經)事之材也。能屬文著述,是謂文章,司馬遷、班固是也;能傳聖人之業而不能幹事施政,是謂儒學,毛公、貫公是也;辯不入道,而應對資給,是爲口辯,樂毅、曹丘生是也;膽力絕衆,材略過人,是謂驍雄,白起、韓信是也。凡此十二材,皆人臣之任也。……清節之德,師氏之任也;法家之材,司寇之任也;術家之材,三孤之任也;三材純備,三公之任也,三材而微,冢宰之任也;臧否之材,師氏之佐也;智意之材,冢宰之佐也;伎倆之材,司空之任也;儒學之材,安民之任也;文章之材,國史之任也;辯給之材,行人之任也;驍雄之材,將帥之任也。

此外在中卷接識篇還歷述此十二種人材在知人、識人問題上的得失。這裏的所謂「器能」之材,是兼有「清節」、「法」、「術」之材具體而微僅次於最高一級「國體」的人材,劉《志》認爲可以勝冢宰之任。而《周官》冢宰後世通常與尚書省六部之吏部相比附,作爲吏部長官之雅稱。這和所謂見知於裴行儉的蘇味道、王勮之居衡石爲吏部侍郎的身分正相符合,從而便於爲《大唐新語》淨化裴行儉鑑人故事之所借用。其作「器識」者,當即「器能之識」的簡寫。至「四傑」本是文藝之士,與劉《志》所謂「文章」之材能任國史之任如司馬遷、班固者有別。但如遷、固「文章」之材在《志》中尚遠居「器能」之下,更何論「四傑」,自然可以寫成「先器識而後文藝」(「四傑」本也可稱文章之士,如《舊書.楊炯傳》就記有崔融所說「王勃文章宏逸」的話,而《新語》之不作「而後文章」必曰「文藝」者,或許就是爲了要和遷、固的「文章」有所區別)。應該注意的,在這句話前面還有「士之致遠」幾個字,往往爲後世引用者所忽略。其實這是「士先器識而後文藝」的前提,萬萬省略不得。所謂「致遠」者,即在政治上飛黃騰達之謂。要在政治上飛黃騰達當然不能靠文藝，必須是有「器識」能勝冢宰之材者才行。所以《新語》這句話雖然已洗去了行狀的迷信色彩，但基本上還沒有背離所謂裴行儉能鑑相人之前程的原意。

弄清楚這點，可以附帶解決一個小問題。所謂爲裴行儉稱許的蘇味道、王勮，其人品據記載其實是不足取的。《舊書．王勮傳》說他在兼知天官侍郎後「頗任權勢，交結非類，萬歲通天二年綦連耀謀逆事泄，勮坐與耀善，幷弟勔並伏誅」，結局比王勃「墮水而卒」還不如。《舊書．蘇味道傳》則說蘇「前後居相位數載，竟不能有所發明，但脂韋其間，苟度取容而已，嘗謂人曰：『處事不欲決斷明白，若有錯誤，但模棱以持兩端可矣。』人由是號爲『蘇模棱』」，到後來「模棱」故事遂成爲極其不堪的話柄。記得前人已據此對裴行儉之善鑑人提出異議，大意是說裴賞識的竟是蘇模棱之流，足見其鑑人之術實不過爾爾。今既弄清所謂裴之鑑人本來只是鑑相其能否「致遠」，則行狀等所寫的對「四傑」，以及蘇味道、王勮的鑑相誠可謂靈驗，並無失於照應之處可資人抨擊。

四

《日知錄》卷一九〈文人之多〉條所引宋劉摯之說，見於《宋史》卷三四〇本傳，謂：

其教子孫，先行實後文藝，每曰：「士當以器識爲先，一號爲文人，無足觀矣！」

案「士當以器識爲先」的話當然是劉摯從《大唐新語》或《舊書．王勃傳》、《新書．裴行儉傳》

借用的，否則不會連用詞造句都如此一致，但其含義已和唐人不同。這從本傳所紀劉摯對人才的看法及其自身的表現就可以看得很清楚：

> 摯與同列奏事論人才，摯曰：「人才難得，能否不一：性忠實而才識有餘，上也；才識不逮而忠實有餘，次也；有才而難保，可借以集事，又其次也；懷邪觀望，隨時勢改變，此小人也，終不可用。」
>
> 摯性峭直有氣節，通達明銳，觸機輒發，不爲利怵威誘，自初輔政至爲相，修嚴憲法，辨白邪正，專以人物處心，孤立一意，不受謁請。

可見劉摯之所謂「行實」，就是要像他那樣在政治上「峭直有氣節，通達明銳，觸機輒發，不爲利怵威誘」，抽象一點則是「性忠實而才識有餘」，這就是劉摯之所謂「器識」。這種「器識」，自和《人物志》以至《大唐新語》裏的能具冢宰之材、在政治上得飛黃騰達便爲有「器能」或「器識」者大相徑庭。《人物志》尤其《大唐新語》裏的「器識」，只講才而不及品德，所以蘇模棱、王勮之流在封建社會裏都被認爲品德欠缺者仍可當「器識」之選。而劉摯的「器識」則除要才識外還更重視「忠實」、「峭直有氣節」的品德，從這點上講倒有點彷彿今天所說的「德才兼備」。當然劉摯之講品德只是講封建士大夫的品德（他本人在封建士大夫中還是屬於王安石變法運動的反對派），和今天「德才兼備」的德仍有本質上的區別。至於「文藝」，今天是才的一種表現，而劉摯卻把它排除在才之外，認爲是極不關緊要的東西，更不准人家成爲他所認爲的只有「文藝」而無「器識」的文人，所以他會斷然地說：「一號爲文人，無足觀矣！」這和今天之重視文藝也全然不同。

顧炎武雖然引用了劉摯的話，但對「器識」另有他自己的標準。《日知錄·文人之多》條的全文是：

唐、宋以下，何文人之多也！固有不識經術，不通古今，而自命爲文人者矣。韓文公〈符讀書城南詩〉曰：「文章豈不貴，經訓乃菑畬，潢潦無根源，朝滿夕已除，人不通古今，馬牛而襟裾，行身陷不義，況望多名譽。」而宋劉摯之訓子孫，每曰：「士當以器識爲先，一號爲文人，無足觀矣！」然則以文人名於世，焉足重哉！此揚子雲所謂「摭我華而不食我實」者也。黃魯直言數十年來先王君子但用文章提獎後生，故華而不實。本朝嘉靖以來，亦有此風，而陸文裕（深）所記劉文靖（健）告吉士之言，空同（李夢陽）大以爲不平矣（見《停驂錄》）。

《宋史》言歐陽永叔與學者言未嘗及文章，惟談吏事，謂「文章止於潤身，政事可以及物」。

又所撰《亭林文集》卷四〈與人書〉十三也有相似的議論：

《宋史》言劉忠肅（案摯謚）每戒子弟曰：「士當以器識爲先，一命爲文人，無足觀矣！」僕自讀此一言，便絕應酬文字，所以養其器識，而不墮於文人也。……中孚（案李顒字）爲其先妣求傳再三，終已辭之，蓋止爲一人一家之事，而無益於經術、政理之大，則不作也。韓文公起八代之衰，若但作〈原道〉、〈原毀〉、〈爭臣論〉、〈平淮西碑〉、〈張中丞傳後序〉諸篇，而一切銘狀概爲謝絶，則誠近代之泰山北斗矣，今猶未敢許也。

顧炎武在這裏主要是反對只會做文章的文人，這是針對明嘉靖以來的社會風氣，尤其針對晚明的鍾惺之流而發（參看《日知錄》卷一八〈鍾惺〉條）。他並不絕對反對做文章，只是要求文章的內容必須有關於「經術、政理之大」，亦卽「文須有益於天下」（參看《日知錄》卷一九〈文須有益於天下〉條）。這和劉摯簡單地「後文藝」已有所不同，倒有點近似於王勃〈上裴侍郎啟〉中所說的「文章……苟非可以甄明大義，矯正末俗，俗化資以興衰，家國由其輕重，古人未嘗留心」。當然顧炎武和王勃對文章如何能有益於天下的認識不會相同，而且從《王子安集》裏的文章可以看到王勃並沒有認眞貫徹自己的主張，而顧炎武卻是將自己的主張付諸實踐，拒絕爲好友李顒的先妣撰述家傳就是例證。顧炎武對「器識」的解釋也和劉摯不同，劉摯認爲「性忠實而才有餘」便是有「器識」，顧炎武則主張「器識」要包括識經術、通古今、得政理之大。顧炎武也正是這樣要求自己的，他的名著《日知錄》之有價值正在「事關民生國命者必窮源溯本，討論其所以然」，「則古稱先，規切時弊，尤爲深切著明」（顧氏門人潘耒爲《日知錄》所撰序中語），和乾嘉學派之單純從事考證者有所不同。當然，這種思想也是明末時勢所造成的，正和劉摯站在王安石反對派的立場，需要提倡他「性忠實而有才有餘」的「器識」論一樣。

對「士先器識而後文藝」作了如上的正義，可以看到任何一種主張的提出和解釋都決定於時代的條件和本人的立場。持「舊瓶」喝「舊酒」是絕對不行的。「舊瓶裝新酒」也許可以喝，但「舊瓶」的外貌裝璜易於混淆視聽，必須作一番注疏式的解釋才能免滋流弊。因此我認爲在必要時不妨另制「新瓶」，譬如「德才兼備」的提法在今天就比「士先器識而後文藝」要確切。當然

「士先器識而後文藝」這類「舊瓶」也不必丟進垃圾堆，留著對了解古人的思想意識固自有其用處，拙作正義即是一次嘗試。

佛教爲什麽能戰勝道教

——讀《太平廣記》的一點心得

道教是中國土產，佛教是進口貨，結果進口貨戰勝了土產，這從舊社會佛教寺院之遍布各地而道觀寥寥無幾看得最清楚。佛教在理論上確實比道教講得深奧，但這種深奧的唯心主義理論最多只能對舊社會極少數高級知識分子有吸引力，像法相宗大師玄奘寫的《成唯識論》之類，恐怕今天的哲學教授讀起來也很費勁。而玄奘傳記《大唐大慈恩寺三藏法師傳》裏說他從印度回到長安時卻得到廣大羣眾的歡迎，所謂「聞者自然奔湊，觀禮盈衢，更相登踐」（卷五），「始自朱雀街內，終屆弘福寺門，數十里間，都人士子，內外官僚，列道兩旁，瞻仰而立，人物闐闉」（卷六）。難道這些「都人士子、內外官僚」都領會得了法相宗理論，比今天的哲學教授都行，我不相信。其所以自發地夾道瞻仰玄奘，表示其信佛虔誠者，應該別有原因。

這個原因從佛教的經、論裏不好找，倒是教外人編集的《太平廣記》無心中把它交待清楚了。

《太平廣記》這部以唐人小說雜記爲主的分類匯編裏，關涉到佛教的主要有卷八七至九八〈異僧〉和卷九九至一〇一〈釋證〉、卷一〇二至一三四〈報應〉。〈異僧〉類雖然事多神奇，但神奇程度未必能超過同書卷一至五五的〈神仙〉和卷五六至七〇的〈女仙〉兩類所記，想以此來和講神仙的道教爭取羣眾，未必能操勝算。眞正能吸引羣眾者是〈釋證〉、〈報應〉兩部分。

「寧爲太平犬，不作亂世人。」但卽使清平世界也難免有種種意外的災難，據說信佛就概可幸免。《廣記》卷一〇三〈白仁晳〉條說：白在唐高宗龍朔中「運米遼東，過海遇風，四望皆黑，仁晳憂懼，急念《金剛經》，得三百遍，忽如夢寐，見一梵僧，謂曰：『汝念眞經，故來救汝。』須臾風定，八十餘人俱濟。」這是信佛可免溺斃。同卷〈王令望〉條說：王「少持《金剛經》，……忽遇猛獸，……急念眞經，猛獸熟視，曳尾而去，流涎滿地。」唐人避祖先李虎的諱改稱虎爲猛獸，這是講老虎想吃信佛人卻不敢動嘴。卷一〇四〈銀山老人〉條說：「饒州銀山，采戶逾萬，並是草屋，延和中火發，萬室皆盡，唯一家居中，火獨不及」，事後查問，原來這家「事佛持《金剛經》」，才使火不能燒。

遇到所謂亂世，信了佛也可逢凶化吉。《廣記》卷一〇二〈睦彥通〉條說：睦彥通「精持《金剛經》，日課十遍，李密盜起，彥通宰武牢，邑人欲殺之以應義旗，彥通先知之，遂投城下，賊拔刀以逐之，前至深澗，迫急躍入，如有人接右臂磐石上，都無傷處，空中有言曰：『汝爲念經所致！』因得還家。」這是講做官的信了佛可以逃脫農民軍懲罰。對於小強盜，信了佛就更不用怕。卷一〇七〈幵（案同「年」字）行立〉條說：行立「不識字，長慶初常持《金剛經》

一卷隨身，到處焚香拜禮」，有次遇到十餘賊搶他的貨物，因爲貨物中放了這卷《金剛經》，五六十斤的東西賊竟拿不動，結果不僅他不受損失，連賊也被感動而改惡從善。

犯了法，甚至犯了死罪，只要信佛，也可幸免並且恢復自由。如《廣記》卷一〇二〈杜之亮〉條說：隋仁壽中杜爲漢王諒參軍，因諒謀反和其他僚屬都被捕繫獄，杜夢見一僧曰：「汝但念誦《金剛經》，即此厄可度。」杜照辦，後來這批人都處死，但行刑名單上偏偏漏掉杜的姓名，接著遇赦得免。卷一〇五〈三刀師〉條說：三刀師俗姓張名伯英，唐乾元中爲壽州健兒，爲了盜官馬迎省其父，被處腰斬，可斬了三刀都不損傷，刺史問他，他回答道：「昔年十五，曾絕葷血，誦《金剛經》十餘年，自胡亂以來，不復念誦，昨因被不測罪，唯志心念經爾。」刺史把他赦免了，他削髮出家，人稱「三刀師」。可見佛法有時會大於王法。

唐朝人相信有狐狸精，而信了佛就不怕狐狸精迷人。《廣記》卷一〇七〈于李回〉條說：于李回唐元和八年舉進士下第，有僧勸他讀《金剛經》，他聽從了，每天念幾十遍，中途「因步月，有一美女與言，遂被誘去，十餘里至一村舍，戲笑甚喧，引入升堂，見五六人皆女郎，李回慮是精怪，乃陰念經，忽有異光自口出，羣女震駭奔走，但聞腥穢之氣，蓋狐狸所宅。」可見《金剛經》有驅狐之力。

信了佛還不怕生病。《廣記》卷一〇七〈強伯達〉條說：強伯達是唐元和時人，從祖上二百年來都患風癩惡疾，伯達也染上，被送到山裏等死，忽有僧來教他念「《金剛經》內一四句偈」，伯達念了幾天，有虎來「遍舐其瘡，唯覺涼冷，如傅上藥，了無他苦，良久自看，其瘡悉已乾合」，僧又拾了山邊的青草教他煎了洗瘡，「從此相傳之疾遂止」。痲風惡疾都可憑佛經治癒，何況其他疾病。

人怕死，可信了佛連死也不再可怕。《廣記》卷一〇二〈趙文若〉條說：趙在隋開皇初病死，七天後復活，說被押到一宮城，王問：「卿在生有何功德？」答云：「唯持《金剛經》。」王曰：「此最第一，卿算雖盡，以持經之故，更爲申延。」於是還魂再生。不還魂也不要緊，卷一〇三〈陳文達〉條說：陳常持《金剛經》，有人「曾爲冥司所追，見地下築臺，問之，云『此是般若臺，待陳文達。』其爲冥司所敬如此。」卷一〇六〈薛嚴〉條說：薛「蔬食長齋，日念《金剛經》三十遍，至七十二將終，見音樂幢蓋來迎，……一家皆聞有異香之氣」。總之都能有個好去處。

這類例子實在太多了，單就《廣記》的〈釋證〉、〈報應〉裏至少收了一二百條。病和死，是每個人都無法避免的，其他災難在舊社會也是經常會發生的，希望逢凶化吉過安樂日子，死後還有個好去處，是舊社會裏老百姓以至官人們的共同願望，而佛教卻聲稱能一一予以滿足。而且，信佛入了迷在神智昏沉時確實有可能產生音樂幢蓋來迎之類的幻覺，要逃命時據說氣力也會比平時特別來得大，老虎肚子飽了也有可能不再急忙抓人吃，大火中由於風向轉變等原因有些房屋也有可能不延燒，海裏的風暴更是時作時止，因此上述種種奇迹有少數確實可能會出現，而佛教宣傳者就把它統統歸之於信佛的功效。代價呢？也低廉極了，念念佛經就可以，不識字甚至對經卷焚香拜禮都可以，這卽使窮百姓也信得起。加之人們往往會有一種「寧可信其有，不可信其無」的心理，反正花費不多何妨試一試。這就是佛教之所以普及的主要原因。

在這裏，還可以看到佛教的宣傳工作確實做得不壞。上面所引用的除〈三刀師〉條出於世俗小說《廣異記》和〈陳文達〉條出於《法苑珠林》外，都採自《報應記》。這部書《新唐書·藝文志》不曾著錄，看其中都是講《金剛經》如何靈驗，應是專門宣傳《金剛經》的。因爲這種宣傳特別多，所以《廣記》的「報應」類裏把它集中編成七卷，標明是《金剛經》（卷一〇二至一〇八）。另外還有一卷標明《法華經》（卷一〇九），兩卷標明《觀音經》（卷一一〇、一一一），內容和《金剛經》部分大同小異，是宣傳《法華經》、《觀音經》的靈驗。還有五卷標明「崇經像」（卷一一二至一一六），是籠統宣傳佛經、佛像的靈驗，誰出點錢鑄個小銅佛像，雕個小石佛像，有急難時雕鑄的佛像就會來救應。不過這幾部分不像宣傳《金剛經》那樣有專書，而是雜見於《法苑珠林》、《廣異記》、《冥祥記》等書裏。其中《法苑珠林》是唐高僧道世纂集的佛教文獻匯編，很多地方講理論，但仍附帶作通俗宣傳。可見佛教眞能針對不同對象做工作：對高級知識分子提供深奧有味道的理論，對一般人做價錢低廉而好處實在的交易，眞是雅俗共賞，少長咸宜。

相形之下道教就吃大虧了。宋以前道教修仙、煉丹、畫符等理論和方法，大體見於東晉葛洪的《抱朴子內篇》以及北宋初張君房的《雲笈七籤》，而《太平廣記》〈神仙〉〈女仙〉兩部分也提供了豐富的資料。從這些資料來看，道教在理論上雖然也是唯心主義，和佛教那一套相比可顯得粗淺苟簡，滿足不了高級知識分子的要求。而在爭取羣眾上，所講的神話鬼話比起佛教來又可謂大而無當，不切實際，沒有多少欺騙力量、吸引力量。

如人都不免一死，因此佛教就從不說只要信佛便可不死，而只說信佛死了有個好去處，反正是否眞有死無對證；而道教卻公然揚言修成神仙可以不死，可以白日飛升，到天上或海上仙山去永遠享樂，這種奇蹟當然無從實現，於是宣傳不免破產。再說道教的神仙世界完全是人間封建朝廷的翻版，如《廣記》卷七出自《神仙傳》的〈白石先生〉條就說：「天上多至尊，相奉事，更苦於人間。」因而這位白石先生「不肯修升天之道，但取不死而已，不失人間之樂」，人們呼他爲「隱遁仙人」，「亦猶不求聞達者也」。但不求聞達、不肯升天的地仙生活仍舊太富貴，如《廣記》卷一六出自《玄怪錄》的〈張老〉、卷一七出自《續玄怪錄》的〈裴諶〉等條所描繪的地仙們是：「其堂沉香爲梁，玳瑁貼門，碧玉窗，珍珠箔。」「器物珍異，皆非人世所有，香醪嘉饌，目所未窺，女樂二十，皆絕代之色。」仍舊是人間頭號大官僚大地主生活的延續或更加美化，不僅老百姓不敢高攀，卽使一般做官的也不會生此非分之想。

就是想也沒有用，因爲要出得起大本錢。水銀、丹砂、鐘乳之類都是貴重物品，一般人那有此財力買來煉丹服食。而且，卽使買得起，煉起也實在太不容易。《廣記》卷一六出自《續玄怪錄》的〈杜子春〉條和卷四四出自《河東記》的〈蕭洞玄〉條都是同一類型的煉丹難故事，說丹將成時會有種種魔難來破壞，如杜子春就是煉丹老人先後花費四千三百萬錢雇來的看爐勇士，經受了「尊神、惡鬼、夜叉、猛獸、地獄」等考驗，喜、怒、哀、懼、惡、欲各個關口都通過了，就是愛這一關通不過，結果丹爐發火，前功盡棄。當然也有不用煉丹、不必花大錢、不必經考驗的捷徑，如卷二四出自《神仙感遇傳》的〈蕭靜之〉條說可以吃「類人手，肥潤而紅」的「肉芝」，吃了可「壽同龜鶴」，卷五三出自同書的〈維揚十友〉條說吃了像童兒的「千歲人參」可以「白日升天，身爲上仙」，但誰有好運氣碰上這類活寶呢？還有一類更爲簡捷的成仙法，如卷二五出自《原化記》的〈採藥民〉、卷三六出自《集異記》的〈李清〉、卷一九七出自《幽明錄》和《小說》的〈張華〉等條都說某些山裏有洞穴，運氣好跌進去便入仙境可以成神仙，但運氣不好碰上毒蛇猛獸怎麼辦，當然誰也不敢冒險嘗試。

這就是迷信道教想成神仙的始終只有極個別貴族富豪，而佛教能爭取廣大羣眾，從根本上戰勝道教的主要原因。

此文刊布後，獲讀日本牧田諦亮教授所著〈六朝古逸觀世音應驗記の研究〉，其中收入的舊抄卷子孤本劉宋傅亮《光世音應驗記》、劉宋張演《續光世音應驗記》和南齊陸杲《繫觀世音應驗記》，就都是宣傳《觀世音經》和觀世音菩薩的專書，其事例和宣傳《金剛經》所列舉的多相類似。

唐代史事考釋

1998年1月初版　　定價：新臺幣1100元
2024年12月二版
有著作權・翻印必究
Printed in Taiwan.

著　　者　黃永年
責任編輯　方清河

出版者　聯經出版事業股份有限公司
地址　新北市汐止區大同路一段369號1樓
叢書主編電話　(02)86925588轉5305
台北聯經書房　台北市新生南路三段94號
電話　(02)23620308
郵政劃撥帳戶第0100559-3號
郵撥電話　(02)23620308
印刷者　世和印製企業有限公司
總經銷　聯合發行股份有限公司
發行所　新北市新店區寶橋路235巷6弄6號2F
電話　(02)29178022

編務總監　陳逸華
總編輯　涂豐恩
總經理　陳芝宇
社長　羅國俊
發行人　林載爵

行政院新聞局出版事業登記證局版臺業字第0130號

本書如有缺頁，破損，倒裝請寄回台北聯經書房更換。　ISBN　978-957-08-7575-1 (精裝)
聯經網址 http://www.linkingbooks.com.tw
電子信箱 e-mail:linking@udngroup.com

國家圖書館出版品預行編目資料

唐代史事考釋 / 黃永年著 . 二版 . 新北市 .
聯經 . 2024.12 . 656面 . 14.8×21公分 .
ISBN 978-957-08-7575-1（精裝）
[2024年12月二版]

1.CST：唐史 2.CST：史學評論

624.1 113018709